GROSSE NERVENÄRZTE

BAND 1

Vorteile einer Therapie mit Jatrosom®

Schneller Wirkungseintritt
Die Wirkung von Jatrosom tritt meist innerhalb weniger Tage ein – nicht selten schon nach der ersten Applikation.

Wirkung auch bei anderweitiger Therapieresistenz
Patienten, die sich auf andere Antidepressiva nicht bessern, sprechen häufig spezifisch auf Jatrosom an.

Symptomfreiheit möglich
Jatrosom gehört zu den Antidepressiva, die zu weitgehender Symptomfreiheit führen können.

Breites Indikationsspektrum
Jatrosom ist nicht nur ein Antidepressivum, sondern wirkt auch antiphobisch, anxiolytisch und psychomotorisch stimulierend.

Ideales Hilfsmittel der Psycho- und Verhaltenstherapie
Jatrosom ist hervorragend geeignet zur Kombination mit Psycho- und Verhaltenstherapie, weil es die kognitiven Funktionen kaum beeinträchtigt und störende neurotische Symptome zurückdrängt. Weiterhin ist es geeignet zur Einleitung von Psycho- und Verhaltenstherapie oder zu einer symptomorientierten Krisenintervention. Jatrosom ist deshalb ein ideales Hilfsmittel der meisten gesprächs-, psycho-und/oder verhaltenstherapeutischen Methoden und Techniken.

Keine Müdigkeit
Jatrosom verursacht keine oder nur geringe initiale Müdigkeit. Die Patienten fühlen sich meist wach und leistungsfähig. Jatrosom eignet sich daher gerade für ambulante Patienten.

Keine Kardiotoxizität
Im Vergleich zu den trizyklischen und anderen Antidepressiva, deren Anwendung mit der Gefahr einer Beeinträchtigung bestimmter Herzfunktionen verbunden ist, übt Jatrosom praktisch keine ungünstige Wirkung auf die Herzfunktionen aus.

Einfache Anwendung
Dosierung: 1- bis 3mal täglich 1 Dragée, in aller Regel morgens und mittags. Der Patient wird nicht überfordert.

GROSSE NERVENÄRZTE

BAND I

21 LEBENSBILDER

In Gemeinschaftsarbeit mit

H. J. de Barahona Fernandes · J. F. Fulton · E. Grünthal
G. R. Heyer · G. Holmes · M. Jantsch · R. Jung · J. Klaesi · M. Minkowski
G. de Morsier · M. Nonne · R. de Saussure · L. Schönbauer
J. H. Schultz · Th. Spoerri · G. Stertz · R. Thiele · K. J. Zülch

Herausgegeben von

Kurt Kolle

2., erweiterte Auflage

21 Porträts und 8 Falttafeln

19 GTV 70

Georg Thieme Verlag · Stuttgart

1. Auflage 1956

Best.-Nr. 3630

GUSTAV BODECHTEL

DEM NEUROLOGEN
FREUNDSCHAFTLICHST ZU EIGEN

Herausgeber

Prof. Dr. med. Kurt Kolle, ehemals Direktor der Nervenklinik der Universität München, Starnberg, Oberbayern, Oberholzstraße 10

Mitarbeiter

Prof. Dr. med. *Henrique J. de Barahona Fernandes,* Ordinarius für Psychiatrie und Neurologie, Av. do Brazil, 53 A, 1 °, Lissabon.

Prof. *John F. Fulton* †, M. D., Yale University School of Medicine, Department of the History of Medicine, Historical Library, New Haven, Conn., USA.

Prof. Dr. med. *Ernst Grünthal,* ehemals Leiter des Hirnanatomischen Instituts der Psychiatrischen Universitätsklinik, Bern-Waldau.

Dr. med. *Gustav Richard Heyer* †, Internist und Psychotherapeut.

Sir *Gordon Holmes,* Sirmoor, Shortheath Road, Farnham, Surrey, England.

Prof. Dr. med. *Richard Jung,* Vorstand der Abteilung für Klinische Neurophysiologie an der Universität, Freiburg/Br.

Prof. Dr. med. *Jakob Klaesi,* ehemals Ordinarius für Psychiatrie in Bern, jetzt Schloß Knonau bei Zürich.

Prof. Dr. med. *Mieczyslaw Minkowski,* ehemals Direktor des Hirnanatomischen Instituts und der Neurologischen Poliklinik, Zürich, Freie Straße 55.

Prof. Dr. med. *Georges de Morsier,* Direktor der Neurologischen Universitätsklinik, Genf, 1, Promenade du Pin.

Prof. Dr. med. *Max Nonne* †, ehemals Ordinarius für Neurologie an der Universität Hamburg.

Dr. med. *Raymond de Saussure,* Privatdozent für Psychiatrie an der Universität, Genf, 2, Rue de la Tertasse.

Prof. Dr. med. *Leopold Schönbauer* †, ehemals Direktor des Instituts für Geschichte der Medizin, Wien IX/71, Währinger Straße 25, und

Dr. *Marlene Jantsch*, Assistentin dieses Instituts.

Prof. Dr. med. *J. H. Schultz*, Nervenarzt, Berlin-Westend, Bayernallee 17.

Prof. Dr. med. et phil. *Theodor Spoerri*, Psychiatrische Universitäts-Poliklinik, Bern-Inselspital.

Prof. Dr. med. *Georg Stertz* †, ehemals Ordinarius für Psychiatrie und Neurologie an der Universität München.

Prof. Dr. med. et. phil. *Rudolf Thiele* †, ehemals Direktor der Universitäts-Nervenklinik der Charité, Berlin.

Prof. Dr. med. *Klaus Joachim Zülch*, Leiter der Abteilung für Allgemeine Neurologie am Max-Planck-Institut für Hirnforschung, Köln-Lindenburg.

Bildnachweis: E. Retzlaff, Düsseldorf (Bonhoeffer); Max Halberstadt, Atelier für künstlerische Photographie, Hamburg (Freud); Foto Claire Roessiger, Basel (Jaspers); ATP Bilderdienst, Zürich 6 (C. G. Jung).

Vorwort des Herausgebers
zur 2. Auflage

Da der erste Band „Große Nervenärzte" seit langem vergriffen und auch antiquarisch kaum noch zu haben war, hat der Verlag meinem Wunsch stattgegeben, eine neue Auflage herauszubringen. Auf eine Neuordnung der Beiträge habe ich verzichtet, aber wenigstens den Anhang auf den neuesten Stand gebracht. Wieder haben mir zahlreiche Fachgenossen dabei geholfen. Dankenswerterweise hat sich der Verlag entschlossen, die früher von mir veröffentlichte „Genealogie der Psychiater, Neurologen, Neuropathologen und Neurochirurgen des deutschen Sprachgebietes" dem Anhang beizufügen.

Die Disziplin Neurospychiatrie samt ihren Nebenfächern hat es leider nach wie vor nötig, für sich zu werben. In der geltenden Bestallungsordnung rangiert die „Irrenheilkunde" noch immer an 12. Stelle und wird demgemäß von den Studierenden als unwichtiges Nebenfach gewertet. Die in der Bestallungsordnung verankerte Vorschrift, daß die Studierenden nur einmal während der klinischen Semester eine fünfstündige Vorlesung Psychiatrische und Nervenklinik belegen müssen, zeigt die Rückständigkeit der dafür verantwortlichen Stellen. Eine neue Bestallungsordnung soll sich in Vorbereitung befinden – wann wird sie erlassen werden und wie wird sie aussehen? Mehrere Vorschläge, die ich gemacht habe („Probleme der ärztlichen Ausbildung", „Neuordnung der ärztlichen Ausbildung", „Nochmals: Reform der Ausbildung zum Arzt und Forscher") sind, soweit ich sehe, fast unbeachtet geblieben.

Aus der Sicht eines alten Arztes, der ein Leben der Neuropsychiatrie gewidmet und als einfacher Nervenarzt zwanzig Jahre lang gewirkt hat, wünsche ich mir, daß die nunmehr wieder vollständige Reihe der 3 Bände „Große Nervenärzte" auch manchen Jüngeren anregen wird, sich diesem Beruf zuzuwenden, der – wie jede ärztliche Arbeit – mit Freude und Schmerz verbunden ist. Aber es überwiegt doch die Freude, wie ich kürzlich an meinem 70. Geburtstag erfahren durfte, als alte Patienten sich meiner erinnerten.

Starnberg, im Dezember 1968 K. Kolle

Vorwort des Herausgebers zur 1. Auflage

Das Wort „Nervenarzt" wird hier großzügig verwandt. Die meisten Forscher, über die in diesem Buch berichtet wird, waren tatsächlich Ärzte, Psychiater oder Neurologen oder beides zugleich. Aber Ramon y Cajal, Pawlow und Sherrington haben wahrscheinlich nie einen Kranken persönlich untersucht. Doch ihr Einfluß auf den Fortgang der psychiatrisch-neurologischen Wissenschaft war bedeutend genug, um sie unter die großen Nervenärzte einzureihen.

Mein Plan, dieses Buch herauszugeben, wurde vor allem angeregt durch das von Kraepelin geförderte, von Kirchhoff geschaffene Werk „Deutsche Irrenärzte" (Springer-Verlag, Berlin 1924). Ich empfand es immer als mißlich, daß in diesen beiden Bänden die wichtigsten deutschen Gestalten der neueren Zeit wie Kraepelin, Bonhoeffer nicht vertreten waren; sie konnten nicht darin erscheinen, weil das Buch nur bereits Verstorbene behandelte. Als weiterer Übelstand erschien mir, daß die großen Ausländer wie Bleuler, Ramon y Cajal, Charcot, Cushing, Freud, Jackson, Moniz, Pawlow, Pinel, Sherrington, Wagner-Jauregg bislang im deutschen Schrifttum biographisch viel zu wenig gewürdigt worden waren.

Bei der Auswahl der Personen waren in erster Linie diejenigen Forscher zu berücksichtigen, die für die junge psychiatrisch-neurologische Wissenschaft durch ihre Werke als repräsentativ anzusehen sind. Zudem war mein Augenmerk darauf gerichtet, aus dem deutschen Sprachgebiet vor allem solche Forscher darstellen zu lassen, die nicht bereits in dem Buche „Deutsche Irrenärzte" vertreten waren. Mancher bedeutsame Name wird mit Recht vermißt werden. Bei weitem nicht alle Forscher, die Psychiatrie und Neurologie durch wesentliche Arbeiten befruchtet haben, konnten aufgenommen werden*), weil das Buch dann viel zu umfänglich geworden wäre. Deswegen war ich bemüht, die für verschiedene Forschungsrichtungen charakteristischen Persönlichkeiten auszusuchen. Aus der Gründerzeit der Psychiatrie ragt ohne Zweifel Griesinger hervor; mancher wird, mit mir, Wernicke, Meynert, Esquirol vermissen. Als Vertreter der schon fortgeschrittenen klinischen Epoche figurieren Bleuler, Bonhoeffer, Kraepelin, Rieger, Wagner-Jauregg. Anton, Flechsig, Forel, Gaupp, Heilbronner, Hitzig, Hoche, Kleist, Liepmann, Adolph Meyer, Pick, Pötzl, Reichardt hätten hier ihren Platz haben können. Die Neurologie wurde gewiß nicht nur durch Charcot, Erb, Foerster und Jackson, sondern auch durch Barany, Bing, Cassirer, Dejerine, Goldstein, Gowers, Head, Pierre Marie, Nonne, Oppenheim, Quincke, Redlich, Sicard, Strümpell entscheidend gefördert. Die Neuropathologie verdankt Gudden und Ramon y Cajal ebensoviel wie Alzheimer, Brodmann, Economo, Edinger, Golgi, Hortega, Nissl, Obersteiner, Spielmeyer, O. Vogt, Weigert. Die Neurochirurgie feiert zwar in Cushing ihren hervorragendsten Vertreter; doch sind Dandy, Guleke, Horsley, Fedor Krause, Martel, Olivecrona, Schloffer, Vincent nicht vergessen. Pawlow und Sherr-

*) Seit Erscheinen der 1. Auflage haben viele Forscher in den Bänden II und III ihre Biographen gefunden.

ington zeigen zwar die Neurophysiologie auf höchstem Niveau; doch erinnern wir uns dankbar der großen Leistungen von Bell, Bernard, Bethe, Brown-Séquard, v. Frey, Goltz, Helmholtz, Langley, Magnus. Unter den Psychotherapeuten ragen die mächtigen umstrittenen Figuren von Freud und Jung hervor; aber Adler, Bernheim, Dubois, Liébault sollen neben ihnen nicht in den Schatten treten. Gestalten wie Jaspers und Moniz sind überhaupt nicht zu katalogisieren.

Dieser kurze, unvollständige geschichtliche Rückblick soll ausweisen, daß der Herausgeber sich der Subjektivität seiner Auslese durchaus bewußt ist. Sollte das Buch Anklang finden, werden Herausgeber und Verleger sorgsam prüfen, ob der Kreis der zu Portraitierenden weiter zu ziehen ist.

Die Wissenschaft kennt keine nationalen Grenzen, in der heutigen Welt weniger denn je! Das verständnisvolle Entgegenkommen des Herrn Dr. h. c. Bruno Hauff, des Inhabers des Verlages Georg Thieme, ermöglichte es, meine Absicht zu verwirklichen, ein Werk von internationalem Charakter herauszubringen. Herrn Dr. Hauff für seine Bereitwilligkeit zu danken, das Buch zu verlegen, ist mir ein aufrichtiges Bedürfnis. Nun liegt das kleine Buch vor; es ist, wie sich eigentlich von selbst versteht, vortrefflich ausgestattet. Wird es auch seine aufmerksamen Leser finden? Es ist zu hoffen; denn die Autoren haben sich die redlichste Mühe gegeben, die Lebensbilder der dargestellten Personen sachgerecht und anschaulich zu schildern.

Dem Herausgeber, der sich für Form und Inhalt der Beiträge verantwortlich fühlt, sei es gestattet, noch einige Wünsche an die geneigten Leser anzufügen. Psychiatrie und Neurologie, eng, ja unlöslich verschwistert, sind in Deutschland und Österreich an den meisten Universitäten in Forschung und Lehre miteinander verbunden. Trotzdem kann nicht übersehen werden, daß diese beiden Disziplinen auf zwei verschiedenen Mutterböden gewachsen sind. Die Psychiatrie verdankt wesentliche und noch heute nicht erloschene Auftriebe der Irrenanstalt alten Stiles (Pinel, Bleuler, Kraepelin); andererseits wuchs ihr erst die rechte Kraft zu, als sie Anschluß an die innere Medizin gewann (Griesinger, Wernicke, Bonhoeffer). Nicht anders ist es um die Neurologie bestellt, die auf der einen Seite innere Medizin (Erb, Charcot) war, ist und bleiben wird, auf der anderen Seite ohne die von Psychiatern (Brodmann, Alzheimer, Nissl, Economo, Gudden) eingeführten neurohistologischen Methoden niemals ihren heutigen hohen Stand erreicht hätte. Psychiatrie und Neurologie, ob sie nun zusammen oder einzeln erforscht und gelehrt werden, müssen sich zudem ständig – heute mehr denn je – an die Grundwissenschaften der Morphologie (Ramon y Cajal) und physikalischen Physiologie (Pawlow, Sherrington) anlehnen. Die chemische Physiologie, besonders die in den angelsächsischen Ländern bereits ausgebildete Neurochemie, ist hier überhaupt noch nicht vertreten; sie kann, als jüngster Zweig der Medizin, mit Ergebnissen, die für die Klinik große Bedeutung haben, noch nicht aufwarten. Spezialisierung, also Arbeitsteilung, ist beim heutigen Stand der Wissenschaft unausbleiblich. Aber die Lehrer, die berufen sind, junge Menschen zu Ärzten auszubilden, und die Jünger, die sich für ihre hohe und schwere Aufgabe vorbereiten, können bei aufmerksamem Studium dieses kleinen Buches etwas lernen: die Medizin, besonders Neuro-Psychiatrie, ist ein Geschäft, das einen ganzen Kerl verlangt, also einen Menschen, der über allen Einzelfragen nie das Ganze aus den Augen verliert. Die Lebensgeschichten der „großen Nervenärzte" sind beispielhaft.

Dieses kleine Buch wünscht sich als Leser natürlich in erster Linie die jungen Psychiater und Neurologen in aller Welt: sie sollen sich angespornt fühlen, den großen Vorbildern nachzueifern, und gleichzeitig zur Bescheidenheit ermahnt werden. Nicht alles, was neu ist, ist gut – und vieles Gute ist nicht neu! Wir wünschen dem Buch aber auch Leser aus allen ärztlichen Kreisen und darüber hinaus aus allen Berufen. In der heutigen Welt, in der es kaum mehr ein privates Geheimnis gibt, ist die Medizin vielleicht am stärksten von Indiskretion betroffen. Wir müssen der Tatsache, daß die Öffentlichkeit sich den Zutritt zur Stille der Studierzimmer, der Laboratorien, der Operations- und Untersuchungsräume der Krankenhäuser verschafft hat, mutig ins Auge schauen. Wir begegnen dieser Zudringlichkeit mit äußerster Offenheit. Wir zeigen die Arbeiter am Werk. An einem schwierigen Werk: einer Menschenkunde (Anthropologie), die sich den Ärmsten der Armen zuwendet, den Menschen, deren Seele oder Nervensystem durch Krankheit angegriffen oder zerstört ist. Beim Gespräch über diese Kranken und ihre Krankheiten begegnen wir, selbst bei Ärzten, noch immer schlimmen, ja gefährlichen Vorurteilen, die unsere Arbeit erschweren. Vielleicht trägt dieses kleine Buch besser als Filme oder Reportagen (von leider oft fragwürdiger Qualität) dazu bei, den Wert nervenärztlicher Tätigkeit in Forschung und Praxis in demselben hellen Licht zu zeigen, in dem andere Ergebnisse lebendiger Wissenschaft dem breitesten Publikum längst erscheinen.

Im Anhang zu diesem Büchlein wird eine Vorarbeit zu einer Geschichte der Psychiatrie geboten: ein Überblick über die Entwicklung der akademischen Psychiatrie und Neurologie im deutschen Sprachgebiet.

Professor Heinz Köbcke, der auch die Beiträge über Charcot und Pinel übersetzt hat, habe ich für seine Mitarbeit herzlich zu danken. Dr. Marlene Jantsch (Institut für Geschichte der Medizin in Wien) hat sich besonders verdient gemacht durch die Mitarbeit an dem Anhang.

München, Herbst 1955. K. Kolle

Inhalt

Inhalt

HANS BERGER

1873–1941

Von Kurt Kolle

Hans Berger wurde am 21. Mai 1873 in Neuses bei Coburg (Thüringen, Deutschland) als Sohn eines Arztes geboren; er besuchte das Gymnasium in Coburg bis 1892, wo er das Abitur in allen Teilen mit „sehr gut" bestand. Danach widmete er sich ein Semester dem Studium der Astronomie, wechselte dann zur Medizin über. Sogleich nach beendeter Ausbildung trat er 1897 in die seit 1882 von Otto Binswanger (1852–1929) geleitete psychiatrische Klinik in Jena als Assistent ein. (Oberarzt war zu jener Zeit der später zur Philosophie übergetretene Theodor Ziehen [1862–1950]. Auch Oskar Vogt und Korbinian Brodmann waren vorübergehend an der Klinik in Jena tätig.) Bereits als älterer Student hatte Berger in den Semesterferien an der Klinik famuliert. (Als ich im Jahre 1922 in diese Klinik als Famulus eintrat, sagte der Oberpfleger Beinicke zu mir: „Sie werden hier auch einst Direktor werden; denn der einzige Famulus, den wir bisher gehabt haben, Berger, ist es auch geworden!") Diese Klinik verließ Berger nie wieder: er rückte in ihr 1912 zum Oberarzt und 1919 zum Direktor und ordentlichen Professor auf. 1938 wurde Berger emeritiert. Am 1. Juni 1941 nahm sich Berger in einem Anfall von Schwermut das Leben. 1927/28 bekleidete er das Amt des Rektors; seine Rektoratsrede „Über die Lokalisation im Großhirn" stellt eine Art wissenschaftliches Glaubensbekenntnis dar.

Der äußere Lebensweg dieses ungewöhnlich erfolgreichen Forschers ist rasch erzählt; stürmischen oder auch nur ungewöhnlichen Wechselfällen war Berger, der ruhig und stetig seine Bahn zog, nicht unterworfen. Ungeduldiges Umherschweifen und Suchen gehörte nicht zu der Persönlichkeit des Mannes, der durch sein wissenschaftliches Werk verdiente Weltberühmtheit erlangte. Die Entdeckung des Hirnstrombildes, des Elektro-Encephalogramms (EEG), war wie alle neuen Funde von der Art des Ei des Kolumbus. Das Verdienst, dieses neue Verfahren entwickelt zu haben, wird nicht geschmälert durch die Einsicht, daß es der Naturwissenschaft keine grundsätzlich neuen Einsichten bescherte.

Verfolgen wir den wissenschaftlichen Werdegang des Forschers, wird uns klar, daß das Werk von Berger durch einen besonderen Wurf gekrönt werden mußte. Bereits der junge Psychiater widmete sich der damals aufblühenden neuropathologischen Forschungsrichtung. In zahlreichen Studien untersuchte Berger gewissenhaft und gründlich, wie es seiner Arbeitsweise entsprach, Probleme, die sich mit dem Zusammenhang zwischen Hirnvorgängen und seelischen Leistungen befaßten. Liest man jetzt diese frühen Arbeiten, glaubt man zu spüren, daß Berger von Anbeginn seiner wissenschaftlichen Tätigkeit ein großes Ziel im Auge hatte: die Seele, die uns immer nur subjektiv, in unserem Erleben, gegeben ist, zu objektivieren. Im Dienst solchen Bemühens entstanden mehrere wertvolle Monographien „Zur Lehre von der Blutzirkulation in der Schädelhöhle des Menschen", „Über die körperlichen Äußerungen psychischer Zustände", „Untersuchungen über die Temperatur des Gehirns". In einer weiteren 1921 erschienenen Monographie „Psychophysiologie in zwölf Vorlesungen" faßte Berger alle eigenen und fremden Arbeiten zum Thema zusammen.

Das nach dem ersten Weltkrieg neu entfachte Interesse für die Fragen der operativen Neurologie führte Berger dazu, sich mit den Herderkrankungen des Gehirns, besonders den Hirngeschwülsten, eingehend zu befassen. Wieder erweckten nicht die anatomischen, physiologischen, chirurgischen Gesichtspunkte vordringlich seine Anteilnahme; in erster Linie wollte Berger wissen, was der gestörten seelischen Funktion im Hirn entspräche. Zielstrebig steuerte er darauf los, eine komplizierte Leistung, das Rechnen, in eine bestimmte Beziehung zu umschriebenen Hirnsystemen zu setzen; eine kleine 1926 veröffentlichte Arbeit berichtet von seinen ebenso hartnäckigen wie erfolglosen Anstrengungen. In jenen Jahren hatte ich als sein Assistent Gelegenheit, Berger bei der Arbeit zu beobachten. Die Kranken, bei denen der Verdacht einer durch Operation zu beseitigenden Geschwulst bestand, stellten damals den Kliniker vor weitaus schwierigere Entscheidungen als heute, da die technischen Verfahren Ort und Art einer Hirngeschwulst mit großer Sicherheit zu bestimmen erlauben. Berger untersuchte jeden derartigen Kranken persönlich genau. Wenn sämtliche Befunde vorlagen, mußte der zuständige Assistenzarzt nachmittags pünktlich um fünf Uhr mit der Krankengeschichte bei Berger erscheinen. Berger begnügte sich nicht damit, das Referat des Assistenten anzuhören; er nahm selbst das Krankenblatt zur Hand, vergegenwärtigte sich Verlauf und Befund und meditierte, wie mit sich allein, die Epikrise, die er dann dem anwesenden Schreiber (unserem alten Faktotum Schlöhmilch, einem Kranken, der wegen seiner Haltlosigkeit in der Klinik Dauerquartier bezogen hatte, aber auf Grund seiner Intelligenz als Arzt-Schreiber eingeteilt war) diktierte. Oft nahm Berger in dieser besinnlichen Stunde, die den Teilnehmern unvergessen bleiben wird, ein vor ihm liegendes Gehirnmodell zur Hand, um nochmals zu überprüfen, ob er vor dem kritischen Auge des Operateurs wohl würde bestehen können. Der Chirurg war damals N. Guleke – selbst ein Vorkämpfer der modernen Hirnchirurgie –, der in der Regel auch alle Gehirnoperationen an seiner Klinik selbst ausführte. Oft genug gab es dann bei der Operation, der Berger wenn irgend möglich beiwohnte, böse Überraschungen, die erst die Obduktion aufklärte. Bei dem damaligen Stand der neurologischen Diagnostik waren Fehldiagnosen an der Tagesordnung. Wenn sich inzwischen die Möglichkeiten, eine Hirngeschwulst frühzeitig und sicher zu lokalisieren, verbessert haben, ist dieser Fortschritt auch dem von Berger entdeckten Elektro-Encephalogramm zu verdanken.

In meinen Lehrjahren in Jena begann Berger unermüdlich seinen Plan zu verwirklichen, auch vom Gehirn – analog dem Elektrokardiogramm – Aktionsströme abzuleiten. Seine ersten Versuche machte Berger an Kranken, bei denen eine sogenannte Palliativ-Trepanation vorgenommen worden war. Die feinen Elektroden wurden in die Weichteile eingeführt, die sich über der Knochenlücke befanden. Erst nach jahrelangen Versuchen ging Berger dazu über, seine Technik zu verbessern und die Hirnströme auch vom uneröffneten Schädel völlig unblutig abzuleiten. Die ersten Untersuchungen, die in diese Richtung zielten, führte Berger an einem gesunden Studenten und an seinem Sohne Klaus durch. Die erste Publikation, die Berger im Jahre 1929 (fünf Jahre vorher hatte er bereits den ersten Treffer gemacht!) vorlegte, enthielt gegen Ende der Arbeit den schlichten (nicht einmal im Sperrdruck hervorgehobenen) Satz: „Ich glaube also in der Tat, das Elektro-Encephalogramm des Menschen gefunden und hier zum ersten Male veröffentlicht zu haben". Am Schluß dieser ersten Mitteilung (der weitere dreizehn Mitteilungen folgen sollten) schreibt Berger: „Es waren vorwiegend praktische Gesichtspunkte, die mich immer wieder seit vielen Jahren an dieser Aufgabe arbeiten ließen, namentlich auch *die* Frage, ob man vielleicht, ähnlich wie das beim Elektrokardiogramm für die Herzkrankheiten der Fall ist, eine objektive Untersuchungsmethode für *krankhafte* Veränderungen in der Tätigkeit des Zentralnervensystems auffinden könne, was dann natürlich auch diagnostisch von allergrößter Bedeutung werden könnte. Ich habe auch bereits in dieser Richtung eine Reihe von Untersuchungen angestellt. Bestimmte Angaben kann ich aber auch da nicht machen, da eindeutige Ergebnisse noch nicht vorliegen."

Alle diese Untersuchungen, die sich über rund zwei Jahrzehnte erstreckten, führte Berger in dem Hufeld-Häuschen aus, einem kleinen im Klinikgelände gelegenen Gebäude, in dem außer einer Arztwohnung einige äußerst primitiv eingerichtete Räume als Laboratorium dienten. Berger konnte sich seiner zeitraubenden wissenschaftlichen Tätigkeit neben seiner Arbeit als gewissenhafter Klinikdirektor und Lehrer nur deshalb widmen, weil er es verstand, seine Zeit mustergültig einzuteilen. Mit dem letzten Glockenschlage 8 Uhr morgens betrat er pünktlich seine Klinik, die er Punkt 12 Uhr wieder verließ, um sich mittags mit seiner Frau zu einem Spaziergang auf die hinter der Klinik ansteigenden Berge zu begeben; im Sommer eilte er mit seiner Familie ins Schwimmbad. Von 4 bis 5 Uhr erledigte er seine private Sprechstunde – wie er es fertigbrachte, Punkt 5 Uhr wieder in der Klinik zu sein, ist mir bis heute ein Rätsel geblieben. Von 5 bis 8 Uhr betrieb er, sofern nicht ein dringender Operationsfall ihn hinderte, seine Forschungen. Nach 8 Uhr abends war man wenigstens sicher vor dem Chef. Für uns Assistenten war um diese Zeit der Arbeitstag in der Klinik gewöhnlich noch nicht zu Ende; denn Berger verlangte viel von seinen Mitarbeitern. Alle am Vortage aufgenommenen Kranken, mochten es noch so viele sein, mußten zur Morgenkonferenz um 10 Uhr durchuntersucht und durch fertiggeschriebene Krankenblätter ausgewiesen sein. Auch die Krankengeschichte jedes am Vortage entlassenen Kranken mußte abgeschlossen nebst dem dazugehörigen Bericht an den einweisenden Arzt vorliegen. Wehe dem Anfänger, der versäumt hatte, den Kopfumfang einzutragen oder den vier Seiten umfassenden Intelligenzstatus auszufüllen! Nur ältere Assistenten durften es wagen, beim Vortrag in der Konferenz aus einem leeren Krankenblatt frei zu phantasieren – wir Jüngeren zitterten bei dem Gedanken, der Chef könne es sich einfallen lassen, was öfter vorkam, das Journal mit eigenen Augen zu überprüfen! Diese Konferenzen waren überhaupt oft genug dramatischer Mittelpunkt des Tages; der geradezu pedantische Ordnungssinn, der Berger eignete, stieß hier häufig zusammen mit der freizügigen Leichtlebigkeit und Ungebundenheit seiner jungen Mitarbeiter. Wissenschaftlichen Diskussionen im Rahmen dieser Konferenz war Berger nicht zugetan. Wissenschaft war verbannt auf den Samstag-Nachmittag, wo von 5 bis 7 Uhr das sogenannte „Klughusten" stattfand: die Assistenten mußten wissenschaftlich interessante Kranke vorstellen, deren Fall dann von Berger mit den älteren Assistenten besprochen wurde. Sonntags erschien Berger erst um 9 Uhr. Der diensthabende Arzt mußte ihn am Portal erwarten, ihn in sein Dienstzimmer begleiten und dort den Rapport über die Morgenvisite, die um diese Zeit bereits im ganzen Hause erledigt sein mußte, vortragen. Als ich zum ersten Male diese Funktion auszuüben hatte, berichtete ich in freier Rede von den besonderen Vorkommnissen, die sich in der Nacht und am Morgen ereignet hatten. Berger rügte dieses Verfahren und wies mich an, künftig alle Vorfälle, die berichtenswert erschienen, in einem Notizbuch aufzuzeichnen und danach meinen

Rapport zu formulieren. Es war übrigens ein ungeschriebenes Gesetz, daß sich auch am Sonntag-Vormittag alle Stationsärzte in der Klinik einzufinden und nach ihren Kranken zu sehen hatten. Lediglich der Sonntag-Nachmittag galt als wirklich frei – meistens eine Utopie; denn auch am Montag in der Frühe mußte über die am Sonntag aufgenommenen und entlassenen Kranken genau berichtet werden.

Diese persönlichen Erinnerungen werden vom Leser recht verstanden werden: sie sollen das Klima wiedergeben, in dem sich die Arbeit an der Klinik vollzog, die, von Berger verkörpert, der Welt eine so große Leistung wie das EEG bescherte.

Doch nun zurück zum EEG, das Berger außer Kraepelin und Kretschmer als einzigem deutschem Psychiater aus der neueren Wissenschaftsgeschichte Weltruhm eintrug. Hätte Berger das Ende des zweiten Weltkrieges noch erlebt – gewiß wäre er ein Anwärter auf den Nobelpreis geworden. Die Untersuchungen von Berger sind zunächst im Ausland stärker als in Deutschland beachtet worden, wahrscheinlich eine Folge der politischen Verhältnisse und der ungünstigen Bedingungen, denen die deutsche Wissenschaft von 1933–1948 unterworfen war.

Berger selbst konnte die Ergebnisse seiner Studien noch auf zwei internationalen Kongressen in Paris und Bologna im Jahre 1937 vortragen; einer Einladung zu einer Vortragsreise nach USA 1939 konnte er infolge des Kriegsausbruches nicht mehr Folge leisten.

Das EEG ist dem modernen Nervenarzt ein unentbehrliches Rüstzeug für die Diagnose bestimmter Krankheiten geworden. Vor allem für die Erkennung der unter dem Begriff Epilepsie zusammengefaßten Anfallskrankheiten leistet das EEG unschätzbare Dienste, obwohl es leider, aus bisher unbekannten Gründen, in 30–50% der Fälle keine kennzeichnenden Befunde liefert. Auch bei der Beurteilung der gedeckten Hirnverletzungen (Gehirnerschütterung, Gehirnquetschung) bewährt sich das EEG, sofern die Verletzung noch nicht lang zurückliegt. Bei älteren schweren Hirnschäden zeigt das EEG zwar auch ziemlich regelmäßig Veränderungen, die aber diagnostisch nicht ausschlaggebend sind, weil derartige Kranke sich auch mit den herkömmlichen psychiatrischen und neurologischen Untersuchungsverfahren hinreichend sicher beurteilen lassen. Große Bedeutung dagegen hat das EEG erlangt bei der Diagnose der Hirngeschwülste, deren Sitz und Ausdehnung sich mit seiner Hilfe häufig noch genauer festlegen lassen als mit den bewährten Verfahren der Arterio- und Pneum-Encephalographie. Besonders die Corticographie, d. h. die direkte Ableitung der Hirnströme von der Hirnrinde während der Operation, eröffnet neue Aussichten, auch für andere ungeklärte Hirnkrankheiten.

Völlig negative Ergebnisse bei der Untersuchung mittels EEG zeigten die Kranken mit den sogenannten endogenen Psychosen (Cyclothymie, Schizophrenie). Für die Gruppen der abnormen Persönlichkeiten werden sich vielleicht einige neue Gesichtspunkte ergeben, wenn systematische Untersuchungen an großen Reihen angestellt werden. Manche Probleme der allgemeinen Hirnphysiologie werden möglicherweise durch neue Fragestellungen bereichert werden, sobald das EEG sich als Standard-Methode in allen Zweigen der Klinik und der experimentellen Medizin eingebürgert haben wird. Wo die Grenzen des neuen Verfahrens liegen, läßt sich heute noch nicht voraussagen. Ein Weg wurde erfolgreich beschritten; neue bisher nicht sichtbare Pfade werden sich anschließen.

Berger war bereits ein hervorragender Forscher und reifer Mann, als er, von einer Idee geleitet, in zäher, fleißiger Arbeit die Grundlage für ein neues Erkenntnismittel der Naturwissenschaft und Medizin schuf. Ohne die Entdeckung des EEG wäre Berger nicht in die

Dr. Hans Berger

große Geschichte der Medizin eingegangen. Hätte das Schicksal ihn uns genommen, bevor seine Untersuchungen abgeschlossen waren, wäre dann seine Arbeit nutzlos gewesen? Nein. Forschen, d. h. Wahrheit wollen, ist stets selbstloser Dienst an einem überpersönlichen Werk, dessen Erfolg oder Mißerfolg nicht in Menschenhand liegt. Berger war ein echter Forscher, der als Mensch völlig hinter seinem Werk zurücktrat. Uneigennützig, bescheiden, aber gleichzeitig fanatisch, schaffte er Tag für Tag, Jahr für Jahr in seiner kleinen Werkstatt. Einmal im Jahr nur gönnte er sich vier Wochen Urlaub, den er mit seiner Familie, an der er zärtlich hing, in einem Ostseebad verbrachte. Seinen Mitarbeitern war er ein unbequemer Chef. Wie oft haben wir über ihn gestöhnt! Aber auch von uns Jungen, die wir uns aufbäumten gegen seine schon erwähnte Pedanterie, seine übertriebene Pünktlichkeit, seine Arbeitswut, zweifelte niemand an der Lauterkeit seiner Absichten. Diese bedingungslose Hingabe an den Beruf wirkte schließlich doch positiv auch auf die Widerstrebenden. Mir sind die Jenenser Jahre unvergeßlich; ich bin dankbar, diese harte Schule durchgemacht zu haben.

Das Bild des berühmten Berger wäre unvollständig ohne einen Hinweis auf seine Wirkung als Psychiater. Die eigentliche Psychiatrie lag ihm nicht. Die seelisch gestörten oder auch nur aus ihrem Gleichgewicht gebrachten Menschen waren nicht die Lieblingskinder von Berger, sie konnten es nicht sein. War es am Ende ein Schutzdamm, den er vor sich selbst errichtet hatte? Wir wissen es nicht. Sicher war der robust erscheinende Mann nicht so unkompliziert, wie er auf uns Jüngere wirkte. Seine letzte Schrift „Psyche" zeigt nämlich, daß der nüchterne Gelehrte durchaus aufgeschlossen war für alles, was außerhalb des wissenschaftlich Erfahrbaren liegt. Berger befaßt sich in dieser Schrift, deren Gedanken bis zu einem ihn erregenden Jugenderlebnis zurückgehen, mit der Frage der Gedankenübertragung; Berger hielt dieses Phänomen für eine erwiesene Tatsache, deren physische Grundlage – eine Art „Wellenbewegung" – man nur erforschen müsse.

Im Umgang mit seinen Kranken war Berger freundlich-neutral. Ausführliche Explorationen seelisch Kranker zum Zwecke psychopathologischer Analysen waren nicht seine Sache. Als Kliniker bewegten Berger stets nur die Fragen: was ist die Ursache dieser Abnormität und wie kann ich sie beheben? Diese einfache, noch immer nicht überholte, Fragestellung erwies sich gelegentlich überraschend produktiv. Bei früheren Urtersuchungen („Untersuchungen über die Temperatur des Gehirns") war Berger aufgefallen, daß Cocain bestimmte Hirnvorgänge maßgeblich beeinflußte. Beim Anblick schizophrener Kranker im Zustande des Stupor kam ihm der Gedanke, das Cocain zur Durchbrechung des Stupor anzuwenden. Das Verfahren bewährte sich, wenn auch nicht regelmäßig. Berger wurde damit zum eigentlichen Begründer einer körperlichen Behandlung der endogenen Psychosen. Vielleicht wäre Berger, hätte er diesen Weg weiter beschritten, ein erfolgreicher Therapeut geworden. Übrigens war die Jenaer Klinik eine der ersten, die sich dem von Wagner-Jauregg angeregten Plan der Fieber-Behandlung der spätsyphilitischen Krankheiten des Nervensystems aufgeschlossen zeigte. H. Boening (jetzt Professor in Gießen), damals Mitarbeiter von Berger, führte die Recurrens-Therapie der Paralyse seinerzeit in Jena ein. Unsere Klinik war auch insoweit fortschrittlich, als sie sich bereits frühzeitig eine eigene Röntgenabteilung schuf; wieder war es Boening, der die Initiative dazu ergriff.

Berger verstand es auch, tatkräftige Mitarbeiter um sich zu versammeln. Nicht weniger als fünf seiner Assistenten gelang der Aufstieg zum höchsten akademischen Lehramt:

Boening (Gießen), Hilpert (Halle), Jacobi (Greifswald), Kolle (München), Lemke (Jena). Berger hat aber deswegen noch keine „Schule" gebildet. Dazu ging er selbst viel zu sehr eigene Wege, auf denen er sich auch von seinen engsten Mitarbeitern nicht begleiten ließ. Seine Forschungs-Anliegen hielt er ziemlich geheim, mahnte sogar oft seine Assistenten, die ihm bei den Untersuchungen helfen mußten, zur größten Verschwiegenheit.

Die akademische Welt, soweit sie über seine Universität hinausging, berührte Berger wenig oder garnicht. Die meisten Fachgenossen kannten vor der Bekanntgabe des EEG wohl seinen Namen und seine Arbeiten, aber er schien nur ein Bauer, keine Figur auf dem akademischen Schachbrett zu sein. Die großen Kongresse besuchte Berger nie. Nur an den kleinen Tagungen der mitteldeutschen Psychiater nahm er teil; allein diesem Kreis war er auch persönlich bekannt.

Berger war eine anima candida. Klüngelwirtschaft und Intrigen waren ihm fremd und zuwider. Wohl deswegen mied er jene Bezirke, in denen er in solchen Trubel leicht hätte verstrickt werden können. In weiser Zurückhaltung beschränkte Berger sein Leben auf Klinik und Forschung. Neben seinem Beruf kannte er nur ein glückliches Familienleben. Andere Passionen hatte er nicht. Er rauchte und trank nicht; seine Lebensführung war sehr einfach. Alle dem Menschen innewohnenden Leidenschaften konzentrierte Berger auf seine Arbeit, die ihn befriedigte.

Die wichtigsten Arbeiten von H. Berger:

„Zur Lehre von der Blutzirkulation in der Schädelhöhle des Menschen". Experimentelle Untersuchungen. Gustav Fischer, Jena. 1901. — „Über die körperlichen Äußerungen psychischer Zustände. Experimentelle Untersuchungen." 1. Teil 1904, 2. Teil 1907. Gustav Fischer, Jena. — „Untersuchungen über die Temperatur des Gehirns". Gustav Fischer, Jena. 1910. — „Trauma und Psychose". Julius Springer, Berlin. 1915. — „Zur Pathogenese des katatonen Stupors". Münch. med. Wschr., 1921, S. 448. — „Psychophysiologie in zwölf Vorlesungen". Jena. 1921. — „Über die Lokalisation im Großhirn". Rektoratsrede. Jena 1927. — „Psyche". Gustav Fischer, Jena. 1940. — „Über das Elektro-Encephalogramm des Menschen". Archiv f. Psychiatr., Bd. 87 (1929), 94 (1931), 97 (1932), 98 (1933), 100 (1933), 101 (1933), 102 (1934), 103 (1935), 104 (1936), 106 (1937), 108 (1938), Journal f. Psychol. u. Neur., 40 (1930).

Wer sich über den neuesten Stand der EEG-Forschung zu unterrichten wünscht, greife zu R. Jung „Das Elektro-Encephalogramm des Menschen". In: Handb. d. inn. Med., 4. Aufl., V. Bd., Teil I. Springer-Verlag, Berlin-Göttingen-Heidelberg. 1953.

EUGEN BLEULER

1857–1939

Von J. Klaesi

Das Verwirklichte haben sie ermessen; das Unverwirklichte haben sie nicht ermessen. Als Unerwartetes und Widersprechendes machte es die ernste Größe heiter und liebenswürdig. Wer in die Quellen sah, blieb gebannt, und er kommt nicht davon ab sein Lebtag.

Das Verwirklichte wurde ermessen von allem Anfang an. Schon mit seinen allerersten wissenschaftlichen Veröffentlichungen machte er auf sich aufmerksam und trat in den Blickkreis des Interesses der Fachleute. Seine Schriften über „Die Lehre vom Verbrecher" (1889), „Über moralische Idiotie" (1893) und „Der geborene Verbrecher" (1896), welche schon vollkommen den Stempel des scharfsinnig beobachtenden und verstehenden Naturwissenschafters wie des bündig klaren, nackt sachlichen Darstellers tragen, erregten breitestes Aufsehen und gaben der damals vorherrschend in intellektualistischen Auffassungen befangenen Forschung Antriebe und neue Richtung. Die Monographien über „Affektivität, Suggestibilität und Paranoia (1905) und „Dementia praecox oder Gruppe der Schizophrenien", welch letztere für Aschaffenburgs Handbuch der Psychiatrie geschrieben wurde (1908–1911), verschafften ihm Weltgeltung.

Der Fachmann weiß, warum, und wer es werden will, lernt es. Zudem sagen es täglich ungezählte Hinweise im Schrifttum. Darum nur in aller Kürze: Es ging nicht mehr nur um das Beobachten, Sammeln, Sichten und Beschreiben, es ging um das Verstehen des krankhaft Abweichenden und Prozeßbedingten, nicht um Verstehen als Einfühlung, aber um Verstehen zuerst als Zurechtfinden im Neben- und Nacheinander der Erscheinungen und in den Wechselbeziehungen von Drang und Entäußerung, Anlaß und Absicht und dann Ordnen. Die lebensarme, magere Assoziationspsychologie wurde durch die von Moebius und Th. Tiling angebahnte, die Persönlichkeit im ganzen erfassende Trieb- und Affektpsychologie umgestaltet, „Die Affektivität ist Alles". Die Ausrichtung auf das psychologische Verstehen auch in der Psychiatrie begründete deren psychologische Schule und Richtung. Auf die Klinik der Dementia praecox angewandt führte sie als genetische Strukturanalyse und „Tiefenpsychologie" zur Erkenntnis, daß der anfallende Prozeß weder in allen Fällen eine Verblödung zeitigt, noch immer im Jugendalter auftritt. „Er wird charakterisiert durch eine spezifisch geartete, sonst nirgends vorkommende Alteration des Denkens und Fühlens und der Beziehungen zur Außenwelt." – „In jedem Fall besteht eine mehr oder weniger deutliche Spaltung der psychischen Funktionen". „Die Persönlichkeit verliert ihre Einheit." Darum die Bezeichnung: „Schizophrenie" (Spaltungsirresein), Schizophrenie als Krankheitsgruppe (Genus), nicht als einzelne Krankheit (spezies) verstanden, obschon Bleuler selbst oft von Schizophrenie in der Einzahl sprach und schrieb.

Ferner unterscheidet er zwischen primären und sekundären Symptomen im Einzelfall, den Blick hartnäckig auf die allen Schizophrenien gemeinsame Grundstörung geheftet, welcher sich die akzessorischen Symptome, nach Zuständen und Zeiten verschieden, in wechselnder Zahl und Stärke zugesellten. Als Grundsymptome entdeckte er die Dissoziation des Denkens, dessen Inkohaerenz bis zur Zerfahrenheit und Verwirrtheit und auf Seiten des Gefühlslebens die affektive Verblödung, Verlust des Gefühlsrapports mit der Umgebung, Ambivalenz, Autismus und anderes.

Zu den akzessorischen Erscheinungen zählt er die Sinnestäuschungen, die Wahnideen, die akzessorischen Gedächtnisstörungen, Störungen der Person, der Sprache und Schrift, die körperlichen Symptome, die katatonen und akuten, zusammengefaßt fast alles, was Kraepelin als Hauptmerkmale der Dementia praecox geschildert und gewertet hatte. Wo nur die Grundsymptome zu sehen sind, spricht er von Schizophrenia simplex (primäre Demenz früherer Autoren). „Die Anamnese ergibt regelmäßig, daß die Krankheit viele Jahre lang verkannt worden ist, sie war eine latente Schizophrenie. Da aber auch diese Form wie jede andere nicht bis zur erkennbaren Verblödung fortschreiten muß, gibt es unzweifelhaft auch latente Schizophrenien, die niemals manifest werden; man trifft sie denn auch nicht selten bei Angehörigen von manifest Kranken oder in der Sprechstunde bei Patienten, die wegen irgendwelcher nervöser Beschwerden kommen." Übergänge vom noch Gesunden zu Psychopathien und zum Schizophrenen sind die Schizothymien, Schizopathien und Schizoidien (Kretschmer, E. Kahn), wobei nicht immer klar gelassen ist, ob die Schizoidie im Bleulerschen Sinne als eine Vorstufe der Schizophrenie mit einer allmählichen Ausmündung in eine solche verstanden sein will oder als eine charakterliche Abwegigkeit mit Reaktionsformen, die an schizophrene gemahnen, ohne daß eine Schizophrenie manifest würde.

Unbefangen, emsig nur darauf erpicht, zu finden und zu lernen, und selbstsicher genug, um sich für gut und richtig Befundenes zu entscheiden und es anzunehmen, so wenig es in den Augen vieler Maßgebenden auch gelten, und so sehr seine Parteinahme dafür dem Kampf aussetzen mochte, griff Bleuler auch zur Psychoanalyse Sigmund Freuds, und er war so frei, selbstsicher und dankbar, daß er das Bekenntnis im Vorwort seiner Monographie über die Gruppe der Schizophrenien ausdrücklich voranstellte. Es heißt: „Ein wichtiger Teil des Versuches, die Pathologie weiter auszubauen, ist nichts als die Anwendung der Ideen Freuds auf die Dementia praecox". Die Verbindung war natürlich, denn Freud war wie Bleuler vor allem Naturwissenschafter und auch seine Psychologie auf praktische Erfahrung und Experiment abgestellt. Auch daß sie zu beider Förderung und wachsendem Ruhm beitrug, war natürlich. Dennoch hielt es Bleuler, wie nicht nur die Nächststehenden wissen, auch mit der Psychoanalyse wie mit vielen Dingen: Grundsätzliche Zustimmung bedeutete nicht unbedingte Gefolgschaft. Er machte viele Vorbehalte. Aber er ließ vornehmlich in akzessorischen Symptomen Komplexwirkungen gelten, erkannte jene in gegebenen Fällen als Symbolhandlungen, sprach seelischen Erlebnissen schub-, wenn nicht gar krankheitsauslösende und symptomgestaltende Bedeutung zu, und Freud wurde klinikfähig.

Bei nahender Erfüllung stellte sich wie seinen Zeitgenossen Avenarius, Haeckel, Mach und Ostwald auch ihm das „unhintertreibliche Bedürfnis des menschlichen Gemüts nach Metaphysik" (Kant), und er unternahm es, seine reichen Forschungsergebnisse aus ihrer diesseitigen Beschränktheit zu lösen und zu einem allumfassenden naturphilosophischen

Weltbild mit bindender und erbauender Kraft zu fügen. Der Psychiater wandelte sich zum Psychobiologen. Aber es blieb ihm die Wirkung auf die Gemüter versagt. Er haftete am Gegenständlichen, im Gewußten und durch Versuche Feststellbaren; nur seine eigene Inbrunst konnte sich daran entzünden. 1921 war seine „Naturgeschichte der Seele und ihres Bewußtwerdens" erschienen, 1923 eine Veröffentlichung über „Biologische Psychologie", 1925 „Die Psychoide als Prinzip der organischen Entwicklung", 1931 „Mechanismus – Vitalismus – Mnemismus", 1933 „Die Mneme als Grundlage des Lebens und der Psyche", 1934 ff. „Mnemismus, Psychoide", „Mnemistische Biologie und Psychologie".

Aller Kritik zum Trotz behalten sie in der Fachwissenschaft den Wert weltoffener, mutiger Bekenntnisse zu einem ordnenden System, in das sich alles einfügt; dem Eingeweihten, der weiß, welche strahlenden Tugenden Bleuler mit magischer Kraft im Faß- und Wißbaren zurückhielten, und wie er es aufnahm, sind sie teuerste Andenken und Mahner an den großen Mann; als Zeugnisse bestimmender Gegensätze ähnlich dem Schriftbild seines Namenszuges und gleich seinem unvergeßlichen Gesicht; jener anspruchslos, eilig, taggebunden, aber von zwingender Klarheit und Haltung, dieses mit bebarteten, breiten, kräftigen Kiefern, landschaftverhaftet, aber mit wundervollen bekenntnisgebietenden Augen und einer Stirn von edler, fernegerichteter Hoheit.

Eugen Bleuler, am 30. April 1857 in Zollikon bei Zürich geboren, entstammte väter- und mütterlicherseits eingesessenen uralten freien Bauernfamilien und verbrachte im Heimatdorf bei reichlicher Ausnützung seiner Freizeit durch tätige Mithilfe in der väterlichen Liegenschaft eine glückliche Kinderzeit und den Großteil seiner Studentenjahre. Was Wunder, daß er die in vielen Jahrhunderten erworbenen bäuerlichen Eigenschaften und Tugenden der Vorfahren in so reichem verpflichtendem Maß und so lauter, wie getan, lebte und bewahrte? Den unermüdlichen Fleiß, die Sorgfalt für alles und jedes Arbeits- und Lebensnotwendige und auch für Kleinstes, Beseeltes und Unbeseeltes, die Ordnungsliebe, die Einfachheit, Anspruchslosigkeit und Nüchternheit, die uneinschränkbare Pflicht- und Verantwortungsfreude und der überkommene Gehorsam, die Dankbarkeit und Treue und solches nicht nur aus Erziehung und Gewohnheit, sondern im Dienst der ausdauernden, unentwegten Hingabe an die gestellte Aufgabe, an Frau und Kinder und an eine nähere und weitere Gemeinschaft. Bauernhaft war auch das Wissen um die Förderung und das Wachstum der sorgenden Hingabe und Treue durch Belastung bis an die Grenzen der Kraft und durch Prüfung und Enttäuschung, bauernhaft die selbstverständliche Voraussetzung und Forderung, daß alle Mitarbeiter zur selben Hingabe entschlossen seien und die erforderlichen Bereitschaften und Grundsätze teilten.

Bleuler hatte, so lange er als Direktor der Heil- und Pflegeanstalt Rheinau (1886–1898) und dann des Burghölzli, der Zürcher psychiatrischen Universitätsklinik ebenda und als Ordinarius für Psychiatrie an der Universität (1898–1927) im Dienst des Staates, der Forschung und Lehre stand, einen Vierzehn- bis Sechzehn-Stundentag und werktags wie sonntags. Die Arbeit war im Voraus sozusagen bis auf die Minute eingeteilt. Dabei war ihm noch in Rheinau wegen Verdachts auf tuberkulöse Lungenaffektion ärztlicherseits größte Schonung und Zurückhaltung verordnet – öfter sein willkommenes Beispiel für die Untunlichkeit von zu viel Hygiene und Prophylaxe. Nie habe ich ihn während meiner elf Dienstjahre als Assistenz- und Oberarzt des Burghölzli spazieren gesehen, weder allein, noch mit Frau und Kindern. Wenn er zu Wochenenden in sein Landhäuschen am Walensee ging, dann mit Gutachten oder einem Rucksack voll Bücher, Hefte und Handschriften.

Als er zwei Tage hintereinander einen eben verheirateten Assistenten mit Frau sich nach dem Mittagessen eine Stunde im Garten aufhalten sah, erkundigte er sich teilnahmsvoll, wer von beiden krank sei. Da er bis in die letzten Jahre seiner Burghölzlitätigkeit nicht Auto fuhr, mußte er die weite Strecke in die Stadt zu Fuß oder mit dem Fahrrad zurücklegen, was ihm sehr gut tue und viel Anregung biete; benutzte er die Tram, nahm er Bücher mit. Da lernte er z. B. Spanisch. Einmal wegen akuter Appendizitis, solange noch Heimbehandlung und internistische versucht wurde, bettlägerig, traf ihn der besuchende Arzt zwar im Bett, aber mit der altmodischen großen Schreibmaschine auf dem Bauch. Den unverhohlenen Vorwürfen und Vorstellungen des Kollegen begegnete er treuherzig mit der Versicherung, er habe immer genau auf dem Rücken gelegen und sich nicht bewegt. Wer ihn besuchen und aufhalten wollte, mußte gute Gründe haben. Er selbst hatte nur für Aufgaben Zeit und ging nur solche zu erledigen aus. Als einmal ein ehemaliger Oberarzt im Gehrock und Zylinder ihm ein gutes neues Jahr wünschen kam, erkundigte er sich nachdenklich beflissen nach dessen Wohlergehen; als der Besuch wieder fort war, äußerte er: „Wenn er nur nicht verrückt geworden ist." Zeitverschwendung waren ihm Kaffeehausbesuche, Kartenspiel und Rauchen. Als ich als Oberarzt einmal von seinem Jüngsten, damals ein keckes Bübchen von dreieinhalb Jahren, Besuch bekam, und dieser im Aschenbecher meines Studierzimmers einen Zigarettenstummel entdeckte, frug er: „Wer raucht hier?" Auf meine Antwort „ich", sagt er: „So, mein Vater raucht nicht." (Warum?) „Hat keine Zeit."

Legendär waren des von Haus aus Begüterten Einfachheit unnd Anspruchslosigkeit der Lebenshaltung. Wir Anstaltsärzte, die wir gemeinsamen Tisch hatten, waren gehalten, Beschwerden wegen des Essens sofort anzubringen, indem wir dem Klinikvorstand eine Probe der beanstandeten Speise im Teller aufs Pult stellten. So begegnete es, daß jener sich anderntags entweder für die Gabe bedankte, da er sie sehr gut gefunden und mit Lust genossen habe, obgleich er satt vom Tisch gekommen sei, oder er hatte auf die Klage, Nudeln und Zwetschgen seien für junge Leute und Schwerarbeiter, mit einem Kräfteverbrauch wie wir, kein genügendes Abendessen, die Antwort: „So? Beinahe das gleiche habe ich auch gehabt, Nudeln, nur ohne Zwetschgen."

Unermüdlich war sein Lerneifer und nicht nur unter Seinesgleichen, sondern überall. Stets trug er eine Anzahl Karten bei sich, um sofort schriftlich festzuhalten, was er eben beobachtet, gesehen oder gehört hatte oder ihm selbst eingefallen war und als Beispiel oder Beweis oder zu Anregung oder Ergänzung tauglich schien. Mit Vorliebe begrüßte er einen zum Besuch einer gemeinsamen Untersuchung, an der alle Anstaltsärzte unter seiner Leitung teilnahmen, kommenden Gast oder gar einen in den Anstaltsdienst eintretenden Kollegen mit der Frage: „Und? Was können wir von Ihnen lernen?"

Sparsam war er auch mit Worten, auch im Schreiben. Seine brieflichen Äußerungen, gutachtlichen Formulierungen und Fragebeantwortungen sind von einer geradezu klassischen Abgemessenheit und Kürze. Auf Nichts antworten, das nicht gefragt ist, war ein erstes Gebot.

Die Prüfung der von Abteilungs- und Assistenzärzten vorbereiteten Gutachten und Briefantworten nahm er auch stilistisch sehr genau; was er aus den Händen gab, sollte auch ohne Ortsangabe und Unterschrift als aus dem Burghölzli kommend erkennbar sein. Die deutsche Sprache liebte er wie sein Elternhaus, wie väterlichen Handschlag, wie Zärtlichkeit der Mutter. Auf Verschandelungen und Verleugnungen der Sprache antwortete er mit grimmiger Verachtung, den bei uns nicht seltenen manierierten Aussprachen der Zisch- und Gaumenlaute mit Mißtrauen.

Die beispielhafte Einfachheit und Bescheidenheit des berühmten Mannes zeigte sich, abgesehen von seiner Lebensführung, unbedingten Beschränktheit auf Arbeit und Aufgabe und Art und Weise, wie er mit hoch und niedrig umging, auch in der Freundlichkeit, ja Heiterkeit über Verwechslungen und Verkennungen seiner Person wie in der genugtuungsvollen Freude an Widerlegungen und Umbau seiner Lehrmeinungen durch viel jüngere Kollegen wie H. W. Gruhle oder Kurt Kolle (Paranoia). Wer vergißt sein Schalksgelächter, wenn er bei Gelegenheit zum besten gab, wie ihm anläßlich eines Besuchs einer Irrenanstalt in Trinidad deren Oberarzt oder Direktor, als er ihm seinen Namen nannte, von Bleuler und seiner Schizophrenielehre, vom Lehrbuch der Psychiatrie usw. erzählte und nicht müde wurde, ihm das Lob zu singen, aber keinesfalls wahrhaben wollte, daß er dieser Bleuler sei, oder wenn er hörte, daß ein fremder ärztlicher Besucher des Burghölzli, den er eben selbst eine Stunde lang herumgeführt hatte, sich beim Oberarzt erkundigte, ob er nicht doch noch „den Herrn Bleuler" sehen und sprechen könnte, nachdem er nun das Glück gehabt habe, von einem älteren Herrn, der sich in allem als außergewöhnlich beschlagen gezeigt habe, empfangen und begleitet zu werden.

Auf einem andern Blatt müßten die begeisterte Aufnahme der bahnbrechenden Forschungsergebnisse Ernst Kretschmers und mancher anderer Autoren – ich nenne noch Karl Kleist – stehen und die drolligen Verunmöglichungen, ihn auf der Straße oder beim Gang über die Abteilung ehrerbietig auf die rechte Seite zu nehmen; er wechselte jeweilen schnell auf das linke Straßenbord hinüber oder ging zunächst der linken Flurwand entlang, um so den Weg abzuschneiden. Solche Abwehren geschahen nicht in erster Linie aus Bescheidenheit, sondern zur Erziehung des jungen Begleiters zum Verzicht auf billige Einordnung und Eroberung von freundlicher Gesinnung und Beziehungen. Schmeicheleien haßte er, Lügen, auch Not- und Höflichkeitslügen erwiderte er, da er selber nicht log, mit Feindschaft. – Aber so bescheiden er war, so wenig vergab er sich und ließ sich herab. So sehr er unter seinen Ärzten ‚primus inter pares' sein wollte, so sehr behielt er zwar nicht den Ruhm, aber die ganze Summe der vielseitigen Verantwortungen und die verpflichtende Bürde seiner zahllosen Fragestellungen hinter sich, oder sie kleideten ihn gar wie die Verwurzeltheit in der Familie und die Würde seiner unangefochtenen Gesinnung.

Seine Hinwendung zur wohnörtlichen und vaterländischen Gemeinschaft wurde schon einmal betont. Sie war aber nicht nur bäuerlich, sondern in des Wortes bester und weitester Bedeutung auch schweizerisch. Er nahm zwar an der Parteienpolitik keinen Anteil, aber der angestammte politische Instinkt ließ ihn in keinen öffentlichen Fragen gleichgültig und untätig. Die bei uns mit Freiheit zuengst verbundene Wehrhaftigkeit der Gemeinschaft und den Wehrwillen nahm er sehr ernst und jedwelche Dienstverweigerung auch. Die Anrempelungen von seiten der sektiererischen Pazifisten und ihrer Anwälte bestärkten seinen Eifer, Stellung zu nehmen und solche zu verteidigen. Zu Zeiten der Glaubensseligkeit betreffend die Wirkungen des Völkerbundes und der dadurch bedingten überhandnehmenden Abrüstungsbereitschaft nannte man seine Klinik eine Hochburg des Militarismus. Er tat vaterlandsbewußt nichts dagegen.

Er tat aber, je angefochtener um so mehr für die allgemeine Wohlfahrt durch seinen Einsatz für kriminalpsychologische Bestrebungen und Interessen, wie schon die eingangs erwähnten Arbeiten über „Die Lehre vom Verbrecher", „Über moralische Idiotie" und

„Der geborene Verbrecher" und andere spätere zeigen, für Verbesserung des Strafvollzugs und vor allem der Unterbringung, Behandlung und rechtlichen Stellung der Geisteskranken, aber zuerst und am meisten für die Festigung und den Fortschritt des Kampfs gegen den Alkoholmißbrauch. Hier war er sozusagen unerbittlich unduldsam, indem er noch mehr als gegen die unmäßigen, gegen die mäßigen Trinker zu Felde zog und wetterte, weil sie die eigentlichen und gefährlichsten Feinde der vom Alkohol Heimgesuchten und zu Rettenden seien. Kein noch so liederlicher Säufer habe gleich mit einem Rausch, sondern mit einem Gläschen oder vielleicht auch nur mit einer Kostprobe angefangen. In Vorlesungen und Vorträgen, und namentlich wenn er Studenten und Ärzten ins Gewissen redete, tat er es mit zündendem Eifer und wahrhaft rücksichtsloser Empörung. Am aufgebrachtesten, wenn er Unverstand und Lässigkeit der Behörden gegenüber dem Notschrei und Elend der Trinkersfrau und der Trinkerskinder geißelte. Von seinen Besuchen in der Trinkerheilstätte Ellikon und der Beglücktheit in der Mitte einer festlichen Versammlung von Einsichtiggewordenen und Geretteten erzählte er mit Pathos, was er bei keiner anderen Gelegenheit tat.

Doch war es nicht allein die Verkommenheit im Laster und die Säumigkeit und Verblendetheit der zur Abhilfe und Wiederaufrichtung berufenen Behörden und andern Betreuer und, wie er sagte, der meisten akademisch gebildeten Volksgenossen, welche sich gegenüber ihren gefährdeten und gefallenen Mitbürgern gleichgültig verhielten, es waren auch Unzulänglichkeiten, Verblendung und Entgleisung menschlichen Denkens, Urteilens und Handelns noch anderer Art, gegen die er unermüdlich sprach und schrieb – auch hier ein echter Eidgenosse, denn es gehört in unserm Lande zu einem, der etwas Besonderes gelernt hat und weiß, daß er es seinen Nächsten, und das sind auch seine Mitbürger, mitteilt und es soweit als möglich für sie lebensnützlich macht. Den vermeintlich geschult „kausal" denkenden Fachgenossen schenkte er sein Buch über „Das autistisch-undisziplinierte Denken in der Medizin und seine Überwindung", das in keiner Arztbibliothek fehlen und von keinem Arzt ungelesen bleiben sollte, den gedankenlosen Gerechten, satten Blinden im Geist und einem gewissen geistigen Mittelstand überhaupt die aufreizende Schrift „Unbewußte Gemeinheiten". Er war durch solche Kämpfe und Fürsprachen in den Geruch eines Mahners und Rufers gekommen, dem am wenigsten mehr diejenigen etwas anzuhaben wagten, die sich von ihm aufs Korn genommen fühlten.

Das Bild des bodenständigen, warmherzigen, lebenszugewandten, bis zum Weltruhm erfolgreichen, tief in Volk und Landschaft verwurzelten Arztes und Gelehrten wäre nicht vollständig, bliebe seine Lehrtätigkeit unbesprochen. Er hatte einen ganz und gar pathos-, ja sogar schmucklosen Vortrag, aber einen bis in alle Einzelheiten so klar und logisch aufgebauten, zum Nachdenken anregenden und zu Stellungnahmen verpflichtenden, daß er zu den beliebtesten und gefeiertsten Dozenten gehörte. Ebenso kam er nie unvorbereitet, auch wenn er die zu besprechende Materie und die vorzustellenden Kranken noch so gut vor Augen hatte, und die Studenten legten ihm das mit Recht als freundliche Rücksicht, als Ehrfurcht vor ihrem Lerneifer und Achtung vor der Jugend aus. Sein „Lehrbuch der Psychiatrie" ist in alle Sprachen übersetzt und erscheint, von seinem Sohn und Nachfolger Manfred Bleuler fortgeführt, schon in der neunten Auflage. Dennoch habe ich in dem Bleuler anläßlich seines Hinscheidens 1939 gewidmeten Nachruf geschrieben:

„Wir haben Grund zu bezweifeln, ob er überzeugt blieb, das Letzte erfaßt und gesagt zu haben, trieb es ihn doch unaufhaltsam, noch weiter vorzudringen. Wir wundern uns

Bleuler

auch nicht darüber, wenn wir uns vergegenwärtigen, daß er ganz und gar auf das Rüstzeug einer ausschließlich materialistisch gerichteten Denkweise abstellte und gleichzeitig auch in einer rein geistigen Welt verwurzelt war. Wir ließen die Vermutung laut werden, gerade dieser Zwiespalt sei für die machtvolle Wirkung seiner Erzieher- und Arztpersönlichkeit entscheidend gewesen; wir meinten damit, es habe sich so auf seine Weise der tiefe Sinn der Legende, welche den Wundertäter in Versuchung und Zweifel kommen läßt, ihm bewahrheitet."

Ich habe ihm in einer der obengenannten gemeinsamen Untersuchungen einmal einen älteren Mann, nennen wir ihn Peter, vorgestellt, der wegen paranoischer Ideen zur Begutachtung ins Burghölzli gekommen war, da er bevormundet werden sollte. Er wähnte, man habe ihn wegen sozialistisch umstürzlerischer Umtriebe und Spionage aus seiner Vorarbeiterstelle und aus dem Parteivorstand vertrieben, der schuldige Finanzmann fürchte jetzt die Rache der von ihm seinerzeit geführten Gewerkschaft und seine eigene, wolle nachträglich hintenherum den Schaden wieder gutmachen, indem er heimlich für seinen Lebensunterhalt aufkomme und ihm auf Schleichwegen seine in Gast- und Miethäusern schuldiggebliebenen Zechen zahle; er, Peter, müsse nun so lange und so viele Schulden machen, bis es dem heimlichen Geldgeber verleide, für ihn einzustehen, und er sich zu seinen Intrigen bekenne. Er war sonst ein sehr kluger, rechtschaffener Mann, der niemand etwas zu Leide tat, wohl aber wegen seiner rastlosen Suche nach dem heimlichen Schuft von Wohltäter und den vielen Orts- und Stellenwechseln zum Vagabunden geworden war, doch ohne dem Trunk und gelegentlichem Mundraub oder andern in ähnlichen Fällen vorkommenden Entgleisungen zu verfallen. Nur daß es in wenigen Jahren zu ungefähr 25 bis 30 Heimschaffungen mit Schub aus Hamburg gekommen war und auch, weil er doch Landesverweisung hatte und trotz dieser immer wieder in Hamburg auftauchte, auch zu verschiedenen und immer länger dauernden Freiheitsstrafen. Bleuler frug, warum er denn entgegen Landesverweisung immer wieder nach Hamburg zurückgekehrt sei? Peter lächelte, er habe dort einen Schatz gehabt. Der Gelehrte lachte voll heraus und bekannte dann freimütig, den Blick wie auf einen abfahrenden Eisenbahnzug gerichtet: Wenn mich jetzt der Herrgott fragen würde, wer ich am liebsten sein möchte, würde ich antworten: „Der große Napoleon oder so einer wie dieser Peter da". Ich wußte, daß er in jedem Fall Verwandtes oder gar Gleiches meinte, denn im unbekümmerten, vagabundierenden Mitbürger erkannte er die vollständige Unabhängigkeit von allem aktuell Wichtigen, in Napoleon die völlige Überlegenheit über alles äußere Geschehen. Im brennenden Moskau hatte dieser an den Statuten für die Comédie française gearbeitet; im eroberten Venedig, als er es als Sieger betrat, und wo ihm der Doge den Schlüssel der Stadt entgegentrug, ging er geradewegs auf den Markusplatz, der damals nur auf drei Seiten, östlich vom Markusdom, südlich und nördlich von den Prokuratien geschlossen, nach Westen aber noch offen war. Es stand dort im Hintergrund die heute noch vorhandene alte Post mit je einer häßlichen, dunkelgähnenden Straße zur Seite. Der Feldherr vertiefte sich in den Anblick und sagte als erstes und einziges: „Cette place doit être fermée là-bas". Der Anregung wurde durch den Bau der Fabricca nuova Folge geleistet. So wenig kamen dem Erhobenen vor der entrückenden architektonischen Schönheit die Gedanken an Feindschaft und Vergeltung zum Bewußtsein, so sehr war es ihm leicht gemacht, Erlebnissphären und vor allem Wertungen zu tauschen.

Unabhängigkeit von allem aktuell Wichtigen – Überlegenheit über alles äußere Geschehen, – aber hier wie dort die unbekümmerte Umschaltung aus dem Bereich des praktisch Vernünftigen in denjenigen einer ausschließlichen Selbstgesetzlichkeit. Das war Bleuler nicht gegeben. Die Versuchung ist groß, sich mit dem bestechenden Hinweis auf „Bleulers geistige Gestalt" aus der Feder des Psychiaterphilosophen Ludwig Binswanger auseinanderzusetzen und gewisse einprägsame Formulierungen wörtlich wiederzugeben. Ich muß mich dessen Raummangels wegen enthalten, aber eines muß hier stehen: „Hatte sein tiefeinheitliches Wesen in der Erforschung der Natur seinen eigentlichen Ausdruck gefunden, so mußte es ihm unmöglich erscheinen, den Blick über deren einheitliche, die Welt ungeheuer vereinfachende Betrachtung hinaus auf die verschiedenartige phänomenologische Struktur der einzelnen Gegenstandsgebiete zu heften." Er lebte die Kraft, die er als Vorbedingung zu erfolgreicher schöpferischer Tätigkeit pries und zu besitzen wünschte: Rücksichtslosigkeit, und zwar Rücksichtslosigkeit als unbedingte geradlinige Folgerichtigkeit; soweit es um Forschung und Lehre ging, laut Binswanger nur in gedruckten Mitteilungen; im mündlichen Austausch der Meinungen und bis zu gewissem Grade auch im brieflichen zeigte er sich auch für ihm ungemäße Ideen und Stellungnahmen empfänglich und tolerant. Im vorhin erwähnten Nachruf habe ich schon geschrieben: Trotz allen Eifers und aller Ausschließlichkeit war Bleuler doch kein Eiferer und Sektierer, denn er konnte scheinbar ganz plötzlich auch Verhaltensweisen nicht nur verzeihen, sondern billigen und sogar teilnehmend miterleben, die zu seinem eigenen „Du sollst" in offenkundigem Gegensatz standen, wenn sie nur nicht Schwäche und Laster waren, sondern einer Stärke entsprungen, und gar einer, die er an sich selber vermißte, – der gläubigen Sorglosigkeit etwa, der künstlerischen Anregbarkeit und Wallung oder einer bahnbrechenden, fremde wie eigene Einbuße und Gefahr in Kauf nehmenden Rücksichtslosigkeit. Die Bereitschaft zur Versöhnung war schon gegeben, wenn der „Abwegige" Leistungen aufzuweisen hatte. Er geißelte z. B., wie dargetan, die mäßigen Alkoholgenießer als Verführer und Verantwortungslose, aber einige „Trinker" in der Fakultät hatte er zu Freunden.

Ich erwähnte als eines naheliegenden prägenden Einflusses seine urzürcherische Abkunft und die Nähe der plänefrohen, weltoffenen Stadt, die schon eine römische Stadt war, und für welche der Zug zu stimmungsbedingter Abwechslung, die freiheitliche Neuerungsfreude und die lebensheitere Duldsamkeit je und je Hauptkennzeichen ihres Geistes waren. Gutwillige, Leben und Leistung fördernde Toleranz konnte ihm also wie urtümliches Bauerntum in Fleisch und Blut gegeben sein und sich wie dieses aus den Anlagen entwickelt haben. Nach allem Gesagten ist die Ergänzung notwendig, es sei – auch nach den Beispielen zu urteilen, die folgen, – mehr gewesen als nur billiges Anhören, Zuschauen und Würdigen oder sogar Mitleben von „Sich selbst Wesensfremdem" und Zielwidrigem. Unmöglich hätte die Strahlung solcher Toleranz die siegende Kraft seines Charakter- und Wirkensbildes auf die Dauer ungeschwächt gelassen, und wäre sein erzieherischer Einfluß auf seine „Jünger" mit so sehr umstellender, geradezu dämonisch zu nennender Gewalt geltend geworden wie geschehen. Die Herren stiegen, wenn sie sich in der Stadt zu lange aufgehalten hatten und sich zu größerer Eile im Auto heimführen ließen, schon eine Strecke vor der Anstalt aus und gingen sie zu Fuß. Auch bei Nacht und schlechtem Wetter, um den „Chef" nicht auf ihren Leichtsinn aufmerksam zu machen. Unentdeckte Versäumnisse und Zuwiderhandlungen gegen Ordnung und Grundsätze kam er noch nach vielen Jahren in Träumen strafen, – man merke, – auch bei solchen, die es seinerzeit verschmäht hatten, ihm zuliebe Abstinenten zu werden.

Nein, Bleulers Toleranz war Licht einer vielschichtigen mittätigen geistigen Kraft, der Empfindung von Außer- und Überpersönlichem, des Glaubens an das sogenannte Gute im Menschen, seiner geradezu biblisch zu nennenden Arglosigkeit und der Vorurteilslosigkeit, des Kreislaufs der Rückwirkungen andauernd erkenntnisdurstig, glaubensfroh wiederholter und auf wissenschaftlich entgegengesetztem Standpunkt abgebrochenen Bemühungen um noch mehr Wahrheit und der menschenfreundlichen, echt ärztlichen Voraussetzung endlich, daß die Tüchtigen, wie er getan, gewählt und für ihre Entscheidungen wohl Gründe hätten. Die Achtung vor der Persönlichkeit mit der Scheu, solcher unberufen in die Kreise zu treten, gab unter seinen Ärzten, deren nie vergessener Gesprächsstoff er war, immer aufs neue zu reden und auch genug zu lachen.

Er vermied es nach Möglichkeit, seinen Mitarbeitern in ihren Dienstwohnungen Besuche zu machen, auch nicht Krankenbesuche; er „konnte nicht wissen" und wollte sich nicht einmischen. Er frug nie: Wie geht's? Was haben Sie in Zukunft vor? Er war völlig ohne jede Neugier. Klatsch oder gar Zuträgereien waren ihm zuwider. Er verfiel nie in üble Nachrede. Tatbestandspsychologische Gutachtenfragen weigerte er sich kategorisch zu beantworten. Rügen richtete er im Kreise seiner Ärzte schier ausnahmslos an denjenigen, den sie sicher nichts angingen. Wehe, wenn ihn dieser, sich rechtfertigend, unterbrach; er nahm es dem Schuldigen doppelt übel.

Solches alles und, weil wir doch noch nicht alles gesehen haben, sehr viel mehr war Bleuler. Nie ganz einheitlich und vor allem nie wirklich fertig. Daher letzterdings die tiefe Bescheidenheit und die Demut, weil er nicht seine Erfolge, wohl aber seine Fragestellungen vor Augen hatte und sich überall als Lernender vorkam. Als er wegen Überschreitung der Altersgrenze (man hatte ihn gebeten, vier Semester zuzugeben), aus seinen staatlichen Ämtern ausschied, zu denen zuletzt auch noch das des Rektors der Universität Zürich gekommen war, rügte er, daß der Staat einen zwinge, mit 72 Jahren ein alter Mann zu sein, baute sich auf aussichtsreicher Höhe seines Geburts- und Heimatortes ein Haus und setzte seine Forscher-, Gutachter- und Arzttätigkeit in einem Ausmaß und mit einem Erfolg fort, die auch einem Mann in besten Jahren Ehre gemacht hätten. Wegen eines fieberhaften Luftröhrenkatarrhs schließlich bettlägerig geworden und im Anschluß daran sterbenskrank, beobachtete, dachte und formulierte er weiter, bis zum letzten Augenblick. Aber auch in dieser Zeit ungestörter Hinwendung und Versenkung blieb Geistiges aus Uranfängen Gewordenes und in solchem Gewordenen Wirkendes und Vergängliches. Nicht als Letztes, denn er hatte ja nie abgeschlossen und sich nicht zufriedengegeben. Aber er rechnete es eher zum überraschenden Geheimnis als zu übergeordnetem Entrücktem, Einigendem und Erlösendem, desgleichen einen Lebenslauf als das aus Anlagen folgerichtig Entwickelte und nicht als eine Manifestation von vielem Möglichen, geschweige denn als Versuch am Rand oder am Abgrund des noch Möglichen.

Wohlverstanden, er rechnete es nicht und konnte sich selbst kein anderes Gesetz geben, aber er suchte und wünschte, und die Leidenschaft des Suchens heilte nicht. Als eine kostbare Perle hielt sein ganz diesseits gestelltes Glaubensgebäude Ewigkeitsgefühle umschlossen, gestaltete sich um dieses Fremde, wuchs und gab es nicht frei. Und das Gefangene ließ keine Ruhe. Gleich dunkelsten Grundtönen stimmte die Ahnung von solchem Gehorsam in der Erhabenheit die jungen Gemüter, wie der Anblick väterlicher Anstrengung stählte es Lebensbejahung und Mut.

Bibliographie

Die wichtigsten Arbeiten von Eugen Bleuler (ausgewählt aus insgesamt 167 Publikationen)

Der Hypnotismus. – Münchner Medizinische Wochenschrift, Nr. 37, Jahrgang 1887. — Der geborene Verbrecher. Eine kritische Studie. – J. F. Lehmann, München, 1896. — Die Lehre vom Verbrecher. – Ärztliche Monatsschrift, Heft 1, 1898. — Unbewußte Gemeinheiten. – Ernst Reinhardt, München, 1905? — Freud'sche Mechanismen in der Symptomatologie von Psychosen. – Psychiatrisch-Neurologische Wochenschrift, Nr. 35, 1906, und Nr. 36, 1906. — Affektivität, Suggestibilität, Paranoia. – Carl Marhold, Halle a. S., 1906. — Dementia praecox oder Gruppe der Schizophrenien. – In: Aschaffenburg, G.: Handbuch der Psychiatrie, Deuticke, Leipzig und Wien, 1911. — Die Psychoanalyse Freuds. Verteidigung und kritische Bemerkungen. – Jahrbuch für psychoanalytische und psychopathologische Forschungen, I. Band, Leipzig und Wien, Franz Deuticke, 1911. — Die Ambivalenz. – Festschrift der Dozenten der Universität Zürich, Schulthess & Co., Zürich, 1914. — Lehrbuch der Psychiatrie. – Springer, Berlin, 1. Auflage 1916. — Mendelismus bei Psychosen, speziell bei der Schizophrenie. – Schweizer Archiv für Neurologie und Psychiatrie, S. 19, 1917. — Das autistisch-undisziplinierte Denken in der Medizin und seine Überwindung. – Springer, Berlin, 1. Auflage 1919. — Über psychische Gelegenheits-Apparate und Abreagieren. – Zeitschr. f. Psychiatrie usw., Bd. 76, S. 669, 1920. — Naturgeschichte der Seele und ihres Bewußtwerdens; eine Elementarpsychologie. – Springer, Berlin, 1. Auflage 1921. — Biologische Psychologie. – Zeitschr. f. d. ges. Neur. u. Psych., Bd. LXXXIII, 1923. — Die Psychoide, als Prinzip der organischen Entwicklung. – Springer, Berlin, 1925. — Mechanismus – Vitalismus – Mnemismus. Abhandlungen zur Theorie der organischen Entwicklung. Heft VI, Berlin, Springer, 1931. — Die Mneme als Grundlage des Lebens und der Psyche. – Die Naturwissenschaften, 21. Jahrg., Heft 5–7, 1933. — Mnemismus, Psychoide. – Schweiz. Arch. Neur. u. Psych., Bd. XXXIII, Heft 2, 1934. — Mnemistische Biologie und Psychologie. – Ergebnisse der gesamten Medizin, Bd. 21, 1936. — L. Binswanger: Bleulers geistige Gestalt. – Schweizer Archiv für Neur. u. Psychol. 45. — J. Klaesi: Eugen Bleuler. Mschr. f. Psychiatr. u. Neur. Bd. 101, 1939.

KARL BONHOEFFER

1868–1948

Von Georg Stertz

Bonhoeffer, am 31. März 1868 als Sohn des späteren Landgerichtspräsidenten B. in Neresheim (Württemberg) geboren, besuchte das humanistische Gymnasium in Tübingen und studierte dort Medizin. Eines der letzten Semester verbrachte er in Berlin und hatte dort Gelegenheit, die in jener Zeit hervorragenden Leistungen auf allen künstlerischen Gebieten mitzuerleben. 1892 bestand er das Staatsexamen und promovierte im gleichen Jahr. Nach Absolvierung der Militärzeit ging er als Assistent zu Wernicke nach Breslau.

Die Breslauer Klinik war damals in einigen Sälen der städtischen Irrenanstalt untergebracht. Die Patienten der von Bonhoeffer verwalteten Abteilung bestanden größtenteils aus Alkoholdeliranten und Paralytikern. Das war kein Zufall, denn der Alkoholismus spielte in jener Zeit vor allem in den Großstädten wie Breslau oder Hamburg eine sehr große Rolle und wurde vor allem verderblich, als der Schnapsgenuß überhandnahm. Als Folgeerscheinung des chronischen Alkoholmißbrauchs trat in vielen Fällen das Delirium auf, eine mit Verwirrtheit und Sinnestäuschungen einhergehende akute Erkrankung, welche, wie gesagt, in der Aufnahmestatistik der Irrenanstalten in der damaligen Zeit eine dominierende Rolle spielte. Das gleiche ließ sich von der Paralyse sagen, deren Zusammenhang mit früher durchgemachter Syphilis damals schon bekannt, wenn auch nicht in jeder Beziehung bewiesen war. Die Paralyse galt damals als eine unter fortschreitender Verblödung innerhalb von einigen Jahren zum Tode führende Geisteskrankheit, welcher organische Hirnveränderungen zugrunde lagen. Beide Erkrankungen, das Delirium sowohl wie die Paralyse, gehörten zu wichtigen Forschungsgebieten im Bereich der Psychiatrie. Wernicke, der damals mit seinem berühmten „Lehrbuch der Gehirnkrankheiten" beschäftigt war, das ihn vollkommen in Anspruch nahm, kümmerte sich wenig um die jungen Assistenten, sofern sie nicht mit ihren Krankenbeobachtungen für das Lehrbuch von Nutzen waren. Neben den klinischen Abteilungen bestand in Breslau noch eine Poliklinik, in der bedeutende Nervenärzte wie Mann, Gaupp, Heilbronner, zuletzt auch O. Foerster tätig waren. Wernicke selbst zeigte sich dort als ein vorzüglicher Kenner und Lehrer auf neurologischem Gebiet. Die Neurologie wurde ursprünglich von den inneren Klinikern mit vertreten; später jedoch wurden vielfältige Beziehungen zur Psychiatrie aufgedeckt, und Wernicke war einer von den Forschern, die frühzeitig diesen Zusammenhang erkannten.

Das Verhältnis von Wernicke zu seinen Assistenten war nicht selten gespannt, was mit dem schwierigen Charakter und dem kompromißlosen Wesen von Wernicke zusammenhing. Es verwirklichte sich in dieser Persönlichkeit das nicht seltene Zusammenvorkommen genialer Anlagen mit Schwierigkeiten im persönlichen Verkehr. Wernicke kam schließlich auch mit der Stadt in Konflikt, so daß ihm die Arbeitsmöglichkeit an der in der städtischen Irrenanstalt untergebrachten klinischen Abteilung entzogen wurde. Infolgedessen war damals in Breslau zeitweilig überhaupt keine Möglichkeit eines klinischen Unterrichts vorhanden. Das schloß aber nicht aus, daß von Wernicke und seiner Schule bedeutende Errungenschaften auf dem Gebiet der Psychiatrie und Neurologie ausgingen. Eine solche Entdeckung war Bonhoeffers Feststellung, daß bei einem Fall von halbseitigem Veitstanz, der bis dahin als ein funktionelles Leiden betrachtet worden war, ein Krankheitsherd im entsprechenden Bindearm (einer Verbindung zwischen Großhirn und Kleinhirn) gefunden wurde, was die organische Grundlage des Leidens bewies. Wernicke, der bis dahin noch keinen seiner Mitarbeiter habilitiert hatte, war durch diese Entdeckung so stark beeindruckt, daß er Bonhoeffer die Habilitation anbot.

Nach dem Erwerb der Dozentur, die mit seiner Verlobung mit der Tochter des Konsistorialrates v. Haase zeitlich zusammenfiel, unternahmen Bonhoeffer, Gaupp und Heilbronner eine gemeinsame Fahrt nach Dalmatien und verbrachten in Ragusa und auf der dalmatinischen Inselwelt schöne Wochen. Es war Bonhoeffer ein Bedürfnis, später, als die Verhältnisse sich konsolidiert hatten, auch seine Frau in die Mittelmeerwelt einzuführen, wenn er auch sonst kein Interesse an größeren Auslandsreisen bekundete.

Um diese Zeit wurde in Breslau bei dem neuerbauten Gefängnis eine psychiatrische Abteilung eröffnet, die Bonhoeffer übertragen wurde. Er machte um so lieber davon Gebrauch, als die wirtschaftliche Lage, zumal nach der Verheiratung, beengt war und er von der Unterstützung durch die Eltern unabhängig werden wollte. Dort arbeitete er fünf Jahre lang und hatte Gelegenheit zu einem tiefen Einblick in die Natur der antisozialen Menschengruppen, der Rechtsbrecher, Vagabunden, Prostituierten usw.

Bereits im Jahre 1903 wurde Bonhoeffer als persönlicher Ordinarius an die Universität Königsberg berufen (die damalige Unterrichtsverwaltung konnte sich noch nicht überall entschließen, die Psychiatrie mit einem festen Ordinariat zu verbinden). Schon ein halbes Jahr später kam der Ruf nach Heidelberg als Nachfolger des nach München berufenen Emil Kraepelin. Kraepelin wollte Bonhoeffer bei einem Besuch in Heidelberg alsbald auf seine fanatische Abstinenzlehre festlegen, was er wohl selten bei solchen und ähnlichen Gelegenheiten versäumte. Jedoch fand er bei Bonhoeffer hierin keine Gegenliebe, weil diesem jeder Fanatismus und das kämpferische Eintreten für ein bestimmtes Prinzip nicht lag. Hierin unterschied er sich von anderen hervorragenden Neurologen und Psychiatern jener Zeit, wie Nonne in Hamburg, Gaupp in Tübingen und Bleuler in Zürich sowie manchen anderen, die in der Abstinenzbewegung eine Rolle spielten.

Bereits 1904 kehrte Bonhoeffer nach Breslau zurück. Doch wurde die im Bau befindliche Klinik erst zwei Jahre später fertig, und er mußte sich in der Zwischenzeit mit der städtischen Abteilung begnügen. Die Klinik jedoch entsprach dann allen Anforderungen einer modernen psychiatrischen und neurologischen Klinik. Die Rückkehr von Heidelberg nach Breslau wäre nicht einfach gewesen, wenn Althoff noch in Berlin regiert hätte, der Bonhoeffer bei dem Antrag, Königsberg mit Heidelberg zu vertauschen, gedroht hatte, er würde ihn nie wieder an eine preußische Universität berufen. Aber Althoff war zu jener Zeit nicht mehr im Amt, und sein Nachfolger Elster machte keine Schwierigkeiten. 1917 schlug Bonhoeffer – schweren Herzens, weil seine Eltern dort noch lebten – einen Ruf an seine Heimatuniversität Tübingen aus, folgte aber kurz darauf einer Berufung nach Berlin als Nachfolger von Ziehen, der zur Philosophie übertrat. Bonhoeffer trennte sich dabei nicht leicht von Breslau, wo sich die in seiner Familie gepflogene Geselligkeit in einem intimeren Rahmen, nicht in dem der offiziellen Diners, abspielte.

In Berlin übernahm Bonhoeffer die rühmlich bekannte Psychiatrische und Nervenklinik der Charité. Es war nicht leicht für ihn, sich in Berlin einzugewöhnen. Die mit der großen Klinik verbundenen Repräsentationspflichten waren ihm unbehaglich. Bonhoeffer hatte von vornherein eine gewisse Scheu, öffentlich aufzutreten, ja er hat später auch gelegentlich bekannt, daß selbst das Kolleg bei ihm immer wieder eine Art Lampenfieber auslöste. Jedoch war für ihn der Gesichtspunkt maßgebend, daß sich für die Weiterbildung der aufblühenden Familie in Berlin größere Möglichkeiten ergeben würden als in Breslau. Ein radikaler Wechsel trat in Berlin auch hinsichtlich der Zahl der Mitarbeiter ein. In Breslau war es ein kleiner, bewährter Stamm, während in Berlin die große Anzahl der Assistenten einen näheren Connex nicht immer möglich machte. Überdies oblagen Bonhoeffer noch andere Pflichten: das Medizinalkollegium, der psychiatrische Anteil der Gesundheitsabteilung und der Vorsitz in der Psychiatrisch-Neurologischen Gesellschaft. Der Unterricht erstreckte sich in Berlin auf viel mehr Wochenstunden als in Breslau; es war für Bonhoeffer unbefriedigend, daß im Gegensatz zu Breslau die Studenten die Klinik nur ein Semester zu hören brauchten und daß bei der großen Anzahl der Hörer das Praktizieren zum symbolischen Akt wurde.

1924 schlug Bonhoeffer eine Berufung an die Universität München als Nachfolger von Kraepelin aus. Zwar lockten ihn die Landschaft, die Berge, überhaupt das süddeutsche Milieu Aber die Familie, die inzwischen in Berlin sich fest verwurzelt hatte, war gegen die Annahme des Rufes. Zudem hatte Bonhoeffer Bedenken, es könne zwischen der von Kraepelin begründeten Forschungsanstalt für Psychiatrie, die zum Teil noch in der Klinik untergebracht war, und der Klinik zu Differenzen kommen. Die Klinik in München war eine rein psychiatrische, weil Kraepelin auf dem Standpunkt beharrte, daß man nur entweder eine neurologische oder eine psychiatrische Klinik haben dürfe; Bonhoeffer dagegen war der Meinung, daß die sämtlichen neu zu bauenden psychiatrischen Kliniken auch eine neurologische Abteilung haben sollten.

Die Schwierigkeiten, die sich später nach der Machtergreifung durch den Nationalsozialismus ergaben, beherrschte Bonhoeffer mit einer souveränen Ruhe. Er ließ sich nichts abnötigen, was gegen sein ärztliches Gewissen ging, und er hat z. B. weder ein Hitler-Bild aufgehängt noch selbst jemals einen Patienten als erbkrank gemeldet. Auf die betreffende Gesetzgebung hatte er nach der „Machtergreifung" keinen Einfluß mehr.

Im Jahre 1937 wurde Bonhoeffer emeritiert.Seine ärztliche und wissenschaftliche Tätigkeit, der er bis zu seinem Lebensende treu blieb, war damit allerdings nicht beendet.

Die wissenschaftliche Laufbahn von Bonhoeffer war bestimmt und begünstigt von zwei glücklichen Umständen. Erstens: seiner seelischen Struktur nach war Bonhoeffer besonders aufgeschlossen für die Probleme der Psychiatrie; zweitens: die Atmosphäre, die er bei seinem Eintritt in das Fach vorfand, stand ganz im Zeichen der verheißungsvollen Entwicklungsphase, in der sich damals (um die Jahrhundertwende) die psychiatrische und neurologische Wissenschaft, vor allem in Breslau, befand.

Ein neuer wichtiger Aspekt war damals geschaffen durch die Lehre von Griesinger, der – eine Epoche widerspruchsvoller, zumeist naturphilosophischer Spekulationen abschließend – die These aufstellte: Geisteskrankheiten sind Gehirnkrankheiten. Die Zukunftsaussichten dieser Theorie erweiterten sich durch die Errungenschaften der Lokalisationslehre. 1870 wiesen Fritsch und Hitzig in bahnbrechenden Untersuchungen nach, daß in umschriebenen Hirngebieten, nämlich der vorderen Zentralwindung, die man daher „motorische" Hirnrinde nannte, Projektionsfelder der motorischen Funktionen repräsentiert seien, woran sich später die Entdeckung der sensorischen, der Hör- und Sehfelder schloß (Ferrier, Goltz, v. Monakow, Munk, Horsley, Sherrington u. a.). Diese Rindenfelder waren, so stellte man fest, mit der Körperperipherie durch die Projektionsbahnen verbunden, während die zwischen den Projektionsfeldern gelegenen großen Hirnanteile und ihre Verbindungen als Zentren seelischer Leistungen vorgestellt wurden (Flechsig). Ein weiterer und aufsehenerregender Fortschritt war es, als 1861 Broca in Paris das sogenannte „motorische Sprachzentrum" entdeckte, eine Stelle im hinteren Drittel der linken Stirnhirnwindung, deren Zerstörung bei erhaltenem Sprachverständnis und bei Unversehrtheit der dem Sprechakt dienenden Muskeln den Patienten unfähig macht, sich sprachlich zu äußern. Nur gegen große Widerstände konnte sich diese Lehre durchsetzen. Sie fand ihre glanzvolle Fortsetzung und Krönung in der Entdeckung der „sensorischen Aphasie" im hinteren Drittel der linken Schläfenwindung durch Wernicke. Bei der Zerstörung dieser Stelle war – obgleich die Hörfähigkeit erhalten blieb – im allgemeinen das Sprachverständnis gestört, während der motorische Sprechakt intakt blieb. Weitere Entdeckungen schlossen sich daran, vor allem die Forschungen von Liepmann über die Apraxie 1904, eine Funktionsstörung, bei der trotz intakten Muskelapparates die Fähigkeit zu koordinierten, zweckvollen Bewegungen verlorenging. Im Umkreis der ursprünglich gefundenen Zentren konnten weitere Störungsstellen für das Lesen und Schreiben, für agnostische und asymbolische Ausfälle gefunden werden, z. B. die Seelenblindheit und Seelentaubheit. Nunmehr war ein Stadium erreicht, in dem es scheinbar nur eines weiteren Schrittes bedurfte, um die Gesamtheit der seelischen Leistungen, die schon in den Funktionen dieser Zentren zum Teil eingeschlossen schienen, auf die ganze Hirnrinde und die Verbindungen ihrer sogenannten Assoziationszentren zu projizieren. Schon Meynert baute, auf diesen Forschungsergebnissen, die er selbst bereicherte, und auf der Assoziationspsychologie basierend, ein System auf, in welchem die hirnphysiologischen Störungen mit den seelischen in direkte Beziehung gebracht wurden. Die Krönung solcher Bestrebungen bildete das grandiose System von Wernicke, das ebenfalls die seelischen Funktionen und Funktionsstörungen unmittelbar auf hirnphysiologische Prinzipien zurückführte (psychischer Reflexbogen, Reiz- und Sejunktionsvorgänge).

Das also war die die Geister faszinierende, zukunftsträchtige Atmosphäre, in welche Bonhoeffer eintrat. Er war lebhaft daran beteiligt, die sogenannte „klassische Aphasielehre" weiter auszubauen, zum Teil durch gewisse Anregungen, die er von der Chirurgie (v. Mikulicz) empfing. Eine große Reihe Untersuchungen hat er zu diesem Lehrgebäude beigetragen, das später allerdings in seinen psychologischen Anteilen nicht unwidersprochen geblieben ist. Man versuchte damals die Epilepsie durch Sacrification der motorischen Hirnrinde zu beeinflussen. Daraus ergaben sich Lähmungen, deren Rückbildung Bonhoeffer beschrieb und in die Aphasielehre einordnete. Bonhoeffer, der mit einer ausgezeichneten Beobachtungsgabe ausgerüstet war, ließ sich indessen lediglich angelegen sein, die festgestellten klinischen Störungen mit den gefundenen pathologisch-anatomischen Veränderungen in Zusammenhang zu bringen. Diese rein empirisch gefundenen Resultate konnten dauernden Wert beanspruchen. Bonhoeffer dehnte die lokalisatorischen Forschungen auch auf andere Hirngebiete aus, so auf das Kleinhirn, dessen Anteil an gewissen sprachtechnischen Koordinationsstörungen (der „skandierenden" Sprache) er herausstellte. Von weittragender Bedeutung war die Feststellung des

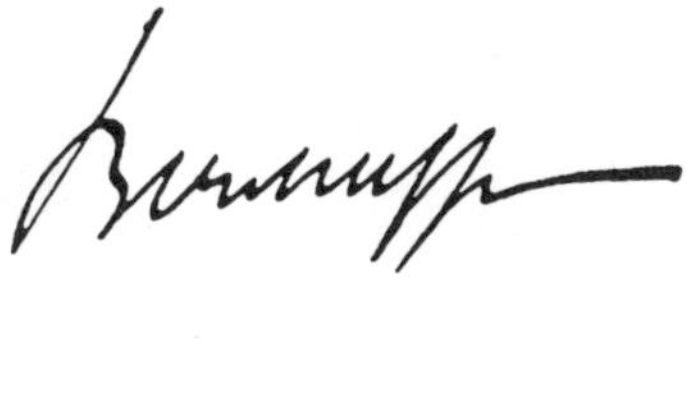

Zusammenhangs einer halbseitigen Chorea mit einem anatomischen Krankheitsherd im gleichseitigen Bindearm (nahe dem Roten Kern), einer wichtigen Zwischenstation im „extrapyramidalen" motorischen System. Es war damit der extrapyramidale Charakter dieser Bewegungsstörung aufgezeigt, ein wichtiges Glied in der Kette der Befunde, die später ein außerhalb der motorischen Hauptbahn (der Pyramidenbahn) angeordnetes Koordinationssystem der Bewegungen umfaßte, welches anatomisch an Kleinhirn und Stammganglien gebunden war. Bonhoeffer ließ es sich angelegen sein, die – vor allem an Hirngeschwülsten – so gefundenen Forschungsergebnisse auch der Therapie nutzbar zu machen. Das Gebiet erweiterte sich, indem auch psychiatrische Symptomenkomplexe, das Delirium tremens und die Korsakow'sche Geistesstörung, zwei durch chronischen Alkoholismus bedingte Symptomenkomplexe, in Zusammenhang mit anatomischen Befunden gebracht wurden. Hierin schloß sich Bonhoeffer den Intentionen seines genialen Lehrers an. Doch kamen diese Forschungen nicht darauf hinaus, die psychischen Symptome direkt mit hirnpathologischen Ausfällen in Zusammenhang zu bringen, sondern nur eine allgemeinere Beziehung psychischer Erkrankungen mit anatomischen Hirnveränderungen festzustellen. Auch hier zeigte sich Bonhoeffer als reiner Empiriker. Den mit Hypothesen belasteten Forschungsrichtungen hielt er sich fern. Dieser Selbstbeschränkung ist er bis an sein Lebensende treu geblieben. Die anatomische Untersuchung der organischen Geisteskrankheiten hat später durch Nissl und Alzheimer eine Ausgestaltung erfahren, die es ermöglichte, die organischen Hirnkrankheiten – in ihrer Gesamtheit – pathologisch-anatomisch zu erkennen. Mehr und mehr zeichnete sich in der weiteren Entwicklung der Forschungen das Falsche der Einstellung ab, welche hirnphysiologische und hirnpathologische Befunde auf die speziellen seelischen Symptome übertrug. Gewiß war Griesinger recht zu geben insofern, als allen geistigen Funktionen materielle Veränderungen im Gehirn entsprechen (wie Hoche einmal gesagt hat: „Der Geist schwebt auch da nicht über den Wassern"). Aber keine sichtbare Erkrankung im Bereich des Gehirns konnte, wenn man die Dinge vorurteilslos betrachtete, unmittelbar mit psychischen Phänomenen in Zusammenhang gebracht werden, ebensowenig wie für psychische Störungen ein solches Äquivalent im Gehirn gesucht werden konnte. Falsch ist daher auch in ihrer Grundlage die noch so bestechend durchgedachte Konzeption von Wernicke, der alle psychischen Phänomene, z. B. die motorischen Akinesen und Hyperkinesen, die Entstehung der Halluzinationen, der überwertigen Ideen usw. auf Unterbrechungen von Zentren und Bahnen zurückführen zu können glaubte. Letzten Endes basierte alles dies auf unbeweisbaren Hypothesen und trug solchen Systemen später die Kennzeichnung als „Hirnmythologie" ein. Es mag für einen jungen Schüler des überragenden Mannes nicht leicht gewesen sein, angesichts der Anschaulichkeit und Folgerichtigkeit sich einem solchen Denksystem ganz zu entziehen. Hier fest zu bleiben und sich vom Wege des Lehrers zu trennen, setzte die unerschütterlich stabile, andersgeartete seelische Struktur von Bonhoeffer voraus. Die ausgezeichneten psychopathologischen Analysen von Wernicke, die zum großen Teil einen dauernden Wert behielten, verfehlten aber nicht ihre anregende Wirkung. Sie drückt sich in der klassischen Beschreibung des Alkoholdeliriums, der Korsakow'schen Gedächtnisstörungen, der Einflüsse von Bewußtseinschwankungen auf die psychotischen Phänomene dieser Krankheiten aus, wobei Bonhoeffer darauf aufmerksam macht, daß das Delirium und der Korsakow symptomatisch etwas grundsätzlich anderes darstellen als die gewöhnlichen Alkoholwirkungen. Auch hier nahm er, ebenso wie für die symptomatischen Psychosen, ein ätiologisches Zwischenglied zwischen der Giftwirkung und der geistigen Störung in Anspruch. Das fruchtbare Prinzip der vergleichenden Betrachtung der bei Vergiftungen und Infektionen vorkommenden Psychosen führte Bonhoeffer zur Aufstellung der alle diese geistigen Störungen umfassenden sogenannten „exogenen" Symptomenkomplexe, die er auf Grund der Beobachtungen in verschiedene Unterformen gliederte. Mit diesem Begriff sollte ausgesagt sein, daß alle die genannten, das Gehirn von außen angreifenden Krankheitsursachen trotz ihrer scheinbar so weitgehenden Verschiedenheit die gleichen Symptomenbilder hervorrufen. Den „exogenen" Komplexen standen – eine wichtige psychopathologische Unterscheidung – die „endogenen", d. h. aus der Veranlagung entspringenden gegenüber. Bei der Konzeption der exogenen Syndrome schien allerdings das geläufige Prinzip: gleiche Ursachen erzeugen gleiche Wirkungen, verletzt zu sein. Mit Wernicke, welcher bei seinen hirnpathologischen Konstruktionen auf die speziellen Ursachen keinen Wert legte, stimmte Bonhoeffer hierin überein; aber er setzte sich in Widerspruch zu Kraepelin, der das Ursache-Wirkung-Prinzip vertrat. Bonhoeffer stellte die Theorie auf, daß nicht die verschiedenen Krankheiten an und für sich die pathogene Wirkung auf das Gehirn entfalten, sondern ein Stoffwechselzwischenglied, das den verschiedenen Krankheiten gemeinsam sein könnte. Im übrigen setzte sich die empirische Erfahrung durch, und der „exogene Symptomenkomplex", der vor allem in dem Buch über die symptomatischen Psychosen seinen Ausdruck fand, ist Allgemeingut der psychiatrischen Forschung geworden, berufen, auf dem Gebiet der organischen Psychosen in ihrer Gesamtheit zu weiteren Erkenntnissen zu führen.

Die Tendenz von Bonhoeffer, aus vergleichender Betrachtung grundsätzliche Erkenntnisse abzuleiten, ist auch in einer ein anderes Thema berührenden Arbeit wirksam, die den Titel trägt: „Inwieweit kommen psychogene Krankheitszustände vor, die nicht der Hysterie zuzurechnen sind?" Auf diesem Gebiet hatte sich seit den grundsätzlichen Forschungen der französischen Schule (Charcot, Janet, Bernheim u. a.) eine gewisse Begriffsverwirrung eingestellt. Allgemein anerkannt war, daß hysterische Störungen psychogen seien, nicht aber konnte der umgekehrte Satz Geltung haben. Bonhoeffer entwickelte ein Kennzeichen der speziell hysterischen Natur des psychogenen Geschehens, nämlich den in den pathogenetischen Zusammenhang eingehenden Wunschfaktor. Das Auftreten eindrucksvoller psychogener Manifestationen bei Kriegsteilnehmern in der Heimat im Gegensatz zu dem Verhalten der Kriegsgefangenen in den Gefangenenlagern bildete für diesen Zusammenhang ein Beispiel, nicht weniger die „Unfallneurose", die in gewissen Zeiten eine große soziale Bedeutung erlangt hat. Damals ist besonders von Oppenheim die Ansicht vertreten worden, daß der „traumatischen Neurose" molekulare Erschütterungen zugrunde lägen. Bonhoeffer wandte sich frühzeitig gegen diese Annahme, und sein Standpunkt hat sich dann auch später durch den Erfolg der hypnotischen Behandlung als der richtige erwiesen. An dem Vergleich der Schreckwirkungen, die einerseits den wohl zu charakterisierenden „vasomotorischen Symptomenkomplex" hervorriefen, andererseits Dämmerzustände oder andere psychogene, hysterisch zu wertende Reaktionen, erörterte er in einer Diskussion mit Kleist den Unterschied des Psychogenen und des Hysterischen sehr anschaulich. Der vasomotorische Komplex ist eine körperliche Reaktion, bestehend in Kopfschmerzen, Schwindel, Bewußtseinsstörung, während die genannten hysterischen Reaktionen gerade dann in Erscheinung treten, wenn pathogenetisch ein Wunschfaktor plausibel ist.

Mit den Kriegseinwirkungen hat sich Bonhoeffer vielfach beschäftigt und gewisse Unterschiede in den Manifestationen mancher pathogener Einwirkungen bei Kriegsteilnehmern und der Zivilbevölkerung festgestellt, aber auch die Anschauung erhärtet, daß die „endogenen", d. h. die der Veranlagung entspringenden Psychosen durch Kriegseinflüsse noch so drastischer Art in ihrem Auftreten nicht beeinflußt werden können. Anders amentiaartige Psychosen, die aus Hunger, Entbehrungen und Schlafentziehung entstehen.

Ein großes Interesse hat Bonhoeffer für soziale Auswirkungen psychotischer Reaktionen bekundet. Im Beginn seiner Tätigkeit, als er in Breslau in der Irrenabteilung des Gefängnisses tätig war, wurde seine Aufmerksamkeit auf Geistesstörungen gelenkt, die im Gefängnisbereich vorkamen. Vielleicht fußte er hier auf Erfahrungen, die er bei einer Reise durch belgische Gefängnisse gemacht hatte. Er entwickelte daselbst seine Anschauungen über die sogenannten „Degenerationspsychosen". Es galt dabei zu unterscheiden zwischen geistigen Störungen, welche schicksalsmäßig aus der gegebenen Veranlagung heraus bei Gefangenen entstehen, und solchen, welche als Haftfolge aufzufassen sind. Trotz weitgehender Ähnlichkeit der Symptomenbilder konnte die sorgfältige Beobachtung doch zu Unterscheidungsmerkmalen führen, welche den Begriff der Degenerationspsychosen rechtfertigen. Mit dem Begriff der „Labilität des Persönlichkeitsbewußtseins", das dem Patienten gewissermaßen ein Spiel in verschiedenen Rollen gestattet, hat er für diesen Bereich der psychischen Störungen ein eindrucksvolles Merkmal gegeben.

Für die forensische Psychiatrie, für welche Bonhoeffer eine Anzahl Beiträge lieferte, waren diese Erkenntnisse von Wichtigkeit. In sozialer Beziehung wichtig war auch der Beitrag zum Begriff des sogenannten „sozialen Schwachsinns". Er kommt zustande bei Kindern, welche aus äußeren Gründen – schlechte Erziehung und Ernährung, unzureichender Schulbesuch, kurz unter dem Einfluß der Verwahrlosung – am Ende Grade von intellektueller und moralischer Unzulänglichkeit darbieten können, die trotz an sich guter Anlagen einen Schwachsinn vortäuschen können. Unter den gegenwärtigen Verhältnissen, der Entwurzelung großer Anteile der deutschen Bevölkerung, können derartige Probleme wieder bedeutungsvoll werden.

Auch geschichtliche Studien fesselten ihn. Je größer seine Erfahrung anwuchs, desto mehr Aufschlußreiches konnte er zum Vergleich vergangener und gegenwärtiger Epochen psychiatrischer Anschauungen und therapeutischer Bemühungen aussagen. Es ist interessant, wie gleiche Bestrebungen eine Wiederkehr in veränderter Form zeigen. Wir verdanken Bonhoeffer eine Abhandlung über die Geschichte der Psychiatrie in der Charité im 19. Jahrhundert. Es tauchen darin die Lebensbilder seiner Vorgänger an der psychiatrischen Abteilung der Charité auf. Das waren zumeist bedeutende Männer, wie Horn, Ideler, Griesinger, Westphal und Jolly, von denen die letzteren schon der modernen Zeit angehörten und für die innigere Verbindung der Psychiatrie mit der Neurologie eintraten. Unter ihrem Einfluß wurde das Fach zur ordentlichen Professur im Rahmen der medizinischen Fakultät erhoben. Mit dem Anfang des 19. Jahrhunderts hatte sich eine humane Betrachtung der Geisteskrankheiten durchgesetzt. Auch in der Charité waren die Geisteskranken ursprünglich mit Trinkern, Prostituierten und sozialen Schädlingen untergebracht gewesen. Mehr und mehr ging das Bestreben dahin, sie in gesonderten Abteilungen und in einer kranken Menschen angemessenen Pflege und Versorgung unterzubringen. Das gelang allmählich, wenn auch die früheren gewaltsamen therapeutischen Maßnahmen (körperliche Bewegungsbeschränkung durch Zwangsjacken, kalte Güsse, Drehstühle und dergleichen) erst im Verlaufe längerer Zeit durch Arbeitsbehandlung, Dauerbäder und medikamentöse Therapie ersetzt wurden. Carl Westphal war der Begründer der Psychiatrisch-Neurologischen Klinik in der Charité, und die durch ihn erfolgte Zusammenfassung der beiden Fächer war richtunggebend auch für weitere Klinikbauten auf diesem Gebiet. Auch Bonhoeffer setzte sich, wie gesagt, entgegen manchen Trennungsbestrebungen für die psychiatrisch-neurologische Klinik ein, wobei allerdings auch nach seiner Ansicht der modernen Neurochirurgie Rechnung zu tragen war; ob diese Abteilung der Chirurgischen oder der Nervenklinik angehören soll, sei eine Sache der geeigneten Persönlichkeit. In solchen geschichtlichen Betrachtungen, die bis in die Entwicklung gegenwärtiger Strömungen hineinreichen, sehen wir ein nicht zu unterschätzendes Verdienst von Bonhoeffer.

Im Jahre 1941 erschien sein Büchlein „Nervenärztliche Erfahrungen und Eindrücke", in dem sich die Quintessenz von Bonhoeffers großer fachlicher Erfahrung in sehr eindrucksvoller Weise wiederspiegelt. Selbst dort, wo die mitgeteilten Erfahrungen nicht unbedingt neu waren, sind sie im Lichte seiner Betrachtung von großer Wirkung. Das gilt vor allem von dem Aufsatz „Wandlungen in der Auffassung von den anatomischen Grundlagen der Psychosen". Die verschiedenen Richtungen, in welchen man den Problemen einer Lokalisation der psychischen Störungen nahezukommen suchte, werden aufgezeigt. Bekannt sind der Enthusiasmus, mit dem die Zellforschungen von Nißl und Alzheimer begrüßt wurden, und die Enttäuschung, die sich daran anschloß. Nißl gab es allerdings noch nicht unbedingt auf, auf diesem Wege weiterzukommen, indem er forderte, daß alle Gewebsbestandteile, Glia und Gefäße, mit gleicher Genauigkeit zu untersuchen seien wie die Zellen. Später wurden dann die Stammganglien und das Zwischenhirn aktuell. Hier wird den Forschungen von Reichardt über anatomische Beziehungen zwischen Stammganglien und Rinde ein breiter Raum gewährt, obgleich, wie Bonhoeffer zugeben mußte, die anatomischen Unterlagen nicht ganz ausreichend erschienen; der große heuristische Wert wurde indessen betont. Die Zwischenhirnforschungen, die von Karplus und Kreidel ausgingen und in den Versuch einmündeten, Lokalisationen innerhalb dieses Gebietes aufzudecken, hatten nur im allgemeinen einen Erfolg, nicht im speziellen –, mit einer Ausnahme, nämlich der der Schlaf-Wach-Funktionen. Bonhoeffer nimmt da auch auf das von Stertz beschriebene Zwischenhirnsyndrom Bezug. Die Bedeutung des Hirnstammes war schon von Meynert erkannt worden. Jetzt aber mehrten sich Anhaltspunkte dafür, welche bedeutsame aktivierende Wirkung der Hirnstamm auf die Funktionen des Hirnmantels ausübt. Man konnte, wie Stertz es ausdrückte, nun eine Hirnstamm- und eine Hirnmantel-Demenz unterscheiden. Skeptisch ist Bonhoeffer allerdings gegenüber den interessanten, von Foerster mitgeteilten Beobachtungen, wonach lokale Reizungen im Zwischenhirngebiet das eine Mal mehr maniforme, das andere Mal mehr depressive Wirkungen bedingt haben sollen. Jedenfalls kann man darin angesichts der Seltenheit solcher Beobachtungen Ansätze zu einer Lokalisation von Vorgängen, die das manisch-depressive Irresein in sich einschließen, nicht erblicken. Das gilt auch von symptomatologischen Übereinstimmungen, die zwischen schizophrenen motorischen Symptomen einerseits und Encephalitisfolgen andererseits beobachtet werden, ein Gebiet, dem Kleist eine besondere Aufmerksamkeit gewidmet hat. – Die Feststellung von Gamper, daß beim Korsakow und anderen schweren alkoholischen Erkrankungen die Corpora mamillaria vorwiegend betroffen sind, interessierte Bonhoeffer sehr. Er ist aber doch der Meinung, daß z. B. die Gedächtnisstörungen auch ein Ausdruck von Veränderungen der Hirnrinde sein müßten. Dem außerordentlich großen heuristischen Wert all dieser Forschungen stehen nicht ebenso vollwertige konkrete Unterlagen gegenüber. Doch bleibt die weitere Klärung dieser Verhältnisse eine große Aufgabe für die Zukunft.

In weiteren Abhandlungen wird die außerordentliche Widerstandsfähigkeit des Gehirns gegenüber äußeren Einwirkungen hervorgehoben. An der Hand seiner großen Erfahrungen bestätigt Bonhoeffer, daß Schizophrenie und manisch-depressives Irresein auf diesem Wege nicht entstehen.

Somit nahm Bonhoeffer Stellung zu allen möglichen Bereichen, in welche psychiatrisches Wissen ausstrahlt, und wußte dabei immer etwas Gültiges und Wichtiges zu sagen. Er wurde nicht nur der Nestor seinem Alter nach, sondern auch ein unbestechlicher Mentor in vielen psychiatrischen Fragen der Gegenwart.

Interessant ist in der Betrachtung seines Lebenswerkes die Beschränkung, die er sich aus Selbsterkenntnis und aus Bescheidenheit auferlegte. Wir finden in dem außerordentlich umfangreichen Schrifttum (es handelt sich um 162 Veröffentlichungen) keine Arbeiten, die sich mit solchen Problemen befassen, in denen Hypothesen eine entscheidende Rolle spielen, so z. B. im Gebiet der endogenen Psychosen oder auch in dem verwickelten Gebiet der verschiedenartigen psychotherapeutischen Bestrebungen, die allmählich heranwuchsen. Er hat sich auch nicht zu einer Gesamtdarstellung der Psychiatrie entschließen können, soviel man sich angesichts seiner ungewöhnlich großen Erfahrung davon hätte versprechen können. Auf dem Gebiet der Psychotherapie und der Tiefenpsychologie, deren Bedeutung er wohl erkannte, griff er nicht in die so beliebte abschätzende Kritik ein, die mehrorts gang und gäbe war. Mir ist nicht bekannt, daß er sich z. B. in diesem Sinne mit dem Werke von Freud, der wie Wernicke ein Schüler von Meynert war, beschäftigt hätte; ich glaube vielmehr, daß es an seiner Toleranz lag, den bedeutenden Mann in ihm zu achten.

An seiner Klinik herrschte volle Forschungsfreiheit, auf welchem Gebiet auch immer die Arbeitsrichtungen sich abspielten. Er lächelte vielleicht zu einer verstiegenen Hypothese seiner Mitarbeiter, aber er tolerierte auch das, wo ernsthafte Arbeit dahinterstand. Im persönlichen Verkehr war er im Dienst zwar liebenswürdig, aber er wahrte stets eine gewisse Distance. Doch schien es mir, daß dies durch seine Dienstauffassung ihm auferlegt war; bei späteren Begegnungen und im Briefwechsel war von dieser Eigenschaft nichts zu bemerken. Man kann nicht sagen, daß er mit Bedacht „Schüler" heranzog. Die wissenschaftliche Atmosphäre seiner Klinik förderte jedwede Arbeitsrichtung. Bescheidenheit und Toleranz, von der schon die Rede war, und eine eigenartig gewinnende Art, mit den Kranken umzugehen – sie traten in den Vorlesungen beispielhaft zutage –, prägten auch die wissenschaftlichen Persönlichkeiten seiner Mitarbeiter. Die ungewöhnlichen akademischen Erfolge, die ihm zuteil wurden, änderten nichts an der geschilderten Eigenart, die Jaspers treffend mit den Worten ausdrückt: „Durch seine Arbeiten geht ein Hauch von Bescheidung vor den ungeheueren Rätseln (seines Faches)".

Bonhoeffer machte sich wenig aus von außen kommenden Ehrungen. Sein Haus – erst in Breslau, dann in Berlin –, in welchem in selten harmonischer Ehe mit seiner Frau eine blühende Kinderschar heranwuchs, umschloß wohl in Wahrheit das Glück seines Lebens. Auf seinem Landsitz in Wölfelsgrund und später im Harz huldigte er neben stiller Forschungsarbeit besonders gern der Pflege des Gartens und freute sich an der Natur. Seine harmonisch angelegte, wohl temperamentvolle, aber zutiefst disziplinierte Natur zeigte sich auch den schwersten Erschütterungen gewachsen: als zwei hochbegabte Söhne und zwei Schwiegersöhne ihre aufrechte Gesinnung im Rahmen der Widerstandsbewegung mit dem Tod durch die Schergen des Naziregimes bezahlen mußten. Er fuhr in seiner segensreichen ärztlichen und forschenden Arbeit fort. Es war ihm noch beschieden, im großen Familienkreis den 80. Geburtstag und die goldene Hochzeit zu feiern. Bis zuletzt nahm er teil an den Schicksalen seiner früheren Mitarbeiter, die das Glück hatten, ein ganzes Leben lang in Briefwechsel mit ihm zu bleiben. Ein Schlaganfall, dessen leichtere Vorboten er selbst erkannt hatte, unterbrach am 4. Dezember 1948 jählings seine mit reichem Erfolg gesegnete Lebensarbeit.

Wir sind überzeugt, daß das wahr ist, was die Todesanzeige über sein Erdendasein besagt: trotz schweren Leids ein glückliches Leben.

Bibliographie

Die wichtigsten Arbeiten von Karl Bonhoeffer: Ein Beitrag zur Lokalisation der choreatischen Bewegungen. Monatsschr. Psychiatr., *1*, 6 (1897). — Der Geisteszustand der Alkoholdeliranten. Habilitationsschrift. 1897. — Die akuten Geisteskrankheiten der Gewohnheitstrinker. Jena. 1901. — Klinische Beiträge zur Lehre von den Degenerationspsychosen. Halle. 1907. — Die symptomatischen Psychosen im Gefolge von akuten Infektionen und inneren Erkrankungen. Leipzig und Wien. 1910. — Inwieweit kommen psychogene Krankheitszustände vor, die nicht der Hysterie zuzurechnen sind? Allg. Z. Psychiatr., *68*, 371 (1911). — Über die Bedeutung der Kriegserfahrungen für die allgemeine Psychopathologie und Aetiologie der Geisteskrankheiten. Leipzig. 1922. — Rückwirkungen des Sterilisationsgesetzes auf die klinische Psychiatrie. Berlin. 1936. — Die akuten und chronischen choreatischen Erkrankungen und die Myoklonien. Abh. aus d. Neurol., Psychiatr. usw., Heft 75. Berlin. 1936. — Geschichte der Psychiatrie in der Charité im 19. Jahrhundert. Z. Neur., *168*, 37 (1940). — Nervenärztliche Erfahrungen und Eindrücke. Berlin. 1941. — Vergleichende psychopathologische Erfahrungen aus den beiden Weltkriegen. Nervenarzt, *18*, 1–4 (1947). — Ein Rückblick auf die Auswirkung und die Handhabung des nationalsozialistischen Sterilisationsgesetzes. Nervenarzt, *20*, 1–5 (1949). — Zutt, J. Karl Bonhoeffer (Nachruf). Nervenarzt, *20*, 1949.

SANTIAGO RAMÓN Y CAJAL

1852–1934

Von Richard Jung

Cajal war weder Kliniker noch praktizierender Nervenarzt, aber er hat für das wissenschaftliche Verständnis des Nervensystems und damit auch für die Grundlagenforschung der Nervenkrankheiten mehr geleistet als viele Neurologen und Psychiater, deren Forschungstätigkeit vom Krankenbett ausging. Außer in seiner Militärarztzeit und in der kurzen Phase, in der er sich mit der Hypnose befaßte, hat Cajal keine Patienten behandelt, sondern hat sich ganz auf die Laboratoriumsforschung beschränkt. Schon am Ende des 19. Jahrhunderts wurde er in Deutschland und anderen wissenschaftlich interessierten Ländern als der bedeutendste Hirnforscher und Neurobiologe anerkannt und gefeiert.

Cajals Leben und seine Lebensauffassung sind nur verständlich auf der Folie des geschichtlichen Hintergrundes mit dem politischen Niedergang Spaniens im 19. Jahrhundert. Die Revolutionen und Bürgerkriege, die das Land zerrissen, nachdem es sein großes amerikanisches Kolonialreich verloren hatte, die Korruption und die Hofskandale der bourbonischen Königinnen, ihrer Liebhaber und Generale, die Spanien an den Rand des Ruins brachten, die Unterdrückung der liberalen Bewegung, die mangelnde Pflege der Wissenschaft – all dies waren für den jungen Cajal tiefe und bleibende Eindrücke, die für sein späteres Leben bestimmende Prägungen schufen*. Sie brachten ihn dazu, auch in der Wissenschaft für die Anerkennung Spaniens zu arbeiten und die zahlreichen ihm zufallenden Ehrungen weniger für sich als für sein Land zu beanspruchen.

Sein Patriotismus und sein immer reger Geist, der sich nicht auf sein Fachgebiet der Wissenschaft beschränkte, sondern ihn für literarische, politische und wirtschaftliche Probleme begeisterte, machten ihn zu einem glühenden Verehrer und scharfen Kritiker des spanischen Wesens zugleich. Eines der Motive für seine Forscherarbeit war nicht persönlicher Ehrgeiz, sondern der Wunsch, sein im Politischen so wenig erfolgreiches Land wenigstens in der Wissenschaft wieder zur Geltung zu bringen.

Sein Leben hat er selbst in ausführlichen autobiographischen Schriften [20] [21] dargestellt, in denen er auch seine beruflichen Leistungen und ihr Zustandekommen schildert. Zuletzt mit 80 Jahren beobachtete er mit scharfen Augen sein Leistungsnachlassen und die Symptome der Arteriosklerose, an der er dann bald sterben sollte. [22]

Am 1. Mai 1852 wurde Santiago Ramón y Cajal als ältester Sohn eines Dorfarztes, der von Bauern aus dem Norden Spaniens abstammte, in Petilla, einem kleinen Bergdorf in Aragon, geboren. Der spanischen Sitte entsprechend führte er als ersten Nachnamen den seines Vaters Ramón, als zweiten den seiner Mutter Cajal. Er wurde ein wilder, durch seine Streiche berüchtigter Junge, der von seinem Vater auf mehrere Schulen geschickt werden mußte. Einmal gab der Vater ihn sogar zur Strafe für ein Jahr einem Schuhmacher in die Lehre, als der junge Cajal wegen unfreundlicher aber treffender Karikaturen seiner Lehrer von der Schule verwiesen wurde. Zunächst wollte Cajal Maler werden. Aber in den späteren Schuljahren erweckte die Naturwissenschaft sein Interesse, so daß er mit siebzehn Jahren zur Vorbereitung des Medizinstudiums nach Saragossa geschickt wurde. Dort fiel er durch seine rege Beteiligung an anatomischen Arbeiten auf und wurde im zweiten Jahr seines Studiums als Tutor in der Anatomie eingestellt. Er interessierte sich vor allem für die damals aufkommende Cellularpathologie Virchows, kam so zur Histologie, dem Studium des mikroskopischen Aufbaus der Zellen und Gewebe des Körpers, und blieb seitdem dieser Wissenschaft treu.

Während seines Studiums kamen noch periodische Ablenkungen durch literarische und politische Interessen und eine vorübergehende Begeisterung für Sport und Fechten, eine Zeit, die Cajal später als seine „Muskelepoche" beschrieb und die er rasch überwand.

Bald nach bestandenem Examen wurde Cajal 1873 zum Heer eingezogen. Nach kurzem Einsatz als Hilfsarzt und Stabsarzt im Bürgerkrieg wurde er 1874 nach Kuba geschickt, wo die spanischen Truppen wechselvolle Kämpfe gegen die Aufständischen zu bestehen hatten. Im kubanischen Urwald wäre er beinahe an Malaria zugrunde gegangen. 1875 wurde er schwer krank mit Ruhr und Malaria nach Spanien zurückgeschickt. In Saragossa, wo sein Vater inzwischen an einer Klinik tätig war, erholte er sich langsam und setzte seine medizinischen Studien fort. Er wurde Assistent am dortigen Anatomischen Institut. Von seinem Wehrsold und seiner Militärrente konnte er sich ein Mikroskop kaufen; es war an der dortigen Universität das erste gute Mikroskop, das ein exaktes Studium feingeweblicher Strukturen in der Histologie ermöglichte. Ferner begann Cajal die in den Universitätsinstituten kaum vorhandene ausländische wissenschaftliche Literatur systematisch zu sammeln, indem er sich von dem ersparten Gelde die wichtigsten deutschen und französischen histologischen Zeitschriften kommen ließ. 1880 erschienen seine beiden ersten wissenschaftlichen Arbeiten mit selbst verfertigten Lithographien: eine Studie über die Entzündung und eine Arbeit über die Nervenendigungen im Muskel. Bei diesen Arbeiten benutzte er zuerst neue Imprägnationsmethoden mit Silber und Gold, die er selbständig weiterentwickelte. Vor allem die Entwicklung der Goldmethode, die klarere Bilder als die einfache Silberimprägnation ergab, ist im wesentlichen Cajals Verdienst. In diesen Jahren kannte er nichts als seine histologische Arbeit und vernachlässigte wieder seine geschwächte Gesundheit, bis ein plötzlicher Bluthusten im Jahre 1878 zeigte, daß neben der alten Malaria noch eine Lungenerkrankung vorliegen mußte. Erzwungene Muße in einem Kurort benutzte er, um fotografische Arbeiten fortzusetzen, die vor allem für seine histologischen Forschungen von großer Bedeutung wurden. Im selben Jahre konnte er in Saragossa wieder seine Arbeit in der Anatomie aufnehmen. 1879 wurde er nach mehreren Prüfungen, die in Spanien für die Anwärter solcher Stellen vorgeschrieben waren, Direktor des Anatomischen Museums der Medizinischen Fakultät Saragossa.

Trotz des geringen Einkommens, das ihm diese Stellung brachte, heiratete er entgegen dem Protest der ganzen Familie 1880 ein junges Mädchen, Doña Silveria Fañanás García. Die von allen Seiten wegen seiner wirtschaftlichen Situation mit den schlechtesten Prognosen bedachte Ehe erwies sich als ungewöhnlich glücklich. Señora Cajal war die richtige Ergänzung für ihren leidenschaftlichen, überaktiven, nur der wissenschaftlichen Arbeit hingegebenen Mann. Ruhig, geduldig und bescheiden, sich ganz für das Haus und für ihren Mann aufopfernd, wurde sie ihm eine unermüdliche Hilfe und Hüterin seines seelischen Gleichgewichts und seiner Gesundheit. Cajal schildert in seinen Lebenserinnerungen, wie ihm seine künftige Frau bei einem Spaziergang mit ihrer Mutter auf der

Straße zum erstenmal auffiel durch ihre Ähnlichkeit mit einem deutschen Bild von Fausts Gretchen, das er besonders schätzte, und einer Raffaelschen Madonna, und wie ihn vor allem ihr ruhiges, sanftes Wesen anzog. Da seine Freunde und seine Familie ihm dringend abrieten, bei seinem kleinen Einkommen an Heirat zu denken, wurde die Hochzeit ganz einfach gefeiert, ohne Freunde und Verwandte einzuladen. Cajal schildert weiter, wie er Harmonie und Ruhe im Hause fand, wie sich seine bis dahin gebrechliche Gesundheit durch die Fürsorge seiner Frau festigte, und wie ihr Fleiß und ihre Bescheidenheit ihm alle zukünftige Arbeit erleichterte.

Seine wissenschaftliche Tätigkeit ging unvermindert weiter, und einige Jahre später kam der erste Erfolg: Cajal wurde 1884 mit 32 Jahren Professor der Anatomie an der Universität Valencia. Er zog mit seiner Frau und zwei inzwischen geborenen Kindern in diese Stadt. Das einzige, was ihn damals von der Wissenschaft abhielt, war seine Begeisterung für das Schachspiel. Er wurde ein leidenschaftlicher und hervorragender Schachspieler. Schach war nach Cajals Worten damals sein einziges Laster, das ihn viel Zeit kostete, wenn er oft viele Stunden im Café am Schachtisch saß. Es wurde ihm bald klar, daß ihn dies zu sehr von der Wissenschaft abhielt. Deshalb faßte er, recht charakteristisch für Cajal, plötzlich den Entschluß, darauf zu verzichten und unterließ von da an das geliebte Schachspielen völlig.

1887 wurde Cajal Anatomie-Professor in Barcelona. 1892 rief ihn die Universität Madrid als Professor der Histologie an ein Forschungsinstitut der Medizinischen Fakultät. Hier blieb er bis zu seinem Lebensende, und in diesem Institut hat er seine wichtigsten Arbeiten vollendet.

1887 eröffnete Cajal eine neue Forschungsrichtung in der feineren Anatomie des Gehirns und Rückenmarks durch verbesserte Anwendung der Chromsilber-Methode des italienischen Forschers Golgi, die eine genaue Darstellung einzelner Nervenzellen mit allen ihren Fortsätzen ermöglichte. Damit hatte er das seiner Wesensart und seinen Interessen angemessene Arbeitsgebiet gefunden, in dem er von Erfolg zu Erfolg eilte. Seine Arbeiten, die neues Licht auf den Bau und die Arbeitsweise des Nervensystems warfen, wurden allmählich auch im Ausland bekannt. Es entstand die paradoxe Situation, daß Cajal mit der eigenen Methode Golgis dessen Ansichten über die kontinuierlichen netzartigen Verbindungen im Nervensystem widerlegen konnte. Cajal fand oft starke Worte gegen diese Netztheorie, „die alles erklären will, aber in Wirklichkeit absolut nichts erklärt" und von der er sagte, daß sie den Fortschritt der Forschung hemme, da sie weitere Untersuchungen über die innere Struktur des Nervensystems eigentlich überflüssig mache, wenn in diesem alles mit allem verbunden wäre. Die 1887 von den deutschen und Schweizer Forschern His und Forel entwickelte Neuronentheorie konnte eine sehr viel bessere Erklärung der Funktionen des Nervensystems geben. Als „Neuron" bezeichnet man eine Nervenzelle mit allen ihren Fortsätzen, die als Einheit tätig ist und mit anderen Nervenzellen in Kontakt, aber nicht in kontinuierlicher Verbindung steht. Das Neuron ist nur als Ganzes mit Nervenzelle und Kern lebens- und funktionsfähig. Einzelne Teile wie die von ihrer Zelle abgetrennten Nerven verlieren ihre Leitfähigkeit und sterben vollständig ab. Eine Regeneration ist nur von der Nervenzelle aus möglich.

Die Neuronentheorie wurde bald für die Lehre vom Nervensystem und seinen Funktionen ebenso wichtig wie die Atomtheorie für die Chemie und später die Quantentheorie für die Physik. Dieser Erfolg der Neuronentheorie war vor allem das Verdienst Cajals.

Das Wort „Neuron" wurde allerdings auf Grund von Cajals Forschungen von dem Berliner Anatomen Waldeyer geprägt.

Die durch Cajals erste Entdeckungen angeregten wissenschaftlichen Verbindungen mit den deutschen Hirnanatomen, die damals allgemein als führend galten, wurde nun auch durch persönliche Beziehungen lebendiger. Cajal entschloß sich, trotz seiner geringen deutschen Sprachkenntnisse 1889 zur Anatomentagung nach Berlin zu fahren. Auf dem Wege besuchte er in Frankfurt Edinger, Weigert und Ehrlich. Edinger war der führende vergleichende Hirnanatom, der vor allem die Entwicklung des Tiergehirns studierte. Da Cajal seine wichtigsten Untersuchungen an kleinen Säugern wie Maus und Ratte gemacht hatte, ergaben sich manche gemeinsamen Interessen. Weigert war der Erfinder der Markscheidenfärbung, durch die man die Nervenfasern in einer bisher unerreichten Klarheit darstellen konnte. Ehrlich, der später das Salvarsan erfand, hatte durch die Methylenblau-Methode eine neue und erstaunlich selektive Färbemethode von einzelnen Nervenzellen und -fasern im lebenden Gewebe entwickelt. Auf dem Berliner Kongreß wurden Cajals Präparate, die er dort demonstrierte, eine Sensation. Man war zunächst skeptisch gewesen, als der junge Spanier im Kreise der graubärtigen Anatomen mit holprigem Französisch seine Ergebnisse demonstrierte. Die Skepsis wandelte sich in Begeisterung. Bisher hatte niemand so schöne Golgi-Präparate und so klare Bilder von den Nervenzellen und ihren Kontaktverbindungen im Gehirn und Rückenmark gesehen. Der alte Würzburger Anatom Kölliger war so enthusiastisch, daß er mit 72 Jahren noch Spanisch lernte, um Cajals Artikel lesen und übersetzen zu können. Als einer der einflußreichsten deutschen Anatomen bahnte er Cajal den Weg in die deutsche Literatur. Hirnforscher wie His und Waldeyer aus Berlin, der Belgier van Gehuchten und der Schwede Retzius begrüßten Cajal auf dem Berliner Anatomenkongreß und wurden seine Freunde und begeisterten Anhänger. Krause in Göttingen lud ihn nach dort ein und wurde ebenfalls sein Freund. Nach dieser erfolgreichen Tagung versuchte Cajal noch, auf der Rückfahrt durch Italien Golgi in Pavia aufzusuchen, um diesem seine Bewunderung für seine Nervenzellimprägnation auszudrücken. Leider traf er ihn nicht an, da Golgi sich zu dieser Zeit mehr für politische als für wissenschaftliche Probleme interessierte und als Senator in Rom war. Cajal meinte später, daß ein persönliches Zusammentreffen damals vielleicht die in den kommenden Jahren entstehenden unerfreulichen wissenschaftlichen Streitigkeiten verhindert haben könnte. Durch diese Reise wurde Cajal mit einem Mal im Auslande als einer der bedeutendsten Erforscher des Zentralnervensystems bekannt, und seine wissenschaftlichen Beziehungen reichten bald weit über Spanien und Deutschland hinaus. In England begann Sherrington damals, auf Reflexuntersuchungen eine neue Lehre von der Tätigkeit des Nervensystems aufzubauen. Cajals anatomische Untersuchungen ergänzten seine physiologischen Experimente besonders gut. Sherrington wurde durch die in deutschen und französischen Zeitschriften erschienenen Arbeiten auf Cajal aufmerksam und lud ihn 1894 nach England ein, um die Croon-Vorlesung in der Royal Society zu halten. Sherrington hat diesen Besuch Cajals später anekdotisch dargestellt [33]. Er wurde trotz anfänglicher Befremdung über einige großzügige Verallgemeinerungen seines spanischen Kollegen für sein ganzes Leben ein Anhänger von Cajals Anschauungen. Der Streit um die Neuronentheorie ging trotzdem weiter.

Kulturgeschichtlich interessant ist ein kurzes Intermezzo von Cajals wissenschaftlicher Tätigkeit aus dem Jahre 1886: seine Beschäftigung mit der Hypnose. In den beiden letzten Jahrzehnten des 19. Jahrhunderts ging eine große Welle der Psychotherapie durch die Medizin, vor allem unter den Neurologen und Psychiatern: Die bis dahin als unwissenschaftlich angesehene Hypnose verbreitete sich nicht nur unter den praktizierenden Nervenärzten, sondern auch unter den Vertretern der exakten Neuroanatomie. Ausgehend von Bernheims Hypnoseerfolgen in Nancy kam Freud von der Hirnanatomie und Neurologie über Hypnosestudien der Hysterie zur Begründung seiner Psychoanalyse. Forel in Zürich, der sich bis dahin fast nur mit Hirnanatomie und Ameisenstudien beschäftigt hatte, nahm die Hypnose als neue Behandlungsmethode begeistert auf. Oskar Vogt, der damals bei ihm arbeitete, machte die ersten exakten Studien über den Mechanismus und die Methodik der Hypnose, wandte sich aber dann wieder ganz der Hirnanatomie und Hirnphysiologie zu. Auch Cajal wurde als junger Anatomieprofessor in Valencia von dem Phänomen der Hypnose fasziniert. Nachdem er die Methodik zunächst an seiner geduldigen Frau ausprobiert hatte, gründete er mit seinen Kollegen einen Verein für psychologische Hypnosestudien. Die Masse von zweifelhaften Gestalten, die sich bald um diese Experimente sammelte, hysterische Frauen, betrügerische Medien und Geisteskranke, störten aber bald seinen Sinn für wissenschaftliche Exaktheit und machte ihn auch mißtrauisch gegen alle parapsychologischen Studien, die sich daraus entwickelten. Die üblichen Enttäuschungen mit Betrügereien der Medien bestärkten seine Zweifel an dieser ganzen Richtung, so daß er sich rasch wieder seinen geliebten anatomisch-histologischen Studien zuwandte. Als größter Eindruck dieser Studien blieb ihm die Einsicht in die ungeheure Suggestibilität der menschlichen Psyche, die er als „enormen Defekt in der Struktur unseres Nervensystems" bezeichnete. Er beklagte den Suggestionseinfluß auf das öffentliche und politische Leben, nachdem ihm jetzt die Augen dafür geöffnet waren, wie „geschickte Suggestoren als Redner, Politiker und Soldaten die intelligente Urteilsfähigkeit in ein passives Instrument von Wahnsinn, Ehrgeiz und Neid verwandeln".

In den folgenden Jahren häuften sich die wissenschaftlichen Ehrungen und Vortragsreisen Cajals ins Ausland. 1899, das Jahr nach dem spanisch-amerikanischen Kriege, brachte ihn mit seiner Frau und anderen europäischen Wissenschaftlern nach Amerika zum Jubiläum der Clark-Universität. Unterwegs lernte er den Hirnanatomen und Psychiater Forel aus Zürich, den Physiker Boltzmann aus Wien und den Physiologen Mosso aus Turin bei gemeinsamer Schiffsüberfahrt kennen. Cajals Eindrücke von Amerika waren noch durch die vorangehenden politischen Ereignisse des Krieges mit Spanien gefärbt und getrübt. Zeitungsreporter belästigten ihn und seine Frau mit indiskreten Fragen; wenn sie seine Meinung über die letzten politischen Ereignisse wissen wollten, bei denen er das brutale Vorgehen der Amerikaner verurteilte, kam er sich vor, als ob er im Hause des Gehängten vom Stricke reden würde. Den Anhängern der Frauenemanzipation entgegnete er sarkastisch, in Spanien sei man noch so altmodisch, daß die Frau im Hause bleiben wolle und sich dabei glücklicher fühle. Unter den berufstätigen Frauen ließ er nur die Schwestern gelten. 1900 wurde ihm aus Moskau der Preis des 12. Internationalen Medizinkongresses gegeben. Er nahm das Geld gern für seine Forschungen, verließ aber Spanien nicht, um den Preis zu empfangen. Zu Ehren Cajals wurde der nächste Medizin-Kongreß 1903 in Madrid gehalten. Auf einer kurzen Italienreise im selben Jahre erfand Cajal eine neue Silberimprägnationsmethode, welche die alten Golgi-Bilder, in denen die Nervenzellen wie schwarz verbrannte Baumstümpfe aussehen, ersetzen sollte und die das Neuron mit seinen feinsten Fäserchen durchsichtig und klar darstellte. Er konnte es kaum erwarten, wieder nach Madrid in sein Laboratorium zurückzukommen und entwickelte dort bald seine neuen Silbermethoden. Etwa gleichzeitig wurden auch in Deutschland ähnliche Silbermethoden gefunden, welche die Neurofibrillen, feinste Fasern in Nerven und Nervenzellen, darstellten. Die Neuronengegner glaubten damit wieder einmal Material für ihre Ansichten zu gewinnen. Vor allem der Ungar Apathy und der deutsche Physiologe Bethe erneuerten den Kampf um die Neuronentheorie wieder mit Streitschriften gegen Cajal. Dieser hatte aber keine Zeit zu wissenschaftlicher Polemik, denn er war mit der Abfassung seiner großen Werke über die Feinstruktur des Nervensystems beschäftigt. Die ersten Bände erschienen 1899–1904 zunächst Spanisch [7] und 1909–1911 in französischer Übersetzung [9], mit der sie noch heute ein Standardwerk für die funktionellen Hirn- und Rückenmarksstrukturen darstellen. Im Gegensatz zu dieser unerschöpflichen und genialen Produktivität Cajals entfesselte Golgi unfruchtbare Prioritätsstreitigkeiten, die Cajal durch höfliche Anerkennungen zu Ende zu bringen versuchte.

1905 erhielt Cajal die Helmholtz-Medaille in Berlin, über die er sich besonders freute, weil sie seine ersten Beziehungen zur deutschen Wissenschaft erneuerte. 1906 kam der Nobelpreis, den er zusammen mit Golgi erhielt. Die zahlreichen Ehrungen waren ihm allmählich lästig geworden, die vielen Gratulationen und deren Beantwortungen fraßen seine Zeit. Obwohl die große Summe des Nobelpreises ihn von allen Sorgen für die Finanzierung seiner Wissenschaft befreite, war seine Freude doch getrübt. Die Masse von Glückwünschen und Bettelbriefen, Telegrammen und persönlichen Belästigungen, die der Preis mit sich brachte, und das Verhalten seines Mitpreisträgers Golgi ließen ihn sogar daran denken, den Nobelpreis zurückzuweisen. Dazu kam, daß Theodor Roosevelt, den Cajal nach dem spanischen Kriege als den größten Kriegshetzer und Imperialisten bezeichnete, groteskerweise gleichzeitig den Friedens-Nobelpreis erhielt. So fuhr Cajal schon mit sehr gemischten Gefühlen nach Stockholm und hielt dort seinen Vortrag über die Struktur und Verbindungen der Neurone [8]. Er versuchte, mit Golgi in gutes Einvernehmen zu kommen, indem er dessen Vorarbeiten rühmte, aber Golgi blieb ablehnend, sprach nur über seine eigenen Untersuchungen und ignorierte nicht nur Cajals Werk, sondern auch alle weiteren Arbeiten in dieser Richtung. Auch dies verbitterte Cajal. Die endlosen Feiern, die sich noch in Spanien anschlossen, ließen ihn seufzen, um solche Ehrungen und Preisverteilungen zu überleben, müsse man „ein Herz von Eisen, die Haut eines Elefanten und den Magen eines Geiers" haben.

In seinem Forschungsinstitut in Madrid, das Cajal seit 1892 leitete, begründete er eine große Schule der spanischen Neurohistologie. Einer seiner ersten Schüler wurde sein Bruder Pedro, später Professor der Histologie in Cadiz. In den ersten drei Jahrzehnten des 20. Jahrhunderts erforschte Cajal neben der Anatomie der Nervenzelle vor allem die Stützsubstanz des Nervensystems, die Neuroglia. Auch seine Schüler Hortega, Tello und Achucarro lieferten wichtige Beiträge auf diesem Gebiet. Hortegas Entdeckung einer neuen Gliazellart, der Mikroglia, eröffnete ein ganz neues Forschungsfeld, das vor allem für die krankhaften Veränderungen im Nervensystem von Bedeutung wurde. Zahlreiche neue Methoden der Metall-Imprägnation des Nervengewebes wurden entwickelt. Die Golgi-Methode, in der Cajal immer noch unerreichter Meister geblieben war, wurde lange Zeit nicht mehr angewandt. 1920 kam Lorente de Nó als junger Student in Cajals Laboratorium und fragte den Meister als erstes, warum er seine Arbeiten über die Hirnrinde

S. Ramón Cajal

mit der Golgi-Methode nicht fortgesetzt habe. Cajal versuchte ihm zunächst zu erklären, daß die modernen Methoden leistungsfähiger seien. Aber dann entschloß er sich doch noch einmal, mit dieser Methode an höheren Tieren zu arbeiten, und schrieb seine wichtige Studie über die Sehrinde der Katze [13]. Die letzten Lebensjahre waren durch Krankheit und die erneuten politischen Unruhen Spaniens verdunkelt, auch durch die Trennung von seinem begabtesten Schüler Hortega, der sich mit ihm entzweite. Das Altern zeigte sich mit körperlichen Beschwerden und beginnenden psychischen Veränderungen. 1922, im Alter von 70 Jahren gab Cajal die Leitung seines Universitätsinstitutes ab, nachdem er 30 Jahre in Madrid tätig gewesen war. Sein Schüler Tello wurde sein Nachfolger. Die spanische Regierung stiftete eine Summe für einen Neubau, der Instituto Cajal genannt wurde. Der schöne Bau wurde aber erst 1932 fertig. Cajal selbst hatte sich während des ganzen Lebens wie viele große Forscher mit einem sehr kleinen Institut und sehr engen Räumen begnügen müssen. Sein altes Institut bildete nur ein Stockwerk im Nebenbau des Anthropologischen Museums. In diesem engen Rahmen fühlte er sich wohl. Das neue Institut blieb ihm fremd. Er betrat es in den letzten Lebensjahren auch nach der Fertigstellung kaum mehr und richtete ein kleines privates Laboratorium im Keller seines Hauses ein. Nur sein Café besuchte er noch, wo er über alles mit dem alten Eifer in heftigem Dialog diskutierte. Sein Temperament ging ihm dabei noch mehr durch als früher und die Affektlabilität des Alters ließ seine Äußerungen oft heftig und zynisch, aber niemals sentimental erscheinen. Seine Frau starb 1930 mit 76 Jahren. Er wurde allmählich einsam, aber seine wissenschaftliche und literarische Produktion war kaum vermindert. Die schriftstellerische Begeisterung, die ihn sein ganzes Leben nicht losließ, hatte ihn noch bis in die letzten Tage seines Lebens erfüllt. Eine Neuausgabe seiner Café-Gespräche [18] und sein Alterswerk „Die Welt mit 80 gesehen. Memoiren eines Arteriosklerotikers" [22] erschienen 1933 und 1934. Auch seine Traumstudien, für die er sein ganzes Leben lang Material gesammelt hatte, ohne die Zeit zur Auswertung zu finden, und sogar die alten Hypnose- und mediumistischen Untersuchungen fesselten ihn im Alter wieder. Diese Schriften sind in den Wirren des spanischen Bürgerkriegs verloren gegangen. Vielleicht war auch in manchem sein Blick und sein Urteil auf diesem Gebiete nicht mehr so klar wie in seiner Jugend. Heftige Kopfschmerzen, Schwerhörigkeit, körperliche Schwäche und Schlafstörungen quälten ihn. Er mußte oft das Bett hüten. So traf ihn Penfield [30] bei einem Besuch 1932 im Bett sitzend, fieberhaft schreibend, die Wand von Tinte verspritzt, und zahlreiche Bücher in großen Haufen auf Bett und Stühlen um ihn herumliegend.

Die Arbeit, die Cajal damals schrieb, war seine letzte große wissenschaftliche Zusammenfassung über die Neuronentheorie [15].

Am 17. Oktober 1934 starb Cajal mit 82 Jahren. Unter großer Anteilnahme seiner Freunde und des spanischen Volkes wurde er neben seiner Frau auf dem Friedhof in Madrid begraben. Das Ziel seines Lebens nennt er selbst ein lebendiges Gedicht aktiver Tat und stillen Kampfes für die Wissenschaft und für Spanien. Cajal sah klar die zunehmende Anonymität des Forschungsbetriebes; – in seinen Lebenserinnerungen glaubte er voraussagen zu können, daß mit der weiteren wissenschaftlichen Entwicklung sein Name vergessen und viele seiner Ideen überholt würden. Diese Zeit ist jetzt noch nicht gekommen, denn Cajals Name, seine Befunde und Gedanken sind heute so lebendig wie je.

Die kulturgeschichtliche Situation, in die Cajal hineingeboren wurde, war durch die mächtige Entwicklung der Naturwissenschaften im 19. Jahrhundert charakterisiert. Nach einer kurzen Blüte in Frankreich bis 1850 hatte in der Mitte des Jahrhunderts die deutsche Wissenschaft mit ihrer systematischen Entwicklung die Führung übernommen, und nach 1880 fast alle andern Länder stark beeinflußt. Um die Jahrhundertwende kamen die neu aufstrebenden angelsächsischen Universitäten mehr in den Vordergrund. Der junge Sherrington schuf eine experimentelle Neurophysiologie, die in den nächsten 40 Jahren mit den amerikanischen reich ausgestatteten Laboratorien die Dominanz der deutschen Institute verdrängen sollte. Cajal sah diese Entwicklung klar; während er früher die deutsche Forschung über alles schätzte, hat er später auch die großen Leistungen der Angelsachsen besonders anerkannt und eine Verschiebung des Schwerpunktes der modernen Naturwissenschaften nach Amerika vorausgesagt. Bei aller Bewunderung für die nördlichen Länder in der Wissenschaft hat Cajal doch niemals Deutsch und Englisch mühelos sprechen gelernt. Er hat zwar die Arbeiten mit ihren Bildern lesen können, aber in der Diskussion meist nur ein hartes Französisch gesprochen.

Schon früh erkannte Cajal die Notwendigkeit einer wissenschaftlichen Spezialisierung und beschränkte seine eigene Arbeit auf die Histologie mit experimentellen Ergänzungen. Bei seinem wachen Geist, seiner lebendigen und leidenschaftlichen Anteilnahme an allem, was um ihn und in der Welt vorging, war eine solche Spezialisierung für ihn ein Opfer. Er versuchte, es durch literarische Tätigkeit zu kompensieren. Seine Cafégespräche [18] mit ihrer Aphorismensammlung, seine Feriengeschichten [17] und seine Selbstbiographien [20 22], die meist in mehrfachen Auflagen erschienen sind und später in einer Sammlung der literarischen Werke [19] herausgegeben wurden, sind Zeugnis seiner schriftstellerischen Fähigkeiten. Das Bild Cajals wäre unvollständig ohne eine Hervorhebung seiner technischen Begabung. Die Entwicklung der Farbphotographie, über die er schon 1912 ein Buch [11] schrieb, beschäftigte ihn sehr lange. Verbesserungen der histologischen Technik wie feinmechanische Basteleien an defekten Uhren, neue akustische Entwicklungen am Phonographen waren Dinge, die neben seiner eigentlichen histologischen Arbeit einhergingen.

Obwohl sich Cajal in klarer Erkenntnis der notwendigen methodischen Spezialisierung vor allem mit dem histologischen Feinbau des Gehirns beschäftigte, ist er doch nicht reiner Anatom oder Histologe geblieben. Cajals Hirnforschung hatte einen weiteren Horizont. Sein Interesse und Verständnis für die funktionellen Zusammenhänge, für Neurophysiologie, Neurologie, Psychologie und Psychiatrie bewahrte er sich bis in sein hohes Alter. Cajal hat sich selbst immer als Biologen, nicht als Histologen bezeichnet **.

Bei seiner vielseitigen Begabung schwankte er lange in der Berufswahl, bis ihn Mikroskop und Hirnforschung für sein ganzes Leben fesselten. Nicht tote gefärbte Präparate waren für diesen Entschluß entscheidend, sondern, wie er selbst erzählt, der Blick durch das Mikroskop auf den Blutkreislauf im Bauchfell des Frosches, also die lebendige Physiologie. Daß er auch die Neuroanatomie immer im Hinblick auf die funktionelle Bedeutung betrieb, hat seine Ergebnisse so lebendig gehalten. Deshalb bilden Cajals Befunde heute noch – vielleicht sogar heute mehr als zu seinen Lebzeiten – die feste Grundlage der modernen Neurologie und Neurophysiologie.

Aus der großen Reihe seiner 270 Arbeiten und 18 Bücher ragen einige Marksteine der Forschung heraus: die ersten Untersuchungen zur Neuronenlehre [2], die Regenerationsstudien [10], [12], [14], die Rückenmarkshistologie als Basis der Reflexphysiologie [2], [9], die Anatomie der Netzhaut des Auges [3] und die Struktur der Sehnervenkreuzung [5], in der er die

Bahnenkreuzung im Zentralnervensystem auf die Umkehr des Linsenbildes im Auge zurückführte, die Untersuchungen über die Struktur der Hirnrinde [6] und die zusammenfassende Histologie des Nervensystems [7, 9], in der die älteren schwer zugänglichen Arbeiten über die Neuronenstruktur des Rückenmarks und des Hirnstamms mit neuen Befunden dargestellt sind. Cajal verbesserte zunächst die von Golgi entdeckte Methode der Nervenzellimprägnation zu einer von anderen nicht mehr erreichten Meisterschaft. Er hatte die Fähigkeit, in diesen nicht leicht deutbaren Präparationen das Richtige und Wesentliche zu sehen und erfand dann zahlreiche neue Methoden, die ein rasches Fortschreiten der Nervenhistologie ermöglichten.

Die Neuroanatomie ist mit Cajals Arbeiten der Neurophysiologie um Jahrzehnte vorausgeeilt. Erst die moderne Elektrophysiologie hat in den letzten dreißig Jahren die von Cajal histologisch gewonnenen Resultate auch physiologisch bestätigen können. 1888 fand Cajal die anatomische Grundlage der Kontaktverbindungen zwischen verschiedenen Neuronen, die man später Synapsen nannte. 1890 beschrieb er die Reflexcollateralen der Hinterwurzeln mit ihrer direkten Endigung an den Vorderhornzellen als Substrat für Zweineuronenreflexe, daneben erkannte er die Umschaltung anderer Reflexwege über Schaltneurone im Rückenmark [2]. Sherrington sah schon vor der Jahrhundertwende die Bedeutung von Cajals anatomischen Befunden. Aber erst zwanzig Jahre später konnte Paul Hoffmann das Wesen der Zweineuronenreflexe, die er Eigenreflexe nannte, mit elektrischer Methodik klären und sie den Fremdreflexen über die Schaltneurone gegenüberstellen. Das Buch Cajals über die Retina der Wirbeltiere [3] schien zunächst eine rein histologische Deskription zu sein, bis in den letzten zwanzig Jahren Adrian, Matthews und Hartlinie die Aktionsströme von Retina- und Opticusfasern ableiteten und Granit durch Registrierung von einzelnen Nervenzellen der Netzhaut die komplizierten Vorgänge der retinalen Receptorenorganisation physiologisch klären konnte. Cajals Untersuchungen über die Hirnstammstrukturen, die Vestibularis- und Augenmuskelkerne [4] wurden seit 1928 durch seinen Schüler Lorente de Nó neurophysiologisch unterbaut und weitergeführt. 1935 gelang es Lorente de Nó, die Synapsenzeit der Erregungsübertragung von einem Neuron auf das andere im Oculomotoriuskern zu messen. Er konnte so von der elektrophysiologischen Seite das Postulat der Neuronentheorie beweisen, daß die zentralnervöse Erregung nicht kontinuierlich, sondern von einem Neuron zum anderen springend sich ausbreitet. Eine der größten Leistungen Cajals, die exakte Histologie der Großhirnrinde [6] und ihrer Neurone, wartet noch heute auf ihre genauere elektrophysiologische Bearbeitung. Zwar ist seit Bergers Entdeckung des Elektrencephalogramms (EEG) 1929 die Elektrophysiologie der Großhirnrinde während der letzten 25 Jahre in zunächst kaum vorstellbarem Maße entwickelt worden, doch blieb die EEG-Forschung im wesentlichen bei makroskopischen Befunden stehen, ähnlich wie die anatomische Hirnforschung sich jahrhundertelang mit der Beschreibung grober äußerer Strukturen begnügte. Wir wissen heute noch fast nichts darüber, wie die einzelnen Neurone in der Hirnrinde arbeiten und wie ihre Tätigkeit in die langsamen Rhythmen, die wir täglich mit dem EEG registrieren, eingebaut ist. Eine Mikrophysiologie der Hirnrinde bleibt noch zu schaffen. Neben der Cytoarchitektonik wird sie vor allem die Befunde Cajals über den feineren Aufbau der Neuronenstruktur der Großhirnrinde berücksichtigen und auf diesem Boden ihre physiologischen Methoden aufbauen müssen.

Cajal war von der Notwendigkeit einer Beschränkung wissenschaftlicher Arbeit auf einzelne Gebiete durchdrungen. So beschäftigte er sich vor allem mit der Histologie des Gehirns und belächelte den Anspruch encyclopädischer Forschung. Doch blieb er nie reiner Morphologe. Cajal hatte vielmehr die erstaunliche Fähigkeit, im Histologischen das physiologisch und biologisch Wichtige zu sehen. Mit dem kritischen Optimismus, den er selbst als notwendige Eigenschaft des Forschers bezeichnet, ging er an alle Probleme der Anatomie und Physiologie des peripheren und zentralen Nervensystems heran. Lange beschäftigte ihn die Frage der Regeneration und Degeneration des Nervensystems, die er an zahlreichen Durchschneidungsversuchen klärte. Die erste Fassung seines heute noch klassischen Werkes ist in deutscher Sprache [10] 1908 erschienen, die späteren Ausarbeitungen nur spanisch [12] (1913/14) und englisch [14] (1928). Cajals Buch über die Histologie des Nervensystems [9] kam in endgültiger Form 1909–1911 in französischer Sprache heraus und wurde 1953 in Spanien neu gedruckt. Es ist bis heute noch das klassische Werk der Neurohistologie geblieben. Kein anderer Forscher hat an solch großem Material mit der Golgi-Methode eine vollständige Darstellung der einzelnen Nervenzellen mit allen ihren Fortsätzen und Collateralen in den verschiedensten Hirn- und Rückenmarksregionen gegeben. Das Buch ist weiterhin eine Fundgrube für den Neurophysiologen. Zahlreiche Befunde Cajals, wie die Beschreibung der vielen Collateralen der Nervenfasern, die mit den anderen Methoden nicht zu verfolgen sind und daher sehr vernachlässigt wurden, warten noch auf ihre neurophysiologische Untersuchung. Seit 1913 hat sich Cajal besonders mit der Struktur der Neuroglia beschäftigt. Seine Imprägnierung der Makrogliazellen (Astrocyten) ist auch heute noch die beste und sicherste Methode. Sein inzwischen verstorbener Mitarbeiter del Rio Hortega hat die Gliaforschung weitergetrieben und einen neuen Typ in der Mikroglia (Hortega-Zellen) entdeckt, der für die Neuropathologie von besonderer Wichtigkeit wurde.

In seinen letzten Lebensjahren kehrte Cajal wiederum zu seinen Jugendarbeiten über die Neuronentheorie zurück. Er schrieb als wissenschaftliches Vermächtnis den berühmten Beitrag über die Neuronenlehre [15] im Handbuch der Neurologie, der auch das Für und Wider mit seiner reichen histologischen Lebenserfahrung in meisterhafter Weise diskutiert. Die Neuronengegner, die in Deutschland durch Bethe, Nißl und Stöhr besonders stark vertreten waren, hatten dem nichts Entsprechendes gegenüberzustellen, das der physiologischen Kritik standhielt. Der Ausbau der Neuronenlehre ist vor allem das Verdienst Cajals, der in jahrzehntelanger Arbeit die von His, Forel und Waldeyer formulierten Gedanken in allen Regionen des Nervensystems durch histologische Befunde sichern konnte.

Cajal war nicht nur ein spezialisierter Hirnforscher, sein Interesse galt vor allem auch der allgemeinen wissenschaftlichen Methodik und ihren psychologischen Grundlagen. Seine 1898 geschriebenen „Regeln und Ratschläge zur wissenschaftlichen Forschung" sind auch in deutscher Übersetzung in mehreren Auflagen erschienen [14]. Kennzeichen des Forschers sind nach Cajal Unabhängigkeit, Fleiß, Begabung, kritischer Sinn, gute Kenntnisse und philosophischer Geist und nicht zuletzt ein nüchterner Sinn für das Erreichbare. Die wissenschaftliche Jugend warnte Cajal besonders vor billiger Spekulation und Hypothesenbildung. Er betonte die Notwendigkeit, exakte Befunde und Tatsachen zu erkennen. Den Wert der Theorie sah er nur in der Arbeitshypothese als Hilfsmittel für den methodischen Teil der wissenschaftlichen Forschung.

Cajals Schüler sind zum Teil aus der Histologie in die Physiologie und Klinik übergegangen. Sie haben so das Interesse ihres Lehrers für die funktionellen Zusammenhänge weiterentwickelt. Nur Tello, Achuccaro, Cajals Bruder Pedro und Hortega blieben noch reine Histologen, Lafora und Villaverde wurden klinisch arbeitende Nervenärzte, de Castro, der verdienstvolle Erforscher des peripheren vegetativen Systems, nahm das physiologische Experiment zu Hilfe, und Lorente de Nó ist schließlich nach einem kurzen architektonischen Intermezzo bei Vogt in Berlin ganz in die Neurophysiologie hineingegangen und hat in Schweden und Amerika seine wichtigen physiologischen Arbeiten über das vestibuläre System, die synaptische Übertragung und die peripheren Nerven durchgeführt, die auf der soliden Basis der histologischen Befunde seines Lehrers Cajal beruhen.

Während Cajals Schule in seinem Heimatland Spanien durch die Ungunst der Verhältnisse und die Zerstörungen des Bürgerkrieges in ihrer Weiterentwicklung gehemmt war, hat seine Arbeit in allen Ländern der Erde die Hirnforschung, die Neurophysiologie und die Neurologie so entscheidend beeinflußt, daß sie in ihrer heutigen Form ohne Cajals Lebenswerk nicht denkbar wäre.

Bild und Autographie Cajals verdanke ich der Freundlichkeit von Herrn Prof. H. Spatz, Gießen.

* Eine gute Darstellung des Lebens und der Werke Cajals mit der historischen Situation Spaniens gibt die Biographie von Dorothy Cannon. [24]).

** Die folgende Würdigung der Leistung Cajals ist einem früheren Artikel [26] des Verfassers entnommen.

Literatur

a) *Zusammenfassende wissenschaftliche Arbeiten und Bücher:*

Cajal S. Ramón y:

1 Manual de anatomía patológica general seguido de un resumen de microscopia aplicada a la histología y bacteriología patológicas. 1. Aufl. Barcelona 1890; spätere Aufl. Madrid 1896, 1900, 1905, 1909, 1918, 1922.

2 Neue Darstellung vom histologischen Bau des Centralnervensystems. Arch. f. Anat. *1893*, 319.

3 Die Retina der Wirbeltiere. Übersetzt von R. Greeff. Wiesbaden: J. F. Bergmann 1894.

4 Beitrag zum Studium der Medulla oblongata, des Kleinhirns und des Ursprunges der Gehirnnerven. Übersetzt v. J. Bresler. Leipzig: Johann Ambrosius Barth 1896.

5 Die Structur des Chiasma opticum nebst einer allgemeinen Theorie der Kreuzung der Nervenbahnen. Übersetzt v. Bresler. Leipzig: Johann Ambrosius Barth 1899.

6 Studien über die Hirnrinde des Menschen. I–V übersetzt v. Bresler. Leipzig: Johann Ambrosius Barth 1900–1906.

7 Textura del sistema nervioso del hombre y de los vertebrados. 3 Bde Madrid 1897, 1899, 1904.

8 Structure and connections of neurons. Nobel-Vortrag Stockholm 1906. Engl. Übers. m. 23 Abb. in Bulletin Los Angeles Neurol. Soc. *17*, 5–24 (1952).

9 Histologie du système nerveux de l'homme et des vertebrés, 2 tomes, trad. de L. Azoulay. Paris: A. Maloine 1909–1911 u. Neudruck Madrid 1953.

[10] Studien über Nervenregeneration. Übersetzt von J. Bresler. Leipzig: Johann Ambrosius Barth 1908.
[11] La fotografía de los colores: fundamentos científicos y reglas prácticas. Madrid 1912.
[12] Estudios sobre la degeneracion y regeneracion del sistema nervoso. Bd. 1, 2. Madrid 1913/14.
[13] Studien über die Sehrinde der Katze. Übersetzt v. E. Fischer-Franz u. C. Karl. J. Psychol. Neur. *29*, 161 (1922).
[14] Degeneration and regeneration of the nervous system, 2 vol. transl. by R. May. Oxford: Univ. Press 1928.
[15] Die Neuronenlehre. In Bumke-Foersters Hdb. d. Neurol. Bd. 1, S. 887. Berlin: Springer 1935.

b) *Literarische Werke:*

Cajal S. Ramón y:
[16] Reglos y consejos sobre la investigación biológica 1897. Regeln und Ratschläge zur wissenschaftlichen Forschung. 3. Aufl. Übers. v. Miskolczy. München: E. Reinhardt 1939.
[17] Cuentos de vacaciones. Madrid 1905.
[18] Charlas de café. 3. Aufl. Madrid 1923.
[19] Obras literarias completas. Madrid: Aguilar 1947.

c) *Biographisches:*

Autobiographie: Cajal, S. Ramón y
[20] Recuerdos de mi vida. ed. 3. Madrid: Pueyo 1923.
[21] Auszug in: Die Medizin der Gegenwart in Selbstdarstellungen, Bd. 5. Herausgeg. v. L. Grote. Leipzig: F. Meiner 1925.
[22] El mundo visto a los ochenta años. Madrid 1934.

d) *Andere Biographien und Nachrufe* :

[23] Aschoff, L.: Santiago Ramón y Cajal. Zieglers Beiträge z. allg. Path. *94* (1935).
[24] Cannon, D. F.: Explorer of the human brain. The life of Santiago Ramón y Cajal (1852–1934). New York: H. Schuman 1949.
[25] Courville, C. B.: Santiago Ramón y Cajal in: The Founders of Neurology ed. W. Haymaker. Springfield: C. C. Thomas pg. 74 1953.
[26] Jung, R.: Santiago Ramón y Cajal 1852–1934. Zu seinem 100. Geburtstag am 1. Mai 1952. Nervenarzt *23*, 161 (1952).
[27] Lugaro, E.: Cajal. Rev. di patol. a nerv e ment. *45*, 5 (1935).
[28] Miskolczy, D.: Don Santiago Ramón y Cajal 1852–1934. Dtsch. Z. Nervenheilk. *136*, 241 (1935).
[29] Penfield, W.: The career of Ramón y Cajal. Arch. Neurol. a. Psychiat. *16*, 213 (1926).
[30] Penfield, W.: Santiago Ramón y Cajal. Arch. Neurol. a. Psychiat. *33*, 172 (1934).
[31] Pi-Suñer, A. a. J. Pi-Suñer: Ramón y Cajal and the physiology of the nervous system. J. Ment. a. Nerv. Dis. *84*, 521 (1936).
[32] Sherrington, Ch.: Santiago Ramón y Cajal, 1852–1934. Royal Soc. of London, Obituary Notices of Fellows, London, *1935*, 425–441.
[33] Sherrington, Ch.: A memoir of Dr. Cajal in Cannon [24], 1949.
[34] Spatz, H.: Santiago Ramón y Cajal †, 2. Mai 1852 – 17. Okt. 1934. Münch. med. Wschr. 1934, II, 2009.
[35] Sprong, W.: Santiago Ramón y Cajal 1852–1934. Arch. Neurol. a. Psychiatr. *33*, 156 (1935).
[36] Tello, J. F.: Santiago Ramón y Cajal. Anales de medicina interna *3*, 1059 (1934).
[37] Villaverde, J. M.: Santiago Ramón y Cajal. Z. ges. Neur. 152, 617 (1935).

JEAN MARTIN CHARCOT

1825–1893

Von Georges de Morsier

Jean-Martin Charcot wurde am 29. November 1825 in Paris geboren. Seine Eltern wohnten damals bei Jean Antoine Saussier, dem Vater von Madame Charcot. Der Vater Charcots war Wagenbauer. Jean-Martin Charcot hatte drei Brüder: der eine übernahm den Beruf des Vaters, die beiden anderen traten in die Armee ein.

Nach Beendigung des Schulbesuches im Lycée Bonaparte erwählte Jean-Martin selber den Arztberuf. 1848 wurde er zum „Interne des Hôpitaux de Paris" ernannt; zur selben Zeit wurden auch andere junge Mediziner, die ebenso berühmt wie er wurden, wie z. B. Potain, Axenfeld, Trélat und Vulpian, mit dem er sein ganzes Leben in Freundschaft verbunden war, zum „Interne" ernannt.

1853 machte Charcot eine bemerkenswerte Doktorarbeit: „Étude pour servir à l'histoire de l'affection décrite sous le nom de goutte asthénique primitive, nodosités des jointures, rhumatisme articulaire chronique (forme primitive)" (Untersuchungen über die Krankheit, die unter dem Namen primäre asthenische Gicht, Gelenkknötchen, chronischer Gelenkrheumatismus [primäre Form] beschrieben worden ist). Im selben Jahre wurde er „Chef de clinique" an der Fakultät, 1856 médecin des Hôpitaux de Paris und 1860 professeur agrégé (apl. Prof.).

Das Jahr 1862 ist für die Laufbahn von Charcot bedeutungsvoll: Er wurde Chefarzt des „Hospice de la Salpêtrière", wo er schon als Interne gearbeitet hatte und wohin er gerne zurückkehrte. Er war damals 37 Jahre alt. Diese Ernennung hatte ohne jeden Zweifel einen entscheidenden Einfluß auf die Entwicklung seiner Karriere.

Die Salpêtrière ist anfänglich eine Pulverfabrik gewesen, die Ludwig XIII. gegründet hat. Einige Jahre später (1650) wurde sie von Kardinal Mazarin mit dem allgemeinen Krankenhaus vereinigt, das er gegründet hatte, um Arme, Elende und Landstreicher zu internieren, die in Paris die Ordnung und den öffentlichen Anstand störten. St. Vincent de Paul wurde beauftragt, das Krankenhaus zu organisieren und zu verwalten. Die Salpêtrière wurde für die Frauen bestimmt. Die schöne Kirche mit vier Schiffen, über die sich eine Kuppel wölbt, bildet den Mittelpunkt des Krankenhauses. Sie wurde auf Anregung von Ludwig XIV. erbaut. Nach Guillain umfaßte die Salpêtrière schon im Laufe des 17. und 18. Jahrhunderts eine bunt zusammengewürfelte Bevölkerung von 8000 Menschen: Alte und gebrechliche sowie unheilbar Kranke, Bettlerinnen, Prostituierte, Geisteskranke, Verbrecherinnen, perverse oder irgendwie gefährliche Frauen.

In der Salpêtrière haben die Untersuchungen über die Geisteskrankheiten von Pinel, Esquirol und ihren Nachfolgern begonnen. Aber das riesige Beobachtungsgut, das die *nicht Geisteskranken* umfaßt, war noch nicht bearbeitet worden.

Gleich nach seiner Ankunft in der Salpêtrière hatte Charcot sich dieser Aufgabe in Zusammenarbeit mit seinem Freunde Vulpian gewidmet, der gleichzeitig mit ihm am selben Krankenhaus ernannt worden war. Freud hat hierüber gesagt, daß Charcot damit angefangen habe, eine „Nomenklatur" von dem zu schaffen, was er sah: „Er nannte diese Art der Geistesarbeit, in der er keinen gleichen hatte, ‚Nosographie treiben' und war stolz auf sie" . . . „Der Schüler aber, der mit ihm einen stundenlangen Gang durch die Krankenzimmer der Salpêtrière, dieses Museums von klinischen Fakten, gemacht hatte, deren Namen und Besonderheit größtenteils von ihm selbst herrührten, wurde an Cuvier erinnert, dessen Statue vor dem Jardin des plantes den großen Kenner und Beschreiber der Tierwelt, umgeben von der Fülle tierischer Gestalten, zeigt, oder er mußte an den Mythus von Adam denken, der jenen von Charcot gepriesenen intellektuellen Genuß im höchsten Ausmaß erlebt haben mochte, als ihm Gott die Lebewesen des Paradieses zur Sonderung und Benennung vorführte."

Wie Guillain mit Recht bemerkt, stammen die großen Entdeckungen von Charcot aus dieser Zeit (1862–1870). Charcot hat zwei neue Methoden angewandt: Erstens hat er bewußt mit der Tradition gebrochen, daß der Stationsarzt in den Sälen Visite macht und nur die bettlägerigen Kranken untersucht. Charcot ließ jeden Kranken in sein Zimmer kommen und untersuchte ihn nicht nur im Liegen, sondern auch im Stehen und ließ ihn auch gehen. Diese Art zu untersuchen, die heute von allen Neurologen in der ganzen Welt angewendet wird, erschien damals revolutionär. Dann ließ er ein histologisches Laboratorium in seiner Abteilung einrichten. Der Gebrauch des Mikroskops in der Medizin war damals noch sehr wenig verbreitet, und die Studenten bedienten sich des Mikroskops noch nicht. Es handelte sich daher um eine bemerkenswerte Neueinrichtung, die die klinisch-anatomischen Entdeckungen von Charcot sehr förderte.

Obgleich er nur leitender Arzt an der Salpêtrière war, hat Charcot schon damals freie Vorlesungen gehalten, in denen die Krankheiten des Nervensystems einen großen Raum einnahmen. 1872 wurde er Professor für pathologische Anatomie als Nachfolger seines Freundes Vulpian, der den Lehrstuhl für experimentelle Medizin erhielt. Er setzte aber seinen klinischen Unterricht an der Salpêtrière fort. 1882 wurde auf Anregung von Gambetta ein klinischer Lehrstuhl für die Nervenkrankheiten für ihn geschaffen. Damit wurde der Unterricht in der Neurologie zum erstenmal in der Geschichte der Medizin von dem in den anderen Fachgebieten abgetrennt. Der Unterricht Charcots war besonders glänzend und hat eine große Menge von Ärzten aus Frankreich und anderen Ländern an die Salpêtrière gezogen. Mehrore Neurologen, die später selbst bedeutende Lehrer wurden, waren seine Schüler an der Salpêtrière. Neben der Hauptvorlesung am Freitag Vormittag, in der er die stationären Kranken vorstellte, führte er auch die „Dienstagsvorlesungen" ein, in denen er den Studenten die Kranken vorstellte, die am gleichen Tage in die Poliklinik (Consultation externe) gekommen waren.

Charcot starb am 16. 8. 1893 auf einem Ausflug nach Le Morvan an einem akuten Lungenödem, zwei Jahre und acht Monate, nachdem er zum ersten Male einen Angina-pectoris-Anfall durchgemacht hatte. Die Trauerfeierlichkeiten fanden in der Kirche der Salpêtrière statt, und er wurde auf dem Friedhof von Montmartre beigesetzt.

Alle, die mit Charcot in Berührung gekommen sind, haben ihn als einen Mann mit kaltem, hochmütigem, autoritärem, reserviertem Charakter geschildert, der wenig sprach und niemand an sich herankommen ließ. Er erschien gleichgültig und undurchdringlich, „cäsarenhaft", wie Souques, sein letzter Oberarzt, sagte. Im sonderbaren Gegensatz zu dieser Mißachtung für Menschen hatte er eine wahre Leidenschaft für Tiere. Dazu zeichnete er gut und illustrierte seine Veröffentlichungen oft selbst. Wir wollen auch daran erinnern, daß Charcot einen Sohn gehabt hat, Jean Baptiste Charcot, ein sehr bemerkenswerter Mann, der durch seine Erforschung der Polargegenden berühmt geworden ist.

Das wissenschaftliche Werk von Jean-Martin Charcot ist beachtlich. Schon in seiner Doktorarbeit 1853 beschrieb er den chronischen progredienten Gelenkrheumatismus so vollkommen, daß man ein Jahrhundert lang nur wenig noch hinzugefügt hat und die Krankheit mit Recht den Namen „Rheumatismus von Charcot" trägt. Vor dem Erscheinen dieser Arbeit wurde der progrediente Rheumatismus mit der Gicht in Zusammenhang gebracht. In genialer Weise erkannte Charcot die Beziehungen zwischen den Erkrankungen der Gelenke und denen des Zentralnervensystems. Diese Pathogenese ist lange Zeit vergessen worden. Sie gelangte aber durch die heutigen Rheumatologen wieder zu Ehren. Charcot hat sich auch für die Alterskrankheiten interessiert und ihnen eine Abhandlung gewidmet. Man kann ihn deshalb als einen Vorläufer der heutigen Gerontologen betrachten.

Charcot ist ferner ein Vorläufer für die Gefäß-Pathologie gewesen, die zur Zeit zu so vielen Arbeiten anregt. 1858 hat er zum ersten Male geschrieben, daß die Claudicatio intermittens die Folge eines Verschlusses einer Arteria iliaca communis ist. Wie das so oft der Fall ist, ist diese wichtige Entdeckung, die mit der damals geltenden Anschauung in Widerspruch stand, völlig unbemerkt geblieben.

In Zusammenarbeit mit seinem Schüler Charles Bouchard hat Charcot 1868 die berühmten miliaren Aneurysmen beschrieben; er glaubte, daß diese die Ursache der Hirnblutungen waren. Dieser so einfachen Erklärung ist anfangs von der ganzen Welt zugestimmt worden. Dann hat man sie aber bestritten und behauptet, daß diese sog. miliaren Aneurysmen nicht die Ursache dieser Blutungen waren, sondern daß die Gefäßstörungen ganz im Gegenteil eine Folge einer haemorrhagischen Erweichung sind. Jede dieser beiden Theorien hat heute noch ihre Anhänger, und die Frage ist noch ungelöst. Guillain schreibt mit Recht, daß die Rolle, die die Aneurysmen der Hirnbasisarterien bei den Subarachnoidalblutungen spielen, kürzlich von den Neuropathologen und Neurochirurgen nachgewiesen und die Auffassung von Charcot damit bestätigt worden ist. Es handelt sich dabei jedoch um Neubildungen einer ganz anderen Größenordnung. Charcot selbst hat daran erinnert, daß er 1856 als erster in Frankreich den exophthalmischen Kropf, der in Deutschland von Basedow und in England von Graves beschrieben worden ist, bekanntgemacht hat.

Die amyotrophische Lateralsklerose ist 1869 unter dieser Bezeichnung vom klinischen und anatomischen Standpunkt aus sehr genau von Charcot beschrieben worden. Dabei hatte er gleich erkannt, daß es sich um eine völlig neue Krankheit handelte. Er hat gezeigt, daß die Sklerose, die die Seitenstränge des Rückenmarks befällt, bis zur Medulla oblongata hinaufreicht. Nach seiner Beschreibung beginnt die Krankheit mit einer Lähmung, die sich allmählich auf alle vier Glieder erstreckt; dabei treten vor allem Kontrakturen an den unteren Gliedmaßen auf. Hierzu tritt fortschreitender Muskelschwund, besonders an den oberen Gliedmaßen, und hier vor allem an den Händen auf, die zur „Krallenhand" verunstaltet werden. Diese Atrophien entsprechen dem Schwund der motorischen Zellen in den Vorderhörnern. Häufig tritt eine Zungen- und Kehlkopflähmung (Bulbärparalyse) ein, die einer Zerstörung der Zellen des Hypoglossuskernes entspricht. Seit 86 Jahren hat man dieser Beschreibung kaum etwas zugefügt. Es ist daher gerechtfertigt, die amyotrophische Lateralsklerose als „Charcotsche Krankheit" zu bezeichnen.

Charcot und sein Schüler Pierre Marie haben einen sehr wesentlichen Anteil am Bekanntwerden der Krankheit, die ihren Namen trägt: Charcot-Mariesche Atrophie. Man darf jedoch nicht vergessen, daß Schultze in Deutschland und Ormorod in England diese Krankheit schon zwei Jahre vorher (1884) beschrieben haben. Die Denkschrift von Tooth erschien gleichzeitig mit der von Charcot und Marie (1886).

Über die akute Poliomyelitis (Kinderlähmung) ist zu sagen, daß Charcot und sein Schüler Cornil 1864 die Atrophie der Vorderhörner und der weißen Vorderseitenstränge im Rückenmark beschrieben haben. Jean Louis Prévost (aus Genf), der damals Assistent (Interne) bei Vulpian an der Salpêtrière war, hat jedoch, wie Charcot selbst sagt, den Schwund der Nervenzellen in den Vorderhörnern des Rückenmarksegmentes, das den atrophischen Muskeln entspricht, zuerst beschrieben.

Für die anderen Muskelatrophien hat Charcot sein ganzes Leben lang die Priorität des großen Neurologen Duchenne aus Boulogne anerkannt, der 19 Jahre älter als er selbst war, und den er als seinen Lehrer betrachtete. 1862 hat er ihn in seiner Abteilung an der Salpêtrière empfangen. Das Hauptwerk von Duchenne „De l'Éctricité localisée" ist aus dem Jahre 1855 (die III. Auflage erschien 1872).

Die spastische spinale Lähmung ist, wie Charcot selbst angibt, 1875 zuerst von Erb beschrieben worden. Charcot hat dasselbe Krankheitsbild ein Jahr später unter dem Namen „Tabès dorsal spasmodique" beschrieben. Die Krankheit trägt jedoch heute mit Recht den Namen von Strümpell-Lorrain, die als erste eine genaue anatomische Beschreibung gaben.

Charcot hat 1869 als erster die Arthropathien, die man bei der Tabes findet, beschrieben. Er hatte sehr wohl gesehen, daß diese im allgemeinen plötzlich mit einer riesigen Anschwellung des entsprechenden Gliedes auftreten, aber ohne daß dabei Schmerzen oder Fieber bestehen. Dann kommen ein Knarren in den Gelenken, eine schnell fortschreitende Atrophie der Muskeln, Luxationen und beträchtliche Knochenzerstörungen hinzu. Wegen dieser Arbeiten gaben die Engländer der tabetischen Arthropathie den Namen „Charcots Joint". Der Beginn der Krankheit und ihre Entwicklung sind so gut beschrieben worden, daß sie eigentlich schon auf einen mechanischen Ursprung der Gelenkphänomene hinweisen. Charcot und sein Schüler Jouffroy haben jedoch 1870 geglaubt, eine Erklärung für diese Störungen in einer Veränderung der Vorderhörner des Rückenmarkes zu finden, die als ein trophisches Zentrum für die Gelenke angesehen wurden. Niemand hat jedoch diese Veränderungen nachweisen können. Der deutsche Chirurg Volkmann hat dagegen im selben Jahre wie Charcot (1868/69) den Grund richtig erkannt: die Arthropathie der Tabetiker wird durch ein Trauma (Distorsionen oder Frakturen) verursacht, die ein unempfindliches Gelenk treffen. Die Röntgenbilder und histopathologische experimentelle Arbeiten der jüngsten Zeit haben diese Pathogenese bestätigt.

1880 erschien das Buch von Charcot über die Lokalisationen der Gehirn- und Rückenmarkskrankheiten, das großes Aufsehen erregte. Die alte Schule der Salpêtrière hatte für kurze Zeit mit Foville und Pinel-Grandchamp 1823 Berühmtheit erlangt, die geglaubt hatten, die Intelligenz in die Rinde lokalisieren zu können, die Beinbewegungen in das Corpus striatum und die Armbewegungen in den Thalamus opticus. Charcot wendete seine klinisch-anatomische Methode mit Erfolg an, um die Herde im Gehirn, die verschiedenen Formen von motorischer und sensibler Hemiplegie entsprachen, genau zu bestimmen, wobei er die Gefäßverteilung des Gehirnes in den Vordergrund stellte. Bei der motorischen Hemiplegie ist ihm das geglückt, jedoch nicht bei der Hemianaesthesie; bei dieser nahm er an, sie wäre durch einen Herd hinter der inneren Kapsel (Carrefour sensitif) bedingt und nicht durch eine Störung des Thalamus opticus. Erst Dejerine und seine Schüler Long und Roussy haben fünf Jahre nach dem Tod von Charcot gezeigt, daß die zentrale sensible Bahn im ventralen Teil des Thalamus eine Umschaltstelle hat. Charcot hat jedoch das große Verdienst gehabt, nach der Lokalisation der Störung, die der sensoriellen Hemianästhesie mit gekreuzter Schwachsichtigkeit entspricht, zu suchen. Er glaubte sie in seinem „Carrefour sensitif" gefunden zu haben. Schließlich hat er das Werk von Jackson dadurch geehrt, daß er vorschlug, die partielle motorische Epilepsie Jackson-Epilepsie zu nennen.

In seinem hervorragenden Atlas (1835–1842) hat Cruveilhier zwei klinische und anatomische Fälle von multipler Sklerose genau beschrieben. Carswell hat in dem 1838 von ihm herausgegebenen Atlas in dem Abschnitt „Atrophie" Zeichnungen der Befunde bei der multiplen Sklerose machen lassen, ohne jedoch die klinischen Daten dazu zu geben. Bourneville und Guérard sagen, daß Carswell das Material zu seiner Arbeit aus den Pariser Krankenhäusern hatte. Sie geben aber nichts Genaues an. 1849 hat Frerichs in Breslau und 1856 sein Schüler Valentiner vier Krankengeschichten veröffentlicht, die Charcot selbst als echte multiple Sklerosen ansah. Die Krankheit war also schon etwa 1860, wenn auch nur einigen Autoren, bekannt, und sie galt als sehr selten. Erst in den Arbeiten von Charcot und Vulpian (1863–1866), und dann von Charcot ist eine genaue und vollständige Symptomatik beschrieben worden, und durch ihn sind auch die verschiedenen klinischen Bilder, ihre Häufigkeit und ihre „formes frustes" bekannt geworden. Schließlich war es auch Charcot, der die Symptome so zusammenstellte, daß eine Differentialdiagnose zwischen der multiplen Sklerose und der Parkinsonschen Krankheit möglich wurde; diese beiden Krankheiten sind vor ihm wegen des beiden gemeinsamen Zitterns durcheinandergebracht worden. Bourneville und Guérard erzählen, daß Charcot mehrere Jahre lang ein Dienstmädchen namens Luc hatte. Sie klagte über Kopf- und Gliederzittern, das zuerst nur leicht auftrat, dann aber zunehmend schlechter wurde. Charcot glaubte zunächst, daß sie eine Paralysis agitans hatte. Er bemerkte jedoch, daß ihr Zittern im Gegensatz zu dem Zittern bei der Paralysis agitans nur bei willkürlichen Bewegungen und nicht in der Ruhe auftrat. Als sie arbeitsunfähig wurde, wurde sie von Charcot in der Salpêtrière aufgenommen, wo sie 1866 starb. Die Autopsie ergab, daß es sich um eine multiple Sklerose handelte, die sowohl im Gehirn wie auch im Rückenmark lokalisiert war. Dieser Fall hat Charcot die cerebrale Form der Krankheit erkennen lassen. Wegen der von seiner Angestellten dargebotenen Symptome hatte er auch den Hauptwert auf das „Intentionszittern" bei der Diagnose gelegt. Wenn Charcot also auch nicht die multiple Sklerose entdeckt hat, so war er es doch, der die Ärzte in der ganzen Welt dank der Genauigkeit und der Klarheit seiner anatomischen und klinischen Beschreibung mit dieser Krankheit bekannt machte.

Untersuchungen über die Krankheiten, die Charcot als Hysterie oder Neurose betrachtete, spielen in seinem Werk eine große Rolle. Diese Forschungen haben zum großen Teil dazu beigetragen, ihn auch außerhalb der Ärzteschaft berühmt zu machen. Sie haben aber auch seine Arbeiten in Mißkredit gebracht. Mehr als 60 Jahre nach dem Tode von Charcot ist es nun möglich, dieses historische Problem in der Medizin objektiv zu betrachten.

Wir wollen zuerst die allgemeine Hysterie näher betrachten. Gewisse Schüler von Charcot, die den Ruhm ihres Lehrers in den Himmel heben wollten, haben erklärt, niemand vor Charcot habe die sog. hysterischen Erscheinungen einer wissenschaftlichen Betrachtung unterzogen. Sein Oberarzt und Privatsekretär Pierre Marie, der später einer seiner Nachfolger auf dem klinischen Lehrstuhl für Nervenkrankheiten wurde, schrieb zum Beispiel: „Die Hysterie! Vor Charcot ist die Hysterie nur ‚eine ganz auf ihre Beute versessene Venus'. Es ist das Scherzwort von Sydenham: „Nubat et malum effugiet" (Verheiratet sie und alles geht gut). Die Hysterie vor Charcot: das sind die Besessenen von Loudan, die Krampfenden von Saint-Médard; etwas später gegen Ende des 18. Jahrhunderts sind es die ‚Wallungen' (‚vapeurs'), es ist der ‚Kübel' (‚baquet') von Mesmer." Solche Sätze entsprechen aber keineswegs der Wahrheit. Die Sensibilitätsstörungen (nach Charcot eines der „Stigmata") waren schon sehr gut beobachtet und beschrieben worden, allerdings erst kurze Zeit vorher. Die Sensibilitätsstörungen der Haut hatten tatsächlich noch von den Hexenprozessen her, die erst mit der Französischen Revolution endgültig aufgehört hatten, etwas Verdächtiges behalten. Das „Sigillum diaboli" hatte unangenehme Erinnerungen hinterlassen, und die Ärzte zogen vor, es zu ignorieren, um mit den Behörden keine Schwierigkeiten zu haben. So wurden die Sensibilitätsstörungen noch von Boissier de Sauvage 1868, Cullen 1774, Pinel 1818 ignoriert. Nur Lallemand beschrieb 1830 einige Fälle von Hemiplegie mit Sensibilitätsverlust auf der gelähmten Seite. Pierre Adolphe Piorry (1794–1879), ein sehr origineller und revolutionärer Geist, Militärarzt in der Napoleonischen Armee im Krieg gegen Spanien, nach 1840 Professor für Pathologie, hat 1843 als erster die Aufmerksamkeit der Studenten auf das, was er die *Anästhesie* nannte, d. h. die Aufhebung oder merkliche Abschwächung der Sensibilität, gelenkt. Sein Schüler Macario beschrieb 1844 die sensibel-sensorielle Anästhesie auf einer Körperhälfte und das neurovegetative Syndrom, das diese Anästhesie im allgemeinen begleitet, sehr klar. Jendrin schrieb 1846, daß die Anästhesie viel häufiger vorkommt, als man im allgemeinen glaubt. J. H. S. Beau prägte 1848 den Ausdruck *Analgesie.* Die paroxysmalen motorischen Anfälle, die bei der Hysterie Charcots eine so große Rolle gespielt haben, mit ihren vielen Spielarten, waren schon von Th. Herpin (Genf) 1852 in seinem klassischen Buch über die Epilepsie sehr gut beschrieben worden. Der Kamerad von Charcot während der Zeit als Interne, Axenfeld, hatte gleichfalls ein ausgezeichnetes Kapitel über die motorischen Anfälle in seinem Buch über die *Neurosen,* das 1864 erschien, geschrieben. Drei Jahre, bevor sich Charcot mit der Hysterie beschäftigte, erschien 1859 bei Baillère (in London, Paris und New York) ein Buch von 724 Seiten, das den Titel „Klinische und therapeutische Abhandlung über die Hysterie" hatte. Autor dieses Buches war Dr. P. Briquet (1794–1881), leitender Arzt an der Charité und Honorarprofessor an der medizinischen Fakultät von Paris. Diesem Buch liegen 430 Beobachtungen zugrunde. Es ist das bei weitem Hervorragendste und Vollständigste, das über dieses Thema geschrieben worden ist. Die Symptomatik ist bis ins kleinste beobachtet. Briquet hat die *Hemianästhesie* (ein von ihm geschaffenes Wort), die homolaterale Muskelschwäche, die kapillaren Kreislaufstörungen, das Absinken der Hauttemperatur, die sensorielle Hemianästhesie (Sehvermögen, Gehör, Geruch, Geschmack) sehr gut beschrieben. Er beobachtete, daß die Hemianästhesie die vom Sympathicus innervierten Eingeweide verschonte (Briquetsches Zeichen), ebenso auch die Nervenstämme. Die Hemianästhesie schneidet im allgemeinen genau oder nahezu genau mit der Mittellinie ab. Sie kann auch die Schleimhäute mit einbeziehen. Die Glieder auf der anästhetischen Seite sind ataktisch. Man kann auch Blepharospasmus, Photophobie, Ohrensausen, Gesichts- und Gehörshalluzinationen und Schmerzen auf einer Körperseite, die mit Kältegefühl verbunden sind, beobachten. Briquet beschrieb auch die motorischen Anfälle sehr genau. Mit einer gewissen genialen Eingebung sah Briquet die Physiopathologie des Diencephalon voraus: „Es ist ganz sicher, daß es in der cephalospinalen Achse ein nervöses Zentrum gibt, das die affektiven Eindrücke, d. h. die Signale, die von außen oder auch von den inneren Organen herkommen, empfängt und die Freude oder psychischen und physischen Schmerz bewirkt. Und es ist auch sicher, daß der Grad der Sensibilität dieses Teils des Encephalons fast unabhängig vom Grad der Intelligenz ist. Daraus folgt, daß man die Hysterie als das Produkt des Leidens desjenigen Teils des Encephalons betrachten kann, der dazu bestimmt ist, die affektiven Eindrücke und die Gefühle zu empfangen." In seiner zehnten Vorlesung (1871) begann Charcot, sich mit der Hemianästhesie zu beschäftigen. Er nimmt die Beschreibung, die Briquet gegeben hat, wieder auf, ohne etwas hinzuzufügen, und erwähnt auch seinen Vorgänger fast auf jeder Seite ehrenvoll. Und man kann sogar sagen, daß Charcot nur dort, wo er Briquet gefolgt ist, richtig gesehen hat, mit Ausnahme eines Punktes nämlich, daß Charcot die Hysterie beim Manne beschrieben hat.

Man glaubt oft, daß Charcot eine große Anzahl von Hysterikern genau untersucht hat. Das ist nicht der Fall. Wenn man alle Arbeiten von Charcot und seinen Schülern liest, so stellt man mit Verblüffung fest, daß es immer wieder dieselben Fälle sind, die er fünf- oder sechsmal in verschiedenen Veröffentlichungen beschreibt. Man findet insgesamt kaum 24 Fälle, und dies ist eine sehr kleine Zahl im Vergleich zu den 430 Fällen von Briquet. Andererseits glaubt man im allgemeinen, wie Guillain schreibt, daß Charcot ständig bei seinen Kranken eine Hysterie diagnostizierte. Eine Statistik von Guinon zeigt, daß auch dies nicht richtig ist. Unter 3168 Konsultationen stellte er 244mal die Diagnose Hysterie. Guillain fügt folgende interessante Bemerkung hinzu „Bei meinen eigenen Konsultationen in der Ambulanz desselben Krankenhauses hatte ich im 20. Jahrhundert dieselbe Anzahl von Kranken, bei denen man aber nicht mehr die Diagnose ‚Hysterie', sondern ‚Psychoneurose oder funktionelle Störungen' stellte. Diese Kranken hatten genau die gleichen Symptome wie die, die zu Charcot in die Sprechstunde kamen. Nicht die Kranken haben sich also seit Charcot verändert, sondern nur die Ausdrücke, mit denen man ihre Krankheit benennt." Ich persönlich komme ungefähr zu denselben Zahlen in meiner Krankenhausabteilung oder in meiner Sprechstunde. An Stelle des Wortes Hysterie oder Psychoneurose wende ich die Ausdrücke „Sensomotorisches und psychologisches Syndrom" an, deren Aetiologie nicht immer die gleiche ist. Trotz der Verschiedenheit der Namen bleiben die Tatsachen dieselben. Charcot hat das große Verdienst, mit dem Zeichner Paul Richer und dem Fotografen Londe zusammen eine Ikonographie geschaffen zu haben. (Das Werk von Briquet enthält keine Bilder.) Aber die Beschreibung, die Charcot den Anfällen gegeben hat, bildet keinen Fortschritt, denn jeder weiß, daß die berühmten „Phasen", auf die er so viel Wert legt, erst künstlich gezüchtet worden sind.

Um zu verstehen, was Charcot „Hysterie" genannt hat, muß man die Krankengeschichten aller Fälle, die er veröffentlicht hat, immer wieder aufmerksam lesen und sich dabei fragen, welche Diagnose man heute bei jedem Kranken stellen würde.

Fall 1: Der erste von Charcot beschriebene Fall von Hysterie ist der der 40jährigen Justine Etchev, die 1869 in die Salpêtrière aufgenommen wurde; sie ist 1870 zum erstenmal und 1873 nochmals vorgestellt worden. Ihr Fall ist später dann immer wieder veröffentlicht worden (Svynos, Helot, Berger, Bourneville). Sie hatte eine linksseitige Hemiplegie mit Kontrakturen, die auch während des Schlafes nicht nachließen und in Chloroform-Narkose nur, wenn diese sehr vertieft wurde. Diese Kontraktur hatte sich langsam entwickelt und nach einem Anfall verschlechtert. Links fand sich eine vollständige Hemianästhesie, die das Gesicht mit einschloß, ferner eine Hemianopsie links, Schmerzen oberhalb der linken Leistengegend, Harnverhaltung und epileptiforme Krämpfe, die acht Jahre vorher erstmals aufgetreten waren. Bei diesem ersten Anfall war die Kranke ins Feuer gefallen und hatte sich das Gesicht schwer verbrannt; von den Verbrennungen hatte sie große Narben. 1871 trat Erbrechen auf, das ohne große Anstrengung einsetzte und von Harnverhalten begleitet war. Wenn das Erbrechen stärker wurde, verringerte sich die Urinmenge. Da Charcot zunächst einen Betrug vermutete, ließ er den rechten nicht gelähmten Arm der Kranken mit einer Zwangsjacke immobilisieren. Die Symptome änderten sich jedoch nicht. Charcot betrachtete diesen Fall als eine typische hysterische Ischurie. Man wußte zu dieser Zeit noch nichts vom Wasser-Stoffwechsel und seiner zentralen Steuerung durch den Hypothalamus und die Hypophyse. Charcot nahm eine „Einwirkung auf das Nervensystem" an. In seiner 12. Vorlesung kam Charcot bei der Aussprache über hysterische Kontrakturen auf den Fall Etchev zurück und fertigte dabei eine Zeichnung an, auf der man die Beugung des Armes und der Finger sah. Dabei war der Daumen in der Hand eingeschlossen. Das Bein war gestreckt. Es bestand ein Fußklonus links, der noch lange anhielt, nachdem man den Fuß losgelassen hatte. Charcot glaubte, daß dieses Zeichen sowohl bei organischen Rückenmarkserkrankungen wie bei hysterischen Kontrakturen vorkommen konnte. Die Harnverhaltung machte es notwendig, zu katheterisieren, und bewirkte eine Auftreibung des Leibes. Die Untersuchung des Augenhintergrundes, die Galezowski am 20. März 1873 ausführte, zeigte, daß der Papillenrand infolge eines diffusen serösen Exsudats, das sich längs der Gefäße über die Netzhaut erstreckte, unscharf war. Der Hauptast der Arteria centralis, der sich im unteren Teil der Netzhaut aufteilt, zeigte eine spindelförmige Erweiterung, während er in der Nähe der Papille spastisch kontrahiert zu sein schien. Aus dieser sehr genauen Beschreibung kann man schließen, daß Justine Etchev eine Stauungspapille hatte. Charcot fügte hinzu, daß Veränderungen des Augenhintergrundes manchmal von hysterischen Sehstörungen begleitet sein können. Der Haupthysteriefall, den Charcot als absolut charakteristisch betrachtet hatte, scheint also einen Hirntumor in der rechten Hemisphäre gehabt zu haben. Um die Diagnose „hysterische Ischurie" zu sichern, stützt sich Charcot auf die zwei Fälle von Prof. Th. Laycock in Edinburgh, über die dieser in seinem Buch „An Essay on Hysteria", das 1840 erschien, berichtete. Dabei handelte es sich um zwei junge Mädchen von 13 und 14 Jahren, die an einer sehr schweren Anämie mit Blutungen in die Haut und Schleimhäute, allgemeinen Ödemen und schwerer Atemnot litten. Laycock nahm an, daß die blutige Flüssigkeit, die aus dem Nabel und den Ohren der Kranken floß, Urin war, weil die chemische Analyse in dieser Flüssigkeit Harnstoff nachgewiesen hatte. Charcot selbst protestiert gegen die Diagnose Hysterie in diesen Fällen.

Wenn man die Beschreibung der anderen „klassischen" Hysteriefälle in der „Iconographie photographique de la Salpêtrière", die von Bourneville und Regnard 1876–1880 veröffentlicht wurde, genau nachliest, so sieht man, daß auch bei diesen Fällen in der heutigen Zeit eine andere Diagnose gestellt würde.

Fall 2: Th. L., 18 Jahre alt, Gärtnerin. Mit dreieinhalb Jahren war ihr Äußeres das einer alten Frau, dabei war sie noch Bettnässerin und begann erst mit Mühe zu sprechen und zu laufen. In der Folgezeit erschien sie faul, zanksüchtig und bösartig. Erste epileptische Anfälle mit 16 Jahren; dabei zog sie sich eine Verletzung an der Stirn zu. Den Anfällen von Bewußtlosigkeit gingen Schmerzen in der Herzgegend und Ohrensausen rechts sowie Schluckbewegungen voraus. Dann drehte sich der Kopf nach rechts, die Augäpfel waren nach oben und rechts gerichtet und es erfolgten rasche Krampfbewegungen des Rumpfes nach vorn und hinten mit Opisthotonus und blutigem Speichel und Zungenbissen. Der Körper war mit Schweiß bedeckt, die Atmung schnarchend. Das junge Mädchen starb 1875 an einer Lungentuberkulose. Das Gehirn ist nicht mikroskopisch untersucht worden, dagegen wurden die Eierstöcke mikroskopisch genau untersucht. Heute würde man sagen: Debilität mit Charakterstörung und Epilepsie von temporalem Typ. Seltsamerweise interessierte sich Charcot, der alten Tradition folgend, mehr für die Eierstöcke als für das Gehirn. Briquet hatte richtiger erkannt, daß den Eierstöcken jeder Einfluß auf Leibschmerzen bei hysterischen Frauen abzusprechen ist.

Fall 3: Rosalie Ler..., 53 Jahre alt, schon seit 30 Jahren in der Salpêtrière, ein „berühmter Fall der Annalen von Hystero-Epilepsie", sagte Charcot. Debilität: sie konnte nicht lesen. Allgemeine Anästhesie und ovarielle Hyperästhesie links. Die Aura, die den Anfällen vorausging, trat vorwiegend auf der rechten Körperseite ein. Sie fühlte das Herannahen der Anfälle und teilte das der Wärterin mit: sie wurde dabei blaß, wandte den Kopf nach links und die Augen nach oben und links, dann folgten klonische Zuckungen auf der rechten Gesichtshälfte, wobei der ganze Körper steif wurde. Dann traten klonische Zuckungen der Glieder mit Opisthotonus, Schreien, Gesichts- und Gehörshalluzinationen ein. Interessanterweise beschrieb der Autor die beobachteten Symptome mit theologischen und dämonischen Worten: Wenn Rosalie im Liegen die Arme in Kreuzform ausstreckt, so spricht er von einem „Kreuzigungsanfall", wenn sie Krämpfe oder Sinnestäuschungen hat, so handelt es sich um „dämonische Anfälle". In Wirklichkeit handelt es sich um Krampfanfälle mit Drehbewegungen und Gesichts-Sinnestäuschungen.

Fall 4: Madeleine W... Bei ihrer Aufnahme in die Salpêtrière am 16. September 1875 war sie 17 Jahre alt. Sie litt früher (ein genauer Zeitpunkt kann hierüber nicht angegeben werden) an Ohrenlaufen rechts und wurde dann auf dieser Seite fast völlig taub. Erster Anfall sechs Wochen vor Einsetzen der ersten Regel. Charakter: faul, schwerfällig, weich, affektvoll. Die Intelligenz war mittelmäßig. Hemianästhesie links. Geruchssinn und Geschmack links abgestumpft, keine ovarielle Hyperästhesie. Anfall: plötzlicher Bewußtseinsverlust, ohne Extension des Kopfes, dabei sind die Augen nach oben gerichtet und die Pupillen stark erweitert, dann strecken sich Arme und Beine nach den Seiten, die „Kreuzigung ist vollständig", dann tritt eine klonische Phase ein, während der die „Entkreuzigung" stattfindet. Manchmal fällt sie bei einem Anfall zu Boden und stößt einen erstickten Schrei aus; dann tritt eine tonische Phase ein, wobei die Arme dem Körper anliegen, und danach treten klonische Zuckungen ein. Nach einem solchen Anfall war Madeleine manchmal in einem Verwirrtheitszustand. Sie ging in den Hof, schrie, gestikulierte, drehte sich um sich selbst. Heute würde man bei einem solchen Fall sich nicht mit Ausdrücken wie „Kreuzigung" oder „vom Dämon besessen" aufhalten, sondern würde die sehr wahrscheinlich vorhandenen Beziehungen zwischen ihrer Schläfenlappen-Epilepsie und der chronischen Osteitis des Felsenbeines rechts genau untersuchen und dann operieren.

Fall 5: Geneviève B..., 1843 in Loudun geboren (an dem Ort, wo die berühmten teuflischen Besessenheiten der Ursulinerinnen aufgetreten sind, die zur Marterung des Pfarrers Urbain Grandier Anlaß gaben, der angeklagt wurde, sie verhext zu haben). Sie war immer cholerisch, bizarr, „närrisch", leicht erregt und aggressiv gewesen. Schon in der Schule wollte sie aus der Klasse entfliehen, und man mußte sie an der Schulbank festhalten. Selbstverstümmelungen: Sie schnitt sich die Spitze ihrer linken Brust mit der Schere ab. Anfälle von Bewußtlosigkeit mit Verletzungen beim Fallen, linksseitige Anästhesie, vielfache Selbstmordversuche, Erotismus, Liebschaften und Schwangerschaft. Sie behauptete, daß jede Nacht ein Freund bei ihr schlafe („succube", sagte Bourneville). Heute würde man einen solchen Fall als eine Psychopathie mit depressiven Erregungsphasen, Selbstverstümmelung und Epilepsie auffassen („grand mal" mit psychomotorischen Anfällen). Man würde nach Anzeichen von Entwicklungsstörungen im Gehirn suchen.

Fall 6: Celina Marcil ... 1863 in die Irrenanstalt von Delasiauve aufgenommen, 1870 in die Abteilung von Charcot verlegt. Mit acht Jahren wurde sie in ein Asyl gebracht wegen Bettnässens und erotischer Betätigung mit Jungen und Mädchen, heftigen Zornausbrüchen und Lügereien. Mit zwölf Jahren wohnte sie bei einer Prostituierten und hatte keine andere Unterkunft. Anfälle von Bewußtlosigkeit, Übersexualität und Faulheit. Krampfanfälle: dabei weichen die Augen nach rechts oben ab, dann krampfen sich die Glieder zusammen und es setzt ein Klonus im Gesicht und Leib ein. Aura: Schmerzen in der Eierstockgegend links, epigastrisches Zusammenziehen, Herzklopfen, pfeifende Geräusche in den Ohren, Lichtempfindungen, Blässe, Schauder, Lähmung des linken Armes und Beines, dann Bewußtlosigkeit und schließlich visuelle Sinnestäuschungen und Erbrechen. Sie entfernt sich manchmal mit der Hysterikerin Geneviève aus der Salpêtrière. In dem reichlichen Bildmaterial, das dem Fall beigefügt ist (15 Zeichnungen und Photos), wird der Gesichtsausdruck von Celina bei den Krämpfen etwas malerisch, aber sehr treffend von den Autoren beschrieben als: Ängstlichkeit, Überraschung, Geringschätzung, Ironie, Schrecken, Wollust. Celina ist später süchtig geworden; man gab ihr bis 6 cg Morphium, Äther, Chloroform und 4 g Chloral jeden Tag. Die Anfälle wurden immer häufiger und am 13. Dezember 1879 fand man sie tot im Bett. Autopsie: die makroskopische Untersuchung der Eingeweide und des Gehirns, die Brissaud ausführte, ergab nichts Besonderes. Es handelte sich also um eine Psychopathin mit Epilepsie (viscerale Aura), die schwer süchtig war und während eines Anfalls starb. Der Fall ist dem der Geneviève sehr ähnlich. Diese erotischen und „mythomanen" Mädchen waren aufeinander eifersüchtig. Wenn sich die Ärzte der Abteilung mehr für die eine interessierten, suchte die andere, wie Bourneville ausdrücklich schreibt, die Aufmerksamkeit durch noch auffallendere Erscheinungen auf sich zu lenken. Es scheint, als ob Charcot völlig vergessen hatte, was er 1873 so richtig lehrte: „Dies veranlaßt mich, Ihnen ein Wort über die Simulation zu sagen. Man begegnet ihr in der Geschichte der Hysterie bei jedem Schritt. Man muß manchmal die List, den Scharfsinn und die Zähigkeit bewundern, die diese Frauen, die eine schwere Neurose haben, anwenden, um zu täuschen. Dies gilt vor allem, wenn das Opfer des Betruges ein Arzt ist." Man muß auch daran erinnern, daß die Krankenhausärzte, wie Charcot, in Frankreich damals während des Studiums nie eine bestimmte Zeit in Irrenanstalten gearbeitet hatten und die Krankheitszeichen von Geisteskranken nicht kannten. Andererseits bezeichneten gewisse Irrenärzte auch alle gefährlichen Psychopathen, Verbrecher usw. als Hysteriker (Legrand du Saulle, 1891).

Charcot

Diese sechs Krankengeschichten sind in den Vorlesungen, den Arbeiten der Schüler und in den Dissertationen vielfach wiederholt worden. Sie stellen das Fundament der Charcotschen Lehre über die Hysterie dar. Man sieht aber, wie brüchig diese Grundlage war. Für Charcot gab es übrigens keinen natürlichen Gegensatz zwischen der Hysterie und den organischen Störungen des Nervensystems. So stellte er in der 12. Vorlesung eine 55jährige Frau mit Spitz-Klumpfuß vor, die seit 18 Monaten an einer Streckparaplegie litt. Auch in Chloroform-Narkose bestand die Lähmung weiter. „Ich glaube", schreibt Charcot, „auf Grund der Erfahrungen mit einem gleichen Fall, daß diese Frau in einer bestimmten Zeit eine sklerotische Störung der Seitenstränge erlitten hat, die man bei der Untersuchung nach dem Tode bei der Autopsie noch finden wird". Charcot bezieht sich dabei auf folgendes: „Ich habe tatsächlich einmal bei einer hysterischen Frau, die seit zehn Jahren an Kontrakturen der vier Gliedmaßen litt, und bei der dieser Zustand plötzlich eingetreten war, eine Sklerose festgestellt, die die Seitenstränge des Rückenmarkes in ihrer ganzen Länge symmetrisch betraf." Charcot hatte also sehr wohl die Remissionen und Schübe schon gesehen, die vor dem Einsetzen der endgültigen Sklerose mehrere Male auftreten. Das, was wir heute „Entzündliche Reaktion" nennen, bezeichnete Charcot als „Hysterie". Die „Hysterie scheint völlig erschöpft zu sein", sagte Charcot, wenn die Sklerose eingetreten war. In seiner letzten Schrift über „La foi qui guérit" (den Glauben, der heilt) hat Charcot 1893 die Grenzen der Hysterie nochmals beträchtlich erweitert und auch durchgebrochene und eiternde Tumoren der Brust mit einbezogen, und zwar auf Grund des Falles von Frl. Coirin, der von Carré de Montgeron (1747) berichtet worden war.

Man weiß, daß eine Anzahl von Psychologen und Psychiatern, die zunächst mit anatomisch-klinischen Studien begonnen haben, später dann von der Philosophie und Metaphysik angezogen worden sind. Das Werk von Charcot zeigt dieselbe Entwicklung. Er hatte jedoch mit Recht eine Verbindung der Psychologie mit der Neurologie herzustellen versucht, in der richtigen Annahme, daß es zwischen diesen beiden Gebieten keine Grenzen gibt. Folgende Zeilen, die heute jeder unterschreiben würde, hat er hierüber prophetisch geschrieben: „Bis jetzt war man gewohnt, die Psychologie beiseite zu stellen. Man lehrt sie zwar auf der Hochschule, aber, was man dort lehrt, ist nur eine kleine Psychologie, die wenig nützen kann. Man muß eine andere Psychologie schaffen, eine Psychologie, die durch die pathologischen Untersuchungen, die wir machen, untermauert wird." In welchem Zustand befand sich aber die Psychologie um 1870 herum? Pierre Janet sagt uns hierüber: „Ich bin niemals über die Nichtigkeit der Psychologie so betroffen gewesen, wie nach dem Versuch, sie die Ärzte zu lehren." Charcot hätte vielleicht an der Experimentalpsychologie Interesse gefunden, die damals mit Wundt, William James und A. Binet begann. Leider hat er sich – und zweifellos auf Grund der Arbeiten von Ch. Richet 1875 – auf das gefährliche Gebiet des Hypnotismus, das damals in die Hände von Quacksalbern und Kurpfuschern geraten war, begeben. Pierre Janet schreibt hierüber: „Charcot verstand nicht, der Versuchung zu widerstehen. Er erklärte, daß das Studium solcher Erscheinungen völlig in Einklang mit den Methoden der Schulmedizin stände, und daß allein ein solches Studium vor der berüchtigten Simulation der Somnambulen schützen würde und daß man nun im Lichte dieses Studiums Kritik an allen Erscheinungen des tierischen Magnetismus üben dürfe." Ohne jeden Einwand glaubte er damals, daß es suggerierte Erscheinungen geben würde: Phasen von Katalepsie, Lethargie, Somnambulismus, neuromuskuläre Überregbarkeit, Beeinflussung von Sensibilitätsstörungen durch Anwendung von Magneten oder Metallstücken (Metalloskopie von Burck 1849). Ohne jeden Beweis behauptete er, daß nur „Hysteriker" hypnotisiert werden können. Charcot gelang sogar folgendes Gewaltstück: er ließ 1882 durch die Akademie der Wissenschaften eine Veröffentlichung über das Hypnotisieren der Hysterischen zu; so groß war seine Autorität! Dabei hatte die Akademie die Forschungen über den tierischen Magnetismus von Mesmer, Deslon, de Puységur schon dreimal, 1784, 1831 und 1840 verurteilt. Außerdem waren die Dinge, die Charcot unter dem Namen Hypnotismus vorbrachte, genau die gleichen. Der außergewöhnliche Erfolg dieser Veröffentlichung ist von Pierre Janet berichtet worden: „Der Magnetismus und der Hypnotismus wurden nicht mehr auf den Index gesetzt. Von allen Seiten erfolgten nun Arbeiten, Dissertationen, Berichte über wunderbare Heilungen. Man heilte mit Hypnose alle möglichen Krankheiten. Zeitschriften über den Hypnotismus sprossen überall aus dem Boden." Diesmal bedurfte es aber nicht einer vierten Verurteilung des Magnetismus durch die Akademie. Schon 1884 zeigte Bernheim und die Schule von Nancy, daß „die große Hypnose" der Salpêtrière ein Kunstprodukt darstellte; aber Charcot und seine Schüler, unter denen sich auch Babinski befand, verteidigten die Lehre ihres Meisters hartnäckig, anstatt ihre Untersuchungen selbst mit etwas mehr Kritik wieder aufzunehmen. Man muß jedoch darauf hinweisen, daß Pierre Marie, der gleichfalls ein Schüler von Charcot war, sich immer geweigert hat, an den hypnotischen Experimenten teilzunehmen, wie Guillain feststellte. Schließlich erklärte Pierre Janet, daß Charcot niemals jemanden persönlich hypnotisiert hat. Dieser Aufgabe unterzogen sich seine Assistenten. Nach den Arbeiten von Bernheim und vor allem nach dem Tode von Charcot verebbte diese neue Welle des Hypnotismus ebenso schnell, wie sie gekommen war. Im 20. Jahrhundert ist sie in einer etwas veränderten Form mit der Psychoanalyse von Freud, die ein Produkt der Hysterie und des Charcot'schen Hypnotismus ist, wie wir noch sehen werden, wiedergekommen.

Pierre Janet berichtet, daß sogar Berufsmagnetiseure in die Salpêtrière gekommen sind, woran Mitarbeiter von Charcot die Schuld trugen. Ein ausgezeichneter schwedischer Arzt, Axel Munthe, dessen Erinnerungen („Das Buch von San Michele") einen großen literarischen Erfolg hatten, ist lange Schüler von Charcot gewesen. Er hatte für seinen Lehrer die größte Bewunderung: „Charcot war fast übernatürlich. Nach einem einzigen und anscheinend nur oberflächlichen Blick aus seinen kalten Adleraugen auf den Kranken, packte er das Übel oft direkt an der Wurzel. Er war der berühmteste Arzt seines Jahrhunderts, der ideale Arzt für alle Zeiten, der Held meiner Jugend." Leider mußte das Abenteuer mit der Hysterie und dem Hypnotismus ihn in einen schweren Streit mit seinem Lehrer bringen. In den Kapiteln 18 und 20 deckt er den Betrug der Hysteriker und Hypnotisierten auf und das ungesunde Milieu, in dem man diese armen Mädchen zu leben zwang, um Stoff für die „Galavorstellung der Dienstagvorlesungen" zu geben. Die einen rochen mit Entzücken Amoniak, wenn man ihnen suggerierte, daß es Rosenwasser war, die anderen kauten mit Vergnügen ein Stück Kohle, weil man ihnen gesagt hatte, es sei Schokolade usw. Charcot geriet in Zorn, sobald man nur den Namen von Professor Bernheim in seiner Gegenwart nannte: Das war eine Majestätsbeleidigung. Eines Tages begegnete Munthe auf einem der Korridore der Salpêtrière einem Bauernehepaar aus der Normandie, die ihre Tochter Geneviève suchten, von der sie glaubten, sie sei in der Küche des Krankenhauses angestellt, um bei Feldarbeiten zu helfen. Munthe entdeckte, daß

Geneviève nicht in der Küche arbeitete, sondern die „Primadonna" der Dienstagsvorlesungen geworden war, und daß sie sich im Krankensaal der „großen Hysterikerinnen" befand. Sie war in aufreizender Art angezogen. Als sie ihre Eltern sah, bekam sie einen Krampfanfall, und die anderen Hysterikerinnen im Saale fielen ebenfalls eine nach der anderen in Krämpfe, die einen lachten und die anderen weinten. Munthe suggerierte Geneviève zu entfliehen und zu ihm zu kommen, er wollte sie dann zu ihren Eltern begleiten, sie wurde aber von der wachthabenden Schwester abgefangen. Charcot rief Munthe wütend in sein Büro, warf ihn aus der Salpêtrière und verbot ihm zurückzukommen. Im Jahre 1899 hat Guillain, der damals junger Internist an der Salpêtrière war, dort alte Patienten von Charcot, die sich noch dort befanden, gesehen: „Mehrere dieser Frauen waren ausgezeichnete Komödiantinnen; wenn man ihnen eine kleine Geldsumme bot, so mimten sie vor den jungen Ärzten mit großer Genauigkeit die großen Anfälle von früher." Charcot scheint selbst seinen engsten Mitarbeitern nie gesagt zu haben, was er von diesen augenscheinlichen Betrügereien dachte. Ein Freund von Jean Baptiste Charcot, Édouard de Morsier erzählt in seinen Erinnerungen, daß er nach dem Tode von Charcot an einer Demonstration über Hypnose und Telepathie der Hysterikerin Caroline teilgenommen hat: „Was dachte dein Vater von allem, sagte ich zu Jean – Vater Charcot, antwortete Jean, hat hierüber zu niemandem seine Ansicht ausgedrückt, selbst nicht zu mir." –

Wenn jemand seine so große Berühmtheit überall erlangt hat, hätte es eines besonderen Mutes bedurft, um einen Teil seines Werkes an seinem Lebensende zu widerrufen. Es hätte auch einer Bescheidenheit bedurft, die Charcot nicht besaß. Von dem unmittelbaren Erfolg berauscht, hat er nie an die Zukunft gedacht. Wenn er einen etwas weniger autoritären Charakter, mehr Herz gehabt und seinen Schülern nicht nur eine von Furcht begleitete Achtung eingeflößt hätte, sondern ganz einfach etwas Freundschaft, hätte alles vielleicht ganz anders verlaufen können, und seine Mitarbeiter hätten ihm mitgeteilt, was in seiner Abteilung vorging; es wären auf diese Weise große Irrtümer vermieden worden.

Das Werk von Josef Babinski, einem Schüler von Charcot, ist nicht von dem seines Lehrmeisters zu trennen. Wir müssen hier einen Blick darauf werfen. Acht Jahre nach dem Tode von Charcot, im Jahre 1901, hat Babinski eine „Revision" der Hysterie der Salpêtrière versucht. Wir wollen hier den Text der Mitteilung von Babinski in der Pariser neurologischen Gesellschaft vom 7. November 1901 wiedergeben: „Die Hysterie ist ein psychischer Zustand, der den Menschen, der an Hysterie leidet, zu Autosuggestionen befähigt. Sie manifestiert sich vor allem durch primäre Störungen, zu denen einige sekundäre Störungen hinzutreten. Die primären Störungen sind dadurch ausgezeichnet, daß es möglich ist, sie bei bestimmten Menschen durch Suggestion außerordentlich genau zu reproduzieren, und daß man sie allein durch die Überredung wieder zum Verschwinden bringen kann. Die sekundären Störungen sind dadurch charakterisiert, daß sie den primären Störungen untergeordnet sind." In einer Anmerkung schreibt Babinski: „Von den griechischen Worten πείθω und ἰατός, bedeutet das erste ‹Überredung› und das zweite ‹heilbar›". Das neue von ihm geprägte Wort „pithiatique" könne sehr gut den psychischen Zustand bezeichnen, der sich durch Störungen manifestiert, die durch Überredung heilbar sind. Das Wort ersetze das Wort „Hysterie" sehr gut. Das Beiwort „pithiatique" sollte an die Stelle des Wortes „hysterisch" gesetzt werden. Für Babinski sind die hysterischen Stigmata von Charcot, d. h. vor allem die sensiblen-sensoriellen Hemianästhesien, ebenfalls ein Produkt der Autosuggestion oder vielmehr der unbewußten Suggestion durch die Ärzte. Babinski hat eine Lehre von motorischen Krankheitszeichen geschaffen, die eine bemerkenswerte Genauigkeit und die Bewunderung der Neurologen der ganzen Welt errungen hat. Das gilt jedoch nicht für die Sensibilitätsstörungen, die seine Aufmerksamkeit nur sehr wenig erregt haben. Um ganz sicher zu sein, nicht zu suggerieren, gleitet der Arzt über die Untersuchung der Sensibilität, die in gefährlichem Ruf steht, rasch weg; man denkt es besonders gut zu machen, wenn man zur Vorbeugung eine „Gegensuggestion" gibt, indem man dem Kranken von vornherein sagt: „Das fühlen Sie gut, nicht wahr?" Wenn der Kranke von seiner Hemianästhesie weiß und zu sagen wagt: „Herr Doktor, ich fühle die Berührung auf der linken Seite nicht gut", so antwortet ihm der Arzt lebhaft: „Aber ja, Sie fühlen doch auf beiden Seiten gut." Ich kenne mehrere Kranke, die sehr ausgesprochene sensibel-sensorielle Syndrome haben, dem Untersucher aber entschieden antworten, daß sie auf beiden Seiten gut fühlen, während das nicht der Fall ist, weil sie fürchten, getadelt zu werden und in den Verdacht zu kommen, zu betrügen, wenn sie die Wahrheit sagen. Die unglücklichen Patienten, die eine Hemianästhesie haben und früher verdächtig wurden, vom Teufel besessen zu sein, kommen also jetzt in den Verdacht, unmoralisch zu sein. Ich bin immer der Meinung gewesen, daß die Sensibilitätsstörungen mit derselben Genauigkeit wie die motorischen Störungen untersucht werden müssen, und daß man hierfür genaue und quantitative Methoden anwenden muß. Nach einigen tausend Untersuchungen mit einer genauen quantitativen Methode kann man heute sagen, daß die sensibel-sensorielle Hemianästhesie, die von Briquet und später von Charcot festgestellt worden ist, ein echtes und häufig vorkommendes Syndrom darstellt, wie das schon Thomsen und Oppenheim nachgewiesen haben. Wir nennen es Sensorio-Motorisches Syndrom; denn wenn die sensibel-sensoriellen Bahnen gestört sind, so sind die motorischen zentrifugalen Bahnen gleichfalls mehr oder weniger betroffen. Schon Briquet hatte das nachgewiesen und auch Charcot hatte es richtig erkannt; denn er sprach von einer „Hémiamyosthénie", d. h. von einer Schwäche der Muskeln auf der anästhetischen Seite. Das Sensor-Metorische-Syndrom ist im allgemeinen mit einem besonderen psychologischen Syndrom verbunden. Es handelt sich dabei nicht um ein Stigma, wie Charcot glaubte; man findet es gewöhnlich bei erblich nicht belasteten Menschen, die ein Schädelhirntrauma erlitten haben oder an einer entzündlichen Erkrankung des zentralen Nervensystems leiden, oder eine Intoxikation haben, die besonders das Mittel- und Zwischenhirn betroffen hat. Andererseits ist das Sensorio-Motorische-Syndrom weder eine Simulation, noch wird es suggeriert, es ist auch keine Autosuggestion – wenn man annimmt, daß das letztere Wort überhaupt etwas Verständliches ausdrückt – und es verschwindet auch nicht durch Suggestion. Die Hypothese von Babinski erklärt die Tatsache also ebensowenig wie die von Charcot. L. van Bogaert hat 1936 bewiesen, daß die Krampfanfälle mit rotatorischen Bewegungen (Opisthotonus) keineswegs der Phantasie der Kranken entspringen, sondern von praeformierten diencephalen Mechanismen abhängen. Der Ausdruck „phitiatisme" muß deshalb aufgegeben werden.

Zum Schluß noch ein paar Worte über die „lokale Hysterie" oder die „hysterische Monoplegie". Auch hier hat die Lehre von Charcot einen beträchtlichen Widerhall gefunden, der heute noch anhält. Man muß deswegen die Art, wie Charcot seine Lehre „kristallisiert" hat, näher betrachten. Wie wir es schon im einzelnen im Jahre 1947 dargelegt haben, waren die Muskelatrophien mit Gliederschwäche infolge von Gelenkerkrankungen schon seit John Hunter (1723–1793) bekannt. Danach haben eine Reihe von

Autoren sie näher studiert: Brodie 1837, Bonnet und Roux 1845, Gosselin, Lejeune 1859, Beziel 1864, Ollivier 1869, Le Fort, Colette 1872, Lasègue und Sabourin 1873, Vulpian und sein Schüler Valtat 1877. Charcot scheint die Mehrzahl dieser wichtigen Arbeiten nicht gekannt zu haben. In der zweiten Vorlesung des Jahres 1882 begann er sich mit dieser Frage zu beschäftigen, die auf der Tagesordnung stand: Ein junger Mann von 23 Jahren hatte einen Schlag auf das Knie erlitten. Er hatte eine Kraftlosigkeit in diesem Bein mit ausgesprochener Muskelatrophie und gesteigerten Sehnenreflexen. In der nächsten Vorlesung stellte Charcot ein 34jähriges Mädchen mit chronischer Epilepsie vor, die eine Treppe herabgefallen war und sich den äußeren linken Knöchel gestoßen hatte. Es fand sich eine Steifheit in der Fessel und der linken Hüfte. Er glaubte durch die Burcksche Metall-Therapie diese Kontraktur auf das andere Bein „übertragen" zu können. Er gibt aber den Erfolg dieser Behandlung nicht an. In der 4. und 5. Vorlesung untersucht er die nach chronischem Gelenkrheumatismus aufgetretene sekundäre Atrophie und erinnert an seine Dissertation. Wie Vulpian schließt auch er auf einen physiologischen Mechanismus, der die sekundäre Atrophie ebenso wie die sekundäre Kontraktur mit einer Erkrankung des Rückenmarks erklärte. Es ist sehr merkwürdig, dem Gedankengang von Charcot in diesem kritischen Moment Schritt für Schritt zu folgen. Am Schluß der 5. Vorlesung schwankt er noch zwischen physiologischen Erklärungen und der Versuchung, all diese Erscheinungen mit einem Schlag in seiner Hysterie aufgehen zu lassen. In der 7. Vorlesung entscheidet er sich endlich für die Hysterie, obgleich die beobachteten Zeichen völlig die gleichen waren: Ein junges Mädchen von 16 Jahren hatte sich in den Handrücken mit einem Glas geschnitten und die Hand war danach blau und kalt und in Kontraktionstellung gekommen: „Der Wille der Kranken setzt durchaus nicht ein", sagte Charcot. Ein 34jähriger, sehr kräftiger Schmied verbrannte sich die linke Hand und den linken Arm mit einer glühenden Eisenstange sehr schwer. Die Wunde heilte zwar in 6 Wochen, es blieb aber eine schwere Kontraktur in Beugestellung zurück mit Zusammenziehung der Muskelfasern, trophischen Störungen an den Fingern, die sich in die Handfläche einbohrten und schweren, unerträglichen Schmerzen. Charcot sagte: „Hysterie". Wir würden es heute eine Kausalgie nennen. In der 20., 21. und 22. Vorlesung zeigte Charcot den Kutscher Porcz, der von seinem Kutschersitz auf die rechte Schulter gefallen war. 6 Tage später wurde der rechte Arm kraftlos. „Man muß sich fragen", schrieb Charcot, „ob der psychische Zustand, der durch die Aufregung, durch den ‚nervösen Schock', der bei dem Unglücksfall erlitten wurde, und der einige Stunden anhielt, im gewissen Sinne nicht bei entsprechend veranlagten Menschen dem cerebralen Zustand gleichzusetzen ist, den die Ausführung einer Hypnose bei Hysterikern bewirkt." Der Kutscher Porcz hatte aber gar keine besondere Aufregung erfahren. Charcot fügte aber hinzu: „Meine Herren, ich gebe Ihnen diese Deutung, ohne mehr Wert darauf zu legen, als sie es verdient." Leider haben seine Mitarbeiter und Schüler diese Vorsicht ihres Lehrers nicht geteilt. Sie haben die Auslegung von Charcot als eine schon erwiesene Wahrheit betrachtet. Auf denselben brüchigen Grundlagen ist auch die Lehre vom hysterischen Trauma lange Zeit zu einem wahren Dogma aufgebaut worden, bis Babinski und Froment während des ersten Weltkrieges die Erscheinungen, die unter dem Namen „Troubles physiopathiques ou Troubles d'ordre réflexe" bekannt waren, wieder von der Hysterie ausgehen ließen. Man weiß, daß Charcot sich auch auf eine Arbeit von Russel Reynolds (1869) bezogen hatte; dieser hatte von Lähmungen gesprochen, die von einem Gedanken abhängig sind. „Ihre Geschichte bietet jedoch noch viele dunkle Punkte", sagte Charcot vorsichtig. Diese „ideogene Lehre" von nervösen Störungen ist nicht neu. Ich habe 1938 gezeigt, daß sie von der Philosophie Lockes und Condillacs herkommt und daß sie gleich schon zu Anfang, dank Pinel und Esquirol, die etwa im Jahre 1810 in Paris Vorlesungen des Philosophen Laromiguière gehört hatten, in die Psychiatrie eingedrungen ist. „Die Narren haben ihre eigene Phantasie kraft ihrer Einbildung in die Wirklichkeit umgewandelt", schrieb Locke 1758 in seinen Essays.

Charcot hat noch einen anderen Schüler gehabt, der noch berühmter geworden ist als sein Lehrer: Sigmund Freud. Ebensowenig wie das Werk von Babinski kann das Werk Freuds von dem Charcots abgetrennt werden. Der Wiener Arzt hatte zwei Jahre, 1885 bis 1886, an der Salpêtrière verbracht. Diese Studienzeit ist von einer außerordentlichen Bedeutung für seine Gedankenrichtung und den Aufbau seiner Lehre geworden. Freud erklärt 1893 hierüber ausdrücklich: „Charcot ist der erste gewesen, der uns gelehrt hat, daß man sich zur Erklärung der hysterischen Neurose an die Psychologie wenden muß. Breuer und ich sind in einer vorläufigen Mitteilung seinem Beispiel gefolgt. Wir weisen darin nach, daß sich die ständigen, nicht traumatisch genannten Symptome bei der Hysterie (neben den Stigmata) durch sensiblen Mechanismus erklären lassen, den Charcot bei den traumatischen Lähmungen erkannt hat. Wir geben aber auch den Grund dafür an, weswegen diese Symptome anhalten und mittels eines besonderen hypnotischen psychotherapeutischen Vorgehens geheilt werden können." Wenn man jedoch diese Krankengeschichte des Hauptfalles von Breuer und Freud aufmerksam nochmals liest, auf der die Freudsche Lehre aufgebaut worden ist, so sieht man, daß die Diagnose heute keineswegs mehr auf Hysterie gestellt würde, wie wir das ja auch bei dem Hauptfall von Charcot gesehen haben: Fall 1: Anna O., 20 Jahre alt, leidet an Paraphasie, Strabismus convergens mit Doppeltsehen, schweren Sehstörungen und konzentrischer Einschränkung der Gesichtsfelder und zentraler Amblyopie, Parese und Kontraktur der Glieder, Kopfschmerzen, Parese der vorderen Halsmuskeln, Sensibilitätsstörungen, Angst, Gesichtshalluzinationen, Absencen, Amnesie, Fremdheitsgefühl, Selbstmordgedanken. Freud glaubte, daß diese Störungen von der Aufregung herkamen, die die Patientin beim Tode ihres Vaters gehabt hatte, der übrigens erst mehrere Monate nach dem Beginn der Krankheit erfolgte. Diese von Breuer gemachte Beobachtung ist aus dem Jahre 1880, also einer Zeit, in der man noch nicht die entzündlichen Reaktionen an der Hirnbasis kannte, die so häufig vorkommen. Fall 3: Lucy R., 30 Jahre alt, litt an einem Knochenschwund des Siebbeines mit eitriger Rhinitis, vollständiger Anosmie, Parosmien (Gerüche von verbrannter Mehlspeise), Koptschmerzen, Appetitlosigkeit, Abmagern und Mattigkeit. Freud drückte ihren Kopf, den er zwischen die Hände nahm, nach der Art der Magnetiseure: Dabei erzählte sie, daß die Kinder, die sie beaufsichtigte, beim Spielen eine Mehlspeise, die sie kochten, hatten anbrennen lassen und daß sie sich auch in den Vater der Kinder verliebt hat. Freud knüpfte hieran die Erklärung ihrer Symptome, ohne sich dabei mit der eitrigen Rhinitis oder der Entzündung des Siebbeines zu beschäftigen. Freud hält weiter den Fall der Frau Cäcilie, die seit 15 Jahren an einer Trigeminus-Neuralgie litt, für seinen schönsten Fall. Bei demselben therapeutischen Vorgehen gelang es Freud, sie zu dem Geständnis zu bringen, daß der Schmerz während einer lebhaften Diskussion, die sie mit ihrem Ehemann hatte, angefangen hatte: „Es ist, als ob er mich geohrfeigt hätte". Die Hauptfälle von Freud können also, wie die von Charcot, die Neuropathologen der heutigen Zeit nicht überzeugen. Auch Freud hat ebenso wie Babinski das Werk seines Lehrers kurze Zeit nach dem Tode von Charcot einer Revision unterzogen. 1896 veröffentlichte er eine Arbeit, die den Titel hatte: „Die Heredität und die Ätiologie der Neurosen". Darin wandte er sich insbesondere an Schüler von Charcot, die die Vererbung als einzige wahre und unerläßliche Ursache betrachteten, während die anderen Faktoren nur provozierend wirken würden. Freud bewies richtig, daß man auch zugeben müsse, daß erworbene Neuropathien bei Leuten, die dafür nicht prädisponiert sind, vorkommen. Diese völlig gerechtfertigte Reform von Freud befreite endlich die Kranken, die an nervösen Störungen litten, von dem Makel der „Degeneration", nach der mystischen Auffassung von B. A. Morel (1857). Die Grundsätze der Psychoanalyse sind gänzlich auf die Hysterie und den Hypnotismus von Charcot aufgebaut, die damals noch völlig gesichert erschienen. Deswegen hat auch die Freudsche Lehre solche Schwierigkeiten, klinische Grundlagen zu finden.

Bei der Betrachtung des Werkes von Charcot haben wir gesehen, daß zwei verschiedene Menschen in ihm steckten: Zunächst ein genialer Pionier der anatomisch-klinischen Methode, der das Werk von Théophil Bonet, von Morgagni, von Bayle und von Duchenne fortsetzte und der die Neurologie begründete. Aber es steckte in ihm auch ein traditioneller Nosologe, der um jeden Preis nosologische Einheiten aufzustellen versuchte, ähnlich wie die Naturforscher Tier- und Pflanzenarten entdeckten. Das Werk des klinischen Anatomen ist unverändert geblieben, das des Nosologen ist zerfallen. Bei seinen Forschungen über die Hysterie und den Hypnotismus ist Charcot mit Recht dem Grundsatz gefolgt, den Théodore Flournoy unter dem Namen „Hamletsches Prinzip": „Alles ist möglich", ausgesprochen hat. („Es gibt mehr Dinge im Himmel und auf der Erde, Horatio, als sich die Philosophie träumen läßt.") Er hat aber den zweiten Grundsatz der wissenschaftlichen Forschung außer acht gelassen, den der Genfer Psychologe mit Recht das Prinzip von Laplace genannt hat. „Die Beweiskraft muß proportional zur Seltsamkeit der Tatsachen sein."

Bibliographie

Charcot: Leçons cliniques sur les maladies des vieillards et les maladies chroniques, recueillies par B. Ball, 2 vol., Paris (Delahaye) 1867. — Ders.: Leçons sur les localisations dans les maladies du cerveau et de la moelle épinière faites à la Faculté de Médecine de Paris, recueillies et publiées par Bourneville et E. Brissaud. Paris (Progrès médical et Adrien Delahaye) 1876–1880. — Ders.: Leçons sur les maladies du système nerveux faites à la Salpêtrière, recueillies par Bourneville, 3 vol. Paris (Delahaye et Lecrosnier et Bureaux du Progrès médical) 1884–1887. — Ders.: Les Démoniaques dans l'Art (av. Paul Richer) Paris (Adrien Delahaye et Emile Lecrosnier) 1887. — Ders.: Leçons du Mardi à la Salpêtrière, Policlinique, 1887–1889. Notes de Cours de MM. Blin, Charcot et H. Collin, élèves du Service. 2 vol. Paris (Bureaux du Progrès médical et Lecrosnier et Babé) 1888–89 (2ème édition 1892). — Ders.: Les Difformités et les Maladies dans l'art (av. Paul Richer) Paris (Lecrosnier et Babé) 1889. — Ders.: Cliniques des Maladies du Système nerveux. Leçons du Professeur. Mémoires, Notes et Observations parue pendant les années 1889–90 et 1890–91 et publiés sous la direction de Georges Guinon. 2 vol. Paris (Progrès médical. Veuve Babé et Cie et Félix Alcan) 1892/93. — Ders.: La Foi qui guérit. Arch. de Neurol. 1893 p. 72–87 et Bibliothèque diabolique (collection Bourneville). Paris (Progrès médical et Félix Alcan) 1897. — Ein Teil der Arbeiten von Charcot wurde unter dem Titel „Gesammelte Werke" in 9 Bänden veröffentlicht und in mehrere Sprachen übersetzt: deutsch, englisch, italienisch, spanisch, russisch. — Babinski, J.: Définition de l'Hystérie. Rev. Neurol.

1901, p. 1077 et 1079. — Babinski, J.: Éloge de J.-M. Charcot. Rev. Neurol. 1925, Bd. I, p. 746. — Bourneville: J.-M. Charcot. Arch. de Neurol. t. 26, p. 177, 1893. — Bourneville et Regnard, P.: Iconographie photographique de la Salpêtrière. 3 vol. Paris (Progrès médical et Ad. Delahaye) 1876–1880. — Freud, S.: Charcot. Wiener Med. Woch. no. 37, 1893. Auch enthalten in: S. Freud gesammelte Werke, Bd. I, London 1952. — Freud, S.: L'hérédité et l'étiologie des Névroses. Revue neurologique IV (1896) Gs. Werke, Bd. I. — Guillain, G.: J.-M. Charcot, 1825–1893. Sa vie. Son œuvre. Paris (Masson) 1955. — Guillain, G. et Matthieu, P.: La Salpêtrière. Paris (Masson) 1925. — Marie, Pierre: Éloge de J.-M. Charcot. Rev. Neurol. Juin 1925. — Meige, H.: Éloge de J.-M. Charcot. Rev. Neurol. Juin 1925, p. 731. — Rapport des Commissaires chargés par le Roi de l'examen du Magnétisme animal. Paris (Moutard) 1784. — Souques, A.: Charcot intime. Presse médicale, 27 Mai 1925. —

HARVEY CUSHING

1869–1939

Von John F. Fulton

Am Ausgang des 19. Jahrhunderts begann die experimentelle Naturwissenschaft die Gestalt der klinischen Medizin in Deutschland zu beeinflussen. Von Deutschland, wo die neuen Methoden besonders in der Physiologie Eingang fanden, breitete sich diese experimentelle Medizin über die ganze Welt aus und faßte namentlich in den Vereinigten Staaten festen Fuß. Der Vorstoß der Laboratoriumsforschung machte sich sofort in der deutschen klinischen Neurologie bemerkbar. Während die Neurologie als ein besonderer Zweig der Medizin in vielen Ländern aufzublühn begann, war die Neurochirurgie als Spezialfach noch kaum bekannt.

Es gab bereits gut eingerichtete neurologische Institute in Berlin und in London am National Hospital am Queen-Square. Auch in den Vereinigten Staaten hatte die Neurologie sich unter Führung der beiden Kliniker aus Philadelphia, S. Weir Michell und W. G. Spiller, als Sonderfach durchgesetzt. Am Queen-Square war Hughlings Jackson die führende Persönlichkeit, besonders auf Grund seiner Arbeiten über Fokalepilepsie. Diese Forschungen lehrten Jackson, daß solche lokal ausgelösten Anfälle durch eine chirurgische Entfernung geheilt werden können, sofern sie durch einen umschriebenen Tumor in der motorischen Region verursacht werden. Jackson hatte im Jahre 1870 auf Grund seiner Untersuchungen über die Epilepsie vermutet, daß es eine motorische Region im Vorderhirn geben müsse. Gleichzeitig und unabhängig davon hatten Fritsch und Hitzig mittels elektrischer Reizung an Versuchstieren das Vorhandensein einer solchen Region sichergestellt. So war die Zeit für weitere Fortschritte reif: der Neurologe Jackson hat den Beginn der Neurochirurgie eingeleitet! Von Jackson angeregt, haben Francesco Durante in Rom, Victor Horsley in London, Anton von Eiselsberg in Wien, Antoine Chipault in Paris und Harvey Cushing in Baltimore die neue Ära der Gehirnchirurgie begründet oder, wie Chipault es nannte: „La neurologie chirurgicale". (Der führende deutsche Gehirnpathologe Kleist spricht von „operativer Neurologie".)

Cushing wurde als zehntes Kind der Betsey Maria Williams und des Henry Kirke Cushing, eines vielbeschäftigten Professors für Geburtshilfe und Frauenheilkunde, in Cleveland, Ohio, USA, am 8. April 1869 geboren und auf die Namen Harvey Williams getauft. Nach dem Besuch der Schule in Cleveland wurde er an der Yale Universität in New Haven (Connecticut) immatrikuliert und erwarb dort nach vier Jahren Vorstudium den Grad des BA (Bachelor of Arts) im Jahre 1891. Während dieser Zeit nahm ihn der Sport, besonders das amerikanische Baseballspiel, aber auch Leichtathletik, wie Laufen, Springen und Turnen, ganz in Anspruch. Während seines letzten Studienjahres begann Cushing jedoch, sich für Medizin zu interessieren und auf den Abschluß seines medizinischen Studiums vorzubereiten. Cushing stand damals unter dem Einfluß von Russel H. Chittenden, dem ersten Biochemiker in Yale, der seine Ausbildung hauptsächlich in

Deutschland erhalten hatte. Im Herbst 1891 trat er in die Harvard Medical School ein. So unbedeutend seine Studienjahre in Yale gewesen waren, so bedeutend wurden seine akademischen Leistungen. Wegen seiner hervorragenden künstlerischen Begabung, die ihn befähigte, im Sektionssaal gesehene anatomische Präparate mit einer des Leonardo würdigen Genauigkeit wiederzugeben, gehörte er noch vor Beendigung seines ersten Jahres zu den besten Studenten seines Jahrganges. 1895 bestand er sein Staatsexamen mit „summa cum laude" und verbrachte das darauf folgende Jahr als Medizinalpraktikant an der chirurgischen Abteilung des Massachusetts General Hospital in Boston. Während dieser Zeit wurde seine Arbeit durch so fähige und anerkannte Chirurgen wie den älteren John Homans, C. B. Porter, J. W. Elliot und Maurice Richardson angeregt.

Cushings selbständiges Denken zeigte sich schon während des Studiums sehr deutlich; schon damals erdachte er zusammen mit einem Mitstudenten (E. Amory Codman aus Boston) die „Äther-Tabelle", in die Puls und Atmung während der Operation eingetragen wurden. Als er 1901 den Riva Rocci-Apparat in Pavia gesehen hatte, fügte er den Tabellen auch noch die Blutdruckbestimmung (1) hinzu. Diese von zwei Studenten erdachten Äthertabellen wurden in den Krankenhäusern Bostons eingeführt und werden jetzt in allen chirurgischen Zentren der Erde benutzt. Während er noch in Massachusetts arbeitete, erhielt er Anfang Januar 1896 Kenntnis von der Arbeit „Eine neue Art von Strahlen", die Wilhelm Röntgen im Dezember 1895 in Würzburg veröffentlicht hatte. Sofort ging er daran, sich trotz seines spärlichen Einkommens als Praktikant einen Induktionsapparat zu erwerben, mit dem er eine modifizierte Doppelfocus-Röntgenröhre in Betrieb setzte. Mit dieser primitiven Vorrichtung machte er die ersten diagnostischen Röntgenuntersuchungen in Boston (2). Als er später, im Sommer 1896, an das John-Hopkins-Krankenhaus ging, nahm er den Röntgenapparat mit und führte das Verfahren in der neu gegründeten medizinischen Fakultät in Baltimore ein.

An der John-Hopkins-Universitätsklinik trat er in enge Verbindung mit William Stewart Halsted, der hervorragendsten Persönlichkeit in der Geschichte der amerikanischen Chirurgie. Halsted war ein rätselvoller, wie es schien unberechenbarer Mann, der während seiner Untersuchungen über die Nervenblockanästhesie an sich selbst experimentiert hatte. Der ständige Gebrauch von Cocain hatte ihn von dem Mittel in einer Weise abhängig gemacht, die an Sucht grenzte. Damals wußte noch niemand, daß das neue Mittel zur örtlichen Betäubung süchtig machen kann. Zur Ehre Halsteds muß gesagt werden, daß er schließlich seine Sucht überwand; aber sein Kampf gegen dieses Übel nahm ihn gerade zu der Zeit in Anspruch, als Cushing sein chirurgischer Assistent war. Tagelang erschien Halsted nicht im Krankenhaus. Kam er endlich einmal, führte er seine chirurgischen Eingriffe mit unendlicher Geduld und großem Geschick aus. Der junge und ungeduldige Cushing war zuerst sehr verdrossen über Halsteds langsame und sorgfältige Methode. Im Laufe der Zeit erkannte er aber an, daß Halsted ein großer Chirurg war, mit dem zu arbeiten ein unschätzbares Erlebnis war. Cushing entwickelte seine Operationstechnik, die er dann während seiner ganzen späteren Laufbahn als Gehirnchirurg beibehielt, nach Halsteds Vorbild. Im Anfang seiner Tätigkeit als Gehirnchirurg war Cushing noch langsamer als Halsted: es machte ihm gar nichts aus, acht Stunden lang ohne Pause an der Entfernung eines einzigen Gehirntumors zu operieren.

Cushings Interesse an der Neurochirurgie erwachte zum ersten Male im Massachusetts General Hospital, als J. W. Elliot eine Kleinhirncyste erfolgreich entfernte (1. Juli 1895).

Cushing hatte den Fall vor und nach der Operation beobachtet und fand, daß sich der Patient infolge der Druckentlastung des Kleinhirns sehr gebessert hatte. Er assistierte bei zwei weiteren Operationen, ebenfalls im Jahre 1895. Das erste Mal wurde ein Tumor über der Rolandoschen Furche freigelegt, konnte aber nicht entfernt werden, da er zu gefäßreich war. Der Patient starb einige Tage darauf, und Cushing nahm die Sektion vor. Die andere Operation, die Elliot unter Assistenz von Cushing ausführte, betraf ein großes Meningom, das in den Schädelknochen eingedrungen war. Der Patient starb einige Tage nach Entfernung des Tumors bei einer Nachoperation. Wieder führte Cushing die Autopsie aus (3).

Im John-Hopkins-Krankenhaus untersuchte Cushing alle neurologischen Kranken, die eingeliefert wurden. Er interessierte sich besonders für die Patienten mit Trigeminusneuralgie. 1898/99 fing er intensiv an, nach einem chirurgischen Zugang zum Ganglion Gasseri zu suchen, und veröffentlichte 1900 eine bahnbrechende Arbeit über die Totalexstirpation des Gasserschen Ganglions bei Trigeminusneuralgie (4). Sein Interesse für dieses spezielle Gebiet erwies sich als sehr vorteilhaft für ihn: die Ganglionoperation in allen ihren verschiedenen Modifikationen fand rasch Anklang und brachte ihm zudem einen finanziellen Gewinn, den er damals außerordentlich nötig hatte; er trug sich nämlich mit Heiratsplänen. Während dieser Zeit, in der ihn auch andere Probleme beschäftigten, z. B. Entlastungsoperationen bei Gehirntumoren, Epilepsie und Hirntraumen, hielten ihm diese Pläne „Leib und Seele zusammen". Als Halsted erfuhr, daß Cushing sich für Gehirnchirurgie interessierte, versuchte er ihn davon abzubringen. Halsted hielt Cushing für einen so guten Allgemeinchirurgen, daß er fürchtete, er könne sein Talent auf einem so wenig einträglichen Gebiet, wie es die Gehirnchirurgie damals war, vergeuden. Waren doch selbst in der Hand von Victor Horsley Versuche, Hirntumoren zu entfernen, wenig erfolgreich gewesen. Zehn Jahre später, im Oktober 1908, bat Cushing, daß Georg Heuer, Halsteds Stationsarzt, für ein Jahr beurlaubt werde, um bei ihm als neurochirurgischer Assistent zu arbeiten; er war recht erstaunt, daß Halsted ihn tatsächlich freigab. Zur selben Zeit kam John Homans jun., der Sohn von Cushings Vorgänger gleichen Namens, am Massachusetts General Hospital zu ihm als Volontärassistent, um in den Hunterschen Chirurgischen Laboratorien experimentelle Arbeiten an der Hypophyse vorzunehmen.

Auf Anraten von Osler, Welch und seiner eigenen Familie verbrachte Cushing ein Jahr (1900–1901) in Europa, um seinen Horizont zu erweitern. Er hielt sich zuerst in England auf, wo Osler sich um ihn kümmerte, ihn an den Jahrhundertfeiern des Royal College of Surgeons teilnehmen ließ und ihn Jonathan Hutchinson, Sir William Broadbent, Victor Horsley und anderen wichtigen Persönlichkeiten der britischen Medizin vorstellte. Später sah er Horsley beim Operieren zu. Doch dessen draufgängerische neurochirurgische Operationstechnik wurde eine traurige Enttäuschung für ihn. Statt bei Horsley zu bleiben, ging er für kurze Zeit nach Frankreich und verbrachte dann den größten Teil seiner Reisen auf dem Kontinent in Bern, wo er bei dem Physiologen Hugo Kronecker und dem Chirurgen Theodor Kocher über die Probleme des Hirndrucks und der Blutversorgung des Gehirns arbeitete. Kocher war schon lange ein Vorbild für Cushing gewesen; deswegen benutzte er dessen bekannte Monographie [1] über die Rückenmarksverletzungen als sein Vademecum. Cushing ging ins Ausland als ziemlich selbstbewußter junger Mann, ein amerikanischer Provinzler, der zunächst meinte, daß er von Europa sehr wenig lernen könne. Obschon Kronecker und Kocher sich gutmütig über diese unverhohlene jugendliche Arroganz amüsierten, schenkte ihnen Cushing bald Bewunderung und Vertrauen. Ende März 1901 wurde Cushing von Kronecker ins Hallerianum (so heißt das Institut für Physiologie in Bern) gerufen. Kronecker krempelte seine Hemdsärmel hoch, kochte eine große Kanne Kaffee und begann die Ergebnisse von Cushings Experimenten über den Kreislauf im Gehirn zu diktieren. Cushing war nicht wenig erstaunt und bewies seine geistige Unabhängigkeit, indem er Kronecker kurz und bündig klar machte, daß dieses Vorgehen ganz unangebracht sei; er werde die Abhandlung selbst schreiben, da er ja schließlich die Experimente gemacht habe. Kronecker könne die Arbeit, die in seinem Laboratorium zustande gekommen sei, korrigieren. Kronecker erzählte seinen Freunden später, daß sich noch kein Student so gegen ihn benommen habe; die Bestimmtheit, mit der Cushing auf sein Recht gepocht habe, die Arbeit selbst zu schreiben, habe ihn aber schließlich überzeugt.

Im Frühling des Jahres 1901 ging Cushing nach Norditalien, wo er einen Monat in dem Laboratorium von Angelo Mosso, dem hervorragenden Höhen-Physiologen, arbeitete; hier dehnte er seine Experimente auch auf den Hirndruck aus. Cushing war entsetzt über den Zustand der Krankenhäuser; aber die Arbeit in den Laboratorien gefiel ihm. Als er in Pavia war, sah er den Blutdruckapparat von Riva-Rocci. Es gelang ihm, einen Blutdruck-Apparat zu bekommen, den er nach Amerika mitbrachte. Cushing führte Blutdruckmessungen in die amerikanischen Operationssäle und damit in die klinische Medizin ein.

Nach seinem Aufenthalt in Italien kehrte er nach Bern zurück, um den klinischen Teil seiner Abhandlung mit Kocher zu beenden. Wieder ereignete sich fast dasselbe, wie er es bei Kronecker erlebt hatte. Allerdings setzte Kocher, der bereits gewarnt worden war, Cushing keinen Widerstand entgegen, als dieser darauf bestand, daß er seine Abhandlung selbst schreiben wollte; sie wurde von Leon Asher (dem Schüler und Nachfolger von Kronecker), mit dem Cushing bereits eng befreundet war, ins Deutsche übersetzt (5).

Von Bern aus ging Cushing nach Deutschland und hielt sich kurz in Straßburg, Heidelberg und Bonn auf – um einige wichtige Orte zu nennen –, wo er einige der bedeutendsten Persönlichkeiten der deutschen Medizin kennenlernte. Während der kurzen Unterredungen mit ihnen machte er Porträtskizzen von vielen von ihnen, z. B. von Naunyn, Pflüger, Schmiedeberg, Fürstner und Erb. In Heidelberg traf Cushing auch den jungen Rudolf Magnus, der ihn einmal auf eine Fahrt auf dem Neckar mitnahm. Bei dieser Gelegenheit trank der amerikanische Gast zu viel Schwedenpunsch, der ihm sehr schlecht bekam. Viele Jahre später, als ihm der heimtückische Trunk in Schweden, wo er als Gast von Erik Waller weilte, wieder angeboten wurde, bereitete ihm der bloße Geruch des Punsches ein heftiges Gefühl von Übelkeit.

Ein ganzes gewinnbringendes und sehr lohnendes Jahr brachte Cushing auf dem Kontinent zu. Dann kehrte er nach England zurück und ging auf Anraten von William Osler nach Liverpool, um einige Zeit bei dem Physiologen Charles S. Sherrington zu arbeiten. Wie schon in den Laboratorien in der Schweiz und in Italien zeigte sich wieder seine Unabhängigkeit. Sherrington hatte ihn mit größter Herzlichkeit eingeladen. Cushing schien gar nicht entzückt von dem berühmten Forscher; denn er faßt seinen ersten Eindruck von Sherrington in etwas anmaßender und wenig anerkennender Weise so zusammen: „Sherrington ist eine große Überraschung für mich, er wirkt jung, beinahe jünglingshaft für seine 36 Jahre (tatsächlich war er 43 Jahre alt), er ist kurzsichtig und trägt, falls er sie nicht gerade verloren hat, eine goldgeränderte Brille. Er operiert für einen Physiologen gut, aber wie mir scheint, viel zu viel. Ich kann mir nicht vorstellen, daß er die große Menge von experimentellem Material mit der notwendigen Sorgfalt bearbeiten kann. Er hat ebenso viele Eisen im Feuer wie Spiller (ein Neurologe in Philadelphia) und schreibt und veröffentlicht auch so viel. Soweit ich beurteilen kann, ist der Grund dafür der, daß er oft zitiert werden will. Sherrington scheint selbst nicht überzeugt, daß er besonders große Dinge vollbracht hat; aber er glaubt, daß seine Vorgänger alles viel schlechter gemacht haben."

Unter Cushings Kollegen in Liverpool waren auch Sherringtons erste Assistenten, A. S. F. Grünbaum und Alfred Fröhlich aus Wien. Letzterer war gerade dabei, seine berühmte Beschreibung des Falles von adiposo-genitalem Syndrom bei einem Knaben, der infolge einer Hypophysencyste erblindete, zu veröffentlichen. Cushing und Fröhlich wurden gute Freunde; beide interessierten sich nicht nur für Hypophysensyndrome, sondern auch für Musik und Malerei. Cushing war einer der ersten, der Fröhlich willkommen hieß, als dieser im Jahre 1938 in die Vereinigten Staaten auswanderte.

Sherrington hatte damals mit seinen Experimenten an der motorischen Rinde der Menschenaffen begonnen. Cushing assistierte bei der Freilegung der Gehirnhemisphäre und machte geschickt Zeichnungen von den freiliegenden Rindenteilen, besonders den erregbaren motorischen Zonen. In einer knappen Woche hatten Sherrington und Cushing zwei Schimpansen und einen Orang-Utan aus Borneo genau untersucht und einen riesigen Gorilla trepaniert; sie arbeiteten 24 Stunden an den Zeichnungen von der Rinde [2]. Sherrington zeigte warme Anerkennung für Cushings Assistenz und erwähnte sie später häufig und mit Dankbarkeit. Die chirurgische Ausbildung unter Halsted, die erst kürzlich gewonnenen experimentellen Erfahrungen bei Kronecker, Kocher und Mosso und sein künstlerisches Talent befähigten Cushing ganz besonders dazu, bei diesen berühmt gewordenen Experimenten zu helfen. Cushing führte Tagebuch und schrieb zahlreiche Briefe während seiner Arbeit bei Sherrington; sie sind außerordentlich aufschlußreich für Cushing selbst und für die Freundschaft, die sich zwischen ihm und Sherrington entwickelte.

Nachdem er Liverpool verlassen hatte, machte Cushing eine kurze Reise nach Schottland. Hier bekam er manche Anregung durch die Huntersche Bibliothek; da er seit langem ein Bewunderer von John und William Hunter war, hat er sich wahrscheinlich schon damals dafür entschieden, eine Sammlung von Büchern über die Geschichte der Medizin herauszugeben. William Osler hat ihn in diesem Vorsatz bestärkt; aber er fing erst nach seinem Aufenthalt in Glasgow ernsthaft zu sammeln an. Im Sommer 1901 kehrte Cushing nach Baltimore zurück. Nachdem er eine bescheidene chirurgische Anstellung am John-Hopkins-Krankenhaus erhalten hatte, eröffnete er eine chirurgische Praxis. Trotz seiner europäischen Erfahrungen blieb er noch ziemlich rücksichtslos und zeigte eine ungewöhnliche Eigenwilligkeit; es blieb Osler vorbehalten, ihn schließlich ein wenig Bescheidenheit zu lehren. Er tat dies in direkter Weise. Cushing rebellierte zuerst und drohte, Baltimore zu verlassen. Schließlich wurde er nachgiebig und dankte dem Mann aufs tiefste, den er im Grunde mehr als irgendeinen anderen auf dem Gebiet der Medizin bewunderte, diesen Mann, dessen Biographie er später in so ausgezeichneter Weise schreiben sollte. Am 3. März 1902 schickte Osler ein Handschreiben an Cushing, in dem er u. a. sagte: „Sie werden mir die Erwähnung eines Punktes nicht übelnehmen. Die Behauptung geht um, daß Sie mit Ihren chirurgischen Kollegen und Untergebenen nicht gut zurechtkommen. Ich hörte davon im vergangenen Jahr, und zwar von jemandem, der Sie sehr bewundert. Außerdem wurde behauptet, daß Sie in Gegenwart von Studenten die Verbandsmethoden, die Operationen usw. von Fakultätsmitgliedern kritisiert haben. Ich brauche wohl kaum zu sagen, daß dies für Ihren Erfolg hier absolut verhängnisvoll sein kann. Die Beziehungen des Krankenhauspersonals untereinander sind von so besonderer Art, daß gegenseitige Loyalität, selbst in den kleinsten Einzelheiten, unerläßlich ist. Ich weiß, daß Sie dies von mir hinnehmen werden, da mir Ihre Angelegenheiten am Herzen liegen. – Hochachtungsvoll Ihr Wm. Osler." „Lieber Cushing, Tun Sie nichts dergleichen! Wer wäre fehlerfrei – – und frei von Versagern! Es ist so einfach: ‚Halte Deinen Mund verschlossen (wie es im Psalm heißt) und zähme ihn mit einem Zügel'. Ihre Aussichten hier sind 1a und wir brauchen Sie. Stets der Ihre W. O." Daraufhin arbeitete Cushing in viel freundlicherem Tone mit den Studenten und Medizinalpraktikanten, die jetzt unter seiner Leitung standen. Er eignete sich eine chirurgische Grundlage und Erfahrung an, die es ihm ein paar Jahre später ermöglichten, die allgemeine Chirurgie, in der er sich als äußerst tüchtig erwiesen hatte, zu verlassen, um sich zunächst der Hypophysenchirurgie und später den vielen anderen Zweigen der Neurochirurgie zu widmen.

Während der Zeit, in der Cushing die Probleme der Hypophysenchirurgie studierte, machte ein Besuch von Edward Sharpey-Schafer großen Eindruck auf ihn; dieser Forscher war nach Baltimore eingeladen worden, um die Herter-Vorlesungen über die Hypophysenfunktion zu halten. Sir Edward berichtete über Experimente bei Tieren, die nach teilweiser oder völliger Zerstörung der Hypophyse Stoffwechselveränderungen darboten. Aber er war noch nicht so weit wie Cushing, der im darauffolgenden Jahr den klinischen Begriff des Hyper- und Hypopituitarismus in einer Abhandlung herausarbeitete, die zuerst im „Journal of the American Medical Association" erschien (6). Dieser Begriff wurde noch erweitert, als Cushing im Jahre 1912 seine Monographie über „Die Hypophyse und ihre Erkrankungen" veröffentlichte. Sie trug den Untertitel „Klinische Erscheinungen, die durch Störungen der Hypophysis cerebri verursacht werden" (7) [3]. Dieser Monographie lag eine ausführliche klinische Untersuchung bei 50 Fällen mit endokrinen Störungen zugrunde. Die Beschreibung der einzelnen Fälle war beinahe zu sehr mit Einzelheiten überladen, zumal das Buch mit 319 Abbildungen illustriert war. Unter anderem schilderte Cushing das Syndrom der Akromegalie ausführlich. Seine amerikanischen Kollegen ärgerten sich beim Lesen des Buches über die sie irritierende Gewohnheit, Wörter, die er betonen wollte, durch Abstand zwischen den Buchstaben zu kennzeichnen – eine zweifellos in Bern erworbene Methode – statt die hier übliche Kursivschrift zur Hervorhebung von Wörtern zu benutzen. Aber das war eine kleinliche Kritik an einer so großen Monographie, die seinen Ruf als ideenreichen klinischen Forscher auf einem neuen, äußerst wichtigen Gebiet der medizinischen Wissenschaft begründet hatte.

Cushings Operationen an Hirngeschwülsten waren in dieser Zeit eine Enttäuschung für ihn und die meisten hätten völlig entmutigt, wenn nicht Generalmajor Leonard Wood, Generalstabschef der amerikanischen Armee und später Gouverneur der Philippinen – eine der einflußreichsten militärischen Persönlichkeiten seiner Zeit – zu Cushing gekommen wäre. Er litt an zunehmendem Hirndruck, Taubheit und Schwäche der linken Körperseite, Symptomen, denen später focale Krämpfe der linken Gliedmaßen folgten.

Cushing suchte Zeit zu gewinnen, aber schließlich entschloß er sich doch zur Operation. Am 9. Februar 1910 entfernte er mit Erfolg eine große meningomartige Geschwulst aus dem rechten Scheitelhirn. Außer einer Störung des Lagesinns und vorübergehender Blindheit im linken Gesichtsfeld verschwanden die meisten schweren Symptome innerhalb weniger Wochen und General Wood lebte danach noch mehr als 17 Jahre in guter Gesundheit; während dieser Jahre bekleidete er verantwortungsvolle Posten im ersten Weltkrieg und auf den Philippinen. Als die Geschwulst im Jahre 1927 rezidivierte, hielt Woods unbeugsamer Geist ihn davon ab, einen Arzt zu konsultieren, bevor er nicht ganz daniederlag. Er starb, nachdem ein großes Rezidiv des Tumors technisch erfolgreich entfernt worden war, an einer unvorhergesehenen Blutung aus dem Längssinus. Die erste Operation an Leonard Wood trug beinahe mehr zu Cushings Ruf bei als seine Monographie über die Hypophyse!

Einige Jahre hatte Yale, Cushings Alma mater, versucht, ihn zur Annahme des chirurgischen Lehrstuhls an ihrer Medizinfakultät zu überreden. Aber er hatte dieses Angebot beharrlich abgelehnt, da Yale damals noch kein Lehrkrankenhaus besaß, das ebenso wie das der John-Hopkins-Universität den medizinischen Fortschritt förderte. Harvard hatte Cushing zehn Jahre lang ähnliche Angebote gemacht; aber auch in diesem Fall hatte er aus ähnlichen Gründen abgelehnt. Als Harvard aber durch die Stiftung eines wohlhabenden Bostoner Kaufmanns, Mr. Peter Brent Brigham, ein neues Universitätskrankenhaus bekommen sollte, nahmen Cushing und Henry A. Christian (Internist) die Ernennung zu Chefärzten an dem neuen Krankenhaus an. Es sollte direkt gegenüber von der Harvard-Medizinschule erbaut werden. Christian und Cushing umrissen gemeinsam die besonderen Aufgaben des Krankenhauses und machten auch Vorschläge für die großzügigen Bestimmungen, nach denen es geführt werden sollte. Im September 1912 zog Cushing mit seiner Familie nach Boston. Während das neue Krankenhaus im Bau war, wartete er ungeduldig und führte hin und wieder Operationen am Corey-Krankenhaus aus.

Er brachte von Baltimore zwei sehr fähige Assistenten mit, Lewis H. Weed, der bereits eine der ersten Kapazitäten für die Physiologie des Liquors war, und Emil Goetsch. Zu seinen Stationsärzten ernannte er John Homans und David Cheever, hervorragende junge Chirurgen in Boston. Kaum daß sich Cushing in Boston eingerichtet hatte, ging er wieder ins Ausland, um 1913 an dem Internationalen Kongreß für Medizin in London teilzunehmen, auf dessen Hauptsitzung er einen denkwürdigen Vortrag über „Neuorientierung der Gesamtmedizin: ihr Einfluß auf die Chirurgie und der Einfluß der Chirurgie auf sie" hielt. Der Vortrag wurde am 7. August unter dem Präsidium von Sir Thomas Barlow gehalten. Andere Redner bei der Hauptversammlung waren Paul Ehrlich und A. M. E. Chauffard, der bekannte französische Kliniker. Cushing hatte u. a. zugunsten einer „full-time-medicine" gesprochen: in den nächsten Tagen brachten die „Times" (London) und medizinische Fachzeitschriften Englands Protestartikel. Osler hingegen war entzückt über Cushings Verhalten. Andere drückten ihr Bedauern aus, daß Cushing nicht über ein chirurgisches Thema gesprochen hatte, für das er wirklich kompetent gewesen wäre. Dann kam der erste Weltkrieg. Noch bevor Cushing die Organisation seiner neuen Klinik in Boston vollendet hatte, wurde er Leiter der „Amerikanischen Ambulanz" und deren Harvard-Abteilung bei Neuilly-sur-Seine. Die Abteilung verließ die USA per Schiff am 1. Januar 1915 und war am 15. Januar in Neuilly voll in Betrieb. Aber Cushing war von der Leitung der freiwilligen Harvard-Abteilung nicht befriedigt und organisierte nach seiner Rückkehr nach Boston im Jahre 1916 das Etappen-Lazarett Nr. 5, dem 26 Sanitäts-Offiziere, 185 Sanitätssoldaten und 81 Krankenschwestern angehörten. Während des Winters 1917–1918 operierte Cushing fast ununterbrochen, besonders während der deutschen Frühjahrsoffensive, die im März bis Amiens vorgedrungen war. Mit seiner Weigerung, sich ärztlich ausschließlich von militärischen Forderungen bestimmen zu lassen, endete er beinahe vor einem Kriegsgericht; aber er wurde begnadigt und erhielt 1919 – nachdem er von einem schweren Anfall von Polyneuritis genesen war – seine ehrenvolle Entlassung. Auf Grund seiner Kriegserfahrungen veröffentlichte er eine klassische Abhandlung über Kriegsverletzungen des Gehirns, die im April 1918 (8) im „British Journal of Surgery" erschien und die allgemein als der größte Beitrag zur Kriegschirurgie des Nervensystems gefeiert und auch während des zweiten Weltkrieges als solcher angesehen wurde.

Als Cushing 1919 – mit leider ernstlich angegriffener Gesundheit – aus dem Kriege zurückkehrte, wartete eine große Arbeit noch auf ihre Vollendung. Osler war Ende Dezember 1919 gestorben, und seine Witwe forderte Cushing auf, die Lebensgeschichte ihres Mannes zu schreiben. Cushing konnte diese Aufgabe nicht ablehnen. Zugleich mußte er jedoch seine chirurgische Klinik neu einrichten; kamen doch jetzt junge Ärzte aus der ganzen Welt zu ihm, um in der Neurochirurgie ausgebildet zu werden. Zu den ersten gehörten Percival Bailey, der sich als Neuropathologe bereits mit Cushings Präparaten von Gehirntumoren befaßt hatte, und Frédéric Bremer aus Brüssel, der hauptsächlich gekommen war, um experimentelle Arbeiten über die Funktion der Hypophyse und des Hypothalamus unter Cushings Leitung zu machen. Während der folgenden Jahre kamen viele andere, die heute anerkannte Neurologen oder Neurochirurgen sind: Georg Schaltenbrand aus Würzburg, Hegh Cairns aus Oxford und London, Ignaz Oljenik, der aus Amsterdam stammte, Gaston de Coppet aus Bern, Norman Dott aus Edinburgh, Jean Morelle aus Louvain, Paul Martin aus Brüssel, D. Petit-Dutaillis aus Paris, Dimitri Bagdazar aus Bukarest und viele andere. Die Ausbildung, die diese Männer bei Cushing erhielten, war hart. Diejenigen, die als planmäßige Assistenten auf der neurochirurgischen Abteilung bei ihm waren, wie Cairns, arbeiteten beinahe 18 Stunden täglich und mußten während der ganzen 24 Stunden dienstbereit sein. Jedoch protestierte keiner von ihnen dagegen; denn sie waren sich völlig klar darüber, daß Cushing selbst genau so lange wie sie arbeitete und zudem noch die ganze Verantwortung für die Klinik trug.

Bedeutende Arbeiten von Cushing erschienen in den Jahren 1925-1933; so 1926 die auf gemeinsamen Studien mit Bailey ruhende Monographie über die Gliome; sie war „Professor S. Ramón y Cajal und den ausgezeichneten Schülern seiner spanischen neurohistologischen Schule" gewidmet – Bailey, der bei Ramón y Cajal in Madrid gearbeitet hatte, und Cushing waren immer große Bewunderer dieses Mannes und seiner Leistungen gewesen. Die Monographie trug den gewichtigen Titel „A classification of the tumors of the glioma group on a histogenetic basis with a correlated study of prognosis" (10). Im selben Jahr brachte Cushing auch seine kurze Monographie „Untersuchungen über intracranielle Physiologie und Chirurgie. Der dritte Kreislauf – Die Hypophyse – Die Gliome" (11) heraus, die auf seinen an der Universität Edinburgh im Oktober 1925 gehaltenen Cameron-Preis-Vorlesungen aufgebaut war. Dieser Band trägt die Widmung „Meinen Nachfolgern im Amt am ‚Old Hunterian' der John-Hopkins-Medizinschule und dem Arthur-Tracy-Cabot-Kollegium, den Leitern des Laboratoriums für chirurgische Forschung

Harvey Cushing

seit 1912 (die Namen sind dabei aufgezählt) und auch meinen früheren Assistenten in Baltimore und in Boston" (ebenfalls mit Namensaufzählung).

1927 veröffentlichte Cushing zusammen mit Leo M. Davidoff eine kurze Broschüre unter dem Titel „The pathological findings in four autopsied cases of acromegaly with a discussion of their significance" (12). Diese Broschüre kann als eine wichtige Ergänzung zu Cushings Monographie „The pituitary body and its disorders" (1912) angesehen werden. 1928 schrieb er, wiederum mit Bailey zusammen, die Arbeit „Tumors arising from the blood-vessels of the brain. Angiomatous malformations and hemangioblastomas"; in diesem Band sind 29 Fälle einer der seltensten und interessantesten Gruppen von Hirntumoren ausführlich beschrieben (13). Eine Sammlung von Essays „Consecratio medici" (14) erschien 1928, gefolgt von zwei speziellen Monographien. Der erste wurde 1932 unter dem Titel „Intracranial tumours. Notes upon a series of two thousand verified cases with surgical-mortality percentages pertaining thereto" (15) herausgegeben (deutsche Übersetzung: „Intracranielle Tumoren. Bericht über 2000 bestätigte Fälle mit der zugehörigen Mortalitätsstatistik" bei Springer, Berlin, 1935); es handelte sich um den erweiterten Bericht, den Cushing auf dem ersten internationalen Neurologenkongreß in Bern am 31. August 1939 erstattet hatte. Die Widmung dieses Buches lautete: „In Zuneigung und Dankbarkeit meinen Mitarbeitern und Assistenten in Neurochirurgie". Weitere Arbeiten über die Hypophyse, den Hypothalamus und das parasympathische Nervensystem erschienen im Jahre 1932; die Grundlage hierzu stellte die Lister-Gedenkvorlesung dar, die Cushing in England am 9. Juli 1930 gehalten hatte (16).

Cushings verkürztes Kriegstagebuch „From a surgeon's journal 1915–1918" kam 1936 heraus und wurde in vielen Auflagen gedruckt (17). Dieses Buch war mit Cushings eigenen Photographien und Bleistiftskizzen illustriert und seiner Frau „für ihr Mitgefühl und ihr Verstehen während dieser Ereignisse" gewidmet.

Seine abschließende Monographie, herausgegeben unter Mitarbeit seiner Kollegin im Amt, Louise Eisenhardt, erschien 1938 kurz vor seinem Tode unter dem Titel „Meningiomas. Their classification, regional behaviour, life history and surgical end results" (18). Dieses bemerkenswerte Buch, etwa 800 Seiten stark mit 685 Illustrationen, war Cushings Schwanengesang in der Neurologie und Neurochirurgie.

Nach seinem Rücktritt vom Harvard-Institut im Jahre 1932 verbrachte Cushing ein Jahr lang mit der Ordnung seiner Angelegenheiten in Boston und zog dann nach New Haven, wo er seine Studienjahre verlebt hatte; dort erhielt er den Titel des Sterling-Professors für Neurologie (1933–1937) und später den eines Direktors der medizinischen Geschichtsforschung (1937–1939). Er war außerdem Consiliarius für Neurologie am New Haven-Krankenhaus (1933–1939). Während dieser Jahre teilweiser Pensionierung an der Yale-Universität hatte Cushing Zeit, sich seiner Liebhaberei, dem Sammeln alter Bücher, zu widmen; er verwandte auch viel Zeit darauf, mit den Kollegen anderer Spezialfächer Kontakt aufzunehmen. Er wurde Präsident einer unter dem Namen „Die Elizabethaner" bekannten, rein literarischen Vereinigung, wo er viele genußreiche Stunden mit den Kandidaten des Yale-College verbrachte, so wie er es als Student getan hatte. Die letzten Jahre waren in jeder Beziehung glücklich.

Cushing führte seine letzte Operation im Jahre 1932 aus. Als er bemerkte, daß seine Anwesenheit im Operationssaal seine jüngeren chirurgischen Kollegen nur verwirrte, zog er sich zurück und betrat niemals wieder einen Operationssaal.

Während dieser Jahre, besonders zwischen 1934 und 1939, plante er seine zukünftige große Büchersammlung. Als er im Jahre 1934, anläßlich der Einweihung des Neurologischen Instituts von Montreal, die Osler-Bibliothek besuchte und sah, welch große Rolle sie in dem Geistesleben der Fakultät und besonders in dem der Studenten der McGill-Medizinschule spielte, beschloß er, Yale eine ähnliche Bibliothek zu beschaffen. Kurz darauf schlug er den Behörden von Yale vor: er wolle seine Sammlung der Universität hinterlassen unter der Bedingung, daß eine geeignete medizinische Bibliothek gebaut werde. Er verabredete mit Arnold C. Klebs, einem alten Freund, der in der Schweiz lebte, daß er dasselbe tun solle, und schlug auch mir (dem Verfasser) vor, diesem Plan beizutreten. Auf diese Weise wurde die historische Bibliothek der Yale-Medizinschule ins Leben gerufen; sie wurde am 15. Juni 1941, wenige Jahre nach Cushings Tod (7. Oktober 1939) eingeweiht. So hinterließ Cushing nicht nur ein großes Erbe auf dem Gebiet der Neurochirurgie, sondern auch eine schöne Bibliothek, durch die sein Andenken noch lange erhalten bleiben wird.

Zum Literaturverzeichnis von Cushing:

Es existieren zwei ausführliche Biographien von Cushing:
Elisabeth Thomson „Harvey Cushing, Chirurg, Schriftsteller, Künstler". New York, Henry Schumann, 1950, XVIII, 347 Seiten, illustr., und
John F. Fulton „Harvey Cushing, A Biography". Springfield, Illinois, Charles C. Thomas, 1946, XII, 754 Seiten, illustr.
Die folgende Liste ist eine Auswahl aus den Werken Cushings, die im Text erwähnt sind:

Literatur

1. On routine determinations of arterial tension in operating room and clinic. Boston med. surg. J., 1903, 148: 250–256. — 2. Haemotomyelia from gunshot wounds of the spine. A report of two cases, with recovery following symptoms of hemilesion of the cord. Amer. J. med. Sci., 1898, 115: 654–683. — 3. Taylor, E. W. Two cases of tumor of the brain with autopsy. Boston med. surg. J., 1896, 134: 57–60. — 4. A method of total exstirpation of the Gasserian ganglion for trigeminal neuralgia. By a route through the temporal fossa and beneath the middle meningeal artery. J. Amer. med. Ass. 1900, 34: 1035–1041. — 5. Physiologische und anatomische Beobachtungen über den Einfluß von Hirnkompression auf den intracraniellen Kreislauf und über einige verwandte Erscheinungen. Mitt. Grenzgeb. Med. Chir., 1902, 9: 773–808. — 6. The hypophysis cerebri. Clinical aspects of hyper-pituitarism and of hypo-pituitarism. J. Amer. med. Ass., 1909, 53: 249–255. — 7. The pituitary body and its disorders. Clinical states produced by disorders of the hypophysis cerebri. An amplification of the Harvey Lecture for December, 1910. Philadelphia & London, J. B. Lippincott Co., 1912, X, 341 [3] pp., 319 figs. — 8. A study of a series of wounds involving the brain and its enveloping structures. Brit. J. Surg., 1918, 5: 558–684. [This ist Dr. Cushing's principal paper on the repair of war wounds of the head. It is generally regarded as the most important contribution on neurosurgery of the war period.] — 9. The life of Sir William Osler. Oxford, Clarendon Press, 1925, 2 vols., XVI, 685 [1] pp., illus., XII, 728 pp., illus. — 10. A classification of the tumors of the glioma group on a histogenetic basis with a correlated study of prognosis. (With P. Bailey). Philadelphia, London & Montreal, J. B. Lippincott & Co., 1926, 175 [1] pp., illus. — 11. Studies in intracranial physiology and surgery. London, Humphrey Milford, Oxford University Press, 1926, XII, 146 pp., 16 figs. — 12. The patho-

logical findings in four autopsied cases of acromegaly with a discussion of their significance. (With L. M. Davidoff). New York, Rockefeller Institute for Medical Research (Monograph No. 22), 1927, 131 pp., 104 figs. — 13. Tumors arising from the blood-vessels of the brain. (With P. Bailey). Springfield, Illinois, Charles C. Thomas, 1928, X, 219 pp., figs. — 14. Consecratio medici and other papers. Boston, Little, Brown, and Company, 1928, 276 pp. — 15. Intracranial tumors. Springfield, Illinois, Charles C. Thomas, 1932, XII, 150 pp., 111 figs. — 16. Papers relating to the pituitary body, hypothalamus and parasympathetic nervous system. Springfield, Illinois, Charles C. Thomas, 1932, VII, 234 pp., 99 figs. — 17. From a surgeon's journal, 1915–1918. Boston, Little, Brown, and Company, 1936, XXI, 534 pp., 34 illus. — 18. Meningiomas. Springfield, Illinois, Charles C. Thomas, 1938, XIV, 785 pp., 685 figs.

Anmerkungen:

[1] Kocher, Theodor: Die Läsionen des Rückenmarks bei Verletzungen der Wirbelsäule. Mitt. Grenzgebiete Med. Chir. 1896, 1: 481–660.

[2] Chushings farbige Tafeln der Gorillahirnrinde wurden erst im Jahre 1938 veröffentlicht, als seine Monographie über die Meningome erschien. Seine verschiedenen Umrißzeichnungen wurden einige Jahre später in der klassischen Abhandlung von Leyton, A. S. F. Grünbaum und C. S. Sherrington „Beobachtungen an den erregbaren Rindengebieten beim Schimpansen, Orang-Utan und beim Gorilla" gedruckt (Quaterly Journal of Experimental Physiology, 1917, 11, 135–222).

[3] Das Buch, das sein erster großer Beitrag auf dem Gebiet der Endokrinologie war, trug die Widmung: In liebevoller Erinnerung an drei Ärzte: Erastus Cushing (1802–1893) – Henry K. Cushing (1827–1910) – Edward F. Cushing (1862–1911)."

WILHELM ERB

1840–1921

Von Max Nonne

Erb wurde am 30. November 1840 in Winweiler in der Pfalz geboren; er zeigte als Knabe und heranwachsender Jüngling emsigen Fleiß und Begierde zu lernen; von allen seinen damaligen Verwandten und Bekannten und Freunden wurde schon früh die Zuverlässigkeit seines Charakters erkannt und gelobt. Bereits mit 17 Jahren bezog er die Universität in Heidelberg.

Nachdem er in München die üblichen Examina absolviert hatte, trat er bei dem hervorragenden Vertreter der pathologischen Anatomie Prof. Buhl als Assistent ein; hier blieb er ein Jahr und wurde, 22jährig, Assistent in Heidelberg an der Medizinischen Universitätsklinik von Nicolaus Friedreich, der damals einer der Führer der deutschen inneren Klinik war. Friedreich beauftragte den jungen Erb, bei dem das scharfe Auge des erfahrenen Menschenkenners Talent und Arbeitseifer erkannt hatte, mit einer Arbeit über Pikrin-Säure. Die Pikrin-Säure spielte damals in der medikamentösen Therapie eine Rolle und bewährte sich gegen Trichinose und verschiedene Wurmkrankheiten. Erb schrieb 1864 seine Doktordissertation über die physiologischen und therapeutischen Wirkungen dieser Säure. Schon diese erste Arbeit zeigte den ganzen Erb, seine Sorgfalt und Genauigkeit, seine kritische Vorsicht in der Beurteilung der gefundenen Tatsachen sowie den klaren Stil im Schreiben, einen Stil, der später geradezu klassisch war. Noch einmal beschäftigte ihn dieses Thema in seiner Habilitationsschrift, die er 1865 anfertigte. Erb verfolgte in dieser umfangreichen Arbeit die Entwicklung der roten Blutkörperchen und studierte besonders sogenannte „Übergangsformen" zwischen roten und weißen Blutkörperchen, vorwiegend beim Menschen, und zwar hauptsächlich in Fällen von starkem Blutverlust und bei Kachexien verschiedener Art.

Diese Arbeiten sind infolge der späteren, früher längere Jahre hindurch sich in den Vordergrund drängenden Arbeiten, die ein neues Feld der Hämatologie unter der Führung von Ehrlich schufen, wenig beachtet worden. Wer sich aber der Mühe eines wirklichen Studiums dieser Arbeiten unterzieht, wird feststellen, daß es sich bei diesen experimentellen (histologischen, toxikologischen und therapeutischen) Untersuchungen wohl um die erste Feststellung und genaue Schilderung von Veränderungen der roten Blutkörperchen durch Einwirken eines Giftes im kreisenden Blut handelt. Von Belang war auch die gleiche Feststellung einer Leucozytose sowie von kernhaltigen roten Blutkörperchen neben dieser Leucozytose. Dieses alles wurde von Erb festgestellt ohne die späteren Färbe- und Zähl-Methoden, nur mit Hilfe der damals noch recht primitiven Reagenzien und Mikroskope.

Das waren die Erstlingsarbeiten des jungen Privatdozenten Wilhelm Erb. Von jetzt an war und blieb er Verschworener der Neurologie. Sein Lehrer und Meister Friedreich, der einen großen Namen sich geschaffen hatte durch grundlegende und wegweisende Arbeiten über Krankheiten des Herzens und der Gefäße, hatte sich neuerdings für die organische Neurologie interessiert. Friedreichs Name ist in die Annalen der medizinischen Wissenschaft aere perennius eingegangen dadurch, daß er zuerst die „hereditäre Ataxie" klinisch beschrieb und später das von ihm vorausgesetzte anatomische Bild der „kombinierten Strangerkrankung" feststellte und veröffentlichte. Das klinische und anatomische Studium der „Friedreichschen Ataxie" bot eine Fülle von Problemen, Zweifeln, von Hypothesen und von feststehenden neuen Tatsachen, und der junge forschungseifrige Assistent und Privatdozent hatte Gelegenheit, sich mit dem Meister zusammen in die Probleme der damals noch in der Wiege liegenden organischen Neurologie zu vertiefen.

Der Berliner Kliniker Romberg hatte in dem mehrere Jahre vorher schnell berühmt gewordenen „Lehrbuch der Nervenkrankheiten" den Engländer Bell zitiert, der sagte: „Es wird, fürchte ich, noch lange Zeit dauern, bis vereinte Bemühungen der ärztlichen Schriftsteller uns in den Stand setzen werden, die Nervenkrankheiten zu ordnen und genau zu beschreiben. Die Stufe, auf der wir uns jetzt befinden, ist eine sehr niedrige." Romberg selbst fügte dann einige Jahre später hinzu: „Nirgendwo ist die physiologische Durchdringung der Pathologie so fruchtbar, nirgendwo feiert freie Forschung so schönen Sieg über das träge Herkommen einer Disziplin wie in der Lehre der Nervenkrankheiten."

Zunächst widmete sich Erb der Elektrotherapie. Ähnlich wie Duchenne de Boulogne einst durch die zufällige Anwendung der damals aufgekommenen Elektropunktur bei einem Kranken zum Studium der Wirkung der Elektrizität auf Nerven und Muskeln beim Menschen gelenkt wurde, wurde Erb durch die Praxis genötigt, sich mit der galvanischen Behandlung des Menschen zu beschäftigen. 1867 gab er in einer Arbeit „Galvanotherapeutische Mitteilungen" eine experimentelle Begründung für die Möglichkeit von Heilwirkung durch konstante und unterbrochene Ströme, die auf Gehirn und Rückenmark gerichtet wurden. Unter größter Selbstkritik glaubte er nachweisen zu können, daß „mit an Sicherheit grenzender Wahrscheinlichkeit" auch beim lebenden Menschen galvanische Ströme die nervösen Gewebsorgane durchdringen. Erb studierte dann elektrotonische Erscheinungen am lebenden Menschen. Hier geriet er in Gegensatz zu dem Berliner Neurologen Eulenburg, als er am lebenden Menschen bei der Untersuchung durch die unverletzte Haut hindurch das gerade Gegenteil des bekannten Pflügerschen Zukkungsgesetzes gefunden hatte. Er polemisierte mit Eulenburg, und kein Geringerer als Helmholtz klärte diesen anscheinenden Widerspruch auf und erkannte die Richtigkeit der Erbschen Befunde an. Erb zog den praktischen Schluß, daß man in der Elektrotherapie denjenigen Pol, dessen Wirkung man bei einem Muskel oder Nerv erzielen will, stets möglichst in der ganzen Ausdehnung dieses Gebildes wirken lassen muß.

Erb hat sich mehrere Jahre hindurch ganz persönlich elektrotherapeutisch betätigt und dann durch das „Handbuch der Elektrotherapie und Elektrodiagnostik" der damals noch in der Jugendentwicklung stehenden Elektrotherapie auf dem Boden wissenschaftlich begründeter Methoden Daseinsberechtigung erkämpft. Das bleibt sein Verdienst, wenngleich man heute den von Erb betätigten therapeutischen Optimismus nicht mehr in demselben Maße teilen kann.

Für Erb hieß das Ziel „organische Neurologie". 1867/1868 erschien die große grundlegende klassische Untersuchung „Zur Pathologie und pathologischen Anatomie peripherer Paralysen". Diese Arbeit stellte Erb sofort in die erste Reihe der damaligen Neurologen. Zwar war, wie er selbst sorgfältig darstellte, schon vorher eine verhältnismäßig große Anzahl von Beobachtungen über das so auffallende und entgegengesetzte Verhalten der faradischen und galvanischen Erregbarkeit, besonders in manchen Fällen von rheumatischer Facialislähmung, veröffentlicht worden (zuerst von Baierlacher und vor allem von H. v. Ziemssen). Auch war das Auftreten einer auffallend trägen Zuckung bei direkter Muskelreizung in derartigen Fällen bekannt. Es fehlte aber noch eine genaue Darstellung dieser von Erb später so genannten „Entartungsreaktion" von Anbeginn einer Lähmung an sowie vor allem der Nachweis der zugehörigen anatomischen Veränderungen in den Nerven und Muskeln bei am Tiere experimentell herbeigeführten Lähmungen; es fehlte endlich die Bedeutung der gefundenen elektrischen Veränderungen für Prognose und Therapie. Alle diese Lücken wurden von Erb und teilweise neben ihm von v. Ziemssen in systematischer Weise ausgefüllt. Besonders war jetzt die von ihm zuerst vorgenommene pathologisch-anatomische Untersuchung die Hauptsache. Einzelne wertvolle Beobachtungen über Facialislähmung begleiten die Hauptabhandlung. In ihr wurde neben den Mitteilungen über die in den Muskeln ablaufenden Veränderungen der elektrischen Erregbarkeit auch eine Steigerung der Erregbarkeit der Muskeln gegen mechanische Reize festgestellt; experimentelle Untersuchungen schlossen sich an. Diese Untersuchungen wurden an Froschnerven angestellt und führten Erb zu der Auffassung, daß wahrscheinlich die Leitung des Erregungsvorganges für den Willen und den elektrischen Strom durch den erhaltenbleibenden oder wiederhergestellten Achsenzylinder erfolge, während die elektrische Erregung selbst in der Markscheide vor sich gehe. Auf pathologisch-anatomisches Gebiet führte ihn wieder eine kleine Arbeit in Virchows Archiv 1868 „Über die sogenannte wachsartige Degeneration der quergestreiften Muskelfasern". Erb untersucht hier kritisch ihre Entstehungsweise besonders an Muskeln, deren Nerven durchschnitten waren, und geriet in bezug auf die Frage, wieweit dabei postmortale „Beleidigungen" der Faser eine Rolle spielen, in einen heftigen Kampf mit E. Martini. Hier zeigte er sich zum erstenmal als der mannhafte Kämpfer, so wie er im späteren Leben so manches Mal in die Arena der Wissenschaft treten mußte.

Die Lehre von der Tetanie nebst Bemerkungen über die Prüfung der elektrischen Erregbarkeit motorischer Nerven war eine wichtige Arbeit. Hier wies er unter Zuhilfenahme einer neuen Methode der quantitativen Erregbarkeitsprüfung der peripheren Nerven nach, daß bei der Tetanie die Erregbarkeit der motorischen Nerven erheblich gesteigert ist („Erbsches Phänomen").

Von großem Wert war eine Arbeit aus dem Jahre 1875 über „rheumatische Facialislähmung"; sie wurde bald wissenschaftliches Gemeingut. Heute kennt nicht nur jeder Neurologe, sondern kennen auch viele Internisten die Einteilung der peripheren motorischen Lähmungen nach der Art der Veränderung der elektrischen Reaktionen in drei Formen: die leichte, die schwere sowie die Mittelform, je nach den Ergebnissen der elektrischen Untersuchung. Allgemeingut sind heute ferner die Feststellungen über die Lokalisation des Lähmungssitzes im Facialis.

Ein wichtiger und auch heute noch nicht befriedigend geklärter gelegentlicher Befund bei motorischen Lähmungen war die Feststellung von Entartungsreaktion in einem gar nicht für den Willen gelähmten Muskel. Das fand Erb im Deltamuskel bei Bleilähmung und in vereinzelten Fällen von Muskelatrophie. Unter Zurückweisung der Annahme einer primären Erkrankung der motorischen Nerven nahm er für solche Fälle an, daß dabei besonders trophische *Zentral-* und Leitungsapparate erkrankt sein könnten.

In diese Jahre, in denen er sich vorwiegend dem Studium der Klinik erkrankter motorischer Nerven widmete, fällt auch die Entdeckung des „Erbschen Punktes". Das war ein Punkt, wo sich am Plexus brachialis Nerven für die Innervierung vom M. deltoideus, biceps und brachialis internus zueinanderfügen, um bei Reizung zur klassischen „Fechterabwehrstellung" des Armes zu führen. Diese Arbeiten führten bei gleichzeitig durchgeführten Untersuchungen von Dejerine und Klumpcke in Paris zur Aufstellung der „kombinierten Schulter-Arm-Lähmung".

In diesen Jahresabschnitt gehört auch seine gleichzeitig mit dem Berliner Psychiater Karl Westphal gemachte Entdeckung der Sehnenreflexe. Diese Entdeckung wurde allseitig intensiv aufgegriffen und führte sich als die erste und notwendigste Untersuchungsmethode bei jeder klinisch-neurologischen Untersuchung bald ein. Eine langdauernde Diskussion darüber, ob es sich hier um ein Muskelphänomen oder um einen Nervenreflex handelt – wobei Erb den letzteren Standpunkt vertrat –, ist bis heute noch nicht restlos beendet.

Zu längerer wissenschaftlicher Diskussion führte 1875 eine Arbeit über „Spastische Spinal-Paralyse". Es handelt sich dabei um das gleiche klinische Krankheitsbild wie bei dem von Charcot „Tabes dorsale spasmodique" genannten Syndrom. Der Streit um die Daseinsberechtigung dieser Krankheitsform mußte kommen, weil die anatomische Bestätigung der geforderten reinen „Lateralsklerose" im Rückenmark ebenso wie auch die Kenntnis des klinischen Gesamtverlaufes der Erkrankung fehlte. Es stellte sich allmählich heraus, daß im späteren Verlauf sich oft noch andere Symptome anschließen. Auch blieb es besonders im Hinblick auf ein gleichartiges Krankheitsbild im Kindesalter (Littlesche Krankheit) offen, wie weit nicht doch in manchen Fällen eine cerebrale Ursache vorhanden war. Als Erb mehrere Jahre später einige Fälle von spastischer Spinalparalyse in Kombination mit partieller Opticusatrophie publizierte, wußte er noch nicht, daß es sich um atypische Fälle von multipler Sklerose handelte. Man darf getrost Erb das Verdienst zuschreiben, dieses heute recht häufige imperfekte klinische Bild der multiplen Sklerose als an sich charakteristisch und typisch erkannt und beschrieben zu haben. Heute wissen wir, daß dieses Syndrom eines der vielen Krankheitsbilder ist, die als imperfekte Fälle zum großen Gebiet der von Charcot zuerst als eine seltene klassische Form der multiplen Sklerose beschriebenen Krankheiten des Zentralnervensystems gehören.

Diese bisher genannten Arbeiten fielen zum großen Teil in die Frühzeit der Erbschen Forschungen. Seine Schüler, deren Zahl sich bald mehrte, arbeiteten auf dem von Erb bestellten Acker und brachten reiche Ernte in die Scheuern. Elektrodiagnostik ist heute selbstverständliches Gemeingut der Ärzte, ebenso wie die Kenntnis der Sehnenreflexe mit allen ihren Verschiedenheiten und Abwandlungen allen Ärzten bekannt ist oder bekannt sein sollte. Die neuen klinischen Krankheitsbilder hatten bereits das Bild gewaltig geändert, welches der Berliner Kliniker Romberg die Neurologie *seiner* Zeit nannte.

Erbs jüngerer Mitarbeiter und lebenslänglicher Freund und Vertrauter, der spätere Bonner Internist Friedrich Schultze, hat in einem Nekrolog Erb geschildert; er charakterisiert die „einfache anspruchslose Arbeitsweise" in der zweiten Hälfte der 60er und der ersten Hälfte der 70er Jahre des letzten Jahrhunderts wie folgt: „In einem engen Raum der damaligen Medizinischen Klinik in Heidelberg, einer wahren Rumpelkammer, untersuchte und lehrte Prof. Wilhelm Erb am Ende der 60er und in den folgenden 70er Jahren des vorigen Jahrhunderts. Die Anzahl der Zuhörer war nicht groß, auch hätte kaum mehr als ein halbes Dutzend Platz gehabt. Auf einer schwarzen Holztafel, die er auf den Knien hielt, weil an der Wand kein Raum war, schrieb er in der Einleitung zu seinem diagnostischen und elektrotherapeutischen Kursus die Formel des Ohmschen Gesetzes auf. Zu den zuhörenden Ärzten im Anfang der 70er Jahre gehörten Ernst Remak aus Berlin, den Erbs Ruf nach Heidelberg gelockt hatte, ferner Adolph Strümpell, Franz Fischer und die damaligen Assistenzärzte der Medizinischen Klinik wie Carl Eisenlohr – später in Hamburg –, Moebius und ich selbst. Wir lernten vieles, was man auf dem Gebiet der Elektrodiagnostik und der Pathologie der peripheren Nervenkrankheiten damals anderswo in Deutschland nicht lernen konnte."

Neben den oben erwähnten hochbedeutenden Arbeiten entstanden in den 70er Jahren bis 1878 zwei große Handbücher über die Krankheiten der peripheren cerebrospinalen Nerven und über die Krankheiten des Rückenmarks und verlängerten Marks. Beide erschienen sehr bald in zweiter Auflage. Sie enthalten außer der überaus eingehenden und klaren Darstellung der damaligen Kenntnissse noch mancherlei vorher nicht veröffentlichte Einzeluntersuchungen und eine Fülle von klinischen Beobachtungen und Kasuistik. Die von anderen Klinikern aufgestellten schematisierenden Krankheitsbilder wie z. B. „Hyperämie und Anämie des Rückenmarks" und gar der Rückenmarkshäute wurden noch mit historischer Treue übernommen, aber mit großer Zurückhaltung und Kritik behandelt. In diesen Büchern geht Erb auf alle damals schwebenden Streitfragen kritisch ein, so daß diese Werke in den dann folgenden Jahrzehnten eine wertvolle Fundgrube für den Forscher und Nervenarzt waren.

Bald nach Erscheinen dieser Bücher im Jahre 1878/79 wurde ein eigenartiger bulbärer Symptomenkomplex zum ersten Male geschildert. Es war jener Komplex, den später Jolly „Myasthenia gravis pseudoparalytica" genannt hat und der auch unter dem Namen „Erb-Goldflam-Oppenheimsche Krankheit" zitiert wird.

1880 wurde Erb nach Leipzig berufen als Direktor der dortigen Neurologischen Poliklinik. Hier hatte er an großem Material Gelegenheit, seine in Heidelberg gewonnenen Erfahrungen zu prüfen und zu erweitern. Sehr gefördert wurde er durch den eifrig gepflegten persönlichen Verkehr mit den originellen, hochverdienten Pathologen Weigert und Cohnheim. Dieser Verkehr brachte ihm wichtige und neue Kenntnisse in der Pathologie des Nervensystems und hielt ihn auf dem laufenden über die Fortschritte in der technischen – besonders färberischen – Behandlung der mikroskopischen Präparate.

Ein besonderes Kapitel in Erbs wissenschaftlichem Leben stellen seine Studien über die Tabes dorsalis dar; durch Deziennen beschäftigte ihn dieses Thema. Er ist es, der gleichzeitig mit Argyll Robertson die reflektorische Pupillenstarre entdeckte und beschrieb und erkannte, daß die echte reflektorische Pupillenstarre fast ausschließlich der Tabes dorsalis zukommt.

Im Jahre 1879 begann jene Fülle von Arbeiten zur Tabes dorsalis, die in bezug auf die von ihm behauptete ursächliche Beziehung zur Syphilis zu schweren, langdauernden Kämpfen, in erster Linie mit Leyden und seinen Schülern (Goldscheider u. a.) führten. Zunächst bestätigte er Fourniers Erfahrung, daß in der Anamnese von Tabikern sehr häufig Lues zu finden sei. Während Erb 1878 in der 2. Auflage seiner „Rückenmarkskrankheiten" sogar geneigt gewesen war, einen Zusammenhang abzuweisen, konnte er schon bald darauf erklären, daß ein zufälliges Zusammentreffen beider Krankheiten (Lues und Tabes dorsalis) nicht annehmbar sei. Aber auch 1881 war Erb noch „weit davon entfernt", den Zusammenhang für sicher bewiesen zu halten. 1883 lautete es: „Die

Syphilis ist unzweifelhaft die häufigste und wichtigste Schädlichkeit, die eine Tabes erzeugt". Im wissenschaftlichen Kampf stellte sich Erb, wie früher schon gegen Eulenburg, als schärfster Gegner dar, der nach gründlichen kritischen Untersuchungen Behauptungen aufstellte, diese an immer neuen einschlägigen Fällen weiter prüfte, der die Klinik der Tabes ausdehnte auf Erforschung der Ehehälften, der Kinder auf Vorkommen von „Lues hereditaria" usw. Ich entsinne mich der herzhaften Freude, die Erb empfand, als sein Schüler Strümpell als Erster einen Fall von Lues congenita bei dem Kind eines Tabikers mitteilte, als später Fälle von Tabes dorsalis bei Kindern von luisch infiziert gewesenen Eltern veröffentlicht wurden, und als er selbst die Häufigkeit matrimonieller Lues und Tabes feststellen konnte. Ich entsinne mich der peinlichen Akribie von der Differentialdiagnose zwischen Ulcus durum specificum und Ulcus molle. Das war lange vor der Entdeckung der Spirochaeta pallida. Die Entdeckung der Wassermannschen Reaktion kam seinen statistischen Feststellungen zu Hilfe; und als man in Frankreich bei Luikern im Liquor cerebrospinalis oft Pleocytose fand, war Erb in Deutschland wohl der Erste, der bei Tabikern dasselbe fand und in Baden-Baden auf dem Kongreß der südwestdeutschen Neurologen demonstrierte. Die Zweifler wurden immer stiller, und als auch die Wassermannsche Reaktion im Liquor cerebrospinalis bei Tabikern oft gefunden wurde, war es kaum mehr nötig, daß der Japaner Noguchi die Spirochaeta pallida wie vorher schon bei der Paralyse so jetzt auch im Rückenmark von Tabikern darstellen konnte. Ich habe die Genugtuung Erbs über die endliche Beendigung der lange geführten Fehde erlebt und genossen. Das war im lieblichen Tal der Oos in Baden-Baden. Der von beiden Seiten nicht ohne Affekt geführte Streit war erledigt.

Noch kurz vorher hatte der wissenschaftliche Streit in der Tabes-Lues-Frage hohe Wellen aufgeworfen, als dies Thema auf dem Internationalen Ärztekongreß in Moskau 1897 zur Verhandlung kam. Leyden und Erb waren aufgestanden, um ihre Meinung zu vertreten. Nachdem Erb sachlich nüchterne Tatsachen vorgetragen hatte, erklärte Leyden, daß er zu seinem großen Leidwesen durch eine wichtige Konsultation verhindert sei, dem Herrn Vorredner jetzt zu antworten, und verließ den Saal, hinter sich den lebhaften Beifall zu Erbs Darlegungen noch feststellend.

Wie die klassische Form (Charcot) der multiplen Sklerose allmählich zu einem seltenen Museumsstück wurde, so hatte sich auch die Tabes gewandelt aus dem klassischen Bild der „progressiven Spinalataxie" und wurde erkannt unter sehr differenten Bildern frustraner, imperfekter, atypischer Fälle.

Es wurde damals erzählt, daß Erb bei Erhebung der Anamnese nicht fragte: „Haben Sie Syphilis gehabt?", sondern die Frage tat: „Wann haben Sie Syphilis gehabt?". Dabei soll es einige Male zu peinlichen und erregten Szenen zwischen Arzt und Kranken gekommen sein. Ich selbst habe es erlebt, daß Erb in einer kurzen Pause vor der Klinik uns mit strahlendem Blick erzählte: „Gestern konsultierte mich ein reicher Berliner Industrieller, Tabiker, der Leyden konsultiert hatte. Leyden hatte ihm empfohlen, die Wintermonate in Italien, z. B. in Rom usw. zuzubringen." Er käme jetzt zu ihm, um *seine* Meinung darüber zu hören. Darauf habe er geantwortet: „Wenn Sie in Rom Schmierkuren gebrauchen wollen, können Sie auch nach Rom gehen". So fest saß schon damals die wissenschaftliche Überzeugung bei Erb, als der wissenschaftliche Streit um die Frage noch lange nicht erledigt war.

Neben dem Hauptthema Tabes-Syphilis widmete sich Erb in den gleichen Jahren dem genaueren Studium der Muskelatrophien. Auch da war sein Lehrer Friedreich ihm vorangegangen. Zuerst schilderte er 1884 an einigen Fällen „juvenile Formen der progressiven Muskelatrophie", die er der gewöhnlichen infantilen Form an die Seite stellte. Diese Form war vorher von Friedrich Schultze beobachtet und zum primären Muskelschwund gerechnet worden. Aber wegen gewisser Abweichungen im Krankheitsbild war er nicht identifiziert worden mit der Pseudohypertrophie. Das geschah erst durch Erb in seinem großen Werk „Dystrophia musculorum progressiva", in dem er beide Formen unter diesem Namen vereinigte und noch einige andere seltenere, aber früher unter gesondertem Namen beschriebene Typen gleichfalls dieser Krankheitsgruppe zuwies. An Hand ungewöhnlich vieler Krankenbeobachtungen und unter Zugrundelegung zahlreicher anatomischer Untersuchungen, besonders lebender Muskeln, und in sorgfältigem Literaturstudium, grenzte er mit überzeugenden Gründen diese Dystrophie von den sicher spinalen Formen ab. Erb blieb stets der Meinung, daß auch bei der anscheinend primären Muskeldystrophie eine *primäre* Muskelveränderung nicht vorliegen *müsse*, sondern daß es sich um eine „besondere Form" von Trophoneurose handeln könne. Die von ihm gewählte Namengebung erwies sich als glücklich und bürgerte sich auch ein. Unzweifelhaft ist seine große Arbeit über diesen Gegenstand ein Quellenwerk ersten Ranges von bleibender Bedeutung.

1886 veröffentlichte er eine Arbeit, die ebenfalls bleibenden Wert hat, in der er Fälle von Thomsenscher Krankheit klinisch und anatomisch beschrieb. Er fand auch hier eine bisher noch nicht beobachtete oder nicht beschriebene besondere Form der Reaktion des von einem starken galvanischen Strom durchflossenen, von der Krankheit befallenen Muskels. Es ist das jene Form der Muskelreaktion, die unter dem von Erb geprägten Namen „myotonische Reaktion" bekanntgeworden ist. Dazu gehört auch die von ihm beobachtete eigentümliche Wellenbewegung, die in den erkrankten Muskeln bei längerer Einwirkung stärkerer galvanischer Ströme auftritt. In derselben Arbeit beschrieb er auch anatomische Veränderungen der Muskeln betreffs ihrer Größe und ihres Kernreichtums. Man darf mit Recht diese Veränderungen als die anatomische Grundlage des klinisch bekannten seltsamen Verhaltens Thomsenscher Muskeln auffassen. Diese Arbeit widmete er seiner geliebten alma mater zu ihrem 500jährigen Geburtstag (1886).

Sehr bekannt ist auch in späteren Jahren seine 1898 publizierte Arbeit über das „Intermittierende Hinken". Das war ein Krankheitsbild, das von Charcot zuerst bei Pferden beobachtet und beschrieben worden war. Charcot hatte die Aetiologie offengelassen. Erb studierte mit gewohnter Sorgfalt das Leiden nach allen Seiten und führte es auf eine Erkrankung kleiner Arterien in den Beinen zurück. Die einige Jahre später entdeckten Röntgenstrahlen konnten die Richtigkeit dieser Annahme bestätigen. Daraufhin prägte Erb den Namen „Dysbasia angiosclerotica". Diese Benennung hat sich durchgesetzt.

Die Gehirnpathologie hat im Lebenswerk Erbs keine nennenswerte Rolle gespielt; aber über die Chirurgie der Hirntumoren und über Akromegalie, über medikamentöse Therapie des Morbus Parkinson hat er gelehrt und geschrieben.

Erb nahm seine Aufgaben als Universitätslehrer sehr ernst. Er war pünktlich auf die Minute. Beim Praktizieren gab er sich mit den Studenten wirklich Mühe; er absolvierte die klinischen Visiten mit großer Gründlichkeit und untersuchte jeden aufgenommenen Patienten persönlich.

Für längere Zeit in Anspruch nehmende Untersuchungen wie z. B. Studium neuer elektrischer Untersuchungsmethoden nahm er sich für jede Woche zwei Stunden vor;

und nicht selten waren dazu die Sonntagvormittagsstunden angesetzt. Wir lernten auf diese Weise schon früh, daß der Arzt nicht egoistisch sein darf, sondern Zeit zu opfern und Neigungen sich zu versagen lernen muß, wenn das Wohl der Kranken das verlangt.

Der klinische Vortrag Erbs war nicht mitreißend, er war aber unübertrefflich sachlich und gründlich. Auf Theorien ließ sich Erb nicht ein, sondern lehrte nur das, was gesehen, gehört und gefühlt werden konnte; und das nach einem gewissen Schema. Man könnte diese ganze Art des Lehrens didaktisch hochwertig nennen. Die Arbeiten seiner Schüler stellten damals im wesentlichen Begleitmusik der Erbschen Richtung dar. Auf Wunsch kontrollierte Erb die Arbeiten und gab Hilfestellung; eine wirkliche Unterstützung oder Anregung zu selbständigem Forschen durfte man von ihm nicht erwarten. Sein Meisterschüler Johann Hoffmann ist ein glänzender Zeuge dafür, wie stark Erb durch seine eigenen Arbeiten auf zu Gefolgschaft veranlagte Schüler wirken konnte.

Erb war bei allem eine gesellige Natur; er hatte Freude an anregender Unterhaltung, hatte eine große Allgemeinbildung, kannte die Klassiker, liebte Musik und die Natur, besonders die Schönheiten der Pfalz und des Schwarzwaldes sowie der Schweiz. In früheren Jahren verbrachte er seine Ferien oft in St. Blasien; später suchte und fand er Erholung und Stärkung für sein emsiges Arbeiten im Winter in der Schweiz, besonders im Engadin. In einem längeren Vortrag über „die Wirkung von Winterkuren in der Schweiz" hat er – selbst begeisterter Schlittschuhläufer – mit gewohnter Sachlichkeit und Gründlichkeit, aber doch auch in hohen Tönen das Lob solcher Kuren gesungen; er hat durch die große Verbreitung dieser Broschüre viel dazu beigetragen, daß die „Winterkuren in der Schweizer Sonne" Trumpf wurden.

Erb war keine komplizierte Natur; sein Charakter war durchaus geradlinig. Man darf als besonders wesentlichen Zug seines Charakters feststellen: er war schlicht, einfach, gewissenhaft und zuverlässig, besonders war er *treu*: treu und gewissenhaft seiner wissenschaftlichen Arbeit, treu als Lehrer gegen seine Schüler, treu bis ins Innerste gegen sein deutsches Vaterland, treu seiner Universität, von der ihn nach Leipzig fortzubringen seinen Freunden einst nur mit größter Mühe gelang und von der ihn nach seiner Rückkehr aus Leipzig später auch glänzende Berufungen, auch nach Wien, nicht wieder fortlocken konnten. Er war und blieb ein treuer Bürger seiner Stadt und erwies sich oft als wahr und treu gegenüber seinen Freunden. Unheilbar war der Bruch zwischen Erb und einem mit ihm zusammen Arbeitenden, wenn er das geringste „corriger la vérité" bei diesem entdeckte. *Dabei* gab's keinen Pardon, der Draht war und blieb abgerissen.

Wenn Erb für eineinhalb bis zwei Monate in die Sommerferien ging, so überließ er seine Vertretung in der Privatsprechstunde einem der älteren Assistenten. Dabei gab er die Einsicht in seine Privatjournale frei; so haben wir – ich selbst hatte einmal das Glück solcher Vertretung – Einsicht bekommen in die herrliche Ordnung und Gewissenhaftigkeit, mit der der Chef auch in der Privatpraxis seine Aufzeichnungen machte. Das war vorbildlich, und das hat manchem von uns zum Nacheifern gedient. Auch hatte ich dabei Gelegenheit zu sehen, wie eingehend seine Ratschläge auch waren, wenn seelisch Leidende, vom Schicksal Geschlagene und auch durch eigene Schuld Geschädigte sich an ihn wandten. Ich konnte eine Reihe von brieflichen Konsultationen und dann von ihm gegebene Ratschläge verfolgen und konnte feststellen, wie dieser beschäftigte und vielgeplagte Arbeiter Zeit und Sammlung fand zu solchen Leistungen. Das war für mich um so erstaunlicher, als wir alle wußten, daß die damals sogenannten „funktionellen Neurosen" ihm unsympathisch waren und daß er sich besondere Zügel anlegen mußte, um „das nervöse Gesindel" – wie er sich einmal ausdrückte – anzuhören, zu begreifen und – zu heilen oder zu trösten. Die im Interesse der Leidenden vorgesetzte Maske des Optimismus behielt er auch bei chronischen organischen, praktisch ungünstigen Fällen vor, und die heute als etwas Neues geforderte seelische Behandlung war auch für ihn von jeher eine Selbstverständlichkeit. Im Grunde war er wirklicher Optimist und war das auf Grund gewissenhaft angestellter Versuche auch in der Galvanotherapie auch für organische Nervenleiden, so wie er auch an die Wirkung der von ihm zusammengesetzten „pillulae tonicae" wirklich glaubte. Er war schon als Assistent und junger Dozent als handelnder Therapeut Optimist gewesen, hatte Freude am Behandeln und übte auch dadurch, ohne es sich selbst zu gestehen, starke Suggestion aus. Diese Eigenschaft verschaffte und erhielt ihm auch seinen internationalen Ruf als Konsulent.

Erb war Choleriker, so daß sein Temperament nicht ganz selten mit ihm durchging. Als Beispiel will ich, der ich der letzte noch lebende Schüler des großen und vielgeliebten Meisters bin, das folgende mitteilen: Erb haßte das Examinieren und alles, was mit der Verwaltung und Bürokratie zusammenhing. Eines Tages war er – wie nicht selten – unmittelbar vor der Klinik reizbar, weil er auf dem Tisch einiges von „Verwaltung" vorfand, worum er sich kümmern mußte. Da traten wir vier als Examensgruppe in das Zimmer ein, um uns bei ihm vorzustellen, feierlich angetan mit Gehrock und schwarzer Krawatte. Erb sah uns, funkelte uns an mit wenig liebenswürdigen Augen, nahm eine der Zeitschriften, die in der Mitte des Zimmers auf dem Tisch lagen, schmetterte sie auf den Boden und fuhr uns auf gut Pfälzisch an: „Himmeldunnerwetter, schon wieder das verfluchte Staatsexame". Einer von uns vieren wollte sich bücken, um die Zeitschrift aufzuheben. Ich fuhr diesem in den Arm und hielt ihn fest. Erb sah mich scharf an, ich hielt diesen Blick ruhig aus; dann nach kurzem betretenem Schweigen zog ich meinen Arm von meinem Freund und Kollegen ab, und Erb ging an den Tisch zurück; das Heft blieb liegen. – Ich war im letzten Semester vertretungsweise bei ihm als Assistent vier Monate lang tätig gewesen. Nach Beendigung des Staatsexamens bekam ich auf einer Erholungsreise eine schriftliche Anfrage von ihm, es wäre plötzlich eine Stelle bei ihm freigeworden, ob ich dieselbe bei ihm als Assistent übernehmen wolle.

Erb hat schon früh erkannt, daß die Neurologie sich weiter ausdehnen würde und spezielle Rücksichtnahme im klinischen Betrieb finden müsse. Er hatte in seiner Klinik für neurologisch erkrankte Männer und Frauen je einen Pavillon eingerichtet. Er trat dafür ein, daß solche Einrichtungen vielfach geschaffen werden müßten. 1914 legte er seine Meinung in einer Abhandlung nieder, der er den Namen gab „Was wir erstreben". Eine nochmalige größere, dasselbe Thema behandelnde Arbeit war im Manuskript so gut wie fertig, wurde aber in dem Trubel der Politik und des Chaos des ersten Weltkrieges und der nachfolgenden Jahre nicht druckfertig, so daß jene Arbeit sein Schwanengesang auf diesem Teilgebiet seiner Lehrbestrebungen geblieben ist.

Der Auffassung von der engen Zusammengehörigkeit der inneren Medizin und der Nervenheilkunde entsprang auch die von Strümpell angeregte Gründung „Deutsche Zeitschrift für Nervenheilkunde", die im Jahre 1891 erfolgte. Bezeichnend waren die Namen der Herausgeber, die als Gründer auf dem Titel erschienen und als solche weiterleben, nämlich Erb, Friedrich Schultze, Strümpell, Lichtheim. Die Zeitschrift wurde programmatisch eingeführt von Erb selbst mit einer großen Arbeit über Muskeldystrophie.

Die „Deutsche Zeitschrift für Nervenheilkunde" ist seither die führende rein neurologische Zeitschrift Deutschlands geworden und geblieben.

Ein Weiteres zeigt die intensive Anteilnahme Erbs an der Förderung und Heraushebung der Neurologie: Er stellte sich willig zur Mitarbeit zur Verfügung, als Hermann Oppenheim, der damals mit Recht als führender Organ-Neurologe deutscher Sprache galt, die Gründung einer Gesellschaft anregte, die sich ausschließlich mit Neurologie zu beschäftigen hätte. Erb nahm die Bitte, die Stelle als I. Vorsitzender zu übernehmen, an, während Oppenheim II. Vorsitzender wurde. Ein Vorstand von acht damals führenden Neurologen – Edinger, v. Monakow, Bruns, v. Frankl-Hochwart, Saenger, Nonne – hat die „Gesellschaft deutscher Nervenärzte" zu großem Ansehen in Deutschland und im Ausland gebracht.

Erb war nach seiner ganzen Veranlagung kein Freund der Psychiatrie. Wenn er gelegentlich einer Visite uns Assistenten gegenüber einmal nach einem Kampf mit einem Psychopathen das Wort „nervöses Gesindel" gebrauchte, so zeigt das, daß *ihm* der ärztliche und menschliche Verkehr mit solchen von der Natur stiefmütterlich behandelten Individuen keine Freude, sondern eine mühselige und als undankbar empfundene Arbeit bedeutete. Manchmal haben wir von ihm den Mahnruf gehört: „Hütet euch vor den Psychiatern!". Diese Einstellung störte keineswegs persönliche Freundschaft mit Psychiatern wie Karl Westphal, Fürstner, Flechsig, Mendel und anderen. Einen Sohn des großen Psychiaters Karl Westphal, Alexander Westphal, hat er auf Wunsch des Vaters in Heidelberg in seine Lehre genommen. Nach der Berufung Alexander Westphals auf den Bonner Lehrstuhl für Psychiatrie ist dieser Westphal dann der organischen Neurologie treugeblieben und hat wertvolle Arbeiten im Sinne der Erbschen Schule geliefert.

Wenn in der Klinik ein Kranker ad exitum gekommen war, ging Erb mit seinen klinischen Hörern in den Sektionssaal, um sich von dem Pathologen Arnold die Präparate der stattgehabten Sektion demonstrieren zu lassen. Nicht ganz selten war es – wie überall –, daß die Sektion ein anderes Resultat ergab als der erfahrene Kliniker angenommen hatte; dann war es geradezu rührend und für uns angehende Ärzte vorbildlich, wie zart diese Inkongruenz von Arnold behandelt wurde; und ebenso vorbildlich war die Art von Erb, mit der er seinen Irrtum zugab, bzw. zu motivieren suchte, wie er die Fehldiagnose anerkannte und sich am nächsten Tage in der Klinik bemühte, die Fehlerquellen aufzudecken und daraus zu lernen. Diese Demonstrationen waren äußerst lehrreich, und damals schon wurde mir klar, daß man an Fehlern am meisten lernt. Bei dem ersten derartigen Fall fiel mir ein Schillerscher Vers ein, den ich bei einem Besuch in Jena in einem meiner ersten Semester in einem öffentlichen Park auf einer Bank eingraviert fand:

„Irrtum verläßt uns nie,
doch zieht ein höheres Bedürfnis
immer den strebenden Geist
leise zur Wahrheit hinan."

Erb war ein Heros der Arbeit; er konnte die überaus großen Ansprüche, die er an sich selbst stellte, nur dadurch erfüllen, daß er die Tagesarbeit vorbildlich zu organisieren wußte. Wie er nichts mehr haßte als warten zu müssen, so war er auch stets so pünktlich, daß man die Uhr nach ihm stellen konnte. Das war insbesondere für seine Assistenten eine von uns schon damals stark und dankbar empfundene Tugend. Ich, der ich später bei anderen Chefs nicht immer diese straff geübte Tugend fand, schätze noch heute in dankbarer Erinnerung, daß wir Assistenten wegen der Pünktlichkeit des Chefs auch unsererseits über unsere Zeit verfügen konnten und daß wir keine Zeit zu verlieren brauchten durch tatenloses Warten, sondern daß damals auch für uns die Stunde 60 Minuten hatte.

Heute sind an mehreren Universitäten für die Neurologie eigene Heime und auch eigene Lehrstühle entstanden, so in Hamburg, Berlin, Würzburg, Heidelberg, Köln, Düsseldorf, an großen Krankenhäusern eigene Abteilungen bzw. Kliniken und Polikliniken, wie in Hamburg, Hannover, Dortmund.

Mehrere herrliche Nekrologe zeigen Erbs Persönlichkeit und seine seelische Verbundenheit mit großen Neurologen. Das sind die Nekrologe auf Charcot, auf Gowers, auf Frankl-Hochwart und auf seinen Meisterschüler Johann Hoffmann. Aus diesen Nachrufen strahlt hell und klar hervor die sachliche Gründlichkeit, die unabdingliche Objektivität neben wohltuender Wärme des Herzens und einem unübertrefflichen klassischen Stil.

Ehrungen sind ihm viele zuteil geworden: Ehrenmitglied in vielen Gesellschaften für innere Medizin, für Neurologie und Psychiatrie, für Kinderheilkunde; ebenso der höchste Orden, den sein Landesherr, der Großherzog von Baden, verleihen konnte; nach dem Geheimratstitel auch die Exzellenz, die Errichtung seiner Bronzebüste im Garten der Klinik. Festschriften an Ehrentagen waren Stationen seines wissenschaftlichen Lebens, von Schülern und Freunden gewidmet, Schaffung der Erb-Denkmünze, die alle zwei Jahre dem Autor der besten deutschen neurologischen Arbeit dieses Zeitraumes verliehen wird und die sein Andenken beim wissenschaftlichen Nachwuchs lebendig erhalten soll.

Erb hat den in seinen letzten Lebensjahren andere Wege suchenden und neue Bahnen findenden Neurologen nicht mehr folgen können. Die durch Economo eingeleitete Erkenntnis der bisher in ihrer physiologischen Funktion dunkel gebliebenen sogenannten „großen Stammganglien" hat er nicht mehr erlebt. Beweis dafür war mir, daß er mir einen nahen Verwandten vorstellte, dessen motorische Störungen Erb in seinem Erfahrungsgut nicht unterbringen konnte. Es handelte sich um das uns Neurologen damals schon bekannte postencephalitische Krankheitsbild der hyperkinetischen Akinesie. Auch die sich schnell mehrenden Erfahrungen über Hormone, Vitamine, Viren, ebenso wie die Begriffe des Endretikulums, die mit den Namen Speransky und Ricker verknüpft sind, sind ihm fremd geblieben.

Erb ist und bleibt der, der im Beginn seiner Laufbahn der in den ersten Anfängen steckenden, uns Heutigen primitiv erscheinenden Neurologie festen Grund und Boden gab und durch seine Anregungen im Bunde mit direkten und indirekten Schülern für die Neurologie eine Reihe von Jahren heraufführte, die man rückschauend auf die Zeit vor etwa 50 Jahren die „perikleische Zeit der Neurologie" zuweilen genannt hat.

Heute ist die Neurologie das viel umworbene Kind zweier Mütter: der inneren Medizin und der Psychiatrie. Das Interesse, das innere Medizin sowie Psychiatrie der viel umworbenen Neurologie widmen, verspricht Fortschritte und Erkenntnisse, die man heute noch nicht prophezeien kann. Der mehr oder weniger lange Zeit affektvoll geführte Streit der beiden Disziplinen um das talentvolle Kind ist zur Ruhe gekommen, wenn auch nach schweren Wehen, nach der Bewährung des alten Wortes:

„Und scheint die Zeit auch noch so grau –
Hab Mut und zage nicht;
Die Zeit, die alte Bügelfrau,
Macht alles wieder schlicht."

Als ich mich von meinem Chef, dem ich fast drei Jahre gedient hatte, verabschiedete, sagte er zu mir: „Wenn Sie fleißig und gewissenhaft bleiben, werden Sie vorwärts kommen und vielleicht eine sogenannte Autorität werden". Er fuhr fort: „Hüten Sie sich, sich selbst für eine Autorität zu halten, denn jede Autorität, die sich in hohen Jahren in diesen Begriff hineingelebt hat, muß erkennen, daß die Ansichten und Lehren seiner Jugendzeit irrig waren oder zum mindesten starker Korrekturen bedurften; seien Sie mißtrauisch gegen laute Erfolge, schätzen Sie das Goethe-Wort, ‚Was glänzt, ist für den Augenblick geboren, das Echte bleibt der Nachwelt unverloren'. Und noch eines: Beten Sie jeden Morgen im Bett: ‚Lieber Gott, laß mich nicht verbummeln'". Und noch ein letztes Wort: Nur arbeiten ist kein volles Leben; leben Sie nach dem Prinzip ‚fix arbeiten und sich fix amüsieren'. Dadurch hatte er sich mir gegenüber scharf selbstkritisch gezeichnet.

Erb's erste Frau starb nach kurzer glücklicher Ehe; nach mehreren Jahren heiratete er eine Schwester derselben, eine vornehme, im besten Sinne edle Frau. Er hatte vier Söhne, von denen nur einer am Leben geblieben ist. Einer fiel im Weltkrieg gleich am ersten Kriegstag an der deutsch-französischen Grenze in einem Vorpostengefecht; ein anderer Sohn, der sich bereits auf Kongressen einen Namen gemacht hatte durch bemerkenswerte Arbeiten, fiel einer schweren Pneumonie zum Opfer, gegen die auch die Meisterhand von Erbs Nachfolger, v. Krehl, nichts ausrichten konnte. Es war herzzerreißend, den Schmerz, man darf sagen die fast grimmige Wut dieses tatkräftigen, sieggewohnten Mannes zu sehen und sein Aufbegehren gegen das ihm auferlegte Schicksal.

Der Weltkrieg nahm ihm jede Lust zu leben, ihm, der erst langsam, dann in glänzend schnellem Tempo die Erfolge der Leistungen Deutschlands in Politik und Waffen miterlebt hatte. Die Welt schien ihm fremd und feindlich geworden. Ich konnte es gelegentlich eines Besuches erleben, wie er im ersten Weltkrieg seine Lektüre zwischen drei Zeitungen politischer Richtung teilte. Nur auf diese Weise glaubte er, den wirklichen Stand der Dinge unverzerrt durch Parteipolitik erfassen zu können. Vergeblich versuchte seine Gattin, ihn von diesem Akt der Selbstzerfleischung zurückzuhalten; mir fiel ein, daß sein Schüler Alfred Hoche den Lehrer einmal in einer Tischrede charakterisiert hatte als „Genie der Gewissenhaftigkeit".

Ein Todeskampf wurde ihm erspart. Wenige Tage vor seinem Tode, am 29. Oktober 1921, besuchte er abends noch ein Beethoven-Konzert, erkältete sich auf dem Heimwege und legte sich mit einer Bronchitis zu Bett. Er ist dann ohne Kampf in jene dunklen Auen hinübergewandert.

Als Motto kann man für ihn wählen, was Goethe einige Monate vor seinem Tode zu Eckermann geäußert hat: „Das Leben ist keine Lust, das Leben ist aber auch keine Last;

das Leben ist eine Aufgabe". Diese Aufgabe hat Erb mit Auszeichnung gelöst. Aber auch bei Erb erfüllte sich jenes Goethe-Wort:

„Alles geben die Götter, die Unendlichen,
Ihren Lieblingen *ganz:*
alle Freuden, die unendlichen,
alle Schmerzen, die unendlichen, *ganz.*"

Bibliographie

Die wichtigsten Arbeiten von Wilhelm Erb:

Physiologische und therapeutische Wirkungen der Pikrinsäure. Dissertation. 1864. — Galvanotherapeutische Mitteilungen. Dtsch. Arch. klin. Med., III, 1867. — Zur Pathologie und pathologischen Anatomie peripherischer Paralysen. Dtsch. Arch. klin. Med., IV und V, 1867/68. — Über die Verschiedenheit der Leitungs- und Aufnahmefähigkeit im pathologisch veränderten Nerven gegen elektrische und mechanische Reize (Verh. d. nat. hist. med. Vereins Heidelberg, Bd. 4). — Zur Lehre von der Tetanie. Arch. Psychiatr., IV, 1873. — Rheumatische Facialislähmung. Dtsch. Arch. klin. Md., XV. 1875. — Spastische Spinal-Paralyse. Berliner Klin. Wschr., 1875. — Handbuch der Krankheiten der peripheren cerebrospinalen Nerven. Vogel, Leipzig.. 1. Aufl. 1874, 2. Aufl. 1878. — Handbuch der Krankheiten des Rückenmarks und verlängerten Marks. 2.Aufl., 1878. — Handbuch der Elektrotherapie. 1. Aufl. 1882, 2. Aufl. 1886. — Dystrophia muscularis progressiva. Dtsch. Z. Nervenheilk., 1, 13, 95 und 173 (1891). — Über die wachsende Nervosität unserer Zeit. Heidelberg. 1894.

OTFRID FOERSTER

1873–1941

Von K. J. Zülch

Otfrid Foerster ist einer jener Wissenschaftler gewesen, die schon in jungen Jahren zu internationaler Anerkennung gekommen sind. Sein rascher Aufstieg zum führenden deutschen Neurologen und bahnbrechenden Neurochirurgen brachte ihn in die Reihe der Forscher seiner Zeit, die ihrem Fach ihr Bild aufgeprägt haben, wie Jackson, Charcot, Duchenne de Bologne, Erb und von Monakow. Obwohl Kliniker, war er neben Sherrington ein Meister der Physiologie und Pathophysiologie des Nervensystems. Wie von einem Dämon besessen hat sich Foerster in unermüdlicher Arbeit erschöpft, um sein Werk zu vollenden. Dieses Werk wird noch auf lange Zeit für die Neurologie bestimmend bleiben.

Biographie: Otfrid Foerster wurde am 9. November 1873 zu Breslau geboren. Sein Vater hatte sich vom Gymnasiallehrer zum ordentlichen Professor der Archäologie emporgearbeitet. Dieser war ein Mensch von großer Bildung und beherrschte, wie manche Angehörige seiner Generation, das Lateinische noch wie eine Umgangssprache. Von ihm hat Otfrid Foerster wohl die große Begabung zum Wort geerbt. Otfrid besuchte die Vorschule des Gymnasiums zu Rostock, das Gymnasium zu Kiel und das Maria-Magdalenen-Gymnasium zu Breslau und bestand im März 1892 das Abiturientenexamen.

Als Kind war er still und spielte gerne für sich. Er und sein Bruder wurden vom Vater spartanisch einfach erzogen; auch auf körperliches Training wurde Wert gelegt. Otfrid war ein guter Schwimmer und Geräteturner und hat damals über erhebliche Körperkräfte verfügt. Später war er auch ein guter Tennisspieler. Der Vater beschäftigte sich viel mit den Kindern, übte mit ihnen z. B. das Raten von Rätseln und führte sie frühzeitig in die klassische Literatur ein. Otfrid blieb immer zurückhaltend im Verkehr mit Freunden und beschäftigte sich viel mit sich selbst. Er kam deshalb auch zunächst in eine Privatschule. Seine klare geistige Überlegenheit gegenüber seinen Altersgenossen zeigte sich an seinen Schulleistungen. Die durch mehrfachen Schulwechsel entstandenen Lücken holte er sofort wieder auf. Er gehörte immer zu den besten Schülern seiner Klasse, hat aber wohl seinen geistigen Abstand seine Altersgenossen auch gelegentlich merken lassen. Geschichte, klassische Sprachen und Mathematik waren seine Lieblingsfächer. Besonders im letzten Fach war er seinen Mitschülern weit überlegen. Vielleicht hat ihn diese mathematische Begabung auch bei der Wahl seines späteren Arbeitsgebietes in der Medizin beeinflußt. Im Deutschen und Aufsatzschreiben war er eher unbeholfen, ja, fast schlecht zu nennen, was bei seinen späteren schriftstellerischen und rhetorischen Leistungen verblüffen muß. Allerdings konnte er später recht gute Gelegenheitsgedichte für den Hausgebrauch verfassen.

In seiner Jugend zeigte er bald musische Neigungen: er lernte autodidaktisch Flöte, die er recht gut gespielt haben soll, und ging gerne ins Theater. Ja, er hatte selbst eine gewisse Freude am Komödienspiel. Als einmal Freunde der Familie umgezogen waren und eine große Einweihungsfeier veranstalteten, kam er als Flußgott der Oder kostümiert und überbrachte frische Seerosen, die er selbst aus dem Fluß geholt hatte, und rezitierte dazu schwungvolle eigene Verse.

Diese Freude an burlesker Komik hat er auch in seinem späteren Leben noch behalten. In der Ausgelassenheit weinseliger Nächte schloß er manchesmal seine Mitwirkung nicht aus; das haben seine Assistenten in lebhafter Erinnerung. Ausdruck solchen Temperaments war es vielleicht auch, daß er Menschen gerne mit Tieren verglich und so die abrupten Bewegungen seines Fahrers Aulig durch den Vergleich mit einer Heuschrecke karikierte, einen Doktor L. als „das Füchslein" bezeichnete, weil er den Kopf stets nur eben zum Operationssaal hereinsteckte und dann prompt wieder zurückzog.

Der Student: Obwohl Otfrid von seinen Lehrern wegen seiner besonderen Begabung zum Studium der Philologie ermuntert worden war, wählte er die Medizin und die Naturwissenschaften als Studienfächer. Denn schon als Kind hatte er Schmetterlinge gesammelt, botanisiert und sich eine große Steinsammlung angelegt. Stets hatte er viel Freude an der Naturbeobachtung gehabt. Was ihn in seinem zweiten Semester endgültig dazu bestimmte, die Medizin als Hauptfach zu wählen, wissen wir nicht. Er widmete sich also vom Sommersemester 1892 bis 1896 dem Studium der Medizin an den Universitäten Freiburg/Brsg., Kiel und Breslau. Das Tentamen physicum legte er in Kiel im März 1894 ab, das medizinische Staatsexamen in Breslau während des Wintersemesters 1896/1897, das Tentamen rigorosum ebenda im März 1897.

Merkwürdigerweise hat der Vater dem Sohn nur einen sehr bescheidenen Monatswechsel gewährt. Foerster konnte sich deshalb auch nur für kurze Zeit einer Corporation anschließen, ja, er mußte zur Aufbesserung seiner finanziellen Lage Privatstunden geben. Daraus erklärt sich vielleicht, daß er so schnell wie möglich das Studium hinter sich brachte, um auf eigene Füße zu kommen. Als Student scheint ihm der Anschluß an die Menschen leichter gefallen zu sein als früher; er ging viel in Gesellschaften und hatte sich nach und nach zu einem vorzüglichen Tänzer entwickelt. Bei den jungen Damen war er als solcher beliebt und umschwärmt, ohne daß er selbst ihnen damals ein größeres Interesse entgegenbrachte. So sehr er auch am Leben teilnahm, die Arbeit stand schon früh im eigentlichen Mittelpunkt seines Daseins.

Das Elternhaus, in dem Foerster während seiner klinischen Studien wohnte, sah ihn fast nur zu den Mahlzeiten, wo er schweigsam und oft sogar mürrisch erschien. Man erklärte das aus seiner Überarbeitung. Foerster hat nun aber in seinen jungen Jahren viel unter Migräne gelitten, die ihn auch später hier und da noch überfiel. Die Examina hat er mit Glanz bestanden; im Physikum bedauerte der Physiologe Heidenhain, daß er selbst durch die Note „sehr gut" den Leistungen Foersters nicht gerecht werden konnte.

Der Assistent: Als Student hatte Foerster einige Zeit in der Heil- und Pflegeanstalt Leubus gearbeitet, an der Kraepelin vorübergehend als Oberarzt tätig war. Auch war er durch das Colleg mit Wernicke in Kontakt gekommen. So entstand eine engere Beziehung zur Neurologie. Auf Wernickes Vorschlag hin ging Foerster nach Vollendung seiner Doktorarbeit für zwei Jahre ins Ausland; die Winter verbrachte er in Paris bei Dejerine – wo er auch Pierre-Marie und Babinski hören konnte – im Sommer war er bei H. S. Frenkel-Heiden in der Schweiz, um dort die Übungstherapie Nervenkranker zu studieren. v. Mikulicz, einer seiner Breslauer Lehrer, der die geschickte Hand Foersters bemerkte, hatte ihn früher sehr zur Ausbildung in der Chirurgie ermuntert; doch befriedigte dieses

Fach offensichtlich seinen analytischen Geist nicht genügend. So finden wir ihn gleich nach dem Staatsexamen klar und entschieden beim Studium der Grundprobleme der Neurologie. Er versuchte die Hintergründe der Gangstörungen besonders bei der Tabes zu isolieren und Wege zur Wiederherstellung einer ausreichenden Koordination zu erarbeiten. Aber die Arbeit machte ihn nicht weltfremd. In Heiden, oberhalb des Bodensees, bildete er den Mittelpunkt eines geselligen Kreises und war bekannt als guter Gesellschafter und Tennisspieler. Auf ein elegantes Äußeres legte er großen Wert.

Auch in Paris hat er Gesellschaft und Theater in vollen Zügen genossen. Die Rolle des Cyrano de Bergerac, damals eine Theatersensation, kannte er fast auswendig. Nach seiner Rückkehr aus Paris wohnte er wieder im elterlichen Hause in Breslau. Für den jungen Assistenten bei Wernicke standen jetzt die wissenschaftlichen Vorarbeiten für die Habilitation ganz im Mittelpunkt.

Damals lernte er seine spätere Frau Martha – noch 16jährig – kennen und verbrachte mit ihr und ihren Schwestern manche Stunde beim Tennisspielen. Im Winter lief er mit Martha Schlittschuh und begleitete die Mädchen zu den Bällen. Bald war er mit der entzückenden, durch ihre Schönheit bekannten Martha heimlich verlobt; die Verlobung wurde erst nach seiner Habilitation bekanntgegeben. Die Hochzeit fand am 14. Oktober 1903 statt. Nach 1½jähriger Ehe wurde ihm eine Tochter geboren; aber das Glück der Eltern war nur kurz. Der plötzliche frühe Tod dieses Kindes hat Foerster anscheinend tief getroffen. Von nun an zog er sich mehr auf sich selbst zurück, seine Jugendfröhlichkeit war mit seinem Kinde dahingegangen. Die Arbeit nahm ihn ganz und gar gefangen; seine Mitmenschen stellten fest, daß er „selten aus sich herausging" und daß bei ihm, im Gegensatz zum Vater, „alles nach innen gekehrt" sei. Zu seiner Schwester hat Foerster damals gesagt: „Wir sind nicht da, um das Leben zu genießen, sondern um etwas zu leisten!" Der Tod seines Kindes bedeutete also offenbar eine entscheidende Wendung im Leben des jungen Mannes. Um dieser persönlichen Katastrophe Herr zu werden, warf er sich ganz in die Wissenschaft und suchte Vergessen in der Arbeit. Seine junge, lebenslustige Frau hat diese Wandlung nach dem Verlust des Kindes besonders empfunden. Mehr und mehr entzog sich Foerster dem Leben in der Familie, auch als später nach sechs und acht Jahren zwei Töchter geboren wurden. Sein wissenschaftliches Werk ließ ihm keine Ruhe. Verdienter Erfolg und frühzeitige internationale Anerkennung stellten sich ein. Er lebte jetzt ganz im Krankenhaus, in den Forschungslaboratorien, auf wissenschaftlichen Gesellschaften und Kongressen. Erst im letzten Jahrzehnt seines Lebens sieht man ihn wieder als Hausherrn und Familienvater in der Rolle des Gastgebers.

Zunächst aber müssen wir noch kurz eine bedeutsame Phase in Foersters Leben kennenlernen, seinen Aufenthalt in Rußland von 1922–1924. Auf Wunsch des Auswärtigen Amtes leistete Foerster damals einem Ruf zur Behandlung des schwer erkrankten, halbseitengelähmten und sprachgestörten Lenin Folge. Er blieb als dessen behandelnder Arzt bis zum Januar 1924, dem Tode Lenins, bei ihm. Obwohl dieser Aufenthalt eine Unterbrechung seiner wissenschaftlich-klinischen Arbeit bedeutete, hat er teils auf Drängen der deutschen Dienststellen, teils veranlaßt durch die ungewöhnliche und überragende Persönlichkeit seines Patienten der Bitte um Behandlung entsprochen. Es gelang ihm schnell, das persönliche Vertrauen des Kranken zu erwerben und er hat es sich bis zu dessen Tode erhalten. In vielstündigen Unterhaltungen hat er Lenins außergewöhnliche Geisteskraft, seine schnelle Auffassung, sein präzises Denken und seinen Wirklichkeitssinn bewundern gelernt, Eigenschaften, die auch den Schwerkranken immer noch auszeichneten und ihn am politischen Leben weiterhin Anteil nehmen ließen. Lenins Krankheit zog sich sehr in die Länge und machte die Übersiedlung in ein Sanatorium nach Gorki notwendig. Die Abtrennung von der großen Welt gab Foerster die Möglichkeit zu intensiver persönlicher Arbeit. Seine Handbuchbände über die peripheren Nervenverletzungen sind die Frucht dieser Monate. Der Aufenthalt in Rußland hat zu den Schwierigkeiten beigetragen, denen Foerster nach 1933 in Deutschland ausgesetzt war.

Die Situation in der Neurologie zur Zeit Foersters: Otfrid Foerster wuchs in einer Zeit auf, in der sich die Neurologie gerade aus der Inneren Medizin (Charcot, Erb, Gowers) und der Psychiatrie (Wernicke) zu entwickeln begann. Bemühte man sich auf dem Boden der Inneren Medizin, die Krankheiten zu sondern und zu beschreiben und so eine systematische „Nosographie" zu schaffen, so versuchte man in der Psychiatrie und der aufblühenden Neurologie besonders, die Funktion mit dem morphologischen Substrat in Beziehung zu setzen und so zu erklären (Broca, Wernicke, Dejerine). Die Bakteriologie, die die Möglichkeit zur ätiologischen Klärung und Einteilung mindestens der entzündlichen Erkrankungen gegeben hätte, war auf dem Gebiet der Neurologie noch nicht angewandt, die Spirochaeta pallida noch nicht entdeckt. Der alte Streit zwischen Erb, Fournier und Leyden über die spezifische Entstehung der Tabes war noch nicht entschieden. Foerster hat sich klar zur funktionell-lokalisatorischen Richtung bekannt. Aus der Zusammenarbeit mit Wernicke erwuchs sein großes Interesse an der Anatomie des Zentralnervensystems. Die beiden Forscher gaben 1903 einen Atlas des Gehirns heraus. Mit der deskriptiv-nosographischen Neurologie, die ihm aus seiner Pariser Lehrzeit geläufig war, hat sich Foerster aber auch später kaum angefreundet.

Der Arzt und Wissenschaftler: Es ist wohl charakteristisch, daß bereits das erste große Thema, mit dem sich Foerster befaßte, einen wesentlichen Teil seines späteren Lebensprogrammes ankündigt: die Studie über die Übungstherapie bei der tabischen Gangstörung. Man hat sich oft gefragt, ob Foerster ein großer Arzt gewesen sei oder ob ihm nicht vor allem das Prädikat eines großen Forschers gebühre. Diese Frage ist müßig oder falsch gestellt. Sicher war Foerster nicht der warmherzig gütige Arzt, wie mancher ihn sich wünscht, aber seine Praxis ist immer sehr ausgedehnt gewesen. Vergessen wir auch nicht, daß bereits seine erste Studie der Therapie in der Neurologie gewidmet ist und das zu einer Zeit, in der die Schulen von London und Paris im wesentlichen auf die Diagnose ausgerichtet waren, in der Therapie aber zur Resignation neigten. Dieses Thema der Übungstherapie bei den Patienten mit neurologischen Störungen hat Foerster später immer wieder von neuem aufgegriffen, bis es in der großartigen Abhandlung im Handbuch der Neurologie (1936) die letzte Feilung und Fassung fand. Gerade jetzt gewinnt diese Arbeit im Zusammenhang mit der systematischen Einführung der *Rehabilitation* in die Medizin große Aktualität. Foersters Beitrag ist auf diesem Gebiet vielleicht die erste große Materialsammlung und jedenfalls für die weitere Entwicklung maßgebend. Aus dem praktischen Thema ergab sich aber zwangsläufig für Foerster ein theoretisches Interesse an den Störungen im Ablauf der Bewegungen, d. h. der Koordination, der seine Habilitationsschrift (1902) gilt. Die Analyse der einzelnen Faktoren im sensiblen und motorischen System bildet jetzt sein Arbeitsprogramm. Doch denkt er mit präziser Logik weiter. Die Symptome des Tabikers geben ihm immer neue Anregungen: Die Beobachtung, daß die Hemiplegie beim Tabiker schlaff verlaufen kann, weist ihn auf die Bedeutung des spinalen

Reflexbogens in der Entstehung der cerebralen Spastik hin und legt eine mögliche Behandlung durch Unterbrechung des sensiblen Schenkels nahe. Foerster empfiehlt 1908 die Hinterwurzel-Durchschneidung zur Beseitigung der Littleschen Starre, der cerebralen spastischen Diplegie. Dieser Eingriff hat als „Foerstersche Operation" seinen Namen in der internationalen Fachwelt berühmt gemacht.

Der Versuch einer Übungstherapie setzte eine eingehende Analyse der Koordination voraus. Jetzt aber entwickelte sich aus der pathophysiologischen Analyse die Möglichkeit zur Behandlung eines pathologischen Symptoms. Auch wenn die Hinterwurzel-Durchschneidung auf die Dauer nicht hielt, was man anfangs von ihr erwartete, so war doch nach diesen ersten Eingriffen die Furcht vor Operationen am Rückenmark gebannt. Logischerweise folgte jetzt der Versuch, auch den Schmerz der Tabiker, das Syndrom der tabischen Krisen operativ zu beeinflussen, die anscheinend von den irritierten Hinterwurzeln ausgelöst wurden. Auch hier ergab zunächst die Durchschneidung der Hinterwurzeln gute Erfolge. Diese Operation beim Tabiker stellte den ersten Eingriff zur Beseitigung von Schmerzen dar, eine Aufgabe, die Foerster in immer neuer Weise angegriffen und gelöst hat.

Die Voraussetzung für diese Arbeit war, daß Foerster seit 1911 am Städtischen Krankenhaus Allerheiligen in Breslau eine eigene, wenn auch zunächst kleine Bettenabteilung erhalten hatte. Dort fand er in Albert Tietze einen Chirurgen, der auf die Anregungen des jungen Privatdozenten einging. 1912 folgte – unabhängig von Spiller und Martin, wenn auch ein Jahr nach deren Publikation – der Vorschlag zur Durchschneidung der Schmerzbahn im Vorderseitenstrang. Sie gilt heute noch als die große Standardoperation zur Beseitigung von Schmerzen. Gemeinsam mit Tietze suchte Foerster so jede Möglichkeit zur symptomatischen Linderung oder Heilung von Erkrankungen des Rückenmarkes.

Auch auf ausländischen Kongressen ist er um diese Zeit schon mit seinen Arbeiten hervorgetreten. 1913 berichtet er mit meisterhaften Fotografien auf dem Internationalen Neurologen-Kongreß in London über die Bedeutung der Hinterwurzel-Durchschneidung. Nachdem er 1898 bereits kurz nach Amerika gebeten worden war, um dort die Übungstherapie bei Tabikern zu demonstrieren, hielt er 1912 und 1914 in USA Vorträge über die Hinterwurzel-Durchschneidung und über die Begrenzung von Sensibilitätsausfällen nach Wurzeldurchtrennungen. Der letzterwähnte Vortrag scheint niemals veröffentlicht worden zu sein. Er enthält schon die Grundlagen seiner späteren Arbeit über die Grenzen der Dermatome. Wieder einmal hat sich aus der neuartigen Behandlungsmethode sozusagen als Nebenergebnis eine unerhört wichtige Beobachtung ergeben. Diese Art zu arbeiten wird uns auch weiter in Foersters Werk begegnen.

Neben solchen großen Ereignissen im wissenschaftlichen Leben laufen aber Berichte über eine Vielzahl kleinerer Beobachtungen aus der Praxis des Alltages. In der Vaterländischen Gesellschaft seiner Heimatstadt Breslau berichtete Foerster in einer für die damalige Zeit aufsehenerregenden Form mit Fotografie und Film. Treffend schildert von Weizsäcker diese Zeit im Leben Foersters: „Von nun ab aber wird er zum Meisterfotografen der Neurologie. Das Bild des Vierzigers ist uns so vielfach aufbewahrt geblieben, wie er die Kranken festhält und lenkt, wie ein Künstler sein Cello. Nie wieder war der Alltag und die Lebensfülle in dem feingeschnittenen, noch jugendlichen Gesicht so ungebrochen glücklich zu lesen wie damals. Da kam der Weltkrieg . . ."

Foerster hatte bis dahin wohl nur in Ausnahmefällen selbständig operiert. Er hatte Tietze und Küttner assistiert und hier und da die feinere Arbeit an Hirn und Rückenmark während einzelner Phasen der Operation übernommen. Jetzt kam für ihn als den beratenden Neurologen des Breslauer Corps-Bezirkes mit dem Kriege die Situation, daß er sich vor Tausenden von Nervenschußverletzten sah, bei denen die Operation dringend angezeigt war. Da er dem Allgemeinchirurgen diese feine Arbeit nicht anvertrauen mochte, griff er selbst zum Messer.

Bereits 1915 berichtete er über die Ergebnisse seiner operativen Behandlung der Nervenschußverletzten. 1916 und 1917 konnte er große Erfolge melden und hielt ein Referat über 2724 eigene Fälle und die Ergebnisse bei 523 von ihm selbst operierten Patienten. Seine Beobachtungen sind ungewöhnlich sorgsam bearbeitet und ausgewertet; 1927 faßte er sie schließlich in den drei Ergänzungsbänden zum ersten Handbuch der Neurologie mit bestechender Präzision zusammen. Aber auch hier ist das Behandlungsergebnis eigentlich nur der harte Kern, um den sich eine Fülle von morphologischen und funktionellen Beobachtungen, sowie diagnostische Details als Frucht legen. Im folgenden Kriegsjahr (1918) erweitert sich das Programm. Jetzt hat er sich auch der Hirn- und Rückenmarkverletzten angenommen und die notwendigen Operationen selbst ausgeführt. Der Neurologe führt nun entschlossen das Messer und wird es auch im Frieden nicht mehr an den Chirurgen abgeben. Schon 1917 hatte er die erste glückliche Entfernung eines intramedullären Tumors berichtet. Es erregt Aufsehen, als er 1920 die Operation von zwölf Patienten mit Rückenmarkstumoren beschreiben kann, von denen neun eine weitgehende Restitution erfuhren. Wieder schließen sich dem Bericht Hinweise auf eine verfeinerte Diagnostik an. Er weist z. B. auf die ausgezeichnete Methode zur Untersuchung der epikritischen Sensibilität hin: Die Prüfung des Erkennens auf die Haut geschriebener Zahlen. Seinen großartigen Vorsprung vor anderen Chirurgen verdankte er nicht nur dem schonenden Vorgehen während der Operation; Voraussetzung war die meisterhafte Lokalisation des Tumors ante operationem und die glänzende Beherrschung der Anatomie und Physiologie des Zentralnervensystems.

Die Neurochirurgie der Kriegszeit läuft in die Friedensjahre mit einer besonderen Aufgabe aus: der operativen Nachbehandlung von Patienten mit Hirnschußnarben. Diese Arbeit gibt die Anregung zu den klassischen Ausführungen über die Epilepsie und zeitigt schließlich als Ergebnis eine funktionelle Analyse der Hirnrinde auf Grund von Hunderten von Rindenreizungen bei der Operation. Wieder hatte die Therapie am Anfang gestanden: Foerster empfahl die Resektion der Narbe bis zum Ventrikel, nach seiner Vorstellung löste der Narbenzug über einen vasomotorischen Reflex den Anfall aus.

In diesem Jahrzehnt von 1925–1935 kamen Gäste aus aller Welt zu Foerster nach Breslau. Unter diesen war es besonders Penfield, der später Foersters Lebenswerk der Analyse der Hirnrinde und der Erforschung der Epilepsie weitergeführt hat. Es kam Percival Bailey, der als Geschenk die neue Klassifikation der Hirntumoren mitbrachte; er hat Foerster die erste deutsche Auflage seines Buches über die Hirngeschwülste gewidmet. Es kamen P. Bucy, der ebenfalls seine Dankesschuld durch eine Widmung an Foerster abtrug, als er eine grundlegende Monographie über die praecentrale motorische Rinde herausgab, und McLean, der das Kapitel über die Hirntumoren im Bumke-Foersterschen Handbuch der Neurologie übernahm. Über die langjährige Mitarbeiterin Margaret Kennard ergaben sich enge Beziehungen zu dem Fultonschen Arbeitskreis; W. Mahoney (Gutiérrez) aus der Cushingschen Klinik verbrachte mehrere Jahre in Breslau; weiter waren Evans, Sheehan, Watts, Aring, Kahn, Woltman und viele andere Neurologen und Neurochirurgen aus den USA längere Zeit als Besucher bei Foerster. Es war die Zeit, in der es für den jungen amerikanischen Neurologen und Neurochirurgen zu einer guten Ausbildung gehörte, bei Foerster gewesen zu sein, ebenso wie man versuchte, einige Zeit bei Sherrington zu experimentieren. Diese enge Beziehung zu den Angelsachsen ergab sich als Wahlverwandtschaft auch aus der wissenschaftlichen Thematik. Seit 1905 hatte Foerster die angelsächsische neurophysiologische Literatur der Ferrier-Beevor-Horsley-Schaefer-Brown-Séquard und Sherrington studiert. Sherrington, der ihn wohl neben Jackson mehr als jeder andere beeinflußt hat, gehört zu den von Foerster am meisten verehrten Forschern. Ihm verdankt er die grundlegende Anregung zur elektrophysiologischen Analyse der neurologischen Phänomene. „The integrative action of the nervous system" war für Foerster neben den Schriften Jacksons die „Bibel" einer Allgemeinen Neurologie. Sherrington andererseits hat Foerster für einen der größten Neurologen seiner Zeit gehalten, den er des Nobel-Preises für wert hielt „for presenting clinical neurology in its entirety on the basis of the comprehensive knowledge of the physiology of the nervous system" (ein Jahr vor seinem Tode zu E. Jokl).

Auch zu den englischen Klinikern ergaben sich enge Beziehungen durch gemeinsame Interessen in der Neurophysiologie. 1931 war Foerster eingeladen, die Schorstein-lecture zu halten. Er brachte einen meisterhaften Überblick über die Lage und die Grenzen der Dermatome. 1935 wurde ihm anläßlich des 100. Geburstages Jacksons die Jackson-Gedächtnis-Medaille verliehen. Er hielt die Jackson-Gedächtnis-Vorlesung auf dem Internationalen Neurologen-Kongreß in London über Erkenntnisse zur Funktion der Hirnrinde im Lichte der Jacksonschen Lehre. Merkwürdigerweise waren die Beziehungen zur französischen Schule fast abgerissen. Daran kann nicht nur die politische Entwicklung nach dem ersten Weltkrieg schuld gewesen sein. Es ergab sich einfach wissenschaftlich kein Kontakt mehr mit der jetzt kasuistisch-semiologisch arbeitenden Pariser Neurologie, in der die Arbeitsrichtung der großen Meister der Allgemeinen Neurologie, Duchenne und Dejerine verlassen war. Die Charcot-Pierre-Mariesche Richtung hatte sich durchgesetzt. Außer einigen Arbeiten Foersters in der Revue Neurologique von 1931 finden wir keine Berührung mehr. Ebenso eigenartig ist die Tatsache, daß die deutsche Physiologie von Foerster praktisch völlig unbeeinflußt geblieben ist. Auch hier war die neurophysiologische Bewegung der Gründerzeit abgerissen. Andererseits muß die Amerikanische Neurophysiologie neben Sherrington wohl auch Foerster als einen ihrer geistigen Väter ansehen.

Foersters führende Stellung in der klinischen Neurologie Deutschlands war seit 1924 festgelegt. Er steht dabei neben Nonne und war nach diesem bis 1932 acht Jahre lang der Vorsitzende der Gesellschaft Deutscher Nervenärzte. Diese Glanzzeit der deutschen Neurologie ist seitdem nie wieder erreicht worden. In seinem Nachruf stellt v. Weizsäcker fest, daß „in jener Zeit, in der Nonne und Foerster diese Gesellschaft leiteten, der einem Organismus vergleichbare Aufbau von Kongreßverhandlungen entstammt, dem nicht so leicht etwas Vergleichbares von ähnlichen Vereinigungen an die Seite zu stellen" war. Der Kongreß Deutscher Nervenärzte verdankte sein hohes Niveau zu nicht geringem Teil der Persönlichkeit und den Leistungen Otfrid Foersters. Bei beiden, Nonne und Foerster, verbanden sich die klinische und theoretische Richtung in glücklicher Weise. Wie Foerster diesen Verhandlungen seinen Stil aufprägte, das lassen heute noch die Kongreßberichte erkennen und besonders seine Ansprachen, die den klassisch gebildeten eloquenten Wissenschaftler auf der Höhe seines Könnens zeigen.

Diese Entwicklung brach 1934 jäh ab, als die Gesellschaft aufgelöst und mit dem Deutschen Verein für Psychiatrie zu einer gemeinsamen Organisation verbunden wurde. Auch verlor die deutsche Neurologie ihre breite Vertretung durch die Auswanderung zahlreicher Neurologen, die als Leiter städtischer Abteilungen oder neurologischer Institute dem Fach die Breite gegeben hatten. Von da ab hat Foerster systematisch die Beziehungen zur Inneren Medizin gepflegt: Der Wiesbadener Kongreß wurde zum Forum seiner Ansprachen.

Leider war es in dieser Glanzzeit nicht gelungen, dem Fach auch die genügende akademische Vertretung zu verschaffen. Es blieb bei einer 1931 von Foerster verfaßten und vom Internationalen Neurologen-Kongreß in Bern an die Länderregierungen ergangenen Empfehlung, dem Fach die notwendige Vertretung an den Universitäten zu geben. Foerster hatte selbst große Schwierigkeiten gehabt, an seiner Heimat-Universität die seiner wissenschaftlichen Leistung entsprechende Stellung zu erreichen. Zwar war er mit 35 Jahren zum Außerordentlichen Professor ernannt worden, aber erst 1922 trug man seiner längst weltweit gewordenen Geltung durch die Ernennung zum Persönlichen Ordinarius Rechnung. Auch eine ausreichende Arbeitsstätte erhielt er erst spät. 1924 verlegte die Stadt Foersters Neurologische Abteilung aus dem Allerheiligen-Hospital in das Wenzel-Hanke-Krankenhaus. Dort folgten die Jahre seiner fruchtbarsten Tätigkeit, gleichzeitig aber nahm die Arbeit einen Umfang an, der dringend neue Mitarbeiter erforderte. Immer hatte Foerster die Mittel für seine wissenschaftliche Arbeit durch seine Privatpraxis schaffen müssen. Das war nicht so schwer, solange er seine Beobachtungen auf die Untersuchung des Patienten hinsichtlich der Folgen der Operationen beschränkte und sozusagen mit bloßem Auge arbeiten konnte. Als dann das Experiment in das Zentrum seiner wissenschaftlichen Arbeit rückte, mußte er sich in den Kellern des Krankenhauses Laboratorien schaffen. Hier wurde für die experimentelle physiologische Arbeit der begabte Altenburger als Mitarbeiter gewonnen. Die Morphologie wurde hinter einer spanischen Wand im Tagesraum der Frauenstation betrieben. Hier sehen wir später Bailey während seines Gastaufenthaltes mit Gagel zusammen arbeiten, der, von L. R. Müller und Spielmeyer kommend, das Interesse am vegetativen System und die notwendige morphologische Schulung mitbrachte. Für die klinische Arbeit wurde ihm Schwab immer mehr ein rühriger Helfer.

Leider hat diese Zusammenarbeit mit Schwab nur wenige Jahre gedauert. Dann legte dieser Hand an sich selbst und sein Kind, kurze Zeit nachdem seine Frau bei der Geburt dieses Kindes gestorben war. Dieser Selbstmord von Schwab bedeutete wohl zum zweitenmal einen schweren Bruch im Leben Foersters. Monatelang saß er damals stumm über den Mahlzeiten. Die Nachfolge in der klinischen Arbeit trat Ludwig Guttmann an, bis auch dieser ihm durch die politische Entwicklung nach 1933 genommen wurde. Nach einer kurzen Vertretung durch den Sohn des Chirurgen Tietze blieb Stender – von Nonne und Bailey kommend – sein klinischer Oberarzt bis zum Ende seiner wissenschaftlichen Tätigkeit.

In diesem Jahrzehnt von 1925–1935 wird die Foerstersche Neurologie wahrhaft analytisch. Systematisch untersucht er mit Altenburger elektrophysiologisch alle nur denkbaren klinischen Störungen und wertet alle aus therapeutischen Gründen an peripheren Nerven,

Otfrid Foerster

den Wurzeln, den Rückenmarksbahnen und den Hirnregionen gesetzten Läsionen aus. Es entstanden die grundlegenden Arbeiten über die elektrischen Phänomene bei den Reflexstörungen des Pyramidenbahnsyndroms, beim Pallidum-Syndrom usw. Mit Altenburger führt Foerster auch als erster eine elektrische Corticographie aus. In Zusammenarbeit mit Gagel bearbeitet Foerster die Veränderungen nach Läsionen von Nervenwurzeln und Bahnen; als ein glänzendes Beispiel für die präzise Korrelation von Klinik, Funktion und Substrat kann die Studie über die Vorderseitenstrangdurchschneidung gelten. Bei jeder Operation wird die Topographie der Rinde durch Reizung genau geklärt und nach der Excision werden die Ausfälle bestimmt. Befunde bei Reizung und nach Excision (die klassischen Wege des Experimentes) ließen sich nun auch beim Menschen gewinnen.

Am Ende der 20er Jahre liegen die ersten abschließenden Darstellungen vor, 1927 die Analyse des Schmerzes auf Grund der Erfahrungen bei den Operationen zur Beseitigung von Schmerzen, 1928 die Darstellung der Morphologie und Funktion der peripheren Nerven nach Schußverletzungen, sowie eine Studie über die Klinik der Rückenmarksverletzungen. Aber jetzt genügt Foerster die Monographie zur Darstellung nicht mehr, sondern er hält die Zeit für gekommen, mit Bumke, an den ihn aus seiner Breslauer Zeit freundschaftliche Bande knüpften, die gesamte Neurologie in einer Neuauflage des Springerschen Handbuches darzustellen. Foerster selbst schreibt fünf große Beiträge. Aber wir haben damit der schriftstellerischen Arbeit schon vorausgegriffen und bereits die Endergebnisse dieses glanzvollen Jahrzehntes wissenschaftlicher Arbeit dargestellt.

Betrachten wir weitere Stationen seines Arbeitsprogrammes. Die Epidemie der Encephalitis lethargica in den letzten Kriegsjahren hatte ihm Gelegenheit gegeben, frühere Erfahrungen zusammenzufassen und jetzt eine grundlegende Studie über das Striatum- und Pallidum-Syndrom zu schreiben. Auch die von Dandy und Bingel eingeführte Encephalographie hatte er mit großer Gründlichkeit behandelt. Immer wieder nahm er zu Einzelfragen in der Lues-Forschung Stellung. Gegen Ende des Jahrzehntes überwogen dann Veröffentlichungen auf dem Gebiet der Hirn- und Rückenmarkstumoren, gemeinsam mit Gagel. 1937 berichtete Foerster über seine operativen Erfahrungen bei Hirntumoren, als ihn die Neurochirurgen Europas auf Einladung der englischen Fachgesellschaft besuchten.

Bei der Darstellung des Foersterschen Werkes wird meist die Bedeutung seiner Beiträge für die Randgebiete der Neurologie nicht ausreichend gewürdigt. Was Foerster z. B. für die Orthopädie bedeutete, deren Fachgesellschaft er seit 1908 angehörte und deren Kongresse er oft durch Vorträge bereicherte, geht aus dem Nachruf von Hohmann hervor. Foerster zeigte zahlreiche Wege zur Behandlung orthopädischer Störungen; in diesem Zusammenhang sei nur auf die Behandlung des Torticollis durch Resektion des Nervus accessorius und evtl. der obersten vier Halswurzeln (1928) hingewiesen. Die Orthopädie wird aber auch in dem Handbuchkapitel über die Übungstherapie und besonders auch in der Studie über Morphologie und Funktion der quergestreiften Muskeln auf lange Zeit ein wichtiges Nachschlagewerk haben. Darüber hinaus wird „jeder von uns bei Otfrid Foerster immer wieder Schätze entdecken, wenn wir nur veranlaßt werden, nach ihnen zu graben" (Hohmann).

v. Weizsäcker charakterisiert wohl am besten das gewaltige Maß der Foersterschen wissenschaftlichen Arbeit, wenn er sagt, er kenne keinen Kliniker, der in gleichen Jahren inmitten einer anspruchsvollen klinischen, ärztlichen, operativen und repräsentativen

Tätigkeit und Amtsstellung mit solcher Beharrlichkeit Forscher und Verfasser unvorstellbar fleißiger und inhaltsreicher Werke gewesen sei.

Foersters Wissenschaft war lange Zeit eine „Wissenschaft ohne Raum" gewesen. Seine amerikanischen Freunde veranlaßten, daß die Rockefeller-Stiftung durch den Bau eines Institutes diesem unwürdigen Zustand ein Ende machte. Unterstützt wurde der Plan von der Provinz Schlesien und der Stadt Breslau, wobei sich besonders der Stadtkämmerer Dr. Friedel verdient machte. Das Institut wurde 1934 eröffnet. Der Etat wurde vom Staat Preußen, der Provinz Schlesien und der Stadt Breslau getragen. Aber eigentlich war damals die „große Zeit" des wissenschaftlichen Werkes und der grundlegenden Arbeiten mit Altenburger und Gagel schon vorbei. Jetzt werden nur noch die Themen in den Einzelheiten abgerundet, früheres Stückwerk gefeilt und zusammengefaßt. In dieser Zeit (1935) haben ihn schon viele Mitarbeiter verlassen müssen, denn die politischen Schwierigkeiten hatten begonnen. Foerster hatte sich noch mehr auf sich zurückgezogen. Altenburger wußte von seinem nahen Tod an einem Krebsleiden und konzentrierte sich mehr und mehr darauf, seine Familie sicherzustellen und nur zu Gagel und seinen Gästen Margaret Kennard und W. Mahoney bestand noch das alte herzliche Verhältnis.

Aus diesen Jahren der politischen Schwierigkeiten mit dem Hitler-Regime, unter dem auch Foersters Arbeit litt, weil er mit einer Frau jüdischer Abstammung verheiratet war, ist manches Mißverständnis entstanden. Er hatte sich nach 1933 von einigen seiner Mitarbeiter trennen müssen, die unter die nationalsozialistischen Rassegesetze fielen. Dabei konnte es manchmal, von außen gesehen, scheinen, als ob ihm diese Trennung nicht allzu schwer geworden sei und er für deren weiteres Verbleiben nicht genügend gekämpft habe. Nicht alle seine Kritiker wußten, daß er in einem solchen Bestreben durch seine Ehe ja selbst stark gehemmt sein mußte. Auch ist ihm verargt worden, daß er sich gelegentlich in Kongreßreden recht pathetisch hinter die Ideen jener Zeit gestellt hat. Der Grund solcher Äußerungen lag wohl zum Teil in den erwähnten persönlichen Schwierigkeiten, zum anderen aber auch darin, daß er in der ersten Zeit einer scheinbaren nationalen Erneuerung, einer Zeit des Kampfes gegen das Versailler Unrecht, gegen Arbeitslosigkeit und für soziale Aussöhnung einfach, wie so viele andere der politischen Tagesarbeit Fernstehende, guten Glaubens gewesen ist. Politischer Kampf lag ihm nicht, und die Zivilcourage der „Göttinger Sieben" wurde in jenen Jahren an deutschen Universitäten kaum je als Vorbild gezeigt. In dem Bestreben, mit den Machthabern Kontakt zu gewinnen, um sein Lebenswerk, an dem er mit allen Fasern seines Herzens hing, nicht in Frage gestellt zu sehen, mag er manchmal übers Ziel geschossen sein. Sicher waren diese Reden nicht Ausdruck seiner politischen Ansichten, sondern Mittel zum Zweck. Die Politik war ihm gleichgültig, solange die Entwicklung nicht seine wissenschaftliche Arbeit in Frage stellte. Im übrigen haben sowohl seine ausländischen Freunde – wie die Nachrufe mitten im Kriege beweisen – und seine ehemaligen emigrierten Mitarbeiter – was mir einer von diesen kürzlich schrieb – „längst mit ihm Frieden geschlossen und geblieben ist auch dort nichts anderes, als das Gefühl herzlicher und tiefer Dankbarkeit ihm gegenüber."

So steht Foerster am Ende seiner großen Schaffensperiode in diesen Jahren vor uns als ein zierlicher, etwas vornüber gebeugter, dürrer, aber sehniger Mensch; er geht gestützt auf einen Stock in einem etwas abgeschabten, unmodernen Anzug. Aber noch immer ist er voll geballter Energie. Wir sehen ihn Abend für Abend mit einer unheimlichen Energie und Spannkraft die wissenschaftlichen Erfahrungen seines Lebens für das Handbuch zusammenfassen, wobei er während der Nacht ein bis zwei Flaschen ausgesuchten Weines leert und ein Kettenraucher schwerer englischer Zigaretten ist. Er schreibt alles selbst mit seiner klaren markanten Handschrift, wobei er nicht einmal einen Füllfederhalter benutzt. Denn er, der das Lichtbild in jeder Form so frühzeitig in den Dienst der Dokumentation gestellt hatte, der das Hirn elektrisch reizte, der die Hirnströme ableitete, hatte merkwürdigerweise sonst zur Technik überhaupt kein Verhältnis. Er hat bei der Operation niemals die modernen technischen Hilfsmittel benutzt, er fürchtete immer wieder irgendeine Tücke des technischen Objektes.

So saß er in seinem Studierzimmer zwischen Stapeln von Büchern und Sonderdrucken, die jeden Gang in seinem Zimmer zu einem Irrweg in einem Labyrinth machten, ähnlich wie im Zimmer von Paul Ehrlich. Nichts durfte von seinem Platz gerührt werden, damit Foerster in Sekundeneile jeden Sonderdruck fand, wenn er ihn brauchte. Frau Foerster konnte nur längere Abwesenheit ihres Mannes, z. B. bei Kongreßreisen, zum Saubermachen seines Zimmers benutzen, wobei jeder Bücherstapel mit Kreide lokalisiert und die Reihenfolge aufgeschrieben wurde, damit ein solcher Akt, der vier Putzfrauen drei Tage lang in Atem hielt, für Foerster unbemerkt verlief. Foersters Tageslauf in der Mitte der 30er Jahre begann um 9 Uhr mit einer Visite bei seinen Privatpatienten. Gegen 10.30 Uhr erschien er auf seiner neurologisch-neurochirurgischen Abteilung im Städtischen Wenzel-Hanke-Krankenhaus oder im „Neurologischen Forschungsinstitut", das in räumlicher Verbindung auf dem Gelände des Krankenhauses erbaut worden war. Wenig später sah man ihn dann im Zimmer der frisch Operierten alle Verbände selbst erneuern. Dann begann er, ein- bis zweimal in der Woche gegen ½ 11 Uhr, mit dem Operieren. An den übrigen Tagen machte er ausgedehnte Visiten über die ganze Abteilung, einschließlich der mit ihr verbundenen Hirnverletzten-Station. War die Visite gegen ½ 1 Uhr beendet, ging er hinüber ins Forschungsinstitut, um auf der Morphologischen Abteilung bei O. Gagel mikroskopische Präparate anzusehen und seinen Schriftverkehr zu erledigen.

Foerster verließ das Institut regelmäßig gegen 13½ Uhr, um an seinem alten Stammplatz im Café Großweiler beim Mocca den Vormittag abzuschließen, wobei die angebotenen Getränke und Kuchen einem bestimmten, seit langem festgelegten Ritus unterlagen. Regelmäßiger Gast waren O. Gagel und die Besucher seiner Klinik; auch bevorzugte Assistenten wurden hier und da zu dieser Kaffee-Stunde eingeladen. Für jeden Gast war diese Stunde bei Großweiler der Höhepunkt des Tages. Wenn auch bei der Visite Fragen wohl gestattet waren und auch immer beantwortet wurden, so waren doch längere Diskussionen am Krankenbett nicht üblich. Hier bei Großweiler konnte man durch eine Frage das Stichwort für die Richtung der Dikussion geben und erhielt dann eine äußerst anregende und persönlich gehaltene Vorlesung, eine Art von „Prinzenunterricht". Dabei vergaß Foerster oft über einer interessanten Diskussion Zeit und Stunde, so daß der Oberkellner seinen draußen wartenden Fahrer mit einer Tasse Kaffee beschwichtigen mußte. Gegen 14½ Uhr fuhr Foerster nach Hause zum Essen und verbrachte den Nachmittag und Abend bis in die Nacht hinein mit wissenschaftlicher Arbeit. An den Operationstagen dagegen wurde bis ein Uhr oder länger operiert und die Visite fiel aus. Daß Assistenten und Gäste an der Visite über alle Stationen teilnahmen, galt als selbstverständlich und wurde eigentlich auch an Sonn- und Feiertagen erwartet. War ein Assistent oder Gast in der Skilaufzeit oder im schönsten Sommer ins Riesengebirge gefahren und nicht anwesend, so wurde das immer bemerkt, wenn es Foerster auch persönlich nicht zu verargen pflegte. Im Jahre 1935 hielt er zum letzten Male eine große Abendvorlesung für die Studenten, die selbst an den heißen Abenden des Sommer-Semesters nach einem Anmarsch von fast einer Stunde in großer Zahl erschienen, obwohl die „Kost" eigentlich für sie viel zu schwer war. Denn hier gab Foerster noch einmal zusammenfassend einen Überblick über Bau, Funktionen, Erkrankungen des Nervensystems unter besonderer Darstellung seiner Erfahrungen und eigenen Arbeiten. Es war eine letzte Konzentration seines Lebenswerkes. Leider ist die zweisemestrige Vorlesung niemals veröffentlicht worden; sie wurde aber im Stenogramm festgehalten und existiert heute noch als Schreibmaschinen-Übertragung bei seinen amerikanischen Freunden. Foerster hat hier wie auch bei Kongreßvorträgen seine Zeit oft um das Doppelte überschritten. Das war nur natürlich, da er in manchen Vorträgen bis zu 150 Diapositive zeigte, deren Reihenfolge ihm absolut geläufig war. Niemals ermüdeten die Hörer, niemals wurde er vom Vorsitzenden gemahnt. Fragte man hinterher, so war das übereinstimmende Urteil: „es war lang", aber niemals „zu lang".

In dieser Vorlesung ist mir eigentlich erst die einmalige didaktische und rhetorische Begabung Foersters klar geworden. Die Verarbeitung des Stoffes setzte beim Hörer ein derartiges Maß an Kenntnissen voraus, daß sie eigentlich nur dem erfahreneren Assistenten gelingen konnte. Und doch folgte auch der Student fasziniert und mit größter Spannung, wenn er auch mit dem Gesamteindruck hinausging: „verstanden hast du den Inhalt eigentlich nur in ganz großen Zügen". Aber jeder kam gleichzeitig zu der Schlußbeurteilung: „wenn du dich mit der Materie genauer befassen würdest, könntest du wohl sicher alles gut begreifen." Eine solche hochgezüchtete Vorlesung gleichzeitig zu einem Anreiz und Erlebnis für den Anfänger und zu einem vollen Genuß für den Erfahrenen zu machen, ist wohl das Geheimnis eines wahrhaft großen Dozenten. Und diese Kunst des Dozierens beherrschte Foerster in einem ungewöhnlichen Maße. Dabei half ihm sein erstaunliches Gedächtnis. Seine Kenntnis der Fachliteratur verblüffte immer wieder. 1935 wußte er praktisch noch die Krankengeschichten der 80 Patienten seiner Neurologischen Abteilung auswendig.

Es war bekannt, daß seine Allgemeinbildung auch auf anderen Gebieten, z. B. in der Geologie, überdurchschnittlich war. Seine umfassende humanistische Bildung bewies er immer wieder durch Zitate aus den Klassikern, mit denen er seine Reden schmückte. Englisch und Französisch sprach er fast ohne Fehler, fließend und mit reichem Ausdruck. Nur wenige wußten, wie sorgfältig er seine Reden vorbereitete; denn wenn er sprach, schienen ihm Worte und Sätze jeweils ganz ursprünglich auf die Lippen zu kommen. Seine Gedanken waren klar, seine Sätze waren „druckreif" aneinandergereiht, sein Ausdruck war an der klassischen Humanistik geprägt, wenn auch sein Stil heute manchmal etwas pathetisch anmuten mag.

Sogar die Studentenvorlesungen hat er tagelang sorgsam vorbereitet. Obwohl er den Stoff doch vollständig beherrschte, konnte man den Eindruck nicht loswerden, daß er in den Stunden vor einer Vorlesung ein wenig mit dem Lampenfieber kämpfte, wiewohl er dann später unbefangen, ohne jede Unterlage und völlig frei sprach. Auch die Kongreßvorträge wurden wochenlang vorher niedergeschrieben und memoriert. Ja, selbst die ironischen Bemerkungen oder kleinen Scherze, die er in späteren Jahren gerne einflocht, um die spröde Materie lebendiger zu gestalten und von denen besonders seine Vorträge vor dem Wiesbadener Internisten-Kongreß nur so sprudelten, waren vorher überlegt. Die klinischen Krankenvorstellungen am Sonnabendvormittag bereitete Foerster ebenso sorgsam vor, und so wurden sie kleine Kunstwerke der Darstellung und eine meisterhafte Einführung in die topische Diagnostik.

Da Foerster niemals durch eine richtige chirurgische Schule gegangen war, fehlte seinen Operationen zur Freilegung des Nervensystems das Schulmäßig-Exakte. Diese Unschönheit des Operierens an den „äußeren Bedeckungen" wurde aber durch seine zarte, penible und äußerst sorgsame Arbeit aufgehoben, wenn erst das nervöse Organ freilag. So gehörte er bis in den Beginn der 30er Jahre sicher zu der Spitzengruppe der Neurochirurgen. Merkwürdigerweise hat er die rapide Entwicklung der neurochirurgischen Technik nicht mitgemacht und keine der vielen Methoden übernommen, die ihm das Operieren leichter gemacht hätten.

Der Aufenthalt 1930 an der Cushingschen Klinik, währenddessen ihn dieser zum „Chefchirurgen pro tempore" des Peter-Bent-Brigham-Hospitals ernennen ließ, hatte ihn mit dem derzeitigen Stand der neurochirurgischen Technik wohl vertraut gemacht. Er arbeitete aber hernach weiter ohne Sauger, ohne Silberklammern, ohne elektrischen Bohrer und ohne Diathermie und bei einer manchmal geradezu hinderlichen Lagerung des Kranken auf dem alten Operationstisch. Die neue Technik ist in Breslau erst unter seinem Nachfolger auf der operativen Abteilung, dem bei Bailey geschulten A. Stender eingeführt worden.

Man mußte sich immer wieder wundern, wie Foerster trotzdem mit seinen schmalen geschickten Händen – die durch Zwirnhandschuhe über den Gummihandschuhen in ihrer Beweglichkeit eher noch gehemmt waren – jede Blutung mit Umstechungen und Unterbindungen, mit Muskelstückchen und Tupfern zum Stehen brachte. Ich sah ihn einmal bei der Freilegung eines Vierhügeltumors von parietal her die V. magna Galeni anreißen. Nachdem mehrere Versuche der Blutstillung mit Muskelstückchen verständlicherweise fehlgeschlagen waren – da diese immer wieder weggeschwemmt wurden – tamponierte er mit einem großen Mulltupfer und nähte darüber zu. Bei der Wiedereröffnung zwei Tage später war anscheinend die Vene thrombosiert und er konnte den Tupfer entfernen. Der Patient hatte diesen zweiten Eingriff wieder gut überstanden und starb einige Monate später an einer riesigen Kleinhirnmetastase eines kleinen, klinisch damals noch stummen Magenkarzinoms. Bei der Autopsie fand sich dann die seinerzeit topisch richtig diagnostizierte Metastase im Vierhügelgebiet, das übrigens durch die Operation kaum Schaden erlitten hatte.

Ein besonderes Kapitel bei der Operation war die Beleuchtung. Die kleine alte Deckenlampe verbreitete nur ein mäßiges Licht. Sie wurde daher durch die berühmte „Handlampe" – eine primitive Birne mit einem Blechreflektor – verstärkt, die der nicht steril angezogene „Beleuchter" zwischen den Assistenten hindurch über das Operationsfeld zu halten hatte. Dieser „Beleuchtungsdienst" bei der Operation war bei Assistenten und Gästen gleich unbeliebt. Denn man hatte allen Handbewegungen des Operateurs bei der Trepanation auszuweichen und doch im erforderlichen Augenblick immer wieder das Licht zu spenden. Wenn man dabei, was allzu leicht geschah, einen der Assistenten berührte – was diesem zu einem zweiten sterilen Mantel verhalf, der aus Zeitersparnis über den ersten gezogen wurde – oder gar die Stirn des Operateurs verbrannte, wurde man recht schnell als ein „völlig unbrauchbarer" Beleuchter abgelöst. Nachdem alle anwesenden Helfer bei diesem Dienst verbraucht waren, blieb dann als letzte, allerdings immer einwandfreie Stütze nur „Fräulein Woyziechowsky“ übrig, eine ruhige und robuste Schwester, die seit über einem Jahrzehnt an seiner Abteilung arbeitete.

Die Operationstage waren – besonders im Sommer – im Operationssaal für alle eine große physische Anstrengung. Es wurde spät mit dem Operieren begonnen, der Saal war der Mittagssommersonne in dem heißen Breslau ungeschützt ausgesetzt und an seiner einen Längsseite dampften während der ganzen Zeit die Sterilisatoren. Temperaturen weit über 30° und eine hohe Luftfeuchtigkeit waren daher eigentlich die Regel.

Die Trepanation führte Foerster selbst durch und zwar regelmäßig osteoklastisch. Mit der von ihm geübten traditionellen Freilegung nur mit der Dahlgrenschen Zange, evtl. unter Zuhilfenahme des „Lüer“ war diese allein bereits eine große körperliche Anstrengung, so daß man nur immer wieder Foersters Durchstehkraft bewundern mußte. Bereits das Bohren eines oder mehrerer Löcher in den Schädel mit einem simplen Kronentrepan hatte die Hand ermüdet. Bis zur Freilegung der Dura waren die Arme derart strapaziert, daß es verständlich war, wenn Foerster fast immer zweizeitig operierte, wobei der zweite Akt dem ersten im Abstand von einigen Tagen bis zu einer Woche folgte. Mit dieser Technik ist es Foerster nicht nur gelungen, Hypophysenadenome, sondern auch Vierhügeltumoren erfolgreich zu entfernen. Am Brückenwinkel allerdings reichte diese Technik nicht mehr aus.

Moderne Formen der postoperativen Nachbehandlung, z. B. die Bluttransfusion führte er nicht durch. Pyramidon und periphere Kreislaufmittel waren die einzige Form der Behandlung. Es wurde immer in örtlicher Betäubung operiert. Die Trepanation mit ihren Geräuschen und der mechanischen Einwirkung auf den Schädel waren daher für einen sensiblen Patienten bereits eine schwere psychische Belastung, die nur dadurch bis zu einem gewissen Grade ausgeglichen wurde, daß die Operation am Hirn erst im zweiten Akt erfolgte. Bei seinem Pflegepersonal war Foerster beliebt, wenn er auch gerade in seinen späteren Jahren allzu leicht einmal die Geduld verlor und man oft harte Worte zu hören bekam. Er wußte, was er seinen Helfern zu verdanken hatte, und Weihnachten versuchte er seinem Dank an jede Schwester durch die Gabe eines größeren Geldgeschenkes und von Gebäck und Obst – das er persönlich ausgesucht hatte – Ausdruck zu geben.

Als Gastgeber war Foerster berühmt. Man konnte ihn wohl erst richtig bei diesen Gelegenheiten kennenlernen, da er in seinen späteren Jahren auf der klinischen Abteilung oft recht schweigsam, ja, manchmal geradezu abweisend war und über die alten und schon lange bestehenden Beziehungen hinaus neue Bindungen zu seinen Assistenten nicht mehr suchte. Der unterste „Grad“ der Gastfreundschaft war die Einladung zur Kaffeestunde bei „Großweiler“. Die nächste Stufe war die Einladung zum Mittagessen im Hotel Monopol, die eine Auszeichnung für ältere oder ausländische Gäste war. Seine langjährigen Mitarbeiter und ausländischen Freunde pflegte er auch abends in sein Haus einzuladen, dessen Weinkeller berühmt war. Um die Wende der 30er Jahre lud er seine Studenten jährlich zu einem großen Fest ein, wobei die an sich große Zahl seiner Hörer noch rapid angestiegen sein soll. Denn auch diese Feste waren berühmt für ihren großzügigen Gastgeber. Den Abend schloß oft ein Tanz ab, an dem er sich auch selbst beteiligte. Bis in seine späteren Jahre nahm er auch an den „Mediziner-Festen“ der Studentenschaft teil, wobei er sich ebenfalls der allgemeinen Stimmung anpaßte. Hier trat, wenn er an einem solchen Abend wirklich gelöst war, noch einmal das ganze Temperament und der Charme des Menschen Otfrid Foerster zutage.

Viele europäische Neurochirurgen werden den Abend in seinem Hause nicht vergessen haben, als er anläßlich des Besuches der englischen Neurochirurgen-Gesellschaft in Breslau eingeladen hatte. Neben der Verleihung der Jackson-Medaille 1935 hat ihm wohl an diesem Abend die Ernennung zum „Membrum emeritum" – der höchsten Würde dieser Gesellschaft – einen der Höhepunkte seines Lebens bedeutet. In seiner Dankesrede würdigte er die Entwicklung der jetzt endlich in breiterem Rahmen aufstrebenden deutschen Neurochirurgie in ihrer modernen Form, deren erste Erfolge er klar erkannte. Er betonte die Notwendigkeit einer kontinuierlichen Entwicklung und gab zur Einführung dem von W. Tönnis herausgegebenen „Zentralblatt für Neurochirurgie" (übrigens der ersten Zeitschrift des jungen Faches) seine besten Wünsche auf den Weg.

Die Deutsche Gesellschaft für Neurochirurgie ihrerseits hat ihrer Dankbarkeit durch die Stiftung der „Otfrid-Foerster-Medaille" Ausdruck gegeben, die 1953 erstmals an P. Bailey verliehen wurde.

So charmant, übersprudelnd und von liebenswürdiger Beredtsamkeit Foerster an solchen Abenden eines Kongresses beim Glase Champagner sein konnte, so kritisch, ja oft verletzend scharf war er manchmal am Tage während der Verhandlungen. Das hat ihm zwar große Achtung eingetragen; aber er besaß zu kaum einem der Forscher, außer vielleicht zu Bumke und L. Mann ein herzliches Verhältnis. Foerster blieb stets ein „Einsamer". Im Ausland bestand diese Furcht vor Foerster nicht; denn dort sprach er als gefeierter Gast, den man nur von seiner charmantesten Seite erlebte. Otfrid Foerster war ein Mensch, der neben seinen großen Vorzügen und seiner ungewöhnlichen Begabung als Forscher und Kliniker auch seine menschlichen Schattenseiten hatte. Seine unpersönliche, oft geradezu harte Außenseite hat wohl manchen jungen Menschen, der in dem großen Manne nicht nur den bedeutenden Wissenschaftler sah, sondern auch zugleich den kontaktwilligen, warmherzigen Menschen suchte, enttäuscht. Wahrscheinlich haben sich die spröden Seiten seines Charakters im Alter immer schärfer profiliert. Aber immer, wo er ernstem Wissensdrang und Streben bei einem Jungen begegnete, zeigte er sich aufgeschlossen und beantwortete ihm die Frage ebenso wissenschaftlich und gründlich wie dem Kollegen von Rang und Fach. Otfrid Foerster war ein Mann, der seine Lebensmöglichkeiten voll ausgeschöpft hat – nicht von vielen Forschern wird man das behaupten können.

Foerster ist vom Schicksal nicht verwöhnt worden, sondern hat sich sein Werk hart erkämpfen müssen. Aber man kann sich heute mit Recht fragen, worin sein Leben und seine Arbeit hätte vollständiger werden können. Unveröffentlicht blieben nur Ansätze zu einem großen Werk über die Hirntumoren. Aber hier hat er seine Art zu arbeiten in unzähligen Veröffentlichungen gezeigt und man muß wohl feststellen, daß er auf diesem Gebiet wahrscheinlich nicht mehr eine Pionierarbeit hätte schaffen können, sondern nur eine wohl abgerundete Routinedarstellung. Alle anderen Teile seines Wissens, seines Könnens, seiner Erfahrungen aber hat er in dem Jahrzehnt zwischen 1927 und 1937 in hervorragenden Darstellungen und mit meisterhafter Ausstattung und in einem ihm von seinem Verleger überlassenen Umfange niederlegen können. Foerster war ein harter Arbeiter sein Leben lang, der seine Kraft immer und ohne jede Rücksicht bis zum Letzten verausgabt hat. Es war ihm ernst mit dem Wahlspruch, den er über das Neurologische Forschungsinstitut in Breslau gesetzt hatte: „Patriae scientiae inserviendo". Seiner schlesischen Heimat hat er die Treue gehalten und keine noch so ehrenvolle Berufung hat ihn je veranlassen können, Breslau zu verlassen. Das Otfrid-Foerster-Institut, diese größte und erfolgreichste

Stätte neurologischer Arbeit in Deutschland, aufgebaut durch amerikanische Großzügigkeit und das Verständnis der schlesischen Behörden, die Krönung von Foersters Lebenswerk ist heute nicht mehr in deutscher Hand. Das Institut soll bei der Belagerung Breslaus weitgehend beschädigt worden sein. Foerster starb am 15. Juni 1941 an einer Alterstuberkulose. Zwei Tage später folgte ihm seine Frau in den Tod, die sich in der aufopfernden Pflege für ihren Mann die gleiche heimtückische Krankheit zugezogen hatte.

Letzte Wahrheit drückt der Satz aus, in dem v. Weizsäcker – Foersters Nachfolger auf dem Breslauer Lehrstuhl und Direktor des „Otfrid-Foerster-Institutes" – seinen Nachruf beschließt: „Die Uhr steht still, der Zeiger fällt. Patriae scientiae inserviendo consumptus".

Schrifttum:

Verzeichnis der wissenschaftlichen Arbeiten von Otfrid Foerster

Die Physiologie und Pathologie der Coordination; eine Analyse der Bewegungsstörungen bei den Erkrankungen des Centralnervensystems und ihre rationelle Therapie (Fischer, Jena 1902).

Atlas des Gehirns. Schnitte durch das menschliche Gehirn in photographischen Originalen. Abt. 3. 21 Sagittalschnitte durch eine Großhirnhemisphäre. (Herausgegeben von Carl Wernicke, Breslau, Verlg. d. Psychiatr. Klinik, 1903).

Die Mitbewegungen bei Gesunden, Nerven- und Geisteskrankheiten (Fischer, Jena, 1903).

Vergleichende Betrachtungen über Motilitätspsychosen und über Erkrankungen des Projektionssystems. Antrittsvorlesung. Habilitation als Privatdozent für Nervenheilkunde und Psychiatrie, 10. August 1903.

Die Kontrakturen bei den Erkrankungen der Pyramidenbahn (Karger, Berlin, 1906).

Über eine neue operative Methode der Behandlung spastischer Lähmungen mittels Resektion hinterer Rückenmarkswurzeln. Z. orthop. Chir. 22, 203–223, 1908.

Beiträge zur Hirnchirurgie. Berl. klin. Wschr. 46, 431–436, 1909.

Über operative Behandlung gastrischer Krisen durch Resektion der 7.–10. hinteren Dorsalwurzeln. Beitr. klin. Chir. 63, 245–256, 1909 (mit Küttner H.).

Die histologische Untersuchung der Hirnrinde intra vitam durch Hirnpunktion bei diffusen Erkrankungen des Centralnervensystems. Berl. klin. Wschr. 49, 973–977, 1912.

Das phylogenetische Moment in der spastischen Lähmung. (Med. Sekt. schles. Ges. vaterl. Kult. Breslau, 1913). Berl. klin. Wschr. 50, 1217–1220, 1255–1261, 1913.

Meningocerebellarer Symptomenkomplex bei fieberhaften Erkrankungen. (7. Jahresvers. Ges. dtsch. Nervenärzte, Breslau, Sept. 1913). Verh. Ges. Dtsch. Nervenärzte 88–89, 1913. Dtsch. Z. Nervenheilkd. 50, 88–89, 1913. Dtsch. med. Wschr. 39, 2383, 1913.

Die Schußverletzungen der peripheren Nerven und ihre Behandlung. (Tagung dtsch. orth. Ges., Febr. 1916). Z. orthop. Chir. 36, 310–318, 1916. Berl. klin. Wschr. 53, 233, 1916.

Fall von intramedullärem Tumor erfolgreich operiert. Berl. klin. Wschr. 54, 338, 1917.

Die operative Behandlung der spastischen Lähmungen (Hemiplegie, Monoplegie, Paraplegie) bei Kopf- und Rückenmarksschüssen. Dtsch. Z. Nervenheilkd. 58, 151–215, 1918. Ref. Berl. klin. Wschr. 55, 766, 1918.

Zur Diagnostik und Therapie der Rückenmarkstumoren. (10. Jahresvers. Ges. dtsch. Nervenärzte, Leipzig 1920). Verh. Ges. dtsch. Nervenärzte 64–74, 1921. Dtsch. Z. Nervenheilkd. 70, 64–74, 1921.

Zur Analyse und Pathophysiologie der striären Bewegungsstörungen. Z. ges. Neurol. Psychiatr. 73, 1-169, 1921.

Die Topik der Hirnrinde in ihrer Bedeutung für die Motilität. (12. Jahresvers. Ges. dtsch. Nervenärzte, Halle, Okt. 1922). Dtsch. Z. Nervenheilkd. 77, 124–139, 1923. Rev. klin. Wschr. 2, 227, 1923.

Hyperventilationsepilepsie. (14. Jahresvers. Ges. dtsch. Nervenärzte, Innsbruck, Sept. 1924). Verh. Ges. dtsch. Nervenärzte, 155–163, 1925. Dtsch. Z. Nervenheilkd. 83, 347–356, 1924. Ref. klin. Wschr. 3, 2269, 1924.
Encephalographische Erfahrungen. Z. ges. Neurol. Psychiatr. 94, 512–583, 1925.
Die Pathogenese des epileptischen Krampfanfalles. (16. Jahresvers. Ges. dtsch. Nervenärzte). Verh. Ges. dtsch. Nervenärzte 15–53, 1926. Dtsch. Z. Nervenheilkd. 94, 15–53, 1926.
Operative Behandlung des Torticollis spasticus. (13. Tagung südostdtsch. chir. Verein., Breslau, Juli 1926). Zbl. Chir. 53, 2804–2805, 1926.
Die Leitungsbahnen des Schmerzgefühls und die chirurgische Behandlung der Schmerzzustände. Bruns Beitr. klin. Chir. 360 pp., 1927.
Schlaffe und spastische Lähmung. Handb. norm.-path. Physiol. 10, 893–972, 1927.
Über die Vasodilatatoren in den peripheren Nerven und hinteren Rückenmarkswurzeln beim Menschen. Dtsch. Z. Nervenheilkd. 107, 41–56, 1928.
Ein Fall von Vierhügeltumor durch Operation entfernt. (3. Jahresvers. südostdtsch. Psychiatr. Neurolog., Breslau, Febr. 1928). Arch. Psychiat. Nervenkr. 84, 515–516, 1928.
Encephalographische Erfahrungen. (4. Jahresvers. südostdtsch. Psychiat. Neurol., Breslau, März 1929). Arch. Psychiat. Nervenkr. 88, 462–467, 1929.
Spezielle Anatomie und Physiologie der peripheren Nerven. Handb. Neurol. (Lewandowsky) 3, 785–974, 1929 (Ergänzungsbd.).
Die Symptomatologie der Schußverletzungen der peripheren Nerven. Handb. Neurol. (Lewandowsky) 3, 975–1508, 1929 (Ergänzungsbd.).
Die Therapie der Schußverletzungen der peripheren Nerven. Handb. Neurol. (Lewandowsky) 3, 1509–1720, 1929 (Ergänzungsbd.).
Die traumatischen Läsionen des Rückenmarks auf Grund der Kriegserfahrungen. (Der Mechanismus ihres Zustandekommens und die pathologisch-anatomischen Veränderungen). Handb. Neurol. (Lewandowsky) 3, 1721–1927, 1929 (Ergänzungsbd.).
Der Narbenzug am Hirn bei traumatischer Epilepsie in seiner Bedeutung für das Zustandekommen der Anfälle und für die therapeutische Bekämpfung derselben. Z. ges. Neurol. Psychiat. 125, 475–572, 1930 (mit W. Penfield).
Über die efferenten Fasern in den hinteren Wurzeln. (5. Jahresvers. Verein. südostdtsch. Psychiat. Neurol., Breslau, März 1930). Arch. Psychiat. Nervenkr. 91, 474–475, 1930 (mit O. Gagel).
Die Vorderseitenstrangdurchschneidung beim Menschen. Z. ges. Neurol. Psychiat. 138, 1–92, 1932. (Mit O. Gagel.)
The dermatomes in man (Schorstein-lecture, London, 1932). Brain, 56, 1–39, 1933.
Zentrale diffuse Schwannose bei Recklinghausenscher Krankheit. Z. ges. Neurol. Psychiat. 151, 1–16, 1934. Rev. klin. Wschr. 14, 618, 1935 (mit O. Gagel).
Die Diagnostik und Behandlung der Geschwülste des Großhirns. Klin. Wschr. 13, 1737–1742, 1934.
Über die Bedeutung und Reichweite des Lokalisationsprinzips im Nervensystem. Verh. dtsch. Ges. inn. Med. 46, 117–211, 1934.
Das Ependymom des Filum terminale. Zbl. Neurochir. 1, 5–18, 1936 (mit O. Gagel).
Zur Physiologie und Pathophysiologie der Sehnen- und Knochenphänomene und der Dehnungsreflexe beim Cerebellarsyndrom. Z. ges. Neurol. Psychiat. 156, 479–483, 1936 (mit H. Altenburger).
Über die Anatomie, Physiologie und Pathologie der Pupillarinnervation. (48. Kongr. Wiesbaden, 1936). Verh. dtsch. Ges. inn. Med. 48, 386–398, 1936 (mit O. Gagel und W. Mahoney).
Symptomatologie der Erkrankungen des Rückenmarks und seiner Wurzeln. Handb. Neurol. 5, 1–403, 1936.
Motorische Felder und Bahnen. Handb. Neurol. 6, 1–357, 1936.
Sensible corticale Felder. Handb. Neurol. 6, 358–448, 1936.
Übungstherapie. Handb. Neurol. 8, 316–414, 1936.
Vegetative Regulationen. Verh. dtsch. Ges. inn. Med. 49, 165–187, 1937.
Spezielle Physiologie und spezielle funktionelle Pathologie der quergestreiften Muskeln. Handb. Neurol. 3, 1–639, 1937.

Operativ-experimentelle Erfahrungen beim Menschen über den Einfluß des Nervensystems auf den Kreislauf. Verh. dtsch. Ges. inn. Med. 51, 253–275, 1939. Z. ges. Neurol. Psychiat. 167, 439–461, 1939.

Die topische Tumordiagnostik, Herdsymptome des Tumors. Neue dtsch. Klinik 16, 260–299, 1939 (Ergänzungsbd. 6).

Biographische Arbeiten über Foerster

Arbeiten aus dem Neurologischen Institut an der Wiener Universität, Bd. 35, 1933: Otfrid Foerster zum 60. Geburtstage in Dankbarkeit und Verehrung das Wiener Neurologische Institut. Leipzig and Vienna, F. Deuticke, 1933, VIII, 181 pp. — Cairns, H. and Brain, W. R.: Professor O. Foerster. Brit. med. J. 2, 634, 1941. — Gagel, O.: Otfrid Foerster 1873–1941. Klin. Wschr. 20, 799–800, 1941. — Hohmann, G.: Was verdanken wir Otfrid Foerster? Z. f. Orthop. u. i. Grenzgeb. 72, 279–284, 1941. — Jefferson, G.: Otfrid Foerster. Lancet, 2, 503, 1941. — Mahoney (Gutiérrez), C. G. de: Otfrid Foerster 1873–1941. Arch. Neurol. Psychiat., Chicago, 46, 913–918, 1941. — Ders. mit J. F. Fulton u. M. Kennard: Otfrid Foerster 1873–1941 an appreciation. J. Neurophysiol. 5, 1–17, 1942. — Mann, L.: Otfrid Foerster zum 60. Geburtstag. Med. Klin. 29, 1535, 1933. - Nonne, M.: Otfrid Foerster zum 60. Geburtstag am 9. November 1933. Dtsch. Z. Nervenheilkd. 132, I–VI, 1933. — Weizsäcker, von, V.: Otfrid Foerster 1873–1941. Dtsch. Z. Nervenheilkd. 153, 1–23, 1941. - Ders.: Nachruf auf Otfrid Foerster. Nervenarzt 14, 1941. — Zülch, K. J.: In memoriam Otfrid Foerster. Dtsch. Med. Wschr. 79, 55–56, 1954. — Ders.: Erinnerungen an Otfrid Foerster. Zbl. Neurochir. 14, 286–292, 1954.

SIGMUND FREUD

1856–1939

Von J. H. Schultz

Unausweichliche allgemein menschliche Probleme sind jedem Lebenden auferlegt, und so kann es nicht erstaunen, daß jede Generation ihre Auseinandersetzung mit der folgenden und der vorhergehenden als ganz besonders tief und tragisch wertet. Wird heute mit ernster Sorge die Jugend betrachtet, so darf nicht vergessen werden, daß 1888 Paul de Lagarde in seinem Aufsatze „Über die zunehmende Verwahrlosung unserer Jugend" ein erschütterndes Bild zeichnete, wie sich die damalige Jugend im Urteil der älteren Generation darstellte, um dann in der Mitte seiner Ausführungen eben auf diese ältere Generation umzubiegen und ihr unerbittlich den Spiegel ihrer eigenen Unzulänglichkeiten vorzuhalten.

Das gleiche Gesetz dürfte im allgemeinen für die Auseinandersetzung von Gegenwart und Vergangenheit gültig sein. Und trotzdem kann sich der heute Lebende bei aller Besonnenheit dem Eindruck nicht entziehen, daß gerade das letzte halbe Jahrhundert den Charakter einer echten Zeitwende hat. Heisenberg gab dafür die sehr einleuchtende Fassung, der Mensch habe bisher überwiegend im Kampfe mit den großen Mächten der Natur gestanden, heute aber sei der Erdball durch die technisch-menschliche Umgestaltung so wesentlich verändert, daß die Mehrzahl aller Lebenden nicht mehr unmittelbar im Kampf, Bindung und Auseinandersetzung zum Naturgeschehen, sondern fast ausschließlich in einem Ausgleich mit dem anderen, dem lebenden Menschen, stehe. Ob diese wohlbegründete Auffassung auch historischem Rückblick nach Jahrhunderten eigen bleibt, vermag heute wohl niemand zu entscheiden, sicher aber ist, daß die Teilhaber des letzten Jahrhunderts in ihrem Denken und Erleben sich dieser Prägung nicht entziehen können.

So steht das Leben von Sigmund Freud beginnend und abschließend im Raume einer zutiefst geistig bewegten Welt. Das flackernde Absinken selbstverständlicher traditioneller Bindung und Wertung, die kaum vorstellbare Wandlung des äußeren Lebensbildes durch den Siegeszug technischer Eroberung, die zunehmende Anhäufung wesentlicher Persönlichkeiten in Massensammelpunkten, die unausweichliche Schrumpfung von Raum und Zeit und die leidenschaftlichen Kämpfe um existenzentscheidende politische Glaubensmeinungen – um nur einige wenige Merkmale zu nennen – kennzeichnen diese Zeit schon ganz allgemein als eine Periode der Krisen und Katastrophen. Nicht minder aber wandelte sich das Bild geistigen Daseins in der Kultur, das für das Folgende nur für den Bereich naturwissenschaftlicher Forschung angedeutet werden soll. Größe und Gefahr des neunzehnten Jahrhunderts waren seine Beherrschung durch das Ideal einer rein kausal-mechanischen, materialistischen Forschungsrichtung. Die Studienjahre von Sigmund Freud liegen daher in einer Zeit, die völlig diesem hohen Ziele zugestellt war. Noch hofften führende Forscher mit Hilfe der damaligen chemischen und physikalischen Methoden das Lebendige völlig erfassen zu können, noch bedeutete der psychische Faktor im wesentlichen das störende Moment „subjektiver Gleichung" in Astronomie und anderen exakten Wissenschaften, noch befaßte sich die Zoologie im damalig eigentlich wissenschaftlichen Sinne nur mit dem Tier als einem „exakt" und etwa systematisch zu erforschenden Einzelwesen, hatte doch die Stunde einer Umweltforschung im Sinne Jacob von Uexkülls noch nicht geschlagen, von Tierpsychologie ganz zu schweigen. So mußte auch Medizin als angewandte Biologie, wollte sie den Anspruch auf Wissenschaftlichkeit bewahren, sich streng im Rahmen dieser Forschung halten, der sie die überwältigenden Erfolge auf entsprechenden Gebieten verdankt. Stand doch auch der Überreichtum sich selbst verschwendender, tiefsinniger romantischer Naturphilosophie mit seinen erschreckenden und unvermeidlichen phantastischen Entgleisungen und Übertreibungen als Menetekel am Eingang naturwissenschaftlicher Forschung des neunzehnten Jahrhunderts.

Auch die Psychologie – nicht anders als Sprachforschung, historische Methode, Rechtslehre und vieles andere mehr – erfüllte die Forderung der Zeit und schuf in dem Suchen nach elementarbedingten Grundgesetzen einen unverlierbaren Schatz wichtigster Erkenntnisse, die allerdings, der suchenden Methodik entsprechend, nur einem Teilgebiet gerecht werden konnten.

Selbst bei einer so vereinfachend unzulänglichen Andeutung dürfte etwa sichtbar werden, in welcher geistigen Welt Sigmund Freud als Mensch und als Schaffender existierte. Wir wenden uns zunächst Sigmund Freud *als Persönlichkeit* zu, wobei uns nicht nur seine mehrfachen Selbstdarstellungen, Schilderungen seiner Freunde und besonders sein jüngst erschienener Briefwechsel mit Wilhelm Fließ und die grundlegende Monographie von Ernest Jones sowie besonders die in ihrem unerbittlichen Wahrheitsdrang immer wieder erschütternden Selbstkonfessionen seiner „Traumdeutung" zur Hand sind, sondern auch Erinnerungen an persönliche Begegnungen.

Über den Beginn seines Lebensweges sagt Freud:

„Ich bin am 6. Mai 1856 in Freiberg in Mähren geboren, einem kleinen Städtchen der Tschechoslowakei. Meine Eltern waren Juden, auch ich bin Jude geblieben. Von meiner väterlichen Familie glaube ich zu wissen, daß sie lange Zeiten am Rhein (in Köln) gelebt hat, aus Anlaß einer Judenverfolgung im 14. oder 15. Jahrhundert nach dem Osten floh und im Laufe des 19. Jahrhunderts die Rückwanderung von Litauen über Galizien nach dem deutschen Österreich antrat. Als Kind von vier Jahren kam ich nach Wien, wo ich alle Schulen durchmachte. Auf dem Gymnasium war ich durch sieben Jahre Primus, hatte eine bevorzugte Stellung, wurde kaum je geprüft. Obwohl wir in sehr beengten Verhältnissen lebten, verlangte mein Vater, daß ich in der Berufswahl nur meinen Neigungen folgen sollte. Eine besondere Vorliebe für die Stellung und Tätigkeit des Arztes habe ich in jenen Jugendjahren nicht verspürt, übrigens auch später nicht. Eher bewegte mich eine Art von Wißbegierde, die sich aber mehr auf menschliche Verhältnisse als auf natürliche Objekte bezog und auch den Wert der Beobachtung als eines Hauptmittels zu ihrer Befriedigung nicht erkannt hatte. Indes, die damals aktuelle Lehre Darwins zog mich mächtig an, weil sie eine außerordentliche Förderung des Weltverständnisses versprach, und ich weiß, daß der Vortrag von Goethes schönem Aufsatz „Die Natur" in einer populären Vorlesung kurz vor der Reifeprüfung die Entscheidung gab, daß ich Medizin inskribierte."

„Die Universität, die ich 1873 bezog, brachte mir zunächst einige fühlbare Enttäuschungen. Vor allem traf mich die Zumutung, daß ich mich als minderwertig und nicht volkszugehörig fühlen sollte, weil ich Jude war. Das erstere lehnte ich mit aller Entschiedenheit ab. Ich habe nie begriffen, warum ich mich meiner Abkunft, oder wie man zu sagen begann: Rasse, schämen sollte. Auf die mir verweigerte Volksgemeinschaft verzichtete ich ohne viel Bedauern. Ich meinte, daß sich für einen eifrigen Mitarbeiter ein Plätzchen innerhalb des Rahmens des Menschtums auch ohne solche Einreihung finden müsse. Aber eine für später wichtige Folge dieser ersten Eindrücke von der Universität war, daß ich so frühzeitig mit dem Lose vertraut wurde, in der Opposition zu stehen und von der „kompakten Majorität" in Bann getan zu werden. Eine gewisse Unabhängigkeit des Urteils wurde so vorbereitet."

Entsprechend jener „Art von Wißbegierde" wandte sich Freud zunächst rein theoretischen Studien zu und lieferte aus dem physiologischen Institut der Universität Wien und der neurologischen Klinik daselbst in den Jahren 1882–1885 sechs ausgezeichnete Arbeiten über Histologie, Pharmakologie und Klinik, so daß er im Frühling 1885, 29jährig, die Privatdozentur für Neuropathologie erwarb. Sein Arbeitsgebiet war also in der Klinik die Erforschung der organischen Hirn- und Rückenmarkserkrankungen. Durch Vermittlung seines physiologischen Lehrers Ernst Brücke erhielt Freud ein Reisestipendium, um in Paris bei Jean Martin Charcot, dem damals führenden Forscher auf diesem Gebiete, an dessen weltberühmter Arbeitsstätte, der „Salpêtrière", seine Kenntnisse zu erweitern. Hier verweilte er vom Herbst 1885 bis Ende Februar 1886 und machte dann in Berlin einen kurzen Besuch bei Adolph Baginsky, der damals als Pädiater Weltruf besaß, da er in Wien eine Stelle als Leiter der neurologischen Abteilung des „Ersten öffentlichen Kinderkranken-Institutes", geleitet von Max Kassowitz, in Aussicht hatte. Neben dieser Tätigkeit eröffnete er seine private Praxis, schloß seine Ehe und verfolgte noch weiter in heute noch sehr wichtigen Arbeiten rein neurologische Probleme im Bereiche der Kinderheilkunde. Diese im Sinne der alten Reflexlehre rein „objektive" Forschungsweise wurde ihm immer fremder, so daß er seine beiden großen Arbeiten über die Halbseitenlähmung, eine anerkannt glänzende Leistung, sich nur mühsam abringen konnte. Immer mehr drängten sich in den Vordergrund die bei Charcot empfangenen Eindrücke, ein Interesse, das in der Übersetzung von je zwei Werken dieses Autors und Bernheims seinen literarischen Niederschlag fand. Während die Einzelstudien erwähnter Art immer mehr aus dem Brennpunkt seines Interesses rückten, erhoben sich zwei große zentrale Probleme als dringende Frage: die Gehirnanatomie und die Erforschung der Hysterie. Das erste Problem behandelte er in seiner heute noch grundlegenden Monographie über die Sprachstörungen nach Hirnerkrankung, worin er bereits 1891 kritische Zweifel an einer zu mechanistischen Zentrenlehre im Gehirn anmeldete. Sie stellt gewissermaßen den Schlußpunkt seiner neurologischen Arbeiten dar. In seiner Privatpraxis verwendet er, angeregt durch Charcot, besonders viel und erfolgreich die Hypnose, die damals bei der Majorität der Ärzte noch völlig im Verruf stand, obwohl der große Psychiater von Krafft-Ebing, der 1889 den Lehrstuhl in Wien übernommen hatte, gerade auf diesem Gebiet hervorragende Arbeiten lieferte. Freud scheint mit ihm nicht in nähere Beziehungen getreten zu sein. Sein ganzes Denken und Arbeiten wurde vielmehr ausschließlich der Hysterieforschung zugewandt.

Die Anschauungen über dieses merkwürdige Leiden waren damals in Wien noch außerordentlich rückständig. Die Hysterie galt für eine Art nervösen Frauenleidens, so daß Freuds Versuch, die viel umfassendere Auffassung von Charcot zu vertreten, namentlich dessen Feststellung, daß es auch Hysterie bei Männern gäbe, auf leidenschaftlichen Widerspruch stieß, wie etwa in einem Vortrage am 15. Oktober 1886. Damals – in dieser Beziehung übrigens in weitgehender Übereinstimmung mit Charcot – meinte man, die Diagnose Hysterie lasse sich aus äußeren Empfindungs- und Reflexstörungen stellen, wie es eben der damaligen Suche nach „objektiver" Methodik entsprach. Unbeirrt verfolgte Freud die Lösung dieses Rätsels weiter mit anderen Methoden und suchte im Sommer 1889 Bernheim in Nancy auf, um sich hypnotisch weiter fortzubilden. Inzwischen war ihm in Wien eine persönliche Begegnung beschieden, die für seine gesamte weitere Lebensarbeit entscheidend werden sollte. Der vierzehn Jahre ältere Dr. Josef Breuer hatte ihm die auffallende Beobachtung mitgeteilt, daß schwere hysterische Krankheitserscheinungen verschwänden, wenn es gelingt, in der Hypnose vordem nicht mitgeteilte, anscheinend vergessene Erlebnisse wieder in Erinnerung und lebhafte Neuvergegenwärtigung zu rufen, die mit schweren Gemütserregungen besetzt und mit dem Symptom zeitlich oder seelisch verbunden waren. Bereits in Paris genügte Freud die von Charcot vertretene Auffassung, es handele sich bei den hysterischen Zuständen um eine Auswirkung „krankhafter Vorstellungen", nicht; aber der Meister in Paris zeigte wenig Neigung, hier im eigentlich psychologischen Sinne weiter zu forschen. Um so stärker mußte Freud durch die Mitteilung von Breuer beeindruckt werden, und aus der Arbeitsgemeinschaft beider Autoren entwickelte sich nun eine neue Auffassung der Hysterie, auf die im einzelnen weiter unten näher einzugehen ist, wenn das Werk von Sigmund Freud in kürzesten Umrissen allgemeinverständlich behandelt werden soll.

Als leidenschaftlicher Wahrheitssucher und fanatischer Verteidiger aller Minoritäten ging Freud in den folgenden Jahren in fast völliger geistiger Einsamkeit den Weg seiner Forschung. Schon bei seiner Heilarbeit mit der Hypnose hatten sich ihm immer lebensgeschichtliche Zusammenhänge bei seinen Patienten aufgedrängt, und es bedurfte gewissermaßen nur des von Breuer überspringenden Funkens, um nun Kettenreaktionen höchster geistiger Energie auszulösen. Jahrelang blieben die Forscher sich freundschaftlich verbunden, wie Freud selbst berichtet: „Er war ein Mann von überragender Intelligenz, vierzehn Jahre älter als ich; unsere Beziehungen wurden bald intimer, er wurde mein Freund und Helfer in schwierigen Lebenslagen. Wir hatten uns daran gewöhnt, alle wissenschaftlichen Interessen miteinander zu teilen. Natürlich war ich der gewinnende Teil in diesem Verhältnis. Die Entwicklung der Psychoanalyse hat mich dann seine Freundschaft gekostet. Es wurde mir nicht leicht, diesen Preis dafür zu zahlen, aber es war unausweichlich." Der ältere Breuer teilte mit Freud die Meinung, daß Gemütserschütterungen bei hysterischen Erkrankungen eine wesentliche Bedeutung hätten, meinte aber doch, auch allgemeine, konstitutionelle oder andere „rein körperliche" Dispositionen als notwendig ansehen zu müssen. Demgegenüber zentrierte Freud seine Auffassung um das Problem, bei der Hysterie sei eine rein seelische Abwehr gegen menschlich Unverträgliches das Entscheidende, so daß er die Hysterie als „Abwehr-Neuro-Psychose" auffaßte. Den hieraus fließenden Konsequenzen konnte sich Breuer später nicht mehr anschließen, und mehr und mehr wandte der einsame Kämpfer Freud sich nun dem als Facharzt für Hals- und Nasenkrankheiten in Berlin wirkenden Biologen Wilhelm Fließ freundschaftlich zu, aus dessen Nachlaß die unschätzbar wertvollen Briefe von Freud aus den Jahren 1887 bis 1902 erhalten sind. Sie geben ein sehr lebendiges Bild davon, wie hart die persönlichen Aufstiegskämpfe von Freud verliefen, der nicht nur mit wissenschaftlichen, zum großen

Teil völlig verständnislosen Gegnern, sondern bei einer siebenköpfigen Familie auch mit erheblichen materiellen Schwierigkeiten zu ringen hatte. Dem entspricht auch, daß ihm erst 1902, siebzehn Jahre nach seiner Habilitation, der Titel eines außerordentlichen, 1920 der eines ordentlichen Professors für Neuropathologie in Wien zuteil wurde.

Erst gegen Ende des fünften Jahrzehntes und dann in immer reicherem Maße sammelten sich um Freud verständnisvolle Mitarbeiter in größerer Zahl, und die grundlegende Bedeutung seiner Forschungen wurde mehr und mehr auch in anderen Ländern erkannt. Der große Psychiater Eugen Bleuler in Zürich und sein damaliger Oberarzt C. G. Jung, amerikanische und englische Autoren waren die ersten menschlich und wissenschaftlich hervorragenden Persönlichkeiten, die sich Freud verbanden, und die folgenden Jahrzehnte führten zu einer stürmisch wachsenden Ausbreitung psychoanalytischer Arbeit im Sinne von Freud in Zweiggruppen aller zivilisierten Länder, aller Kontinente. Eigene Zeitschriften, Kongresse und zahlreiche Organisationen wurden in den Dienst der Psychoanalyse gestellt, und Freud hatte mehrfach Gelegenheit, besonders in USA, persönlich seine Forschungen zu vertreten.

1938 wurde er gezwungen, Wien zu verlassen. Sein naher Mitarbeiter, der Berliner Psychologe Carl Müller-Braunschweig suchte ihn noch im März 1938 in Wien auf und wurde von Freud nur mit der kurzen Bemerkung empfangen: „Nun, da kommt ja wohl der lachende Erbe", worauf der so Angeredete nur erwidern konnte: „Nein, eher der weinende Erbe". Mit diesen kurzen Worten war die gesamte reale Situation für Freud erledigt, und er wandte sich sofort mit größter Intensität wissenschaftstheoretischen Unterhaltungen zu. Im Herbst 1938 verließ er endgültig Wien und fand bis zu seinem Tode in London ein ehrenvolles Asyl. Bereits Jahre zuvor hatte eine Gaumengeschwulst eine sehr eingreifende Operation erfordert; doch führte das Leiden nach einem Stillstand von vielen Jahren schließlich am 23. September 1939 zum Ende.

So schlicht der äußere persönliche Lebensgang war, wenn man von den angedeuteten beruflichen Kämpfen absieht, so überaus einprägsam erschien Freud als Mensch. In erster Begegnung ist die kurze Kennzeichnung völlig treffend, die Paul Schilder einmal gab, indem er das Erscheinungsbild von Freud als eine „einzigartige Mischung von Charme und Weisheit" kennzeichnete. Meinen persönlichen Eindruck versuchte ich in meiner geschichtlichen Darstellung der Psychotherapie bereits einigermaßen anzudeuten. 1909 hatte ich in der von William Stern geleiteten „Zeitschrift für angewandte Psychologie" eine sehr ausführliche Würdigung des damaligen Standes der Psychoanalyse gegeben und von Freud einen sehr gütigen Brief erhalten, in dem er mich zu einem Besuch in Wien aufforderte. Dies war für mich aus äußeren Gründen leider nicht tunlich, und wir begegneten uns erst in den 20er Jahren bei Konsultationen in Berlin, die dazu führten, daß ich ihn auch in Wien besuchen durfte. So steht er heute noch sehr eindrucksvoll und lebendig in meinen persönlichen Erinnerungen. „Der etwas über mittelgroße, leicht gebeugte, kräftig gebaute Mann mit den äußeren Allüren des ‚deutschen Professors': kurzer Vollbart, Brille, scharf beobachtender und doch wieder sinnender Blick, erinnerte im Gesamttypus auffallend an seinen kongenialen Zeitgenossen, meinen unvergeßlichen persönlichen Lehrer Paul Ehrlich, der nur in seinem zarten Wuchse weit hinter Freud zurückblieb. Wille zu ruhender Sachlichkeit, zu objektivem Verstehen und gerechtem Aufnehmen beherrschten das Verhalten von Sigmund Freud; sprühender Geist, österreichische Liebenswürdigkeit, blitzschnell spielender Scharfsinn, alles entäußert in einer formvollendeten, seherisch bilderreichen und klassisch architektonischen Sprechweise faszinierten ebenso, wie der unmittelbare ergreifende Eindruck größter persönlicher Lauterkeit und Ordnung, und alle diese lebendigsten Kundgaben wurden sichtlich getragen von einem glühend bewegten Gefühlsleben, das, in einem Höchstmaß selbstgestaltender Harmonie gebändigt, jedes Wort beseelte. Kein Fühlender konnte sich dem Eindruck entziehen, den Napoleon gegenüber Goethe formulierte – mag dies auch exakt historisch bestritten werden! – „voilà un homme!" Unvergeßliche Begegnungen! Immer wiederkehrenden Mißverständnissen gegenüber muß für die Nachwelt besonders betont werden, daß die gesamte Persönlichkeit von Sigmund Freud eine Atmosphäre tiefster innerer ethischer Festigung ausstrahlte; gewiß konnte sie gelegentlich zu Unduldsamkeiten führen; aber wer wird dies einem selbst-aufopfernden, die strengsten Anforderungen an sich selbst stets verwirklichenden Wahrheitsfanatiker mißgönnen dürfen? Man darf es als eine Ironie des Schicksals bezeichnen, daß gerade dieser lebenslänglich höchsten Zielen verpflichtete und tiefsten sittlichen Bindungen opferwillig anheimgegebene Große seines mutigen Eintretens gegen Verlogenheit, Prüderie und Heuchelei wegen vielfach so gänzlich unverstanden ist."

Bei unserer ersten Begegnung blickte Freud mich prüfend an und sagte: „Sie glauben doch nicht, daß Sie heilen können?", worauf ich erwiderte: „Keinesfalls, aber ich meine doch, daß man wie ein Gärtner Hindernisse wegräumen kann, die der echten Eigenentwicklung im Wege stehen". „Dann werden wir uns schon verstehen", erwiderte Freud und schloß unser etwa anderthalb Stunden währendes Gespräch, indem er mit charmantem Lächeln sagte: „Ich habe mich wirklich gefreut, Sie persönlich kennenzulernen und werde jetzt immer widersprechen, wenn in meinem Arbeitskreise die Rede auf Sie kommt"(!).

In seinen „Erinnerungen eines Arztes" „Natur und Geist" (Göttingen 1954) versucht Viktor v. Weizsäcker seine Begegnung mit Freud darzustellen, der ihn als Gleichstrebenden freundschaftlich begrüßte und ihm „lächelnd" das Fegefeuer einer eigenen Psychoanalyse erließ; allerdings lernte er nur den alternden Freud kennen: „Freuds Erscheinung war die eines gelehrten Weltmannes der bürgerlichen Hochkultur. Er zeigte keine Spur von akademischer Pedanterie, und seine Konversation glitt mühelos von ernsten und schwierigen Themen zur leichten und anmutigen Causerie hinüber. Der bedeutende Mann aber war immer gegenwärtig. Als ich ihn sah, überwog freilich die Zurückhaltung eines körperlich Leidenden, doch war das nicht bedrückend. Die geistige Beweglichkeit war dadurch nicht eingeschränkt. Einmal aber brach – wenn auch nur für eine Sekunde – fast bestürzend der kompromißlose Zorn seiner geistigen Mission hervor. ... In dem geräumigen Sprech- und Arbeitszimmer selbst entsinne ich mich nur noch der langen Galerie an antiken Statuetten, Bronzen, Terrakotten auf dem Schreibtisch. Diese Satyrn und Göttinnen umfing also das Auge des Professors, wenn er aufblickte. Sie zeigten ihn als Sammler heidnischer Kostbarkeiten. Im übrigen fesselte nur der Hauptgegenstand, der Mann selbst. Freud war sehr grazil, aber mindestens mittelgroß. Der schmerzliche Zug des Mundes war damals schon mitbestimmt von einer Kieferprothese; er war einige Jahre zuvor an einem Sarkom des Oberkiefers operiert worden, übrigens mit dauerndem Erfolg. Aber er hatte oft Schmerzen. Das Auge war tiefschwarz, weniger schauend als einsaugend wie ein bodenloser Abgrund. Sein Gesicht im Alter sagt mir: mitten im Kampf. Die tiefe Nasen-Wangen-Falte setzt sich sturmfahnenartig über das rechte Auge fort ins windige Element – dabei Schönheit der Augenbrauen und

Freud

Wachsamkeit des Helden, der sich Werken des Friedens widmete, aber dabei auf tödliche Mächte stieß. So lernte er mit den Extremen zu spielen. Bilder aus den jungen Jahren zeigen davon nichts. Man sieht damals einen rüstigen, kräftigen und ausgeglichenen Mann. In einem Briefe, der eine Parallele zwischen Physiognomie und Handschrift zieht, schrieb mir Freud, seine Handschrift habe sich im Laufe seines Lebens derart verändert, daß er die Identität des Schreibers nicht daraus erkennen würde. So wäre es wie in seinem Antlitz auch mit seiner Schrift gegangen: Nur langsam, aber immer mehr zunehmend muß sich seiner die Verstrickung eines schmerzvollen Kampfes bemächtigt haben."

„Ein Bild von Freud" von besonderer Wichtigkeit entwarf in kurzen Strichen der führende französische Psychoanalytiker R. Laforgue. Wie Laforgue mir selbst berichtete, hatte ihn das Buch von Freud „Die Zukunft einer Illusion", in dem er verbittert fehlgreifend die Maße der Psychoanalyse an das Problem der Religion legt, außerordentlich beeindruckt, und er mußte um so mehr erstaunen, als Freud ihm sagte, es sei dies sein schlechtestes Buch, übrigens kein Buch von Freud, sondern nur das eines alten Mannes, und hinzufügte: „Freud ist tot, und glauben Sie mir, es war wirklich ein großer Mann". Laforgue macht wohl mit Recht wahrscheinlich, daß hier alte traditionelle Bindungen orthodoxen Judentums („Über/Ich") unkontrolliert die Führung übernommen hatten, so sehr sein lebendiges und glückliches Familienleben und seine echte Beziehung zur Welt der Schönheit und Wahrheit ihn an sich hier hätten schützen dürfen.

Über das ganz persönliche eigene Leben von Freud stellt die entscheidende Quelle die bisher in ihrem ersten Bande vorliegende, bereits eingangs erwähnte Biographie von Jones dar. Umfaßt sie bisher auch nur die Jahre 1856–1900, so ist doch eben für das Verständnis der inneren Persönlichkeit von Freud diese überaus sorgfältige und von freundschaftlicher Nähe belebte Darstellung wohl das aufschlußreichste aller bisher vorliegenden literarischen Zeugnisse, und jeder, der sich um ein wirklich echtes Bild von Freud bemüht, sei nachdrücklich auf eine gründliche Lektüre hingewiesen. Groß- und Urgroßvater von Freud waren Rabbiner, sein Vater Wollhändler, und auch in der mütterlichen Familie standen geistig bedeutende Persönlichkeiten. Der Vater, Jakob Freud, erreichte ein Alter von 81 (1815 bis 1896), die Mutter, Amalie Nathansohn, von 95 Jahren (1835 bis 1930). Freud war der erste Sohn zweiter Ehe und wurde geboren, als sein ältester Halbbruder bereits Vater war. Ihm folgten in der gleichen Ehe noch fünf Schwestern und zwei Brüder. Mit einer „Glückshaube" geboren, wurde er bereits beim Eintritt ins Dasein von großen Prophezeiungen einer Amme begrüßt, von hingebend bejahender Liebe seiner ebenso vitalen wie zärtlichen Mutter warm gebettet und von einem humoristisch optimistischen Vater nach allen Kräften unterstützt. Seine Leidenschaftlichkeit scheint vor allem Erbe der Mutter gewesen zu sein. Nicht nur große Vitalität und zärtliche Elternliebe trugen die ersten Kinderjahre des mit einem wilden schwarzen Krauskopf Geborenen, den seine Mutter deswegen zärtlich ihren „kleinen Mohren" nannte, sondern die Umwelt einer idyllischen Kleinstadt und sehr günstige ökonomische Umstände geben diesen ersten drei Lebensjahren den Glanz einer paradiesischen Kindheit, aus der Freud später in seiner Selbstanalyse noch wesentlichste alte Erlebnisse wieder heraufholen konnte; sie waren, wie Jones mit anderen richtig betont, von tiefer lebensgestaltender Bedeutung. 1859, Freud war fast genau drei Jahre alt, geriet der Vater durch politische und geschäftliche Mißstände in eine so schwierige Lage, daß er sich entschloß, Freiberg zu verlassen; er ging über Breslau nach Leipzig, später nach Wien. So traf

Freud im Beginn des Trotzalters eine schwere niederdrückende Veränderung des Lebensraumes und der materiellen Verhältnisse, Einflüsse, deren tiefgehende Wirkung wir ja eben durch seine eigene Arbeit erst voll haben verstehen lernen. Bereits als Knabe und Jüngling, dem der Vater in seinem „großmütigen Leichtsinn", wie Freud selbst an Fließ schreibt, nicht nur von klein auf ein eigenes Zimmerchen, sondern jederzeit freie Berufswahl und Berufsentwicklung bewilligte, war er entscheidend durch geistige Fragen bestimmt; Shakespeare und Sterne gaben ihm besonders viel, und die Aufgaben des Gymnasiums bewältigte er mit Auszeichnung. Der große Rebellenkämpfer gegen die römische Macht, Hannibal, war ihm Idealbild, sicher nicht ohne Beziehung zum Judentum. Unvergeßlich war für ihn ein kränkendes Erlebnis seines Vaters. Ein Aristokrat stieß den Vater vom Bürgersteig und schlug ihm die Pelzmütze vom Kopfe, indem er ihn als Juden beschimpfte. Empört fragte Freud den Vater, was er denn darauf getan habe, der ruhig erwiderte, er sei in die Gosse gegangen und habe seine Mütze aufgehoben. Wie anders mußte auf den leidenschaftlichen zwölfjährigen Knaben das Bild des Vaters Hamilkar wirken, der seinen Sohn Hannibal am Hausaltar Rache gegen die Römer schwören ließ. Mit siebzehn Jahren begann Freud sein Studium, über dessen Wahl schon weiter oben seine eigenen Worte angeführt wurden. Der beherrschende Erkenntnisdrang, der unerschütterliche Glaube an Macht und Bedeutung erkennenden Wissens und die leidenschaftliche, Diskussionen im allgemeinen abholde, autoritative Vertretung eigener Meinungen könnten zu einem einseitigen Mißverstehen der Persönlichkeit von Freud verführen. Sicher vertrat er diese Positionen bis hinüber in die von ihm so kunstvoll kultivierten und geliebten Anekdoten und Bonmots. So erzählt Jones, er habe einmal Freud von einem Chirurgen erzählt, der gesagt habe, wenn er jemals vor den Thron des Allmächtigen träte, würde er einen krebskranken Knochen mitnehmen und Gott fragen, was er dazu sagen könne? Freud bemerkte dazu, wenn er in einer ähnlichen Situation wäre, würde sein erster Vorwurf an den Allmächtigen sein, „warum er mir nicht ein besseres Gehirn gegeben habe". Stellen wir dem gegenüber, daß der Edelsteinsammler Freud mehr als 900 Briefe an seine Braut schrieb, die vielfach an die Schreibweise von Goethe erinnern, wenn wir an sein bereits erwähntes intim harmonisches Familienleben erinnern und hinzufügen, daß Jones ihn als monogam in einem höchst ungewöhnlichen Grade bezeichnet, so findet das Bild des nicht immer unerbitterten geistigen Streiters eine entscheidende Ergänzung, die für den Sprachfühligen schon in der künstlerischen Formvollendung seines Stiles unverkennbar ist. Die nach vielen Kränkungen fast ängstlich bewahrte spürsame und überansprechende Feinfühligkeit – zu Unrecht als „weibliche" Eigenschaft oft schematisch fehlgeortet! – diese „Künstlerseite" von Freud ist am Prägnantesten in seinem Frühprogramm der Psychoanalyse aus den 90er Jahren bekundet: „Wir müssen lernen unsere Kranken so anzuschauen wie eine kluge Frau sie sieht".

Seine Lebensgefährtin Martha Bernays (1861 bis 1951), fünf Jahre jünger als Freud, entstammte einer kultivierten jüdischen Familie. Ihr Großvater war Hauptrabbiner von Hamburg, Freund von Heinrich Heine und ein ausgesprochen geistreicher Mann. Sein Bruder druckte zum ersten Male ein Gedicht von Heinrich Heine in seinem liberal-jüdischen Blatte „Vorwärts" in Paris ab, in dem Heinrich Heine poetische Grüße an Karl Marx darbrachte. Ihr Vater, Kaufmann und orthodoxer Jude, siedelte 1869 von Hamburg nach Wien über, als Martha acht Jahre alt war. Zwischen den Familien spannen sich später noch andere Verschwägerungen an. Auch Marthas Mutter, eine geborene

Philipp, entstammte einer sehr kultivierten, aus Schweden nach Wien eingewanderten Familie. Wie einige Proben der Verlobungsbriefe zeigen, wahrte Freud selbst in dieser Situation eine außerordentliche Gefühlskeuschheit, die ihn fast ängstlich vor jeder zu starken Entäußerung tieferer Gefühle zurückhielt. Hanns Sachs sagt in diesem Sinne in seiner kleinen Schrift: „Freud Master and Friend" über seinen endgültigen Abschied von Freud in London: „Wohl wissend, wie empfindlich Freud jede Art von Gemütsschaustellung erlebte, sprach ich nur wenige gleichgültige Worte über meine Reise und einige psychoanalytische Probleme in USA. Er drückt mir die Hand und sagte: ‚Ich weiß, daß ich wenigstens *einen* Freund in Amerika habe'. – Das waren die letzten Worte, die ich von seinen Lippen hörte." 17. Juni 1887, fünf Jahre und ein Tag nach der Verlobung, schloß Freud seine Ehe und eröffnete seine Praxis in Wien, die nicht nur durch eigene, sondern auch durch Sorgen um den Vater belastet wurde. 1891 zog die Familie Freud in das später weltberühmte Haus in der Berggasse. Die glückliche Geburt zahlreicher begabter Kinder segnete die Lebensgemeinschaft. Besonders die heute noch in London tätige Psychoanalytikerin Anna Freud, Begründerin der Kinderanalyse, ragt aus diesem Kreise hervor.

Trotz der naturgeschenkten Vitalität hatte Freud oft mit sehr erheblichen körperlichen Belästigungen zu kämpfen. Rheumatische und neuritische Beschwerden, letztere besonders in den Armen und links im Hüftnerven, quälten ihn nicht minder, als eine sehr störende Neigung zu katarrhalischen Erkrankungen mit Beteiligung der Nebenhöhlen der Nase. Vor allem aber belastete ihn eine jeder Behandlung trotzende schwere Migräne, von der er sich allerdings als von einem „nur äußeren Geschehen" willensmäßig weithin absetzen konnte, aber trotzdem – oder gerade darum? – schwer beeinträchtigt wurde. Hand in Hand damit gingen allgemein nervöse Beschwerden, die er bald als „seine Neurasthenie" oder als „seine kleine Hysterie" bezeichnete. Auch funktionelle Magen-Darmstörungen und zeitweise aufsteigende Wellen von Unlust- und Müdigkeitsgefühl erschwerten ihm das Leben und verdichteten sich um das 60. Lebensjahr herum zu jener Depression, die in der Schilderung von Laforgue hervortritt und sicher an seiner etwas gewaltsamen Konzeption eines „Todestriebes" nicht unbeteiligt war. Daß ein Intuitiver von so hohem Range und von so außerordentlicher künstlerischer Erlebnisfähigkeit allen Leiden des Sensitiven preisgegeben war, ist ein ebenso schwerer wie unvermeidlicher Preis für diese großen Gaben. Ausgesprochene leichte seelisch nervöse Unsicherheiten, wie etwa eine störende Reiseangst, die seiner leidenschaftlichen Wanderlust widerstritt, schwanden im Verlauf der Selbstanalyse. So war auch hier sein Leben ein Kampfplatz.

Überreich waren die Privatinteressen von Freud. Nicht nur die geistig künstlerische, sondern auch die frei lebendig schenkende Natur beglückten ihn nach allen Richtungen, allerdings mit einer bemerkenswerten Ausnahme, mit der Musik, die ihm in jungen Jahren [wie seinem großen Zeitgenossen Wilhelm Busch] im Elternhause so unerfreulich war, daß eine seiner Schwestern ihren Klavierunterricht abbrechen mußte, um den „Jungen Gelehrten" nicht zu stören; später besserte sich auch diese Beziehung und er verehrte vor allem Mozart. „Philosophie", wie er sie verstand, gegenüber bewahrte er stets eine große Zurückhaltung; er hörte wohl als Student ein Kolleg über Aristoteles und war später sehr beeindruckt von Mill, doch bedeutete ihm wohl „Philosophie" eine Verführung nach seiner jahrelang streng bekämpften Neigung zur Spekulation, zu der er nach seinen eigenen Worten erst zurückzukehren wagte, als er sein eigentliches Werk im Sinne der Wissenschaft seiner Zeit gegründet glaubte. In einem frühen Brief an Fließ bezeichnet er „Philosophie" als seine eigentliche Neigung; doch bleibt unklar, ob er nicht mehr an Psychologie dachte.

Damit kommen wir zu dem *Werk* von Freud. Ernst Kris, New York, faßt sein Werk in der Einleitung zu den Briefen an Fließ in die Formel, es handele sich um „den Versuch, die Darstellung und das Verständnis des menschlichen Konfliktes aus dem Bereich von Dichtung und Intuition in den der Naturwissenschaften zu führen." Mit vielen anderen Autoren bin ich der Ansicht, daß ein wirkliches Verständnis für das Lebenswerk von Freud nur durch den Selbstversuch eigenen Erlebens gewonnen werden kann, der leider durch die landläufige Bezeichnung „Lehranalyse" oft in seinem Wesen verkannt wird, als handele es sich dabei – kritische und wissenschaftlich einwandfreie Durchführung vorausgesetzt – um eine Übermittelung von Lehrmeinungen. Wer nur einigermaßen versucht, sich von dem Lebendigsten alles Lebendigen, vom Seelischen, eine unzulängliche Vorstellung zu machen, wer erfahren hat, wie schwierig nicht nur Erfassung und Beobachtung im eigenen und fremden Seelenleben, sondern nicht minder die Formulierung des so Gewonnenen, die „Verwörterung" ist, wird auch bei größter Dankbarkeit für die grundlegenden Gewinne der Psychoanalyse von Freud wissen, wie Vieles der hier zum ersten Male erfaßten Erlebnisse und Zusammenhänge in theoretischer Übermittelung ausfällt und nur eigenem Erleben zugänglich ist. Freud begann, man darf sagen im Sinne einer Selbsterziehung, wissenschaftlich mit einer exakten Experimentalforschung strengster Observanz. „Von Neurosen verstand ich nichts", sagt er selbst über seine Arbeit bis zu dem Aufenthalt in Paris. Hier, auf die Rolle „krankhafter Vorstellungen", der „Einbildung" hingelenkt, wurde er wach für die Beobachtung eigentlich seelischer Zusammenhänge, die dann durch die Zusammenarbeit mit Joseph Breuer in der Erforschung der Hysterie einsetzte. Für den Fernerstehenden wird das Lebenswerk von Freud zweckmäßig in drei große Perioden eingeteilt. Die erste zentriert sich im Anschluß an die Arbeit mit Breuer um das Problem, wie weit seelisch nervöse, insbesondere hysterische Störungen ihren wirklichen Ursprung darin haben, daß erschütternde Erlebnisse, „psychische Traumen", sich dem bewußten Erinnern entziehen, in Form von Symptomen wieder auferstehen und diese Manifestation aufgeben, wenn es in Hypnose gelingt, die fehlende Erinnerung an die zugrunde liegenden erschütternden Erlebnisse wieder zu erwecken und in lebhaften Affektäußerungen zu einem „abreagierenden" Ausgleich zu bringen. So entwickelte sich eine „seelenreinigende", eine psychokathartische Spezialbehandlung hysterischer Störungen. Aber psychiatrisch gründliche, jede Reaktion des Kranken psychologisch ernstnehmende Beobachtung lehrte Freud, daß auch ohne hypnotische Hilfe die entsprechenden, aus dem Bewußtsein entfernten krankmachenden Erinnerungen zu wecken und zu erledigen waren, und es erwies sich, daß nur in seltenen Ausnahmefällen einzelne besonders schwere Ereignisse von Belang waren, sondern vielmehr die psychologische Bearbeitung jedes Symptomes ganze Ketten sinngeschlossener Zusammenhänge heraufführte. Freud verfolgte sie bis in die Kindheit seiner Patienten und kam dabei in der ersten Periode der eigentlichen, nicht mehr hypnotisch arbeitenden Psychoanalyse zu der ihn selbst befremdenden Feststellung, es handele sich in jedem schwereren Falle um geschlechtliche Kränkungen in früher Kinderzeit, die passiv erlebt zu hysterischen, aktiv erlebt zu zwangsneurotischen Folgen führten.

Es ist für das Verständnis der gesamten späteren psychoanalytischen Arbeit sehr wesentlich, zu überlegen, wie sich diese Resultate ergaben. In der ersten hypnotisch-psychokathartischen Periode hatte es sich darum gehandelt, daß der in Hypnose auf das Symptom eingestellte Patient Einzelerinnerungen oder Serien von solchen produzierte, deren Wiederauftauchen von lebhaften Affektäußerungen begleitet war und dies um so mehr, je weniger der Kranke vordem von ihnen berichten konnte. Mit dem Aufgeben hypnotischer Gedächtnishilfe änderte sich die Technik grundsätzlich. Es wurde nun von dem Kranken gefordert, daß er, anfangs vom Symptom ausgehend, später lediglich aus der gesamten Situation heraus völlig rückhaltslos und ohne jede Wertung mitzuteilen habe, was ihm durch den Sinn gehe. Damit schafft die psychoanalytische Arbeit eigentlichen Sinnes eine menschlich völlig einzigartige Situation, denn nie und nirgends wird auch der Ehrlichste bereit sein, wirklich alles auszusprechen, was in ihm vorgeht. Dies würde aber nur die Aufhebung bewußten Verschweigens bedeuten. Die „psychoanalytische Grundregel" geht nun weit und grundsätzlich hierüber hinaus – hier liegt ihr prinzipieller Unterschied zur Beichte jeder Form –: Sie verlangt, der Kranke solle nach Möglichkeit auf alles bewußte Denken, Überlegen usw., kurz auf jede eigenmächtige und bewußt zielgerichtete Einstellung verzichten und sich bemühen, als völlig rückhaltlos Offenbarender mitzuteilen, nicht was er denke und meine, sondern über alles, was „von selbst" und ohne eigene gewollte Selbstgestaltung in ihm auftaucht. Unbeschadet der Erkenntnis, daß die grundlegende Bedeutung einer solchen Selbstbeobachtung freisteigender Erlebnisse bereits von Leibniz erkannt war, bleibt die Feststellung, daß erst durch die jahrzehntelange intensive forscherische Arbeit von Freud dieser Erkenntnisweg in seiner ganzen Wertigkeit erkannt und nach allen Richtungen ausgebaut wurde. Das Seelenleben als ein Spiel von „Vorstellungen" dynamischer Zusammenhängigkeit bedeutet die grundlegende Forschungsmaxime. Schon Breuer hatte in der gemeinsamen Arbeit mit Freud darauf hingewiesen, daß Symptom und Erlebnis häufig durch scheinbar ganz äußerliche Einzelheiten verknüpft waren, durch Wort- oder Klangverwandtschaft, durch scheinbar räumliche oder zeitliche Bindungen oder dergleichen mehr. Auch er ließ sich also durch die alten Gesetze der Assoziationspsychologie leiten. Immer handelt es sich aber bei beiden Forschern wirklich entscheidend darum, daß die Erscheinungen und Einfälle des Kranken eine aktuelle Erlebniseinheit bilden. Am durchsichtigsten bei hysterischen Einzelsymptomen, die durch das Auftauchen vordem nicht mitgeteilter Gemütserschütterungen sinnvoll wurden – z. B. eine hysterische Armlähmung als „Ausdruck" schicksalsbelasteter Armbewegungen einer kritischen Situation –, erwies sich die gleiche psychologische Sinngebung zunächst dadurch, daß in den scheinbar regellosen spontanen Einfällen des Kranken nun vordergründlich oder gehäuft Erlebnisanteile erschienen, die zur Sinngebung dienen konnten. Freud hat daher oft selbst betont, daß lediglich die spontanen Einfälle der Kranken entscheiden, nicht etwa primäre Versuche der Deutung durch den Arzt, eine Grundforderung, von der leider sehr zum Nachteil der ganzen Arbeit vielfach abgewichen wurde. So stellt die kritische psychoanalytische Arbeit nicht das Herantragen irgendwelcher vorgefaßter Meinungen an die Erlebnisreaktion des Kranken, sondern ihre sorgfältigste Beobachtung und Sammlung und erst anschließend ihre Auswertung dar. Die bereits hervorgehobene häufig „äußerliche" Verbindung zwischen Symptom und Einfall führte in der Sinnsuche nach mancher Richtung hin dazu, besonders häufige derartige Zusammengehörigkeiten festzustellen und nun in manchen Zusammenhängen „symbolische" Kundgaben anzunehmen. Doch entging es Freud nicht, daß diese Betrachtungsweise über die eigentliche exakte klinische Beobachtung hinausreicht und daher besondere Gefahren birgt.

Wenn schon Jean Paul betont, daß der Mensch am liebsten von den Dingen nicht spricht, die ihn eigentlich bewegen, so ist einleuchtend, daß die Aufhebung der eigenen Einfallskontrolle in der analytischen Situation besonders häufig solche Erlebnisse zutage fördern wird, die unter anderen Umständen nicht mitgeteilt oder seelisch gar nicht angenommen werden, so daß sie ein unkontrolliertes Schattendasein führen oder, um ein gefährliches und oft irreführendes Wort zu benutzen, „unbewußt" sind. Kein Wunder, daß in der Lebensatmosphäre der ersten Forschungsjahrzehnte von Freud namentlich auch verpönte sexuelle Motive heraufdrängten, stand doch gerade diese Seite menschlichen Daseins damals besonders ausgesprochen in einem Halbdunkel lüsterner Verlogenheit, so daß die Konfliktträchtigkeit dieses Gebietes unter besonders hohem Druck existierte. Der revolutionär-philanthropische Angriff auf Seelenschäden durch Mängel der Gesellschaftsordnung, eine der tiefsten inneren Tendenzen von Freud, wurde hier besonders wachgerufen, und es ist daher leicht verständlich, daß die spezielle Problematik des Liebes- (nicht des Sexual-)Lebens besonders in den Vordergrund trat.

Darüber hinaus ist die völlige Einzigartigkeit echter psychoanalytischer Situation die entscheidende Begründung für die Unersetzlichkeit einer solchen methodisch kritisch einwandfreien Erforschung aller psychologischen Gebiete. Hier ist die Begründung dafür gegeben, daß jede Art rein theoretischer Kritik an der Psychoanalyse vollkommen fehlgehen muß, wenn sie sich an methodische und theoretische Unvollkommenheiten hält und übersieht, daß nur und allein die wirkliche Befolgung der „psychoanalytischen Grundregel" psychologisch-wissenschaftlich durchaus einwandfreies und objektives Erlebnismaterial fördert, mag seine Auswertung und Einordnung auch noch so sehr weiterer sorgfältiger Klärung bedürfen. Nur wer, am besten durch den Selbstversuch, zum allermindesten aber durch sehr sorgfältige und ausgedehnte, vorurteilslos objektive psychologische Fremdbeobachtung wirklich mit diesen Abläufen vertraut ist, darf als befugt angesehen werden, hier zu urteilen. Die Mißachtung dieser prinzipiellen Forderung bedingt, daß immer wieder eine theoretische Scheinkritik sich entweder in axiomatische Forderungen hypothetischer Art oder in formalisierende Auswertungskritik verliert, während das wirklich Wesentliche in gewissenhafter, objektiv empirischer Beobachtung und nur durch eine solche gewonnen werden kann. So erklärt sich, daß immer wieder sonst angesehene Forscher in eine eigenartige Zwiespältigkeit geraten, wenn sie die Psychoanalyse kritisieren; auf der einen Seite bestreiten sie ihr die Wissenschaftlichkeit und lassen sich etwa dazu hinreißen, von Sektierertum und Glaubenssachen zu sprechen, während sie auf der anderen Seite sich gezwungen sehen, dem genialen Forscher Freud ihre Hochachtung auszusprechen. Daß manche übereifrige Anhänger einseitiger psychoanalytischer Betrachtung verschiedenster Form und Richtung ernste kritische Bedenken nur allzu sehr wachrufen, hat mit dieser Grunderkenntnis nichts zu tun. Es ist immer mißlich, eine Arbeitsrichtung aus ihren Entgleisungen und Übertreibungen grundsätzlich beurteilen zu wollen!

Die weitere Forschung ließ Freud eine Reihe von Irrtümern dieser ersten Theorie erkennen. Es ergab sich, daß einmal die auf den ersten Blick als wirkliche Erlebnisse wirkenden und gewerteten Erinnerungen oft trügerisch waren, zum andern, daß in der Kindergeschichte völlig Normaler gleiche Ereignisse erschienen. So konnten nicht mehr einzelne schwere, ausgesprochen geschlechtliche Gemütsbelastungen, „infantile Sexualtraumen", das Entscheidende sein, sondern Freud erkannte, daß hier nicht einzelne geschlechtliche Schockierungen, sondern komplizierte Störungen der gesamten Persönlichkeitsentwicklung entscheidend waren.

Damit begann die zweite Periode der Psychoanalyse, die in ihrem eigentlichen Wesen eine Entwicklungspsychologie des menschlichen Trieb- und Affektlebens bedeutet. Hier dürfte Freud sein leidenschaftlich kämpferisches Eintreten für menschliche Freiheit gegenüber Zwang und Autorität, gegenüber Vorurteil und Beschränktheit einen Streich gespielt haben. Hatte er schon früher für bestimmte ängstliche Störungen nervöser Art plötzlich einsetzende sexuelle Entbehrung als Ursache angesehen, so konnte er sich in revolutionärer Opposition gegen die verlogene „Plüschmöbelatmosphäre" der damaligen Zeit vom Problem der „Sexualität" nicht trennen, vollzog aber wissenschaftstheoretisch einen Schritt, der nur von wenigen verstanden wurde: Er setzte „Sexualität" mit allem gleich, was die deutsche Sprache mit „Liebe" bezeichnet, und war in den ersten Jahren geneigt, diese Dinge auch quantitativ energetisch zu fassen. Zudem schienen ihm die damals durch v. Krafft-Ebing zum ersten Male monographisch herausgestellten sexuellen Perversionen ein Ausdruck primärer Triebstörungen zu sein, so daß etwa Streben nach Macht als Ausdruck „sadistischer", Neigung zur Hingabe und Unterwerfung als Auswirkung „masochistischer" Primärtriebe zu „erklären" seien. Die indifferenzierte Animalität bei Säugling und Kleinkind wurden von ihm daher als ein „polymorph-perverser" Zustand bezeichnet, was begreiflicherweise die entsprechende Entrüstung hervorrief, unter deren Einfluß sachliches Verständnis und besonnene Würdigung verschwanden. In Wahrheit wurde Freud besonders auch durch seine Aufschlüsselung von Traumerlebnissen zu einer völlig neuen vertieften Erfassung des kindlichen Gefühlslebens, seiner Entwicklung und seiner Komplikationen geführt, letzten Endes zu einer verstehenden Intimpsychologie des Kindes in der Familie und der sonstigen menschlichen Umwelt; so abschreckend auf den ersten Blick seine eigenwilligen Termini, so grundlegend waren die wirklichen psychologischen Erkenntnisse, die in den folgenden Jahrzehnten – am Phantasieleben Erwachsener gewonnen! – durch unmittelbare Kinderbeobachtungen vollauf bestätigt wurden. Das Kind im Kampfe um eigenes seelisches Dasein und Eingliederung in Forderungen und Grenzen der menschlichen Umwelt war die große Entdeckung in der zweiten Periode der Psychoanalyse, und es zeigte sich, daß eine solche Betrachtung sinnvolle Zusammenhänge von frühester Kindheit bis in das Gegenwartserleben des Erwachsenen aufweist, die um so wichtiger sind, als der Naive die so übernommenen Verhaltungsweisen schlicht als seine fest gegebene persönliche Eigenart hinnimmt. Fehlt ihm doch jede Kenntnis davon, wieweit besonders in schweren Fällen sein menschliches Verhalten von seinem eigentlichen inneren, naturgegebenen Wesen entfernt ist. Das betrifft aber selbstverständlicherweise nicht nur rein psychologische Zusammenhänge, sondern es handelt sich in jedem Falle um Gesamtverfälschungen des ganzen lebendigen Menschen, der eigentlichen Lebensgesetzlichkeit, der grundgegebenen Bionomie entfernte oder widersprechende, durch seelische Schäden gesetzte „organismische" Fehlhaltungen, so daß diese, die sogenannten Neurosen, immer das gesamte organismische Geschehen schädigen.

Mit einem beinahe haßgetragenen Wahrheitswillen faßte Freud diese Erkenntnisse in seinen 1905 veröffentlichten „Drei Abhandlungen zur Sexualtheorie" zusammen, denen seine großen Studien über die „Psychopathologie des Alltagslebens" (1901) und besonders seine „Traumdeutung" (1900) als Bahnbereiter vorangingen.

Entscheidend für diese geniale Leistung war die Selbstanalyse von Freud, die er 1897 begann und ohne Schonung seiner Person in seinem Werke „Traumdeutung" niederlegte, das in vielen einzelnen weiteren Beiträgen ergänzt wurde und die unerbittlichste psychologische Selbstdarstellung der Literatur bedeutet. Ein Akademiker, der als gesunder Mensch nur aus Interesse jahrelang bei Freud persönlich analysiert wurde, berichtete darüber, wie die Arbeit bei Freud sich vielfach in leidenschaftlichen Diskussionen abspielte, Ausdruck des eigenen Ringens des großen Forschers. Entscheidend war immer der opferwillige und unermüdliche Kampf um Licht und Freiheit. Als Freud erfuhr, daß der Analysand von seinem törichten Vater etwa 15jährig zur „sexuellen Aufklärung" an einen bekannten Frauenarzt gewiesen wurde, der den sehr sensitiven, einer groben Aufklärung aber keineswegs mehr bedürftigen Jungen in einen weißen Mantel steckte und mit in seine Klinik nahm, ergriff er sofort empört das Telefon und rief den betreffenden prominenten Frauenarzt mit größter Heftigkeit an, ohne irgendwie Rücksicht auf die mögliche Gefährdung seiner eigenen Praxis zu nehmen. Verständlich, daß einem Forscher von diesem Temperament die staubige Enge spießerhafter Voreingenommenheit eine unwiderstehliche Provokation bilden mußte.

Die Traumbearbeitung, wie sachgemäßer statt „Traumdeutung" gesagt werden dürfte, unterwarf die Traumerlebnisse der Kranken mit gleicher Gründlichkeit der geschilderten psychoanalytischen Erforschung, wie andere seelische Phänomene. Auch hier handelte es sich entscheidend um eine kritische Beobachtung, Sammlung und Auswertung von den Spontanreaktionen, den „Einfällen" der Kranken, und gerade das Studium des Traumes als eines Fantasieproduktes ausgesprochener Art ergab hier so besonders reiche Ergebnisse, daß ihre analytische Erforschung von Freud als der Königsweg zur Aufhellung seelischer Zusammenhänge bezeichnet wurde. Drei grundsätzlich verschiedene Erfassungen seelischer Zusammenhänge wurden hierdurch im Ansatz möglich. Einmal eine vollständig dynamische Erfassung des Seelischen als eines komplizierten Kräftespiels, ferner eine weitgehend am Modell der Hirntätigkeit abgenommene Scheidung verschiedener seelischer „Gebiete", also eine topographische, und endlich eine im Sinne gleichbleibender seelischer Lebensenergie fordernde ökonomische. Die nahe Bindung der beiden letzten Theoreme an die damalige naturwissenschaftliche Axiomatik ist nicht zu übersehen. Vorbewußtes, Unterbewußtes und Bewußtes wurden geschieden, es bahnte sich bereits eine Abzeichnung von drei entscheidenden seelischen Instanzen, einem mehr naturhaften „Es", einem traditionsgesetzten „Über-Ich" und einem „zwischen" diesen gestellten „Ich" an; namentlich erfuhr die bereits bei der erwähnten Konzeption der Hysterie als „Abwehr-Neuro-Psychose" in den Vordergrund gestellte Problematik der „Verdrängung", der unkontrollierten und oft unbemerkten seelischen Ablehnung gegen wesentliche Erlebnisanteile namentlich triebhafter Art weitgehende Vertiefung. Auch das Vorstellungsspiel des Traumes im einzelnen wurde nach den verschiedensten Seiten hin durch feinsinnige Beobachtungen und kühne Hypothesen durchleuchtet und seine innige Verwandtschaft mit dem künstlerischen Schaffen der Fantasie dargetan.

Dabei liegt der Schwerpunkt der Betrachtung immer auf der „naturnahen", namentlich der triebgesteuerten Seite des Seelenlebens, und die mißglückte Bewältigung hier gesetzter Spannungen und Konflikte bildet das eigentliche Wesen analytisch angreifbarer Neurosen oder charakterologischer Fehlhaltungen.

Die dritte Periode der Psychoanalyse hat ihren Mittelpunkt in einer erstmalig genauen

Durchforschung der psychologischen Situation zwischen Arzt und Patient und, abgelesen an diesem Modell, zwischen allen Menchen untereinander. Der ungeheure Einfluß von Gefühls- und Fantasiefälschungen im gesamten menschlichen Beieinander zeigte sich in den extremen Situationen der Psychoanalyse sorgfältiger psychologischer Beobachtung besonders deutlich; hatte doch die bisherige Durchleuchtung dieser seelischen Kräfte bereits zu einer kritischen Blickschärfung geführt, wie sie bis dahin nur dichterischer Intuition traumhaft gelang. Der Neurosekranke möchte seine Symptome verlieren, aber nicht auf ihre Scheinwerte verzichten; er verhält sich dem Arzte gegenüber, ohne es selbst kontrollieren zu können, bald wie gegenüber einem guten oder bösen Vater, einer liebenden oder gleichgültigen Mutter oder einem anderen wesentlichen Menschen der Vergangenheit. Er „überträgt" gewissermaßen diese Bilder auf den Arzt und leistet der Heilarbeit „Widerstand", um Recht und Schutz des Krankseins zu behalten. „Übertragung" und „Widerstand" waren die großen Entdeckungen der dritten Periode und die erste in die Tiefe reichende Klärung jeder Wirbeziehung und jeder Mensch-zu-menschlichen Beziehung überhaupt.

So greift die zunächst an Neurosekranken gewonnene psychoanalytische Forschung weit in die allgemeine Psychologie hinein, nicht minder in andere Gebiete, denen menschliches Seelenleben Wesentliches bedeutet. Mag man die Vorbehalte seiner Zeit und seines Wesens, die Unbesorgtheit terminologischer Einordnung und die Kühnheit spekulativer Theoriebildungen im Lebenswerk dieses genialen Forschers auch voll und sachlich erkennen und es begrüßen, wenn hier seine ehemaligen Mitarbeiter und Nachfolger, wie etwa Alfred Adler, Carl Gustav Jung u. a. einzelne Perspektiven klarer herausarbeiten oder Wertakzente anders verteilen: Es bleibt unbestritten, daß der eigentliche Begründer psychoanalytischer Forschung und Heilbehandlung Sigmund Freud war und zu Recht seinen Platz im Kreise der größten medizinischen Psychologen einnimmt.

Es dürfte psychologisch eine Selbstverständlichkeit bedeuten, daß ein so unerbittlich auf einem völlig neuen Gebiete um Wahrheit ringender Forscher wie Freud, der auch vor dem Selbstopfer schonungsloser Preisgabe der eigenen Person in seiner Traumdeutung nicht zurückschreckte, an die Eigenart seiner Person und den Eigenwert seiner Forschung unbedingter gebunden war, als Vertreter bereits gesicherter wissenschaftlicher Forschung und Tradition, und daher von ihm – schon aus diesen Gründen – von seinen Mitarbeitern absolute Gefolgschaft gefordert werden mußte. So konnte es nicht ausbleiben, daß eine Reihe bedeutender Mitarbeiter, die sich dem so gesetzten Rahmen nicht ohne Widerspruch einfügen konnten, zu ihm in Gegensatz traten und sich von ihm trennten. Daher verließ der intuitiv und künstlerisch hochbegabte Wilhelm Stekel bereits frühzeitig den engeren Arbeitskreis, was ihm eine erbitterte Kritik von Freud eintrug, ebenso später Alfred Adler und Carl Gustav Jung. Der historisch Rückblickende hat es leicht, hier mit mehr Abstand und Sachlichkeit zu urteilen und zu erkennen, daß Alfred Adler die lediglich triebbestimmt lebensgeschichtlich rückschauende psychoanalytische Arbeit der ersten beiden Perioden durch einen energischen Hinweis auf die Wichtigkeit aktualpsychologischer und soziologischer Momente bereicherte, was sich besonders im pädagogischen Grenzgebiete als fruchtbar erwies, und daß Carl Gustav Jung das Verdienst hat, über die reine Triebauseinandersetzung weitesten Sinnes hinaus auch der Bedeutung allgemein menschlicher Problematik insbesondere der höheren Lebensjahre, die Freud in vorbildlicher Selbstkritik als unangreifbar für seine psychoanalytische Arbeit bezeichnete, ihr Recht verschafft zu haben. Doch wäre es durchaus ungerechtfertigt zu behaupten, diese wichtigen Zusammenhänge seien in der eigentlich analytischen Arbeit übersehen worden. Wenn treue Gefolgsleute von Freud, wie etwa Hanns Sachs, in begreiflicher Verehrung versuchen, die hier hervortretenden unvermeidlichen Einseitigkeiten und Fanatismen des großen Forschers Freud abzustreiten, so dürften sie damit dem eigentlichen Bilde dieser überragenden Persönlichkeit nicht gerecht werden. Eben nur mit seinen Licht- und Schattenseiten konnte Freud als Mensch, als Arzt und als Forscher seine einzigartige Stellung in der medizinischen Psychologie schaffen.

Damit liegt nicht in Widerspruch, daß keinesfalls Psychoanalyse und Psychotherapie gleichgesetzt werden dürfen; die Psychoanalyse von Sigmund Freud ist nur ein Weg der gesamten medizinischen Psychologie, und sie allein setzt uns dank dem Genie ihres Begründers instand, bei den schweren, in früher Kindheit gesetzten psychophysischen Fehlhaltungen die Zusammenhänge wirklich zu sehen, zu erkennen und günstigenfalls Milderungen, ja unter entsprechenden Umständen auch Heilungen zu erreichen.

Literatur:

Sigmund Freud: Gesammelte Werke, London 1941 (Neudruck 1946). — Ernest Jones: Sigmund Freud Life and Work, Volume 1, The Young Freud, 1856–1900 London 1953. — Sigm. Freud: Aus den Anfängen der Psychoanalyse. Briefe an Wilh. Fließ, Abhandlungen u. Notizen aus den Jahren 1887–1902, Imago, 1950. — Hanns Sachs: Freud, Master and Friend, London, Imago Publishing, 1945. — J. H. Schultz: Psychotherapie, Leben und Werk großer Ärzte, Hippokrates, 1952. — J. H. Schultz: Psychoanalyse, die Breuer-Freudschen Lehren, ihre Entwicklung. Zeitschrift für angewandte Psychologie, 1909. — R. Laforgue, Ein Bild von Freud, Z. Psychother., 5 (1954).

WILHELM GRIESINGER

1817–1868

Von Rudolf Thiele

„Denken macht frei."
„Die großen Gedanken kommen
aus dem Herzen."

Die als Motto vorangestellten Worte, die den Sockel der schönen Bronzebüste Wilhelm Griesingers vor dem Haupteingang der Psychiatrischen Klinik in der Charité zieren, rücken die Persönlichkeit dieses großen Forschers und menschenfreundlichen Arztes ins rechte Licht. Der Name Griesinger ist unvergessen; auch eine jüngere Medizinergeneration verbindet damit die Vorstellung des ihm zugeschriebenen (wenn auch der Sache nach schon vor ihm vertretenen) Satzes: „Geisteskrankheiten sind Gehirnkrankheiten", und an den Stätten seiner einstigen Wirksamkeit, so auch in der Berliner Charité, ist die Erinnerung an den für lange Zeit richtungweisenden Kliniker, den weithin berühmten akademischen Lehrer und den von wahrer Sachleidenschaft erfüllten Förderer des deutschen Irrenheilwesens bis auf den heutigen Tag lebendig geblieben. In der Reihe großer Nervenärzte hat das Urteil der Geschichte ihm einen Ehrenplatz zuerkannt, auch außerhalb der Grenzen des Vaterlandes hat der treffliche Mann der deutschen Psychiatrie und Neuropathologie hohe Geltung verschafft. Das alles ist bekannt und unbestritten. Aber wenn man sich über den Inhalt seines reichen Lebenswerkes und die von ihm ausstrahlenden, in die Zukunft eingehenden Kräfte genauere Rechenschaft geben will, so bedarf es einer besonderen Vertiefung in die schöpferische Persönlichkeit sowie einer Vergegenwärtigung der geistesgeschichtlichen Situation, in die sie hineingestellt war und aus der heraus sie wirkte.

Hier zunächst die wichtigsten Daten seines äußeren Entwicklungsganges, die dann allerdings erst durch die Bezugnahme auf den sachlichen Gehalt des näher zu betrachtenden Werkes in ihrem ideen- und zugleich lebensgeschichtlichen Zusammenhang sich darstellen werden.

Wilhelm Griesinger wurde am 29. Juli 1817 zu Stuttgart als Sohn des Stiftungsverwalters am dortigen Hospital geboren. Schon mit acht Jahren trat er, bereits im Gebrauch der französischen Sprache wohlunterrichtet, in das Gymnasium seiner Vaterstadt ein, wo der zarte, blonde Knabe durch Haltung und geistige Artung bei den älteren Kameraden sich ins Ansehen zu setzen verstand. „Als ich" – so schreibt sein Schul- und späterer Studienfreund Roser von ihm – „noch im Robinson las, war Griesinger schon mit Goethes Werken bekannt; er war bei weitem der Jüngste, Fähigste, Frühreifste der ganzen Klasse, gewiß nicht der Fleißigste". Noch nicht siebzehnjährig, bestand er die Reifeprüfung und bezog alsdann die Landesuniversität Tübingen, wo er sich eifrig am studentischen Leben beteiligte, aber im Besuch der Vorlesungen kritische Zurückhaltung bewies. „Da lese ich lieber in Müllers Physiologie, als daß ich mir veraltete Ansichten diktieren lasse", schreibt er einmal. Das kann bei einem schon früh der Naturbetrachtung zugewandten Geiste nicht überraschen, wenn man bedenkt, daß damals in Tübingen der romantische, in den Bahnen Schellingscher Spekulation sich bewegende Arzt-Philosoph Eschenmayer psychiatrische Kollegs hielt. Ein Konflikt mit den akademischen Behörden, über dessen Ursachen verschiedene Versionen in Umlauf waren, brachte dem jungen Studenten das consilium abeundi ein; nach einer Notiz Rosers war der Anlaß ein Hoch, das er von der Tübinger Museumstreppe aus auf das „große, einige, mächtige, freie (republikanische?) Deutschland" ausbrachte. Er wandte sich nach Zürich, wo er durch Schönleins klinische Vorträge sich lebhaft angezogen fühlte, dem er dann später, als dem Haupte der „naturhistorischen Schule" in der Medizin, in Gemeinschaft mit seinen Freunden Roser und Wunderlich sehr entschieden entgegentrat.

Nach Ablegung seiner Examina (in Tübingen) ging er, kaum 21jährig, nach Paris, wo er bedeutende Anregungen vor allem durch Magendie erfuhr, aber auch in den berühmten Hospitälern seine klinischen Erfahrungen bereicherte. 1839 kehrte er in die Heimat zurück und ließ sich zunächst als praktischer Arzt in Friedrichshafen nieder. Als ihm dann eine Assistenzarztstelle an der unter Zellers bewährter Leitung stehenden Anstalt Winnenthal angeboten wurde, zögerte er nicht, diesem Rufe zu folgen. Die zwei Jahre, die er dort in ständigem Umgang mit dem hervorragenden psychiatrischen Fachmann an einer blühenden Institution der Geisteskrankenpflege arbeiten durfte, sind von tiefgreifendem Einfluß auf seine weitere wissenschaftliche und menschliche Entwicklung geworden, was er bis an sein Lebensende in dankbarer Erinnerung immer wieder betont hat. Nach einem nochmaligen Aufenthalt in Paris und auch in Wien ließ er sich Ende 1842 als Praktiker in Stuttgart nieder und ging dann, im Herbst 1843, als Assistenzarzt an die von seinem Freunde Wunderlich geleitete medizinische Klinik in Tübingen und zugleich als Privatdozent an die dortige Hochschule.

Griesingers literarisch-wissenschaftliche Tätigkeit setzt, soweit bekannt, im Jahre 1842 ein, seitdem er sich an Rosers und Wunderlichs „Archiv für physiologische Heilkunde" beteiligte, dessen Redaktion er 1847 übernahm. Sein kritischer Artikel: „Herr Ringseis und die naturhistorische Schule" im ersten Bande des Archivs erregte als Kampfansage gegen die herrschenden, von gefeierten Köpfen vertretenen Lehrmeinungen gewaltiges Aufsehen und entschied, nach Wunderlichs Aussage, die Stellung der neuen Zeitschrift – als Organ streng empirischer Forschungsrichtung gegenüber naturphilosophischer Spekulation – in dem damaligen Meinungsstreit, was durch einen gegen Samuel Hahnemann, den „industriösen" Begründer der Homöopathie, gerichteten Aufsatz vom Jahre 1843, der den aggressiven Titel: „Die medizinische Charlatanerie" trägt, noch besonders bekräftigt wurde. 1845 erschien, als Frucht einer nur zweijährigen psychiatrischen Assistententätigkeit an der Anstalt Winnenthal, die „Pathologie und Therapie der psychischen Krankheiten", ein Buch, das in der Fachwelt rasche und weite Verbreitung fand und Griesingers Ruhm als Psychiater begründete, nachdem bereits einige Abhandlungen, besonders die „Über psychische Reflexaktionen" und „Neue Beiträge zur Physiologie und Pathologie des Gehirns" betitelten, im zweiten und dritten Jahrgang des „Archivs" 1843 und 1844 veröffentlicht, starke Beachtung und weitgehende Zustimmung gefunden hatten.

1847 wurde Griesinger zum a.o. Professor mit dem Auftrag, über allgemeine Pathologie, Materia medica und Geschichte der Medizin zu lesen, ernannt. Ein Ordinariat in

Kiel, das ihn wegen der Aussicht auf Errichtung einer medizinischen Poliklinik besonders angezogen hatte, legte er im Sommer 1850 nach kaum dreivierteljähriger Tätigkeit nieder, um sich mit seiner jungen Frau als Leibarzt des Vizekönigs von Ägypten und Präsident des Conseil de santé nach Kairo zu begeben. 1852 kehrte er nach Europa zurück, veröffentlichte die reichen Ergebnisse seiner Studien über die parasitären Erkrankungen in Ägypten und ging 1854 als Ordinarius und Vorstand der medizinischen Klinik nach Tübingen, 1860 nach Zürich, wo er neben dem Kantonhospital die Irrenanstalt übernahm und so seinen Wunsch erfüllt sah, sich endlich wieder einer intensiven Erforschung der psychischen Krankheiten zuwenden zu können. In der Züricher Zeit, die er, bei ihm zusagender Beschäftigung, im Anblick der großartigen Natur und im Umgang mit gleichgestimmten Menschen, zu denen auch Billroth gehörte, als die „glücklichste seines Lebens" bezeichnet hat, wurde ihm auch der Auftrag, den Plan für eine neu zu errichtende große Irrenanstalt auszuarbeiten, dem er sich mit voller Hingabe widmete. Die „Pathologie und Therapie der psychischen Krankheiten" erschien 1861 in zweiter Auflage. Die Ferien führten ihn auf längeren Reisen nach Norddeutschland, England, Belgien, Frankreich und der Schweiz, wo er seine Kenntnisse des Anstaltswesens gründlich vertiefte und persönliche Beziehungen zu den führenden Psychiatern der Zeit anknüpfte.

Nicht leicht entschloß er sich, dem im November 1864 an ihn ergangenen Rufe nach Berlin zu folgen. Entscheidend für seine Zusage ist wohl die von der Behörde erlangte Bewilligung gewesen, mit der psychiatrischen Klinik eine Nervenstation zu verbinden, und das Versprechen auf Unterstützung bei der Reorganisation der Irrenabteilung in der Charité. So trat er denn am 1. April 1865 sein Amt an. Über die Verhältnisse, die er in der Charité vorfand, hat Karl Bonhoeffer, der von 1912 ab – dazwischen liegt die Amtstätigkeit von Carl Westphal, Friedrich Jolly und Theodor Ziehen – seinen Lehrstuhl durch zweieinhalb Jahrzehnte innehatte und die große Tradition in hervorragender Weise fortsetzte, in einer eindringenden, an interessanten Aufschlüssen reichen Studie über die Geschichte der Psychiatrie in der Charité im 19. Jahrhundert, die auch bis dahin unveröffentlichtes Briefmaterial aus der Korrespondenz Griesingers mit Wunderlich bringt, dankenswerte Mitteilungen gemacht. Trotz durchaus humaner Grundanschauungen hatten seine Vorgänger die Forderungen des Nonrestraint noch keineswegs zur Durchführung gebracht. Ernst Horn, der erste Leiter der Psychiatrischen Abteilung in der Charité, hatte sich sogar in der Herstellung und „therapeutischen" Anwendung mechanischer Zwangsmittel (man erinnert sich seiner berüchtigten „Drehmaschine") sehr erfinderisch gezeigt, und Karl Ludwig Ideler konnte von seinem moralisierenden Standpunkt aus in der Umgestaltung der Behandlungsmethoden zum mindesten keine Angelegenheit von so grundsätzlicher Wichtigkeit erblicken, wie sie vielen seiner Fachgenossen im In- und Auslande erschien. Hier galt es zunächst eine gründliche Änderung herbeizuführen. Was Griesinger in dieser Hinsicht erstrebt und erreicht hat, welche Schwierigkeiten mit den Behörden es bei der fortschreitenden Einführung einer „freien Behandlung" gegenüber der durch lange Tradition gestützten Anwendung mechanischer Beschränkungsmittel und der „Intimidations- und Repressivmethoden" in der Krankenbehandlung zu überwinden gab, wieviele Kraft der Aktenverkehr verzehrte und wie manche Enttäuschung dabei hingenommen werden mußte, geht aus Bonhoeffers sachverständigen Ausführungen aufs eindrucksvollste hervor. Nach dem ersten Berliner Semester äußert sich Griesinger in einem Schreiben an Wunderlich, daß er zunächst ganz deprimiert gewesen sei, nunmehr aber alles sich gut anlasse; auch in Zürich habe man anfangs garnicht genug klagen können, wie langweilig es sei, um nach zwei Semestern alles interessant zu finden; er hoffe, auch bei den Berlinern werde es ihm noch so gehen. Im Oktober 1865 richtete Griesinger eine ausführliche Denkschrift wegen der Errichtung einer neuen Psychiatrischen Klinik an den Kultusminister, worin er seine Ansichten über die Versorgung der Irren (worauf er dann später noch wiederholt in berühmt gewordenen Abhandlungen zurückkam) darlegt. Er macht darin ins einzelne gehende Vorschläge über die Ausgestaltung eines „klinischen Asyls", das vor allem auch den Interessen des akademischen Unterrichts in der Psychiatrie zu dienen habe, dringt, wie schon vorher in wiederholten Eingaben, auf die bessere Auslese und wirtschaftliche Hebung des Pflegepersonals, bezeichnet die Tatache, daß in der Charité noch immer die „Irren" mit den kranken Strafgefangenen und Syphilitikern in ein und demselben Gebäude untergebracht seien, als eine „partie honteuse" der Medizin. Trotz günstiger Aufnahme beim Kultusministerium ist es zu Griesingers Lebzeiten nicht mehr zur Ausführung seiner Pläne gekommen.

Die ungewöhnlich starke Inanspruchnahme durch organisatorische Tätigkeit hat Griesinger nicht daran hindern können, sich dem klinischen Unterricht in der Psychiatrie und Neurologie mit voller Hingabe zu widmen. Bei der Übernahme seines Berliner Lehramts war er sich darüber durchaus im klaren, daß seine langjährige Beschäftigung vorwiegend mit der Internistik es mit sich gebracht habe, daß es ihm „doch sehr an genügender eigener Erfahrung in der Psychiatrie, geschweige denn in der psychiatrischen gerichtlichen Medizin fehle". Um so mehr lag es ihm nun am Herzen, sich seinen Lieblingsinteressen zuzuwenden. Neben den ständigen Vorlesungen, in denen psychiatrische und neuropathologische Fälle gleichermaßen zu ihrem Recht kamen, hielt er zweimal in der Woche abendliche Krankenvisiten mit seinen Hörern ab, eine Veranstaltung, die damals im psychiatrischen Unterricht noch ganz ungewöhnlich gewesen sein dürfte. Berühmt geworden sind die einleitenden Vorträge, die er jeweils am Semesterbeginn zur Eröffnung der Klinik hielt und in denen allgemeinere Fragen des Fachgebietes in glänzender, noch heute die Bewunderung des Lesers erweckender Darstellung erörtert wurden; der zweite Vortrag dieser Reihe enthält gegen Schluß das eingangs von uns erwähnte herrliche Wort Pascals („Les grandes pensées viennent du coeur"). In die Berliner Zeit fällt die Begründung des „Archivs für Psychiatrie und Nervenkrankheiten", dessen erstes Heft im Oktober 1867 erschien und das auf lange Zeit hin der von Griesinger so wirksam vertretenen Forschungsrichtung als Organ dienen sollte. Und noch eine andere Gründung gehört diesem letzten Abschnitt in Griesingers Leben an: die Eröffnung der „Berliner Medizinisch-Psychologischen Gesellschaft", die ihre erste Sitzung am 29. Januar 1867 abhielt, damals zu ihren Mitgliedern u. a. Männer wie Laehr, Sander, Westphal, die Linguisten Steinthal und Lazarus zählte und in den folgenden Jahrzehnten als „Berliner Gesellschaft für Psychiatrie und Nervenkrankheiten" den eigentlichen Mittelpunkt des blühenden Lebens auf unserem Fachgebiete in der Reichshauptstadt darzustellen berufen war.

Griesingers nur dreieinhalb Jahre umfassendes Wirken in Berlin war reich an wissenschaftlichen und praktischen Erfolgen, aber gewiß auch nicht ungetrübt durch mancherlei unerquickliche Reibereien und Enttäuschungen im dienstlichen Verkehr, so daß er es zu einer vollen inneren Befriedigung nicht gebracht hat. Auch während dieser Zeit suchte er auf ausgedehnten Ferienreisen, die ihn u. a. erneut nach Paris, England und der Schweiz führten, Erholung und Anregung für weitere Arbeit. Der temperamentvolle Einsatz für seine Reformbestrebungen, die der Psychiatrie als Wissenschaft eine neue Stellung im Rahmen der klinischen Disziplinen durch engste Verbindung mit der Neuropathologie sichern wollten und zugleich in der Irrenpflege die völlige Beseitigung jeden Zwanges proklamierten, verstrickte ihn in einen heftigen Kampf mit den deutschen Anstaltsdirektoren, der seine letzten Lebensjahre verdüsterte. Denn trotz der günstigen, ja vielfach begeisterten Aufnahme, die seine Gedanken in Fachkreisen fanden, verwahrte sich die „Anstaltspsychiatrie", der er, immer mehr in eine gereizte Stimmung sich hineinsteigernd, „befangenen Spezialismus", „abgeschlossene Zunftstellung" vorwarf, gegen die von einem Manne propagierten Neuerungen, der von der inneren Medizin herkam und den sie als vollwertigen Irrenarzt nicht anerkennen wollte. Man kann sich dem Eindruck nicht verschließen, daß der Meinungsstreit von beiden Seiten mit unerfreulicher Schärfe geführt und oft durch eine persönliche Note die Atmosphäre vergiftet wurde. Die Einzelheiten dieses Kampfes interessieren heute nur noch einen engeren Kreis von Fachleuten. Hier möge es genügen, Bonhoeffers Urteil über diese Hergänge wiederzugeben: „Man liest es heute, da die Entwicklung der Psychiatrie Deutschlands Griesinger auf der ganzen Linie recht gegeben hat, nicht ohne Beschämung, wenn einer der Gegner in einem anscheinend nicht vom Minister erbeteten Bericht an diesen wenige Wochen nach dem Tode Griesingers selbstgefällig über die Verhandlungen der Jahresversammlung der Psychiater in Dresden berichtet und schreibt: ‚Kein einziger Kollege trat für seine (Griesingers) Vorschläge ein'." Und es sei hinzugefügt, daß es doch mehr als billig erscheint, wenn von gegnerischer Seite (Flemming) gesagt wurde, von allen Kritikern sei anerkannt worden, daß Griesingers Reformprojekt „viel Beachtenswertes" enthalten habe, „Neues und Gutes: ‚aber das Gute nicht neu – aber das Neue nicht gut". Wunderlich übermittelt uns, daß Griesinger – der im Sommer 1868 an einer Perityphlitis erkrankte – durch diese mißlichen Dinge manche seiner letzten Stunden verbittert wurde, er sich jedoch keinen Augenblick in der frohen Zuversicht erschüttern ließ, daß seine Überzeugungen, früher oder später, zum Siege gelangen würden. Die Todeskrankheit zog sich fünf Monate hin; an die Eröffnung des perityphlitischen Abszesses schloß sich eine Wunddiphtherie an, die zu einer aufsteigenden Polyneuritis mit schließlich fast vollständiger Lähmung der willkürlichen Muskulatur führte. Auf der Höhe seiner Leistungen und unter Zurücklassung vieler unerfüllter Pläne, auf die seine Zeitgenossen, weit über die Grenzen des von ihm vertretenen Faches hinaus, wahrhaft begründete Hoffnungen setzten, verschied Griesinger zu Berlin am 26. Oktober 1868, erst 51 Jahre alt.

Wunderlich, der treue Freund, der Griesinger fast durch das ganze Leben hindurch eng verbunden blieb, hat uns ein fesselndes Bild seiner Wesensart gezeichnet, von dem hier nur einige Züge wiedergegeben werden sollen: Auf eine sorgfältige äußere Erscheinung legte er Wert. Eigentliche Beredtsamkeit ging ihm ab, doch wich seine Zurückhaltung, sobald er geistig angeregt war. Im Verkehr mit Kindern, Leidenden und wahren Freunden kam seine echte Gemütswärme zum Durchbruch. Seine Kranken wußte er mit Geduld und sanfter Bestimmtheit zu leiten. Besonders hervorgehoben wird seine Kunst des Befragens sowie die entwickelte Fähigkeit des Zuhörens. Hinsichtlich seiner geistigen Artung glaubt sein Mitarbeiter und Nachfolger im Amte, Westphal, in dem Griesinger gewidmeten Nachruf ein „stark aprioristisches", ein „spekulatives, philosophisches Element" feststellen zu können.

Betzendahl feiert in der Sitzung zur Erinnerung an das 70jährige Bestehen der Berliner psychiatrisch-neurologischen Gesellschaft im Jahre 1937 Griesinger als Repräsentanten eines „neuen und seither vorbildlich gebliebenen Typus des Psychiaters" und versucht herauszuarbeiten, „inwiefern sich bei ihm das in der Vollendung findet, was uns Heutigen als psychiatrische Haltung gilt".

Die weite Zeitspanne, die uns von Leben und Werk Wilhelm Griesingers trennt, bestimmt von vornherein in einer auf keinen Fall zu unterschätzenden Weise den Standpunkt des heutigen Betrachters. Nur unter Vergegenwärtigung der damaligen geistigen Lage wird man den rechten Zugang zum Verständnis und zur Würdigung seines Werkes gewinnen können. Inzwischen sind auf dem Felde unserer Wissenschaft höchst fruchtbare Entwicklungspotenzen zur Auswirkung gelangt. Was Griesinger lehrte und durch sein Wirken ins Dasein setzte, erscheint uns „aufgehoben" entsprechend der tiefen Sinngebung, die dieses Wort durch seinen großen Landsmann Hegel erfahren hat: durch die Fortentwicklung „überwunden" und zugleich in den geistigen Gehalten der Gegenwart und Zukunft „bewahrt".

„Griesingers erste selbständige Studien fallen in eine Zeit, in welcher die deutsche Medizin eben begonnen hatte, sich von der Philosophie zu emanzipieren, und einen ebenbürtigen Rang neben den übrigen Naturwissenschaften zu erringen suchte" – so lesen wir in dem bereits erwähnten Westphalschen Nekrolog auf Griesinger im ersten Bande des „Archivs für Psychiatrie und Nervenkrankheiten". Den Auftakt zu einer Reihe von Aufsätzen im „Archiv für physiologische Heilkunde" – von denen Bonhoeffer sagt, daß sie „ein sympathisches Bild des zugleich klugen und temperamentvollen, auf Sachlichkeit eingestellten Arztes geben, der auch das Herz am rechten Fleck hat" – bildet ein Artikel über „medizinische Terminologie" vom Jahre 1842, worin er sich mit sarkastischer Schärfe gegen die „gespreizten Schritte und mit Zopf und Perücke vergangener Jahrhunderte" einherschreitende Fachsprache der Zünftigen wendet. Es folgt eine kleine, „Theorien und Tatsachen" betitelte Abhandlung mit dem eindrucksvollen Bekenntnis des jungen Mediziners zur Empirie als der Grundlage aller Theorienbildung und der Absage an die „hohle Spekulation". Und dann wird, noch im gleichen Jahre (1842), die Aufmerksamkeit der medizinischen Welt aufs stärkste erregt durch die von revolutionärer Kampfstimmung getragene Schrift „Herr Ringseis und die naturhistorische Schule", eine wahrhaft kühne, in der Form satirische, aber von kritischer Ernsthaftigkeit und echter Sachbegeisterung erfüllte Auseinandersetzung mit den beiden Hauptrichtungen der zeitgenössischen (wenn auch vielfach schon als gestrig empfundenen) Medizin. Die historischen Tatbestände dürfen bei dem Leser als im wesentlichen bekannt vorausgesetzt werden (man vergleiche aber Leibbrands aufschlußreiche Ausführungen in seinem verdienstvollen Buche „Romantische Medizin", aus dem wir etwa erfahren, daß Ringseis in geradezu grotesker Weise Mikroskop und Sektion ablehnte). Es kann also nicht unsere Aufgabe sein, hier die großen zeitgeschichtlichen Hintergründe aufzurollen und im einzelnen die davor sich abspielenden medizinischen Tageskämpfe ansichtig werden zu lassen. Man möge sich aber erinnern, daß nicht nur der „religiöse Arzt" Ringseis in München, der dem „Sündenfall" eine zentrale Stellung in der pathogenetischen Betrachtung einräumen wollte, Griesinger auf den Plan rief. Vielmehr hatte er sich auch mit dem Erbe seines Berliner Vorgängers, des „Moralisten" Ideler, auseinanderzusetzen, kaum zwar theoretisch, aber doch praktisch, bei Übernahme der von ihm in der Charité vorgefundenen therapeutischen Einrichtungen. Vertrat doch Ideler die Lehrmeinung: „Der Körper ist um des Geistes willen, nur

durch die Seele da", ein Standpunkt, der auf seine therapeutische Einstellung, die die Behandlung der den Ausartungen der „Leidenschaften" unterlegenen Geisteskranken im wesentlichen in einer Erziehung nach dem „Prinzip der sittlichen Idee" sah, sich auswirken mußte. Aber nicht nur Ringseis forderte seine Kritik heraus, sondern auch dessen Gegner, sein ehemaliger Lehrer Schönlein, das Haupt der „naturhistorischen Schule". Schönleins Verdienste um die klinische Medizin sind bekannt; aber es dürfte auch hinreichend deutlich sein, daß seine „naturhistorischen" Dogmen ihre Provenienz aus der romantischen Naturphilosophie nicht verleugnen können. Griesinger stellt der „Ontologie" Schönleins die „rein phänomenologische Auffassung der Krankheit" gegenüber und ist der Überzeugung, daß die Gegensätze in einer „allseitig physiologischen Auffassung" ihre wahre Vermittlung finden werden. „Systeme kommen und gehen; die Tatsachen der Physiologie werden ewig bleiben." Der wahrhaft bissig geschriebene Artikel: „Die medizinische Charlatanerie" von 1843, der sich vor allem gegen Hahnemann, aber auch gegen Priesnitz richtet, enthält die für Griesingers Grundeinstellung kennzeichnenden Worte: „Nur etwas Mystik – und sie sind alle mystifiziert!" Eine bedeutende Rolle in der damaligen Diskussion psychiatrischer Prinzipienfragen hat seine Rezension über Jakobis „Hauptformen der Seelenstörungen" gespielt, in der er, unter Anerkennung der Verdienste der (neben dem älteren Nasse durch Jakobi vertretenen) „somatischen" Schule in der Psychiatrie, sich gegen dessen Auffassung wendet, das Irresein nur als ein „Epiphänomen", eine „rein symptomatische Erscheinung aller möglichen Krankheiten" gelten zu lassen, statt den Psychosen den „Charakter selbständiger, als Affektionen eines und desselben Organs [des Gehirns] zusammengehöriger Erkrankungen" zuzuerkennen. Daß sich unter den polemischen Schriften Griesingers auch eine Rezension über Virchows Zellularpathologie findet (vom Jahre 1859), wird den Medizinhistoriker noch heute interessieren.

Nicht zu befassen haben wir uns hier, wo es sich um den „Nervenarzt" Griesinger handelt, mit seinen Arbeiten auf dem Gebiete der Inneren Medizin. Doch sei hervorgehoben, daß ein so kompetenter Beurteiler wie Wunderlich seiner Pathologie und Therapie der psychischen Krankheiten sein großes Werk über die Infektionskrankheiten als ebenbürtig an die Seite stellt. Auch seine Abhandlungen über vorwiegend neurologische Gegenstände, so über das Haematom der Dura mater, über Hirncysticerkose, über das Aneurysma der Basilararterie, wollen wir nur kurz erwähnen. Eine wahre Großtat auf dem Gebiete der Hirndiagnostik kann allerdings nicht eindringlich genug der heutigen Generation in Erinnerung gebracht werden: seine grundsätzliche Unterscheidung der organischen Hirnerkrankungen in „diffuse" und „herdartige" Prozesse, ein methodischer Gesichtspunkt von eminenter Bedeutung, der uns indes so geläufig geworden ist, daß wir kaum noch nach seiner Herkunft fragen.

Griesingers Hauptinteresse und bevorzugtes Arbeitsgebiet waren jedoch die psychischen Krankheiten, deren somatologische Fundierung unter Hervorhebung des physiologischen Gesichtspunktes sein ständiges Anliegen blieb. Alle wesentlichen Ansätze dazu finden sich bereits in dem 1843 veröffentlichten Aufsatz: „Über psychische Reflexaktionen. Mit einem Blick auf das Wesen der psychischen Krankheiten". Er beginnt mit den für seine Darstellungsweise charakteristischen Worten: „Wenn wir den Leser einladen, uns im folgenden von den Ansprüchen der medizinischen Tagesfrage hinweg zu dem stillen Ufer zu begleiten, an dem der Strom der psychischen Erscheinungen vorüberrinnt, so ist es kaum nötig, ihm zum voraus die Versicherung zu geben, daß wir zur Führerin dahin uns nicht der Hand der Philosophie mit ihrer gefürchteten Schulsprache, sondern nur der einfachen und gemeinfaßlichen Leuchte solcher Anschauungen und Begriffe bedienen werden, welche der empirischen Physiologie angehören." Allein der Naturforscher sei hier zuständig; und nur jene Begriffe und Gesetze könnten Anwendung finden, welche die neuere Physiologie für andere Phänomene an der „organisierten Materie" bereits entwickelt hat. Der in diesem Zusammenhang grundlegende Begriff ist aber „Reflexaktion im Nervensystem", dem, nachdem bereits Reil und Haller den Grund dazu gelegt (und übrigens Bell durch seine Entdeckung der unterschiedlichen Funktion der vorderen und der hinteren Rückenmarkswurzeln die entscheidenden physiologischen Tatsachen aufgezeigt) hatten, durch Marshall-Hall und J. Müller seine zentrale Stellung in der Neurophysiologie gesichert worden war. Dieser Begriff bildet für Griesinger den Ausgangspunkt seiner Untersuchungen auch auf dem Felde der Psychologie und Psychopathologie. Von den primitivsten Reflexaktionen, die sich „gleichsam in der Sonnenferne des Bewußtseins" abspielen, der reflektorischen Regulierung des Tonus der Muskeln, des Zellgewebes und der Gefäße, steigt er auf zu den mit „Willkür" und „Bewußtsein" einhergehenden Vorgängen und sucht auf diese Weise eine Stufenleiter der Funktionen der nervösen Zentralorgane herzustellen, wobei er auf allen Ebenen den Übergang zentripetaler in zentrifugale Erregung als grundlegend erkennt. Auch schon auf den unteren Stufen zeigt sich die Abhängigkeit von dem „Inhalt der Vorstellungen", von der „Seele": traurige Vorstellungen z. B. erschlaffen den Muskeltonus, andere modifizieren den Gefäßturgor (Schamröte) oder den der Haut (Gänsehaut), wobei der „im Vorstellungsorgan hervorgerufene Zustand einer Förderung oder Hemmung" als „Ganzes" eine entsprechende „Stimmung im Rückenmark" zu bewirken scheine. Griesinger arbeitet also mit dem wohl zuerst von Benedikt Stilling aufgestellten Begriff der Hemmungsfunktion, berücksichtigt neben den von den Sinnesorganen ausgehenden Erregungen auch diejenigen „aus dem ganzen übrigen Körper" (wir sprechen heute von „Interorezeptionen"), entwickelt besondere Ansichten über die „Zerstreuung" der zentripetalen Eindrücke im Zentralorgan. Indem er dann von den Empfindungen zu den Vorstellungen, von den unwillkürlichen Bewegungen zu den Willensimpulsen, den „Strebungen" übergeht, legt er den Grund zu der Lehre vom „psychischen Reflexbogen", der dann in der Folge vor allem bei Wernicke eine so wichtige, jedenfalls in ihrer heuristischen Bedeutung für die Forschung nicht zu unterschätzende Rolle gespielt hat. Teleologische Gesichtspunkte klingen in diese im ganzen mechanistische Betrachtungsweise nur leise hinein. „Wie zur Empfindung im Rückenmark die Bewegung, so verhält sich im Kreise der Gehirntätigkeit zur Vorstellung die Strebung". Die Intensität der Vorstellungen nimmt von den schwächsten, „dunklen", durch „unfaßbare Mittelstufen" bis zu den vollbewußten allmählich zu (hier könnte man Beziehungen zu Leibniz' Lehre von den „petites perceptions" finden; übrigens werden auch Einflüsse der Herbartschen Psychologie deutlich, die ja der Reflexbogentheorie entgegenkam). Der „psychische Tonus" wird zu „Gemüt und Charakter" in Beziehung gebracht. Alles bewußte Streben beruhe auf „organischer Nötigung". Zur Frage der Willensfreiheit nimmt Griesinger von seinem naturwissenschaftlich-physiologischen, konsequent antimetaphysischen Standpunkt aus, der ihn Seelenvorgang und Hirntätigkeit letztlich gleichsetzen läßt, im Sinne des Determinismus Stellung. Den in diesem Zusammenhang begegnenden Ausspruch: „Denken macht frei" will er (entsprechend der assoziationspsychologischen Auffassung) dahin verstanden wissen, daß die Handlung „desto freier" sei, je entwickelter der geistige

Besitzstand des Menschen und damit das Angebot der Vorstellungen ist, die beim vorbereitenden Denkablauf ins Spiel treten können. Der freie Übergang von der Empfindung zur Bewegung, von der Vorstellung zur Strebung werde als „Vergnügen", seine Hemmung als „Traurigkeit bis zur Verzweiflung" erlebt. Unter der Bezeichnung „Seele" sei „das Ensemble aller Aktionen der Nervenzentra" zu begreifen. Die „Seele" gehe nicht „auf einmal fertig aus der Hand der Natur" hervor, sondern habe sich allmählich entwickelt. – Das der Physiologie entlehnte Reflexprinzip hält Griesinger also für geeignet, auch zur Erklärung der psychischen Funktionen zu dienen. Von seiner Grundauffassung aus versucht er in dieser frühen Arbeit wie dann ausführlicher in den im nächsten Jahre veröffentlichten „Neuen Beiträgen zur Physiologie und Pathologie des Gehirns" auch dem Verständnis der psychischen Krankheitserscheinungen näher zu kommen. Ihren systematischen Ausbau aber haben diese Bemühungen in seiner großen „Pathologie und Therapie der psychischen Krankheiten" vom Jahre 1845 gefunden, deren zweite, erweiterte und in wesentlichen Punkten revidierte Auflage 1861 erschien.

In dem allgemeinen Teil dieses Buches werden die bis dahin erarbeiteten Ergebnisse vor allem nach der psychologischen und psychopathologischen Seite hin ergänzt. Schon von zeitgenössischen Kritikern ist bemängelt worden, daß dabei das Gefühlsleben nicht zu seinem Rechte komme (wie das ja der ganzen Assoziationspsychologie eigentümlich ist). Vor allem aber war es Griesinger um die Gewinnung eines für die klinische Psychiatrie brauchbaren Krankheitsbegriffes zu tun. Die „bloßen psychologischen Formeneinteilungen" können niemals befriedigen. Er knüpft hier an eine Theorie an, die, auf Guislain zurückgehend, in der französischen Psychiatrie lange Zeit maßgebend, in Deutschland durch Zeller vertreten und Griesinger durch diesen während der gemeinsamen Winnenthaler Tätigkeit übermittelt worden war: die Lehre von der „Einheitspsychose" (wie sie später genannt worden ist). Nach dieser nosologischen Auffassung stellen die verschiedenen psychotischen Zustandsbilder nur Etappen im Verlaufe eines Krankheitsprozesses dar, der, bei typischer Entwicklung, nacheinander ein Stadium der Depression, der Manie, der Verwirrtheit durchläuft und, falls der Prozeß nicht vorher zum Stillstand kommt, in apathischen Blödsinn ausgeht. (Griesinger hat übrigens später dieses Schema durch Herausstellung der „primären Verrücktheit" selber durchbrochen). Bemerkenswert ist, daß Griesinger bereits das zirkuläre Irresein kennt, das dann später durch Baillarger als „folie à double forme" (unter Berufung auf Griesinger) genauer herausgearbeitet worden ist. Wenn er nun in seinem Lehrbuch auch tatsächlich ein „funktionelles", „psychologisches" Einteilungsprinzip seiner Darstellung der Geisteskrankheiten zugrundelegt, so kann er ihm doch nur eine vorläufige Bedeutung zuerkennen. Ein rationeller und endgültiger psychiatrischer Krankheitsbegriff wurzelt nach Griesinger in der Frage: „Welchem *Organ* gehört das Phänomen des Irreseins an? – Welches Organ muß also überall und immer notwendig erkrankt sein, wo Irresein vorhanden ist?" Und die Antwort, die, wie er sagt, noch zur Zeit der ersten Ausgabe seines Lehrbuchs „für manche Ärzte, ja für ganze psychiatrische Schulen, einer ausführlichen Beweisführung bedurfte", kann nur lauten: Die psychischen Krankheiten sind Erkrankungen des Gehirns, das Irresein ist ein „Symptom" der Hirnerkrankung. Eine Einteilung dieser Krankheiten „nach ihrem Wesen" wäre also gleichbedeutend mit der Aufweisung der ihnen zugrundeliegenden anatomischen Veränderungen des Organs. Allerdings werde das völlige Aufgehen der Psychiatrie in der Gehirnpathologie erst in ferner Zukunft zu erwarten sein. „Die Gehirnpathologie steht heute noch zum großen Teil auf dem Standpunkt, den die Pathologie der Brustorgane vor Laënnec einnahm. Statt überall von den Strukturveränderungen der Organe auszugehen und das Zustandekommen der Symptome in exakter Weise von den Veränderungen der Gewebe ableiten zu können, hat sie es häufig genug mit Symptomenkomplexen zu tun, von denen sie den Sitz kaum annäherungsweise und den Mechanismus der Entstehung gar nicht kennt. So muß man sich an das Äußere der Phänomene halten und muß noch Krankheitsgruppen nach etwas Gemeinsamem und Charakteristischem in den Symptomen, zunächst abgesehen von ihrer anatomischen Grundlage, bilden." – In der pathologischen Anatomie also erblickt Griesinger den letzten Aufschluß für alle psychiatrische Erkenntnis, und deren weiterer Ausbau erscheint ihm unerläßlich für den Fortschritt der Psychiatrie als Wissenschaft. Es wäre recht interessant, die hirnpathologischen Kenntnisse, die in Griesingers Schriften zum Ausdruck kommen, und darüber hinaus den Stand der einschlägigen Forschung zu seiner Zeit und ihre Entwicklung bis dahin sich genauer zu vergegenwärtigen; doch fehlt hier dazu der Raum. Wir wollen uns nur noch einmal daran erinnern, daß Griesinger es war, der die grundlegende Unterscheidung zwischen diffusen und herdartigen Erkrankungen des Gehirns vollzog. Von ihm stammt der (in der französischen Hirnforschung und Psychiatrie [Foville, Bayle, Calmeil, Delaye] schon seit den ersten Dezennien des Jahrhunderts der Sache nach anerkannte) Satz, „daß die wichtigsten und konstantesten Veränderungen bei den Irren in diffusen Erkrankungen der Kortikalsubstanz ... bestehen".

Klinische, physiologische und pathologisch-anatomische Betrachtungsweise vereinigen sich also bei Griesinger zu einer Auffassung der Seelenstörungen, die er selber als die „neuropathologische, näher zerebralpathologische" bezeichnet. Psychiatrie und Neuropathologie bilden im Grunde nur „*ein* Gebiet, wo alles eine Sprache spricht und von denselben Gesetzen regiert wird". Und: „Jeder Schritt, den die Hirn- und Nervenpathologie vorwärtsmacht, fördert auch die Psychiatrie." Dieser Standpunkt findet seinen praktisch wichtigsten, weithin wirksamen Ausdruck in der Verbindung der psychiatrischen und der neurologischen Klinik und der entsprechenden Gestaltung des akademischen Unterrichts, wie er auch für die Gründung des „Archivs", das dieser Forschungsrichtung als Sammelpunkt dienen sollte, bestimmend war.

In den schon erwähnten Vorträgen zur Eröffnung der psychiatrisch-neurologischen Vorlesungen in der Berliner Charité hat sich Griesinger die weitere Entwicklung seiner Anschauungen, insbesondere in ihrer Anwendung auf Fragen der speziellen Psychopathologie, angelegen sein lassen. Aus jenen „herrlichen Produkten seiner letzten Lebensjahre" (nach Wunderlichs Worten) ist der „Über einen wenig bekannten psychopathischen Zustand" betitelte Vortrag, den er am 23. März 1868 in der Berliner Medizinisch-Psychologischen Gesellschaft gehalten hat und der eine überaus anschauliche Schilderung gewisser Zwangserscheinungen („Zwangsvorstellungen in Frageform" und „Ergründungssucht") der psychiatrischen Wissenschaft erst recht eigentlich nahegebracht hat *, berühmt geworden. Auch die Abhandlung über die „protrahierte Form der rheumatischen Hirnaffektion" mit der sehr beachtlichen Heraushebung der Chorea-Psychosen und die noch heute lesenswerten Artikel „Über einige epileptoide Zustände" lassen seine Meisterschaft in der Erfassung und Darstellung psychopathologischer Tatbestände deutlich werden, die die Lektüre seines „Lehrbuches" mit den eingehenden Krankengeschichten so anziehend macht. Selbstverständlich wird man sich nicht der Einsicht verschließen, daß manche seiner

Konstruktionen, so der von ihm viel verwandte Begriff der „Cerebralirritation" (in Analogie zu der schon von anderer Seite angenommenen Spinalirritation), die Analogisierung melancholischer und manischer Syndrome mit „neuralgiformen" und „konvulsivischen" Gehirnzuständen, auf die er großen Wert legt, die Lehre von den „Dysthymien" als den Entstehungsbedingungen mancher Geistesstörungen, der erst viel später in seinen Schriften auftretende Begriff der „Mitvorstellungen", in denen er die Grundlage der „Primordialdelirien" im Rahmen der Wahnbildung zu erkennen glaubt, heute in der Tat nur noch historisches Interesse beanspruchen können. Zu ihrer Zeit spielten sie in der psychiatrischen Diskussion eine durchaus fördernde Rolle. Seine Arbeiten über die Behandlung der Geisteskranken und über Irrenanstalten, auf die bei der Darstellung seines Lebenslaufes schon hinzuweisen war, beanspruchen auch heute noch das Interesse des Anstaltsfachmannes in hohem Grade.

Griesinger steht am Anfang einer Entwicklungsreihe, die sich in der deutschen Psychiatrie über Wernicke bis zu Bonhoeffer und seinen Schülern fortsetzt und in den Wernicke-Schülern Liepmann und Kleist besondere Höhepunkte erreicht. Seine Ausstrahlungen nach den verschiedenen Seiten hin können kaum hoch genug eingeschätzt werden. Indem Meynert und nach ihm Wernicke die Erforschung der hirnanatomischen Gegebenheiten mit neuem Impuls und hervorragendem Erfolg weiterführten, wurde in der Klärung der psycho-physischen Korrelationen – die bei Griesinger im wesentlichen doch noch Programm blieb – ein entschiedener Schritt vorwärts getan. Daß dabei die psychologische Fragestellung ganz und gar von der assoziationspsychologischen Auffassung her diktiert wurde, liegt in den wissenschaftlichen Voraussetzungen der Zeit begründet, sollte aber, wenn dieser Ansatz heute auch in weitem Umfange als fehlerhaft beurteilt wird, seine heuristische Bedeutung für den Fortgang der Forschung, den damit in unserem Tatsachenwissen in vielen unverlierbaren Feststellungen erreichten Erkenntniszuwachs nicht übersehen lassen. Diese Entwicklung im einzelnen zu verfolgen, würde über den Rahmen unserer Darstellung hinausgehen **. – Ein ganz neues, sich als ungemein fruchtbar erweisendes Moment wurde durch die geniale Konzeption der mit Kahlbaum einsetzenden (in ihren Anfängen aber bis auf Jakobi zurückzuführenden und doch auch bei Zeller und Griesinger angelegten) „Verlaufspsychiatrie" in die klinische Forschung hineingetragen.

Zweifellos ist es der Geist exakt-naturwissenschaftlicher Gesinnung, der die Stellung von Griesingers Werk in der Geschichte unserer Wissenschaft bestimmt. Man würde aber einer einseitigen Betrachtungsweise folgen, wenn man die von ihm gewonnenen Einsichten in die rein phänomenologische Seite der Seelenstörungen und seine meisterhafte Darstellung klinischer Zustandsbilder nicht in Betracht ziehen wollte (eine Unterlassung, unter der ja auch die gerechte Würdigung Wernickes gelitten hat). Allein die erwähnte klare Herausarbeitung gewisser Zwangsphänomene – der zahlreiche feinsinnige psychopathologische Beobachtungen an die Seite zu stellen wären: schon die „gemachten" und „abgezogenen" Gedanken begegnen bei ihm, ebenso Hinweise auf die Depersonalisationserscheinungen und die heautoskopischen Phänomene – mag die Berechtigung dieser Aussage erweisen.

Nicht fern liegt natürlich die Frage, ob denn Griesinger den Vertretern des *Materialismus* zuzurechnen sei. Der historisch Unterrichtete wird sich bewußt sein, daß mit einem glatten Ja oder Nein den Dingen Zwang angetan würde. Von seinen Zeitgenossen ist er jedenfalls oft für den Materialismus in Anspruch genommen, noch häufiger wohl wegen materialistischer Grundhaltung bekämpft worden (so von Flemming). Er selber verwahrt sich zwar gegen einen „platten und seichten Materialismus, der die allgemeinsten und wertvollsten Tatsachen des menschlichen Bewußtseins über Bord werfen möchte, weil sie sich nicht im Gehirn mit Händen greifen lassen", spricht abschätzig von den „Fanatikern und Pietisten des Materialismus", um aber fast im gleichen Atemzuge die materialistische These als diejenige zu bezeichnen, die „weniger Schwierigkeiten, Unklarheiten und Widersprüche (namentlich auch in Bezug auf die erste Entstehung des Seelenlebens) als irgendwie andere" biete. Er bekennt, daß er nicht anstehe, „den Materialismus so weit zu treiben", den „künstlich komplizierten Bau des Gehirns" als „nicht bloß des anatomischen Interesses wegen da" zu erachten, eine Überzeugung, durch die man „weder an Selbstachtung noch an Menschenliebe ärmer" werde. Selbstverständlich wird man bei diesem Frühmaterialismus – die zitierten Stellen stammen aus den 40er Jahren des vorigen Jahrhunderts – keine andere Form als die des „mechanistischen" erwarten. Indessen kann es angesichts der damaligen zeitgeschichtlichen Situation auch nicht überraschen, bei dem jungen Griesinger Äußerungen zu begegnen, die die Sprache der Hegelschen Dialektik reden: „Tatsachen! Nur Tatsachen! ruft ein Positivismus, der keine Ahnung davon hat, daß auf jedem Punkte die Wissenschaft zu einem neuen Schritte der Negation sich bedienen muß, der sich nicht klar machen will, daß der jedesmaligen Rekonstruktion der Begriffe ihre Auflösung vorangehen muß." Mehrmals lesen wir in den „Psychischen Reflexaktionen", daß der „quantitative Unterschied in der Stärke der Vorstellungen an einem gewissen Punkte in eine Qualitätsveränderung umschlägt", nämlich in das „Bewußtwerden" der unbewußten Nervenerregung. Nach einer weiteren Ausführung solcher philosophischer Gedankengänge würde man aber in Griesingers Schriften vergebens suchen. Er war zwar ein durchaus systematischer, aber kein philosophischer Kopf. Er zitiert einmal, offenbar zustimmend, ein Wort des alten Reil, der das Gehirn „das einzige Problem der Philosophie" genannt hat. In einem Briefe an seinen Freund Julius Robert Mayer, den genialen Entdecker des mechanischen Wärmeäquivalents, wendet er sich gegen den „geheimnisvollen Mystizismus der Vitalisten". Vor allem war er Empiriker, ein Empiriker großen Stils; ihn als einen „Empiristen" zu bezeichnen, hieße bereits zu weit gehen. Daß er auch den Denkgewohnheiten der Vergangenheit seinen Tribut nicht schuldig geblieben ist, dürfte schon aus der Tatsache hervorgehen, daß er den von der Romantik mit so viel Genie gehandhabten „Zauberstab der Analogie" in einem Umfange anwandte, der zu sehr begründeten methodologischen Bedenken Anlaß geben muß. Schon Westphal bemängelt bei ihm die Verwechslung echter „Analogien" mit bloßen „Vergleichen", und Wernicke hat ihm gelegentlich vorgeworfen, daß er „in seinem Ringen nach physiologischen Handhaben oft Analogien erzwingt, wo keine vorhanden sind". – Geisteswissenschaftliche Aspekte in der Psychologie, wie sie dann vor allem Diltheys kritischer Besinnung sich darboten und in der Folge auch in der Psychopathologie bedeutenden Einfluß gewinnen sollten, sind ihm verschlossen geblieben.

Griesinger war der glänzendste Vertreter der deutschen Psychiatrie seiner Zeit, ein von humanitärem Geist erfüllter Arzt, ein von tiefem Ernst getriebener Wahrheitssucher und großer Anreger.

Quellen und Schrifttumsnachweise:

Griesinger: Gesammelte Abhandlungen, hrsg. von Wunderlich, Bd. I und II, Berlin 1872. Ders.: Die Pathologie und Therapie der psychischen Krankheiten für Ärzte und Studierende, 1. Aufl. Stuttgart 1845, 2. umgearbeitete und sehr vermehrte Aufl. Stuttgart 1861 (die folgenden Auflagen sind Abdrucke der zweiten). – Flemming: Allg. Zschr. f. Psychiatr. 3, 296 (1846). Ders.: Allg. Zschr. f. Psychiatr. 26, 265 (1869). – Westphal: Arch. f. Psychiatr. 1, 760 (1868/69). – Wunderlich: Arch. f. physiol. Heilk. 10, 113 (1869). – Kirchhoff: Deutsche Irrenärzte, Bd. 2, S. 1, Berlin 1924. – Thiele: Mschr. f. Psychiatr. u. Neurol. 63, 294 (1927). – Leibbrand: Romantische Medizin, Hamburg/Leipzig 1937. – Betzendahl: Mschr. f. Psychiatr. u. Neurol. 98, 271 (ohne Erschjhr.). – Bonhoeffer: Zschr. f. d. ges. Neurol. u. Psychiatr. 168, 37 (1940). – Bodamer: Nervenarzt, 19. Jahrg., 299 (1948). Ders. Fortschr. d. Neurol. u. Psychiatr., 21. Jahrg., 511 (1953).

* In einer kürzlich veröffentlichten Studie über Jean Pauls „Schmelzle" („Hesperus", Blätter der Jean-Paul-Gesellschaft, Nr. 7, 1954) habe ich gezeigt, daß schon weit früher (auch lange vor Falrets „maladie du doute") dieser große Seelenkenner eine wahrhaft bewundernswerte Schilderung solcher anankastischer Phänomene gegeben hat.

** In meinem Vortrag auf der Festsitzung der Berliner Gesellschaft für Psychiatrie und Nervenkrankheiten am 30. Januar 1927 habe ich es versucht.

BERNHARD VON GUDDEN

1824–1886

Von Ernst Grünthal

Bernhard von Guddens Erscheinung ist in mehrfacher Hinsicht von Bedeutung. Den Mitlebenden hinterließ er den unauslöschlichen – uns durch seinen Schwiegersohn, den damaligen Inhaber des psychiatrischen Lehrstuhles in Würzburg, Hubert Grashey, und seine Schüler S. Ganser und E. Kraepelin überlieferten – Eindruck einer ganzen, innerlich wahren und gütigen Persönlichkeit; der gemeinsame Tod mit dem von ihm ärztlich betreuten geisteskranken König Ludwig II. von Bayern öffnete ihm den Eingang in die Geschichte. Das wissenschaftliche Werk ist noch heute wirksam und als Vorbild jeder experimentell-hirnanatomischen Arbeit spürbar.

Zunächst sei der äußere Lebensgang beschrieben. Am 7. Juni 1824 als Sohn eines mit sieben Knaben gesegneten Gutsbesitzers in Cleve geboren, beherrschte er schon früh meist die Situation und zeigte bald Sinn für exakte Beobachtung. Was untersucht werden konnte, untersuchte er. Als klinischer Praktikant überraschte er durch sicheres Auftreten, 1848 bestand er in Berlin das Staatsexamen mit Auszeichnung, im gleichen Jahre erschien seine Dissertation „de motu oculi humani"; 1849 trat er als Assistent in die Irrenanstalt Siegburg unter der Direktion des berühmten psychiatrischen Somatikers Maximilian Jacobi, dem Sohne von Goethes Jugendfreund, F. H. Jacobi, ein. Dort verweilte er bis 1851 und lernte Jacobis Enkelin, Clarissa Voigt, kennen, seine spätere Frau. Die Jahre 1851 bis 1855 verbrachte er bei dem damals führenden Psychiater Roller in der Anstalt Illenau, von wo er, erst 31 Jahre alt, als Direktor an die neu zu begründende unterfränkische Anstalt Werneck berufen wurde. Bei seiner Vorstellung im Ministerium in München bemerkte der Minister Graf Reigersberg „ein junger Direktor", worauf Gudden erwiderte: „aber ein alter Assistenzarzt". Am 5. Juli 1855 verheiratete Gudden sich mit Clarissa Voigt.

In Werneck eröffnete sich ihm eine schöne verwaltende und fachliche Tätigkeit in der Umgestaltung des von Balthasar Neumann 1732 bis 1748 erbauten fürst-bischöflichen Lustschlosses zur modernen Irrenanstalt. Gudden äußerte sich hierüber folgendermaßen: „Werneck muß man sehen und die Liebe der Regierung für dieses ihr Werk kennen, um die Freude zu begreifen, die mir diese Anstalt macht. Ich für meinen Teil scheide meine Kranken nicht nach der Heilbarkeit (wie es damals die Mode war), halte den disziplinierten Stamm der besseren Pfleglinge für eines der bedeutendsten Kurelemente in der Zusammenfügung der Heilanstalt und verfolge den Plan, sämtliche Kranke, die durch die Art ihrer Krankheit den großen Heilplan des Ganzen wesentlich alterieren, in eine räumlich getrennte Filialanstalt unterzubringen, die verkommenen, die epileptisch Irren und tob- und schreisüchtigen, eine „Kolonie freier Arbeiter" ist durch unsere neu eingerichtete ziemlich große Ökonomie ermöglicht."

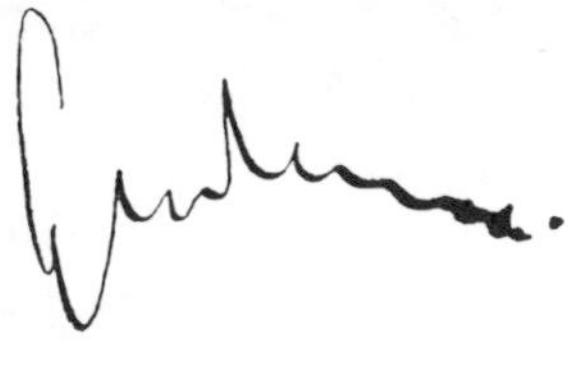

An dieser Aufgabe erwies Gudden seine glänzende organisatorische und psychiatrische Begabung, wobei er bisweilen Wege beschritt, die die Entwicklung späterer Zeiten vorwegnahmen. Vor allem war es die hohe Bewertung der persönlichen Freiheit, die ihm neue Bahnen wies. Dies tat er aus höchstem Verantwortungsgefühl und nach eindringlicher Überlegung mit zäher Beharrlichkeit. Er pflegte zu erzählen, daß er einst erlebt habe, wie ein Geier todesmatt in seinem Käfig lag, und, als er ihn befreit hatte, in wenigen Minuten sich erholte und in die Lüfte schwang. Das vermöge die Freiheit. Diesem Grundsatz folgend gewährte er den Kranken über das damals übliche Maß Freiheit in und außerhalb der Anstalt, sobald er sie genau kannte. Stets hielt er engen Kontakt mit den Patienten und beschäftigte sie. Der unpedantische, freie Zug der Anstalt brachte gute Erfolge, eben durch das Fehlen jeder Schablone und die Lebendigkeit seines Geistes.

Solche erfolgreiche Tätigkeit trug Gudden bereits 1859 einen Ruf nach München ein, den er aber ablehnte. Während der vierzehn in Werneck verbrachten Jahre ging neben den praktischen Aufgaben stets die wissenschaftliche Arbeit mit Experimenten über das Wachstum des Schädels und des Gehirns einher. Alle Mußestunden widmete er diesen Untersuchungen. Im Jahre 1869 erfolgte ein Ruf nach Zürich, den er annahm wegen der Erziehungsmöglichkeiten für seine neun Kinder, der anregenden akademischen Tätigkeit und der besseren technischen Hilfsmittel für seine Untersuchungen. Hier richtete er den Betrieb des soeben neu und vortrefflich erbauten Burghölzli ein. Die gegen seinen Rat hergestellte Selbständigkeit der Hausverwaltung hielt er von vorneherein für fehlerhaft; Konflikte blieben denn auch später nicht aus. Sein klinischer Unterricht in Zürich war originell und fesselnd und sein Ansehen bald groß.

1872 bewarb sich Gudden um die freigewordene Direktorstelle der Münchner Kreisirrenanstalt, die er mit der Professur erhielt. Auch hier erstrebte er zunächst eine Umwandlung der Anstalt nach seinen Ideen, was ihm die Gegnerschaft der öffentlichen Meinung und der Presse zuzog. Man widerstrebte einer Erweiterung der erst 1859 erbauten Anstalt, die aber schließlich doch nach seinen, auf Grund großer Erfahrung erstellten Plänen mit erheblichen Mitteln durchgeführt wurde. Hierbei half ihm ein kurz nach seiner Ankunft in München erhaltener Ruf nach Leipzig, den er freilich ablehnte, der den Münchnern aber zeigte, was man an ihm hatte.

In München harrte seiner eine umfassende Tätigkeit aller Art: Neben der Anstaltsleitung das Lehramt, Mitgliedschaft des Obermedizinalausschusses, gerichtsärztliche Tätigkeit, Konsiliarpraxis, Behandlung des geisteskranken Prinzen Otto von Wittelsbach, des Bruders des Königs. Dazu war er innerlich unausgesetzt mit seinen experimentellen Plänen beschäftigt und verbrachte jede freie Stunde mit der Untersuchung der gewonnenen Präparate. Seine Arbeiten schrieb er im Urlaub.

Ende der siebziger Jahre hatte Gudden einen wissenschaftlich angeregten, kollegialfreundschaftlich verbundenen Kreis junger Mitarbeiter um sich geschart, aus dem vor allem August Forel, Emil Kraepelin, Sigbert Ganser, A. Bumm und P. Mayser zu nennen sind, deren Hilfe er auch bei seinen hirnanatomischen Arbeiten bedurfte. Alle schnitten Kaninchenhirne in Serien und halfen bei den Operationen, und sie alle vermochte Gudden hirnanatomisch zu interessieren. So lieferte Ganser seine bekannte Beschreibung des Maulwurfgehirnes. Mayser schrieb eine bedeutende Arbeit über das Fischgehirn, Bumm über das Vogelhirn, selbst Kraepelin beabsichtigte das Reptilgehirn zu bearbeiten, kam aber über die Vorarbeiten nicht hinaus.

Überhaupt war das anatomische Laboratorium der Mittelpunkt der Klinik. Traf man Gudden dort, berichtet Kraepelin, dann war er immer bereit zu zeigen und zu erklären. Man erkannte dabei, mit welcher Vorsicht Gudden seine Schlüsse zog, wie er jede denkbare Irrtumsmöglichkeit auszuschließen suchte, bevor ihm eine Tatsache als gesichert galt. Zum Schreiben entschloß er sich schwer und tat das ungemein knapp und sachlich. Ein erheblicher Teil seines Wissens ging deshalb mit seinem Tod verloren. Guddens Schreibweise spiegelt lebendig gewisse Züge seiner Persönlichkeit, so etwa die Prägnanz in der Darstellung der Befunde und die klare und sichere Formulierung der daraus möglichen Schlußfolgerungen.

Als Dekan stellte Gudden 1884 auf Anregung Gansers die Preisaufgabe der medizinischen Fakultät über die pathologischen Veränderungen der Nervenzelle. Sie wurde gelöst durch den damals 24jährigen Studenten Franz Nißl, der später Guddens Assistent wurde, und seine spezifische Nervenzellfärbung mit Magentarot gefunden hatte, die eine neue Epoche der anatomischen und pathologischen Hirnforschung einleitete, und deren Bedeutung Gudden, im Gegensatz zu dem damaligen Münchner Anatomen von Kupffer, sogleich richtig würdigte. Auch für andere damals neu aufkommende Färbemethoden des Nervensystems zeigte Gudden große Aufgeschlossenheit und erkannte deren Überlegenheit gegenüber der von ihm angewandten Chrom-Karminfärbung.

Im Umgang mit den Kranken besaß Gudden hervorragendes Geschick, im Unterricht hielt er sich an die Grundsätze Griesingers und stand allen systematischen Erwägungen, die über den Einzelfall hinausgingen, ablehnend gegenüber. Solches überließ er, wie er zu sagen pflegte, „den sublimen Köpfen". Therapeutisch führte ihn sein Skeptizismus zu vollkommener Resignation; wovon er allein etwas hielt, das waren zweckmäßige Einrichtungen der Anstalt, Schulung des Pflegepersonals, humaner Geist und möglichste Freiheit für die Kranken.

Im Jahre 1886 erhielt Gudden den Auftrag, zusammen mit dem Würzburger Kliniker Grashey und den Anstaltsdirektoren Hagen und Hubrich ein Gutachten über den offenbar seit langem geisteskranken König Ludwig II. zu erstatten, dessen Art, die Regierung zu führen, unhaltbare Zustände für seine Umgebung und das Land geschaffen hatte. Da eine persönliche Untersuchung des Königs nicht möglich war, verlangte Gudden möglichst umfängliches Aktenmaterial, aus dem sich übereinstimmende und beweiskräftige Angaben über den schweren, krankhaften Verfolgungswahn, Größenideen und daraus entspringendes abstruses Verhalten des Monarchen ersehen ließen. Er litt nach heutiger Diagnostik an einer paranoiden Schizophrenie bei familiär gleichartiger Belastung. Gudden arbeitete das 24 Seiten umfassende Gutachten aus und rief am 8. Juni 1886 Grashey, Hubrich und Hagen nach München, wo am gleichen Tage von allen das Gutachten unterschrieben wurde, das den König für geisteskrank erklärte. Da am 15. Juni der Landtag zusammentrat, mußte der König in der Zeit vom 9. bis 15. Juni in Behandlung genommen werden. Davon gingen zwei Tage verloren, da die Staatskommission, bei der sich auch Gudden befand, im Schloß Hohenschwangau, wo sich der König aufhielt, auf bewaffneten Widerstand der von ihm aufgerufenen Gendarmerie und Feuerwehr der Umgebung stieß. Die Kommission wurde sogar verhaftet. Hier ist zu bemerken, daß der stattliche, den Prunk, prächtige Bauten, das Phantastisch-Absonderliche liebende, von Romantik umwitterte, damals wie heute noch legendäre König das Herz seines Volkes erobert hatte. Die Bevölkerung hielt den schwärmerisch Verehrten für verfolgt, die Absetzung durch politische Intrigen und Bestechung bedingt. In Anbetracht offensichtlich krankhaft beeinflußter Befehle grausamer Art wurde die Kommission jedoch bald wieder freigelassen. Am 11. Juni war inzwischen Schloß Berg am Starnberger See auf Guddens Anordnung als künftiger Aufenthalt des Königs in aller Eile notdürftig hergerichtet worden. Es lag nun in Guddens Hand, ihn unversehrt, auf möglichst humane Weise dorthin zu geleiten.

Am frühen Morgen des 12. Juni sicherte man den König durch entschlossenes Vorgehen Guddens vor einem beabsichtigten Selbstmordversuch. Gudden legte ihm die Lage dar, und man fuhr in vier Kaleschen nach Schloß Berg mit Pflegepersonal und dem einigermaßen beruhigten König, der für sein Leben gefürchtet, sich vor jeder Waffe gescheut und große Mengen Spirituosen getrunken hatte. Am folgenden Vormittag des 13. Juni fand in dem am See gelegenen Park des Schlosses der erste Spaziergang Guddens mit dem König statt, denen zwei Pfleger folgten. Am Mittagstisch dieses seines letzten Tages sprach Gudden über die Gefahren, welche auch von harmlos erscheinenden Kranken drohten und erzählte seine entsprechenden Erlebnisse, insbesondere von einem wenige Jahre zurückliegenden Revolverattentat eines Patienten gegen ihn, mit dem Bemerken, daß man nicht vorsichtig genug sein könne, aber im Moment der Gefahr den Kopf nicht verlieren dürfe.

Daß er sich der Schwierigkeit seines Auftrages und des Ernstes der Lage voll bewußt war, davon zeugt auch die Bemerkung zu seiner Frau beim Abschied in München: „Ja, ich komme wieder, lebendig oder tot."

Ein zweiter Spaziergang mit dem König, wieder auf Guddens Anregung, wurde am Nachmittag desselben Tages um 18.30 Uhr unternommen, von dem die begleitenden Pfleger sogleich ins Schloß zurückkehrten, mit der Angabe, man habe sie zurückgeschickt. Nach dem Bericht eines Pflegers, der hätte folgen sollen, hat Gudden vor dem Schloß ihm gesagt: „Es darf kein Pfleger mitgehen." Ob Gudden das wörtlich gemeint hat oder so, daß die Pfleger nur in größerer Entfernung sich hätten halten sollen, hat sich nicht klären lassen. Von diesem Gange kehrten weder der König noch Gudden zurück; beide wurden einige Stunden später im See ertrunken nahe beim Ufer gefunden. Nach Indizien, die man fand, scheint der König plötzlich in den dort flachen See gelaufen zu sein. Gudden folgte und versuchte ihn am Rock zurückzuhalten; der König packte ihn am Hals, gab ihm wahrscheinlich einen Schlag auf den Kopf und hielt ihn unter Wasser, bis er bewußtlos war, um sich dann selber zu ertränken. Der König, 41jährig, war ein muskelkräftiger Mann, Gudden war gerade 62 Jahre alt geworden.

Die Katastrophe brachte die Bevölkerung in starke Erregung, Grashey, Guddens Schwiegersohn, glaubte die Witwe Guddens bedroht und begab sich, wie der damalige Assistent der Würzburger Klinik Conrad Rieger später erzählte, von Würzburg sofort zu deren Schutz nach München. Auch wollte man Guddens Grab schänden und sprach davon, daß er nicht ertrunken, sondern mit einer großen Summe Geldes nach Amerika geflohen sei.

In der Erinnerung seiner Schüler lebte der von ihnen allen hochverehrte Mann stets fort. Ganser schildert ihn noch in späteren Zeiten als von aufrechter ungezwungener Haltung, in der Bewegung selbstbewußt ohne Aufdringlichkeit, beherrscht ohne Berechnung; sein Auftreten in allen Lagen sicher, von vollkommener Natürlichkeit, ein in sich geschlossener Charakter, dabei gewinnend und anziehend für jedermann. Anmaßung und Überheblichkeit entwaffnete er durch ruhige Ablehnung und leichte Ironie, dabei zeigte er sich teilnehmend, von überraschender Offenheit, verbreitete in Gesellschaft Behagen und begeisterte die Jugend. Kraepelin rühmt von ihm, daß er jeden begründeten Widerspruch vertrug, Menschlichkeiten mit überlegenem Humor zu behandeln pflegte und, wo er erschien, ungewollt Mittelpunkt war. Forel nennt als einen der Hauptwesenszüge Guddens seine Toleranz. Und auch Nißl, der noch eineinhalb Jahre Guddens Assistent war, blieb unvergessen der tiefe Ernst, mit dem er seiner ärztlichen Aufgabe nachkam, seine Hochschätzung vor dem Menschen, den er auch im Geisteskranken erblickte.

Es bleibt nun die Aufgabe, das wissenschaftliche Werk zu schildern und zu würdigen, das gesammelt in einem monumentalen Band von 1889 vorliegt.

Als Präludium entstanden in der Illenauer Zeit die „Beiträge zur Lehre von den durch Parasiten bedingten Hautkrankheiten", worin Gudden die Rolle der Milben als Ursache der Scabies endgültig feststellte. Schon hier erweist er sich als ebenso guter klinischer Beobachter wie scharfsinniger Experimentator, zeigte sich seine Abneigung gegenüber unerwiesenen Hypothesen und leeren Schlagworten. Es folgen in der Wernecker Zeit mehrere für Gudden ungewöhnlich umfangreiche Aufsätze über die Ohrblutgeschwulst, die Polemiken enthalten und den Nachweis erbringen, daß diese ebenso wie der Dekubitus nicht durch trophisch nervöse Störungen, wie man damals annahm, sondern traumatisch und durch schlechte Pflege bedingt seien. Guddens letzter Satz in dieser Sache lautet: „Ich bleibe dabei, daß diejenige Irrenanstalt eine schlechte sei, in der frische Othämatome nicht zu den Seltenheiten gehören."

Im Jahre 1874 erschien ein Hauptwerk, die „Experimentaluntersuchungen über das Schädelwachstum" (auch in französischer Sprache, von A. Forel übersetzt, in Paris 1876 gedruckt). Es handelt sich hier um schon in Werneck über lange Jahre durchgeführte, wohlbedachte, aber nicht ganz abgeschlossene Experimentalreihen am Kaninchen, die entgegen damals geltenden Meinungen tatsächlich beweisen, daß wechselseitig der Schädel die Hirnform und das Gehirn die Schädelform beeinflußt. Gehirn und Schädel sind von Anfang an aufeinander gerichtet, wachsen mit und durch einander, tragen aber die Grundbedingungen ihrer Gestaltung in sich selbst, eine besonnene Schlußfolgerung, die heute noch gilt. Dies alles wurde durch Exstirpationsversuche bewiesen, die am neugebornen Tier vorgenommen waren. Im Laufe dieser Versuche hatte Gudden bemerkt, daß am Gehirn des erwachsenen Kaninchens, durch Entfernung eines Auges nach der Geburt, der kontralaterale vordere Zweihügel in der Entwicklung zurückgeblieben war, wie unmittelbar der Vergleich mit der Normalseite ergab. Damit war die Guddensche Exstirpationsmethode gefunden, die gestattet, mit dem operativ entfernten Hirnteil zusammenhängende Leitungsbahnen und Gewebeabschnitte jeweils festzustellen.

Dies ermöglichte erstmals in der Geschichte der Hirnforschung ganz neue Einblicke in die einzelnen anatomischen Systeme innerhalb des Hirnes und ergab eine Fülle von Erkenntnissen über Verlauf, Ursprung und Ende von Leitungsbahnen, wie sie die gewöhnliche anatomische Betrachtung nie vermitteln kann. Mit dieser, bewußt auf das rein Morphologische sich beschränkenden, experimentellen Methode – man hatte am Hirn schon seit Jahrhunderten operiert und exstirpiert, aber stets mit physiologischen Gesichtspunkten und Zielen – gelangen Gudden bis an sein Lebensende, über eineinhalb Jahrzehnte lang zahlreiche grundlegende hirnanatomische Entdeckungen. Seine Maxime blieb dabei stets der nicht lange vor seinem Tode formulierte Satz: „Zuerst Anatomie und dann Physiologie. Wenn aber zuerst Physiologie, dann nie ohne Anatomie."

Dazu kam die mikroskopische Untersuchung der operierten Gehirne, die an vollständigen Schnittserien unter Vergleichung der normalen mit der operierten Seite erfolgte. Dies wurde erst ermöglicht durch das von Gudden unter Beratung von August Forel und M. J. Bandorf 1873 konstruierte, erste für Serienschnitte geeignete Hirnmikrotom.

Die Methode wurde 1870 veröffentlicht, ihr Prinzip ist bis heute, freilich in von Fehlern befreiter und verfeinerter Weise, mit differenzierten histologischen Methoden für experimentell anatomische Untersuchungen maßgebend geblieben.

Gudden konnte nun den bisher ungeklärten Bau und die Verschiedenheiten der Sehnervenkreuzung mannigfacher Tierarten darstellen, die Zusammensetzung des Tractus opticus klären, die Fornixsäule in fünf verschiedene isolierte Bündel trennen, die Faserbahnen des Ganglion interpedunculare und des Corpus mammillare in ihrem Verlauf darstellen, die Kerne der Augenmuskelnerven und anderer Hirnnerven identifizieren, wobei freilich vieles unveröffentlicht blieb. Am Großhirn wurden als einzige von der Hemisphäre abhängige lange Bahnen die Pyramide und die Schleife festgestellt; Abtragung einer Hemisphäre läßt den Balken und die vordere Commissur verschwinden; daß der Thalamus hochgradig von der Hemisphäre abhängig ist, stellte Gudden gleichfalls erstmalig fest, eine Tatsache, von der das Werk Constantin von Monakows seinen Ausgang nahm. Schließlich untersuchte Gudden mit besonderem Interesse das Riechhirn. Er fand nur dessen äußerste Zellschicht in unmittelbarer Beziehung zum Tractus olfactorius und hielt die Glomeruli des Riechkolbens allein für das Sinneszentrum im engeren Sinne. Nach Entfernung des Riechkolbens entwickelte sich die Riechrinde denn auch normal. Sie diene also, so folgerte Gudden, wohl nicht allein der Riechfunktion, sondern ihr mußten innerhalb der Gesamtrinde noch andere Aufgaben obliegen.

So kam Gudden in der Frage der Lokalisation in der Großhirnrinde auf Grund außerordentlich vorsichtiger, auf den damals vorliegenden Tatsachen experimentell anatomischer Art beruhenden Überlegungen zu folgender sehr moderner Ansicht: „Bin ich auch kein Anhänger der Lehre, welche die Großhirnrinde mit scharfer Abgrenzung unter die verschiedenen Sinne und Muskelgruppen verteilt, so bin ich doch auch nichts weniger als ein Gegner jeglicher Lokalisation".

Man kann mit Recht sagen, Guddens wissenschaftliches Werk stehe, in seiner Persönlichkeit wurzelnd, als eine originelle, imponierend folgerichtige, geschlossene Leistung vor uns. Von höherer Sicht aus ihn einordnend, gehört er *nicht* zu jenen von Goethe als genial produktiv und gewaltsam geschilderten, sich mit der Naturwissenschaft Beschäftigenden, die eine Welt aus sich selbst hervorbringen, ohne viel zu fragen, ob sie mit der wirklichen übereinkommen werde, wobei erstaunliche Wahrheiten, aber auch gewaltsam um sich greifende Irrtümer zutage treten können. Von dieser Art war der zu gleicher Zeit in Wien wirkende Hirnforscher Theodor Meynert (1833–1892), der sich durch Einfallsreichtum und kühne Hypothesen auszeichnete. Gudden steht vielmehr auf der Seite jenes bescheideneren zweiten Typus naturwissenschaftlich produktiver Persönlichkeiten, von denen Goethe sagt, daß sie „geistreich, scharfsinnig, behutsam, als gute Beobachter, sorgfältige Experimentatoren, vorsichtige Sammler von Erfahrungen sich zeigen. Aber die Wahrheiten, welche sie fördern, wie die Irrtümer, welche sie begehen, sind gering. Ihr Wahres fügt sich zu dem anerkannt Richtigen oft unbemerkt, oder geht verloren. Ihr Falsches wird nicht aufgenommen, oder wenn es geschieht, verlischt es leicht."

Literatur:

S. Ganser: B. v. Gudden. Deutsche Irrenärzte, herausgegeben von Th. Kirchhoff, Bd. II, S. 47, Berlin 1924. – H. Grashey: Nekrolog auf Dr. B. v. Gudden. Archiv f. Psychiatrie, Bd. XVII, 1886, H. 3, S. I–XXIX. Nachtrag zum Nekrolog. Archiv f. Psychiatrie, Bd. XVIII, 1887, S. 898. – B. v. Gudden: Gesammelte und hinterlassene Abhandlungen, herausgegeben von H. Grashey. Wiesbaden 1889. – E. Kraepelin: B. v. Gudden, ein Gedenkblatt. Münchener Med. Wochenschrift 1886. Ders.: Autobiographie (unveröffentlicht). – F. Nißl: B. v. Guddens hirnanatomische Experimentaluntersuchungen. Allg. Z. f. Psychiatrie, Bd. 51, 1895, S. 527. – W. Spielmeyer: Franz Nißl. Deutsche Irrenärzte, Bd. II, S. 288, Berlin 1924.

JOHN HUGHLINGS JACKSON

1835–1911

Von Gordon Holmes

John Hughlings Jackson wurde 1835 in einem Landkreis von Yorkshire geboren, wo sein Vater einen kleinen Landbesitz hatte. Von außergewöhnlichen Fähigkeiten oder wissenschaftlichen Interessen in der Familie ist nichts bekannt; nur einer seiner Brüder, der nach Neuseeland ausgewandert war, zeichnete sich im öffentlichen Leben der Kolonie aus. Jackson besuchte die Ortsschulen, über die er später eine schlechte Meinung äußerte. Er hat tatsächlich oft scherzend bemerkt, alle Erfolge im späteren Leben seien dem Umstand zu verdanken, daß er sich als Knabe keine übermäßige Bildung erworben hätte.

Als er sich im Alter von 17 Jahren für die medizinische Laufbahn entschied, trat er nach damaliger Sitte in York in die Lehre eines Arztes, der einer nun nicht mehr existierenden kleinen Medizinschule als Fakultätsmitglied angehört hatte. Thomas Laycock, später Professor der Medizin an der Universität von Edinburgh, der damals in Großbritannien größten und bedeutendsten medizinischen Fakultät, gewann in dieser Zeit großen Einfluß auf Jackson, der von dessen glänzendem und anregendem Lehrvortrag sehr beeindruckt war. Laycock lehrte schon 1845 (1), daß das Gehirn denselben Gesetzen der Reflextätigkeit unterworfen sei wie das übrige Zentralnervensystem und sich somit von diesem in der Funktion nicht wesentlich unterscheide. Unter Anleitung von Laycock veröffentlichte Jackson zwei umfangreiche Bände: „Das Gehirn und der Verstand oder die Beziehungen zwischen Bewußtsein und Organismus" (2), in denen er die Beziehungen zwischen Leben und Bewußtsein darlegte.

Nachdem Jackson mit 21 Jahren seine Ausbildung beendet hatte, reiste er nach London, um weitere Erfahrungen zu sammeln und seine Approbation zu erhalten. Dann kehrte er nach York zurück, wo er weitere 3 Jahre als Assistent am Ortskrankenhaus arbeitete. Später erhielt er das Diplom als Doktor der Medizin von der Universität St. Andrews. 1859 ging er mit einem Empfehlungsschreiben an Jonathan Hutchinson nach London. Hutchinson war vor Jackson Student an der Schule für Medizin in York gewesen und hatte sich bereits einen guten Ruf als Arzt an diesen Krankenhäusern erworben. Hutchinson schrieb über die damalige Einstellung von Jackson, „daß dieser glaube, der medizinische Beruf böte kein anziehendes Betätigungsfeld für die geistigen Kräfte, derer er sich bewußt war, und daß er daher beschlossen habe, ihn aufzugeben, um sich dem Studium der Philosophie zu widmen" (3). Hutchinson konnte ihn aber überreden, diesen Plan fallenzulassen, und ermöglichte ihm durch die Einführung in die medizinische Journalistik, sein kleines Einkommen etwas zu verbessern. Seine Teilnahme an medizinischen und wissenschaftlichen Sitzungen gab ihm außerdem Gelegenheit, weitere Erfahrungen zu sammeln und Anschluß an ältere und einflußreiche Mitglieder der medizinischen Fakultät zu finden. Einige Jahre lang veröffentlichte er Berichte über Tagungen medizinischer Gesellschaften; aus einigen seiner frühen Schriften scheint hervorzugehen, daß er Erlaubnis hatte, die Patienten, die auf den Tagungen vorgeführt wurden, gründlich nachzuuntersuchen. Allmählich beschränkte er seine Aufmerksamkeit jedoch auf neurologische Themen, denen einige seiner ersten Arbeiten gewidmet sind.

1863, 3 Jahre nach der Gründung des „National Hospital for Nervous Diseases", wurde er dort Assistent. Zu seinen Pflichten gehörte es, zweimal täglich Visite auf seiner Station und auch Hausbesuche bei ambulant behandelten Patienten zu machen. In dieser Klinik gewann Brown-Séquard, der gerade im Eröffnungsjahr des Krankenhauses einen Posten als leitender Arzt erhalten hatte, Einfluß auf Jackson. In späteren Jahren sprach Jackson oftmals von dem Auftrieb, den ihm Brown-Séquard gegeben hatte.

Vier Jahre später wurde wegen der zunehmenden Patientenzahl eine Erweiterung des Ärztestabes notwendig. Jackson bekam feste Anstellung am Krankenhaus; hier blieb er bis zur Erreichung des normalen Pensionsalters im Jahre 1896. Dann wurde er jedoch in Anerkennung seiner langen Dienstzeit am Institut für weitere 10 Jahre zum „Beratenden Arzt" ernannt. Er übernahm die Leitung einer kleinen Bettenabteilung, übertrug aber James Taylor, der viele Jahre sein Assistent gewesen war, die Behandlung der Patienten. Er machte jedoch weiter regelmäßig Visiten im Krankenhaus und fuhr fort, Patienten zu untersuchen, deren Symptome ihn besonders interessierten. Auch besprach er mit den jüngeren Kollegen die kürzlich gemachten Fortschritte der Neurologie.

1864 war Jackson zum leitenden Arzt am London Hospital ernannt worden. Zu seinen dortigen Pflichten gehörte die Sorge für alle Patienten, die auf seiner Abteilung aufgenommen wurden, und die Unterweisung der Studenten der Medizinschule. Anscheinend benutzte er aber auch jede Gelegenheit, Patienten zu untersuchen, die wegen neurologischer Störungen von anderen Ärzten behandelt wurden. Später machte er in seinen neurologischen Studien reichlich Gebrauch von seinen Kenntnissen und Erfahrungen in der allgemeinen Medizin.

Schon als junger Arzt erkannte er die Bedeutung des kurze Zeit vorher von Helmholtz erfundenen und von v. Graefe in die Klinik eingeführten Augenspiegels für die Neurologie und die Allgemeinmedizin. Um Übung im Augenspiegeln zu erlangen, arbeitete er am Royal London Ophthalmic Hospital. Schon 1863 schrieb er: „Es ist unerläßlich, bei allen Hirnkrankheiten die Augen mit dem Augenspiegel zu untersuchen, ganz gleich, ob der Patient über Sehstörungen klagt oder nicht, ja selbst dann, wenn er versichert, gut zu sehen" (4).

In dieser Zeit heiratete er seine Base Elisabeth Jackson; sie starb 11 Jahre später, anscheinend an einer Rindenthrombophlebitis. Im Laufe dieser Krankheit bekam sie eine Reihe von epileptischen Anfällen vom Typus, der später als Jacksonsche Anfälle bekannt wurde. Nach ihrem Tode wurde sein Leben immer einsamer, zumal an seinem Lebensabend eine zunehmende Schwerhörigkeit selbst den Verkehr mit Freunden erschwerte. Deswegen besuchte er nur noch selten berufliche Sitzungen, obgleich er wenig andere Interessen hatte als seinen Beruf. Er starb 1911 im Alter von 76 Jahren.

Nur wenige, die ihn kannten, leben heute noch; so ist es schwierig, von Jackson als Mensch ein Bild zu zeichnen. Er war groß und schwer und betätigte sich körperlich wenig oder gar nicht. Zum Krankenhaus und selbst für kurze Entfernungen fuhr er stets in einer Kutsche. In jüngeren Jahren war er übermäßig ruhelos gewesen und blieb – ausgenommen bei der Arbeit – selten lange an einer Stelle oder in derselben Gesellschaft. Im späteren Alter wurde er in seinen Bewegungen langsam. Im Theater sah er sich selten ein Stück

bis zum Schluß an, sondern verließ das Theater nach dem 1. oder 2. Akt. Wenn ihn das Stück interessierte, so ging er den nächsten Tag wieder in dasselbe Theater und sah sich die restlichen Akte an. Wenn er auf einer Eisenbahnreise müde wurde, stieg er oft aus dem Zug aus und setzte die Reise mit dem Wagen fort. Er konnte zwar klinische Dinge, die ihn interessierten, gut behalten; für zurückliegende Ereignisse hatte er aber ein schlechtes Gedächtnis. Manchmal wurde es ihm sogar schwer, sich in einer ihm bekannten Gegend zurechtzufinden. Zu Unrecht stand Jackson in dem Ruf, keinen Sinn für Humor zu haben. Folgende wahre Geschichte hat sich ereignet: Victor Horsley operierte zum erstenmal einen Hirntumor bei einem Patienten aus Schottland. Der dabei anwesende David Ferrier brach in den Ruf „wundervoll, ausgezeichnet" aus und spielte darauf an, daß die Schotten nach Ansicht ihrer südlichen Nachbarn keinen Humor besitzen. Da mischte sich Jackson mit der trockenen Bemerkung ein: „Nein, im Gegenteil, es ist eine Tragödie, Horsley hat den Schädel eines Schotten aufgemacht, dabei aber vergessen, einen Witz hineinzutun". Kunst und Literatur interessierten ihn ebensowenig wie die Natur. Wenn er nicht mit Berufsarbeit oder Versuchen beschäftigt war, las er Novellen oder Kriminalromane. Eigenartig war seine Angewohnheit, aus einem Buch Seiten über medizinische oder verwandte Themen herauszureißen. Diese Blätter ordnete er sorgfältig oder sandte sie an jemand, mit dem er das betreffende Thema diskutiert hatte.

Jackson schrieb einen schwierigen Stil, der oft unverständlich war. Nur am Krankenbett und im Vortragssaal konnte er sich klar ausdrücken. Es fiel ihm schwer, seine Gedanken kurz und bündig schriftlich niederzulegen und dabei doch seine Meinung genau zu sagen. Viele seiner Arbeiten sind mit Fußnoten überladen, in denen er versuchte, seine Beweisführung zu stärken, weitere Tatsachen vorzubringen oder Kommentare zu den Schlußfolgerungen anderer zu machen. Da er schon kurz nach Beginn der modernen Neurologie zu publizieren angefangen hatte, waren bis 1864 bereits 30 Arbeiten aus seiner Feder erschienen. Es war damals selten notwendig, sich auf Werke anderer Autoren zu beziehen. Wenn er aber erfuhr, daß ein anderer Autor mit Recht eine Priorität beanspruchte, bestätigte er dies ohne Zögern.

Schon als junger Arzt äußerte Jackson die Ansicht, daß „destruktive Erkrankungen nicht unmittelbar positive Symptome bewirken, sondern einen ‚negativen Zustand' erzeugen, aus dem erst positive Symptome entstehen können". Als Beispiel führte er den erhöhten Muskeltonus und die gesteigerten Reflexe an den Gliedern bei Halbseitenlähmung an. Viele klinische Zustandsbilder zeigen infolgedessen sowohl negative wie positive Erscheinungen. Als zweiten Grundsatz empfahl Jackson, genau zu beobachten und die Befunde ohne Rücksicht auf ihr morphologisches Substrat einzuordnen. Der dritte Grundsatz war für Jackson: die Lagebestimmung eines Krankheitsherdes, durch den eine Funktion gestört wird, erlaubt noch keinen Schluß auf die Lokalisation der Funktion. Jackson dachte vorwiegend deduktiv; er zog seine Schlüsse aus der eingehenden Untersuchung eines verhältnismäßig kleinen Materials, das er als Grundlage für die Ableitung allgemeingültiger Grundsätze benutzte. Symptome als Funktionsstörungen zu deuten, war das Ziel, das Jackson vorschwebte. Er erkannte eine Trennungslinie zwischen Physiologie und Psychologie nicht an. Viele seiner Arbeiten beschäftigen sich daher mit psychologischen Fragen, wie z. B. einige Untersuchungen über Sprachstörungen.

Im Anfang dieses Jahrhunderts lernte ich Jackson persönlich kennen. Damals pflegte er häufig ins Krankenhaus zu kommen. Fand er einen Patienten, dessen Symptome ihn interessierten, konnte er lange Zeit damit zubringen, ihn zu untersuchen. Er bat den Stationsarzt, ihm einen ausführlichen Bericht über seine eigenen Beobachtungen zu senden. Beinahe regelmäßig schickte er diesen Bericht am nächsten Tage zurück mit der Bitte um Ergänzung. War er dann zufriedengestellt, besuchte er den Patienten nochmals, um seine ersten Befunde zu bestätigen oder ihnen etwas hinzuzufügen.

Obwohl Jackson als Arzt menschliche Anteilnahme für seine Patienten empfand, galt sein Interesse vornehmlich den physiologischen und psychologischen Problemen der betreffenden Krankheit. Als Gowers bei ihm klinischer Assistent war, übertrug er diesem einige der routinemäßigen Pflichten seiner Abteilung, um selbst mehr Zeit für seine Wissenschaft zu gewinnen. Diese Maßnahme trug ihm den Tadel der Krankenhausleitung ein.

Die psychischen Störungen bei Nervenkrankheiten interessierten Jackson sein Leben lang. Fragmente von Manuskripten, die man nach seinem Tode unter seinen Papieren gefunden hatte, zeigen, daß er die Absicht gehabt hatte, einen oder mehrere Bände über diese Themen zu veröffentlichen. Obwohl weitgehend unabhängig von irgendeinem Schulsystem, lehnte er als Anhänger Herbert Spencers die Lehre vom Dualismus entschieden ab und bezeichnete wiederholt Ausdrücke wie „psychomotorisch" oder „Zentrum der Gedanken" als „wissenschaftliche Blasphemie". In Debatten über die Beziehungen zwischen Körper und Seele blieb er ein dogmatischer Parallelist.

In demselben Jahr, in dem Jackson promovierte, hatte Charles Darwin sein Buch „Die Entstehung der Arten" veröffentlicht. Die Evolutionslehre machte auf Jackson tiefen Eindruck. Von diesem Werk leitete er die Titel wie auch den Kern einiger seiner größeren Arbeiten ab, wie z. B. „The Evolution and the Dissolution of the Nervous System".

Die meisten Beiträge publizierte Jackson als kurze Mitteilungen in Zeitschriften, von denen viele nicht mehr erscheinen. Sobald er eine Arbeit beendet hatte, versuchte er, sie so schnell wie möglich in Druck zu geben; oft wäre es lehrreicher für die Leser gewesen, eine kurze Mitteilung mit anderen gleichartigen zu einer größeren Publikation zusammenzufügen. So erschienen aus seiner Feder im Laufe der Jahre zahlreiche Abhandlungen über Epilepsie, die, unvermeidlicherweise, häufig Wiederholungen seiner Ansichten enthielten.

Zwanzig Abhandlungen, die zwischen 1892 und 1909 unter dem Titel „Neurologische Fragmente" (7) in „The Lancet" erschienen, waren beinahe ebensoviel verschiedenen Themen gewidmet. In verschiedenen Arbeiten wies Jackson darauf hin, daß gewöhnlich doppelsinnige Symptome bestehen, da außer den negativen Zeichen, die als direkte Folge des Verlustes oder der Einschränkung der Funktion infolge der Läsion auftreten, meistens auch positive Zeichen – infolge der unkontrollierten Tätigkeit der unbeschädigten Strukturen – auftreten. Diese Auffassung übertrug er auch auf psychische Symptome, z. B. Wahnvorstellungen; er nahm nämlich an, daß sie auf „die Tätigkeit von Zentren, die nicht mehr unter Kontrolle sind, wenn höher organisierte Funktionen unterdrückt werden" (8), zurückzuführen seien. Jackson hat also zu einer Zeit, in der solche Ansichten noch neu waren, die Bedeutung der Hemmung von niederen oder untergeordneten nervösen Mechanismen durch solche auf höherem Niveau betont.

In seinen ersten neurologischen Arbeiten war Jacksons Aufmerksamkeit auf die neuralen Mechanismen gerichtet, die Bewegungen einleiten oder regulieren, oder auf Krankheiten, bei denen Bewegungsstörungen vorkommen. Jedoch war er – um seine eigenen

Worte zu gebrauchen – „mehr interessiert an dem, was sie darstellen", als an der genauen Lagebestimmung der Stellen im Nervensystem, von deren Unversehrtheit genaue und zweckmäßige Bewegungen abhängen. Viele seiner bedeutenderen Beiträge zu diesem Thema wurden veröffentlicht, bevor an Tierexperimenten nachgewiesen worden war, daß von der Vorderhirnrinde bei künstlicher Reizung Bewegungen erzeugt werden konnten. Erst bedeutend später wurde der Beweis der kortikalen Repräsentation anderer Funktionen erbracht. Vor diesen Untersuchungen wurde die Rinde gewöhnlich als ein mehr oder weniger stummes Organ angesehen, obwohl Broca bereits nachgewiesen hatte, daß ein bestimmter Bezirk mit der Sprache zu tun hat. Damals wurde die Ansicht allgemein anerkannt, daß das Corpus striatum und andere subcortikale Gebilde Bewegungen einleiten und steuern.

Bereits 1864 schrieb Jackson: „Wir können annehmen, daß gewisse Windungen (des Vorderhirns) jene feinen Bewegungen der Hand überwachen, die unter der unmittelbaren Kontrolle des Geistes stehen" (9). Aus vielen seiner späteren Abhandlungen geht klar hervor, daß er die Rinde als ein Organ ansah, das mit den willkürlichen Bewegungen eng verknüpft ist. Er fuhr jedoch fort, vom Corpus striatum als „dem Ausgangspunkt von Befehlen des Muskelwillens" (10) zu schreiben, und nahm an, daß jedes seiner Teile Zentren für die Bewegung des Gesichtes, der Arme und Beine enthielte, daß aber diejenigen, die mit den kompliziertesten Bewegungen zu tun haben, hauptächlich in der Rinde vertreten wären.

In den nächsten Jahren änderte er diese Anschauung auf Grund klinischer Beobachtung; einige Monate, bevor Hitzig und Fritsch 1870 bewiesen, daß isolierte Bewegungen durch elektrische Reizung der Vorderhirnoberfläche ausgelöst werden können, und Ferrier ihre Beobachtungen bestätigt und ausgebaut hatte, schrieb er: „Eine Erkrankung der Sylviischen Region erzeugt die Krämpfe, die in einer Hand oder auf einer Seite des Gesichts beginnen" (11). Damals behauptete er zum erstenmal, daß bestimmte Gegenden der Vorderhirnrinde Vorrichtungen enthielten, die zu bestimmten Bewegungen in Beziehung stünden.

Aus seinen Schriften scheint zwar hervorzugehen, daß dies sein erster entscheidender Beitrag zur Lokalisierung der Bewegung in die Oberfläche des Vorderhirns ist; Jackson selbst behauptete jedoch, er habe bereits einige Jahre früher gelehrt, daß die Hirnwindungen „nervöse Strukturen enthalten, durch die die Bewegung und Eindrücke repräsentiert würden" und daß Bewegung hauptsächlich in dem vorderen, Empfindung aber in dem hinteren Teil des Organs repräsentiert sei. In seinem mündlichen Unterricht war er offenbar seinen schriftlichen Veröffentlichungen voraus; denn 1873 stellte Ferrier fest (13), daß seine eigenen Experimente mit Rindenlokalisation in allen wesentlichen Einzelheiten die Schlußfolgerungen bestätigten, zu denen Jackson schon früher auf Grund seiner Beobachtung an Kranken gekommen war. Jackson behauptet ferner, daß die Rindenrepräsentation von Bewegungen nicht gleichförmig sei, da die am meisten spezialisierten willkürlichen Bewegungen die größte Repräsentation haben müßten und diese der Zahl der bei den verschiedenen Handlungen benötigten Einzelbewegungen proportional wäre.

Obwohl er der erste war, der erkannte, daß Bewegung in der Hirnrinde „repräsentiert" war, war er doch zunächst zurückhaltend in der Veröffentlichung seiner neuen Anschauungen über die motorische Organisation. Er hatte sofort die Bedeutung der Beobachtungen, die bei der Reizung der Hirnoberfläche gemacht wurden, erkannnt; aber er schrieb 1873 immer noch über die „physiologische Reihenfolge der Bewegungsrepräsentation im Corpus striatum" (14). Im nächsten Jahr äußerte er die Ansicht, daß eine Hemiplegie von einer Verletzung des Striatum abhinge, wenn auch ein Krampfanfall auf einen auslösenden Herd in der Rinde zurückzuführen sei. Später nahm er an, daß Bewegungen, die in letzterem repräsentiert seien, in neuen und komplizierteren Kombinationen in der Rinde noch einmal repräsentiert wären.

Allmählich hörte er jedoch auf, dem Striatum einen direkten Einfluß auf die Willkürbewegungen zuzuschreiben, und 1881 (15) gab er seine endgültige Stellungnahme über die physiologischen „Organisationen" des motorischen Systems bekannt. Diesen Untersuchungen zufolge besteht außer einer niedrigsten Stufe, die die physiologischen Mechanismen für spinale und bulbäre Reflexe enthält, und einer mittleren, die aus den motorischen und den entsprechenden sensorischen Zentren in der Rolandoschen Region besteht, eine dritte und höchste Stufe, deren Sitz er im Präfrontalhirn vermutete. In diesen Rindenbezirken werden Bewegungen in neuen, zweckmäßigeren und komplizierteren Kombinationen repräsentiert; bei ihrer Coordination und ihrer Anordnung zu komplizierten Handlungen müßten auch Hemmungen eine wichtige Rolle spielen. Diese Funktionen der höchsten Stufe entsprechen etwa der heutigen Annahme, daß sie für den geordneten Ablauf der zahlreichen Bewegungskombinationen des Körpers und aller seiner Teile verantwortlich sind; als „physiologisches Analogon des Organes der Seele" sollte diese höchste Stufe – so meinte Jackson – das anatomische Substrat des Bewußtseins darstellen.

Jackson hat niemals den Standpunkt vertreten, die Funktion irgendeines Teiles der Rinde sei ausschließlich sensorisch oder ausschließlich motorisch; er hielt daran fest, daß die Rinde anatomische Einheiten enthalte, die „sensibel-motorische Prozesse" repräsentieren. Die Abschnitte, die vorwiegend motorischen Funktionen dienten, lokalisierte er in die frontalen Teile, die mit vorwiegend sensiblen Funktionen in die weiter hinten gelegenen Teile der Hemisphäre. Die damals so populären eng begrenzten Rinden-Lokalisationen der Funktion betrachtete er sehr kritisch. „Das sogenannte motorische Zentrum für den Arm repräsentiert zwar ganz besonders diesen Teil, aber auch das Bein und das Gesicht in mehr allgemeiner Weise und noch allgemeiner die Gegenseite des Körpers" (16). In diesem Zusammenhang ist auf die modernen Methoden der Hirnreizung zu verweisen, die gezeigt haben, daß z. B. isolierte Bewegungen des Daumens von ausgedehnten Bezirken des Stirnhirns erzielt werden können, in denen Zentren für den übrigen Arm lokalisiert sind. Andererseits wurde Jacksons Lehre, daß Bewegungen aller Körperteile bis zu einem gewissen Grade von beiden Hemisphären des Hirns abhängig sind, durch Tatsachen bestätigt: einige willkürliche Bewegungen des gegenseitigen Gliedes bleiben erhalten, wenn bei einem Kranken eine Hemisphäre entfernt worden ist (z. B. zur Behandlung einer Epilepsie bei angeborenen Defekten).

Jackson hat zwar viele Arbeiten den Untersuchungen über die Bewegung und den dabei beteiligten nervalen Prozessen gewidmet, er behandelte aber in keiner seiner zahlreichen Veröffentlichungen das Problem der Empfindung und deren Störungen im besonderen. Man muß seine Arbeiten schon genau durchsehen, um seine Ansichten über die sensiblen Organisationen und Beziehungen aufzufinden. Sie enthalten jedoch keine ins einzelne gehende Analyse ihrer verschiedenen Komponenten, wie er sie in seinen Untersuchungen über motorische Funktionen festgelegt hat, und selten irgendwelche Hinweise auf die infolge von Krankheit der verschiedenen Organisationsstufen des Nervensystems möglichen Störungen. Er hielt die Empfindung für einen seelischen Zustand, der während der Aktivität der motorischen Zentren oder auch derjenigen Zentren, die im besonderen mit dem Empfang von Impulsen von der Peripherie zu tun haben, in Erscheinung tritt. Denn er vertrat den Standpunkt, daß beide, einkommende und ausgehende Impulse, mit dem Ursprung der Empfindung zu tun haben, und nahm infolgedessen an, daß beide Reizerfolge miteinander in enger Beziehung stehen müßten.

Epilepsie war eines der Themen, für das sich Jackson besonders interessierte. Schon in seinen ersten Arbeiten, die zu einer Zeit erschienen, als die Rinde des Vorderhirns als unerregbar angesehen wurde und man angenommen hatte, daß epileptische Anfälle auf Anomalien oder Erkrankung des Hirnstammes beruhten, schrieb Jackson die Anfälle plötzlichen, übermäßigen und ungeordneten Entladungen der in einem labilen Zustand befindlichen grauen Substanz des Vorderhirns zu. Er sagt: „Das ‚nicht stabilisierte' Zentrum speichert Kräfte auf und neigt zu plötzlichen unausgeglichenen Entladungen, wenn seine Zellen einen gewissen Grad von Unbeständigkeit erreicht haben" (17). Bei generalisierten Anfällen müssen die Entladungen in Gehirnteilen entstehen, in welchen die die Bewegung repräsentierenden nervalen Prozesse in Zeit und Raum gekuppelt sind, d. h. die Entladungen erfolgen somit auf einem hochentwickelten Niveau.

Seine besondere Aufmerksamkeit widmete Jackson den fokalen oder fokal beginnenden Anfällen, bei denen alle Stadien gut zu beobachten waren. Diese Krampfanfälle, die jetzt allgemein als Jackson-Anfälle bekannt sind, nannte er „Bravaissche Anfälle", nachdem er erfahren hatte, daß der französische Arzt sie schon 40 Jahre vorher beschrieben hatte (5). In einer früheren Arbeit hatte er bereits behauptet, daß die Anfälle auf die Unstetigkeit der Funktion in den Zellen der Hirnoberfläche in den Verzweigungsgebieten der mittleren Hirnarterie zurückzuführen seien; er wies darauf hin, daß die Krämpfe gewöhnlich in einem Körperteil beginnen, der eine vielseitige Verwendung habe, wie die Hand, das Gesicht oder der Fuß. Hieraus schloß er, daß die Repräsentation der Glieder in der grauen Masse des Vorderhirns den weitesten Raum einnehme, und daß der Ablauf oder die Verbreitung der Krämpfe die Reihenfolge erkennen lasse, in der die Bewegungsfelder in der Rinde angeordnet seien. Er schloß sich Todd (6) darin an, daß er die Schwäche, die häufig einem fokalen Anfall folgt, der Erschöpfung der grauen Substanz zuschrieb, in der die Entladung erfolgte. Er wies auch darauf hin, daß gesteigerte Reflexe und andere positive Phänomene auf die Befreiung niederer Stufen des Nervensystems von der Kontrolle durch die infolge des Anfalles erschöpften höheren Zentren zurückzuführen seien.

Er hatte besonderes Interesse für die epileptischen Äquivalente, die als „dream states" („Dämmer-Attacken") oder als psychische Aura bekannt und bereits früher von Herpin (18) beschrieben worden waren. Diese Zustände sind durch das Wiederauftreten unbestimmter Gefühle von Erinnerungen charakterisiert und oft von hochentwickelten Sinnestäuschungen des Gesichts oder des Gehörs, besonders aber des Geruchs und Geschmacks begleitet. Der Patient kann dabei – obwohl das Bewußtsein getrübt ist – automatisch und sogar anscheinend vernünftig mit seiner Tätigkeit fortfahren. Da Jackson fand, daß diese Zustände oft bei Herden in der Nachbarschaft des Gyrus uncinatus eines der Temporallappen des Gehirns vorkommen, schlug er den unverbindlichen Namen „Uncinatus-Anfälle" (uncinate fits") für sie vor (19).

Mit Studien über Sprachstörungen infolge von Erkrankungen des Gehirns befaßte sich Jackson schon 1864. Er betrachtete die Sprache zwar als „einen Teil der Seele", behauptete aber, daß sie physiologischer Analyse zugänglich sei, wenn auch eine scharfe Trennung von den geistigen Funktionen nicht möglich sei (20). Jackson betrachtete die Sprache als die Fähigkeit zu intellektuellem Ausdruck mittels einer Art von Bewegung; aber er unterschied eine „höhere oder intelligente Sprache" von den gefühlsmäßigen Mitteilungen mittels mimischer oder anderer Gesten oder Veränderungen in der Stimme. Er hielt daran fest, daß die Grundeinheit der Sprache nicht das Wort (oder eine Reihe von Worten), sondern der Satz sei; der Verlust der Sprache sei die Unfähigkeit, Gedanken als Auskunfts- oder als Diskussionsmittel auszudrücken (21). Daher sei das Versagen, Gedanken auch nach außen hin in Worte zu kleiden, das wesentliche Merkmal der Aphasie, da dabei die Fähigkeit, sich mitzuteilen, verloren sei. Da geschriebene und gedruckte Worte künstliche und willkürliche Symbole des gesprochenen Wortes seien, so wären sie „Symbole der Symbole", die später im Leben erworben werden und deren Gebrauch und Bedeutung infolgedessen schwer beeinträchtigt sind, wenn die Sprache gestört ist. Andererseits sei bei Aphasien der Ausdruck von Gedanken mittels konventioneller Zeichen und Gebärden weniger beeinträchtigt, und die emotionale Sprache bleibe durch Veränderungen der Stimme, durch Lächeln und Gesten dabei ganz erhalten.

Das Interesse Jacksons galt stets weniger der Lokalisation von Krankheiten als der Analyse ihres Wesens und den damit verbundenen physiologischen und psychologischen Problemen. Es widerstrebte ihm dabei, eine endgültige Meinung über die Lokalisation der Sprache im Gehirn auszusprechen. Noch zwei Jahre, nachdem Broca gezeigt hatte, daß der Gebrauch von Worten infolge von Erkrankungen des linken Stirnhirns verlorengehen kann, weigerte er sich in seinen ersten Beiträgen zu dieser Frage im Jahre 1864, ein starres Lokalisationsschema anzuerkennen. Das Bestreben, „den Schaden zu lokalisieren, der die Sprache zerstört, oder die Sprache zu lokalisieren, waren für ihn zwei verschiedene Dinge" (22). Er konnte es nicht glauben, „daß Sprache in irgendeinem begrenzten Flecke sitzen" könne; später gab er zu, daß ein gewisser Teil des Gehirns, der von der mittleren Hirnarterie versorgt sei, der „gelbe Fleck für die Sprache" sein könne „wie die Macula lutea der Retina das Zentrum für das schärfste Sehen" (23). In einigen seiner späteren Mitteilungen nahm er an, daß der Erkrankungsherd weiter hinten liegen könne als in Fällen von sprachlicher Ausdrucksunfähigkeit, wenn die Hauptschädigung den Gebrauch von Worten mit Mitteilungscharakter betrifft, und daß der Herd bei Rechtshändern in der linken Hirnhemisphäre liegen müsse.

1866 beschrieb Jackson auch die später Agnosie benannte Unfähigkeit, einen mit den Sinnen wahrgenommenen Gegenstand zu erkennen und zu identifizieren, obwohl die Sinneseindrücke selbst nicht beeinträchtigt sind (24). Zuerst gab er diesem Zustand den Namen „Imperception"; später zog er den unverbindlicheren Ausdruck „Verlust des Erkennens" vor und schrieb ihn einem „Defekt im sensorisch-motorischen Prozeß zu, vermittels dessen Gegenstände erkannt und Bildeindrücke in ihre sinnvolle Reihenfolge gebracht werden". Anfangs bezog er auch die „Worttaubheit" mit ein, die 1874 von Wernicke ausführlich beschrieben wurde, und ebenso die „Wortblindheit", welche Kußmaul umgrenzte. Schließlich reservierte er diese Bezeichnungen aber für Störungen in der Reihenfolge von Bildeindrücken, die der Aphasie in bezug auf die Reihenfolge der Worte entsprechen. In den Begriff Agnosie schloß er räumliche Orientierungsstörungen ein, die den Patienten unfähig machen, seinen Weg selbst in vertrauter Umgebung zu finden, aufeinanderfolgenden Worten auf einer Druckseite zu folgen oder die räumlichen Beziehungen zweier oder mehrerer Gegenstände zueinander zu erkennen.

Ohne auf Einzelheiten einzugehen, wies er 1866 auf den später von Liepmann (25) als Apraxie beschriebenen Zustand hin, bei dem der Patient infolge des Verlustes des Sinngehaltes einer Handlung unfähig ist, geübte, vertraute und zweckdienliche Bewegungen auszuführen, obwohl weder eine Lähmung noch Ataxie oder Verlust der Sensibilität besteht (26). In seinen früheren Beiträgen konnte er den Sitz der anatomischen Läsionen, bei denen diese Störungen auftreten, noch nicht sicher angeben. Aber später schrieb er, daß sie vielleicht auf Erkrankungen der hinteren Hirnlappen zurückzuführen seien.

Einige der interessantesten Untersuchungen von Jackson sind in seinen Arbeiten über die „Evolution und Dissolution des Nervensystems" enthalten (1881 und 1890) (27); in ihnen zeigt er sich als der große Theoretiker, der zugleich niemals davon überzeugt war, daß ihm sein Wurf völlig gelungen sei. Diese Schriften enthalten einige seiner originellsten Überlegungen und beleuchten seine Arbeitsmethoden und Gedanken. Unter Evolution verstand Jackson den Fortschritt von niederen, aber gut differenzierten Entwicklungsstufen zu höheren und weniger differenzierten oder den Fortschritt von verhältnismäßig einfachen, aber mehr automatischen Funktionen zu den kompliziertesten Willkürbewegungen. Mit Dissolution meinte er die Reduktion auf eine niedere Entwicklungsstufe. Jackson nahm an, daß die höheren und am wenigsten differenzierten Funktionen zuerst und am schwersten leiden. Er hoffte, daß es möglich sein würde, die Krankheiten des Nervensystems besser zu begreifen, wenn man in ihnen „Dissolutionen" verschiedener Teile eines Entwicklungssystems sähe. Diese Theorie versuchte er auf die Erforschung vieler pathologischer Zustände anzuwenden: von der Wirkung einer örtlichen Lähmung bis zu den vorübergehenden Verhaltensanomalien, wie sie häufig epileptischen Anfällen folgen, ja selbst bis zu den Geisteskrankheiten, die er der „Dissolution" der Funktionen auf dem höchsten Niveau zuschrieb. Einige Anwendungen dieser Hypothese müssen dem Leser heute allerdings unnütz und gezwungen erscheinen.

In mehreren Arbeiten besprach Jackson ausführlich das Wesen und die Beziehungen des Bewußtseins. Seine Stellungnahme war im wesentlichen dualistisch. Er behauptete, daß Bewußtsein und Nerventätigkeit voneinander verschieden seien, obwohl sie gemeinsam in Erscheinung treten. Er nahm ferner an, daß die körperliche Grundlage des Bewußtseins die höchste Stufe von sensorischer und motorischer Organisation sein müsse, daß der seelische Zustand aber, der es begleitet, der Gehirnfunktion nebengeschaltet und keine direkte Funktion des Gehirns sei; ihre Beziehungen zueinander hätten den Charakter von Gleichzeitigkeit („concomitance") (28).

Die Geisteskrankheiten sah er als Dissolutionen derjenigen Hirnfunktionen an, die die körperliche Grundlage der Seele sind; ihre verschiedenen Formen hielt er für abhängig von den Erkrankungen verschiedener Gegenden. Doch er betonte wiederholt, daß Geisteskrankheiten nicht das Ergebnis körperlicher Erkrankung, sondern dieser nur beigeordnet seien. Auch hier nahm er das Vorhandensein eines zweigliedrigen Prozesses an, eines negativen in „den nervösen Anordnungen auf den höchsten Stufen" und eines positiven Zustandes auf Grund unkontrollierter Tätigkeit auf niedrigeren Stufen der Evolution. Die so entstehenden Symptome hängen von dem Grad und der Entstehung von Dissolutionen ebenso wie von den betroffenen Bezirken des Gehirns ab.

Anmerkung: Hughlings Jackson veröffentlichte mehr als 300 medizinische Abhandlungen, von denen die Mehrzahl neurologische Fragen behandelte. Viele waren nur kurz und erschienen in Zeitschriften, die heute schwer zugänglich sind. Die wichtigeren Beiträge zur Physiologie und Pathologie des Nervensystems sind von Dr. James Taylor in „Selected Writings of John Hughlings Jackson" 1931 in London herausgegeben worden. Eine kleinere Sammlung erschien unter Jacksons eigenem Titel als „Neurologische Fragmente", London 1925.

In dem angefügten Literaturnachweis wird auf Originalveröffentlichungen Bezug genommen und, wo es nötig erschien, auf ihre Wiedergabe in den gesammelten Werken.

Bibliographie

1. Laycock, T.: British and Foreign Medical Review, 1845, *19*, 298. — 2. Ders.: „Brain and Mind", London 1859. — 3. Hutchinson, J.: „Neurological Fragments", London 1925. — 4. Jackson, J. H.: Medical Times and Gazette, 1863, *2*, 359. — 5. Bravais, A.: „Recherches sur les Symptômes de l'Épilepsie hémiplégique", Paris 1827. — 6. Todd, R. B.: „Clinical Lectures", London 1854. — 7. Jackson, J. H.: „Neurological Fragments", London 1925. — 8. Ders.: Brit. Med. Journ., 1889, *2*, 355. („Selected Writings", 2, 393). — 9. Ders.: London Hospital Reports 1864, *1*, 459. („Selected Writings", *1*, 37). — 10. Ders.: The Lancet, 1869, *1*, 307. („Selected Writings", 2, 246). — 11. Ders.: Trans. St. Andrew's Med. Graduates Assoc., 1870, 3. („Selected Writings", *1*, 26). — 12. Ders.: The Lancet, 1873, *1*, 84. („Selected Writings", *1*, 43). — 13. Ferrier, D.: West Riding Asylum Medical Reports, 1873, *3*, 1. — 14. Jackson, J. H.: The Lancet, 1873, *1*, 84. („Selected Writings", 1, 64). — 15. Ders.: Trans. Internat. Med. Congress, London 1881, *2*, 6. — 16. Ders.: Brit. Med. Journ., 1884, *1*, 591. („Selected Writings", *2*, 74). — 17. Ders.: West Riding Asylum Medical Reports, 1876, *6*, 226. („Selected Writings", *1*, 137). — 18. Herpin: „Des Accès incomplets d'Épilepsie", Paris 1867. — 19. Jackson, J. H.: Brain, 1880, *3*, 433. — 20. Ders.: Brain, 1880, *2*, 323. — 21. Ders.: Brain, 1878, *1*, 304 („Selected Writings", *2*, 160). — 22. Ders.: The Lancet, 1864, *2*, 604. — 23. Ders.: West Riding Asylum Medical Reports, 1876, *6*. („Selected Writings", *1*, 145). — 24. Ders.: London Hospital Reports, 1864, *1*, 146. — 25. Liepmann, H.: Monatsschr. f. Psychiatr., 1900, *15*, 102. — 26. Jackson, J. H.: Med. Times and Gazette, 1866, *1*, 659. („Selected Writings", *2*, 121). — 27. Ders.: Various Journals („Selected Writings", *2*, 1). — 28. Ders.: The Lancet, 1884, *1*, 535. („Selected Writings", *2*, 72). — 29. Jackson: A Study of Convulsions, London 1869. Übersetzt und eingeleitet von Otto Sittig, Berlin 1926 (Abhandlung aus der Neurologie, Psychiatrie, Psychologie und ihren Grenzgebieten, Heft 36).

KARL JASPERS

geb. 1883

Von Kurt Kolle

Jaspers' Name ist unlöslich mit der Geschichte der Psychiatrie verknüpft. Sein Jugendwerk aus dem Jahre 1913 „Allgemeine Psychopathologie" (1953 erschien die 6. Auflage) – Jaspers war damals erst 30 Jahre alt! – ist ein Markstein der psychiatrischen Wissenschaft. Jaspers entwickelte in diesem, inzwischen klassisch gewordenen Buch eine Methodenlehre, die der als Wissenschaft jungen Psychiatrie ein Gerüst gab, mit dessen Stütze sie ihren schwierigen Bau ausführen sollte. Zahlreiche Forscher hatten zu jener Zeit bereits auf dem Wege der Empirie wichtige Bausteine beigebracht. Griesinger, Meynert und Wernicke hatten wertvolle Arbeiten zum Thema der Beziehungen zwischen Seelenstörungen und Gehirn geliefert. Nißl und Alzheimer befruchteten die Psychiatrie, indem sie neue Verfahren zur morphologischen Darstellung des Nervensystems einführten. Kraepelin war unermüdlich am Werke, die klinischen Bilder der Psychosen neu zu gruppieren. Die Entdeckung der Spirochäte (Treponema pallidum) und der Wassermann-Reaktion hatten der Kenntnis der syphilitischen Nervenkrankheiten ganz neue Gesichtspunkte gebracht. Eugen Bleuler hatte mit seiner Schizophrenie-Lehre der spezialen Psychiatrie mächtigen Auftrieb gegeben. Die scharfe Aussonderung der symptomatischen Psychosen aus dem großen Topf einander sehr ähnlicher Symptomenkomplexe durch Bonhoeffer vertiefte das Interesse für rein klinische Fragen. Die Psychoanalyse von S. Freud wurde lebhaft diskutiert, ohne eigentlich rechten Widerhall bei den Psychiatern zu finden. Von Psychotherapie in Form der Hypnose, der Suggestion und Persuasion wurde an vielen Orten gesprochen. Gaupp hatte, von seinem berühmt gewordenen wahnkranken Massenmörder Wagner ausgehend, der Psychopathologie neue Aufgaben gestellt. Soziologische Probleme, besonders solche forensisch-psychiatrischer Art, wurden von den neu gewonnenen Positionen aus erörtert.

Die Psychiatrie befand sich also in der Zeit vor dem ersten Weltkrieg in emsiger Bewegung. Aber die verschiedenartigen und -wertigen Forschungseinrichtungen waren nicht um einen festen Mittelpunkt zentriert, sie entbehrten der Koordination. Jaspers rief mit seinem Buch die Psychiater zur Selbstbesinnung auf. Der einzelne Kranke, dem letzten Endes all unser Bemühen zugute kommen soll, läßt sich gewiß von vielen Seiten anschauen, neurologisch, psychologisch, hirnpathologisch, soziologisch und so fort. Als Ganzes, als unauswechselbare Individualität, kann aber der einzelne nur mit einer Synthese erfaßt werden. Doch solche Gesamtschau wird nicht erreicht, wenn die Methoden miteinander vermischt werden. Die Verfahren, deren sich der Forscher bedient, müssen sauber geschieden, mit äußerster begrifflicher Klarheit auseinandergehalten werden. Intuition, die nicht nur den Forscher, sondern jeden Arzt ständig leitet, muß unbedingt gegen die Erfahrung, die allein beweisbar ist, abgegrenzt werden. Werden diese Grundsätze nicht befolgt, gibt es nichts als Spekulation und in deren Gefolgschaft Wirrnis, z. B. als Hirnmythologie oder – neuerdings – als Psychosomatik.

Jaspers fordert: „... zu wissen, was man weiß, und was man nicht weiß, zu wissen, wie und in welchem Sinne und in welchen Grenzen man etwas weiß, mit welchen Mitteln dieses Wissen erworben und begründet wird." Dieses Programm führt Jaspers mustergültig durch. Ein Blick in das Inhaltsverzeichnis der ersten Auflage zeigt, wie Jaspers seinen Stoff gliedert:

I. Die subjektiven Erscheinungen des kranken Seelenlebens (Phänomenologie)
II. Die objektiven Symptome und Leistungen des Seelenlebens (objektive Psychopathologie)
III. Die Zusammenhänge des Seelenlebens.
   1. die verständlichen Zusammenhänge (verstehende Psychopathologie)
IV. Die Zusammenhänge des Seelenlebens.
   2. die kausalen Zusammenhänge (erklärende Psychopathologie)
V. Theorien
VI. Das Ganze des Seelenlebens: Intelligenz und Persönlichkeit
VII. Die Synthese der Krankheitsbilder
VIII. Die soziologischen Beziehungen des abnormen Seelenlebens.

Das Kernstück des Buches bilden die Kapitel III und IV. Hier wird zum erstenmal in der jungen Geschichte der Psychiatrie der kategoriale Unterschied zwischen Verstehen und Erklären herausgearbeitet. Die entscheidenden Sätze lauten bei Jaspers in wörtlicher Wiedergabe:

> „1. Durch *Hineinversetzen* in Seelisches *verstehen* wir *genetisch*, wie Seelisches aus Seelischem hervorgeht. 2. Durch *objektive* Verknüpfung mehrerer Elemente zu Regelmäßigkeiten auf Grund *wiederholter* Erfahrungen *erklären* wir *kausal*."

Diese beiden grundlegenden Thesen sind in neuerer Zeit von verschiedenen Seiten gründlich kritisiert worden. Der Dualismus, der sich im Janusantlitz des Menschen zeigt, soll wissenschaftlich dadurch überwunden werden, daß eine Leib-Seele-Einheit postuliert wird; das Dasein des Menschen soll in einem Griffe zu packen sein. Diesen Kunstgriff betätigen mit großem Erfolg alle Künstler, indem sie in einmaliger Prägung eine individuelle Gestalt darstellen. Der Menschen-Forscher, sofern er Anspruch an Wissenschaftlichkeit als überprüfbare Wiederholbarkeit seiner Leistung stellt, soll Schritt um Schritt beweisen, wie er zu seinem Ergebnis gelangte. Jaspers war nicht gefährdet, als intuitionsloser, phantasiearmer Rechner gebrandmarkt zu werden. Bereits in seinen frühen Arbeiten „Heimweh und Verbrechen" (1909) und „Eifersuchtswahn" (1910) hatte er sich als ein hochgebildeter Kenner und Beschützer der geistigen Welt, in der der Mensch beheimatet ist, ausgewiesen. Liebende Vertrautheit mit den Grenzsituationen des Menschen zeichnet auch seine 1922 erschienene pathographische Studie über Strindberg und van Gogh (unter vergleichender Heranziehung von Swedenborg und Hölderlin) aus. In minutiöser Analyse bemüht sich Jaspers, zu klarer Anschauung zu bringen, daß die Krankheit „ein entscheidender Faktor der Existenz ist." In dem viel umfassenderen Rahmen einer philosophischen Interpretation des Werkes von Nietzsche hat Jaspers später (1936) auch den kranken Nietzsche psychopathologisch beleuchtet: „Nietzsches Krankheit brach nicht nur dieses Leben ruinierend ab, sondern sie gehört in ihrem allmählichen Werden auf eine Weise zu ihm, daß ohne die Krankheit er uns in seinem Leben und Werk kaum vorstellbar wäre."

Nach seinem Übertritt zur Philosophie hat Jaspers keine Gelegenheit mehr, selbst psychiatrische Erfahrungen zu sammeln. Die „Allgemeine Psychopathologie" erscheint

1923 in dritter Auflage, in der er zu neueren Strömungen kritisch Stellung nimmt; die Grundkonzeption des Buches ist dieselbe geblieben. Um das glänzende Buch, das bei seinem Erscheinen so viel Aufsehen erregt hatte, wird es allmählich still. Anläßlich des 25jährigen Jubiläums des Buches (1938) hat Kurt Schneider gerügt, daß die meisten publizierenden deutschen Psychiater zu wenig Gebrauch von Jaspers gemacht haben. Das ist richtig, wenn man sich an die Lehrbücher hält. Aber die Durchsicht des Schrifttums zeigt doch, daß die Arbeit von Jaspers reiche Früchte getragen hat. Jeder gewissenhafte und gründliche Autor, der sich mit einem psychopathologischen Problem befaßt, muß sich auch mit Jaspers auseinandersetzen. Die nach dem zweiten Weltkrieg anlaufende Welle der Begeisterung für Daseinsanalyse und Psychotherapie wird viele jüngere Forscher dazu zwingen, sich wieder mit Jaspers, seinem besonnenen und kritischen Werk, zu befassen; vielleicht wird Jaspers' Großzeit erst kommen, wenn die Fluten sich verlaufen haben.

Jaspers war Philosoph geworden. 1919 veröffentlichte er seine „Psychologie der Weltanschauungen", ein Buch, das jeden Psychiater, sofern er ein wirklicher Seelenarzt ist, gefangennehmen muß (siehe dazu das Vorwort, das Jaspers der vierten, 1954 erschienenen Auflage vorangeschickt hat). Als Vorläufer seiner dreibändigen „Philosophie" (1932) folgt dann 1931 das Göschen-Bändchen „Die geistige Situation der Zeit". Beiden Werken entnimmt auch der Psychiater viele Anregungen. Nach dem schon erwähnten Nietzsche-Buch ist Jaspers zum Schweigen verurteilt. Das diktatorische Regime, das damals in Deutschland zur Macht gelangte, verbot ihm Schreiben und Lehren. Jaspers, als Mensch und deutscher Philosoph schwer getroffen, arbeitete unverdrossen weiter. In der Stille, ja in großer Einsamkeit, nur gestützt von seiner treuen Lebensgefährtin und wenigen Freunden, bereitete er zwei große Arbeiten vor, die „Philosophische Logik" und die vierte Auflage der „Allgemeinen Psychopathologie", die er 1942 abschließt, die aber erst 1946 erscheinen kann.

Jaspers hat sein Buch (das um 300 Seiten vermehrt wurde) noch einmal fast ganz neu geschrieben, eine bewunderungswürdige Leistung, wenn man bedenkt, daß Jaspers sich seit mehr als 25 Jahren nicht mehr als Psychiater betätigt hatte. Durch sorgfältiges Studium des Schrifttums war Jaspers aber in der Lage, allen seither neu hinzugekommenen Forschungen gerecht zu werden. Nur an wenigen Stellen entdeckt der Fachmann Lücken, die jedoch das Gesamtwerk nicht beeinträchtigen. So besonnen und maßvoll das Urteil von Jaspers im allgemeinen ist – oft ist der Leser überrascht durch die unerbittliche Schärfe der Kritik, die zweifellos zu den stärksten Positionen dieses unermüdlichen, gestrengen, getreuen Wahrheitssuchers gehört. Ein neuer Geist weht durch das ganze Buch [1]. Der neue Standort, den der Autor als Philosoph seither bezogen hat, drückt dem Werk seinen Stempel jetzt deutlicher auf als früher. Der „philosophische Glaube" des zur Zeit der Niederschrift fast sechzigjährigen Forschers hat festere Formen angenommen; der empirische Psychopathologe sieht seinen Gegenstand in das Weltbild eingeordnet, das er sich als Philosoph indes mühsam erarbeitet hat. Jaspers wird vielleicht unzufrieden sein, seine Arbeit so ausgelegt zu sehen; denn er will in diesem Buch nur wissenschaftlicher Psychiater sein, der zwar die Grenzen der Wissenschaft genau kennt, aber ebenso bestimmt kenntlich machen will, wo Wissenschaft als Empirie aufhört, wo nicht mehr eine Erfahrung, sondern eine Idee den Forscher leitet. Jaspers bleibt auch in der neuen Auflage der kritische Forscher, der der anschaulichen Empirie den ihr zukommenden Tribut zollt. Aber seine philosophische Position schiebt sich stärker, als ihm vielleicht selbst bewußt wird, in den Vordergrund.

Der neue Gehalt der vierten Auflage findet seinen treffendsten Ausdruck in dem sechsten Teil „Das Ganze des Menschseins"; er gliedert sich in folgende Paragraphen: I. Rückblicke auf die Psychopathologie. II. Die Frage nach dem Wesen des Menschen. III. Psychiatrie und Philosophie. IV. Die Begriffe Gesundheit und Krankheit. V. Der Sinn der Praxis.

Jaspers formuliert selbst „Einwände gegen den Entwurf meiner Psychopathologie"; er widerlegt diese Einwände einleuchtend und sagt zum Schluß: „Die für uns sinnvolle Frage ist, ob es gelang, überall die Verwechslungen und Vermischungen zu verhindern, und unseren Blick für die Vieldimensionalität wissenschaftlicher Bemühungen und für den Menschen selbst im Ganzen offenzuhalten. Daß an der Grenze schließlich ein Seinsbewußtsein steht, das geradezu nur einer philosophischen Erhellung zugänglich ist, bleibt, statt zur Krönung eines rein dogmatischen Totalwissens zu werden, der stille Grund einer systematischen methodischen Grundhaltung". Als forschende Psychopathologen können wir nur partikulare Erkenntnisse gewinnen, gerade wenn uns das Ganze immer als Idee voranleuchtet. Eine bis zu den letzten Positionen der Ratio durchgeführte methodologische Besinnung läßt uns dann scharf die Grenzen unseres Bemühens sehen. „Um aber bis an diese Grenze zu kommen, muß man jenseits der Grenze zu Hause sein."

Jaspers wendet sich entschieden gegen jedes Vermischen von Wissenschaft und Philosophie. Während der Mensch lediglich „in den Richtungen seiner *objektiven Erforschbarkeit* als eines in der Welt vorkommenden Wesens ... für wissenschaftliche Forschung zugänglich" sei, schaffe „Philosophie den Raum, in dem alles Wissen stattfindet, Maß und Grenze gewinnt und den Boden, auf dem es sich halten und praktisch werden kann, Gehalt und Bedeutung bekommt". Die Ontologie von Martin Heidegger und die größtenteils darauf fußende Daseinsanalyse von Ludwig Binswanger schränkt Jaspers in ihrer Bedeutung ein, wie er die Absichten, die in den Arbeiten von V. E. von Gebsattel und V. von Weizsäcker hervortreten, mit zurückhaltender Skepsis beurteilt. Der „Sinn der Praxis" zeigt, daß Erkennen und Handeln sich gegenseitig bedingen. Philosophische Selbsterhellung verhindert, daß das ärztliche Tun in leere Vielgeschäftigkeit und Kurpfuscherei entgleitet; tätige, der Wirklichkeit zugewandte Arbeit behütet den Arzt davor, in fatalistischer Kontemplation zu verharren, wissenschaftlichen Spieltrieb als reinen Selbstzweck über die Daseinsnot des Menschen zu stellen. In der Psychotherapie als dem „Versuch, dem Kranken durch seelische Kommunikation zu helfen, sein Inneres bis in die letzten Tiefen zu erforschen, um die Ansätze zu einer Führung auf den Weg der Heilung zu finden", erweist sich am deutlichsten, daß der Arzt „unausweichlich Philosoph ist". Denn hier muß es sich zeigen, ob er sich selbst durchleuchtet hat oder ob er steckengeblieben ist in Dogmen, Schematen, Theorien, die er bei seinem Gegenüber nur bestätigt finden will. Fordert man diese methodische Selbstbesinnung, die den philosophierenden Arzt auszeichnet, als Ideal, dann ist die These von Jaspers, daß „die Ärzte in dem Maße als sie Nervenärzte sind, ihrer Gesamtaufgabe gewachsen sind", nicht anmaßend.

Wir fragen: was bietet das Buch jedem Forscher, der mit Menschen zu tun hat? Abgesehen von der anregenden Fülle einzelner, aus eigener und fremder Erfahrung geschöpfter Beobachtungen, die Jaspers am richtigen Orte einzuordnen bemüht ist, gibt das Buch einen einzigartigen Überblick über die Gestalten der menschlichen Seele. Damit wendet er sich aber an jeden Menschen, jeden Forscher, besonders jeden Arzt, der die naturwissenschaft-

Karl Jaspers

lichen Scheuklappen abzulegen bereit ist. Jaspers beschränkt sich nicht darauf, die „naturwissenschaftliche Auffassung als zwar unerläßlich, aber nicht ausreichend" zu bezeichnen. In einer das ganze Menschsein umfassenden Ordnung der erfahrbaren Tatsachen werden die Wege gewiesen, auf denen man im einzelnen und im ganzen zu dem Menschen Zugang findet. Im Philosophieren aber erst werden die Grenzen des Wißbaren, des Verstehbaren, des Erklärbaren sichtbar, wird die Totalität des Menschen als unerreichbar abgewiesen, das Rätsel des Menschseins offenbar. Jaspers treibt seine Analyse so weit, daß das Ganze sich nicht selten zu verlieren droht. Seine kritischen Urteile muten oft so vernichtend an, daß wir betroffen, fast gelähmt, erschrecken. Man weiß nichts, man kann nichts wissen, alles Bemühen ist sinnlos, es gibt nur die existentielle Kommunikation – solche Resignation könnte einen zweifelnden Leser überkommen und ihm gefährlich werden. Uns erscheint positiv, daß Jaspers alles in Frage stellt, schonungslos die Lücken unseres Wissens, die Dürre leerer Begriffe enthüllt, die philosophischen Vorurteile kenntlich macht. Das Buch ist ein einziger Appell an die Freiheit des Menschseins, die dadurch nicht aufgehoben wird, daß der Mensch ein Naturwesen ist. Das Wort von Jaspers hat Gewicht, weil er als Philosoph und Arzt den Lebensraum des Menschen wie kaum ein Zweiter forschend durchschritten und philosophierend sich und anderen erhellt hat.

Wir haben versucht, aufzuzeigen, was Jaspers als empirischer Forscher und als philosophierender Interpret der Grenzsituationen des Menschen geleistet hat. Aber das gewiß sehr rohe, skizzenhafte Bild dieses Denkers wäre unvollständig ohne die Erwähnung seines durch ein Menschenalter fortgesetzten Kampfes gegen die Psychoanalyse von Sigmund Freud.

In den ersten drei Auflagen seiner „Psychopathologie" beschränkte sich Jaspers vorwiegend darauf, die Grundgedanken der Psychoanalyse zu referieren. Kritische Anmerkungen finden sich nur verstreut. Noch in der dritten Auflage heißt es: „Man wird gut tun, hier sein endgültiges Urteil zu suspendieren". Die Epigonen, deren „Schriften . . . durch Simplizität unerträglich langweilig sind", werden bereits gegeißelt.

Eine entschiedenere Position bezieht Jaspers erstmalig in seiner kleinen Schrift „Die geistige Situation der Zeit". In dem Abschnitt „Wie heute das Menschsein begriffen wird" charakterisiert Jaspers auch kurz die Psychoanalyse als typische Erscheinung der heutigen Welt. Jaspers kritisiert zuerst, daß die Psychoanalyse bisher keine empirisch überprüfbare, überzeugende Kasuistik beigebracht habe. Der Mensch als „Marionette seines Unbewußten" ruft seinen Widerwillen hervor. „Die Selbstreflexion des redlichen Menschen, wie sie nach langer christlicher Entwicklung in Kierkegaard und Nietzsche die Höhe ereicht hat, ist hier denaturiert zur Aufdeckung sexueller Begehrungen und typischer Kindheitserlebnisse; es ist die Verdeckung echter, gefahrvoller Selbstreflexion durch ein bloßes Wiederfinden bekannter Typen in einer vermeintlichen Notwendigkeit, welche das menschliche Dasein in seinen Niederungen verabsolutiert". So formt sich Jaspers das Urteil, daß „die Psychoanalyse stillschweigend zu der Konsequenz führt, ein Ideal nicht zu erdenken, aber fühlbar zu machen, indem der Mensch aus aller Spaltung und Gewaltsamkeit, durch die er zu sich selbst kommen kann, nun zurückkehrt zu der Natur, als die er kein Mensch mehr zu sein braucht". Im weiteren Verlauf seines Überlegens verdichtet sich Jaspers die Überzeugung, daß die Psychoanalyse in dieselbe Kategorie von Theorien gehört wie der Marxismus und die Rassenlehre; allen haften ruinöse Eigenschaften an, weil sie „geeignet sind, zu vernichten, was Menschen Wert zu haben schien". Marxismus,

Rassentheorie und Psychoanalyse „wenden sich gegen jeden, der an etwas glaubt, und entschleiern ihn in ihrem Sinne".

In neuester Zeit hat Jaspers das Thema [2] wieder aufgegriffen; der Kampf gegen die Psychoanalyse, soweit sie eine Idee vom Menschen repräsentieren will, ist ihm ein Grundanliegen. Jaspers lehnt Freud ziemlich unversöhnlich ab, nicht als Menschen (dem er als einer unabhängigen, freien Persönlichkeit mit Achtung gegenübertritt), nicht als Forscher (dessen Intuitionen er gerecht wertet), sondern als Philosophen, der eine den Menschen entwürdigende Theorie geschaffen hat. Jaspers weist zunächst „den Anspruch des Totalwissens vom Menschen" ab, den die Psychoanalyse verheißt. Der „Pseudoglaube", der im Gewande der Wissenschaftlichkeit nur verhüllt sich preisgibt, verspricht dem Menschen „eine täuschende Befreiung, die so unwahr ist, wie diese Menschenwelt selbst, die sich darin nur spiegelt". Bei der Psychoanalyse handele es sich „um einen gewaltigen, zeitbedingten Selbsttäuschungsprozeß mit einer Bezauberung der Menschen, die hier ihren Lebensgehalt finden, aber bei der Falschheit des Ursprungs in eine heillose Verwirrung nicht nur ihres Wissens, sondern ihres Wesens selbst geraten müssen". Dies ist die Ausgangsposition Jaspers, der a priori solche Wesensschau des Menschen ablehnt; er ist stark geworden in seiner Stellung durch die empirische Beschäftigung mit dem Menschen und die „methodologische Besinnung", die „zur Scheidung der mannigfachen Weisen wissenschaftlichen Erkennens von den philosophischen Methoden des Denkens führt".

Jaspers geht in seiner Kritik der sachlichen Irrtümer der Psychoanalyse, soweit sie medizinische Lehre und Therapie ist, zu weit. Aber es müßte nicht Jaspers sein, der so fanatisch gegen ein Dogma zu Felde zieht, wenn er nicht anerkennte, daß die Psychoanalyse „wie ein Fanal ist zur Beschwörung der ärztlichen Selbstbesinnung, die man sich nicht zu leicht machen darf." Jaspers wendet sich nur gegen die Auswüchse der von ihm zu ausschließlich als Glaubens-Bewegung angesehenen Psychoanalyse. Schließlich besinnt sich Jaspers aber wieder auf die Vernunft und findet freundliche Worte für die „innerlich unabhängigen Psychotherapeuten, die den Menschen lieben und ihm helfen möchten, die in je einmaliger persönlicher Gestalt vernünftig das Mögliche tun, die auch psychoanalytischen Methoden benützen, ohne ihnen zu verfallen".

Wir versuchen zum Schluß zusammenfassend zu umreißen, was Jaspers als Psychopathologe für die gegenwärtige Situation der Psychiatrie und ihrer Grenzwissenschaften bedeutet. Die „Allgemeine Psychopathologie" von Jaspers ist eine einmalige Leistung, gemessen an der Fülle neuer Erkenntnisse, die in der ersten Hälfte des 20. Jahrhunderts von den Naturwissenschaften erarbeitet wurden. Aber nur in Verbindung mit einer geistesgeschichtlichen Bildung von ungewöhnlicher Breite und Tiefe konnte der Versuch gewagt werden, das theoretisch Gesicherte und praktisch Brauchbare aus dem andrängenden Material zu sondern, zu einer Übersicht über die Erscheinungsweisen und Probleme des abnormen Seelenlebens zusammenzufügen und gleichzeitig die Verschiedenartigkeit und -wertigkeit der Quellen und Methoden der gewonnenen Erkenntnisse aufzuweisen. Das Werk von Jaspers wird grundlegend und richtungweisend bleiben, solange es eine Wissenschaft von seelisch kranken Menschen gibt. Dieser Satz, der sich nicht so leicht auf irgendeine Arbeit der modernen Wissenschaft anwenden läßt, ist zu begründen.

Es gibt – dies ist die Grundthese von Jaspers – kein Totalwissen vom Menschen, vielmehr nur partikulare Erkenntnisse. Solches (oft intuitiv geschöpfte) Teilwissen ist empirisch zu bestätigen, logisch zu begründen und so zu lebendiger Anschauung zu bringen. Man darf aber nicht vergessen, daß Jaspers, der scharfe Analytiker, als Philosoph, Forscher und Mensch davon besessen ist, dem Menschen als Ganzheit, als je einmaligem Wesen Gestalt zu geben; diese Intention zeichnet sich nicht nur in seinen frühen psychopathologischen Einzelstudien, seinen biographischen Arbeiten, seiner Psychologie der Weltanschauungen, sondern vor allem in seinen philosophischen Werken ab.

Aber Jaspers hält es für verderblich, eine Intuition oder Idee vom Menschen als unerschütterliche und erwiesene Wahrheit anzusehen, er dringt als redlicher Forscher darauf, zu unterscheiden, was ich wissen, also mit den Mitteln der Ratio beweisen kann, und was mir philosophierend aus dem „Umgreifenden" bewußt wird. Beides kann ich dann kraft der mir als Mensch innewohnenden Vernunft ergreifen, aber auf je verschiedene Weise. Als Forscher muß ich mich in strenger Selbstzucht darauf besinnen, daß nur reinliches Scheiden der Methoden echte wissenschaftliche Erkenntnis fördert. Als Philosoph steht es mir frei, den Strom meiner Einfälle, meiner Ideen fließen zu lassen.

Um bei der Psychopathologie zu bleiben: die Krankheitseinheit, die Lokalisation seelischer Vorgänge in bestimmte Hirnbezirke, die Entstehung der Neurose aus verdrängtem Unbewußtem sind fruchtbare Arbeitshypothesen, deren Ursprung der – oft geniale – Einfall eines Forschers ist. Gegenstand der wissenschaftlichen Psychopathologie können solche „Ideen" nur werden, wenn gleichzeitig ganz bestimmte, dem zu erforschenden Sachbereich angemessene, Verfahren angegeben werden, die es ermöglichen, den Sachverhalt klinisch oder experimentell oder psychologisch anzugehen und zu überprüfen. Viele empirisch feststehende Tatsachen der Psychopathologie können zudem mit Erfolg von verschiedenen Seiten angeschaut, mit verschiedenen Methoden bearbeitet werden. Ein Psychopathologe, der sich dieser von Jaspers zum erstenmal in aller Schärfe und Klarheit geforderten methodologischen Selbstbesinnung nicht unterzieht, ist ständig in Gefahr, in Fanatismen (z. B. Sexualtheorie von Freud), in Mythologie (z. B. Lokalisationslehre) abzugleiten.

Daß Jaspers in der Strenge seines analytischen Forderns die Synthese, die das Erfassen von Ganzheiten, von Persönlichkeiten, von Lebensschicksalen zum Ziel hat, nicht etwa geflissentlich zugunsten einer in leerer Methodologie verharrenden Atomistik vernachlässigt, zeigen besonders eindringlich seine Pathographien. Bei van Gogh, Hölderlin, Nietzsche müht sich Jaspers wie keiner vor ihm ab, Krankheit und Werk, Krankheit und Leben in eins zu sehen. Allerdings bleibt Jaspers – wenn wir seine Position streng kritisieren – auch dann noch in den Grenzen seiner Idee der unbedingten Scheidung verstehender und erklärender Psychologie. So sieht er deutlich als erfahrener Psychopathologe den zerstörenden Einfluß der Krankheit; er verfällt deswegen nicht dem, geistesgeschichtlich gesehen, furchtbaren Irrtum, die Werke der in die seelische Krankheit geworfenen Genialen nur psychiatrisch zu klassifizieren. Andererseits hindert ihn sein naturwissenschaftliches Urteil, die Krankheit etwa als nebensächlich zu ignorieren. Nein, er spürt in peinvollem Ringen mit der vollen Wirklichkeit, die ein Einzelner uns im Leben und Werk zeigt, den feinen Beziehungen nach, die den Menschen von Fleisch und Blut mit seiner geistigen Leistung verknüpfen.

Die Klarheit und Verständlichkeit, die Jaspers als Forscher und Philosoph auszeichnet, könnte dazu verführen, auch ihm als Gläubiger anzuhängen. Ein solcher Epigone würde sich zu ihm verhalten wie Wagner zu Faust. Jaspers ist und bleibt, als Psychopathologe wie als Philosoph, der große Frager, der selbst nur weiß, daß er nichts weiß. In echter

Kommunikation entläßt er seinen Leser oder Gesprächspartner in die eigene Freiheit. Karl Jaspers mit seinen psychopathologischen und philosophischen Arbeiten ist nicht mehr wegzudenken aus der Geistesgeschichte. Deswegen fesselt uns der Mensch, der ein so großes Werk vollbrachte, besonders. Der hochgewachsene Mann mit dem markanten Kopf des Denkers und dem norddeutschen Akzent seiner gediegenen Sprache, die sich im vertrauten Gespräch wie ex cathedra nie verändert, ist von gewinnendem Wesen. Als ich junger Arzt war, nahm Jaspers, damals schon berühmte Größe der Heidelberger Universität, mich als quasi Gleichberechtigten in seinem schönen, schlichten Studierzimmer im Hause Plöck 66 zu stundenlanger Diskussion bei sich auf. Viele weitere Unterhaltungen mit dem großen Manne, der nie auch nur eine Spur von geistiger Überheblichkeit spüren ließ, zähle ich zu den wertvollsten Erinnerungen meines Lebens. Jaspers, der durch ein chronisches Leiden körperlich schwer behindert war und ist, versagt sich nie dem verabredeten Gespräch, in dem er auch im Leben – wie im Denken – echte, wirkliche Kommunikation vollzieht. Jaspers ist übrigens der Psychiatrie nicht „abtrünnig" geworden (so kann man manchmal lesen); seine physische Gebrechlichkeit, die er stets seinem geistigen Auftrag untertan machte, hinderte ihn, das ihm einmal angetragene Amt eines Klinikchefs anzunehmen. Jaspers wäre zum geistigen Führer der heutigen Psychiatrie berufen gewesen – sein philosophisches Werk versöhnt uns mit seinem Abgang.

Jaspers wurde am 23. Februar 1883 in Oldenburg (Deutschland) als Sohn eines Bankdirektors geboren. Nach Absolvierung des dortigen humanistischen Gymnasiums studierte er drei Semester Jurisprudenz, ging aber dann zur Medizin über. Nach Staatsexamen und Promotion trat er 1909 in die damals von dem bedeutenden Psychiater und Neuropathologen Franz Nißl geleitete Psychiatrische Klinik in Heidelberg ein, in der er bis 1915 arbeitete. 1913 hatte er sich für Psychologie habilitiert und wurde 1921 auf einen ordentlichen Lehrstuhl für Philosophie in Heidelberg berufen. 1937 mußte Jaspers sein Lehramt aufgeben, weil er den nationalsozialistischen Machthabern unbequem und zudem mit einer Jüdin verheiratet war. 1945 wurde Jaspers wieder in seine Rechte eingesetzt; er folgte 1948 einem Ruf an die Universität Basel, wo er noch heute wirkt.

Anmerkungen:

[1] Da ich mich in den letzten Jahren wiederholt über Jaspers und sein Werk geäußert habe, muß ich mich hier wiederholen; die nachfolgenden Sätze finden sich fast wörtlich in meinem Aufsatz „Karl Jaspers als Psychopathologe" („The Library of Living Philosophers", herausgegeben von Paul A. Schilpp, Evanston, Ill., USA). Auch die späteren Formulierungen, die Jaspers' Stellung zur Psychoanalyse behandeln, sind demselben Aufsatz entnommen.

[2] „Vernunft und Widervernunft in unserer Zeit", Piper-Verlag München 1950, und „Zur Kritik der Psychoanalyse", Nervenarzt, *21*, 1950.

Bibliographie:

Eine vollständige Zusammenstellung aller von Jaspers bis 1952 veröffentlichten Arbeiten findet sich in der Festschrift zum 70. Geburtstag „Der offene Horizont", R. Piper-Verlag, München 1953. Autobiographische Notizen in „Rechenschaft und Ausblick", R. Piper-Verlag München 1951. — Schneider, Kurt: „25 Jahre Allgemeine Psychopathologie", Nervenarzt, *11*, 281 (1938). — Binswanger, Ludwig: „Karl Jaspers und die Psychiatrie". Schweiz. Arch. Neur. Psychiatr., *51*, 1 (1943). — Heimann, Hans: „Der Einfluß von Karl Jaspers auf die Psychopathologie". Mschr. Psychiatr. Neur., *120*, 1 (1950).

CARL GUSTAV JUNG

geb. 1875

Von G. R. Heyer

Es ist nichts annehmbar,
was nur den Kopf berühret,
nicht auch das Herz ergreift.
Jung

Daß die Werke der in bestimmten Epochen gleichzeitig schaffenden Männer unabhängig von deren Lebensalter innerlich zusammengehören, wie das W. Pinder festgestellt hat, wird besonders deutlich beim Betrachten der letzten Jahrhundertwende. 1900 (F. Nietzsches Todesjahr) publizierte M. Planck seine Quantentheorie, 1903 stellte A. Einstein das Relativitätsprinzip auf. 1901 stieß H. Driesch durch seine Experimente am Seeigelei auf jenen schöpferischen Faktor, den er im Vitalismus zu fassen versuchte, den „élan vitale" H. Bergsons, der 1907 seine „Schöpferische Entwicklung" veröffentlichte. In der gleichen Richtung arbeitet die Lehre von L. Klages und denkt dessen biozentrische Philosophie. 1911 gründete W. Kandinsky die Gruppe des Blauen Reiters – zusammen mit F. Marc, der dann zum Maler des Geistes der Kreatur wurde. Dem fin de siècle folgten die deutschen Fauves, die Maler der Brücke mit ihrem Ja zu allem Elementaren in Leben und Kunst. Und Picasso (geb. 1881) wandte sich, in Vollendung des von Cézanne Begonnenen, endgültig ab von der 500 Jahre lang geübten Kunst des Abbildens und revolutionierte die Welt durch seine Darstellung des Wesens der Dinge in Zeichen. Das sind nur einige bezeichnende Namen, an die sich die Entstehung des neuen Weltbildes des XX. Jahrhunderts knüpft – ein Umbruch revolutionärer Art in unserer Anschauung von der Welt im wissenschaftlichen ebenso wie im künstlerischen Bereich, zutiefst ein Umbruch der Wesensart *des Menschen selbst*. In diese „Generation der Jahrhundertwende" gehören der geniale Schöpfer der Psychoanalyse, S. Freud und (der – ebenso wie R. M. Rilke – 1875 geborene) C. G. Jung, der Begründer der „analytischen" bzw. „komplexen" Psychologie. 1900 erschien das entscheidende Werk Freuds, die „Traumdeutung", 1912 Jungs „Wandlungen und Symbole der Libido", das Buch, in dessen neuem Libido-Begriff sich die Auffassung der Züricher Schule erstmalig dokumentiert.

Die um 1900 anhebende Epoche nannte Max Scheler, derjenige Philosoph, der die Zeitwende früh erkannte, „Revolte des neuen Weltalters"; er wies darauf hin, wie überall die Zeichen zu finden sind, die den bis dato herrschenden homo sapiens und homo faber, d. h. das „asketisch" rein geist-bedingte Bild des Anthropos stürzen zugunsten einer Reintegration der naturhaften Wesensseiten des Menschen. Man bedenke die irrationalistischen und antiintellektuellen Bewegungen jener Epoche, wie beispielsweise die vitalistischen und geistfeindlichen politischen Einstellungen der autoritären Regime, die Sport- und die Jugendbewegung (mit dem neuen „Leibgefühl" und der neuen „Leibwertung"), den Untergang des puritanischen Sittenideales und die neuen erotischen Sitten der Jugend, den „Jugendstil" mit seiner pflanzenhaft-rankenden Ornamentik, die Wertschätzung des Kindesdaseins und Jugendalters als eines Eigenwertes, die Heimat- und Naturschutzbestrebungen, die tänzerische Gymnastik, die Lust an primitiver magischer und mystischer Mentalität, Kunst und Geistesart, die Zuwendung der Jugend zum Indianer-Ideal oder die Betonung des Weiblichen gegenüber dem Männlichen, den Aufstand der Massen gegen die ehemaligen Eliten, ja der Dinge selbst gegen den Menschen und seinen Verstand. Wie die Preisung des Bios an Stelle des Logos, gehört auch die Adoration des Unbewußten entgegen der Herrschaft des Bewußtseins hierher. Das Ereignis der Psychoanalyse und das Werk der führenden Analytiker kann nur in diesem Gesamt der kulturellen Welt richtig verstanden werden, aus deren Krise sie erwuchs und die sie mitverwirklicht. So heißt es auch bei Jung, der „schöpferische Geist des Menschen sei keineswegs seine Persönlichkeit, sondern ein Zeichen oder ‚Symptom' einer zeitgenössischen Geistesströmung".

In solchen Umbrüchen liegt beschlossen, daß die neu anhebende Epoche nicht alsogleich ihr fertiges Antlitz zeigt. Das Sterben der bisher geglaubten Welt und ihrer Werte vollzieht sich nicht „von allein". Die Geister, die im ersten Akt des großen Dramas spielen, sind die großen Entlarver, sie führen einer Welt, die noch an den gestrigen Normen hängt und in den gestrigen Formen zu leben versucht, mit unerbittlichem Realismus vor Augen, wie sehr anders als diese Fassade die tatsächliche Wirklichkeit aussieht. Solch ein Entlarver war H. Ibsen in seinen Gesellschaftsdramen. Das gilt für Nietzsche, es gilt ebenso für Freud wie Adler und vielfach auch noch für Jung. Je vollständiger der Abbau ist, desto größer der Widerstand der Mitwelt. Dieser entspringt nicht nur aus Bequemlichkeit, Gewohnheit und Feigheit; der Protest speist sich auch aus einem Instinkt, der uns sagt, wie lebensgefährlich solch eine Operation ist. In Umbrüchen wie dem heutigen geht es auf Leben und Tod. Der Abbau erfolgt ja tief hinab, bis in jene Gründe, in denen ebenso das absolute Chaos wie der ewige Ursprung wesen – eine Sphäre, die in wohlgeordneten Läuften von den Institutionen wohltätig aufgefangen, in ihnen „aufgehoben" ist. Auch die wissenschaftlichen Lehrgebäude und Systeme sind solche geformte Ordnungen, in denen sich der Mensch vor dem Absinken in das gestaltlos waltende Sein wahrt. Zerfallen diese Gestaltungen in den großen Wendezeiten, so ist der Mensch mit dem Letztwirklichen konfrontiert und steht er vor der – generationenlangen – Aufgabe, diesen Urgrund des Seins in neue Daseinsgestalt zu bannen, neue Welt zu bilden. –

Erst seit der Jahrhundertwende, d. h. erst seit Freud und seit es eine tiefenpsychologisch unterbaute Seelenheilkunde gibt, ist der Nervenarzt auch ein Psychotherapeut. Schwer denkbar, daß sich vorher ein Nervenarzt – so wie Jung – als „Liebhaber der Seele" bezeichnet hätte! Denn der altüberkommene Name des Nervenarztes besagte, daß ein solcher das – körperlich verstandene – Nervensystem zu untersuchen und zu behandeln hatte. In der Zeit der „Psychologie ohne Seele" und der „Gehirnmythologie" sah man als eigentliche Wirklichkeit nur das anatomisch, physikalisch oder chemisch Faßbare an.

Freud bedeutet den ersten entscheidenden Ausbruch aus dieser materialistischen Anschauung. So sehr auch er, als Mann des Übergangs, bei all seiner Genialität noch vielfach im Bann des Bisherigen stand, ihm wurde deutlich, daß der Nervenarzt weniger Gehirn und Nervenstränge zu behandeln habe als Menschen, die erlebnisbedingt, d. h. seelisch fehlgeleitet waren, und denen daher nicht mit Pulvern und Spritzen, auch nicht mit kaltem Wasser zu helfen ist, sondern nur mit psycho therapeutischen Mitteln. Auch wo wir uns heute vom Standpunkt des Altmeisters teilweise weit entfernen, darf bei aller Kritik Freuds der große Dank, die ehrfürchtige Bewunderung nie fehlen! So heißt es einmal bei Jung: „Freud ist doch ein Meister, ja auch mein Meister", so wie Freud in Briefen Jung mehrfach seinen „Kronprinzen" genannt hat. Das ist, über alle Schulstreitigkeiten hinweg (die eine Parallele zum „Pastorengezänk" darstellen), immer im Auge zu behalten. Wirkliche Hilfe für Menschen in seelischer Not ermöglicht erst die tiefenpsychologisch aufgeschlossene, neue Generation seelenkundiger Nervenärzte.

Indem Freud die müd und schwach gewordenen Fiktionen der endenden Weltweise erkannte, stieß er auf eine Schicht im Menschen, die er das „Unbewußte" nannte. Es war der schöpferische Grund, das Reich der Mütter, die Nigredo, das Leere – der Urgrund des Letztwirklichen. Die buddhistische Chakrenlehre nennt ihn die „Wurzelstütze" (muladhara); er entspricht der aitia der Vorsokratiker; Schopenhauer bezeichnete ihn mit dem „Willen". Jung spricht u. a. vom objektiv Psychischen. Freilich mißverstand Freud die Wirklichkeit, auf die er gestoßen war, zeitbedingt, grotesk! Im Bann des herkömmlichen Denkens meinte er, es sei einer weiteren Forschung aufgegeben, als Grund und Ursache des den Menschen vital Treibenden – der „libido" – stoffliche, z. B. hormonale Faktoren, zu entdecken. Auch erkannte er nicht die eigenschöpferische Macht des „Unbewußten", sondern glaubte, es handele sich dort nur um aus dem Bewußtsein „verdrängte" Inhalte. Und zudem identifizierte er es mit der einen (freilich zentralen) Emanation des Seinsgrundes, dem Generativen; der Fortpflanzungstrieb wurde ihm identisch mit dem schöpferischen Prinzip selbst. *Daß* er an die Wurzelstütze und den Quellgrund des Daseins gerührt hatte, gab seinem Wirken die Mana-Macht und den Sieg über alle jene kleinen Gegner, die die Existenz eines Unbewußten zu bestreiten versuchten. Aber die Unvollkommenheit seines Meinens – zusammen mit seiner völlig ametaphysischen, ja antimetaphysischen Einstellung – machte nötig, daß die analytische Seelenheilkunde neue Wege beschritt.

Das war das Werk von C. G. Jung. Es führte zu seiner Trennung von Freud, daß er die Struktur jener Qualitas erfaßte, von der Freud ergriffen war, ohne sie begriffen zu haben. Der Erforschung dieses Unbewußten und der Meisterung seiner Dynamis, ihrer Einfügung in die menschliche Bewußtheit gilt von früh ab Jungs hauptsächliches Mühen. Während die meisten Tiefenpsychologen und -therapeuten vor allem bestrebt waren und sind, die therapeutische Technik zu fördern, steht im Mittelpunkt der Jungschen Arbeit das Ringen um die gemäße Erfassung dieses Phänomens, das auch noch bei ihm als das „Unbewußte" bezeichnet wird.

Angesichts dieser Bemühung um den Seelengrund und des großartigen, vor allem intuitiven Baus der „komplexen" bzw. „analytischen" Psychologie des Züricher Meisters könnte leicht eine Fehlvorstellung entstehen: als handele es sich bei ihm um jemand, der in den leeren Raum hinein konstruiert. Dem ist nicht so. Jung ist vielmehr, bei aller hochdifferenzierten Sensibilität, bei aller häufig medial zu nennenden Spürkraft, mit seiner ganzen Person massiv eingebettet in erdfeste schweizerische Substanz. Er betont es auch selbst immer wieder, daß er Empiriker sei. Man müßte seine Arbeitsweise wohl als „phänomenologisch" klassifizieren. Ein Beispiel kann diese gesunde Wirklichkeitsnähe am deutlichsten illustrieren. Mit seinem Jugendfreunde Schmid-Guisan machte er in jungen Jahren große Touren, namentlich auf dem Fahrrad. Bei einer solchen Fahrt passierte es nun wiederholt, daß die beiden temperamentvollen Männer sich verstritten. Sie ließen es aber bei den Differenzen nicht bewenden, sondern suchten den Grund für diese zu finden. Als sie ihre beiderseitigen Wesensarten erforschten, entdeckten sie, daß es divergierende Grundeinstellungen waren, die ihre Miß- und Unverständnisse veranlaßten: charakterologische Unterschiede also mitgegebener Natur. Diese Gespräche, in einem langen Briefwechsel fortgeführt, wurden die Grundlage zu jener Entdeckung, die Jung früh bekannt gemacht hat, der Feststellung des extra- und introvertierten Typus (und deren Spielarten). Ebenso sind die Einsichten in die Struktur des Unbewußten, in seine archetypische Gliederung, nicht etwa am Schreibtisch oder in Bibliotheken entstanden, sondern in der Verarbeitung zuerst eigener und dann zahlloser Patienten-Träume (worüber speziell die – englischen – Seminare Aufschluß geben). Dasselbe gilt für die Einführung der unbewußten Bildnerei in die Therapie: auch diese Möglichkeit entdeckte Jung im Umgang mit sich selbst.

Zur Kennzeichnung der erdfesten, mitunter bäuerisch wirkenden Art Jungs sei hier auch seine leibliche Erscheinung skizziert, und zwar führe ich die Schilderung H. Keyserlings an, wie sie dieser im zweiten Bande seines Erinnerungsbuches „Reise durch die Zeit" bringt: „So wirkt Jung, alles in allem, dank der Mischung von Archaischem und Modernem in ihm und dank einer eigentümlichen Ungeschlachtheit, gepaart mit sehr großem Fleiß und Spürsinn, als paradoxal ergreifende Geistesgestalt. Diese findet in seiner Leiblichkeit eine selten getreue Verkörperung. Jung ist als Körper ein Bär, plump und stark und behende zugleich, ohne Grazie; seine Bewegungen entsprechen seiner seltsam ungepflegten, ja ungehobelten Ausdrucksweise; doch dieser moles ist ein Kopf mit einer der feinsten Nasen aufgesetzt, welche ich gesehen, und die kleinen Augen haben einen nicht nur scharfen, sondern raffinierten Ausdruck ..."

Jung war früher ein großer Wanderer, ein geübter Bergsteiger, Schwimmer, Segler und Lenker seines Wagens. Als Liebhaberei meißelt er gern in Stein Gestalten und Inschriften aus. So hat er z. B. an seinem Haus in Küßnacht den Spruch selbst eingehauen: „Vocatus atque non vocatus deus aderit". In seinem Landsitz bei Bollingen hat er große Freskobilder an die Wände gemalt. Und, nicht zu vergessen, Jung ist ein passionierter und erstklassiger – Koch. Man muß es miterlebt haben, wenn er in seinem „Turm" am Zürichsee, in einem fast festungsartigen alten Gemäuer, das er sich (großenteils eigenhändig) zu einem Tuskulum ausgebaut hat, kocht, brät und brutzelt! Als ich ihn dort einmal besuchte, kündigte er mir beim Empfang an, er werde jetzt acht Tage lang jeden Abend ein anderes Nationalgericht bereiten; denn er befreunde sich auf seinen Reisen möglichst mit den Köchen und tausche mit diesen Rezepte aus. Und so geschah es eine ganze Woche lang; selbstverständlich nach Möglichkeit mit den jeweils dazugehörigen Getränken. Nur das Rauchbare blieb dasselbe, über eine gute Importe gehe ihm nichts; es sei denn, daß er die geliebte Pfeife mit Tabaken verschiedenster Provenienz stopft. Jeder, der solche Gastmahle mitgenossen hat, bestätigt, selten so ausgezeichnet gegessen (und getrunken) zu haben. Ebenso ist das morgendliche Frühstück eine umfangreiche Begehung. Die Stunde nach diesem pflegt eindrucksvoll zu sein: dann strömt er häufig von Einfällen, Erinnerungen, Geschichten und Anekdoten. Man hätte sich oft einen „Eckermann" herbeigewünscht, der aufbewahrte, was in diesen produktiven Stunden der gelösten Besinnlichkeit geäußert wurde.

Als wir eines sonnigen Tages am „Turm" gefrühstückt hatten und jene fruchtbare

C. G. Jung.

Stunde gerade begann, kam der Postbote. Jung (der in seinem Turm ohne alle Bedienung haust) nahm die Briefe in Empfang und blickte hinein. Bei dem ersten verdüsterte sich sein Antlitz und er gab mir den Brief herüber. „Das ist nun einer Eurer besten Psychotherapeuten", sagte er. Ich las das Schreiben, es war von einem seinerzeit sehr bekannten Analytiker. Ich muß gestehen, ich erstarrte bei der Lektüre! Nach einigen einleitenden Sätzen kamen mehrere Seiten voll von Kritik, und zwar nicht sachlich-wissenschaftliche Einwendungen, sondern es waren höchst persönliche Aussetzungen am Privatleben des Adressaten; kaum ein Lebensgebiet, innerhalb dessen der Schreiber nicht zu einem geharnischten Ankläger geworden wäre. Ich reichte mit spitzen Fingern die Anklageschrift zurück. Jung verschwand, tief verstimmt; und ich fuhr mit seiner mir unvergeßlichen, ebenso begabten wie charmanten Mitarbeiterin Toni Wolff auf den See. Als wir mittags zurückkamen, nahm mich Jung unter den Arm: „Ich hab' ‚ihm' schon geantwortet!" Im Turm zeigte er mir diesen seinen Brief. In seiner klaren, rhythmisch-schwingenden, feindifferenzierten Schrift war zu lesen: „Sehr geehrter Herr Kollege! Als ich Ihren Brief las, war ich sehr zerknirscht. Denn alles, was Sie schreiben, stimmt. Und noch viel mehr. – Als ich so in mich ging, hatte ich ein Bild: die dicksten Kürbisse wachsen auf dem größten Mist. – In vorzüglicher Hochachtung Ihr sehr ergebener . . ."

Das ist, tiefer gesehen, mehr als eine Anekdote. Jener Brief stellte ein Symptom dessen dar, was man „morbus analyticus" nennen könnte, d. h. das Herein- und Herübertragen der in der analytischen Sitzung angebrachten Einstellung – welchselbe keine „Diskretion" kennt und kennen darf – in die profane und gesellschaftliche Sphäre, die Abstand, Takt und Respekt benötigt; derartige Übergriffe haben die Analyse und die Analytiker verständlicherweise in schlechten Ruf gebracht. Bezeichnend aber ist vor allem jene Antwort Jungs. Kurz zusammenfassend gesagt: es kommt ihm nicht an auf Vollkommenheit, sondern darauf, vollständig zu werden. Hier soll das kleine Erlebnis illustrieren die Erdfestigkeit, die Jung eignet und vor den üblichen „Esoterikern" auszeichnet. Leute, die es vor allem mit der Moral haben, pflegen entrüstet zu sein, wenn statt pointiert edlen Strebens das Wissen um die ewig gegebenen Urtatsachen des Lebens offen ausgesagt wird; aber sie ändern wenig an der Tatsache, daß „Hoch immer auf Tief" steht und daß es „am Fuß des Leuchtturms stockdunkel ist". Vor allem aber bezeugt die berichtete Geschichte die Zugehörigkeit Jungs zu jener neuen Ausrichtung unseres Weltbildes im Sinne eines Satzes von M. Scheler: „Die Götter des sogenannten ‚Lebens' scheinen für einige Zeit die Herrschaft der Götter des ‚Geistes' abgelöst zu haben"; ein neuer „dionysischer" Mensch trete, den einseitig übersteigerten „Apollinismus" ergänzend, auf den Plan. Die Versenkung in das „Unbewußte", von der zuvor gesprochen wurde, beinhaltet demgemäß in Jungs Psychologie vor allem eine Hinwendung zum kreatürlichen Anteil des Menschen, zu dessen „erdhaftem Ursprung" (Keyserling).

Wenn im folgenden das Werk Jungs betrachtet wird, so müßte das in üblicher Weise dergestalt geschehen, daß man untersuchte, wie aus Jungs Ahnenreihe, aus seiner Jugend und aus Einflüssen, die ihn früh prägten – aus persönlichen Voraussetzungen also – sein Werden und Wirken entstanden sei. Es scheint aber richtiger, bei bedeutenden Männern auszugehen von dem Werk selber, d. h. von dem ihnen Aufgetragenen, ja Auferlegten. Das ist ein bewußt unpsychologisches Vorgehen, zumindest anders als die gängige Arbeitsweise verfährt: wobei ja in sorgfältiger Erforschung der Vergangenheit, insbesondere der frühen Jugend, die gegenwärtige Existenz und deren Probleme abgeleitet werden. Diese kausale Auffassung hat neben therapeutischen Möglichkeiten, die kein Arzt missen möchte, einen blinden Fleck bewirkt; die „klassische" Lehre vergißt nämlich allzuleicht, daß der Mensch nicht nur „weswegen" da ist, sondern auch „wozu". Mit anderen Worten gesagt: hatten die kirchlichen und philosophischen Lehren vielfach nur das Wozu und Wohin gelehrt, so wurde den Psychotherapeuten umgekehrt der Einzelne lediglich zu einem von seinen Trieben und seinen Prägungen kausal bestimmten Wesen, d. h. es wurde die geistbedingte und hohe Aufgabe alles Menschendaseins vergessen: der zu werden als der man gemeint ist. Ethos und Divines sind unwegdenkbar, wenn es sich um Lebensverständnis und -gestaltung handelt! Es erübrigt sich fast, an die überaus peinlichen Entgleisungen in manchen Studien der Freudschule zu erinnern, in denen jenes „reduktive" Verfahren dominiert. Letzten Endes kommt dies darauf heraus, daß als die eigentliche Ursache jedes noch so großen Werkes, jeder noch so erhabenen Gestalt die „Überkompensation" von „verdrängten" – minderwertigen – Antrieben angesehen wird. Aber nicht nur die Freudschule huldigte dieser geistblinden Methode, die moderne Literatur ist erfüllt von solchen Pseudo-Deutungen „psychologischer" Art. Ja – darauf wird noch eingegangen werden – gelegentlich zeigt sich auch in Jungs Arbeiten noch ein Rest dieser Auffassung, z. B. gegenüber Nietzsche. Es scheint vielen ungeheuer schwer zu sein, zuzugeben, daß wie schon jedwedes noch so bescheidene, kleine Individuum irgendwo und irgendwie Gottes-Geschöpf ist, erst recht der Große, der Genius nur dadurch groß und genial ist, daß er noch viel mehr als aller Durchschnitt und alles Mittelmaß im Dienst steht, im Dienst nämlich eines Höheren, einer umfassenden Ordnung. Je entscheidender dieser Auftrag, je mächtiger seine Erfüllung ist, desto mehr werden die privaten Eigenschaften des Menschen zu werkzeuglichen Mitteln, zu Ermöglichungen (oder Erschwerungen) jener Erfüllung. Vergleichbar wie die leblose Materie in den Dienst tritt der sie umfassenden beseelten Kreatur, wie alles Beseelte, sobald es von geistigen Mächten überformt wird, eben dieses Geistigen dienender Träger wird – ebenso erhalten auch die erblichen, die biographischen und die psychologisch faßbaren Qualitäten jenen werkzeuglichen Charakter, wenn ein Mensch in das Kraftfeld höchster Vollzüge aufgerufen wird. Verstehen und Deuten, heißt das, kann nicht allein „von unten her" geschehen, sondern es verlangt die Einsicht in die höchsten Möglichkeiten, die am Werk sind. Das was meist als die genetisch-kausale „Ursache" des späteren Lebens und Schaffens angesehen wird (in gewissermaßen zoologischer Betrachtungsweise also), stellt vielmehr den Materialgrund dar, ohne den und über den hinaus die werdende Gestalt zwar nicht möglich wäre; was aber aus diesem Grunde erwächst, darüber entscheidet die ihn verwaltende Gestaltungskraft; und diese ist biologisch nicht abzuleiten, sondern ein suprabiologisches, ja auch suprapsychologisches Phänomen. Deswegen wurde eingangs in kurzem Umriß der Auftrag skizziert, in dem die „Generation der Jahrhundertwende" stand; speziell also die Aufgabe, nach der „Demontage" der bisher gültig geordneten Welt den auftauchenden Mächten des zeitlosen Urgrunds und Ursprungs zu begegnen, sie zu fassen und ihnen Gestalt abzugewinnen. Unter diesem Aspekt ist hier versucht, auch Jungs Gestalt zu sehen.

Im Sinne des „ermöglichenden Materialgrundes" gibt die Biographie Jungs mannigfache Daten. Man findet unter den teilweise schweizerischen, teils deutschen Vorfahren ungefähr ebensoviel Ärzte wie Pfarrer; auch sein Vater war Pfarrer (in Keswil, wo Carl Gustav am 26. Juli 1875 geboren wurde). Als „Ahn in uns" (wie ich das in meinem

„Kraftfeld der Seele" genannt habe) findet man also in Jungs Vorfahren ebenso die mit den Mitteln der rationalen Naturwissenschaft wie die mit geistig-seelischen Mitteln arbeitenden Kräfte. Die Spannung zwischen naturalistischer und metaphysischer Einstellung charakterisiert seine Komplexe Psychologie deutlich.

Unter den Ahnen ist speziell zu nennen ein Großvater Samuel Preiswerk, welcher Vorsteher der Baseler Geistlichkeit und ein Visionär war, der oft ganze dramatische Szenen mit Geistergesprächen erlebte. Jeder, der von Jung nicht nur aus seinen allgemein zugänglichen Publikationen weiß, sondern auch jene Arbeiten kennt, die er nur persönlich übergibt (wie die „Septem sermones ad mortuos") oder die nur Mitgliedern des Züricher Klubs zugänglich sind (wie die Texte der englischen und deutschen Seminare), oder wer gar gewürdigt wurde, in persönlichen Gesprächen mehr über innere Erlebnisse zu erfahren, die ihn überfielen; oder wer aufmerksam z. B. die Vorworte liest, die er neuerdings einigen Büchern widmete, die parapsychologischen Inhalt haben (St. White: „Uneingeschränktes Weltall", Zürich 1948 oder F. Moser: „Spuk", Baden bei Zürich 1950) wird in ihm auch den Enkel jenes S. Preiswerk, des Visionärs, erkennen. Und wer das bemerkt, findet damit nicht nur eine tiefste Quelle seiner Seelenkunde, sondern wird darin auch eine Ursache vermuten dürfen für die mitunter seltsam scharfe Abwehr aller Metaphysik und für die fast ängstlich anmutende Begrenzung auf naturwissenschaftliche Arbeitsweise, auch das kühle Betonen von Ratio und Verstand – das ist die weise Schutzhaltung eines, der von jenseitigen Dingen nicht etwa nichts, sondern so viel erfuhr, daß ihm dort höchste Vorsicht und Zurückhaltung angebracht scheint. Auch braucht man nur erlebt zu haben, wie Jung in den Behandlungsstunden Träume deutet: was *nach* solchen Deutungen wie logisch gewonnene Schlüssigkeit aussieht (und auch von ihm gern unter solcher „Begründung" serviert wird), ist au fond vielfach das Ergebnis einer so hochintuitiven Eingebung, daß man diese „medial" zu nennen mitunter nicht umhin kann.

Es dürfte daher auch nicht von ungefähr sein, daß seine Dissertation, mit der er 1902 promovierte, „Zur Psychologie und Pathologie sog. okkulter Phänomene" hieß. Aber weit entfernt, den klaren wissenschaftlichen Geist an das Dunkle zu verlieren, schulte er sich exakt in medizinischen Dingen. Nach kürzeren Studienaufenthalten in Paris und in London war er Assistenz- und Oberarzt am Burghölzli bei Bleuler – jenem unter den Psychiatern, der sich zuerst den Freudschen Lehren offen zuwandte – und veröffentlichte als Ergebnis sorgfältiger psychologischer Experimente die beiden Bände „Diagnostische Associationsstudien", in welchen erstmalig der dann so weltbekannte und grundlegende Begriff des „Komplex" erscheint. Er erhielt 1909 für diese Studien das Ehrendoktorat der Clark-Universität in Worcester (USA). 1909 folgte der Dr. jur. h. c. der Fordham University, New York. 1923 erhielt er – um die äußeren Ehrungen hier zusammenzufassen – den Literaturpreis der Stadt Zürich und die Ehrenmitgliedschaft des „Schweizerischen P.E.N.-Clubs"; er war Präsident der „Schweizerischen Gesellschaft für praktische Psychologie" und Vorsitzender des „Kuratorium des Lehrinstituts für Psychotherapie". 1933 bis 1942 war er Titularprofessor an der Technischen Hochschule in Zürich, 1944 nahm er eine Berufung als ordentlicher Professor in Basel an (für med. Psychologie), ein Amt, das er krankheitshalber nach einem Jahr niederlegte; 1936 erhielt er an der Harvard-University das Ehrendoktorat, 1937 den D. litt. der Hindu-Universität Benares, den LLD. der mohammedanischen Universität Allahabad, sowie den D. sc. an der Universität Oxford und wurde zum F.R.S.M. ernannt. Unter den Ehrungen sind auch zahlreiche Gastvorlesungen und -vorträge zu nennen, so an der Fordham-, der Clark-, der Yale- und der Harvard-University. 1903 verheiratete er sich mit Emma Rauschenbach (aus Schaffhausen); der Ehe entstammen fünf Kinder. Frau Emma Jung ist ihm eine wertvolle Mitarbeiterin geworden, die auch als Analytikerin einen guten Namen besitzt. 1905 habilitiert, zog er sich 1909 von der Dozentur zurück und widmete sich ausschließlich seiner wachsenden Praxis, seinen Publikationen und Forschungen.

Als Zweiunddreißigjähriger begegnete er Freud – ein Zusammentreffen, dessen Notwendigkeit ebenso ersichtlich ist, wie daß das Zusammenwirken der beiden großen Männer nicht dauern konnte. Die Ablösung Jungs von Freud zeigt sich bereits in seinem 1912 erschienenen Werk „Wandlungen und Symbole der Libido" (jetzt: „Symbole der Wandlung"). Der Libido-Begriff Freuds – im Sinne einer fast ausschließlich als Sexualität zu verstehenden Potenz – wird hier überwunden. Libido im neuen Sinne bedeutet eher etwas wie Lebenskraft; oder, um mit dem Titel eines Buches von Jung zu sprechen, „Energie". Mit neueren Denkern ließe sich auch formulieren, die Libido sei der Ausdruck davon, daß ein Naturwesen in das umfassende Kraftfeld des Lebendig-Beseelten eintritt. Indem das Unbewußte von eben dieser Libido gespeist ist, kann es nicht mehr – wie in der klassischen Analyse – aus Verdrängung abgeleitet werden, sondern ist es eine potentia sui generis, eine autochthone Macht. Die Libido im Sinn der Komplexen Psychologie (der Züricher Schule) ist der Aspekt des Lebens selbst, soweit dies im Menschen als Beseeltheit in Erscheinung tritt. Wobei freilich gleich angefügt werden muß, daß diese Gleichsetzung von Leben und Unbewußtem die Gefahr einer einseitigen Überwertung des unbewußt Seelischen gegenüber dem Bewußtsein birgt; eine bedenkliche Unterwertung alles Willensmäßigen wäre dessen unausbleibliche Folge. Und ebenso gibt jener Libido-Begriff, da er wesentlich dem erdhaften Wesensteil des Menschen entspricht, leicht Veranlassung, die andere, den homo sapiens charakterisierende Hemisphäre, seinen Ursprung im Geiste, zu vernachlässigen. Dies zeigt sich beispielsweise in manchen Veröffentlichungen der Schule, die als „Projektionen" jene Phänomene auflösen wollen, welche als divine Mächte Ereignisse im geistig-metaphysischen Bereich des Menschen sind.

Daß die Libido eine prae-individuelle Existenz hat, führte Jung folgerichtig dazu, jenes – von ihr bewegte – Unbewußte als „kollektiv" wesend zu verstehen. Es gibt ein persönliches Unbewußtes (in dem das Vergessene und „Verdrängte" geortet werden darf) – und es gibt jene tragende bzw. umfassende Sphäre des allgemein (menschheitlich) wesenden „Kollektiven Unbewußten". Dem gedanklichen Begriff ist es unmittelbar unzugänglich, es ereignet sich seelisch im symbolischen Bild. Weswegen denn alle praerationalen Bewußtseinsformen bildhaft erleben, so der Frühmensch, so Kulte und Begehungen, so der Traum. Deswegen müssen die Welt der Primitiven für den Forscher und ebenso die Künste und alle jene Bemühungen hohe Bedeutung gewinnen, die man als metaphysisch bezeichnet, die Religionen und ihre Kulte also; speziell die nicht-europäisch-christlichen Erlebensweisen religiöser Art gewinnen Interesse, da in der Welt des Orients die magische und mythologische Bewußtseinsweise noch lebenskräftig erhalten und bestimmend blieb. Folgerichtig finden wir Jung allen diesen Gebieten zugewandt.

Dem Studium primitiver Struktur galten – außer selbstverständlich gründlicher Literaturarbeit – Reisen nach Tunis und Algier (1920), zu den Pueblos in New Mexico und nach Arizona (1924/25) und (1925/26) zu den Elgonyi auf Mount Elgon in Britisch Ostafrika.

Zwischenhinein war er häufig in den Vereinigten Staaten, mehrfach in England, Frankreich und Italien, einmal in Ägypten. 1937 fand eine große Fahrt nach Indien statt. Überall in seinen Werken findet man die Ergebnisse dieser Forschungen vor. Von diesen Reisen und den vielfachen Begegnungen mit interessanten Persönlichkeiten muß man Jung erzählen hören, z. B. von seinem Besuch bei dem über neunzigjährigen lebenden Leichnam J. D. Rockefeller (dieser lebte damals nur noch von Ammenmilch, in der Hoffnung, dadurch 100 Jahre alt zu werden ...); es wäre zu wünschen, diese Erinnerungen würden veröffentlicht. Der Hörer dieser, mit trockenem anglikanischem Humor vorgetragenen Berichte wird nie vergessen, wie dabei vor allem die Welt der Primitiven dicht vergegenwärtigt auflebt. Er hat diese Menschen (die eine vergangene Zeit die „Wilden" titulierte) nicht nur „studiert", sondern erlebt. Mit anderen Worten: in der Begegnung mit ihnen polarisierte er, um Keyserlings trefflichen Begriff zu gebrauchen, seine eigene magische Seelenschicht; er erfaßte ihre besondere Bewußtseinslage, die vorwiegend magische, durch inneres Erleben.

Ich entsinne mich, wie er von seinem ersten Aufenthalt in Afrika erzählte. Es sei ihm darauf angekommen, sagte er, wirklich selber in Afrika zu sein, d. h. nicht nur körperlich, sondern in und mit seinem Wesen. Anders erfahre man ja nicht. Deswegen habe er eifrig gewartet, ob er als Zeichen solchen Angeschlossenseins an den dunklen Erdteil von Negern träume. Aber als er, nach wochenlangem Warten, endlich einen Negertraum gehabt hätte, da sei es beim Besinnen des Traumes nur ein schwarzer Amerikaner gewesen, den er in New York als Schuhputzer gesehen hatte. Erst bedeutend später widerfuhr ihm das Wesen Afrikas: da saß er unter einem riesenhaften Baum auf einer großen Höhe, sah den Dschungel tief unter sich und kam ins Sinnen. Dabei aber überkam ihn ein unheimliches Gefühl, als würde er beobachtet. Er drehte sich im Kreise, immer bemüht, das ihn Beobachtende zu erblicken, aber es war immer hinter ihm, ihm im Rücken. Bis er dann beim Blick in die endlosen Dschungelwälder ein Auge sah, das ihn groß, träumend, unheimlich-fremd und lockend anschaute. Das war, wie ihn alte Afrikaner später belehrten, ein dorten bekanntes Phänomen, „das Auge des Dschungels" heißt es, und erst, wer ihm begegnet ist, sei in Afrika angekommen ... – Und wie klassisch ist das Erlebnis mit dem Negerkönig, den Jung bei seiner Safari auf einer Landstraße antraf, während schwarze Diener auf sein Geheiß mit einem Hammer auf den Motor einschlugen. Was taten sie da? Die englische Regierung habe, so wurde gedolmetscht, den Stammesfürsten schwere Automobile geschenkt (denn daraufhin bauten diese gerne gute Straßen!), der Wagen habe versagt, und nun würde er „mit Schlägen bestraft" ... Man hört es lachend an, und derweilen versteht etwas in uns, daß so unverständig wie der Naturmensch mit den technischen Produkten unserer mental-rationalen Geistesart umgeht, umgekehrt wir Hiesigen und Heutigen genau so sinnwidrig mit dem magisch struktuierten Unbewußt-Seelischen in uns verfahren.

Gar nicht selten antwortet Jung in den Behandlungen auf die Darlegung eines Problems oder auf den Bericht eines Traumes, indem er derartige „Geschichten erzählt". Man kann dann Menschen treffen, die darüber verwundert, ja enttäuscht sind. Die haben nicht hingehört, sondern logische Explikationen erwartet.

Die Art unseres mental-rationalen Denkens kennt immer nur *eine* Ansicht eines Dings. Darüber geraten in den Schatten die mannigfachen anderen Aspekte, die ihm ebenfalls eignen. Auch kann ja jedwedes mehr vordergründig oder mehr in hintergründigen Bezügen gesehen werden, je nach seinem nüchtern-empirischen, seinem bedeutenden oder seinem metaphysischen Aspekt. Symbole, Gleichnisse oder auch solche „Geschichten" lassen diese Mehrdeutigkeit offen; sie fixieren nicht. Alles hat seinen „doppelten Boden"; das ist ein Lieblingswort von Jung.

Das Wissen um den „doppelten Boden", d. h. die Mehrdeutigkeit jedes Phänomens, ergibt Aussagen, die der sphärisch geschichteten Natur gerade des Seelischen entsprechen. Dies erhellt vielleicht aus einem praktischen Begebnis, das in einer Lehrbehandlung geschah. Der Schüler glaubte, in der Lehre von den Typen einen Widerspruch entdeckt zu haben; diese besage doch, meinte er, daß der Extravertierte eine besonders gute Beziehung zum Partner habe, während der Introvertierte seinem Innenleben besser geöffnet sei. Nun wäre ihm aber aufgefallen, daß das bei Extravertierten eigentlich gar nicht der Fall sei; er führte dazu einen beiden Teilen gut bekannten Mann an; dieser sei gewiß extravertiert? Ja, sicherlich, antwortete Jung. Nun, fuhr der Schüler fort, dieser Mann aber ermögliche seinem Gegenüber nie eine wirkliche Begegnung; er überrenne den anderen mit seiner impulsiven Aktivität. Er drehe ihm gewissermaßen die Westenknöpfe ab: ob das denn die „gute Beziehung zum Objekt" sei? Und die Introvertierten stünden keineswegs in besonders naher Beziehung zu ihrem Innern; schützten sie sich doch mit Vorliebe gegen dieses vermittels umständlicher, oft pedantischer Zeremonielle, mit Systemen aller Art usw. Wo bleibe da die Typenlehre? Jung schmunzelte: Sind Sie auch endlich dahintergekommen? Der Schüler, eben noch so stolz auf seine Entdeckung, schaute erstaunt auf: ja, aber wie ist das denn nun wirklich? Worauf der Lehrer: in einer ersten Schicht, auf einer oberen Ebene gälte freilich seine Typenbeschreibung, wie sie in seinem Buche gegeben sei. Und es sei schon sehr erfreulich, wenn die Leute das verstehen; es falle ihnen bereits schwer genug. Wenn er aber seinen Lesern zugleich zumute, zu wissen, daß es ein Stockwerk tiefer ganz anders, ja umgekehrt sei, dann wäre das zu viel; dann hielte man ihn für völlig verrückt. Womit niemand gedient sei. Der Schüler begriff. Jung führt seine Leser und Hörer ein Stück weit dem Mysterium der Seele entgegen; und wartet ab, ob sie sich damit zufrieden geben oder weitergehend nach mehr fragen (das gilt für viele Stellen in seinen Büchern).

Viel später begriff dieser ehemalige Schüler, daß Entsprechendes für die Gestalt Jungs überhaupt gilt, wie für die Figur jedes bedeutenden Mannes (mit solchen ist daher nicht gut „Kirschen essen"). Auch diese großen Geister haben mehrere Wesensgründe. Wer ihnen gegenüber nur in der Verehrung verharrt, erlebt leicht das Wunschbild des großen väterlichen Weisen an ihnen – und wird dann schmerzlich gewahr werden, daß je größer ein Mann ist, er auch desto dunklere Aspekte hat. Große Geister haben elementaren Charakter. Bildlich gesprochen sind sie einem Wildwasser gleich; man tut wohl, die Kraft dieser Elementargewalt, jeder nach seinen Möglichkeiten, in das Mühlwerk seines Tuns einzufangen – derjenige aber, der sich solchem Bergstrom einfach „anvertraut", braucht sich nicht zu beklagen, wenn dieser eines Tages seinen Acker oder gar ihn selber wegschwemmt. Alles wahrhaft Bedeutende will produktiv verstanden werden. Begegnungen mit urtümlichen Mächten sind keine Lebensversicherung, im Gegenteil!

Die Produktivität Jungs, die nicht mit nüchterner Belehrung (im Sinn und Schema eines analytischen Systems) arbeitet, zeigt sich auch darin, daß man in seinen Stunden kaum je ein Fachwort aus seiner eigenen Lehre hören wird. Sehr zum Unterschied von den getreuen Schülern und Schülerinnen, den „Ianern". Der Meister rang seine Erkenntnisse und seine Lehre noch dem Chaos ab, damit es ihn nicht verschlinge. In Nöten kamen ihm die Gesichte, formte er sie zu Bildern seiner „anschauenden Urteilskraft" und bannte sie endlich gar in Begriffe. Auch in den Beratungen eint Jung sich mit diesem Denken des Seins, dem unmittelbaren Wesen und dem Wesentlichen der Natur; und gewährt dadurch dem dazu bereiten Partner eben diese Teilhabe am Ursprung des Schöpferischen; alles Schöpferische eint uns mit dem Ganzen, welches als das Heile heilend ist. Insofern ist Jungs Psychologie im Grunde keine Lehre oder Methode. Sie kann veranlassen, daß einer er selbst zu sein wagt und daß dieser dann daheraus arbeitet. Erst wer das Lernbare überwunden hat, verwirklicht, was Jung meint und bewirkt. Die Schüler aber, jenem Urgrund fern, versuchen da anzufangen, wo ihr Lehrer endete. Und bedienen nun in Scheidemünze, wo jener Gold wusch ... Weswegen Jung, dies damals wohl erkennend, auch einmal schrieb: „Nur nie Schüler, Schüler sind immer Papageien". Aber es ist der unvermeidliche Lauf; der erste, der als Revolutionär begann, schafft, ob er es will oder nicht, Jünger; und bald folgen die „Rechtgläubigen", die die reine Lehre „gepachtet" haben ...

Jene häufige Verfahrensweise Jungs, eine gestellte Frage nicht sofort rational zu beantworten, sondern dem Fragenden eine sinnträchtige Geschichte zu erzählen, mit anderen Worten: diesem ein noch Rätselhafteres zu präsentieren, ist heute in unseren Breiten kaum geübt. Es ist der Weg, den – außer den Primitiven – insbesondere der Zen-Buddhismus geht. Eine, gar mit Fachworten gespickte Erklärung wirkt zwar beruhigend, denn was man in ein bekanntes Ordnungssystem eingegliedert hat, kann man schwarz auf weiß getrost nach Hause tragen. Aber der Seelengrund ist nicht aufgerufen zu selbsttätiger produktiver Leistung. Hebe ich jedoch das vorliegende Problem – eben durch solch eine Rätselform – in ein allgemeineres, grundlegendes und umfassendes Seins-Problem auf und ringt der andere nun um die Lösung jenes größeren Lebensrätsels, dann wird eine höhere Stufe des Wissens, ein erhöhter Rang des Inneseins erreicht und gewinnt der Angesprochene Teilhabe am – zuletzt kosmischen – Weben und Walten. Er erfährt dabei Wesenserweiterung; diese befähigt, jemand zu werden, der mehr, der weiter und gewachsener ist als derjenige, der in seinem Konflikt nicht ein noch aus wußte. Dies Prinzip der Dehnung, des Umfassenderwerdens und Wachsens ist charakteristisch für die Arbeitsweise der Jungschen Psychotherapie. Mit einem terminus technicus gesagt: es ist ein „produktives" und „prospektives" Verfahren. In der Traumdeutung ist dies besonders wichtig geworden; die Freudsche Analyse operiert „reduktiv" („nichts als"). Jung selbst spricht meist von der notwendigen „Bewußtseinserweiterung" bzw. „-amplifikation". Das ist mißverständlich, ist jedenfalls oft mißverstanden worden; nämlich als handele es sich um eine quantitative Vermehrung unserer rationalen Bewußtseinsinhalte. Der Un-Begriff des „Unbewußten" spielt auch hier eine verwirrende Rolle. Ursprünglich von Freud in seiner großen Vorsicht geprägt, um all das abzugrenzen, was dem Ich-Bewußtsein nicht unmittelbar zur Verfügung steht, bedarf dieser Begriff heute einer differenzierenden Klärung. Das kann hier nur andeutend erwähnt werden. Es sollte unterschieden werden: ob man meint jenen Ursprung des Seins überhaupt, wie er das Wurzelwesen unseres seelisch-leiblichen und unseres geistig-seelischen Daseins speist; oder: ob der Begriff beinhalten will die Arten und Weisen, in denen der Mensch in seiner langen Geschichte jeweilig in der Welt war; und: welche dieser jeweiligen Daseinsweisen in der Welt speziell gemeint ist, ob (um mit der Einteilung J. Gebsers zu arbeiten) die archaische, die magische oder die mythologische Struktur. Außerdem muß in Betracht gezogen werden, daß möglicherweise auch künftige, unser erst harrende geistig-seelische Daseinsweisen als Kräfte des Hintergrundes wirksam werden können. Auch ist wieder ein anderes die Qualität der Ganzheit unseres Wesens, wie diese entelechiehaft wirkt und in den Produktionen des „Unbewußten" durchaus Erscheinung gewinnt. Was die Frühformen der Bewußtseinsstruktur betrifft, so lebte jedenfalls, bevor die uns kennzeichnende Art des mentalen oder rationalen Bewußtseins in Erscheinung trat, der Mensch in der Welt und setzte sich mit ihr auseinander nicht eigentlich *un*bewußt, sondern ihm eigneten lediglich andere Strukturen und Frequenzen des jeweiligen Bewußtseins. Auch der magische Mensch beispielsweise war bewußt; nur trat er mit einer anderen Bewußtseinsweise einer Welt gegenüber, die, da er eine ihm wesentliche Wirklichkeit wahrnahm, auch eine andere Welt war. Ihm war noch offenbar, was für uns beim „Fortschritt" – der ja nicht nur wohin, sondern auch von woweg schreitet! – schon hinter dem Horizont verschwand; so wie wir erkennen, was für den Früheren unerkennbar war. Dies war noch jenseits seiner Welt-Anschauung. Da das historisch Vergangene psychologisch keineswegs wie ein nicht mehr Vorhandenes tot hinter uns liegt, sondern da *die* Geschichte als *das* Geschichte unseres Wesens *in uns* weiterlebt und weiterwirkend am Tun und Lassen unseres Daseins mitbeteiligt ist, verdienen jene früheren menschlichen Erlebens- d. h. Einstellungsweisen unsere sorgfältigste Aufmerksamkeit. Tiefenpsychologisch und psychotherapeutisch gesprochen: wir müssen uns von der naiven Identifiziertheit mit der ausschließlich mentalen Bewußtseinsart dadurch befreien, daß wir dies unser rationales Vermögen ergänzen durch jene anderen, in uns überschichtet liegenden Frequenzen. Nicht unser rationales Denken und Wissen gilt es quantitativ zu vermehren – das eben wurde aus Jungs Begriff der „Amplification" fälschlich entnommen –; sondern ein umfassenderes, Gebser sagt „diaphanes" Bewußtsein muß sämtliche, an sich, d. h. an ihrem Ort wesentliche Bewußtseinsformen integrieren.

Wenn dies Wiederholen – ein Wieder-herbei-Holen – von Einstellungs- und Verhaltensweisen primitiver Völker der (so verstandenen) Bewußtseinsdehnung dient (und zum Verstehen der Träume unentbehrlich ist), so verfolgte Jung auch durch umfassende und tiefgründige Studien fremder Kulturen diese Wesenserweiterung. Es sei genannt vor allem seine Beschäftigung mit der Weisheit des fernen Ostens, deren ergänzende Bedeutung für uns christliche Abendländer bereits erwähnt ist. In seiner Einleitung zum Tibetanischen Totenbuch schreibt er „seit dem Jahre seines Erscheinens ist mir der Bardo Thödol sozusagen ein steter Begleiter gewesen". Vor allem war fruchtbar seine Begegnung mit Richard Wilhelm. Aus der Zusammenarbeit beider erwuchs eines der gelungensten Werke „Das Geheimnis der goldenen Blüte". Nach Wilhelms Tod ergab die Verbindung mit dem genialen Indologen Heinrich Zimmer wichtige Früchte. Und ebenso hat das Zusammentreffen mit dem Tübinger Indologen J. W. Hauer wertvolle Anregungen gebracht. Neuerdings verdanken wir der Gemeinschaftsarbeit Jungs mit dem Mythenforscher K. Kerényi einige wesentliche Publikationen. Selbtsverständlich ist das Forschen Jungs seit je auch unserer eigenen Vergangenheit zugewandt. Unter seine geistigen Ahnen zählen die klassischen Denker; Heraklit und Platon besonders. Die Kirchenväter und kirchlichen Observanzen, besonders die Messe, haben ihn gründlich beschäftigt, ebenso die deutsche Mystik. Unter den Philosophen findet man Kant und Schopenhauer genannt (merkwürdigerweise nicht Schelling, dessen Lehren mit der des Züricher Meisters vielfach erstaunlich verwandt sind). Nietzsche galt seine Aufmerksamkeit immer von neuem – wie könnte es auch anders sein – ist dieser doch für jenen in dem in der Jahrhundertwende sichtbar werdenden gewaltigen Umbruch der Bahnbrecher gewesen. Von Dichtern dürften ihm besonders Hölderlin und vor allem Goethe nahe sein. Im übrigen aber steht Jung dem eigentlich Künstlerischen fern; wo das Verständnis nicht auf dem gedanklichen Weg, sondern nur durch die unmittelbare Atmosphäre und Schwingung erfolgen kann, fehlt ihm der Zugang, das innere Organ. Ein künstlerisches Gebild muß ihm mitteilen können, was darin und was damit gemeint ist, dann findet er stets Bedeutendes heraus; aber wo das Gebild der Sinn selber ist, als die Verdichtung des allumfassenden Weltgeistes im Gestalt gewordenen Werk, da springt der Funke nicht. So eignet ihm auch kein Organ für das Schöne schlechthin. Das mag freilich auch mit der amusischen schweizerischen Geistesart zusammenhängen, welche ja puritanisch und insofern bildfremd und dem Schönen abhold ist.

Von großer Bedeutung war ihm namentlich früher die Gnosis. In mancher Hinsicht könnte Jung ein Gnostiker genannt werden. Das zu erläutern würde hier zu weit führen. Auch ist die Gnosis im Lauf der letzten Schaffensperiode Jungs zunehmend der Beschäftigung mit der Alchimie gewichen. Ein profundes Wissen um die alten Texte eignete er sich an. Denn er gewann die Überzeugung, daß das, was die Alchimisten im Stoff zu sehen glaubten und was sie aus seinen Verwandlungen in ihren Operationen zu bewirken versuchten, nur Projektionen aus dem Unbewußten jener Scheidekünstler gewesen seien: wenn man also jene alten Lehren als Projektionen des den Alchimisten Unbewußten, ihrer eigenen Innerlichkeit nämlich, verstehe, dann läge das Kollektiv-Unbewußte gewissermaßen (wie in einem unfreiwilligen Experiment) zutage. Tatsächlich ist zuzugeben, daß erst mit einer solchen psychologischen Betrachtung vieles verständlich wird, was ohne dem in den Texten abstruser Unsinn zu sein scheint. Auch ist für die Erhellung der Traumsymbole, soweit die Träume profunderen Charakter haben, die Analogie mit der alchimistischen Lehre oft von großem Nutzen.

Freilich bemerken wir Jung in seinen Gedanken zur Alchimie bereits in einem Grenzgebiet. Eine kritische Untersuchung hätte z. B. zu prüfen, ob die These stimmt, daß die Alchimisten lediglich unbewußt Seelisches auf den „toten Stoff" „projiziert" haben. Es wäre nämlich zu fragen, ob die Materie nur das ist, was *wir* physikalisch oder chemisch von ihr kennen. Angesichts der modernen Physik – für welche die Materie mehr und mehr zu Energie wird –, bei Kenntnis homöopathischer und verwandter Heilverfahren – welche stoffliche Einwirkungen auf den Organismus mit Verdünnungen erreichen, in denen keine Moleküle mehr vorhanden sein können –, in Hinblick auch auf parapsychologische Erfahrungen – die heutzutage nicht mehr weggeleugnet werden können – u. a. m. ist es zumindest nicht ausgeschlossen, daß unsere Vorstellung von der Materie nur ein, nämlich unser Modell des Materie-Seins ist, nicht aber das „Eigentliche" der Materie selbst. Es wäre wohl möglich, daß der Stoff der Alchimiker ein anderer war als derer, die später Porzellan machten. Es geht hier um denselben Streit, wie er zwischen Goethe und Newton bestand, in welchem jeder recht hatte und unrecht zugleich. Mit anderen Worten: gibt es eine „Meta-Physis" und gibt es ein „fein-stoffliches" Prinzip, einen „Geist" bzw. eine „Psyche" auch im Stoff – nur daß dieser selbige Qualitäten nur dem visus subtilis dessen zeigt, der von der Wahlverwandtschaft weiß, die alle Schöpfung als Ausdruck metaphysischer Wirklichkeit erfüllt? Die Frage nach der Möglichkeit einer anderen Realität als sie, im Falle der Alchimie, der Physikochemiker kennt, steht damit zur Diskussion. Hiermit hängt auch zusammen, daß sich bei Jung Beiträge zu jenem Problem nicht finden, das man früher als das der „Leib-Seele-Einheit" bezeichnete, das heute als „Psychosomatik" (via USA) in den Vordergrund der psychotherapeutischen Erörterungen trat. Denn auch zur Förderung dieser Frage wäre, wie mir scheint, ein anderes Bild vom Stoff – des Leibes nämlich – zu gewinnen nötig, als dies die bisherige Medizin kennt. Nur eine andere Vorstellung vom belebten Organismus, im Sinne nämlich einer von un- oder feinstofflichen Wirkkräften gesteuerten mehrdimensionierten Hierarchie, ist imstande, die Ordnungen des Leib-Seelischen in den Griff zu bekommen. Doch derlei liegt außerhalb von Jungs Interesse; er hat sich dem nur einmal genähert gehabt, als er sich im Anschluß an Hauer mit der Chakren-Lehre des Yoga beschäftigte. So hat er sich auch kaum interessiert für die vom beseelten Leibe her eingreifenden Behandlungsverfahren, etwa Bewegungstherapie, Gymnastik, Atembehandlung usw.

In seiner Erforschung des seelischen Tiefenwesens stieß Jung auf bestimmte (und bestimmende) Leitgestalten des Innenraums. Diese nannte er, an Augustin anknüpfend, „Archetypen". Deren hat er eine ganze Zahl beschrieben, die „Anima" (des Mannes) und den „Animus" (der Frau), den „puer aeternus", den „Alten Mann", die „Große Mutter" u. a. m. Es ist hier unmöglich, diese Potenzen im einzelnen darzustellen. Auch gilt das Wort aus der „Psychologie der Übertragung", daß der Finder selten zugleich der Klassifikator sei. Die Klärung darüber, was man unter den Archetypen zu verstehen habe, ist durch Jungs frühere Definitionen erschwert. Ehemals sah er in ihnen nämlich erworbene und im Lauf der Jahrzehntausende der Menschheitsentwicklung engrammartig vererbte, gen-gebundene Erfahrungen (die er sich sogar als „ererbte Gehirnstrukturen" vorstellte). Dieser unhaltbare lamarckistische Standpunkt ist von ihm verlassen (was allerdings nicht hindert, daß unentwegte Streiter gegen „Die Psychoanalyse und ihre Kinder" noch munter gegen diese früheren Auffassungen zu Felde ziehen). Nach einer jüngsten Definition sind Archetypen „Faktoren und Motive, welche psychische Elemente zu gewissen . . . Bildern anordnen, und zwar in einer Art und Weise, die immer erst aus dem Effekt erkannt werden kann. Sie sind vorbewußt vorhanden und bilden vermutlich die Strukturdominante der Psyche überhaupt, vergleichbar den unanschaulichen, potentiellen Vorhandensein des Kristallgitters in der Mutterlauge"; sie sind „Bedingungen a priori"; „empirisch gesehen ist der Archetypus überhaupt nie entstanden, er tritt mit dem Leben auf den Plan". Die hilfreiche Bedeutung der Archetypen – auch in der Therapie – verdeutlicht u. a. folgender Passus: „Wer mit Urbildern spricht, spricht wie mit tausend Stimmen; er erhöht das persönliche Schicksal zum Schicksal der Menschheit; und dadurch löst er in uns alle hilfreichen Kräfte, die es der Menschheit je und je ermöglicht haben, sich aus aller Fährnis zu retten und auch die längste Nacht zu überdauern."

Das heißt mit anderen Worten, daß die Archetypen, deren je individuell abgewandelte Erscheinungen wir im seelischen Geschehen finden, strukturierende Ordnungen des Lebens überhaupt sind. Das Ereignis-Werden im Psychischen ist nicht der Archetypus selbst. Ähnlich wie die atomaren und die biologischen Strukturen sind sie unanschaulich und unvorstellbar; sie gehören derselben Sphäre an, die A. Portmann als die „Innerlichkeit" der Lebewesen und die C. F. v. Weizsäcker im Bereich der Physik aufgedeckt hat. Die abstrakte Kunst versucht sie bildhaft zu formen. Und wenn – auch wieder einer der genialen Funde des Züricher Meisters – das Seelen-Ganze sich im zeichnerischen Bild archetypisch als sogenanntes „Mandala" darstellt, so erinnert Pannwitz daran, daß solche Mandalas in ihrer Struktur und ihren Strukturphasen erstaunlich übereinstimmen mit zellularen Vorgängen und solchen des Pflanzenwachstums und ebenso mit solchen wie im Atomkern; „das ist keine phantastisch-mystische All-Einheit", sagt Pannwitz, „sondern die durchgehende Struktur der Energie". Mit anderen Worten: Was sich seelisch als archetypisches Bild oder als Mandala, biologisch als natürliches Wachstum ereignet, entspringt und entspricht dem Sinn, der alles Leben erfüllt. Dieser verwirklicht sich in den verschiedenen Ausformungen des Lebens (A. van Scheltema). Das aber bedeutet, daß die Sphäre des Archetypischen das Psychische übergreift; mit anderen Worten: Archetypen sind zugleich Erkenntnis- und Gegenstandsprinzipien.

In der Überwindung der Gegensätze – in welchen uns das Leben begegnet – liegt nach Jung die eigentliche Aufgabe des Menschen überhaupt. Hier berührt er sich mit den Romantikern, mit Hegel. In seiner Typologie gilt es für den Extravertierten, seine minderdifferenzierte Seite, die introvertierte, zu integrieren; und umgekehrt; desgleichen sollte jeder bemüht sein, seine anlagemäßig bevorzugten Einstellungen durch die polar entgegengesetzten zu ergänzen (beispielsweise hat ein Denktyp die Gefühls-, ein Intuitiver die Empfindungsfunktion zu differenzieren, usw.). In den sonstigen Typenlehren ist man z. B. entweder ein Cyklothymer oder ein Schizothymer, und damit hat man sich zu begnügen; es handelt sich um konstitutionelle Gegebenheiten. Für Jung besteht diese Resignation nicht. Es kommt darauf an, die Möglichkeit zu nutzen, vollständig zu werden; denn auch das primär nicht Sichtbare liegt als Anlage – und damit als uns Aufgegebenes – in uns, als „Schatten"-Seite des Wesens. Es dürfte deutlich sein, wie diese Auffassung therapeutisch viel größere Möglichkeiten eröffnet als die lediglich feststellenden Schemata.

Das Prinzip der auf höherer Ebene zu vereinigenden Gegensätze findet sich besonders im Thema Männliches und Weibliches. Der Mann muß seine weibliche, die Frau ihre männliche Seite entwickeln, wenn der vollständige Mensch – der Rebis der Alchemiker – wieder hergestellt werden soll; andernfalls nicht nur ein defizienter Mensch resultiert, sondern auch, wie in Psychoneurosen so oft, die vernachlässigte und undifferenziert gebliebene Qualität aus ihrem Schatten-Dasein heraus destruktive Wirkung ausübt (der nur männische Mann wird von weibischen Launen seiner „Anima" geplagt, die nur Weibchen bleibende Frau entwickelt unreife und unerfreuliche Meinungen ihres „Animus" usw.).

Wie zwischen die Gegensätze im eigenen Inneren so findet sich der Mensch auch ausgespannt zwischen die Pole von außen und innen. Die Hineingehörigkeit in die Um- und Mitwelt ist ebenso unausweichlich gegeben wie unser Streben ganz zu uns selbst: uns ganz in uns zu verschließen ist genau so ein tiefes Verlangen wie nach dem Uns-Auf- und Uns-Hingeben. Vollständig wäre erst der, welcher jederzeit und überall vermag, „Gott zu geben, was Gottes, dem Kaiser, was des Kaisers ist".

So die Lehre (wenn man von einer solchen überhaupt sprechen darf). Es kann aber keiner ganz aus seiner Haut heraus; so auch Jung. Man wird es immer wieder durchspüren, wie ihm seine anlagemäßig introvertierte Einstellung näher liegt; sie ist ihm mitgegeben. Die extravertierten Fähigkeiten mußte er sich erarbeiten; so geraten diese leicht noch in ein etwas schiefes Licht. (In der Schule wird das wieder deutlich; hier gilt der Introvertierte als im Grunde besserer, vornehmerer Typ.) Dem entspricht, daß auch die Gegebenheit des Menschen als Zoon politikon, als Glied der Gemeinschaft nicht immer die gebührende Würdigung findet. Gewiß, Jung spricht namentlich in den späteren Schriften wiederholt und entschieden aus, daß auch die Beziehung zu den Mitmenschen notwendig ist: „die menschliche Beziehung ist eine unerläßliche Bedingung für den bewußten Vollzug der inneren Einigung . . . ohne bewußt anerkannte und akzeptierte Bezogenheit auf den Nebenmenschen gibt es überhaupt keine Synthese der Persönlichkeit". Aber es ist fraglos, daß ungeachtet solcher Einsicht das Sein in der Sozietät doch immer noch ein Stück leidiger Notwendigkeit bedeutet, der man sich faute de mieux klugerweise anzupassen hat. Sein Begriff der „Persona" – als der der Mitwelt zugewendeten Einstellung – macht das besonders deutlich; es ist eine Maske, die man zweckmäßigerweise trägt, hinter der man selber jedoch verborgen bleibt, dergestalt vor der leidigen Sozietät geschützt. Das Wir als soziale Kommunion bleibt unbekannt. Diese betont individuelle Haltung rührt wohl nicht nur aus Jungs Typus her (in seiner Erinnerung an Jung erzählt sein Jugendfreund A. Oeri, daß er schon den ganz kleinen Knaben Carl Gustav als „asoziales Monstrum" erlebt habe); sie ist auch aus seinem Schweizer-Sein abzuleiten. In der festgefügten Bürgerlichkeit dieses Volkes, gegenüber der für Außenstehende mitunter merkwürdig anmutenden Herrschaft von Konvention und selbstgerechter Reputierlichkeit, wie diese dort den Charakter von besserwissender und bessernwollender, keimfreier Spießigkeit annehmen können, mußte ein solcher Mann seinen Auftrag durchsetzen. Im Kampf mit der Traditionalität – sowohl um ihn wie in ihm selbst! – gewann die Umwelt mehr negative als positive Aspekte; sie war weniger das Tragende als das Behindernde. So daß der Pol Gemeinschaft trotz aller gegenteiliger Versicherungen weniger gut wegkommt als der entgegengesetzte. Die eigenartig zwielichtigen Versuche Jungs, in politischen Fragen Stellung zu beziehen, können als weiteres Zeichen für die Undifferenziertheit seiner extravertierten und sozialen Seite gelten. Hier gründen denn auch gewichtige Gegnerschaften; unter denen besonders die Schrift von H. Trüb „Heilung aus der Begegnung" zu nennen wäre; sowie die an M. Buber anschließende Polemik von E. Michel, die von V. E. v. Gebsattel u. a.m. Im Schrifttum der marxistisch gesteuerten Ostländer figuriert seine Psychologie als absolut verwerfliche „Faschistische Phantasmagorie" (E. Bloch).

Die Überwindung der Gegensätze, die complexio oppositorum, ist die Aufgabe des „Individuationsweges" des Menschen. Dieser führt zum „Selbst". In ihm sind aufgehoben – „aufgehoben" im mehrerlei Wortsinn – Extra- und Introvertiertes, Männliches und Weibliches, Bewußtes und Unbewußtes, sind auch die Archetypen in dem Ganzen der Person integriert; und lebt der Mensch nicht mehr in seinem kleinen, privaten Ich, sondern aus höherer, überpersönlicher Gestalt. Der metaphysische Charakter dieses Selbst ist unverkennbar. Bezeichnend ist dann auch, daß wenn dieses Selbst in den Mandalas – als Mittelpunkt – erscheint, diese Mitte allermeist: leer ist, als jene Leere, die die eigentliche Fülle zugleich und ineins ist. Wie denn – bezeichnenderweise – über dies Phänomen nur paradoxe Aussagen möglich sind.

Das soll nun aber keineswegs bedeuten, daß man die archetypischen Gestalten und das Selbst in der Vorstellungswelt und der Sprache der Religionen zu fassen habe, oder daß man gar die Archetypen oder das Selbst deifizieren dürfe. Die im seelischen Erleben erscheinenden archetypischen Figuren und das Selbst weisen auf transpsychologische Sphären hin, auf Wirklichkeiten und Wirksamkeiten also, welche das uns psychologisch Erfaßbare umgreifen, überwölben und prägen.

Die Stellung Jungs zur Religionspsychologie muß an dieser Stelle betrachtet werden; sind doch seine Anschauungen deswegen so besonders wichtig, weil er weit über das ärztliche Bereich hinaus auf alle kulturellen Lebensgebiete größten Einfluß gewonnen hat; auch politisch: es braucht nur an seine These von der „Kollektivschuld" aller Deutschen erinnert zu werden, die er – eine Fortführung der Sippenhaft! – 1946 verkündete.

Jung stellt sich verbis expressis auf den Standpunkt, daß er nur Psychologe sei und daß er daher die Phänomene, auch die religiösen, nur unter psychologischen Aspekten betrachte. (Wenn er freilich seine Arbeitsweise gerne „naturwissenschaftlich" nennt, so ist das eine der definitorischen Unklarheiten, die man mehrfach bei ihm findet; soweit Psychologie auch dem geisteswissenschaftlichen Bereich zugehört, ist sie keine Naturwissenschaft). Das ist ihm unbenommen. Man kann auch einem Farbchemiker nicht verwehren, über Ölgemälde Aussagen chemischer Art zu machen. Dieser muß sich aber darüber klar sein, daß ausgerechnet das, was sein Objekt erst zum Kunstwerk macht, diesen Ordnungen unbekannt und unzugänglich ist. Der Tiefenpsychologe, der in den Bereich metaphysischen Erlebens vordringt, transzendiert, ob er es will oder nicht, in Grenzgebiete, d. h. in nur psychologisch nicht Erfaßbares. Begrenzt er sich, stolz auf seine wissenschaftliche Selbstbeschränkung, auf das Psychologische, so schließt er gerade das aus, was den von ihm beschriebenen Phänomenen erst ihren Charakter gibt, das Warum und Woraus sie wesen. Er will es bewenden lassen bei dem *Wie* ihres Ablaufs. Jedoch haben wir am Materialismus erlebt, was geschieht, wenn die überwölbend-prägende Ebene und die dieser angehörigen Kräfte unberücksichtigt bleiben. Es bleibt alsdann die höhere Sphäre nicht nur unbekannt, sondern auch die niedere wird fehl-gesehen; denn das Ausgelassene drängt sich stets wie durch eine Hintertür dennoch hinein und veranlaßt, daß das Höhere in den Auswirkungen, das Gestaltungsmächtige in dem Materialfeld, erblickt wird. Nun ist es nicht so, daß Jung in seiner Beschränkung auf das psychologisch Erfaßbare das Dasein eines überpsychologisch Wirkenden abstritte, keineswegs. Gegen diesen Vorwurf – einer wahrhaft banausischen Simplifizität – verwahrt er sich vielfach überzeugend. Aber andererseits scheut er geradezu ängstlich, die psychologisch begreifbare Welt mit transpsychischen Wirksamkeiten in Beziehung zu setzen. Sein Werk ist auch in den letzten Büchern voll von Versuchen, die Anerkenntnis diviner Möglichkeiten – die ihm gelegentlich unterläuft – sofort und energisch zurückzunehmen. Auch nachdem er seine ehemaligen lamarckistischen Gedanken korrigierte, wenn man auch Formulierungen wie die von „Gott als höchster Hirnfunktion" heute nicht mehr findet: es waltet ein den Leser geradezu tragisch berührender Abwehrkampf gegen die Einbeziehung metaphysischer Realität. (Was in seiner Schule zu seltsamen Aussagen führt.) Nimmt man aber zu all solchen Widersprüchlichkeiten hinzu Sätze wie den von tiefgründiger Religiosität kündenden „Der Weg zur religiösen Urerfahrung . . . Es ist eine leise Stimme und sie klingt von ferne. Sie ist zweideutig, zweifelhaft und dunkel, sie bedeutet Gefahr und Wagnis, ein unsicherer Pfad, den man nur um Gottes willen gehen kann, ohne Gewißheit und ohne Sanktion . . . ", weiß man, daß die Grundkonzeptionen dieses Mannes alles andere als „naturwissenschaftlich" oder „psychologisch" sind, vielmehr Gesichten und Führungen entstammen, Erlebnissen, die man wohl Eingebungen nennen müßte, dann dämmert uns vielleicht auf, daß man seine verschiedenen Äußerungen nicht wortwörtlich als Lehren auffassen kann und darf. Es gilt zu sehen das Bild eines Mannes, der in glaubensloser Zeit die bisher gültigen, aber matt und kraftlos gewordenen Ordnungen unseres Weltbildes in ihrer Brüchigkeit durchschaute, der in eine erweiterte Wirklichkeit durchdrang und nun um keinen Preis zulassen will, daß jenes Letzthin-Wirkliche und -Wirkende alsobald wieder in die alten Formen und Normen gefangen werde. Wenn man beobachtet, wie voreilig-restaurativ heute immer Zahlreichere auch unter den Psychotherapeuten am Werke sind, den neuen Wein in alte Schläuche zu füllen, dann versteht man die Besorgnis des alten Weisen sehr. „Der tempelschänderische Griff nach rückwärts", den Nietzsche voraussah, wird vielfach versucht. Genau so sind ja unsere Analysanden im Versagen ihrer bisherigen Aspekte stets geneigt, das alte „Über-Ich" zu retten. Die Weltwirklichkeit in ihrer Schönheit und ihrem Entsetzlichen ist so sehr anders als das aus Bedürfnis nach Sicherung und Behagen entstandene menschliche Bild von der Welt es wahrhaben möchte, daß man die Versuche gut verstehen kann, altbewährte Schutzwehren – die Konvention, die Moralsysteme, die Symbole und alle möglichen ästhetischen Ideale – zu erhalten, zu reparieren. Dem entgegen nimmt Jung den Vorwurf des Psychologismus, ja des Atheismus und ähnliches auf sich – damit in den leeren Raum des „Unglaubens", wenn es an der Zeit ist, die göttlichen Mächte in der ihnen gemäßen Gestalt einziehen können.

Zu den vielfachen Einwänden gegen die Komplexe Psychologie der Züricher Schule gehört auch der, daß – angeblich – der Individuationsweg bzw. die Gewinnung des Selbst eine „*Selbst*erlösung" darstelle; während doch, wie argumentiert wird, wahre Erlösung dem Bemühen des Menschen versagt, vielmehr an die Gnade gebunden sei. Wer aber unvoreingenommen (unvoreingenommen auch von bestimmten religiösen Setzungen einzelner Kirchen) bedenkt, daß im Wesen des Tief-Unbewußten gegeben ist: wie wenig Herr im Hause wir sind, wie sehr wir es hier mit autonomen Größen zu tun haben, der begreift, daß die Begegnung mit den Gestalten des Kollektiv-Unbewußten mit Mächten konfrontiert, auf deren Geneigtheit wir durchaus angewiesen sind. Es steht alles andere als in unserer Macht, diese zu zwingen. Gerade der Analytiker weiß ja, wie jeder Versuch dieser Art dramatisch, ja oft tragisch ausgeht, wie wenig das möglich ist. Jener Einwand – durch manche Formulierung Jungs allerdings nahegelegt – meint u. E. im Grunde ein anderes: im Gegensatz zu herkömmlichen Lehren kennt Jung allerdings keine Erlösung bloß durch das Glauben, kein Fürwahrhalten lediglich kraft des autoritativ Überlieferten oder einmalig Offenbarten. Er gehört auch hierin unter die „Männer der Jahrhundertwende", daß er nichts ohne oder gar gegen das Denken anzunehmen vermag. Echte Vollständigkeit kann keine Funktion – wie z. B. das Denken – entbehren. Der Überwindung jenes unseligen Gegensatzes zwischen Glauben und Wissen – die fernöstlichen Heilslehren kennen ihn nicht – ist sein Werk unterstellt. Diese Männer der Jahrhundertwende, von denen Nietzsche wohl der bezeichnendste ist, sind nicht glaubenslos oder glaubensabhold, weil sie nicht Frieden finden, ehe sich beide Pole, Wissen und Glauben, in einer höheren Einheit gatten. Unser Eingangszitat gilt auch umgewandelt: nichts ist annehmbar, was nur das Herz ergreift, was nicht auch vom Kopf begriffen wird. Daß wahres Denken und Wissen nur aus Ergriffenheit möglich ist, findet der offene Leser immer wieder in Jungs Werken ausgedrückt. Und wer ihn persönlich kennt, wer vor allem psychologisch bei ihm arbeiten durfte, weiß, wie sehr seinem ganzen Schaffen das persönliche Angerührtsein zugrunde liegt. In einer solchen Arbeitsstunde sagte er einmal: „Der Mann geht zur Frau, weil er seine Seele sucht – und findet seinen Geist; die Frau sucht, indem sie zum Manne geht, ihren Geist – und sie findet ihre Seele." So steht es auch mit dem Pseudogegensatz zwischen Wissen und Glauben: wir suchen Wissen – und wir werden unversehens für Glauben geöffnet; wir ersehnen Glauben – und wir werden wissend.

Schließlich muß noch ein Begriff der Tiefenpsychologie erörtert werden, der für sie höchst wesentlich ist, der aber zugleich infolge seiner noch unzureichenden Durcharbeitung die Quelle vielfacher Schwierigkeiten und Mißverständnisse ist: der Begriff der Projektion. Das Projektionsphänomen ist ein Kernstück jeder analytischen Behandlung. Denn Ursache sehr vieler Schwierigkeiten ist, daß wir unsere Mitmenschen und die Realitäten unserer Umwelt vielfach nicht objektiv sehen, d. h. so wie diese wirklich sind, sondern subjektiv verfälscht. In Jungs Psychologie ist dies Projizieren noch bedeutend feiner durchstudiert. Da erlebt z. B. der Mann sein Inneres – das gegengeschlechtlichen Charakter hat –, seine „Anima" also, an einer Frau; und umgekehrt wird der Frau, die ihr Männliches, ihren „Animus", noch nicht bewußt integriert hat, der ihr begegnende Mann zum „Animus"-Bild. Das gleiche gilt für die extra- und introvertierten Komponenten. Derartige Partizipationen haben meist faszinierenden Charakter, führen aber in der Regel zu erheblichen Dissonanzen – denn wenn auch legitimerweise das Du früher da ist als das Ich, so fordert doch die Ganzheitsstrebung, die uns eignet, nach Zurücknahme der weg-projizierten Qualitäten. So förderlich solche durch den anderen ermöglichte Erlebnisse sind, so hemmend wirken sie, wenn sie an ihn fixiert bleiben. Sich an irgendwen oder irgendwas zu verlieren, hieße, sich selbst verlieren; und das ist, wie es scheint, für das mit uns Gemeinte ein crimen maiestatis. Ebenso wie die weiblichen und die männlichen Seiten können die Archetypen unserer Tiefe projiziert sein, die Große Mutter etwa, der Psychopompos oder der Alte Mann.

Die Erkenntnisse dieser Vorgänge, die Erfahrung der Analyse, wie rettend deren Auflösung oftmals wirkt, hat nun aber in breiten analytischen Kreisen zu einer ungebührlichen Überdehnung des Projektionsbegriffes geführt. War für Freud jedes noch so hohe liebende Geschehen „nichts als" verdrängte oder sublimierte geschlechtliche Getriebenheit, so wird, zumindest in der Auswirkung der Jungschen Lehren, jedwede Beziehung sehr leicht zum „nichts als" „Projektion"; und da man dasjenige, was in einer Beziehung tatsächlich nur (passager nötige) Projektion ist, im Interesse einer fruchtbaren Entwicklung und unter dem Realitätsgesetz „retrojizieren" muß, resultiert sehr leicht eine völlige Beziehungslosigkeit, ein solipsistisches Ich: Dem Du wird seine eigenständige Wirklichkeit genommen, der Beziehung ihr tragender Grund.

Das Problem taucht in den Behandlungen regelmäßig auf, wenn der Analysand auf seinen Therapeuten „überträgt". Auch hier ist, wie jeder Kenner weiß, tatsächlich ungemein vieles lediglich „Wiederholungszwang", „Projektion" usw. Aber ist das Wir von Arzt und Patient nur in derartigen – zu behebenden – Vorgängen zu sehen? Diese Annahme (vor allem der Freud-Schule mit ihrem „tabula-rasa"-Prinzip) macht die analytische zu einer schlechthin unmenschlichen Situation: der Patient wird zum Objekt, einer Sache also (M. Buber); der Partner wird hier nicht in seinem Person-Sein und auf sein Person-Sein hin angesprochen; er wird zum behandelten Es, einem Ding. Neue Bemühungen fordern daher, es müsse ein Du einem Du begegnen, also echte „personale" Partnerschaft bestehen. Das wird denn auch oft gesagt, namentlich von solchen, die nicht selbst analysieren, sondern nur gutgemeinte Ratschläge geben möchten. Aber ist denn der übliche Begegnungscharakter – wie er Freundschaft oder Liebe kennzeichnet – möglich bei gegen Honorar gegebenen ärztlichen Hilfestellungen und gewissermaßen stundenweise?

Und wie könnte ein gegenseitig – unmittelbares Sich-Anvertrauen geschehen angesichts der in jeder Analyse immer wieder auftretenden Projektionen? Mit der gewiß schönen Rede von der „personalen Begegnung", dem „Du" und dem „Wir" oder der „Menschlichkeit" ist hier nichts geklärt! Auch diese Frage bleibt unlösbar, solange der Psychologe nur das psychologisch Erfaßbare wahrnimmt; mit anderen Worten solange wir bei der Diskussion der analytischen Situation nur von den beiden Individuen ausgehen, die dort beisammen sind. Wir werden vielmehr das wahre Wesen dieser Gemeinschaftlichkeit – und ebenso das in der Analyse letztlich Heilende! – nur in den Griff, den Be-Griff, bekommen, wenn wir verstehen, daß das, was man für den Endzweck und den zu erhoffenden Erfolg der Bemühungen zu halten pflegt, das Heil-Werden nämlich, tatsächlich das gesamte therapeutische Geschehen ab ovo begründet. „Das Heile" steht nicht am Ende, sondern am Anfang der Operation, zeitlos und allgegenwärtig. Und was in der „Übertragung auf den Helfer" – wenn auch anfangs noch so unklar und unfertig! – letzten Grundes wirksam ist, will als eben jene beginnende Kristallisation des Heilen Wesens verstanden werden. Das meint: das, was die Psychotherapie – und jede Seelenführung – ausmacht, ist nicht aus der Psychologie der beiden Individuen abzuleiten, auch aus den therapeutischen Systemen und Methoden nicht; sondern indem zwei Menschen, der Helfer und der Hilfsbedürftige, zusammentreten, treten sie als zwei Pole in ein gestaltungsmächtiges Organisationsfeld ein, welches sich verwirklicht, wenn die Macht des Heilen und Heilenden aufgerufen wird. In diesem Feld gewinnt die Begegnung die Würde einer Begehung (v. Dürckheim).

Man sieht: auch hier wieder läßt sich der psychologische Vollzug nicht begreifen, wenn wir die Mehrdimensionalität der Wirklichkeit vergessen und all das im Binnenseelischen eingliedern wollen, was dem psychischen Ablauf, diesen übergreifend, erst seine schöpferische Kraft gibt. Nur die Erkenntnis und Anerkenntnis derartiger überindividueller Mächtigkeiten – die ich „Kraftfelder" genannt habe – kann den argen Irrtum vermeiden, Urphänomene wie die Liebe oder das Glauben zu einer Projektion zu machen. Wir gründen, wenn wir fruchtbar, produktiv und schöpferisch sind – auf welcher Ebene auch immer –, stets in „Feldern" umgreifender Art; die klassische Antike erlebte sie als die Götter; in den Kirchen sind die Heiligen und die Nothelfer ihre Erscheinungsform und die Observanzen ihre Vergegenwärtigung.

An zuvor Gesagtes anknüpfend darf hier nochmals betont werden, daß Entsprechendes auch für die Archetypen gilt. Ihre jeweiligen Gestaltwerdungen im seelischen Erleben sind subjektive Abwandlungen; so wie das die vielen Gottesbilder der Kirchen sind; aber das sich in diesen Abwandlungen Manifestierende gehört einem Wirkbereich an, der der phänomenologischen Psychologie unzugänglich ist.

Alles Methodische, alles schulgerechte Wissen und Können darf selbstverständlich nie fehlen; es ist das notwendige Handwerkszeug! Wozu auch nach Jungs Meinung die Lehranalyse gehört. Aber wer sein Tun nicht den höheren Mächten unterstellt weiß, ist kein Arzt, sondern bleibt ein Klempner. Derartiges klingt denn auch durch, wenn Jung seine wissenschaftliche Fassade gelegentlich aufgibt; so schreibt er zur Übertragung, daß diese „coniunctio" nicht „die Liebesaffäre der Sterblichen", sondern ein „Hieros Gamos der Götter" sei, oder „‚Die Kunst verlangt den ganzen Menschen!' Das gilt in vollstem Maße auch von der psychotherapeutischen Arbeit. Die wirkliche Anteilnahme jenseits der professionellen Routine ist nicht nur erforderlich, sondern auch erzwungen . . .";

oder „Die letzten und höchsten Fragen der Psychotherapie sind keine private Angelegenheit, sondern eine Verantwortlichkeit von höchster Instanz", wobei „kein Tag vergehen möge, an dem der Psychotherapeut sich nicht demütig daran erinnert, daß er noch alles zu lernen hat."

Nach einem alten chinesischen Wort entscheiden über den Erfolg des Tuns nicht die richtigen Mittel, sondern ob der rechte Mann sich ihrer bedient. Die Stimme, die in Worten wie den angeführten alle akademischen Vordergründe durchdringt, ist die eines solchen „rechten Mannes" – des Arztes C. G. Jung.

Bibliographien

In einem Verzeichnis der Schriften von C. G. Jung aus dem Jahre 1953 sind 146 Veröffentlichungen angegeben. Hier sollen nur die wesentlichen Hauptwerke angeführt werden.

Diagnostische Associationsstudien Bd. I, 1906; Bd. II 1910. Bei Barth, Leipzig.
Psychologische Typen 1921, VI. Aufl. 1950.
Die Beziehungen zwischen dem Ich und dem Unbewußten 1928, V. Aufl. 1950.
Das Geheimnis der goldenen Blüte (Gemeinsam mit R. Wilhelm) 1929, IV. Aufl. 1948.
Seelenprobleme der Gegenwart 1931, IV. Aufl. 1950.
Die Beziehungen der Psychotherapie zur Seelsorge 1932, II. Aufl. 1948.
Wirklichkeit der Seele 1934, IV. Aufl. 1947.
Psychologie und Religion 1940, II. Aufl. 1947.
Das göttliche Kind Amsterdam-Leipzig, 1940.
Das göttliche Mädchen Amsterdam-Leipzig, 1941.
Paracelsica 1942.
Über die Psychologie des Unbewußten (früher: Das Unbewußte im normalen und kranken Seelenleben, 1926) Neuauflage 1948.
Psychologie und Erziehung 1946, II. Aufl. 1950.
Aufsätze zur Zeitgeschichte 1946 (enthält den besonders bedeutsamen Aufsatz „Wotan").
Zur Psychologie der Übertragung 1946.
Symbolik des Geistes 1948.
Über die psychische Energetik und das Wesen der Träume 1948 (enthält den wichtigen Aufsatz „Über die Energetik der Seele" und bringt die Darstellung der prospektiven bzw. produktiven Traumdeutung).
Gestaltungen des Unbewußten 1950.
Symbole der Wandlung 1951 (umgearbeitet aus „Wandlungen und Symbole der Libido", 1912).
Aion, Untersuchungen zur Symbolgeschichte 1951.
Antwort auf Hiob 1952.
Synchronizität als ein Prinzip akausaler Zusammenhänge 1952.
Von den Wurzeln des Bewußtseins 1954.

Soweit kein Verlag angegeben, sind die Bücher bei Rascher (Zürich) erschienen. Besonders viele Aufsätze stehen in den (22) *Eranos-Jahrbüchern* (Rhein-Verlag Zürich); auch sonst sind die – ungemein wertvollen – Artikel dieser Jahrbücher vielfach von Jungs Lehre geprägt.

Übersetzungen liegen vor in Englisch, Französisch, Spanisch, Italienisch, Holländisch, Schwedisch, Ungarisch und Russisch.

Als Einführung in die Komplexe Psychologie sind zu nennen:

Toni Wolff: Einführung in die Grundlagen . . . 186 Seiten. In „Die kulturelle Bedeutung der Komplexen Psychologie", Berlin bei Springer 1935. (Enthält außerdem neben – verschiedenwertigen – Beiträgen und einigen – schlechten – Zeichnungen mehrere eindrucksvolle Reproduktionen von Lebendmasken und Handschriftenproben).

Jolan Jacobi: Die Psychologie von C. G. Jung II. Aufl. Zürich bei Rascher. (Verf. hält dies Werk für die zur Zeit beste Darstellung der Lehre.)

Von derselben Verfasserin: *Psychologische Betrachtungen.* Eine Auslese aus den Schriften von C. G. Jung, Zürich, II. Aufl. 1949.

Es gibt mehrere Vereinigungen, die der Pflege der Jungschen Psychologie gewidmet sind. In erster Linie der Psychologische Klub Zürich, gegründet 1915. Ferner das C. G. Jung-Institut Zürich, gegründet 1948. Ferner: Psychologische Gesellschaft Basel; Analytical Psychology Club, London; Societé C. G. Jung, Paris; The Analytical Psychology Club of New York City; The Analytical Psychology Club of San Francisco; The Analytical Psychology Club of Los Angeles; Vereniging tot Bevordering van de Psychologie der Züricher School.

EMIL KRAEPELIN

1856–1926

Von Kurt Kolle

Als ich 1920 mein erstes klinisches Semester in München begann, ging ich zuerst in die psychiatrische Klinik, um zu sehen, welche Vorlesungen dort angekündigt waren (damals bereits stand nämlich mein Plan fest, Psychiater zu werden). Mit größter Erwartung sah ich deswegen der ersten Vorlesung von Kraepelin entgegen, von dem ich schon so viel gehört hatte. Meine Enttäuschung war zuerst groß. Der kleine, gedrungene, vierschrötige Mann wirkte gar nicht so, wie ich mir einen großen Seelenarzt vorgestellt hatte. Kraepelin, der damals 64 Jahre alt war, hielt uns einen zweistündigen nüchtern-trockenen Vortrag (der gewiß nur von wenigen Hörern richtig aufgenommen, geschweige denn verstanden wurde), in dem er grundsätzliche Fragen seines Faches erörterte und einen Überblick über die wichtigsten Probleme der Psychiatrie brachte. Zum Schluß entschuldigte er sich für seine lange Rede und versicherte, daß er niemals während des ganzen Semesters wieder einen zusammenhängenden theoretischen Vortrag halten werde. Kraepelin hielt sein Versprechen und demonstrierte uns fortab nur noch zahlreiche Kranke, zu denen er kurze, eindrucksvolle Kommentare gab. Eine überaus reiche Anschauung wurde dem Hörer zuteil. Meine anfängliche Enttäuschung wich, je häufiger ich dem seiner Sache so restlos hingegebenen Lehrer zuhören durfte, mehr und mehr der Bewunderung für den Mann und der Begeisterung für das Fach. Vielleicht war es gerade die jeder Phrase abholde Art, die so anziehend wirkte. Auch der junge Student mußte den Eindruck gewinnen, daß diesen Kraepelin nichts auf der Welt als die Psychiatrie zu interessieren schien. Nicht alles, was Kraepelin sagte, fand meinen Beifall. Seine betont nationale Einstellung rief meinen Widerspruch hervor, weil der eng begrenzte National-Staat mir schon nach dem ersten Weltkrieg überholt schien. Auch seine biologistische Weltanschauung erregte mein Mißfallen. Als Kraepelin einen Psychopathen vorstellte, fragte er ihn zum Schluß nach dem Sinn der Ehe; der brave Mann antwortete: „daß man einen Lebensgefährten hat". Darauf Kraepelin: „Sie sehen bereits aus dieser Antwort, daß wir es hier mit einem Psychopathen zu tun haben". Ich konnte es mir nicht versagen, meinem Unmut durch kräftiges Scharren Ausdruck zu verleihen, womit ich in die Ungunst meiner Kommilitonen geriet, denen die These von Kraepelin – Ehe zum Zweck der Befriedigung des Geschlechtstriebes und der Erzeugung von Nachkommen – mehr zu gefallen schien als mir. In seinem maßlosen und fanatischen Kampf gegen den Alkohol, die Trinksitten und das Rauchen stand ich damals ganz auf Seiten von Kraepelin, der dieses Mal durchaus auf den Widerspruch der meisten Hörer stieß. So kam es oft in dem Hörsaal zu lebhaften Kundgebungen für und wider den knorrigen Alten, den solcher Bei- oder Mißfall aber nicht aus seiner Ruhe brachte. Den Hörern flößte trotz solcher Meinungsverschiedenheiten die unbeugsame Aufrichtigkeit dieses Wahrheitssuchers Respekt ein. Der Wunsch und Wille von Kraepelin, allein die Tatsachen, die klinische Erfahrung sprechen zu lassen, trat noch stärker hervor in seinen berühmten Mittwoch-Vorlesungen für Fortgeschrittene. Der große Hörsaal war voll besetzt, doch nicht mit Studenten, sondern mit Ärzten aus den anderen Kliniken, der Stadt und ausländischen Gästen. Deswegen ergab sich regelmäßig die Schwierigkeit, einen Praktikanten zu finden, den Kraepelin brauchte, weil sein Vortrag sich nur in dem symbolischen Zwiegespräch recht entfalten konnte. Sobald Kraepelin den Hörsaal betreten hatte, forderte er mit einladender Geste auf, ein Herr möge sich zum Praktizieren zu ihm bemühen. Da sich fast niemals jemand meldete, hatte ich durch mehrere Semester hindurch Gelegenheit, oft dem großen Manne gegenüber zu sitzen. Kraepelin demonstrierte hier außer Raritäten wie tuberöse Sklerose oder Paralyse in der dritten Generation (auf dem Boden der angeborenen Lues) nur unklare Krankheitsfälle.

Noch eine persönliche Erinnerung darf ich voranschicken. Nach der Rückkehr aus dem ersten Weltkrieg war ich vorübergehend begeisterter Pazifist und Lebensreformer und traf mich als entschiedener Alkohol- und Tabakgegner mit Kraepelin. Als ich mich einmal gegen das Rauchen im Hörsaal vor Beginn der klinischen Vorlesung wandte und eine deutliche Niederlage durch meine Kommilitonen erlitt, entschloß ich mich, bei Kraepelin vorstellig zu werden. Johannes Lange (damals Assistent bei K.) empfing mich zu dem angemeldeten Besuch und führte mich zu Kraepelin in dessen Dienstzimmer. Wieder war ich arg enttäuscht; denn Kraepelin war ganz und garnicht hingerissen von meinem Plan, er solle nun die Initiative ergreifen und die Studenten ermahnen, nicht zu trinken und zu rauchen. Ein wenig abweisend erwiderte er meine feurige Rede nur mit der Bemerkung, die jungen Leute müßten diese Sache selbst in die Hand nehmen. Damit war meine Audienz beendet.

Mein Lehrer Stertz, der einige Jahre Oberarzt unter Kraepelin war, erzählt, daß Kraepelin einmal im Jahr, an Sylvester, seine Assistenten zu sich einlud. Es gab eine eiskalte alkoholfreie Bowle. Die Fenster waren geöffnet, auf daß der Zeitpunkt der Jahreswende, die sich bekanntlich mit Glockengeläut ankündigt, nicht verpaßt werde.

Vielleicht verdient noch eine kleine Anekdote – si non è vero ... – festgehalten zu werden. Als Frau Kraepelin eine neue Hausangestellte engagierte, sagte sie zum Schluß, ihr Mann dulde unter keinen Umständen, daß im Hause Alkohol getrunken werde. Daraufhin das neue Dienstmädchen (in bestem Münchener Dialekt): „Ja, das kenn ich, ich bin schon einmal bei einem geheilten Säufer in Stellung gewesen." (Die von Kraepelin eingeführten grünen und rosafarbenen Brauselimonaden, die mit einer der Klinik eigenen noch immer tätigen Maschine hergestellt werden, heißen heute noch „Kraepelin-Sekt.")

In jüngeren Jahren war Kraepelin dem Alkohol keineswegs abhold; er pries ihn sogar als Medikament gegen bestimmte Formen seelischer Erregung (erste Auflage der Psychiatrie: „größere Gaben Alkohol, schwerer Wein oder ein bis zwei Liter Bier", S. 179). Es ist daher fraglich, ob der Kampf, den Kraepelin gegen den Alkohol führte, ausschließlich persönliche Hintergründe hatte (es wird behauptet, sein Vater sei Trinker gewesen). Wahrscheinlicher ist die Annahme, daß die biologistische Weltanschauung, der Kraepelin huldigte, die eigentliche Triebfeder für seinen übereifrigen Kampf gegen den Alkohol war. Kraepelin war besessen von der Fortschrittsidee: gesunde Völker, die sich im Wettbewerb behaupten wollen, setzen gesunde Menschen voraus. Eugenik war aber für Kraepelin nicht nur Freiheit von krankhaften Erbanlagen, sondern auch von schädlichen Einflüssen der Umwelt. Erforschung der die Erbmasse zersetzenden Kräfte war deswegen

Kraepelin.

ebenso sehr sein Ziel wie das Bestreben, die durch ungünstige Lebensgewohnheiten hervorgerufenen Schädlichkeiten auszuschalten. Kraepelin, der das Zeug zu einem Anhänger der Rassen-Theorie in sich trug, war betont „völkisch" eingestellt. In einer 1921 erschienenen Arbeit „Über Entwurzelung" heißt es S. 5: „Man darf wohl daran denken, daß namentlich der unerfreuliche Internationalismus des jüdischen Volkes durch die ihm auferlegte nationale Entwurzelung großgezogen wurde. Weiterhin aber ist auf die traurige Rolle jener Persönlichkeiten hinzuweisen, die sich selbst aus ihrer Stammesgemeinschaft ausschlossen. Leider scheint das deutsche Volk dieser Entwurzelungsgefahr in besonders hohem Grade ausgesetzt zu sein; ihr wird Vorschub geleistet durch die Eheschließungen mit Angehörigen fremder Völker." Zweifellos entsprang sein Verhalten einem von den lautersten Absichten getragenen Patriotismus.

Ist die These richtig, daß der Mann, der sich später als Forscher oder Philosoph betätigt, die für ihn entscheidenden Erfahrungen vornehmlich in der Periode jugendlicher Aufgeschlossenheit macht, dürfen wir auch bei Kraepelin seine Sturm- und Drangzeit zu Rate ziehen. Der 24jährige „Irrenarzt" (so bezeichnet sich Kraepelin selbst) veröffentlichte sein Erstlingswerk unter dem Titel „Die Abschaffung des Strafmaßes. Ein Vorschlag zur Reform der heutigen Strafrechtspflege." Diese kleine Schrift, deren tatsächliche Wirkungen auf den Gang der Strafrechtsreformen uns unbekannt sind, ist noch heute sehr lesenswert. Viele Gedanken, die Kraepelin geäußert hat, sind längst Wirklichkeit geworden (z. B. die Idee, den Rechtsbrecher zu erziehen, zu bessern; die Abschaffung der Prügelstrafe); um andere wird im Kampf der miteinander streitenden Weltanschauungen und Theorien noch immer hart gerungen (so etwa um die Todesstrafe, die Kraepelin völlig verwarf). Doch was sagt uns der junge Kraepelin sonst noch mehr über sich selbst? Einer der wichtigsten Sätze der kleinen Studie scheint uns der folgende: „Die Annahme der Willensfreiheit, die unserer Ansicht nach auf einer Selbsttäuschung des naiven Bewußtseins beruht . . ." Kraepelin ist dieser Ansicht Zeit seines Lebens treu geblieben.

Nach außen wirkte Kraepelin wie ein finster-verschlossener Eiferer (der er als Forscher auch war); ich besinne mich nicht, ihn in der Vorlesung je lachend gesehen zu haben. Aber hinter dieser äußeren Fassade, die nur eine Seite seines Wesens ausdrückte, verbarg sich ein reiches Gemütsleben. In stillen Stunden machte Kraepelin Gedichte, die nach seinem Tode veröffentlicht wurden. Kraepelin liebte leidenschaftlich die Natur, die er zu Fuß und per Rad durchwanderte. In seinem Landhaus in Suna am Lago Maggiore, wohin er sich für die Ferien zurückzog, arbeitete er nicht nur, er hegte und pflegte seinen Garten, aus dem er auch einige prächtige südliche Bäume mitbrachte; man kann sie noch heute im Garten der Münchener Klinik bewundern. Aber der Kern seiner Persönlichkeit war ausgefüllt von unbändiger Sach-Leidenschaft. Wenn er sich unmittelbar nach Semesterschluß nach Suna begab (die deutsche akademische Freiheit, die den hauptamtlich tätigen Professoren rund sechs Monate Arbeitsurlaub gewährt, voll ausnützend), begleiteten ihn dorthin große Kisten, die mit Krankenjournalen angefüllt waren. Alle diese Krankenblätter las er durch und zog aus ihnen die Tatsachen heraus, die ihm wichtig erschienen. Später arbeitete er nach den von ihm eingeführten Zählkarten, die er persönlich an Hand der Krankenblätter bereits in München ausfüllte; diese Zählkarten bildeten schließlich den Stamm des im klinischen Archiv der Forschungsanstalt angelegten Materials, das zahlreichen Forschern – so auch dem Verfasser – bei ihrer wissenschaftlichen Arbeit großen Nutzen brachte. Die am Krankenbett gewonnenen Eindrücke wurden mit den

Journalen verglichen, in denen die Ärzte der Klinik ihre Beobachtungen niedergelegt hatten. Daraus entstand dann die systematische Ordnung, die ihren Siegeszug durch die Welt antrat. Kraepelin beurteilte sein Werk sehr bescheiden. Im Vorwort zur 9. Auflage seines Lehrbuchs schreibt er wenige Tage vor seinem Tode:

„Ich bin mir dessen bewußt, daß mein mit großer Mühe erstrebtes Ziel einer umfassenden, sich streng an die Erfahrung haltenden Stoffsammlung nur untergeordnete Bedeutung und im allgemeinen wenig Anziehungskraft besitzt. Allein mir scheint diese Vorarbeit, und zwar in viel weiterem Umfange, als mir sie zu leisten möglich war, eine der Voraussetzungen für jede tiefer dringende klinische Forschung zu bilden. Will man ein Land beherrschen und entwickeln, so muß man es zunächst nach allen Richtungen und in allen Einzelheiten gründlich kennenlernen; es genügt nicht, einzelne schöne Punkte ins Auge zu fassen. Auch anscheinend dürre Strecken können unter Umständen ‚interessant' werden, wenn man sie sorgsam zu erforschen sucht."

Die wissenschaftliche Psychiatrie in allen Ländern wies der Arbeit von Kraepelin einen hohen Rang zu. Sein großes Verdienst wurde darin erblickt, daß es ihm gelang, aus der großen Zahl einander sehr ähnlicher seelischer Störungen zwei große Gruppen als selbständige Krankheitseinheiten (den Begriff „Krankheitseinheit" übernahm Kraepelin von Kahlbaum) herauszuheben: die Dementia praecox und das manisch-depressive Irresein. Die Abtrennung dieser beiden Formenkreise (die heute Gruppe der Schizophrenien und Cyclothymie genannt werden) führte er zuerst in der 1899 erschienenen 5. Auflage seines Lehrbuchs durch. In diesem Buch spiegelt sich wie in keinem zweiten die Geschichte der Psychiatrie von 1883 bis 1926. Außer den neun Auflagen (die letzte blieb leider ein Torso, weil Kraepelin über der Vollendung starb) hat Kraepelin nicht viele Arbeiten geschrieben, denen ein bedeutender Einfluß auf die Psychiatrie zugeschrieben werden kann. (Der Zahl nach sind es immerhin über hundert Publikationen, in denen Kraepelin sich zu einzelnen Problemen geäußert hat; viele dieser Studien, nämlich 19, befassen sich ausschließlich mit der Alkoholfrage.) Während es hervorragende Forscher gibt, die niemals das Gebiet ihres ganzen Faches zusammenfassend dargestellt haben, lockte Kraepelin gerade diese Aufgabe.

Wer es unternimmt, das Wirken von Kraepelin in einer Skizze festzuhalten – um mehr kann es sich hier nicht handeln –, muß unbedingt dieses Lehrbuch zum Herzstück seiner Biographie machen.

Die erste Auflage der „Psychiatrie" (1883) nennt sich „Compendium". Kraepelin war damals Privatdozent in Leipzig, 27 Jahre alt und erst seit fünf Jahren approbierter Arzt. Das schmale Bändchen in kleinem Format behielt durch drei Auflagen (zweite 1887, dritte 1889) äußerlich und innerlich das gleiche Gesicht, das von der zeitgenössischen Psychiatrie geprägt ist. Neue Ideen beflügelten Kraepelin auch nach seiner 1886 erfolgten Übersiedlung nach Dorpat (einer damals sehr angesehenen baltischen Universität) nicht. In der vierten Auflage (1893), die in großem Format erscheint und 700 Seiten stark ist, kündigt sich etwas Neues an: das achte Kapitel heißt „Psychische Entartungsprozesse" und enthält die Untergruppen A. Dementia praecox, B. Katatonie, C. Dementia paranoides. Eine entscheidende Wendung vollzieht Kraepelin in der fünften Auflage (1896), in der unterschieden wird zwischen A. Erworbene Geistesstörungen und B. Geistesstörungen aus krankhafter Veranlagung. Zu den erworbenen Störungen zählt Kraepelin die Erschöpfungszustände, die Vergiftungen, das Irresein des Rückbildungsalters und bei

Hirnerkrankungen; dazu tritt als neu gebildete Gruppe Kapitel III „Stoffwechselerkrankungen" mit den Unterabteilungen a) Myxödem, b) Kretinismus, c) Verblödungsprozesse (Dementia praecox u. s. f.), d) Dementia paralytica. Sehen wir von der Einreihung der Paralyse unter die Stoffwechselkrankheiten ab (die Spirochaeta pallida als Ursache der Paralyse wurde erst zehn Jahre später entdeckt), mutet diese Systematik von 1896 ganz modern an. Die endgültige Aufstellung der beiden Krankheiten Dementia praecox und manisch-depressives Irresein erfolgt aber erst in der sechsten Auflage 1899. Allerdings steht die Dementia praecox noch immer zwischen thyreogenem Irresein und Dementia paralytica; das bleibt auch noch in der siebenten Auflage (1904) so. Erst in der achten Auflage (1909–1915) hat sich Kraepelin entschieden, daß die „endogenen Verblödungen" mit den Untergruppen Dementia praecox und Paraphrenie hinsichtlich ihrer Ursache nahe verwandt sind dem „epileptischen Irresein" und dem manisch-depressiven Irresein. Die neunte Auflage (1927) ist unvollendet geblieben; die „Allgemeine Psychiatrie" wurde von J. Lange, dem letzten Schüler von Kraepelin, bearbeitet. Kraepelin selbst verfaßte noch den ersten Band der klinischen Psychiatrie, die sich mit den organischen Psychosen befaßt. Aus dem Vorwort zu diesem Bande kann man aber entnehmen, wie Kraepelin den Stoff zu gliedern beabsichtigte.

Blickt man auf die zuletzt von Kraepelin beabsichtigte Ordnung der seelischen Krankheiten und vergleicht sie mit dem heutigen Stand der psychiatrischen Wissenschaft, wird man ohne jede Übertreibung sagen dürfen, daß die von Kraepelin in jahrzehntelangem Ringen mit dem schwierigen Gegenstand geschaffene Systematik bis heute, dreißig Jahre nach seinem Tode, durch nichts Besseres ersetzt werden konnte. Einzig und allein die Paranoia, sofern man darunter nicht seelisch nacherlebbare Entwicklungen vom Typus des Querulantenwahns begreift, hält den modernen Auffassungen nicht mehr stand; sie ist als paraphrener Typus aufgegangen im großen Sammelbecken der Schizophrenie.

Die Systematik, die uns Kraepelin hinterlassen hat und die heute überall in der Welt, wenn auch mit zahlreichen Abwandlungen, angewandt wird, sieht so aus:

IX. Auflage. 1927

I. Irresein bei Hirnverletzungen.
II. Irresein bei Hirnerkrankungen.
III. Vergiftungen.
IV. Infektiöses Irresein.
V. Syphilitische Geistesstörungen.
VI. Paralyse.
VII. Endokrines Irresein.
VIII. } Arteriosklerotisches, präseniles und seniles Irresein.
IX. }
X. Endogene Verblödungen.
XI. Epilepsie.
XII. Manisch-depressives Irresein.
XIII. Psychogene Erkrankungen.
XIV. Hysterie.

XV. Paranoia.
XVI. Originäre Krankheitszustände.
XVII. Psychopathien.
XVIII. Seelische Entwicklungshemmungen.

Kraepelin hat die modernen Auffassungen, die seit seinem Eintritt in die Psychiatrie erschienen, aufmerksam studiert. So hat er sich in der achten Auflage seines Lehrbuches ziemlich eingehend mit der Psychanalyse auseinandergesetzt, der er keinerlei Geschmack abgewinnen konnte. Es ist zu berücksichtigen, daß die Klinik in München unter Kraepelin eine reine Irrenklinik war, in der kaum Gelegenheit war, auf dem Grenzgebiet der sogen. Neurosen größere Erfahrungen zu sammeln. Private Sprechstundenpraxis, die dem Arzt viele in seelische Krisen verstrickte Patienten zuführt, hat Kraepelin wohl nur in bescheidenem Umfang ausgeübt. So waren ihm wichtige Quellen, aus denen der Psychotherapeut schöpfen kann, unzugänglich. Gegen das Eindringen der Psychanalyse in die Bezirke der klinischen Psychiatrie verwahrte sich Kraepelin ebenso energisch wie sarkastisch.

Doch meine man nicht, Kraepelin hätte die Schwächen und Grenzen seiner Arbeitsweise übersehen. Eine 1920 erschienene Arbeit, „Die Erscheinungsformen des Irreseins", beginnt mit den Sätzen: „Zu wiederholten Malen ist in letzter Zeit der Gedanke ausgesprochen worden, daß die klinisch-psychiatrische Forschung gewissermaßen auf einem toten Punkte angekommen sei. . . . Man wird derartigen Ausführungen eine gewisse Berechtigung nicht absprechen können." In dieser Arbeit befaßt sich Kraepelin zuerst mit der verstehenden Psychologie, die seit den ersten Arbeiten von Jaspers (dessen Name übrigens nicht genannt wird) mehr und mehr von wissenschaftlich arbeitenden Psychiatern erfolgreich in der Psychopathologie verwandt wurde. Kraepelin betrachtet dieses Bemühen mit der ihm eigenen sachlichen Nüchternheit, indem er erklärt, „daß jeder Versuch, ein fremdes Seelenleben in seinem inneren Getriebe zu verstehen, mit sehr reichhaltigen Fehlerquellen behaftet ist". Kraepelin gibt dann nicht nur die Fehlerquellen an, sondern zeigt auch Wege, sie nach Möglichkeit auszuschalten. Dazu gehöre, sich zu vergegenwärtigen, daß bei jeder Krankheit die persönliche Eigenart des Kranken, seine Erbanlage, sein Geschlecht, sein Lebensalter, seine Zugehörigkeit zu einer Volksart zu berücksichtigen sei. Die von Birnbaum in seiner wichtigen Arbeit „Der Aufbau der Psychose" getroffene Unterscheidung von pathogenetischen und pathoplastischen Faktoren macht sich Kraepelin ausdrücklich zu eigen. Im weiteren Verlaufe seiner Darlegungen setzt sich Kraepelin mit seinem großen Gegenspieler Hoche auseinander (wieder ohne ihn bei Namen zu nennen), der bittere Worte gegen das Bestreben gefunden hatte, auf Grund der klinisch faßbaren Symptome eine verbindliche Einteilung der Psychosen zu gewinnen. Kraepelin vergilt nicht Gleiches mit Gleichem, sondern wendet den Gedanken von Hoche, daß es im Bereiche der Psychosen keine Krankheitseinheiten, sondern nur Syndrome oder Symptomenkomplexe geben könne, ins Positive. Kraepelin greift diese Anschauung auf und führt die These, „daß ein nicht unerheblicher Teil der Krankheitsäußerungen aus dem selbständigen Spiele vorgebildeter Einrichtungen unserer körperlichen und seelischen Persönlichkeit hervorgeht", an zahlreichen Beispielen durch. So entwickelt Kraepelin die Theorie von etwa drei Hauptgruppen von Ausdrucksformen oder Registern des Irreseins: „Die erste wird von der deliranten, paranoiden, emotionellen, hysterischen und triebhaften Form gebildet, die letzte von der encephalopathischen, oligophrenen und spasmodischen Form, während in der Mitte die schizophrene, vielleicht auch die sprachhalluzinatorische Form steht." Dieses Beispiel zeigt, daß Kraepelin ein wahrhaft gründlicher Wahrheitssucher war, der sich nicht scheute, eigene Ansichten preiszugeben, wenn neue Tatsachen die Probleme in neuem Licht erscheinen ließen. In dem wenige Tage vor seinem Tode verfaßten Vorwort zur 9. Auflage seines Lehrbuches hat er noch einmal unübertrefflich kurz Vor- und Nachteile seines klinisch-empirischen Verfahrens geschildert. Daß Kraepelin sein Ziel einer „sich streng an die Erfahrung haltenden Stoffsammlung" erreicht hat, ist nicht zu bezweifeln. Während sonst der Name auch bedeutender, sogar berühmter Autoren im allgemeinen etwa vier Jahre nach dem Tode des Forschers aus dem Schrifttum verschwunden zu sein pflegt, findet man den Namen Kraepelin heute noch, dreißig Jahre nach seinem Tode, mit am häufigsten zitiert. Es erscheint sicher, daß der Name Kraepelin in das große Buch der Medizingeschichte eingetragen werden wird. Diese Wertschätzung, die wirklich nur den größten, über ihr eigenes Leben hinaus wirkenden Forschern zuteil wird, ruht in erster Linie auf dem Werk, das Kraepelin geschaffen hat. Die Person des Forschers wird mehr und mehr in den Schatten treten. Noch leben zahlreiche Psychiater, die ihm persönlich begegnet sind; sie tragen die Fackel, die er entzündete, und reichen sie an die nach uns kommende Generation, die Kraepelin nicht mehr kennt, weiter. Es erscheint wie ein Symbol, daß die nach dem Tode von Kraepelin von einem international zusammengesetzten Kreis geschaffene Kraepelin-Medaille bisher nur ein einziges Mal verliehen wurde (1928 an den Hirnforscher Oskar Vogt). Diese schöne Auszeichnung zeigt einen Fackelträger, umrandet von der Inschrift:

λαμπάδας ἔχοντες παραδίδουσιν ἀλλήλοις

(deutsch: Die die Leuchte tragen, reichen sie einander zu).

Kraepelin zeigte wie sein älterer Bruder (der Botaniker Karl Kraepelin) ausgeprägte Begabung zum Naturforscher. War er mit dieser Anlage und Neigung auch geeignet für den Beruf des Psychiaters, also des Seelenarztes? Diese Frage läßt sich nicht mit einfachem Nein oder Ja beantworten. Die Psychiatrie zeigt dem älteren Arzt, der ein Leben in ihrem Dienst zugebracht hat, ein Doppelgesicht. Sehen wir von der Neurologie ab, die als Arzt und Forscher zu bewältigen allein eine gründliche naturwissenschaftliche Bildung gewährleistet, bietet auch die reine Psychiatrie zwei Seiten dar, eine vorwiegend somatologische und eine vorwiegend psychologische. Der Kliniker sieht vor allem Kranke mit schweren seelischen Störungen, die wir nach heutiger Auffassung den organischen und endogenen Psychosen zuweisen. Der frei praktizierende Nervenarzt dagegen findet in seiner Sprechstunde hauptsächlich Patienten, die organisch im wesentlichen gesund, auch nicht psychotisch sind. Solchen seelischen Krisen verfallenen Menschen kann der Arzt nur gerecht werden, wenn er in feinfühligem Verständnis für ihre besondere Eigenart und ihre Lebensschicksale die Gabe besitzt und in eigener Lebenserfahrung weiterentwickelt, die Krisis ihres dramatischen Charakters zu entkleiden und damit dem Patienten zu einer echten Entscheidung zu verhelfen. Ob Kraepelin zu einer solchen Aufgabe befähigt gewesen wäre, darf bezweifelt werden. Eugen Kahn, viele Jahre Mitarbeiter von Kraepelin, hat in seinem Beitrag „Die psychopathischen Persönlichkeiten" in Bumkes Handbuch der Geisteskrankheiten, Bd. 5, S. 473, einen Ausspruch von Kraepelin erwähnt: „Psychopathisch kann man schon sein; aber man darf sich dadurch nicht in seinen Handlungen bestimmen lassen". (Diese Bemerkung machte Kraepelin, als einer seiner Assistenten, der später ein Ordinariat bekleidete, ihm seine persönlichen Sorgen vortragen wollte.) Kraepelin war auch zu fest in einer Weltanschauung verwurzelt, die ihr Leitbild aus der Idee naturwissenschaftlichen Fortschritts entnahm. Kraepelin konnte und wollte sich nicht damit abfinden, daß der Mensch als Natur- wie auch als Kulturwesen unvollkommen ist und immer bleiben wird. Daher sein Kampf für Gesundheit, für das Recht, gegen Entartung und Krankheit, gegen das Unrecht. Zum idealen Psychiater gehört aber auch die Einsicht, daß Abnormität und Unrecht schöpferische Kräfte auslösen, wenn nicht darstellen können. Kraepelin war kein philosophischer Mensch – am Ende gar philosophiefeindlich? Trotz seiner Liebe zur Natur scheint er auch keine festen religiösen Bindungen gehabt zu haben. Kraepelin war Verstandes- und Willensmensch. Die Macht des Gemütes, die Bedürfnisse des Herzens – bei seinen Kranken erkannte er sie gut – drängte er bei sich selbst planvoll zurück. Diese Selbst-Überwindung befähigte ihn zu seinen großen Leistungen als Forscher. Kraepelin sagte übrigens von sich selbst, daß er für die ärztliche Praxis „ohnedies wenig Neigung und Anlage hatte".

Es ist meine Überzeugung, daß Kraepelin ein unvergängliches Werk geschaffen hat. Prophetie in der Wissenschaft ist mißlich; aber wahrscheinlich wird die von Kraepelin entworfene Systematik der psychischen Krankheiten Bestand haben, auch wenn neue Erkenntnisse hinzukommen sollten. Sollte diese Voraussage sich als falsch erweisen: gewiß ist, daß seine Methode klinisch-psychiatrischer Forschung immer ihren Wert behalten wird.

Kraepelin hat, nur für seine Mitarbeiter an der Forschungsanstalt bestimmt, einen kürzeren und einen längeren Bericht über sein Leben hinterlassen. Der erste Lebenslauf – eine Studie psychologischer Selbstbesinnung – umfaßt 33 Seiten, der zweite – eine ausführliche Beschreibung seines äußeren Lebensweges – 263 Seiten. Beide Dokumente, die sehr aufschlußreich sind, sind nach seinem letzten Willen zur Publikation nicht freigegeben. Es bedeutet keinen Verstoß gegen die Verfügung von Kraepelin, wenn hier einige Sätze wiedergegeben werden: „Das törichte Gerede von der Unfruchtbarkeit der klinischen Psychiatrie wird bald verstummen, wenn man sich die Mühe gibt, wirklich große und vollständige Beobachtungsreihen mit Sorgfalt durchzuarbeiten".

Kraepelin wurde am 15. Februar 1856 in Neu-Strelitz (Mecklenburg/Deutschland) geboren. Bereits als Student in Würzburg, wo Rinecker die psychiatrische Klinik las, interessierte er sich lebhaft für Psychiatrie. Für die von der medizinischen Fakultät ausgeschriebene Preisaufgabe „Über den Einfluß akuter Krankheiten auf die Entstehung von Geisteskrankheiten" erhielt Kraepelin den Preis (die Arbeit ist 1882 im Druck erschienen); allerdings hatte sich außer ihm niemand darum beworben! Sein Studium setzte er in Leipzig fort, wo er zum ersten Male in persönliche Beziehung zu Wilhelm Wundt trat, in dessen Seminar er ein Referat über Lichtempfindungen hielt; zur Übernahme eines zweiten Referates über Sinnestäuschungen kam es nicht mehr, weil Kraepelin, damals 21 Jahre alt, von Rinecker eine Assistentenstelle angeboten wurde. Noch Student, trat er in die Würzburger Klinik ein und blieb dort bis zu den Examina, die er 1878 ablegte; er wurde dann für ein Jahr zu Gudden nach München beurlaubt. Kraepelin blieb aber vier Jahre bei Gudden; über seine Tätigkeit an der Kreisirrenanstalt (der Vorläuferin der jetzigen Klinik) in München berichtet er in dem bereits erwähnten Lebenslauf: „Die ersten Eindrücke, die ich von meiner neuen Tätigkeit hatte, waren entmutigend. Das verwirrende Gewimmel ungezählter verblödeter, bald unzugänglicher, bald zudringlicher

Kranker, mit ihren lächerlichen oder ekelerregenden, bedauernswerten oder gefährlichen Absonderlichkeiten, die Ohnmacht des ärztlichen Handelns, das sich meist auf Begrüßungen und gröbste körperliche Pflege beschränken mußte, die völlige Ratlosigkeit gegenüber allen diesen Erscheinungsformen des Irreseins, für die es keinerlei wissenschaftliches Verständnis gab, ließen mich die ganze Schwere des von mir gewählten Berufes empfinden. Ähnlich wie zu Anfang in Würzburg verfolgten mich die wirren und abstoßenden Bilder der Tagesarbeit auch in den Nächten und ließen mich zweifeln, ob ich mich wirklich in dieser Tätigkeit werde zurechtfinden können. Allmählich indessen half mir die abstumpfende Gewöhnung und namentlich der angenehme Verkehr mit den gleichgestimmten Kollegen. Ich begann, mich als Glied einer Arbeitsgemeinschaft mit hohen Zielen zu fühlen, und schöpfte Befriedigung aus den nach unserer damaligen Ansicht vollendeten Einrichtungen unserer Anstalt, die mit ihren schönen Parkett- und Terrazzoböden, ihrer gewaltigen Zentralheizung, ihrem Küchen- und Wäschebetrieb, ihrem fast nie benutzten Zentralbade uns ganz auf der Höhe der Zeit zu stehen schien. Dazu kam unser Stolz auf die wissenschaftliche Bedeutung unserer Klinik, wie sie sich hauptsächlich in unseren anatomischen Laboratorien und Tierställen ausdrückte. Hier lag das Gebiet, das uns für die Unfruchtbarkeit und Unerquicklichkeit unserer Tagesarbeit entschädigte."

1882 siedelte Kraepelin an die von Flechsig geleitete, soeben eröffnete Leipziger Klinik über; sein Streben dorthin war geleitet von dem Wunsche, in der Nähe von Wilhelm Wundt zu arbeiten. Die Tätigkeit bei Flechsig fand bereits nach wenigen Monaten ein jähes Ende aus Gründen, die mit dem schwierigen Charakter von Flechsig zusammenhingen. Flechsig war anscheinend gekränkt, daß Kraepelin sogleich im Laboratorium von Wundt zu arbeiten begonnen hatte. Die durch diese Mißhelligkeit zunächst in Frage gestellte Habilitation gelang aber schließlich doch. Kraepelin betätigte sich auf Vermittlung von Wundt in der Nervenpoliklinik, die damals Wilhelm Erb unterstand. Hauptsächlich aber stellte Kraepelin Versuche in dem äußerst primitiv ausgestatteten Laboratorium von Wundt an. Kraepelin versuchte, eine Vorlesung über Psychiatrie zustande zu bringen; doch sie „scheiterte an dem Ausbleiben jeglicher Zuhörer". Da Kraepelin seine Lage, nur durch ein Dozentenstipendium gestützt, als sehr unsicher ansah, ergriff er, eigentlich gegen seinen Willen, die Gelegenheit, ein Compendium der Psychiatrie zu schreiben. Diese, wie er sagt, „wenig reizvolle Aufgabe" erledigte er in den Osterferien 1883; das Buch erschien noch im selben Jahre! „Dabei kam mir die Unzulänglichkeit meiner psychiatrischen Kenntnisse überaus deutlich zum Bewußtsein, und ich bedauerte lebhaft, daß ich nicht die überall fühlbaren Lücken durch Beobachtungen am Krankenbette ausfüllen konnte." Nachdem Wundt Kraepelin abgeraten hatte, sich ganz der Psychologie zu widmen, kehrte Kraepelin nach München zurück, wo ihm Gudden eine bezahlte Stelle angeboten hatte. Bald schon glaubte Kraepelin die Aussichtslosigkeit einer akademischen Laufbahn zu erkennen und verließ daher München, um eine Oberarztstelle an der in einem Kloster untergebrachten schlesischen Anstalt Leubus anzunehmen. Mitbestimmend für seinen Entschluß war der Wunsch, Heim und Familie zu gründen. Bald verheiratete er sich denn auch mit der sieben Jahre älteren Ina Schwabe, mit der er bereits, als sie 22 und er 15 Jahre alt war, verlobt war.

1885 siedelte Kraepelin nach Dresden über, um dort die Oberarztstelle der städtischen Irrenabteilung zu übernehmen. Bereits ein Jahr später erhielt er einen Ruf als Professor nach Dorpat, wo er der Nachfolger des nach Freiburg berufenen Emminghaus wurde, bei dem er in Würzburg Vorlesungen gehört hatte. Das Ziel, das sich Kraepelin gesetzt hatte, mit 30 Jahren Professor der Psychiatrie zu werden, war also erreicht.

1891 kehrte Kraepelin nach Deutschland zurück; er wurde als Nachfolger von Fürstner, der nach Straßburg gegangen war, nach Heidelberg berufen. Er hatte dort Mitarbeiter, die sich später selbst einen guten Namen in der Psychiatrie verschafften: Alzheimer, Aschaffenburg, Gaupp, Nißl, Weygandt, Wilmanns. Zum 1. Oktober 1903 nahm Kraepelin den Ruf nach München als Nachfolger von Bumm an. „Ich tat es mit dem Gefühl, daß ich der Wissenschaft mein persönliches Glück zum Opfer bringe". Nachdem er einige Zeit in München war, soll Kraepelin den Ausspruch getan haben: „Nur gut, daß ich in Heidelberg Psychiatrie gelernt habe, in München könnte ich es nicht mehr". Die Klinik, damals ausschließlich für Psychiatrie, hatte 120 Betten und vielleicht 1000 Neuzugänge im Jahr!

In München, wo Kraepelin eine Schar ausgezeichneter Forscher um sich versammelte – Alzheimer und Gaupp begleiteten ihn hierher –, entfaltete er selbst eine rege wissenschaftliche Tätigkeit, die ihren Niederschlag hauptsächlich in der achten und neunten Auflage seines Lehrbuches fand. In der 1904 gerade fertiggestellten neuen Klinik, auf deren Gestalt Kraepelin nur noch bescheidenen Einfluß hatte, übte er auch eine emsige und eindrucksvolle Lehrtätigkeit aus, deren lebhafte Ausstrahlungen schon geschildert wurden. Aus allen Ländern der Erde eilten die Psychiater herbei, Kraepelin zu hören und sich an seiner Forschung zu beteiligen. Erst jüngst (1954) schrieb der Inhaber des psychiatrischen Lehrstuhles in Tokio, Professor Yushi Uchimura: „Obwohl die neuere deutsche Psychiatrie am meisten von Jaspers beeinflußt worden zu sein scheint, war doch Kraepelin, wie ich meine, großartig, als der Einführer der vielseitigen naturwissenschaftlichen Untersuchungsmethoden in der Psychiatrie und der Begründer der exakten objektiven Beobachtungsweisen des psychischen Abnormen und vor allem der Heranbilder hervorragender Forscher. Es fragt sich, wie ich meine, ob selbst Jaspers ohne Kraepelin vorgekommen wäre."

Neben Forschung und Lehre beschäftigte Kraepelin schon vor dem ersten Weltkrieg die Gründung einer Forschungsanstalt für Psychiatrie, die denn auch dank seiner unermüdlichen Tatkraft 1917 ins Leben gerufen wurde. Dieses Institut umfaßte folgende Abteilungen: eine klinische (J. Lange), eine hirnpathologische (Brodmann, Nißl, Spielmeyer), eine serologische (Plaut, Jahnel) und eine genealogische (Rüdin); ein Teil dieser Institute war zunächst in den Räumen der Klinik untergebracht. (Die genealogische Abteilung richtete sich bis zur Übersiedlung in das neue Haus in einer Mietwohnung in der Pettenkoferstraße ein; der Verfasser hat dort seine Paranoia-Studien vorbereitet.) Die vortrefflichen Männer, die mit Kraepelin am Werke waren, zogen wieder jüngere Kräfte an, von denen (ohne Anspruch auf Vollständigkeit) nur folgende genannt seien: Ernst Grünthal, Hugo Spatz, Hans Luxenburger, Bruno Schulz, Eduard Gamper, Gustav Bodechtel, Anton von Braunmühl. Mit Hilfe von James Loeb (einem alten Patienten von Kraepelin) und der Rockefeller Foundation wurde der Anstalt 1928 nahe dem Schwabinger Krankenhaus in der nach Kraepelin benannten Straße ein eigenes Gebäude errichtet. Die klinische Abteilung wurde im Städtischen Krankenhaus München-Schwabing eröffnet. In der Anstalt Haar wurde eine Prosektur geschaffen, die von Neubürger (einem Schüler von Spielmeyer und des Pathologen Oberndorfer) geleitet wurde. Kraepelin erlebte die Vollendung des Baues nicht mehr. Kurz nach der Rückkehr von seiner Besitzung in Suna und im Begriffe, mit seinem Schüler Johannes Lange eine längere Auslandsreise anzutreten, die der vergleichenden Psychiatrie, einem von Kraepelin als vordringlich erachteten Forschungsgegenstand, dienen sollte, starb er am 7. Oktober 1926. Drei Tage vor seinem Tode diktierte er noch die Vorrede zur neunten Auflage seines Lehrbuches. Lange hat diesem Bande noch ein Vorwort hinzugefügt, in dem es heißt: „Die am 7. Oktober 1926 mit dem Tode endende Erkrankung raubte Kraepelin in den letzten Tagen wohl die Fähigkeit, die abschließenden, nebensächlichen Arbeiten an diesem seinem Werke selbst vorzunehmen; in Erkenntnis seines Zustandes traf er jedoch in voller Klarheit unmittelbar vor seinem Ende alle noch notwendigen Bestimmungen, die ich in seinem Auftrag zu erledigen bestrebt war. Neben dem Wesentlichen nahmen selbst bescheidene Kleinigkeiten seine letzten Gedanken in Anspruch. Die unbedingte Unterwerfung unter das, was *ist*, ließ ihn alles daransetzen, Irrtümer auch der nebensächlichsten Art zu beseitigen."

Der Nachfolger von Kraepelin wurde Oswald Bumke. Kraepelin hätte lieber seinen alten Mitarbeiter Robert Gaupp, der seit 1906 den Tübinger Lehrstuhl bekleidete, an seiner Stelle gesehen. Kraepelin, der asketische Fanatiker, und Bumke, der weltgewandte Diplomat, waren grundverschiedene Persönlichkeiten. So entstand in der kurzen Zeit, in der Kraepelin und Bumke in München nebeneinander wirkten (1924–1926), keine wirklich harmonische Zusammenarbeit, sondern nur eine locker zusammengehaltene Vernunftehe. Um so höher wird man das Urteil einschätzen müssen, das Bumke nach dem Tode seines Amtsvorgängers über ihn fällte: „Die von ihm durch 18 Jahre geleitete Klinik verfügt über Einrichtungen, die für alle deutschen und außerdeutschen Kliniken vorbildlich geworden sind. Nicht die Begabung allein, sondern zugleich die ungeheure Energie und die starke Persönlichkeit, aus der sie floß, haben Kraepelin groß und zum Führer seines Faches gemacht. Was so oft eine leere Phrase ist, hier ist es wahr: sein Name wird fortleben, solange es eine deutsche Wissenschaft gibt." Bumke machte sich zum Sprecher der Welt, die Kraepelin noch heute als Begründer der wissenschaftlichen Psychiatrie verehrt.

Anmerkungen

Ein vollständiges Verzeichnis aller von Kraepelin veröffentlichten Arbeiten findet sich im Archiv für Psychiatrie, *87*, 165–168 (1929). In diesem Bande finden sich auch Arbeiten von G. Aschaffenburg, A. Gross, H. W. Gruhle, E. Rüdin, W. Weygandt; alle befassen sich mit der Bedeutung von Kraepelin für die verschiedenen Forschungsrichtungen.

Besonders genannt seien:

Die Abschaffung des Strafmaßes. Stuttgart 1880.
Lehrbuch der Psychiatrie. 1. Aufl. 1883 – 9. Aufl. 1927.
Die königliche Psychiatrische Klinik in München. Leipzig 1905.
Ein Forschungsinstitut für Psychiatrie. Z. Neur., *32*, 1–38 (1916).
Über Entwurzelung. Z. Neur., *63*, 1 (1921).
Werden, Sein, Vergehen. Gedichte. München 1928.
Würdigungen des Werkes von Kraepelin und Nachrufe:
W. Scholz: Deutsche Forschungsanstalt für Psychiatrie. M. M. W. 1953.
W. Mayer-Groß: „Die Entwicklung der klinischen Anschauungen Kraepelins". Arch. Psychiatr., *87*, 30–42 (1929).

R. Gaupp sen.: „Die Lehren Kraepelins in ihrer Bedeutung für die heutige Psychiatrie". Z.Neur., *165*, 47–75 (1939).
J. Lange: Emil Kraepelin. Naturwissenschaften, *14*, 1255 (1926).
J. Lange: Emil Kraepelin zu seinem 70. Geburtstag. Münch. med. Wschr., *73*, 288 (1926).
J. Lange: Emil Kraepelin, Nachruf. Münch. med. Wschr., *73*, 1805 (1926).
F. Plaut: Worte der Erinnerung an Emil Kraepelin. Z. Neur. 108 (1927).
O. Bumke: Hoffnungen und Sorgen der klinischen Psychiatrie. Kli. Wo. 5 (1926).
O. Bumke: Emil Kraepelin †. Kli. Wo. 5 (1926) (wiederabgedruckt in „Die gegenwärtigen Strömungen in der Psychiatrie") Berlin 1928,
K. Kolle: „Das Bild des Menschen in der Psychiatrie". Stuttgart 1954.
K. Kolle: „Die endogenen Psychosen – das delphische Orakel der Psychiatrie". Emil-Kraepelin-Gedächtnisvorlesung. München 1955.
K. Kolle: „50 Jahre Nervenklinik der Universität München". Mschr.Psychiatr., *129*, 177–188 (1955).

EGAS MONIZ

geb. 1874

Von H. J. de Barahona Fernandes

Das Jahr 1935 ging zu Ende, als ich von einem zweijährigen Studienaufenthalt an den deutschen psychiatrischen Kliniken auf Urlaub nach Lissabon zurückkam. Mein alter Lehrer Egas Moniz, den ich bald besuchte, erkundigte sich eingehend nach den Fortschritten in der Behandlung der Geisteskrankheiten.

Neben der wohlbekannten Malariabehandlung der progressiven Paralyse und verschiedenen anderen psychotherapeutischen Methoden – die nicht einmal überall an den Universitätskliniken gelehrt und angewandt wurden – konnte ich ihm tatsächlich nur wenig wirklich Bemerkenswertes aus Mitteleuropa mitbringen außer der Anwendung der Methode von Simon, der Arbeitstherapie. Der Insulinschock und die Krampfbehandlung waren damals noch nicht bekannt. Sie sollten erst zur gleichen Zeit wie die Operation von Moniz an die Öffentlichkeit kommen.

„Ich habe hier eine große Neuigkeit", verriet mir da der Professor für Neurologie an der Universität Lissabon in dem warmen und freundlichen Unterhaltungston, der ihm eigen ist. „Ihr Psychiater verliert euch immer im finsteren Gebüsch der Dialektik und der Psychopathologie und hie und da streift ihr auch an das Gebiet der Metaphysik. Nur Kleist – so fuhr er fort –, mit dem Sie eben noch in Frankfurt gearbeitet haben, nimmt eine klare Stellung in der Psychiatrie ein, so wie ich sie verstehe: von der genauen Kenntnis des Organs ausgehend, fußend auf einem exakten Studium des Gehirns."

Ich konnte ihm die Auffassungen von Kleist ausführlich darstellen und auch die abweichenden Gesichtspunkte von Jaspers, K. Schneider, Bumke, Lange, Scholz, Peters und anderen, mit denen ich ebenfalls in Deutschland Fühlung genommen hatte.

„Es ist halt meine Meinung, daß das Seelenleben seine anatomisch-physiologische Basis in der Tätigkeit der Hirnzellen und in ihren wechselseitigen Zusammenhängen innerhalb der Gesamtheit des Nervensystems hat. Das Funktionieren der Synapsen ist wesentlich. Durch ihre Vielfalt sind die Nervenströme in dauerndem Wirbel begriffen und verursachen so die große Beweglichkeit des seelischen Lebens. Einige dieser Zusammenhänge können sich fixieren und sich als automatisierte geistige Tätigkeiten äußern. Bei gewissen Geisteskranken dürfte eine anormale Fixierung dieser gruppenartigen Zellzusammenhänge bestehen; daher kommt dann die Vorherrschaft gewisser Ideen, die alle anderen seelischen Regungen absorbieren."

So enthüllte mir Egas Moniz seine Theorie des Seelenlebens, die etwas von einem schon überlebten Intellektualismus an sich hat, eine Art Erneuerung des psychologischen Assoziationismus auf neuen Grundlagen. „Was interessiert, ist die Tatsache, daß ich mich entschlossen habe, bei gewissen Kranken im Hinblick auf diese Gedankengänge operative Eingriffe vorzunehmen. Ich habe da schon eine Reihe von guten Erfolgen. Bei den Melancholikern verschwindet plötzlich alle Angst und Beklemmung, und die

Patienten mit Zwangs- und Wahnerscheinungen verlieren das Interesse an ihren krankhaften Ideen." Er erklärte uns dann, wie er lange darüber nachgedacht hätte, daß man eine Besserung der Kranken erzielen müßte, wenn man die anormal fixierten Zusammenhänge unterbrechen würde, indem man die Nervenfasern in der Tiefe der weißen Masse des Stirnlappens chirurgisch abschneidet. Dies war die Operation der *Leukotomie*, deren Anwendung er gerade erprobte.

Der Meister ist leutselig und immer bereit zu freier Diskussion, selbst wenn es sich um kühne Jünglinge handelt, wie wir es damals waren. Unsere Einwände brechen hervor; es sind dieselben, die jeder Psychiater oder Psychologe im Rahmen der wissenschaftlichen Erkenntnis der damaligen Zeit gemacht hätte: Man würde doch die pathologisch-anatomischen Grundlagen der Psychosen nicht kennen, die er auf diese Weise heilen wollte ... Es wären auch die Störungen nicht bekannt, die der Physiologie der Nervenverbindungen und der Nervenzellen entsprechen ... Es gäbe keine Beweise, die uns voraussehen ließen, daß Schnitte in die Hirnschicht der vorderen Stirnregion eine günstige Beeinflussung der krankhaften Veränderungen der Hirntätigkeit bei funktionellen Psychosen hervorrufen könnten.

„Die Tatsachen liegen vor. Ich ernenne Dich hiermit zum psychiatrischen Beurteiler der erzielten Ergebnisse".

In jenem Ferienmonat konnte ich nun die ersten zwanzig operierten Kranken beobachten, die in dem grundlegenden Werk von Moniz beschrieben werden, das kurze Zeit darauf in Paris erschien und das Erstaunen der wissenschaftlichen Welt hervorrief: „Tentatives operatoires dans le traitement de certaines psychoses".

So kam die Leukotomie ans Licht der Welt, geboren aus dem schöpferischen Geist von Moniz. Eine neue Idee, die sich in Gegensatz stellte zu der wissenschaftlichen Meinung seiner Zeit. Eine Idee, die vollkommen unerwartet und überraschend auftauchte. Sie brachte Moniz den Nobel-Preis des Jahres 1939 und der ärztlichen Kunst neue Möglichkeiten, gewisse Fälle von Hirnkrankheiten zu bessern, die bis dahin als unheilbar angesehen wurden. Sie brachte auch neue Kenntnisse über das Hirn und seine Beziehungen zur menschlichen Persönlichkeit. Eine solch umwälzende Entdeckung, die am westlichsten Ende Europas, fern von den beherrschenden Zentren der medizinischen Forschung, gemacht wurde, hatte natürlich auch ihre nicht weniger interessante Vorgeschichte. Sie war das Werk einer reichbegabten Persönlichkeit, deren Schöpferkraft auch in zahlreichen anderen Arbeiten ihren Ausdruck fand.

Egas Moniz beendete im Jahre 1899 das Studium der Medizin an der altehrwürdigen Universität Coimbra. Schon als Student konnte er sich intensiv in die Anatomie und Physiologie einarbeiten und zeigte größtes Interesse für die Patienten der Neurologischen Abteilung, die der Leiter der Inneren Klinik, Augusto Rocha, ihm zuteilte, der immer die schwierigsten Fälle seinen besten Schülern übergab. Damals wurde Moniz auch schon tief beeinflußt von dem Coimbrenser Geist der Zeit, der im wesentlichen positivistisch eingestellt war, was sich später nicht nur in seinem Denken als Arzt, sondern auch in seinen politischen und literarischen Anschauungen zeigen sollte.

Nach Beendigung des Kurses unterzog er sich – wie es für die besten Studenten zur Tradition gehörte – in öffentlichem Wettbewerb der Habilitationsprüfung und erlangte im Alter von kaum 28 Jahren die Ernennung zum Dozenten an der Universität Coimbra.

Seine Dissertation unter dem Titel „Vida Sexual" erschien bald darauf in Buchform und erreichte bis zum Jahre 1932 neunzehn Auflagen.

1902 begab sich Moniz nach Frankreich, um seine neurologischen Kenntnisse zu vervollkommnen. Er arbeitete zunächst in Bordeaux mit Pitres und Abadie, wo er die Vorliebe für klare und objektive Klinik erwarb. Bei dem Psychiater Regis studierte er die toxischen Psychosen und festigte damit seine Überzeugung von den organischen Ursachen der Geisteskrankheiten. In Paris war es ihm vergönnt, mit den großen Neurologen der Zeit zu arbeiten: Raymond, Pierre Marie, Babinski und Dejerine. Besonders mit Babinski fühlte er sich engstens verbunden. Dieser nahm auch später die erste Entdeckung von Moniz unter seinen Schutz und schrieb das Vorwort zur ersten Ausgabe des Buches über die Hirn-Angiographie.

Im Jahre 1911 wurde Moniz an die Medizinische Fakultät zu Lissabon versetzt, einer Neugründung der Republik. Er war der erste Inhaber des Lehrstuhls für Neurologie und gemeinsam mit Flores – einem Schüler von O. Vogt – Gründer der Neurologischen Klinik des Hospitals von Santa Marta. Bis 1926 verteilten sich seine Arbeiten auf die verschiedensten Gebiete der Klinik und auch auf das Medizinisch-Literarische. Sein Geist begnügte sich aber nicht mit den Aufgaben der bereits anerkannten Wissenschaft und der üblichen Gelehrtenarbeit. Als positiver Charakter, mit Dynamik und Schaffensdrang begabt, litt er unter der Dürftigkeit und Erfolglosigkeit der Behandlungsmethoden für Nervenkrankheiten. Gegen 1920 begann er sich für die Geschwülste des Nervensystems zu interessieren; er sah sofort eine große Zukunft für die damals in ihren Anfängen steckende Neuro-Chirurgie voraus. Die übliche Lokalisierungsdiagnose für Hirntumoren, die sich nur auf die klinische Beobachtung stützte, schien nicht sicher genug, um außerordentlich delikate chirurgische Eingriffe ohne allzu großes Risiko zu rechtfertigen. Es erschienen damals die radiologischen Kontrastmethoden zur Erleichterung der klinischen Beobachtung. So wie für den Magen der undurchsichtige Brei zur Anwendung kommt, füllte der Amerikaner Dandy die subarachnoidalen Räume des Hirns mit Luft, welche für die Röntgenstrahlen größere Durchsicht gewährt. Der Franzose Sicard, ein Freund von Moniz, erreichte Ähnliches, indem er in den Wirbelkanal eine ölige Lösung von Jod einspritzte, wodurch sich in der Röntgenaufnahme die durch Rückenmarksgeschwülste hervorgerufene Einschnürung deutlich abhob.

Moniz erdachte nun eine neue Kontrastmethode für die Hirndiagnose, seine „Cerebral-Angiographie". Die Geschichte dieser originellen Entdeckung ist sehr lehrreich. Wir können sie Schritt für Schritt in seinen zahlreichen Veröffentlichungen verfolgen. Noch interessanter ist sein eigener Bericht, den er im Jahre 1949 vorlegte, nachdem diese Methode bereits anerkannt war. Wir finden ihn in dem Werk: „Vertrauliches (Confidências) von einem wissenschaftlichen Forscher". Dort beschreibt er uns in dem ihm eigenen kristallklaren, einfachen Stil, unter welchen Umständen er daraufkam, in den Gehirnkreislauf eine für Röntgenstrahlen undurchlässige Flüssigkeit einzuspritzen, welche es dann erlaubt, in der Aufnahme alle Gefäße und ihre Verlagerungen und Veränderungen deutlich zu verfolgen und das Vorhandensein und die Lage von Neubildungen im Schädelraum festzustellen. Es ist die heute allgemein bekannte und in allen Kliniken angewandte Cerebralangiographie, über die der Autor im Jahre 1940 eine erschöpfende Abhandlung in deutscher Sprache schrieb.

Bei diesen Studien zeigte sich Moniz als ein Forscher von beispielhafter Genauigkeit und Methodik. Es ist wichtig zu wissen, daß er sie erst in seinem 51. Lebensjahre aufnahm, als er schon ein bewegtes Leben in der Klinik und im öffentlichen Leben hinter sich hatte. Er setzte nun seine besten Kräfte zur Fortführung dieser Arbeiten ein; nach jahrelangen schwierigen Untersuchungen und Versuchen konnte er 1926 die erste Arteriographie (radiologische Darstellung der arteriellen Hirngefäße) vom lebenden Menschen vorlegen, nachdem er zahlreiche und vielfältige Experimente am Tier und am toten Menschenhirn mit den verschiedensten Lösungen von Brom und Jod durchgeführt hatte.

Er kämpfte damals mit den größten Schwierigkeiten, die seine Hartnäckigkeit und Willenskraft nach und nach überwanden. Die Klinik von Santa Marta verfügte nur über geringe technische Hilfsmittel, und die Hilfe aus öffentlicher Hand war ebenfalls gering. Es fehlte natürlich auch nicht an Widerstand, Kritik und Verständnislosigkeit von seiten der Kollegen und Rivalen. Alles wurde schließlich überwunden, obwohl er nur mit der Hilfe seiner ergebenen Schüler rechnen konnte und besonders mit der von A. Lima, einem bekannten Neurochirurgen, gegenwärtig Professor für Neurologie in Lissabon. Bezeichnend ist in diesem Zusammenhange der Ausspruch von Bailey: „Es steht fest, daß die großen Sachen mit unzureichenden Hilfsmitteln und in ungünstiger Umwelt durchgeführt wurden. Man denke nur an das Werk von Cajal in Spanien und von Egas Moniz in Portugal. Der Genius schwebt über diesen Umständen."

Die Injektionen in die Arterien von Leichen wurden im Anatomischen Institut vorgenommen, das weit von der Klinik entfernt liegt, in der die Röntgenaufnahmen gemacht wurden. Egas Moniz sah sich gezwungen, zahlreiche „Totenfahrten" zu unternehmen, bei denen er in seinem Privatwagen die für die Untersuchungen präparierten Köpfe mit sich führte. Manche Entmutigungen und Unzulänglichkeiten – den Tod eines injizierten Kranken –, aber auch viele freudig begrüßte Erfolge beschreibt uns Moniz in seinem Werk, das, weit entfernt von der üblichen Trockenheit der Gelehrtensprache, Leben und menschliche Wärme ausstrahlt. Und dabei bleibt er doch immer gewissenhaft, so gewissenhaft, daß die Beschreibungen der Hirngefäße, die er auf Grund seiner Beobachtungsmethode gibt, zu den klassischen Stellen der medizinischen Literatur gehören und durch Hunderte von späteren Arbeiten nicht widerlegt wurden.

Er kannte seine Umwelt und auch das Sprichwort, daß der Prophet in seinem Vaterlande nichts gilt, und begab sich daher mit den ersten sicheren Resultaten nach Paris, um die ersten Angiographien in der Société Neurologique zu zeigen. Als guter Diplomat sicherte er sich zunächst die Anerkennung durch seinen Meister Babinski und die von Souques und Sicard. Mit Sicard ereignete sich eine nette Episode. Moniz besuchte ihn eines Tages im Hospital Necker, als er, umringt von zahlreichen ausländischen Hörern, seine Krankenvisite machte. Man beobachtete gerade einen Patienten mit Hirntumor und Sicard bemerkte: „Es fehlt uns leider für die Hirntumoren eine diagnostische Methode wie die des Lipiodols für das Rückenmark. Die Hirnchirurgie würde einen großen Schritt vorankommen. Wenn die Geschwulst einmal lokalisiert ist, dann würde sich die Technik vervollkommnen". In diesem Augenblik bemerkte er die Anwesenheit von Moniz und fuhr fort: „Da ist ja Herr Moniz. Bringen Sie vielleicht aus Portugal etwas Neues mit zur Lokalisierung der Hirntumoren?" Unser Landsmann war tief bewegt und verwirrt, und erst nach beendeter Konsultation bat er darum, seine Röntgenaufnahmen zeigen zu dürfen. Da waren die Arterien der sogenannten „Sylvischen Gruppe" deutlich nach oben verlagert durch eine Geschwulst des Schläfenlappens. Das anatomische Präparat bewies die Genauigkeit der Diagnose.

Die Mitteilung vor der Neurologischen Gesellschaft war ein Erfolg. Babinski, Souques, Sicard und der Präsident Roussy meldeten sich zum Wort und brachten ihre Zustimmung zum Ausdruck. Es folgte die Mitteilung an die Medizinische Akademie in Paris, die ihn später zum korrespondierenden Mitglied ernannte. Von da ab begann der Siegeszug von Moniz in der internationalen medizinischen Wissenschaft; er dauert noch heute ohne Unterbrechung an. Es folgten etwa 350 Originalveröffentlichungen, die er zum größten Teil in Zusammenarbeit mit seinen Schülern herausgab.

Die Angiographie wurde weiter entwickelt und ihre Technik erheblich verfeinert. Man ging dazu über, neue Substanzen anzuwenden (Thorotrast u. a.), die in die Halsschlagader eingespritzt wurden: ein geringfügiger Eingriff, der unter örtlicher Betäubung sogar auf dem Röntgentisch vorgenommen werden kann. Außer den Arterien kamen auch die Venen zum Ausdruck (Phlebographie), ja sogar der diffuse Schatten der Kapillaren. Die Methode bewies bald ihre Anwendbarkeit bei der Diagnose nicht nur der Tumoren, sondern vieler anderer Krankheiten wie z. B. Arteriosklerose, Arteriitis (Bürgersche Krankheit). Die Neubildungen, die durch Gefäße gebildet werden (Aneurysmen, Angiome), wurden in flagranter Weise sichtbar. Auf den Gebieten der normalen und der pathologischen Anatomie der Arterien, der Venen und der Schädel-Sinus, der Konstitution, Irrigation und Lokalisierung von Geschwülsten und anderen Krankheiten, ebenso in der Physiologie und beim Studium der Geschwindigkeit des Blutumlaufs im Gehirn durch Serien von Röntgenaufnahmen, die zeigten, daß diese Zirkulation bedeutend schneller ist als an anderen Stellen des Organismus, gelangte man durch die Methode zu neuen Erkenntnissen.

Die Neuro-Chirurgie bekam in Lissabon und in der ganzen Welt einen bedeutenden Anstoß. Die Angiographie erlaubt nicht nur die Lokalisierung der Tumoren, sie gibt in bestimmten Fällen durch die Gefäße selbst Auskunft über die Natur der Geschwulst, erleichtert die Operation und läßt die Gefahr von Blutungen voraussehen oder bei gewissen bösartigen Tumoren die Contra-Indikation stellen.

Schließlich blieb die angiographische Methode nicht auf das Gehirn beschränkt. Moniz und seine Mitarbeiter (Lopo de Carvalho u. a.) erweiterten sie auf das Gebiet des Lungenkreislaufs (Angiopneumographie). Andere Portugiesen, wie Reynaldo Santos, erzielten die Sichtbarmachung der Aorta, der Arterien des Bauches und der Nieren und auch der Arterien und Venen der Gliedmaßen (Arterio- und Phlebographie), Hernani Monteiro wandte die Methode auf die Lymphgefäße an usw.

Dank der Zähigkeit und dem erfinderischen Geist von Moniz wurde die Angiographie zu einer allgemeinen Methode für das statische und dynamische Studium des Kreislaufs. Auf vielen Kongressen und internationalen Veranstaltungen erhielt die Methode ihre Weihe vor der wissenschaftlichen Welt, so auch auf dem V. Internationalen Neurologenkongreß in Lissabon im Jahre 1953, wo unter Mitarbeit von Moniz und seinen Schülern der Kreislauf im Gehirn in zwei Hauptthemen behandelt wurde.

Die ungestüme Aktivität der Neuro-Chirurgie blieb aber nicht auf die Neurologie beschränkt. Moniz hat sich nie der Psychiatrie gründlich gewidmet, er hielt nicht viel von der Psychologie und der Psychotherapie. Im Konsultorium beobachtete er aber viele Kranke aus diesen Gebieten, besonders Neurotiker und Depressive. Die Zwangskranken schienen allen Anstrengungen der Therapie zu widerstehen. Er glaubte nicht an die Psychotherapie, es sei denn an die Suggestivmethoden (Torpedierung u. a.), die er früher eifrig anwandte. Die Psychoanalyse interessierte ihn nur literarisch. In einer so organizistisch eingestellten Klinik wie Santa Marta war kein Raum für verfeinerte und langwierige psychotherapeutische Behandlung.

Damals muß bei Moniz die Versuchung aufgetaucht sein, Geisteskranke zu operieren. Es gab hierfür keine Grundlagen. Wenn die Zwangskranken so starke fixe Ideen haben, wenn das seelische Leben sich aus der Aktivität der Hirnzellen und ihrer Verknüpfungen ergibt, dann muß bei diesen und anderen Kranken eine anormale Fixierung dieser Verbindungen bestehen. Wenn wir einige dieser „Falschverbindungen" unterbrechen könnten, dann müßte sich der Zustand dieser Kranken bessern. Dies war der einfache und natürliche Gedankengang, der in Moniz' Theorie verborgen war, die wir am Anfang dieser Zeilen aus seinem eigenen Munde hörten. Wo aber sollte der Eingriff lokalisiert werden? Der Stirnlappen schien die höchsten Funktionen im Geistesleben auszuüben. Andererseits wußte man aus den Erfahrungen der Neuro-Chirurgie, daß gerade dieses Gebiet leicht zugänglich ist und starke Amputationen zuläßt, ohne daß unmittelbare Schädigungen der Aktivität oder der Sensibilität oder der hervorstechendsten seelischen Funktionen im Verhalten sich zeigen.

Der unbändige Wille des Arztes, dem Kranken zu helfen, veranlaßte Moniz zur praktischen Erprobung der Leukotomie, wobei ihm A. Lima ein treuer technischer Helfer war. Zunächst versuchte er es mit Alkoholinjektionen in die Dichte der Hirnlappen, jedoch ohne Erfolg. Dann erfand er einen kleinen Apparat, das „Leukotom", eine Art dicker Nadel, die in die Dichte der Gehirnmasse eingeführt, einen kleinen Stahldraht bogenförmig öffnete. Wenn man nun den Apparat um sich selbst dreht, so schneidet er ein Stück der weißen Hirnmasse in der Tiefe heraus, das ungefähr einen Zentimeter Durchmesser hat, wenig Blutgefäße enthält und daher wenig Neigung zu Blutungen zeigt. Schließt man nun den Bogen wieder und zieht dann erst die Nadel heraus, so wird dabei die Hirnrinde fast nicht verletzt. Dieser Eingriff war kaum schwieriger als die übliche Ventrikelpunktion, die gewöhnlich angewandt wird, um unter örtlicher Betäubung durch Schädeltrepanation eine Diagnose zu ermöglichen.

Bei den ersten zwanzig Eingriffen gab es keinen Todesfall. Ein Drittel der behandelten Patienten zeigte ganz auffällige Besserung. Moniz stand keine psychiatrische Klinik zur Verfügung, und seine Methode wurde von den klassischen Psychiatern nicht gut aufgenommen. Aber trotzdem hatte er angesichts der ersten Erfolge sofort die intuitive Überzeugung, daß er neuen und wichtigen Erkenntnissen auf der Spur war. Da er nicht über die notwendigen technischen Voraussetzungen verfügte, war es ihm nicht möglich, die Angelegenheiten allein bis in die letzten Konsequenzen zu verfolgen, wie dies bei der Angiographie der Fall war. Er scheute aber nicht davor zurück, der wissenschaftlichen Welt sofort über seine ersten Versuche zu berichten und seine theoretischen Gedankengänge beharrlich weiter zu verteidigen, wobei er sich auf seine beiden Lieblingsautoren Pawlow und Ramon y Cajal berief.

Die Mißgunst des Schicksals wollte es, daß die russische Regierung einige Jahre später die Operation der Leukotomie verbot und zwar mit der ausdrücklichen Berufung auf die Doktrin der bedingten Reflexe. Das war ausgerechnet die Doktrin, die Moniz als Basis und Ausgangspunkt seiner theoretischen Ableitungen gebraucht hatte! Als ob eine

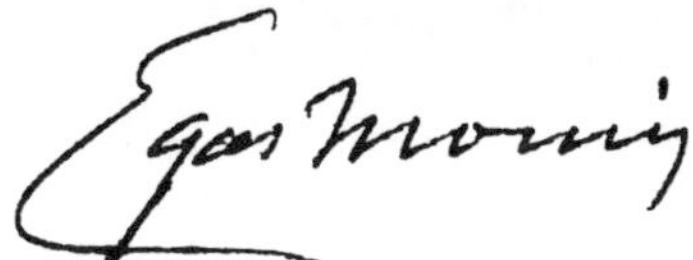
Egas Moniz

„Theorie" genau und gewissenhaft beobachtete Tatsachen jemals erschüttern könnte! Eine im Verlauf gewisser Geisteskrankheiten mit Zwangszuständen und anderen Symptomen erworbene Beschädigung im Frontalhirn kann dazu führen, daß die genannten Symptome verschwinden oder wenigstens nachlassen und daß damit das Verhalten des Patienten sich bessert bis zur „sozialen" Wiederherstellung.

Von Ramón y Cajal, dem weisen spanischen Histologen, übernahm Moniz die Anschauungen über die Nervenzelle und ihre synaptischen Zusammenhänge. Man könnte sagen, er ging von den anatomischen Assoziationen der Nervenzellen aus und „übertrug" diese Erkenntnisse auf die Ideenassoziationen des Nervenmechanismus. Es war fast, als ob das ausgehende 19. Jahrhundert wieder auflebte, dessen Ideen in Portugal in Miguel Bombarda einen außerordentlich heftigen, wenn auch nur theoretischen, Verteidiger hatten. (Bombarda, ein berühmter Psychiater und Politiker, fiel der Mörderhand eines Verrückten zum Opfer.) In seinen Grundanschauungen ist Moniz ein treuer Sohn der Philosophie seiner Zeit und ihrer Anpassung an die moderne Wissenschaft.

Die Geringschätzung der Psychologie und der Philosophie des zweiten Viertels des 20. Jahrhunderts ist in der Tat eine bemerkenswerte Note. Moniz war ein erfolgreicher praktischer Psychologe im Umgang mit den Menschen, aber er konnte Studien, die sich auf subjektiven Gegebenheiten aufbauen, nicht als „wissenschaftlich" anerkennen. Daher seine Abneigung gegen die phänomenologische Psychiatrie und gegen alles, was als „Geistes"-Wissenschaft verdächtig ist. Es sei am Rande bemerkt, daß dieser naturalistische Positivismus sein Gefühl für Idealisierungen verschiedener Art in keiner Weise abstumpfte. Wir finden bei ihm sogar eine gewisse ästhetische und patriotische Sentimentalität, wie sie z. B. in seiner Beschwörung der Toten des Krieges zum Ausdruck kommt: „Vom Mut und vom Heimweh" ...

Die Entdeckung der Leukotomie ist ein Ausnahmefall in der Geschichte der Medizin. Sie hat Ströme von Tinte hervorgerufen in der lebhaften Diskussion um ihre Grundlagen, um ihre Ergebnisse und sogar um die *deontologische* Berechtigung des Eingriffs.

Moniz selbst dachte anfangs, daß seine Neuerung erst nach einem halben Jahrhundert Anerkennung finden würde. Hier wie auf anderen Gebieten hatte er ausgesprochenes „Glück"; denn er kann es noch erleben, daß ihm Gerechtigkeit widerfährt. Es handelt sich nicht, wie man sagte, um einen glücklichen Zufall, um eine „empirische" Entdeckung. Wenn es auch tatsächlich in der Wissenschaft nichts gibt, das sich nicht auf die Erfahrung stützt, so ist es doch falsch zu behaupten, daß die Leukotomie ein „Zufallstreffer" war, der unvermutet aus Beobachtungen hervorging. Wir Psychiater erinnerten uns später daran, daß Unfallverletzungen des Frontalhirns (Selbstmordversuche) bei gewissen Patienten (Paranoiden, Melancholikern) überraschende Besserung zur Folge hatten. Aber keiner hatte jedoch vorher aus diesen Beobachtungen irgendwelche Folgerungen in bezug auf die Therapie gezogen.

Es ist auch nicht wahr – wie Moniz selbst sagt –, daß er durch gewisse Experimente des Amerikaners Fulton angeregt wurde. Die „Gleichgültigkeit" am Frontallappen verletzter Affen gegenüber Fehlern bei den Labyrinthversuchen, auf die sie vor der Verletzung mit „Nervosität" reagierten, war in der Tat eindrucksvoll. Aber wegen der damals herrschenden Vorurteile in bezug auf die Seele, wagte niemand einen Eingriff in das menschliche Hirn bei „Krankheiten der Seele". Moniz wurde von seiner Grundanschauung her durch solche Hemmungen nicht behindert. Ganz im Gegenteil, seine

Orientierung gab ihm den Anstoß zur Neuro-Chirurgie der Geisteskrankheiten. Er selbst betonte wiederholt und noch 1949 in dem Artikel „Mein Weg zur Leukotomie" den festen Glauben an den theoretischen Ursprung seiner Initiative.

Sonst blieb er ruhig und hielt sich aus dem Streit um die „chirurgische Methode von Moniz" heraus. Dabei nimmt er aber lebhaften Anteil an allem, was sie betrifft, insbesondere an den selbständigen Arbeiten seiner ehemaligen Schüler, die unter der Leitung des Verfassers der vorliegenden Zeilen in der Psychiatrischen Klinik des Hospitals Julio de Matos ausgeführt wurden. Durch diese Arbeiten gelang es, eine Operation, die dem Geist der psychologischen Medizin so fremd ist, einzureihen in die Allgemeinmethoden der Behandlung der Nerven- und Geisteskranken. Mit einem Wort: Die Syntonisierung oder „Aufschließung" und Adaption der Kranken an ihre Umwelt nach der Operation vermindert die peinlichen inneren Spannungszustände und ermöglicht die Einwirkung der Psychotherapie und Reedukation in solchen Fällen, wo sie vorher erfolglos waren.

Angesichts der heftigen Angriffe gegen die „Ethik" der Operation, die von verschiedenen Seiten geführt wurden, trat Moniz mit einer Arbeit auf den Kampfplatz, die er der Akademie der Wissenschaften zu Lissabon unter dem Titel „Es geht um die Leukotomie" vorlegte. Anstatt daß er selbst seine „Dame" verteidigte, führte er die Argumente anderer an (Psychiater, Psychologen, Priester und andere Autoritäten) und zeigte die guten klinischen Ergebnisse der Eingriffe an Kranken, die sachgemäß ausgewählt waren. Die so oft angeführten gefährlichen Schädigungen der Persönlichkeit wurden nur in Ausnahmefällen beobachtet; im allgemeinen bei Kranken, wo die Indikation zur Operation zweifelhaft war. Die Meinung des Biographen geht dahin, daß die Herabsetzung des ethischen Niveaus bei solchen Kranken nicht ins Gewicht fällt, deren gesamtes geistiges Leben wahnhaft verändert ist. Ist es etwa nicht auch ein moralischer Fehler, wenn man aus ungerechtfertigten spekulativen Gründen Kranke ihrem bedauernswerten Schicksal überläßt, die tatsächlich durch die Leukotomie gewinnen könnten?

Alle diese Probleme sind noch weiterhin Gegenstand des Studiums und Ziel des wissenschaftlichen Interesses. Sofort nach den ersten Operationen verwies Moniz auf die wissenschaftliche Bedeutung der an den Operierten gemachten Beobachtungen für die Kenntnis der Hirnfunktionen. Portugiesische und andere Psychiater studierten die pathologische Physiologie der Symptome der Geisteskrankheiten. Die Spezialisten der pathologischen Anatomie, der Physiologie und auch Kliniker der verschiedensten Länder, insbesondere Engländer, Schweden und Nord- und Südamerikaner machten zahlreiche Untersuchungen über die Anatomie und Physiologie des Stirnlappens, eines der Hauptthemen des 1. Weltkongresses der Psychiatrie, der in Paris im Jahre 1950 stattfand.

Man zählt bis jetzt auf der ganzen Welt über 20 000 Kranke, die operiert wurden. Schon kurz nach den ersten Versuchen von Moniz veröffentlichten Fiamberti, Rizzati und andere in Italien, Bagdasar und Constantinesco in Rumänien, Hutton, Fleming, Fox, Mc. Gregor und andere in England und insbesondere Freeman und Watts in den USA und Matos Pimenta in Brasilien ihre operativen Erfolge. Das Werk von Freeman und Watts gab der Operation eine weite Verbreitung, und sie wurde in der ganzen Welt zum Thema lebhafter Debatten und ernster Studien wissenschaftlicher Kongresse. Auf Freemans Anregung fand 1948 in Lissabon ein Kongreß statt, der sich ausschließlich der sogenannten „Psycho-Chirurgie" widmete. Die Technik von Moniz war der

Ausgangspunkt für zahlreiche andere Techniken (Freeman, Poppen, Scoville, Lima usw.) und für neue Operationen: Der Kortex-Schnitt (Topektomie), Teilschnitte (selektive Leukotomien), lokalisierte Zerstörung der tiefen Formationen in den Zentralkernen.

Moniz hat die ursprüngliche Idee gegeben, und er hatte auch den außerordentlichen Mut zur ersten ausführbaren und erfolgreichen Operation von Geisteskranken. Die Geschichte wird ihr Urteil über ihre zukünftige Entwicklung sprechen, ebenso wie über die anderer Heilmethoden; sie sind alle immer neu entstehende Hoffnungen auf Besserung der traurigen Bedingungen des menschlichen Leids!

Nachdem wir sein Werk in kurzen Zügen dargestellt haben, möchten wir uns nun dem Menschen und seiner Umwelt zuwenden.

Moniz entstammt einer nicht sehr begüterten Familie des Landadels und erblickte am 29. November 1874 in Avanca, im portugiesischen Küstengebiet südlich von Oporto, das Licht der Welt. António Caetano de Abreu Freire Egas Moniz, so lautet der wohlklingende Name, mit dem er aus der Taufe gehoben wurde. Egas Moniz war eigentlich nicht der Familienname; er wurde von seinem Patenonkel, einem Priester, willkürlich gewählt in Erinnerung an einen großen Vorfahren, den „allergetreuesten" Begleiter des ersten Königs von Portugal, der als traditionelle Heldenfigur in die Geschichte seines Vaterlandes einging, weil er sein Leben darbot als Pfand für ein gegebenes Wort. Während seines ganzen Lebens wollte unser Neurologe den guten Namen ehren, den er bekommen hatte. Er machte kein Hehl daraus, daß sein Streben auf Ruhm und Ansehen gerichtet war, die er auf allen Gebieten suchte, in der Politik, im gesellschaftlichen Leben, ja auch im Hochschulamt und in der Forschung.

Schon mit fünf Jahren verließ er das Elternhaus, um von seinem Onkel, dem Dorfabt, erzogen zu werden, und einige Jahre später ging er in das Jesuitenkolleg von São Fiel. Er lehnte es ab, in das kirchliche Leben einzutreten, und, weniger aus Temperament als auf Grund seiner politisch-philosophischen Ideen, entfernte er sich im Verlauf seiner Entwicklung von der Strenge der Religion. Sein gesunder Menschenverstand und das Wissen um das tiefe katholische Gefühl des Volkes veranlaßten ihn aber, als er Mitglied der Regierung war, die diplomatischen Beziehungen seines Landes zum Heiligen Stuhl wieder aufzunehmen, die durch die Einführung der republikanischen Staatsform unterbrochen waren.

Seine Jugendjahre waren erfüllt vom geruhigen Landleben seiner Heimat im Kreise der Familie und getreu den ländlichen Traditionen. Er selbst beschrieb uns mit 76 Jahren die lyrischen Erinnerungen an diese Zeit in einem einfachen und vertraulichen Werk unter dem Titel „Unser Heim – A Casa do Marinheiro" (Das Haus des Seemanns). In diesem Heim seiner Jugend, das er später in großzügiger Weise restaurieren ließ, pflegt er seine Ferien in liebevollem Umgang mit den alten Freunden aus dem Dorfe zu verbringen; dort schreibt er auch seine Memoiren und literarischen Werke.

Aus jener Zeit der langen friedlichen Abende im Heimatdorf stammt auch die Vorliebe für das Kartenspiel. Erst war es das „Voltarete" und später in Lissabon das „Boston", das er viele Jahre lang regelmäßig an jedem Freitagabend in vertrautem Freundeskreise spielte. Der Achtundsechzigjährige schrieb sogar eine „Geschichte der Spielkarten" als Einleitung zu einem Handbuch des Boston-Spieles, das von einem seiner Stammtischbrüder reich bebildert wurde.

Ebenfalls aus jener Zeit stammt die Liebe zum bukolischen Leben auf dem Lande, dessen Geruhsamkeit in vielen seiner Werke zum Ausdruck kommt. In seinem Memoirenwerk „Confidências" beschreibt er die Reisen nach Frankreich, Italien und Brasilien auf der Suche nach der öffentlichen Anerkennung seiner Entdeckungen; doch selbst die aufregendsten Stellen schmückt er mit zarten farbigen und gefühlvollen Landschaftsschilderungen und ruhigen Tönen.

Die eingehende Kenntnis der Soziologie seiner Heimat bildet auch die Grundlage für eines seiner besten literarischen Werke: „Julio Diniz und sein Werk". Hier interpretiert er, teils unter psychoanalytischem Gesichtspunkt, die Romane dieses bekannten portugiesischen Schriftstellers des 19. Jahrhunderts, der auch Arzt von Beruf war und mit wahrer Andacht das Leben auf dem Wasser und die eigentümliche Art der Feldbestellung der „Vareiros" zu schildern wußte, der Stakenfischer im Haff von Aveiro. Wie Ricardo Jorge und andere gehörte Moniz zu einer Generation von Ärzten, die sich auch als Schriftsteller betätigten und von denen einige zu den besten ihrer Zeit gehören.

Von unserem Neurologen sind noch die akademischen Vorträge hervorzuheben, in denen er große Köpfe der Geschichte seines Landes beleuchtete, die mehr oder weniger in Beziehung zum medizinischen Leben standen. Der Papst Johann XXI., der Abt Faria (Goanese, Vorläufer der Hypnose), die Medizin im Werke des Gil Vicente und anderer Dichter, wie Guerra Junqueiro und João de Deus, Pater António Vieira (berühmter Kanzelredner), die Künstler Malhoa und Mauricio de Almeida, ein junger Bildhauer (Protektionskind von Moniz) und andere Gestalten bildeten die Themen solcher Vorträge.

Dieser Drang zur Literatur kam bestimmt aus den Einflüssen der Studienzeit in Coimbra, wo die Alma mater die alten Traditionen der „Universal"-Bildung des Geistes aufrechterhält, wenn auch in mehr literarischer als philosophischer Form. Der Student Egas Moniz zeichnete sich weniger durch Strebertum und Studieneifer aus als durch den Glanz und die Schlagfertigkeit und Spitzfindigkeit seiner akademischen Diskussionen und Darlegungen in Examen und Wettbewerben. Er war von Anfang an ein begabter und glänzender Redner, der schon auf einem Ausflug des Studentenchors ganz Santiago de Compostela mitreißen konnte. Von seiner oratorischen Begabung machte er später im Parlament, auf dem Lehrstuhl und auf dem Präsidentensitz der Akademie lauttönenden Gebrauch.

In Coimbra erlebte er mit brennendem Herzen eine Epoche großer kultureller Gärung, die den tiefgehenden sozialen und politischen Veränderungen des portugiesischen Lebens vorausging. Die Studenten lebten in kleinen Wohngemeinschaften in Häusern, die sie selbst verwalteten und ihre „Republik" nannten. Neben dem offiziellen Studium fanden sie immer Zeit für die „Bohème", Mondscheinserenaden, Kameradschaftsessen und Studentenliebe und nahmen lebhaften Anteil an der kulturellen Bewegung ihrer Epoche, die, wie bereits gesagt, sehr stark von der materialistischen Philosophie und der französischen Literatur beeinflußt war. Moniz interessierte sich brennend für alle diese Betätigungen und bewahrte immer den charakteristischen „Stil" jener Zeiten.

Neben der Medizin war bis zu seinem 45. Jahr die Politik die große Leidenschaft seines Lebens. Geboren und aufgewachsen in traditionalistischer Umwelt, Enkel eines harten Miguelisten (Anhänger des absolutistischen Königs in den liberalen Kämpfen des 19. Jahrhunderts), stritten sich in seinen doktrinären Überzeugungen diese konservativistischen Einflüsse mit den freimütigen und liberalen Tendenzen seines Temperamentes. Unerschrocken und dreist in seinen Meinungsäußerungen war er anfangs Monarchist, als die Mehrheit der Studenten schon von der Republik träumte. Er reihte sich aber in die Strömung der fortschrittlichen Monarchisten ein, die sich nach weiterer Abkehr zu der demo-liberalen Idee der Republik bekannte. Schon kurz nach seiner Ernennung zum Dozenten wurde er zum Abgeordneten gewählt und blieb bis 1919 aktiv an der politischen Entwicklung beteiligt. Mit Alpoim bekämpfte er den Diktator João Franco, kam in politische Haft und trug 1910 zur Einführung der republikanischen Verfassung bei.

Er bekämpfte dann die demagogischen Ausfälle der Gesetzgeber und brachte es zum Führer der politischen Partei der „Zentristen", deren unglückliche Geschichte er in dem Buch „Ein Jahr Politik" beschrieb. Bald darauf wurde er Minister unter dem kurzlebigen „Konsulat" von Sidónio Pais und dann Botschafter in Madrid. Er war noch der Vertreter Portugals beim Abschluß des Versailler Vertrages, um dann endgültig der Politik zu entsagen. Bis heute aber steht er fest zu seinen liberalen Überzeugungen, was ihn in einen gewissen romantischen Gegensatz zum neuen Regime Portugals bringt. In derselben Weise wie bei den philosophischen Ideen, die seine Theorie der Leukotomie befruchteten, ist Egas Moniz im politischen und sozialen Leben ein fester und überzeugter Fortsetzer der Übergangszeit vom 19. zum 20. Jahrhundert.

Fremde, die ihn, angezogen von seinem Weltruf, schon lange vor dem Preis des Akademischen Kollegs zu Oslo 1945 und des Nobel-Preises 1949 in Lissabon besuchten, sahen sich einem Mann von mittlerer Statur gegenüber, dessen Körper zwar durch Krankheit geschwächt war, der aber sofort alle Sympathien auf sich zog durch ritterliches Taktgefühl und dessen fließende und liebenswürdige Unterhaltung bezauberte. Alle bewunderten die Leichtigkeit, mit der er schrieb, obwohl seine Hände außerordentlich stark von der Gicht deformiert waren. Man genoß die köstliche Gastfreundschaft seines Hauses, das ein wahres Schatzkästlein des guten Geschmacks genannt werden kann, mit ansehnlicher Bibliothek in klassischem Stil und reich an Kunstwerken.

Gestützt auf eine große Praxis und auch über andere wirtschaftliche Quellen verfügend, konnte er wie ein Fürst der Renaissance sich dem Genuß des Lebens hingeben. Sein Haus stand dem lebhaften gesellschaftlichen Verkehr immer offen. Die gute Küche nahm den ersten Rang ein. Als guter Gichtleidender, seit seinem achtzehnten Jahre, verzichtete Moniz nicht auf die Genüsse des Daseins; insbesondere liebte er gute Weine und eine vollendete Kochkunst. Er war aber nicht nur Genießer, sondern auch Kenner, ein raffinierter „Gourmet". Wenn wir nach Frankreich abreisten, dann empfahl er uns die berühmten „ortolans" des Südens und das Restaurant „Chapon Fin" in Bordeaux. Mit Henri, einem Bruder Babinskis, hatte er einst einen erregten Streit über das Problem: Cognac oder Portwein. Mit wertvollen alten Proben erlesenster Gewächse überzeugte er den großen Gastronomen von der hervorragenden Güte unseres portugiesischen Nektars!

Von pyknischer Leibesbeschaffenheit, in die Breite gehend, mit gewissen kraftvollen Zügen, besitzt Moniz ein lebhaftes Temperament. Als Kind war er unruhig und von Alpdrücken geplagt. Überschwenglich, draufgängerisch, warm an Gefühl und leicht sein Herz eröffnend, hatte er auch die Fähigkeit, in großen Momenten eine weise Ruhe zur Schau zu tragen. Er liebt den Umgang mit Menschen und versteht es, überall Freundschaften zu finden und zu bewahren. Von etwa zwanzig Mitarbeitern an seinen medizinischen Aufgaben hat sich nur ein einziger von ihm abgewandt, aber ohne die guten Beziehungen abzubrechen. Der Autor dieser Biographie und sein Vater, ebenfalls Arzt, verkehren ein ganzes Leben lang mit Egas Moniz immer im selben Geiste der Freundschaft und Zuneigung.

Die medizinischen Gegner griffen Egas Moniz an wegen seiner Zersplitterung auf so vielen oft gegensätzlichen Betätigungsgebieten und wegen der Leichtigkeit, mit der er das gesellschaftliche Milieu beherrschte und es fertigbrachte, daß überall zur rechten Zeit und im rechten Sinne über ihn gesprochen wurde. Man kann nicht behaupten, daß er im Umgang bescheiden oder zurückhaltend wäre. Er war ja auch immer eine markante Persönlichkeit in der portugiesischen Gesellschaft und Ziel von Ehrungen aller Art, Ordensverleihungen, Veröffentlichungen, Sitzungen, Ehrentafeln und anderen Huldigungen, die ihm zufielen; die Universitäten von Lyon und Toulouse ernannten ihn zum Ehrendoktor.

Es fehlt seinem so reich bewegten Leben auch nicht das Abenteuer. Außer den politischen Verhaftungen wurde er mit 65 Jahren das Opfer eines Revolverattentates eines Schizophrenen, dem er gerade am Tisch seines Konsultoriums ein Rezept ausstellte. Er genaß erst nach langem und schwerem Leiden und nahm sofort tapfer und lebhaft seine gewohnte Arbeit wieder auf. Mit 81 Jahren versieht er noch heute regelmäßig seine Privatpraxis und interessiert sich für die Studien der ehemaligen Schüler, für die seine Begeisterung und seine Energie noch immer der schönste Ansporn und das beste Beispiel sind!

Die verschiedenartigsten Persönlichkeitswirkungen und die verschiedenartigsten Kulturwerte vereinen sich in Egas Moniz zu einem harmonischen Ganzen voll Ebenmaß, Ausgewogenheit und menschlichem Gefühl. Nichts von doktrinärer Strenge, von abstrakten und absoluten Schematisierungen! Voll aufgehend im Leben und in der Umwelt, von ausgeglichenem Charakter und gefühlsbetont hat er es verstanden, sich auf den vielfältigsten Gebieten der sozialen und kulturellen Betätigung auszuwirken und auszudrücken. Im Kern seines Wesens beschreibend und Impressionist gab er vielen der Themen, die er behandelte, eine besondere Note der Natürlichkeit, Schönheit und des Optimismus.

Dieser wahrhaft edlen Persönlichkeit gebührt unser Dank, da sie – ohne viel grüblerisches Beiwerk – die Medizin um zwei eigene Schöpfungen bereichert hat, die vom Hauch des Genius berührt wurden.

Schrifttum

Egas Moniz – A neurologia na guerra – Lisboa 1917.
— O Padre Faria na história do hipnoptismo – Lisboa 1925.
— Diagnostic des tumeurs cérébrales et épreuve de l'encéphalographie arterielle – Paris 1931.
— A Vida Sexual – 19a. edição – Lisboa 1932.
— L'engiographie cérébrale, ses applications et résultats en anatomie, physiologie et clinique – Paris 1934.
— Tentatives operatoires dans le traitement chirurgical de certaines psychoses – Paris 1936.
— Clinica della angiographie cerebrale – Torino 1938.
— Die cerebrale Arteriographie und Phlebographie – Berlin 1940.
— Trombosis y outras obstruciones de las carotidas – Barcelona 1941.
— Psycho-Chirurgie – Nervenarzt 8 – 1936.
— Mein Weg zur Leukotomie – Dtsch. med. Wschr. 73 (1948) S. 581.
— Um ano de política – Lisboa 1949.
— Júlio Diñiz e a sua obra – 2 Vols. 5a. Ediçáõ – 1928.

Egas Moniz – Confidências de um investigador científico – Lisboa 1949.
— Conferências médicas – Vols. I, II, III, IV e V -- Portugalia – Lisboa 1945–1954.
— Última Lição – Bibliografia – Lisboa – Portugalia 1944.
— A expansão da angiografia e da leucotomia pré-frontal – Lisboa 1944.
— Hyacinthus – L'Opera di um Maestro – Bibliografia dagli secriti di Egas Moniz (in den drei letzten Arbeiten ausführliches Schrifttum).
Antonio Flores – O Professor Egas Moniz e a sua obra – Imprensa Médica X – nº 21 – 1944.
Caeiro da Mta, Moreira Junior, Reynaldo dos Santos, Joaquim Leitão – Homenagem a Egas Moniz – Anais da Academia das Ciências de Lisboa – XL – 1940.
Barahona Fernandes – No Signo de Hipocrates – 2°. Vol. Fortschritte der Neurologie und Psychiatrie 18 (1950), S. 53. – III Vol. – Rapports – Congrès International de Psychiatrie – Paris 1950.
l'Encephale XXXIX – 1950 – Pag. 95.
Freeman and Watts – Psychochirurgie – Stuttgart, 1949.
Koch, G. – Ärztliche Praxis – 1949 – O Médico – 1954.
v. Braunmühl und Lieser, Über die praefrontale Leukotomie. Med. Klinik 42, 1947.

IWAN PETROWITSCH PAWLOW

1849–1936

Von M. Minkowski

Pawlow war ein begnadeter Naturforscher, dem die experimentelle Forschung nicht nur im Blut, sondern auch im Gehirn und in der „Seele" lag, indem sie in gewissem Sinne selbst ein großartiges System von „bedingten Reflexen" darstellte. Die intuitive Erfassung der Eigenart solcher Reflexe und deren systematisches Studium mit Hilfe einer neuartigen originellen Methode machten es ihm möglich, einen riesigen Komplex von physiologischen Erscheinungen im Bereich des zentralen Nervensystems einer wissenschaftlichen Analyse zugänglich zu machen und zugleich in einer schöpferischen Synthese zu verbinden. Wenn auch sein Werk in kritischer Sicht vielleicht zu einseitig und absolut und eine „objektive Psychologie" eine Contradictio in adjecto erscheinen mag, so bedeutet es doch zweifellos einen bahnbrechenden Fortschritt, indem darin eine objektive Untersuchung des Verhaltens des Menschen und der Tiere gegenüber ihrer Umgebung bzw. den von dieser ausgehenden Reizen und Reizkomplexen in einer bis dahin ungeahnten und unerreichten Weise durchgeführt wird. Es ist deshalb verständlich, daß die Pawlowsche Lehre weit über den engeren physiologischen Bereich hinaus eine außergewöhnliche allgemein-biologische, psychologische und sogar politische Bedeutung erlangt hat. Heute bildet sie bekanntlich in Rußland eine offizielle Doktrin, an der nicht gerüttelt werden darf, und deren monistischer und deterministischer Charakter sogar als Stütze der Grundthesen des historisch-dialektischen Materialismus dienen soll, auf denen das Sowjetsystem beruht.

Iwan Pawlow wurde am 14/26. September 1849 in Rjasan (der Hauptstadt eines Gouvernements, etwa 200 km südöstlich von Moskau) geboren, wo sein Vater als bescheidener orthodoxer Geistlicher wirkte; seine Mutter ging ebenfalls aus einem geistlichen Milieu hervor. Er besuchte auch selbst das geistliche Seminar, verließ es aber, dem allgemeinen naturalistischen Zug der damaligen Zeit, vor allem aber wohl dem eigenen inneren Triebe folgend mit 21 Jahren, um an der Universität in St. Petersburg Naturwissenschaften zu studieren. Von Kindheit an zeichnete sich Pawlow (wie auch seine um je ein Jahr älteren zwei Brüder) durch ein sehr lebhaftes Temperament aus, das sich zuerst in Spielen und Schlägereien mit seinen Altersgenossen, später durch leidenschaftliche Anteilnahme an Diskussionen über soziale, literarische und andere geistige Probleme entlud. Es verdient auch vermerkt zu werden, daß er ursprünglich wie sein Vater Linkshänder war; erst durch ständige Übung entwickelte er die rechte Hand soweit, daß er sie beim Schreiben und später beim Operieren ebenfalls verwenden konnte. Ein anderer früher Zug, den sein Schüler Sawitsch in einem biographischen Aufsatz vermerkt, war die starke Neigung zu jeder Muskelarbeit (wie z. B. zu Gartenarbeiten und Bewegungsspielen), die ihm für immer blieb und eine große Befriedigung bereitete; sie ging in der Folge in eine Begeisterung für verschiedene Sportarten über, die unter anderem dazu führte, daß er die Seele einer ärztlichen Turngesellschaft wurde.

Проф. И. Павлов

Als Student wurde Pawlow besonders durch den hervorragenden Physiologen und Lehrer I. F. v. Cyon angeregt. Selbst ein Schüler des großen russischen Physiologen J. M. Setschenow, der eine grundlegende Bedeutung der Wechselbeziehungen zwischen Organismus und Umwelt vertrat und ein entsprechend orientiertes bekanntes Buch über Reflexe des Gehirns (1863) geschrieben hat, hat Cyon durch seine glänzenden Vorlesungen und Demonstrationen die weitere Laufbahn Pawlows bestimmt. Auf Cyons Anregung hin vollendete er schon als Student (gemeinsam mit Afanassiew) eine Arbeit über die Nerven des Pankreas und wurde dafür mit einer goldenen Medaille ausgezeichnet. Nach Beendigung des naturwissenschaftlichen Studiums trat er als Medizinstudent in die Medizinisch-Chirurgische Akademie (die Anstalt zur Ausbildung von Militärärzten) ein, wo ihm ususgemäß zwei Jahre angerechnet wurden. Gleichzeitig sollte er, um seinen Lebensunterhalt zu verdienen, Assistent seines Lehrers Cyon werden; doch wurde die Wahl des letzteren, der jüdischer Abstammung war, zum Professor der Physiologie an der Akademie, obwohl sie von den größten Physiologen jener Zeit befürwortet wurde, vom Minister für Volksbildung nicht genehmigt, worauf sich Cyon, gekränkt und erbittert, nach Paris zurückgezogen hat. Eine Assistentenstelle beim Neurophysiologen Tarchanow, der an Stelle von Cyon ernannt wurde, lehnte Pawlow ab, was den Mut, die Unabhängigkeit und Selbstlosigkeit seines Charakters in eindrucksvoller Weise beleuchtet. Statt dessen gelang es ihm, Assistent am Veterinär-Institut zu werden, wo er sich zwei Jahre lang (1876–1878) hauptsächlich mit Problemen des Blutkreislaufs befaßte und dabei eine ausgezeichnete experimentelle Technik entwickelte.

Nach Beendigung des Medizinstudiums 1879 wurde Pawlow zum Leiter eines kleinen physiologisch-pharmakologischen Laboratoriums an der Medizinischen Klinik der Akademie ernannt, die vom bedeutenden Kliniker Botkin, damals Leibarzt des Zaren Alexander II., geleitet wurde. Er studierte hier die Wirkungen verschiedener Medikamente (wie z. B. des blühenden Krautes von Adonis vernalis) auf das Herz, die nervösen Gefäßzentren und die peripheren Gefäße und arbeitete neben der Leitung von Dissertationen eine eigene bedeutende Dissertation über die zentrifugalen Nerven des Herzens aus. Er führte darin den Nachweis, daß es neben Nervenfasern, die die Herzaktion beschleunigen oder verlangsamen, auch solche gibt, die seine Kontraktionen verstärken oder abschwächen und damit auch den Stoffwechsel des Herzmuskels regulieren.

1884 wurde Pawlow, der 1881 einen glücklichen Lebensbund mit einer Pädagogin, Serafima Kartschewskaja, geschlossen hatte, Privatdozent an der Medizinisch-Chirurgischen Akademie und als solcher bald darauf für zwei Jahre ins Ausland kommandiert. Er verbrachte sie an den Laboratorien von Heidenhain in Breslau, bei dem er schon früher (1887) die Unterbindung der Ausführungsgänge des Pankreas studiert hatte, und von Ludwig in Leipzig, wo damals die meisten bedeutenden Physiologen ihre Ausbildung weiterführten, und wo er seine eigenen Untersuchungen über die Innervation des Herzens fortsetzte. Nach der Rückkehr aus dem Ausland wandte er sich wieder seiner Jugendliebe – der Verdauung – zu, wies bald (1888) die sekretorischen Nerven des Pankreas nach und führte dann seine berühmten Versuche über Scheinfütterung durch, bei denen die durch den Mund eingenommene Nahrung durch eine Ösophagusfistel wieder austrat, ohne den Magen zu erreichen; die sekretorische Funktion des letzteren trat aber an einer Magenfistel nichtsdestoweniger objektiv hervor und ließ sich so beobachten und analysieren. Diese Versuche, die die Einleitung zu einer Reihe von bahnbrechenden Arbeiten über die Physiologie der Verdauung bilden sollten, verdankten ihre Erfolge einerseits einer sehr subtilen operativen Technik, andererseits der Einführung einer aseptischen Methodik, die Pawlow aus der klinischen Chirurgie mit unerreichter Meisterschaft in die experimentelle Physiologie, speziell an Hunden, übertrug. Dabei konnte seinem Scharfblick allerdings nicht entgehen, daß das akute Experiment mit seinen unvermeidlichen Komplikationen, wie Narkose, Blutverlust, Zirkulationsstörungen, Schock usw., die normalen Funktionen nicht in adäquater Weise zu enthüllen vermag, und daß erst fortdauernde Beobachtungen unter Bedingungen, die den natürlichen möglichst nahe kommen, dafür geeignet sein können. So war es ihm z. B. möglich, dauernde Fisteln des Pankreas anzulegen, dank denen die Absonderung des Pankreassaftes monate- und sogar jahrelang unter verschiedenen Bedingungen beobachtet werden konnte. Zugleich war er stets bestrebt, sich zu den beobachteten Tatsachen eine Theorie zu bilden und an dieser festzuhalten, solange es irgendwie möglich war; andererseits war er aber doch bereit, sich neuen Tatsachen und Erkenntnissen zu beugen und seine bisherige Anschauung zu revidieren, auch wenn das gegen einen inneren Widerstand geschah. So entwickelte er zunächst eine rein nervale Theorie des Funktionierens der Bauchspeicheldrüse, wie er überhaupt von jeher den neurogenen Faktor besonders hoch einschätzte und den Chemismus eher zu vernachlässigen geneigt war. Als er sich aber durch eigene experimentelle Nachprüfung von der prinzipiellen Richtigkeit der Anschauung von Bayliss und Starling überzeugt hatte, nach der die Funktion des Pankreas auch durch ein humorales Agens, das „Sekretin", wesentlich beeinflußt wird (das im Duodenum entsteht, in die Blutbahn übergeht und von dieser aus seine Wirkung ausübt), hat er daraus die Konsequenzen gezogen und in der Folge ein Zusammenwirken von neuralen und humoralen Mechanismen vertreten.

1890 wurde Pawlow zum Professor der Physiologie an der Militär-Medizinischen Akademie und ein Jahr später auch zum Leiter der Physiologischen Abteilung am Institut für Experimentelle Medizin ernannt und dadurch materiell endlich gesichert. Hier konnte er bei seinen Operationen alle Regeln der Asepsis anwenden; er untersuchte nun unter anderem die Folgen der Anlegung einer Eckschen Fistel, das heißt einer direkten Verbindung der Pfortader mit der Vena cava inferior unter Umgehung der Leber und ihres Kreislaufs. An solchen Tieren studierte er mit Nencki und anderen die Vergiftungserscheinungen bei Fleischdiät, den Chemismus der Leber, ihre Funktion als Organ der Blutentgiftung usw. Die wichtigsten Ergebnisse seiner Untersuchungen legte Pawlow in einer Monographie „Vorlesungen über die Arbeit der Verdauungsdrüsen" (1897) nieder, die durch den Reichtum und die Bedeutung der darin enthaltenen neuen Erkenntnisse und die fesselnde Lebhaftigkeit der Darstellung, die die meisten seiner Publikationen charakterisiert, sehr großen Anklang fand und seither in verschiedene fremde Sprachen übersetzt wurde. Viele bedeutende westliche Physiologen kamen damals zu Pawlow, um bei ihm die Methodik und operative Technik der Untersuchungen am Verdauungstraktus zu erlernen. 1904 wurde er mit dem Nobelpreis ausgezeichnet und ungefähr zu gleicher Zeit zum Mitglied der Akademie der Wissenschaften ernannt.

Seit der Jahrhundertwende wandte sich das Interesse des Meisters in immer höherem Maße einem neuen Gebiete – demjenigen der höheren Nerven-Tätigkeit, speziell des Großhirns, in Form der „bedingten Reflexe" – zu, das auch für die Klinik und besonders für die Neurologie und Psychiatrie von sehr großer Bedeutung geworden ist. Seit langem war bekannt, daß der Speichel sich bereits unter dem Einfluß der Sinneswahrnehmung äußerer Reize, wie z. B. beim Anblick oder Geruch der Nahrung, aber auch schon beim Denken an diese, absondern kann. Pawlow hatte bei seinen Versuchen über die Verdauung ebenfalls beobachtet, daß bei hungrigen Tieren schon der Anblick oder Geruch des Futters die Sekretion von Speichel auslöst, wie das auch bei Tieren mit einer Magenfistel mit Bezug auf die Absonderung von Magensaft der Fall war. Solche Beobachtungen und das Bedürfnis, sie rein physiologisch, ohne Zuhilfenahme der Introspektion, zu interpretieren, veranlaßten Pawlow, darüber mit zahlreichen Mitarbeitern ausgedehnte Untersuchungen anzustellen, die einen ungeahnten Aufschwung nahmen und ihn von nun an bis zu seinem Lebensende beschäftigen sollten. Das ganze unabsehbare Gebiet der Reize und Reizkomplexe verschiedenen Ursprungs und verschiedener Natur (zuerst vorwiegend intero- und proprioceptiver, nach der Geburt aber ganz besonders exteroceptiver – taktiler, thermischer, visueller, akustischer, olfaktiver – und anderer Reize), denen der Organismus in stets wechselnder Kombination und Folge gegenübertritt, wurde so zum Gegenstand einer systematischen Forschung. Diese berücksichtigte namentlich jene zahlreichen Reize, die nicht direkt, konstant und unbedingt, sondern indirekt, temporär und bedingt, durch ihre zeitliche Verknüpfung mit anderen, unmittelbar, direkt und eindeutig wirkenden Reizen, eine die Instinktsphäre berührende biologische Bedeutung und damit auch eine reflexogene Wirksamkeit erlangen. So wurde schließlich das ganze objektiv faßbare Verhalten der Tiere und des Menschen gegenüber ihrer Umwelt bzw. den von dieser dargebotenen wechselvollen, bald konstant oder mehr oder weniger regelmäßig wiederkehrenden, bald sich wieder lösenden Verbindungen und Kombinationen von Reizen erfaßt. Es war das ein Gegenstück zu den Untersuchungen amerikanischer Autoren (wie Thorndike, Lashley und andere) über höhere assoziative Reflexe bei Tieren und über das Verhalten („behavior") des Menschen.

Die Verwendung der Speichelsekretion als eines objektiven Vorgangs, der durch die Anlegung von Fisteln der Glandula parotis und durch Auffangen des Speichels in kleinen abnehmbaren Meßzylindern von außen beobachtet, registriert und sowohl quantitativ wie qualitativ genau bestimmt und als exakter Indikator komplizierter nervaler Vorgänge verwertet werden konnte, bildete an sich einen genialen Zug. Die Ausarbeitung einer virtuosen Methodik, die nur in einem speziell dafür eingerichteten Laboratorium mit komplizierten Apparaten möglich war, und die konsequent physiologische Betrachtungsweise und Terminologie unter Ausschaltung unsicherer subjektiver Interpretationen ermöglichten es, eine exakte physiologische Untersuchung auf solche Gebiete auszudehnen, die ihr bis dahin mehr oder weniger verschlossen geblieben waren. An Hand von bedingten, einzeln und in verschiedenen Kombinationen als Signale verwendeten Reizen und durch solche ausgelösten bedingten Reflexen konnte Pawlow eine Reihe von komplizierten Problemen der Reflexologie, wie der Bildung und des Erlöschens von Reflexen, der Erregung, Hemmung und Enthemmung, der Irradiation und Konzentration, der positiven und negativen Induktion, der Bahnung, der Summation usw., in einwandfreier Weise analysieren. 1903 hat er am Internationalen Medizinischen Kongreß in Madrid einen programmatischen Vortrag über „Experimentelle Psychologie und Psychopathologie an Tieren" gehalten. Schon mit diesem Titel brachte er zum Ausdruck, daß er seine Untersuchungen, die zunächst rein physiologische waren, als Grundlage einer neuen und nach seiner Überzeugung einzig möglichen wissenschaftlichen Psychologie auffaßte. An Hand der Speichelabsonderung auf bedingte Reize setzte er darin bereits die wichtigsten charakteristischen Merkmale „psychischer Reflexe" als komplexer Anpassungserscheinungen auseinander, die jeweilen von vielen Bedingungen abhängen und verschiedenen Interferenzerscheinungen unterliegen, und die demnach nur temporär und „bedingt" zur Wirksamkeit gelangen. Er prüfte die objektiven Voraussetzungen solcher Reflexe, ihre Beziehungen zum Nervensystem und ihre Bedeutung für die Existenz und das Gedeihen des Organismus und begründete die Möglichkeit und zugleich Notwendigkeit ihrer objektiven physiologischen Analyse. Dem hier seherisch vorweggenommenen neuen großen Problemkreis – der Erforschung des Mechanismus und der Gesetze der menschlichen Natur selbst – hat Pawlow unter Heranziehung zahlreicher Mitarbeiter den Rest, d. h. mehr als 30 Jahre, seines arbeitsreichen Lebens gewidmet. Er war dabei von einem optimistischen Glauben getragen, daß die exakte Wissenschaft in Anwendung auf den Menschen und die höchsten Bereiche seiner Tätigkeit ihn aus der Finsternis befreien und von den Schrecken der Kriege und Revolutionen erlösen wird.

Was Pawlow mit seiner Methode der „bedingten Reflexe" erreicht hat, ist im Hinblick auf den gewaltigen Stoff und die große Zahl seiner Mitarbeiter, deren Publikationen in russischer Sprache auch für einen Kenner der letzteren (wie den Verfasser dieser Zeilen) im Westen im allgemeinen wenig zugänglich sind, nur schwer zu fassen und kann am besten an Hand seiner eigenen, sehr lebendig und fesselnd geschriebenen zusammenfassenden Werke überblickt und dargestellt werden. So kann das Wichtigste bis zum Jahre 1923 seinem im russischen Original damals in erster Auflage im Staatsverlag in Moskau erschienenen Buch „Zwanzigjährige Erfahrung eines objektiven Studiums der höheren nervösen Tätigkeit (des Verhaltens) der Tiere" [4] entnommen werden. Wesentlich erscheint zunächst, daß jeder beliebige Reiz optischer, akustischer, taktiler, thermischer oder sonstiger Art durch wiederholte zeitliche Verknüpfung mit einem für bestimmte Reaktionen (in der Pawlowschen Versuchsanordnung speziell für die Speichelsekretion) unbedingt reflexogenen Reiz (wie die Darreichung von Nahrung oder die Einführung von Reizstoffen in die Schnauze des Versuchstieres) in der Folge zu einem auch für sich allein bzw. als Signal wirksamen „bedingten" Reiz ausgebildet werden kann. Charakteristischerweise nimmt aber jeder derartig entstandene bedingte Reflex entsprechend der besonderen, individuellen Art seiner Entwicklung in dem Maße wieder sukzessive ab, um schließlich ganz aufzuhören, als er nicht vom unbedingten Reiz bzw. Reflex wenigstens das eine oder andere Mal „bestätigt" wird. Dabei handelt es sich aber nicht um ein wirkliches Erlöschen, das im Sinne einer Restitution des funktionellen Substrats ad integrum überhaupt nicht möglich ist, sondern um eine Hemmung, die durch erneute Betätigung oder unter Umständen auch spontan wieder überwunden, „enthemmt" werden kann, wobei der bedingte Reflex viel rascher wieder aktiviert wird, als es bei seiner ersten Ausbildung der Fall gewesen ist. Lokalisatorisch handelt es sich bei den von Pawlow studierten bedingten Reflexen um kortikale Phänomene, die durch Vermittlung bestimmter Abschnitte der Großhirnrinde als „Analysatoren" für bestimmte (visuelle, akustische, taktile, kinästhetische und andere) Reizkategorien wirksam sind und komplexe äußere Reize in ihre einzelnen Elemente zerlegen können. Die Zerstörung eines bestimmten „Analysators", wie z. B. der Sehsphäre, der Hörsphäre usw., führt zum Verlust einer bestimmten Kategorie von bereits erworbenen bedingten Reflexen wie auch der Fähigkeit, neue Reflexe dieser Kategorie zu bilden. Bleibt aber ein gewisser, wenn auch nur geringer Rest eines „Analysators" erhalten, so können einige weniger differenzierte bedingte Reflexe (wie z. B. auf Licht und Dunkelheit) noch gebildet werden. Der experimentell-anatomische bzw. lokalisatorische Teil der Pawlowschen Lehre erscheint allerdings bei weitem nicht so ausgebaut und originell wie der physiologische und geht über unsere sonstigen anatomisch-physiologischen und pathologischen Kenntnisse auf diesem Gebiet nicht wesentlich hinaus. Er verschafft aber unseren bisherigen Kenntnissen über Lokalisation in der Großhirnrinde eine neuartige reflexologisch-biologische Grundlage.

Ein charakteristischer Zug der Tätigkeit der Großhirnhemisphären, der sich Pawlow beim Studium von bedingten Reflexen offenbarte, besteht in der Art, wie sich solche Reflexe ausbilden und differenzieren. Wenn ein spezieller Reiz, z. B. ein Ton von bestimmter Höhe oder die Reizung einer bestimmten Hautstelle, durch zeitliche Verknüpfung mit der Nahrungsaufnahme oder dem Eingießen von Säure in die Schnauze zu einem bedingten Reiz für die Speichelsekretion ausgebildet wurde, so wird zunächst auch jeder andere akustische Reiz oder die Reizung jeder anderen Hautstelle eine ähnliche Wirkung haben. Pawlow hat daraus den Schluß gezogen, daß der Reiz sich ursprünglich über den gesamten Analysator, z. B. die ganze Hör- oder Tastsphäre, ausbreitet oder irradiert, d. h. ihn als Ganzes in einheitlicher undifferenzierter Weise aktiviert. Falls aber der Versuch fortgesetzt und der gleiche bedingte Reiz noch wiederholt angewandt und vom unbedingten immer wieder „bestätigt" wird, so hören andere Reize allmählich auf, die Sekretion von Speichel auszulösen, so daß zuletzt nur noch der eine, sich wiederholende bestimmte Reiz (wie z.B. nur der Schlag eines Metronoms von bestimmter Frequenz oder nur die Reizung einer bestimmten Hautstelle) reflexogen wirksam bleibt. Diese Erscheinung bezeichnet Pawlow als Konzentration der Reflexe und interpretiert sie dahin, daß ein ursprünglich allgemein und diffus wirkender Reiz sich allmählich in bestimmteren bzw. engeren reflexogenen Zonen und Bahnen konzentriert. Durch weitere scharfsinnige Versuchsanordnungen konnte er ferner zeigen, daß bei einer derartigen Konzentration die reflexogene Aktivierung sich nicht auf jene Strukturen, speziell Kortexteile, beschränkt, von denen aus eine sichtbare Wirkung ausgeht. Vielmehr findet über den Herd der sich nach außen manifestierenden Erregung im Kortex hinaus eine latente Wirkung in Form reziproker Induktion, und zwar besonders der Ausbreitung einer Hemmungszone um den Erregungsherd – wie einer „Betäubung" sämtlicher Teile eines „Analysators" mit Ausnahme eines bestimmten, der gerade aktiv noch wirksam ist – und umgekehrt statt, welche den allgemeinen Gesetzen der antagonistischen Innervation im zentralen Nervensystem entspricht. So erscheint die Konzentration und Spezifizität der bedingten Reflexe stets nur relativ, d.h. nur unter gewissen optimalen physiologischen Bedingungen voll wirksam. Wird aber dieses Optimum gestört, z.B. durch besonders intensive Reize, durch Stimulantien (wie Koffein) oder auch durch partielle Läsionen der betreffenden Hirnsphäre, so treten von neuem Erscheinungen von Irradiation und Verallgemeinerung bzw. Entdifferenzierung von bedingten Reflexen auf, wie sie in den initialen Stadien ihrer Bildung bestanden.

Auch kompliziertere Phänomene der Ausbreitung von Erregungen, Hemmungen und Enthemmungen in der Großhirnrinde, ihre gegenseitige Induktion, der Antagonismus verschiedener Reflexe, die Öffnung und Schließung von Verbindungen zwischen verschiedenen Teilen eines reflextragenden Systems, die analytische Zerlegung der äußeren und inneren Welt in einzelne wahrnehmbare Elemente und die Bildung von neuen adäquaten Beziehungen auf Grund von solchen – all das und vieles andere hat für Pawlow und seine

Schule den Gegenstand einer systematischen experimentellen Forschung gebildet, die nach und nach die wichtigsten Phänomene und Probleme der höheren nervalen Tätigkeit in ihren Bereich gezogen hat. Eine „paradoxe Phase", in der starke Reize einen geringeren Einfluß auf die Nervenzelle haben als schwache, und eine „ultraparadoxe Phase", in der sie auf positive Reize gar nicht anspricht und nur der hemmende Reiz auf sie eine positive Wirkung ausübt, wurden als besondere Äußerungen einer Überbeanspruchung der kortikalen Nervenzellen eruiert. Auch der Schlaf konnte als eine besondere Form von generalisierter Hemmung experimentell – durch Einschaltung eines immer größeren Zeitabstands zwischen einem bedingten und einem unbedingten Reiz – hervorgebracht und analysiert werden, während hypnotische Phänomene als eine intermediäre Stufe zwischen Erregung und Schlafhemmung zur Darstellung kamen.

Diese Ergebnisse erscheinen um so bedeutungsvoller, als es retrospektiv möglich erscheint, von ihnen solide Brücken zur allgemeinen Reflexologie zu schlagen und zunächst sehr bemerkenswerte Analogien zwischen der Bildung von bedingten Reflexen beim erwachsenen Tier und beim Menschen und der sukzessiven Entwicklung von Reflexen beim Fötus und Säugling zu konstatieren, wie sie namentlich M. Minkowski am menschlichen Fötus, Neugeborenen und Säugling systematisch studiert hat. In dem einen wie im anderen Falle bieten eine ursprüngliche Irradiation und Verallgemeinerung und eine dann daraus hervorgehende Differenzierung und Spezialisierung oder Konzentration bedeutungsvolle Analogien. Man kann auch offenbar unter Heranziehung der allgemeinen Prinzipien der Evolution, wie sie in der Neurologie besonders Hughlings Jackson, C. von Monakow, Sherrington und andere vertreten haben, die ganze Skala der Reflexe einheitlich zusammenfassen – von ihren ersten, fast unbegrenzt irradiierenden variablen und diffusen ontogenetischen Vorstufen beim Fötus und Säugling bis zu den differenzierten und spezialisierten Reflexen des Erwachsenen, von relativ einfachen spinalen Reflexen bis zu höchsten und kompliziertesten kortikalen, von „unbedingten" bis zu fakultativen und „bedingten". Bei allen läßt sich konstatieren, daß die Bedingungen ihrer Entwicklung, Befestigung und Differenzierung wie auch ihrer eventuellen Rückbildung oder Regression im Prinzip ähnlich sind und sich nur graduell voneinander unterscheiden.

In einem neuen, 1927 erschienenen zusammenfassenden Werk „Vorlesungen über die Arbeit der Hemisphären des Großhirns", das aus Vorlesungen an der Militär-Medizinischen Akademie im Jahre 1924 hervorgegangen ist, geht Pawlow in verschiedenen Punkten über die früheren Ergebnisse hinaus. Er ist namentlich bestrebt, von der Physiologie der höheren nervalen Tätigkeit zu deren experimenteller Pathologie vorzudringen und damit Brücken zur psychiatrischen und neurologischen Klinik zu schlagen, wie es die letzte Phase seiner unermüdlichen Forscherarbeit bis zu seinem Tode ausgefüllt hat. Den Ausgangspunkt bilden auch dabei relativ einfache Tatbestände, wie z. B. die Beobachtung, daß man die Rinde eines bestimmten Analysators durch bestimmte experimentelle Bedingungen auf dem Gebiet der bedingten Reflexe in einen Zustand von abnormer Hemmung mit einem vorübergehenden Erlöschen aller positiven Reflexe versetzen und somit eine eigentliche experimentelle Neurose erzeugen kann. Solche Bedingungen hat Pawlow am ersten Internationalen Neurologischen Kongreß in Bern 1931 in einem vielbeachteten Vortrag über „Experimentelle Neurosen" geschildert. Er findet sie z. B. in der Wirksamkeit von zu starken oder zu komplizierten, vom Versuchstier kaum zu bewältigenden Reizen, in einer Überanstrengung des Hemmungsprozesses oder in einer Kollision von Erregungs- und Hemmungsprozessen durch eine unmittelbare Folge von solchen: so wenn auf einen positiven, durch unbedingte Reizung wiederholt bekräftigten und deshalb wirksam gewordenen bedingten Reiz unmittelbar ein negativer bzw. hemmender folgt, der nicht bestätigt wird. Eine Überschwemmung in Leningrad im Jahre 1924, bei der die Hunde von der steigenden Flut bedroht wurden und erst im letzten Augenblick gerettet und in ein höheres Stockwerk gebracht werden konnten, wo sie eine Zeitlang unter ungewohnten Bedingungen verblieben, hatte eine allgemeine Hemmung auf dem Gebiete der bedingten Reflexe und verschiedene andere Störungen, die im übrigen je nach dem individuellen Typus der Versuchstiere stark variierten, zur Folge. Als weiteres neurotisierendes Moment nennt Pawlow auch die Kastration, womit er neben Reizkollisionen und allgemein traumatisierenden Faktoren auch hormonale Momente in der Pathogenese von neurotischen Störungen anerkennt, die sonst in seinem System vielfach offenbar zu kurz gekommen sind.

Die besondere Komplikation der Verhältnisse beim Menschen gegenüber dem Tier besteht nach Pawlow darin, daß bei ihm zu den ersten und konkreten Signalen der Wirklichkeit, die durch verschiedene Einwirkungen von äußeren Objekten auf die rezeptorischen Apparate und das zentrale Nervensystem von Tier und Mensch zustande kommen, ein Signalsystem zweiter Ordnung oder System von Signalen der Signale hinzukommt. Es ist das gesprochene, gehörte, dann auch gelesene und geschriebene Wort, das eine Abstraktion von der Wirklichkeit und eine Verallgemeinerung erlaubt, die unser speziell menschliches, höheres Denken ermöglicht. Daß damit allerdings auch neue, besonders schwer zu analysierende und gefährliche Komplikationen, Abweichungen und pathologische Möglichkeiten gegeben sind, leuchtet in der Tat ohne weiteres ein.

Die experimentellen Neurosen äußern sich nach Pawlow durch Abschwächung beider nervaler Hauptprozesse – des Erregungs- und des Hemmungsprozesses – jedes für sich oder beider gleichzeitig, durch eine chaotische Nerventätigkeit oder durch verschiedene Phasen des hypnotischen Zustands, wobei diese Störungen in verschiedenen Kombinationen verschiedene Krankheitsbilder bewirken. Dabei kommt es neben den genannten aktuellen pathogenen Momenten, Vorgängen oder Faktoren auf den besonderen Typus des Versuchstieres an, worüber der bereits 86jährige Forscher am zweiten Internationalen Neurologischen Kongreß in London 1935 mit der üblichen Verve berichtet hat. Nach der Stärke der beiden Grundprozesse im Nervensystem – der Erregung und Hemmung –, nach ihrem Stärkeverhältnis zueinander und schließlich nach ihrer Ausgeglichenheit, Beweglichkeit, Labilität oder Trägheit unterscheidet er hauptsächlich vier Typen von Versuchstieren: einen starken, ausgeglichenen und raschen, einen starken, ausgeglichenen und langsamen, einen starken ungezügelten und einen schwachen; diese scheinen den bekannten, von Hippokrates aufgestellten vier Grundtemperamenten des Menschen zu entsprechen.

Über die grundsätzlichen Schwierigkeiten der Verwertung der Methodik und Betrachtungsweise der bedingten Reflexe für die Nerven-Pathologie bei Tieren und besonders für deren Übertragung auf den Menschen gibt sich Pawlow durchaus Rechenschaft. Pawlow, der während des größten Teils seines Lebens die Klinik nicht gerade gern hatte, ließ es sich aber nicht nehmen, in der letzten Phase seiner Forschung neurologische und psychiatrische Vorlesungen während einer Reihe von Jahren zu besuchen. Nichts destoweniger kann er verschiedene bemerkenswerte Analogien im pathologischen Verhalten von Tier und Mensch festhalten und z. B. erkennen, daß der typologische bzw. konstitutionelle Faktor, der in der menschlichen Pathologie von so großer Bedeutung erscheint, auch in der experimentellen Pathologie des Nervensystems unverkennbar eine wesentliche Rolle spielt. So hat eines der wirksamsten Mittel zur Störung der reflektorischen Erregbarkeit – die rasche Aufeinanderfolge eines erregenden und eines hemmenden Rhythmus von Reizen (wie z. B. mechanischen Reizungen der Haut an der gleichen Stelle) – bei manchen Tieren auch bei langdauernder täglicher Wiederholung keine schädlichen Folgen, während es bei anderen nach wiederholter und bei einigen schon nach einmaliger Anwendung pathogen wirken kann. Andererseits wird auch beim Menschen eine Schwächung des Erregungsprozesses durch dessen Überspannung oder durch das Zusammenstoßen mit dem Hemmungsprozeß hervorgerufen, und auch hier führt sie zu einem Vorherrschen des letzteren in Form von Schlaf, hypnotischen Zuständen und ihren vielfältigen Phasen, worauf sich gewisse klinische Erscheinungen, wie Narkolepsie, Katalepsie, Kataplexie, zurückführen lassen. Die pathologische Labilität, d. h. abnorme Beweglichkeit des Erregungsvorgangs, die man an Tieren beobachten kann, findet nach Pawlow ihr klinisches Analogon in den Erscheinungen der „Reizschwäche", d. h. einer abnorm gesteigerten Reaktivität auf positive bedingte Reize mit rasch einsetzender Erschöpfung, oder umgekehrt in einer pathologischen Trägheit. Eine fehlende oder ungenügende Beeinflussung eines pathologisch beharrlichen Erregungsprozesses durch Hemmungsreize kann mit solchen klinischen Erscheinungen, wie Stereotypien, Zwangsideen usw., in Zusammenhang gebracht werden.

Ob man freilich noch weitergehen und die wichtigsten speziellen neuropathischen Krankheitsbilder des Menschen, wie die Neurasthenie, die Hysterie, die Psychasthenie, ja sogar das manisch-depressive Irresein und die Schizophrenie, mit den experimentell, mit der Methode der bedingten Reflexe erforschten allgemeinen und speziellen Typen der höheren nervösen Tätigkeit und mit ihren möglichen Störungen in einen eindeutigen Zusammenhang bringen kann, wie das Pawlow zuletzt versucht hat, mag wohl dahingestellt bleiben. Doch wird jeder erfahrene Kliniker, wenigstens soweit er physiologisch orientiert und gebildet ist, bestätigen, daß es auch in der Physio- und Psychopathologie nicht wenige Fälle gibt, wo ein Wirken von Mechanismen, wie sie für bedingte Reflexe charakteristisch sind, naheliegt, ja sich geradezu aufdrängt. So ist es im Bereich der Commotio cerebri und ihrer Folgezustände keineswegs selten, daß sich postcommotionelle physio-pathologische Störungen mit psychogenen Reizkomplexen offenbar nach einem den bedingten Reflexen analogen Modus verknüpfen. Interessant ist auch, daß durch gewisse Medikamente, wie z. B. eine Mischung von Brom und Coffein, ein langandauernder Hemmungsreiz, der eine krankhafte Reaktion hervorrief, seine normale positive Wirkung wiedererlangen kann.

Bei einem so umfassenden, bedeutungsvollen, in das Höchste und gewissermaßen Allerheiligste der lebendigen Organisation vordringenden Werk wie das von Pawlow und seiner Schule ist es nicht verwunderlich, daß es neben Bewunderung und begeisterter Zustimmung auch eine lebhafte Kritik und Ablehnung hervorgerufen hat. So sind von Physiologen Beritow, Bethe, Buijtendijk, Sherrington, Lashley und andere als mehr oder weniger scharfe Kritiker der Pawlowschen Lehre, speziell seiner deterministischen Reflexologie, hervorgetreten; er ist ihnen die Antwort mit temperamentvollen, zuweilen überbordenden Polemiken nicht schuldig geblieben. Auch sonst hat er sich mit teilweise recht massiven, wenn auch scharfsinnigen Angriffen gegen die „Idealisten", „Animisten",

„Dualisten", gegen die idealistischen Psychologen, wie Jerkes, Claparède, Pierre Janet, die Gestaltpsychologen, wie Woodworth, Köhler, Kofka, den Intuitionisten Bergson und andere, besonders im Rahmen der bekannten Mittwochkolloquien mit seinen Mitarbeitern und Schülern, hervorgetan.

In nächster Nähe hatte Pawlow eine jahrelange scharfe Polemik und Fehde mit seinem Kollegen W. M. Bechterew (Professor der Neurologie und Psychiatrie an der Militär-Medizinischen Akademie und Direktor des von ihm gegründeten Psychoneurologischen Instituts), einem unermüdlichen und verdienstvollen Kliniker und Hirnforscher, zu bestehen. Der Streit drehte sich aber weniger um die bedingten Reflexe als solche; denn Bechterew operierte selbst mit „associativen" oder „konjunktiven" Reflexen, die den bedingten Reflexen von Pawlow offenkundig entnommen waren oder jedenfalls sehr nahestanden. Bechterew analysierte in einer „kollektiven Reflexologie" das gesamte soziale Leben von einem reflexologischen Standpunkt. Die Polemik ging mehr um die Wege der bedingten Reize von der Peripherie zur Hirnrinde und von dieser weg und um die Lokalisation der nervösen Funktionen im allgemeinen.

Von psychopathologischer Seite wurde Pawlows „objektiver Psychologie" eine grundsätzliche Entwertung und Atomisierung des Psychischen, einseitiger Materialismus, Vernachlässigung der besonderen phänomenalen Eigenart der psychischen Phänomene vorgeworfen. Manche Kritiker sind dabei entschieden zu weit gegangen. Doch muß man wohl zugeben, daß die „kompliziert nervöse Tätigkeit", soweit sie der physiologischen Erforschung zugänglich ist, wohl verschiedene Voraussetzungen, Elemente und Abläufe des Verhaltens, nicht aber dieses selbst in seiner Totalität und Einzigartigkeit zu erfassen bzw. das gesamte seelische Leben von Mensch und Tier abschließend zu erklären vermag. Tatsächlich war Pawlow genötigt, seine Versuchstiere auf Tischen mit Schlingen an den Füßen in ihrer Beweglichkeit und den natürlichen Reaktionen weitgehend einzuschränken und sie von der ihnen adäquaten Umgebung zu isolieren. Auch der Versuchsleiter mußte sich möglichst unbeweglich verhalten, seine Bewegungen, Mimik und andere Gefühlsregungen, die für den Hund als Haustier vielfach das Adäquateste und Wichtigste bedeuten, unterdrücken, ja nach Möglichkeit überhaupt verschwinden. In der späteren Phase der Pawlowschen Forschung wurden die bedingten Reize mit Hilfe einer äußerst komplizierten Technik ganz automatisch, d. h. ohne für den Hund irgendwie erkennbare Mitwirkung des Versuchsleiters und ohne seine direkte persönliche Anwesenheit, ausgelöst. Bei einzelnen Hunden, die sich nicht fügen wollten und auf die besondere für sie zum Teil wohl „unheimliche" Versuchsanordnung mit einer allgemeinen Erregung, ständiger Speichelabsonderung und Verweigerung der Nahrungsaufnahme reagierten, was die Ausbildung von bedingten Reflexen unmöglich machte, kam man aber trotz aller Technik überhaupt nicht weiter. Tatsächlich sah sich der Meister, der sich übrigens selbst nie ganz meistern konnte, vielmehr wie ein Vulkan stets brodelte und funkelte und von einer wahren Leidenschaft zur Forschung getrieben wurde, veranlaßt, einen „Reflex der Freiheit" anzunehmen. Seltsamerweise fiel dieser mit der freiheitlichen Revolution des Jahres 1917 in Rußland zeitlich zusammen und konnte bei einem besonders freiheitsliebenden Hund erst nach monatelangem Halten in einem Käfig zugunsten des weitverbreiteten „Reflexes der sklavischen Unterwürfigkeit" unterdrückt werden. Übrigens: birgt ein „Freiheitsreflex" nicht einen unlösbaren Widerspruch in sich? Denn unter Reflex versteht man doch im allgemeinen seit Descartes eine gesetz- und zwangsmäßige Reaktion auf einen äußeren oder inneren Reiz, die vom nervösen Zentralorgan ähnlich „reflektiert" wird wie ein Lichtstrahl von einem Spiegel, was allerdings auch nur für einfachste Reflexe, wie etwa den Patellarreflex, zutreffen kann. Hingegen bedeutet Freiheit offenbar gerade etwas, das sich einer deterministischen Gesetzmäßigkeit nicht oder zumindest nicht ohne weiteres fügt, jedenfalls in seinen Äußerungen nicht bestimmt voraussehen läßt. Oder heißt „Reflex der Freiheit" einfach, daß der Freiheitsdrang etwas Natürliches und Notwendiges ist?

Daß im übrigen auch der einfachste Reflex eine künstliche Abstraktion und ein Fragment aus einem größeren und komplizierteren funktionellen Kreis bedeutet, war vielen Reflexforschern (Sherrington, Minkowski u. a.) von jeher klar. Das hindert indessen nicht, daß Reflexe ein wichtiges und fruchtbares Element physiologischer und klinischer Orientierung und Forschung auf dem Gebiete des zentralen Nervensystems bilden, so wie es die Neurone trotz ihrer allgemeinen Problematik auf anatomisch-physiologischem und hirnpathologischem Gebiete ebenfalls tun. Man braucht nur daran zu denken, was das Verhalten der Pupillen-, der Haut-, der Sehnen- und Muskelreflexe, mögen sie auch alle gegenüber der Einheit des Organismus etwas künstlich Isoliertes darstellen, für jede neurologische Untersuchung und Diagnose bedeutet. Und auch mit Bezug auf die bedingten Reflexe unterliegt es keinem Zweifel, daß Pawlow mit seinem Genie, seiner glänzenden Methodik und seiner Konsequenz in deren Beobachtung und Auswertung eine große Sphäre von Phänomenen aus dem Bereich der höchsten und kompliziertesten Leistungen des zentralen Nervensystems der experimentellen Erforschung erschlossen und die Physiologie, aber zweifellos auch die Neurologie und die Psychiatrie, um überaus wichtige und ungeahnte neue Erkenntnisse bereichert hat.

Die besondere Größe des Werkes von Pawlow geht auch daraus hervor, daß es ihm stets gelang, eine Zahl von begabten Mitarbeitern und Schülern um sich zu scharen und sie durch eigenes Beispiel und Enthusiasmus zur wissenschaftlichen Arbeit anzufeuern. Seine zusammenfassende Monographie über „20 Jahre Arbeit über bedingte Reflexe" (1923) stützte sich auf die Untersuchungen von über 70 Mitarbeitern. Auch in der Folge blieb ihre Zahl stets sehr hoch; kurz vor seinem Tode waren es 50, die sich auf seine drei Laboratorien verteilten. Dabei hatte er zur Arbeit jedes einzelnen ein ganz persönliches Verhältnis: er war über alle Einzelheiten orientiert, verfolgte jede Aufgabe mit lebhaftem Interesse, ging von einem Mitarbeiter zum anderen und war stets das lebendige Bindeglied zwischen ihnen allen. Seine Einfachheit, Offenheit und Leutseligkeit, seine Gewohnheit, laut zu denken und über alle neuen Ergebnisse frei zu diskutieren, dabei auch der Phantasie freien Lauf zu lassen, sie aber dann kritisch zu bändigen und nur das bestehen zu lassen, was einer strengen Überlegung und Nachprüfung standhielt, schufen um ihn stets eine Atmosphäre von Hingabe an die Forschung und von Begeisterung, der sich niemand entziehen konnte – sicher auch nicht der Verfasser, als er 1907/08 während einiger Monate unter Pawlows Leitung über bedingte Reflexe gearbeitet hat (auch wenn er die dabei angewandte Technik als monoton und spröde empfand).

Von seinen Schülern verlangte und erzielte der Meister höchste Exaktheit und Anspannung, bei der Arbeit völlige Hingabe und leidenschaftliche Konsequenz, wie er sie selbst im höchsten Maße besaß und vorlebte. So war er der Begründer und Führer einer großen Schule, die in wirksamster Weise mithalf, die von ihm in Angriff genommenen Probleme nach allen Richtungen zu verfolgen und auszubauen. Aus ihren Reihen ist eine große Anzahl von Forschern hervorgegangen, die selbst zu führenden Physiologen, zum Teil auch im Ausland, geworden sind. So denken wir an Orbeli, einen der bedeutendsten Schüler Pawlows und seinen Nachfolger auf dem Lehrstuhl der Physiologie, Speranskij, Schöpfer einer ausgesprochen neuro-dystrophischen Pathologie, Sawitsch, Samojlow, Sjelony, Babkin, Boldyrew, Anrep, Folbort, Petrowa u. a., ebenso an eine Anzahl von Klinikern, wie Krasnogorskij, Iwanow-Smolenskij, Gackel u. a., die sich mit der Anwendung der Lehre von den bedingten Reflexen auf die Gebiete der normalen und pathologischen Entwicklung, der Psychologie, Psychopathologie und Psychiatrie beim Menschen mit Erfolg befaßt haben und weiter befassen.

In seinen Mußestunden widmete sich Pawlow dem Studium der Geschichte, der Literatur und Malerei und besuchte eifrig Kunstgalerien, Konzerte und Theater; hingegen hatte er eine unüberwindliche Abneigung gegen das Kino. Seine Ferien verbrachte er in seinem Landhaus in Estland in größter Einfachheit; hier widmete er sich leidenschaftlich der Natur, dem Einfangen und Sammeln von Schmetterlingen und Pflanzen, dem Baden, dem Radfahren, dem Spiel, der körperlichen Arbeit, ganz besonders dem Anbau von Gemüse und der Pflege von Blumen. Er gab offen zu, daß ihm die körperliche Arbeit sogar mehr Freude, sogenannte „Muskelfreude", bereitete als die geistige, und führte das darauf zurück, daß sein Großvater Land bebaut hatte.

An Auszeichnungen und Ehrungen hat es Pawlow während seiner langen und überaus fruchtbaren wissenschaftlichen Laufbahn nicht gefehlt. Er bekam 1904 den Nobelpreis für Physiologie und erhielt darauf vom Zaren eine Schreibtischgarnitur, die er bis an sein Lebensende benutzt haben soll. Aber auch das neue bolschewistische Regime überschüttete ihn mit Bezeugungen seiner Gunst. 1921 unterzeichnete Lenin ein Dekret des Rates der Volkskommissare (das als Pawlow-Dekret bekannt ist) mit der Würdigung seiner außerordentlichen Verdienste und der Weisung an den Sowjet von Petrograd, ihm und seinen Mitarbeitern die bestmöglichen Arbeitsbedingungen zu sichern. Zugleich erging an den Staatsverlag die Anweisung, seine „20jährige Erfahrung eines objektiven Studiums der höheren nervösen Tätigkeit der Tiere" auf dem besten verfügbaren Papier zu drucken und ihm das Privateigentum an allen in- und ausländischen Ausgaben seiner Werke zu belassen. Zum Vorsitzenden der Kommission, die ihm möglichst normale Arbeits- und Lebensbedingungen in der schweren Zeit der zwanziger Jahre besorgen sollte, wurde Maxim Gorki ernannt. Pawlow selbst und seine Frau erhielten stark erhöhte Rationen, und ihre Wohnung wurde ihnen für immer überlassen. Außer den Laboratorien, die ihm bereits zur Verfügung standen und weiter ausgebaut wurden, baute man ihm unter großem Kostenaufwand eine große biologische Station in Koltuschi (bei Leningrad), wo seine Arbeiten und die zahlreichen Schüler einen neuen Aufschwung nahmen und auch systematische Beobachtungen an Menschenaffen durchgeführt werden konnten. Noch zu seinem 85. Geburtsag wurden von den Staatsorganen weitere reiche Mittel zur Fortführung und Erweiterung seiner Arbeiten gestiftet und zahlreiche neue Stipendien in Verbindung damit errichtet. Bis zu seinem Tode verfügte er über drei große, mit allen technischen Neuerungen ausgestattete Laboratorien, die er bis zuletzt mit seinem wissenschaftlichen Geist und Eifer erfüllte und zu allgemein bekannten geistigen Zentren gestaltete, die von Ärzten, Pädagogen und sogar einfachen Arbeitern besucht wurden.

Pawlow war Mitglied der Akademie der Wissenschaften der USSR und einer Anzahl anderer Akademien und Ehrenmitglied zahlreicher wissenschaftlicher Gesellschaften des

In- und Auslandes. 1930 wurde er Ehrendoktor der Universität Cambridge und holte sich dort selbst den Doktorhut, der ihm mit der bekannten Feierlichkeit und dem Prunk solcher Zeremonien in England aufgesetzt wurde. Ein Enkel von Charles Darwin warf ihm von der Galerie einen kunstvollen Spielzeughund zu, mit zahlreichen Glas- und Gummiröhrchen, die Fisteln darstellen sollten. 1931 und 1935 besuchte er in Begleitung seines Sohnes die beiden ersten Internationalen Neurologischen Kongresse in Bern und in London (den letzteren im Alter von 86 Jahren gegen den Rat seiner Ärzte, nachdem er eben eine schwere Grippe mit Pneumonie durchgemacht hatte); er hielt dort mit dem gewohnten jugendlichen Enthusiasmus Vorträge über die Anwendung der Lehre von den bedingten Reflexen auf die Pathologie bei Tier und Mensch, die Höhepunkte der beiden Kongresse bildeten. Seine sympathische Gestalt mit dem charaktervollen Patriarchenkopf, der hohen Stirn, den sprühenden Augen, dem gütigen Lächeln und dem leuchtenden weißen Vollbart zog die allgemeine Aufmerksamkeit auf sich. Unmittelbar nach den Anstrengungen des Londoner Kongresses reiste er zurück nach Leningrad, um dort und in Moskau dem 15. Internationalen Physiologenkongreß (9.–17. August 1935) zu präsidieren. „Wir sind die junge Physiologie", erklärte der greise Forscher in seiner feierlichen Ansprache bei der Eröffnung des Kongresses, „wir alle sind gute Kameraden, die vielfach durch offenkundige freundschaftliche Gefühle verbunden sind, wir arbeiten für die rationelle endgültige Einigung der Menschheit". Und er geißelte den Krieg, der „seinem Wesen nach eine animalische Art der Lösung von Lebensschwierigkeiten darstellt – eine Art, die des menschlichen Geistes mit seinen unermeßlichen Mitteln unwürdig ist". In der Schlußsitzung des Kongresses erhielt er die außergewöhnliche Würde eines „Princeps physiologorum mundi". Den zweiten Weltkrieg mit seinen apokalyptischen Schrecken hat er glücklicherweise nicht mehr erlebt. Als er am 27. Februar 1936 in Leningrad nach einer Grippeerkrankung starb, wurde seine Leiche aufgebahrt; viele Tausende einfachen Volkes zogen an ihr vorbei, und er wurde in einem Staatsbegräbnis zur letzten Ruhestätte getragen.

Die Wirksamkeit Pawlows fiel in eine Zeit, in der seine große Heimat einen Weltkrieg und eine umwälzende Revolution durchmachte, die sie bis auf den Grund erschüttert und gewandelt hat; er nahm als leidenschaftlicher Mensch und glühender Patriot lebhaften Anteil an diesem dramatischen Geschehen. Der hervorragende Historiker der Medizin Henry E. Sigerist hat in seiner vor kurzem publizierten Biographie von Pawlow in „Große Ärzte" (München 1954) diesen als ein Bindeglied zwischen dem alten und dem neuen Rußland bezeichnet. Er war tatsächlich aus dem alten Rußland, aus einem bescheidenen, der Scholle nahen geistlichen und zugleich geistig aufgeschlossenen Milieu einer mittelgroßen russischen Provinzstadt hervorgegangen; seine Frau war ebenfalls eine gläubige orthodoxe Christin. Er hielt aber seit der Katastrophe von Tsushima im russisch-japanischen Krieg das zaristische Regime für faul und zum Untergang reif und eine Revolution für unvermeidlich. Als aber diese nach der Katastrophe des ersten Weltkrieges kam und nach einer kurzen freiheitlichen Periode einen extremen Charakter annahm und zur kommunistischen Diktatur und zum Sowjetsystem führte, stand ihr Pawlow trotz der außergewöhnlichen Begünstigung seiner Forschungen wie auch seines persönlichen und familiären Wohlergehens während längerer Zeit mit scharfer Kritik und Ablehnung gegenüber. Er war ein offener und heißblütiger Mensch und äußerte sich darüber, auch im Ausland seinen Freunden gegenüber, in einer freimütigen Weise, die sich jedenfalls kein anderer Russe außer ihm erlauben durfte. Er beklagte tief die Unterdrückung der persönlichen Freiheit, die Verfolgung der Kirche, den Terror, das Denunziantentum, die Charakterlosigkeit und Servilität in weiten Kreisen der Gesellschaft und der Gelehrtenwelt. Erst in den letzten Jahren seines Lebens schien er sich mit dem neuen Regime immer mehr abzufinden und ihm positive Seiten abzugewinnen. In London (1935) erklärte er auch im vertraulichen Gespräch, er sehe sich veranlaßt, sein bisheriges negatives Urteil zu revidieren. Die neue Regierung tue so viel, um die Wissenschaft zu fördern und Bildung in weiten Kreisen zu verbreiten und zu pflegen, und das allgemeine Niveau des Volkes habe sich auch tatsächlich so sehr gehoben, daß man das Gesamtresultat doch als positiv bewerten müsse, und er der Zukunft seines Landes wieder mit Zuversicht entgegensehe. Er war wie immer von der hohen Mission der Wissenschaft durchdrungen und sprach mir auch davon, daß wir Gelehrte, besonders Physiologen und Neurologen, die glücklichsten Menschen der Welt sind, da es uns vergönnt ist, uns mit den höchsten Problemen des Lebens und der Menschheit zu befassen. Er äußerte den Wunsch, noch lange zu leben, um den weiteren Fortschritt zu verfolgen, und sprach zugleich die Überzeugung aus, daß der Mensch normalerweise wenigstens 90 Jahre leben sollte; ein früherer Tod wäre die Folge eigener Fehler in der Lebensführung oder eines unglücklichen Zufalls. Er bestätigte auch seinen Glauben, die Physiologie des Nervensystems mit der klinischen Neurologie und Psychiatrie in einem engeren Zusammenhang bringen zu können. Nur zu einem Problem könnte er sich keinen Vers machen – der Epilepsie.

Bald darauf hat Pawlow am Internationalen Physiologen-Kongreß in Leningrad-Moskau und bei einigen anderen Gelegenheiten auch öffentlich dem Wunsche Ausdruck gegeben, noch lange am Leben zu bleiben, um den Abschluß des im Gang befindlichen großen historisch-sozialen Experimentes mitzuerleben.

Schon während des Lebens von Pawlow und besonders seit seinem Tode wurde seine Lehre von den bedingten Reflexen und den Reflexen im allgemeinen immer mehr zu einer offiziellen Doktrin erhoben, der die gesamte Medizin der Sowjetunion ebenso zu folgen hätte wie die Naturwissenschaft der bekannten Milieu-Biologie (Mitschurin und Lyssenko), die unter starker Zurücksetzung der Heredität und Konstitution in den Wechselbeziehungen zwischen dem Organismus und seiner Umgebung den wichtigsten und fast unbegrenzt wirksamen biologischen Faktor erblickt. Nach der heute gültigen offiziellen Auslegung und Anwendung entspricht die Pawlowsche Lehre den höchsten Grundsätzen des dialektischen Materialismus, wie sie von Marx vertreten wurden; sie verbürgt die Einheit und Identität der physischen resp. physiologischen und der psychischen Phänomene auf materialistischer Basis, widerlegt alle „reaktionären" dualistischen, idealistischen, animistischen Theorien und bildet den Schlüssel zum Verständnis aller wichtigen Erscheinungen sowohl der Physiologie wie der Pathologie des Nervensystems mit Einschluß der Psychopathologie und Psychiatrie. Bedeutende Gelehrte, die vielfach selbst aus der Pawlowschen Schule hervorgegangen waren, wie Orbeli, sein Nachfolger auf dem Lehrstuhl der Physiologie, Anochin, Speranskij, Lina Stern und ihre Schüler (die die Bedeutung der hämo-encephalen Barriere als eines Systems von Schutzmembranen für das nervöse Parenchym besonders hervorgehoben haben) sind in Ungnade gefallen und wurden gerügt und zurückgesetzt, weil sie von der Pawlowschen Doktrin mehr oder weniger abgewichen sind, sie nicht genügend beachtet oder angeblich böswillig kritisiert oder sich andere „ideologische Diversionen" erlaubt haben; andere, wie der Akademiker Ginetsinski, Mitarbeiter von Orbeli in der Leitung des Physiologischen Instituts der Akademie der Wissenschaften, haben nach bekannten Mustern ihre Fehler in der medizinischen Presse [1] eingestanden und bereut. Der Akademiker Bykow, Direktor des Pawlowschen Physiologischen Instituts an der Akademie der Wissenschaften, hat berichtet [2], daß in einer gemeinsamen Sitzung dieser und der Akademie der Medizinischen Wissenschaften im Dezember 1951 die Psychologen, Pathologen und Kliniker auf den richtigen Weg des grandiosen wissenschaftlichen Erbes von Pawlow zurückgeführt wurden, und daß allen möglichen idealistischen Deformationen und Versuchen einer Revision der Pawlowschen Theorie über Reflexe, die einen Rückschritt von fünfzig Jahren bedeutet hätte, ein Ende gesetzt wurde.

Was hätte aber Pawlow selbst zu all dem gesagt? Wäre er nicht, auch wenn er gegen Schluß seines Lebens, besonders in seinen Polemiken mit den wissenschaftlichen „Reaktionären", eine gewisse, wohl auch „milieubedingte" Neigung zum Extremismus und Totalitarismus gezeigt hat, von seiner „progressiven" Doktrin selbst mehr oder weniger abgewichen und vielleicht deswegen in Ungnade gefallen? Chi lo sa! Ist es nicht überhaupt überholt, von Materialismus und materialistischem Determinismus in einem Zeitpunkt zu sprechen, wo nach der neuesten Entwicklung der Physik die Materie eigentlich zu existieren aufgehört hat, und der Indeterminismus zumindest in die Welt der Mikroelemente und ihrer Bewegungen eingebrochen ist, während der Determinismus eines Makrosystems nur das statistische Resultat von zahlreichen Mikroprozessen darstellt, das durch die Gesetze der Wahrscheinlichkeit und der großen Zahlen bestimmt wird? Das hier speziell zu erörtern, würde den Rahmen unserer Aufgabe bei weitem überschreiten. Wir wollen lieber statt dessen dem wirklich großen und genialen Meister ein Schlußwort erteilen, in dem er die Antwort auf solche Fragen anscheinend schon selbst in einer „ideologischen Diversion" vorweggenommen hat, und dem Leser die naheliegenden Analogien, Anwendungen und Schlüsse überlassen. Wir haben oben bereits den „Freiheitsreflex" von Pawlow erwähnt; im russischen Original seiner „Vorlesungen über die Arbeit der Großhirnhemisphären" (1927, 1. Vorlesung) ist er darauf in ausführlicherer Weise zurückgekommen und hat sich wie folgt geäußert [3]:

„Bei einer Arbeit, über die ich weiter berichten werde, standen wir eine Zeitlang völlig ratlos da und konnten überhaupt nicht verstehen, was mit unserem Versuchstier eigentlich vor sich ging. Für diese Versuche nahmen wir einen Hund, der offensichtlich ein sehr kultiviertes Tier war, das sehr bald mit uns allen Freundschaft schloß. Dieser Hund erhielt eine scheinbar leichte Aufgabe. Er wurde auf den Tisch ins Gestell gebracht, und seine Bewegungen wurden durch Schlingen an den Füßen, die keinen Druck ausübten, eingeschränkt (wobei er sich anfänglich vollständig ruhig verhielt). Auf diesem Tisch wurde weiter nichts mit dem Hunde unternommen, als daß ihm mit Pausen von einigen Minuten wiederholt kleine Portionen von Futter gegeben wurden. Zuerst stand der Hund ruhig und fraß auch gern; doch je länger er im Gestell stand, desto stärker kam er in Erregung. Er suchte sich loszureißen, kratzte den Boden, biß und nagte an den Ständern des Gestells usw. Diese ununterbrochene Muskelanstrengung führte bei ihm zu einer beschleunigten Atmung mit fortwährendem Speichelfluß, und da dieser Erregungszustand wochenlang anhielt und sich immer mehr verschlimmerte, wurde er für unsere Arbeit völlig unbrauchbar. Lange Zeit konnten wir nicht daraus klug werden, was eigentlich los war. Wir stellten verschiedene Vermutungen über die möglichen Gründe eines solchen Verhaltens an und überprüften sie, aber obwohl wir schon genügend Erfahrungen mit Hunden hatten, ohne Erfolg; bis wir schließlich auf den Gedanken kamen, daß es sich dabei eigentlich um eine sehr einfache Sache handelte, nämlich um den Freiheitsreflex, das heißt daß dieser Hund eine Beschränkung seiner Bewegungen nicht vertrug. Wir überwanden diesen Reflex durch einen anderen, den Nahrungsreflex. Wir fingen nämlich an, dem Hunde seine ganze Tagesration nur im Gestell zu geben. Zuerst fraß er nur wenig und magerte auch merklich ab, aber nach und nach begann er besser zu fressen, bis er schließlich seine volle Tagesportion zu sich nahm und zugleich während unserer Versuche ruhig wurde: der Freiheitsreflex war gehemmt. Es ist klar, daß der Freiheitsreflex ein höchst wichtiger Reflex oder, allgemein gesprochen, eine höchst wichtige Reaktion eines jeden Lebewesens ist. Dieser Reflex wird zwar erwähnt, aber nicht immer, er ist gleichsam noch nicht endgültig reglementiert. Bei James findet er sich nicht einmal unter den speziell menschlichen Reflexen (Instinkten) (sic! Verf.). Wenn aber der tierische Organismus keinen reflektorischen Protest gegen die Beschränkung seiner Bewegungen hätte und dagegen nicht ankämpfen würde, so würde es genügen, daß ein Tier auf einen ganz bedeutungslosen Widerstand stieße, damit die eine oder andere wichtige Tätigkeit unverrichtet bliebe. Wir wissen, daß bei einigen Tieren dieser Freiheitsreflex so intensiv ist, daß sie bei Freiheitsberaubung die Aufnahme von Futter verweigern, dahinsiechen und sterben."

Ex ungue leonem!

Anmerkungen

1 Medizin. Rabotnik. 1952 – zitiert nach P. Rentchnick. 10 000 Kilomètres en URSS. Physiologie Pawlowienne. in Médecine et Hygiène. (Genève, 15. Dez. 1954).

2 Medizinski Rabotnik, 27. 12. 1951.

3 Bei der Übersetzung des russischen Originaltextes ins Deutsche habe ich die Übersetzung in I. P. Pawlow, Ausgewählte Werke (Berlin 1953, S. 138–139) mitverwertet, aber an verschiedenen Stellen unter getreuer Befolgung des Originals abgeändert.

4 Zwanzigjährige Erfahrung eines objektiven Studiums der höheren nervösen Tätigkeit (des Verhaltens) der Tiere (erschienen in Band III der deutschen Ausgabe von Pawlows „Sämtlichen Werken", Akademie-Verlag, Berlin, 1951–1953).

PHILIPPE PINEL

1745–1826

Von Raymond de Saussure

I. Das Leben von Pinel

Als Pinels Mutter ihrer eigenen Mutter an einem schönen Frühlingsmorgen im Kirchspiel St. André d'Alayrac einen Besuch machte, wurde sie von Geburtswehen überrascht: am 20. April 1745 wurde Philippe Pinel geboren. Sie brachte ihren Sohn bald nach Saint-Paul-Cap-de-Joux, wo sie mit ihrem Mann wohnte. Insgesamt hatte sie später sieben Kinder, von denen Philippe, Charles, Louis und Jean-Pierre am Leben blieben. Die Familie hatte eine gewisse ärztliche Tradition, denn der Großvater von Philippe und zwei Onkel übten die Kunst Äskulaps aus.

Die Mutter leitete die Erziehung bis zu ihrem Tode; dem damals 15jährigen Sohn wurde der Abbé Gorse als Lehrer beigegeben. Da Philippe sich beim Unterricht begabt zeigte, entschloß man sich, ihn auf das „Collège des Doctrinaires" nach Lavaur zu schicken. Die „Doctrinarier" (die nach Ordensregeln der „Oratorianer" lebten) waren ausgezeichnete Erzieher. Philippe Pinel wurde sehr bald Hauslehrer und konnte zu seinem Lebensunterhalt beisteuern. Er kam oft nach St. Paul zurück; er las dort gern Terentius, Virgil, Horaz und Titus Livius. Auf Drängen seiner Angehörigen und Lehrer willigte er dann ein, Priester zu werden und die Weihe zu empfangen.

Sein Charakter war streng und ernst. Einer seiner Brüder schrieb später von ihm: „Ernst in seiner ganzen Art und Weise, in seinem Äußeren und in seiner Haltung, konnte man in ihm gleich den liebenswürdigen Geisteswissenschaftler und den tiefen Denker erkennen. . . . Jedesmal, wenn er von Lavaur nach St. Paul kam, achtete er genauestens auf unser Benehmen, er versammelte uns am Abend, bevor wir schlafen gingen, um das Gebet zu sprechen, und auch am Morgen schon frühzeitig, um dieselbe Pflicht zu Beginn des Tages zu erfüllen. In dieser Zeit durfte man weder lachen noch spielen."

Diese Frömmigkeit und Strenge, die er von seiner Mutter hatte, bewahrte er sein ganzes Leben. Er blieb vier Jahre in Lavaur, wo er sich mit den philosophischen Gedanken seiner Zeit vertraut machte. 1767, mit 22 Jahren, ging er nach Toulouse, um zu studieren. Die Universität war in dieser Zeit in voller Blüte und wurde viel besucht. Die Doktorarbeit, die er in der Faculté des lettres einreichte, hatte den Titel „De la certitude, que l'étude des mathématiques imprime au jugement dans son application aux sciences". Damit gab er seinem Denken eine neue Richtung, aber er erwies sich darin gleich als sehr eigenwillig und zeigte, daß seine Stärke im Methodischen lag. Neben der Mathematik zogen ihn die Physiologie und die Naturwissenschaften an; er entschloß sich daher, auch den medizinischen Doktorhut mit einer leider verschollenen Dissertation zu erwerben (22. Dezember 1773). In seinem Eifer, mehr zu lernen, verließ Pinel Toulouse, um nach Montpellier zu gehen, wo der Botaniker Boissier de Sauvages gerade gestorben war (1774). An dessen Stelle trat Barthe, der vom Vitalismus durchdrungen war, aber stark zu metaphysischen

Pinel

Spekulationen neigte und in einem etwas dogmatischen Ton lehrte, was dem jungen Pinel sehr mißfiel. Pinel vermied später, in diese Verschrobenheiten zu verfallen, und versuchte, das Studium der Geisteskrankheiten von allen diesen philosophischen Fragen, die nur Hindernisse darstellten, zu befreien.

Von 1774 bis 1778 besuchte unser junger Mediziner nicht nur die Krankenhäuser, sondern hörte auch bei dem bedeutenden Physiologen Lamure und bei dem Zoologen und verdienstvollen Botaniker de Gouan. Er begnügte sich aber nicht damit, bei diesen Lehrern zu studieren, sondern schrieb auch verschiedene zoologische Arbeiten für die Königliche Gesellschaft Montpellier. Er verdiente seinen Lebensunterhalt als Hauslehrer und durch das Redigieren der Doktorarbeiten seiner Kameraden, die die lateinische Sprache oft nicht so gut beherrschten wie er selbst. In Montpellier lernte Pinel auch bei einem englischen Arzt, der dort studierte, Englisch. Vor allem aber knüpfte er freundschaftliche Beziehungen zu Chaptal, dessen große Kultur ihn anzog. Möglicherweise entschloß er sich, 1778 nach Paris zu gehen, um diesen Mann wieder zu treffen; vielleicht war der Grund hierfür aber auch, seinen Bruder Louis wiederzusehen, der in Paris Medizin studierte.

Wiederum lebte er dort von seinen Mathematikstunden und nicht von seiner ärztlichen Praxis. Er glaubte, daß man erst ein gewisses Alter erreicht haben müsse, um Vertrauen einzuflößen. In Wahrheit aber war er zu schüchtern; es fehlte ihm vor allem an Vertrauen zu sich selbst. In Paris kam er jedoch mit vielen Leuten zusammen, nachdem er in Auteuil im Salon von Frau Helvétins, der Adoptivmutter von Cabanis, eingeführt worden war. Frau Helvétins war es auch, die sich später mit Pinel zusammen so stark für die Reform der Irrenanstalten interessierte. Auch die Ideologen Lavoisier und Condorcet verkehrten bei Frau Helvétins. Pinel schrieb zahlreiche Artikel über die verschiedenen Wissenschaften, mit denen er sich beschäftigte, und wurde 1784 Schriftleiter der „Gazette de Santé". Gleichzeitig publizierte er im „Journal de Physique", im „Journal de Médecine et de Chirurgie" und in der Zeitschrift „La Médecine éclairée par les Sciences Physiques", die Fourcroy leitete.

Am Ausgang des 18. Jahrhunderts mußten die Ärzte, die aus der Provinz oder anderen Ländern kamen, in Paris nochmals Prüfungen ablegen, um das Recht zum Praktizieren und den Titel eines „docteur-régent" der medizinischen Fakultät zu erwerben. Pinel bestand das Examen wegen seiner zu großen Schüchternheit und seiner etwas schwierigen Sprechweise erst beim dritten Mal.

Pinel verabscheute überhebliche und dogmatische Persönlichkeiten und mißtraute dem Wunder, dem so viele Leute in den stürmischen Jahren am Ende des 18. Jahrhunderts nachliefen. Er schrieb an Desfontaines 1784 über den tierischen Magnetismus (den er durch Mesmer, der 1778 aus Wien nach Paris gekommen war, kennengelernt hatte): „Die Regierung wünscht seit langem, daß die Öffentlichkeit über diese Art von Manie, die nur bei ihren eigenen Anhängern Glauben genießt, aufgeklärt wird. Ich glaube, daß man ihr dadurch den letzten Stoß gibt, daß man sie auf die Bühne des Theaters bringt. Im Theater ‚Italiens' ist soeben ein Stück herausgekommen, das den Namen ‚Die modernen Ärzte' hat. In diesem Stück werden die beiden Sektenführer Mesmer und Deslon mit einer entzückenden Plaisanterie dargestellt. Man muß bei diesem Stück in Lachen ausbrechen und, wenn Sie hier wären, würden Sie darin ein ausgezeichnetes Gegengift gegen die Melancholie finden. Nichts hat die Mesmerianer so bestürzt wie dieser letzte Schlag. Aber leider haben die Damen eine besondere Vorliebe für diese neue Medizin, und da man beim Magnetisieren gewisse Berührungen ausführen muß, so finden sie das alles sehr schön. Ich selbst wollte das Geheimnis näher kennenlernen, um zu wissen, woran man dabei ist. Ich bin in den „Kübel" („baquet") gestiegen und habe mich bei Herrn Deslon etwa 2 Monate lang magnetisieren lassen. Das hat mit einigen kleinen galanten Abenteuern geendet und, wenn bei den Damen die Vernunft nachläßt, neige ich ein wenig dazu, ihnen das „charmante Manöver" des Magnetismus zu verschreiben. Bei den Männern halte ich das für kontraindiziert. Ich schicke sie in eine Apotheke. Wir werden übrigens über diese Angelegenheit noch sprechen, wenn Sie zurückkommen [1]."

In der 6. Auflage seiner „philosophischen Nosographie" schrieb Pinel (1818 r. III. p. 145): „Ich neige sehr dazu, alle Forschungsresultate von Herrn von Puységur sorgfältig zu beobachten und aus den letzten Erkenntnissen, die sich auf die Medizin, vor allem auf die Pflege der Geisteskranken beziehen, Nutzen zu ziehen. Ich bin weit davon entfernt zu fordern, daß man eine Gegenüberstellung der Meinungen vermeiden muß. Man muß eine solche Erschütterung als das sicherste Mittel betrachten, das zur Wahrheit führt und Irrtümer beseitigt." 1784 übersetzte Pinel die „Institutions de Médicine Pratique" von Dr. Cullen. Da er endlich etwas wohlhabender geworden war, nahm er in der Rue des Maçons-Sorbonne, der heutigen Rue Champollion, eine Wohnung. Er war ein großer Freund der englischen Kultur und redigierte zur gleichen Zeit drei Bände eines Abrisses der „Transactions philosophiques". Unter dem Einfluß der Philosophie von Locke und Condillac, dem intimen Freund von Cabanis und von Destutt de Tracy, mußte sich Pinel selbst der Psychologie zuwenden und schließlich auch an den Geisteskrankheiten Interesse finden. Von 1783 an nahm er sich des Falles eines seiner Freunde an, der an einer Manie litt; er beobachtete ihn täglich und verglich das, was er sah, mit dem, was seine Vorgänger geschrieben hatten. Er las besonders gern die alten Autoren, die bessere Beobachter und weniger spekulativ waren als die modernen. Nachdem er Chefarzt des Privat-Sanatoriums Belhomme geworden war, sammelte er 5 Jahre lang genaue Krankengeschichten und wurde so zu einem Mitbegründer der klinischen Psychiatrie. Trotzdem die Praxis ihn immer mehr in Anspruch nahm, fand er doch noch Zeit, Vorlesungen im „Jardin des Plantes" und im „Collège de France" zu hören, wo Delille das Werk von Virgil besprach.

Wir sind jetzt am Vorabend der Revolution! René Sémelaigne faßt die Gedanken seines Vorgängers folgendermaßen zusammen: „Pinel war liberal, aber er war ein Liberaler von 1789, und wenn er auch die politischen Grundsätze der Konstituierenden Versammlung mit Begeisterung aufnahm, so verabscheute er doch die Exzesse, die sich später unter dem Terror abspielten, völlig. Einer seiner Briefe zeugt davon, wie ihn die Aufrührer, die die Republik entehrten, durch ihre perversen Instinkte abstießen [2]."

Während der Revolution erhielt Pinel einen Lehrauftrag. Bei der Gründung der École de Santé übertrug man ihm den Lehrstuhl für „Physique médicale et d'Hygiène". 1795 gab man ihm den Lehrstuhl für „die Pathologie der inneren Krankheiten", den er bis 1822 innehatte. Sein großes Werk „Nosographie philosophique" aus dem Jahre 1798 war eine Zusammenfassung seiner Vorlesungen.

Diese offizielle Stellung brachte ihn mit verschiedenen Ereignissen der Revolution in Berührung. Anläßlich des Todes von Ludwig XVI. schrieb er an seinen Bruder Louis am 21. Januar 1793: „Der Tod des Königs wird zweifellos ganz anders wiedergegeben werden, als es wirklich war. Dieses große Ereignis wird in den Tageszeitungen und in den

Gerüchten, die umlaufen, nach dem Parteigeist entstellt, und dadurch verfälscht man auch die Wahrheit. Da ich hier an der Quelle sitze und grundsätzlich frei von jedem Parteigeist bin, habe ich auch gelernt, wie wenig man aus dem, was man Aura popularis nennt, machen kann. Ich will hier deswegen genau und wahrheitsgetreu erzählen, was sich ereignet hat. Zu meinem großen Bedauern mußte ich der Hinrichtung mit anderen Bürgern meiner Sektion beiwohnen, und wenn ich Dir jetzt schreibe, so durchdringt mein Herz ein Schmerz, und ich schreibe Dir noch ganz erstarrt und bestürzt. Ludwig, der sich – von Grund aus religiös – anscheinend ganz in sein Schicksal ergeben hatte, schritt gegen 9 Uhr aus dem ‚temple' und wurde im Wagen des Bürgermeisters zur Richtstätte gefahren. Er war von seinem Beichtvater und zwei Gendarmen begleitet; die Vorhänge waren geschlossen. Als er sich dem Schafott genähert hatte, betrachtete er es ruhig; im selben Augenblick hatte ihm der Henker auch schon die Haare abgeschnitten und in seine Tasche gesteckt, wie das immer üblich war. Dann stieg Ludwig auf das Schafott. Der Trommelwirbel sollte wohl das Volk daran hindern, für den König um Gnade zu bitten. Als der König einen Ansatz zu einer Ansprache an das Volk zu nehmen schien, stockten die Trommler. Aber auf ein Zeichen des Adjutanten des Generals der Nationalgarde nahmen sie ihren Trommelwirbel wieder auf. Die Stimme Ludwigs wurde erstickt und man vernahm nur einige verworrene Worte wie „Ich verzeihe meinen Feinden". Gleichzeitig ging er einige Schritte um das verhängnisvolle Gerüst herum, auf dem er sich befand. Anscheinend tat er dies absichtlich; vielleicht war es aber auch eine instinktive Regung, wie sie sich jedes Menschen im Angesicht des zu erwartenden Todes bemächtigen kann. Es mag auch sein, daß er noch immer auf gnädige Fürsprache seines Volkes hoffte. Denn welcher Mensch hofft nicht bis zum letzten Augenblick! Der Adjutant des Generals gab aber dem Henker Befehl, seine Pflicht zu tun. Im nächsten Augenblick wurde Ludwig auch schon an die Guillotine gefesselt. Der Kopf wurde so rasch vom Körper getrennt, daß der König kaum gelitten haben kann. Dies stellte zum mindesten einen Vorteil der mörderischen Maschine dar, die den Namen des Arztes trägt, der sie erfunden hat. Der Henker zog sofort den Kopf aus dem Sacke, in den er beim Guillotinieren von selbst fällt, und zeigte ihn dem Volk. Gleich nach der Hinrichtung trat eine plötzliche Veränderung in den Gesichtern vieler Zuschauer ein. Die dumpfe Bestürzung ging nämlich rasch in den Ruf „Vive la nation" über, zum mindesten bei der Kavallerie, die der Hinrichtung beiwohnte und die ihre Helme auf die Säbelspitzen aufpflanzte. Einige Bürger taten dasselbe, aber viele wandten sich mit von Schmerz zerrissenen Herzen ab und vergossen im stillen Kämmerlein ihre Tränen. Da diese Hinrichtung nicht geschehen konnte, ohne das Schafott mit Blut zu bespritzen, bemühten sich mehrere Männer, die Spitze ihres Taschentuches in das Blut zu tauchen; andere taten das mit einem Stück Papier oder mit irgend etwas anderem, um sich ein Andenken an dies denkwürdige Ereignis zu bewahren. (Wenn man sich nicht zu anderen, gehässigen Deutungen hinreißen lassen will.) Der Körper wurde in die Kirche Ste. Marguérite gebracht, nachdem Kommissare des Gemeinderates, des Departements und des Strafgerichtshofes ein Protokoll über die Hinrichtung angefertigt hatten. Sein Sohn, der frühere Dauphin, bat in seiner letzten Unterhaltung mit seinem Vater inständig darum, ihn begleiten zu dürfen; er wollte beim Volk um seine Begnadigung bitten. Dieser naive Zug spricht sehr für dieses Kind. Es wäre mir leicht, mich über das Urteil, das die Nationalversammlung ausgesprochen hat, auszulassen und Betrachtungen darüber anzustellen, bis zu welchem Punkt Vorurteil und Haß gegangen sind. Ich bin sicherlich weit davon entfernt, Royalist zu sein, und niemand ist leidenschaftlicher um das Wohlergehen seines Vaterlandes besorgt, als ich. Ich kann aber nicht leugnen, daß sich der Konvent mit einer sehr zweifelhaften Verantwortung belastet und seine Vollmacht überschritten hat. In allen rechtmäßigen Regierungen, schreckliche Tyrannei ausgenommen, sind die gesetzgebende Körperschaft, die Rechtsprechung und die Exekutive voneinander völlig getrennt. Ist dagegen die Körperschaft, die die Macht hat, Gesetze zu machen, dieselbe wie die, die sie auch ganz nach ihrem Gutdünken anwendet und sie auch ausführen lassen kann, so frage ich: welcher Bürger ist da nicht in seiner Sicherheit und in seinem Eigentum bedroht? Die gesetzgebende Körperschaft hatte ohne Zweifel das Recht, einen Gerichtshof oder eine Kommission zur Urteilsprechung über den früheren König aufzustellen, weil er angeklagt war, den Einmarsch fremder Truppen in Frankreich begünstigt zu haben. Man konnte jedoch nur nach den Gesetzen der Verfassung verurteilen, die in zwei Fällen die Absetzung des Königs vorsieht. Selbst wenn man eine außerordentliche Kommission ernannt hätte, so wäre es noch Sache der Minister und des vorläufigen Exekutivrates gewesen, die Mitglieder dieses Gerichtshofes zu ernennen. Man hätte einen Gerichtshof für die Verurteilung und einen anderen für die Anklage schaffen und alle Formalitäten des Strafgesetzbuches peinlichst beobachten müssen. Dann wäre der Konvent gedeckt gewesen und hätte sich nicht dem ausgesetzt, später bereuen zu müssen, die ewigen Gesetze der Gerechtigkeit aufs schwerste gebrochen zu haben. Du weißt sicher, daß das englische Parlament sich bei der Verhandlung gegen König Karl I. von England sehr davor hütete, ihn zu verurteilen; man bildete vorsichtshalber einen besonderen Gerichtshof. Dies sind die Regeln, die schon die geringste Kenntnis in der Politik verlangt. Der Nationalkonvent hat all diese Formen überschritten. Dabei hat man das empörende Beispiel eines Orléans gesehen, der gegen seinen eigenen Verwandten stimmte, und einer Menge von Kuttenträgern, ewigen Verkündern der Menschenschlächterei und eines erbitterten Hasses gegen den König Ludwig.

Bei politischer Betrachtung von einer anderen Warte aus sieht man, in welchen Abgrund von Schlechtem uns ein ebenso illegales, wie überstürztes Urteil bringen kann, während die Mehrzahl der Nation wahrscheinlich nur für die Gefangensetzung gestimmt hätte. Wenn Du alle hinterlistigen Kräfte, die diese Bösen in Bewegung setzen, um Abgeordneten ohne Erfahrung einen Fallstrick zu drehen, so kennen würdest wie ich, wenn Du so wie ich, Dir eine Idee bilden könntest über die perfide Arglist, die Unverschämtheit und Frechheit, mit der sich das Verbrechen in den Revolutionszeiten zeigt, dann wärest Du für immer davon abgehalten, Dich in die Politik mischen zu wollen.
Du weißt, daß ich in den ersten Tagen der Revolution auch diesen Ehrgeiz hatte, aber mein Leben und das meiner Amtsbrüder war dabei selbst in Gefahr, obgleich ich nichts weiter als Gerechtigkeit und das Wohl des Volkes wollte. Ich habe einen so tiefen Abscheu vor diesen Klubs und vor den Volksversammlungen bekommen, daß ich mich seit dieser Zeit von allen öffentlichen Stellungen, die nichts mit meinem Beruf als Arzt zu tun haben, zurückgezogen habe."

Für die Reform der Krankenhäuser, die von Rochefoucauld in der Konstituierenden Versammlung gefördert worden war, mußte man Leute zu ihrer Ausführung finden. Thouret und Cabanis, die für dieses Projekt geworben worden waren, und die Mitglieder der Kommission waren, verlangten, daß Pinel ernannt würde. So wurde er durch den Erlaß vom 25. August 1793 ernannt und übernahm am 11. September sein Amt.

Jeder weiß, mit welcher Hingebung er sich an die Arbeit machte. Seine erste Sorge galt der Entfernung der Eisenketten, an die man die Irren anschloß. Das war keine leichte Aufgabe; sein Sohn Scipio, selbst ein verdienstvoller Irrenarzt, hat uns eine bewegende Schilderung der ersten Schritte bei dieser Reform hinterlassen. Nach dem Bericht seines Sohnes Scipio „begab sich Pinel selbst zum Gemeinderat von Paris, wiederholte dort seine Klagen mit Wärme und verlangte die Reformierung einer so furchtbaren Behandlung. ‚Bürger', sagte ihm ein Mitglied der Gemeindeverwaltung, ‚ich werde Dich morgen in Bicêtre besuchen, aber gnade Dir Gott, wenn Du uns täuschst, und wenn Du Feinde des Volkes unter Deinen Geisteskranken versteckst.' Das Mitglied des Gemeinderates, das so sprach, war Couthon. Am nächsten Tage kam er nach Bicêtre. Couthon bot vielleicht selbst ein ebenso seltsames Schauspiel wie das, das er zu sehen bekam. Er war an den Beinen gelähmt; es sah so aus, als ob das Bruchstück eines Menschen auf einen anderen Körper gepflanzt wäre. In seiner ganzen Abscheulichkeit ließ er mit weicher und weiblicher Stimme seine unerbittlichen Aussprüche ertönen. Couthon wollte selbst die Irren nacheinander sehen und befragen. Man führte ihn in eine Abteilung, aber er erhielt nur Beleidigungen oder Schimpfreden und hörte bei dem verworrenen Schreien und rasenden Heulen nichts als das Geräusch der Ketten, deren Lärm auf den feuchten und mit Kot bedeckten Fließen widerhallte. Couthon war bald von der Nutzlosigkeit seiner Bemühungen ermüdet und wandte sich zu Pinel: ‚Bist Du selbst so närrisch', sagte er ihm, ‚daß Du derartigen Wesen die Ketten abnehmen willst?' ‚Bürger', antwortete ihm dieser, ‚ich bin überzeugt, daß diese Irren nur deswegen so ungebärdig sind, weil man sie der Freiheit und der Luft beraubt hat, und ich wage, viel von anderen Mitteln zu erhoffen.' ‚Also gut, mach was Du willst, ich überlasse es Dir, aber ich fürchte, daß Du nur das Opfer Deines Eigendünkels sein wirst.' – Damit hatte Pinel nunmehr Handlungsfreiheit und begann schon am selben Tage sein Unterfangen, dessen große Schwierigkeiten er sich nicht verbarg; denn es handelte sich darum, ungefähr 50 Tobende in Freiheit zu setzen, ohne daß diese Maßnahme für die anderen friedfertigen Irren schädlich oder gefährlich sein durfte. Er entschloß sich, zunächst nur zwölf Irren die Ketten abzunehmen. Die einzige Vorsichtsmaßnahme, die er für notwendig hielt, war die, die gleiche Zahl von Zwangsjacken mit langen Ärmeln bereit zu legen. Der erste, an den sich Pinel wandte, war der Älteste an dieser Elendsstätte. Es war ein englischer Hauptmann, der seit vierzig Jahren dort angekettet war. Obzwar niemand seine Geschichte kannte, wurde er als der Furchtbarste aller Geisteskranken angesehen. Die Wärter nahten sich ihm nur unter größter Vorsicht, weil er einmal in einem Wutanfall mit einem schweren Schlag seiner Ketten einen Menschen auf der Stelle getötet hatte. Pinel trat allein in seinen Winkel und redete ihn ruhig an. ‚Kapitän', sagte er zu ihm, ‚wenn ich Ihre Eisen entferne und Ihnen die Freiheit gestatte, im Hof frei herumzulaufen, versprechen Sie mir dann, vernünftig zu sein und keinem Böses zu tun?' ‚Ich verspreche es Dir, aber Du machst Dich doch nur über mich lustig; sie haben alle Furcht vor mir und Du auch.' ‚Nein, ich habe schon deswegen keine Furcht, weil ich sechs Männer zu meiner Hilfe bereit habe. Aber glauben Sie meinem Wort. Schenken Sie mir Vertrauen und fügen Sie sich. Ich gebe Ihnen die Freiheit, wenn Sie sich diese Jacke an Stelle der schweren Ketten anziehen lassen.' Der Hauptmann ließ alles mit sich geschehen, zuckte dabei aber die Achseln und sprach kein Wort. Nach einigen Minuten waren seine Eisen völlig entfernt, und man zog sich zurück und ließ die Tür zu seiner Zelle offen. Einige Male erhob er sich von seinem

Sitz und fiel wieder zurück; er hatte so lange gesessen, daß er den Gebrauch seiner Beine verlernt hatte. Nach einer Viertelstunde gelang es ihm endlich, das Gleichgewicht zu halten und aus der Tiefe seiner dunklen Zelle nach der Türe zu schwanken. Seine erste Bewegung bestand darin, den Himmel zu betrachten; er rief voller Begeisterung: ‚Wie ist das schön!' Während des ganzen Tages lief er unaufhörlich umher, stieg die Treppen auf und nieder und sagte immer, ‚wie schön ist das'. Am Abend kehrte er von selbst in seine Zelle zurück und schlief friedlich auf einem besseren Bett, das man für ihn bereitet hatte. Er brachte noch zwei Jahre in Bicêtre zu und hatte keine Wutanfälle mehr; er machte sich im Hause nützlich und übte eine gewisse Autorität über die Irren aus, die er lenkte, wie er wollte, und deren Beaufsichtigung er übernahm."

Nach zweijähriger Arbeit in Bicêtre übernahm Pinel am 25. Floréal des Jahres III (d. h. am 13. Mai 1795) die Leitung seiner neuen Abteilung in der Salpêtrière. In diesem Asyl für geisteskranke Frauen führte er dieselben Reformen ein, wie in der Männerabteilung von Bicêtre.

Als Ergebnis seiner in diesen beiden Krankenhäusern gemachten Erfahrungen veröffentlichte er 1801 sein „Traité Médico-philosophique sur l'Aliénation Mentale ou la Manie" und 1802 das Werk „Klinische Medizin". Dies Buch stellt wegen der Diskussion der Resultate, die er bei akuten Krankheiten in der Salpêtrière gemacht hatte, eine erweiterte Ausgabe des früheren Werkes dar.

Pinel wirkte nicht nur durch seine Bücher (die zahlreiche Auflagen hatten), sondern auch durch seine Vorlesungen; zahlreiche Schüler hörten seine Vorlesungen über innere Medizin.

Pinel erntete erst spät Ruhm; er wurde zum beratenden Arzt des Kaisers und zum Mitglied der Akademie der Wissenschaften ernannt, er wurde Nachfolger von Cuvier in der anatomischen und zoologischen Abteilung (1803) und schließlich Ritter der Ehrenlegion (27. Juli 1804). Er wurde auch zum Bürgermeister von Torfou ernannt, einem kleinen Ort, wo er auf einem ihm gehörigen Gut seinen Lebensabend verbrachte. Im Jahre 1818 überreichte ihm der Herzog von Angoulème bei einem Besuch in der Salpêtrière im Namen des Königs das Kreuz vom Orden des hl. Michael. Am 15. Oktober 1826 bekam er bei einem kurzen Aufenthalt in Paris eine Hirnblutung, an der er einige Tage später, am 25. Oktober, morgens um 6 Uhr starb.

Auf Anregung der Gesellschaft für ärztliche Psychologie wurde am 13. Juli 1885 ein Denkmal von Pinel auf dem Platz vor der Salpêtrière errichtet.

„Seine Gestalt war klein", sagte Dupuytren, „aber seine Konstitution stark. Seine weichen, lebhaften, durchgeistigten Gesichtszüge, die den Stempel der Altersfurchen trugen, hatten aber etwas Klassisches an sich. Wenn man ihn ansah, so konnte man glauben, einen griechischen Weisen vor sich zu haben."

II. Die Psychiatrie zur Zeit von Pinel

Man kann den Namen Pinel nicht nennen, ohne sofort daran zu denken, daß er der erste in Frankreich war, der die Geisteskranken von ihren Ketten befreit hat. Wie weit ist nun dieser hundertmal wiederholte Satz wirklich wahr? Wie war das Schicksal der Irren vor seiner Reform? – Wenn jemand in Paris von einer Geisteskrankheit befallen wurde, so kam er zunächst ins Hôtel Dieu, wo er mit den Mitteln, die in der damaligen Zeit üblich waren, behandelt wurde. Man ließ ihn baden, gab ihm Duschen, Abführmittel, Aderlässe, ja selbst Belladonna oder Morphium. Wenn innerhalb von sechs Wochen eine Besserung eintrat, wurde er wieder in Freiheit gesetzt. Blieb der Zustand aber stationär, mußte er nochmals eine gleiche Kur von sechs Wochen durchmachen. Falls die zweite Behandlung wirkungslos blieb, wurden die Männer nach Bicêtre und die Frauen in die Salpêtrière geschickt.

Die Behandlung im Hôtel Dieu erfreute sich eines guten Rufes. Sébastian Mercier versichert in seinem Buch „Tableau de Paris" (1781), daß viele Geisteskranke dort genasen. Vermögende Geisteskranke wurden in die sog. kleinen Häuser verlegt, die von einem Arzt geleitet wurden und in denen etwa je 20 Kranke untergebracht waren. In einem solchen kleinen Haus machte Pinel seine ersten Beobachtungen an Irren. In der Provinz waren die meisten Geisteskranken jedoch noch in den Gefängnissen oder in den Narrentürmen eingeschlossen, wo die hygienischen Verhältnisse schrecklich waren. Im 18. Jahrhundert wurden jedoch in steigender Zahl caritative oder ärztliche Einrichtungen für diese Art von Krankheiten geschaffen. Die wichtigsten waren die von Marseille (1729) und von Saint Venant (1750), St. Yon (1760), Albi (1763), die Charité de Senlis (1765), St. Lazare (1769), St. Michel (1772).

Man kann also nicht behaupten, daß das Ancien régime nichts für die Irren getan hätte. Das 18. Jahrhundert war aber mehr an den allgemeinen und rationellen Ideen als an wissenschaftlichen Spezialfragen interessiert. In Frankreich pflegte man die Philosophie mehr als die Einzel-Wissenschaften, die erst gegen Ende des 18. Jahrhunderts oder auch erst nach der Revolution geschaffen wurden. Das Kind, der Arme, der Geisteskranke oder der Verbrecher, die ja alle unvernünftige Wesen sind, gehörten deswegen noch nicht zur Gesellschaft. Nur zögernd begann man sich dafür zu interessieren, abgesehen von einigen Ausnahmen wie etwa Rousseau, Pestalozzi und Cabanis.

Trotz der gesetzlich vorgesehenen Vorsichtsmaßnahmen kamen zahlreiche Mißstände vor, wie das Werk des Grafen von Mirabeau zeigt. Wenn man einen Kranken unter dem Ancien régime internieren wollte, so machte der Vater oder der nächste Verwandte ein Gesuch, „Placet" genannt, in dem er eine „kgl. Anordnung" beantragte, die unter dem Namen „Lettre de Cachet" bekannt war. Dann wurde eine Untersuchung gemacht, über die dem Polizeipräsidenten Bericht erstattet wurde; auf diesen Antrag hin traf dann der Generalstaatssekretär die endgültige Entscheidung. Es gab also mehrere Instanzen, die einen Mißbrauch verhindern konnten. Wenn man jedoch die Korruption des Ancien régime berücksichtigt, so waren die Garantien nicht immer ausreichend. Auf Grund der „Lettres de Cachet" wurden die Menschen zwar meistens nicht auf Lebenszeit, sondern nur für eine begrenzte Zeit interniert; über diese hinaus konnte man den Kranken nur zurückhalten, wenn man das ganze Verfahren mit Erfolg noch einmal durchführte. Die Gefahr eines Mißbrauchs bestand jedoch, denn im Dringlichkeitsfalle reichte schon das Placet aus und die Internierung konnte auch durch die Verwaltungsbehörden oder durch den Gerichtshof gefordert werden.

In den Anstalten, die am stärksten unter Kontrolle gehalten wurden, wie z. B. in der Charité von Senlis, mußte der Oberprior auf Grund eines Erlasses von 1765 alle 14 Tage die Kranken individuell und einzeln befragen, um sich zu vergewissern, daß sie auch wirklich behandelt wurden. Der Assistent des Priors mußte alle zwei Tage inspizieren, und der diensthabende Ordensbruder mußte täglich viermal Visite machen[2]. Henry Sérieux und seine Schüler haben sich bemüht, nachzuweisen, daß das Ancien régime sich sorgfältig um die Irren kümmerte; sie zitieren aber nur Bestimmungen, die oft nur sehr nachlässig angewendet wurden. Tatsache ist jedenfalls, daß die Irren ein sehr elendes Los hatten. Colombier und Doublet haben 1785 einen Bericht geschrieben, der den Titel trug: „Instruktion über die Art, wie man die Geisteskranken leiten und wie man in den für sie bestimmten Asylen ihre Heilung betreiben muß." In diesem Bericht schrieben sie: „Es gibt im ganzen Königreich kaum vier bis fünf für die Behandlung der Geisteskrankheiten bestimmte Stellen, die hierauf eingerichtet sind; in diesen Asylen, vielleicht mit Ausnahme eines einzigen, fehlen die notwendigsten Dinge für die Behandlung oder sind so schlecht disponibel, daß sie zwecklos sind. Es wird dort fast nur eine einzige Routinemethode ausgeführt, deren Erfolg oft gleich Null ist .../... Tausende von Geisteskranken sind in Zwangshäusern eingeschlossen, ohne daß man überhaupt daran denkt, das geringste Mittel bei ihnen anzuwenden. Leicht- und Schwerkranke, Ruhige und Tobende müssen zusammenleben, die einen sind angekettet, die anderen laufen in ihrem Gefängnis frei herum. Schließlich findet die Krankheit, wenn die Natur nicht heilend eingreift, erst mit dem Tode des Kranken ihren Abschluß."

Dieser Bericht von Colombier und Doublet hatte nicht die geringste Wirkung; denn die Beschreibung, die Pinel uns von den beiden Hauptasylen in Paris etwa zehn Jahre später gibt, entspricht ganz der Kritik der Autoren von 1785. Diese hatten ein Reformprogramm aufgestellt, das erst viel später ausgeführt wurde. Folgende Forderungen wurden gestellt: Einrichtung von Untersuchungszimmern; getrennte Unterbringung der ruhigen und unruhigen Kranken; Einrichtung von Schlafsälen; Anwendung häufiger Dauerbäder; sorgfältige Auswahl der Pfleger und Pflegerinnen (Irrenpfleger sollten folgende Vorzüge haben: Gesundheit, Kraft, Liebenswürdigkeit sollen mit Geduld, Geistesgegenwart und Geschick gepaart sein).

So leicht es war, Programme aufzustellen, so schwer war es, sie in die Praxis umzusetzen. Die Vorurteile der damaligen Zeit und die übermäßigen Ausgaben des Hofes von Ludwig XVI. waren die größten Hindernisse, die sich dem Umbau und der Reorganisation der französischen Asyle entgegenstellten. Colombier starb 1789 und konnte an der Reform von Pinel nicht mehr teilnehmen. Doublet starb 1795; in einem Bericht von 1789 verlangte er für jede Provinz ein eigenes Asyl und wandte sich gegen das System, die Irren in den schlechtesten Zimmern der Krankenhäuser unterzubringen.

Die Akademie der Wissenschaften, zu der so viel ausgezeichnete und in ihrem Urteil unabhängige Männer zählten, hatte den 1724 in Joigny geborenen Dr. Ténon beauftragt, die Krankenhäuser Frankreichs zu besuchen. Nach seiner Rückkehr veröffentlichte er 1788, nach einer Beobachtung von 20 Jahren, einen Bericht, der sehr aufschlußreich ist.

Es bedurfte erst der Revolution und des Kaiserreiches, um einen Geist zu schaffen, der Männern wie Cabanis und Pinel gestattete, einen neuen Zustand zu schaffen. Man darf sich aber über die Größe der Reformen nicht falsche Vorstellungen machen. In der zweiten Auflage seines Buches über „die Philosophie des Irreseins" schrieb Daquin, der Vorläufer von Pinel aus Savoyen, im Jahre 1804, also zehn Jahre nach der Reform der Salpêtrière: „Überall herrscht die Gewohnheit, die Irren in dunkle Zellen einzuschließen, aus denen sie nur selten heraus dürfen. Nach meinen Erfahrungen ist diese Methode nur selten notwendig, weil sie sicherlich für die Heilung der Kranken schädlich ist." Aus dem Bericht, den Esquirol zehn Jahre später über die Irrenanstalten in Frankreich gab, ergibt sich leider, daß die Reform von Pinel über Paris hinaus nur wenig wirkungsvoll war.

Joly hat 1869 eine Broschüre über die „Lage der Geisteskrankheiten in der Normandie vor 1789" veröffentlicht. Er erwähnt dort vornehmlich einen offiziellen Bericht aus dem Jahre 1785 über den „Turm von Caën", der als Asyl für Geisteskranke diente: „Die Zellen sind in die Türöffnungen der Mauer gebaut, ihre Breite beträgt sechs bis sieben Fuß und es sind nur drei Fuß bis zum anderen Ende hin, wo sich die Fenster über dem Graben befinden. Die Zelle hat also nur sechs bis sieben Fuß Tiefe, der Boden und die Decke sind gewölbt und aus Stein. Wenn man 25 bis 30 Schritte hinabsteigt, kommt man zu noch schrecklicheren Höhlen, in denen die Gewölbe Licht und Luft nur durch drei oder vier sehr enge Löcher erhalten, so daß man selbst am hellen Tage nichts ohne Lampe sieht. Sie sind so feucht, daß sie mehrfach in jedem Jahr überschwemmt werden und das Wasser durch Pumpen ausgeschöpft werden muß. Eine unglückliche Kranke, die für zehn Tage in dem Turm untergebracht werden sollte, während sie auf die Aufnahme in ein Kloster wartete, wurde dort zwei Monate lang vergessen. Sie siechte dahin, dabei waren ihre Füße mitten zwischen abscheulichem Getier." – Diese schreckliche Beschreibung wird mehrere Seiten lang gegeben. Der Turm wurde schließlich zerstört; aber vor der Revolution wurde in Caën kein Asyl für die Geisteskranken gebaut.

Die Lage war in ganz Europa etwa die gleiche. Auch in Österreich und Deutschland kannte man diese Narrentürme; wenn man auch hier und da anfing, den Irren bessere Lebensbedingungen zu geben, so blieb ihre Lage im allgemeinen schlecht. In Italien finden wir dagegen dank Vincenzo Chiarugi (1759–1820) die ersten Bemühungen, das Schicksal der Geisteskranken zu verbessern. Dieser Psychiater hatte eine revolutionierende Auffassung von der Organisation der Asyle. Er kämpfte als erster mit Erfolg gegen die Ketten und gegen die körperlichen Peinigungen dieser Kranken. Dabei wurde er durch die liberale Gesinnung und den Unternehmungsgeist von Leopold von Toskana unterstützt. Chiarugi verwirklichte sein Reformprogramm seit 1788 am Hospital St. Bonifacius in Florenz. Er veröffentlichte seine Erfahrungen und Beobachtungen in seiner dreibändigen Abhandlung: „Della pazzia in genere e in specie, trattato medico-analytico con una centuria di osservazioni" (Firence 1793–1794). Dieses Buch wurde sofort ins Deutsche übersetzt [5] und gewann in Deutschland einen großen Einfluß. Mora [6] spricht davon, daß das am 23. April 1774 in Florenz (Legge sui Pazzi) erlassene Gesetz das erste Irrengesetz in Europa war. Jakob von England hatte jedoch 1618 schon eine Kommission ernannt, die beauftragt war, die Interessen der Irren wahrzunehmen. Diese Kommission gab ebenfalls Richtlinien [7] heraus, die aber nicht immer beachtet wurden, denn Battie wurde 1763 vom Unterhaus beauftragt, einen Bericht über die Privatanstalten anzufertigen. Dabei kam er zu dem Schluß, daß man zu leicht Leute, deren man sich entledigen wollte, in diesen Anstalten einschloß. Der von ihm eingebrachte Gesetz-Entwurf wurde 1773 durch das Unterhaus angenommen, aber vom Oberhaus verworfen, das ihn erst 1815 billigte.

Diese Skizze vom Stand der Irrenpflege *vor* Pinel soll den Wert seiner Reform ins helle Licht rücken. Ergänzend sei noch ein kurzer Überblick über den Stand der damaligen Psychiatrie gegeben. Für die Psychiatrie des 17. Jahrhunderts ist charakteristisch, daß sie noch in den allgemein medizinischen Werken abgehandelt wird (so bei Boerhave, van Swieren, Cullen, Boissier, de Sauvages, Stahl und Hoffmann). Daneben findet man zahlreiche Arbeiten über spezielle Themen (z. B. Hirntumoren, epidemischen Schluckauf,

Encephalitis, Asthma, übermäßigen Genuß von Kaffee, Alkohol oder Tabak). Das Werk von Benjamin Rush „Inquiry into the effects of spirituous liquors upon the human body and their influence upon the happiness of society" ist hierfür typisch. Die Epilepsie ist das am meisten behandelte Thema (z. B. Brescon 1742; Tissot 1777; Diaetophilus: Physiologie und Psychologie einer 7jährigen Epilepsie, 2 Bände Zürich 1798). Dieses Buch ist deswegen bemerkenswert, weil es das Interesse zeigt, das man an der genauen Beschreibung eines einzelnen Falles zu gewinnen begann. Tardy de Montravel hatte 1785 mit dieser Art von Monographien begonnen. Viele dieser Autoren zeigen ein Sonderinteresse für die psychische Hygiene.

In der Mehrzahl der Arbeiten wird die Hysterie auf „Wallungen" („vapeurs") zurückgeführt. (z. B. Pomme oder Pressavin: „Abhandlung über die Nervenkrankheiten", in der er das Wesen der hysterischen Wallungen entwickelt [1769]). Diese Abhandlungen über die hysterischen Wallungen enthalten häufig Beschreibungen über Depressionen. Das Selbstmordproblem wird häufig bearbeitet. (Teller 1776, Sailer 1786, Grüner 1790, Elvert 1794 und Müller 1795.) Das Problem wird mehr vom philosophischen als vom klinischen Standpunkt aus besprochen. Jean Dumas widmet z. B. diesem Thema 400 Seiten; dabei beschreibt er aber nicht einen Fall vollständig. Nach der Theorie dieser Autoren handelte es sich um eine Krankheit als Folge von Störungen der Leidenschaft oder anderer seelischer Vorgänge; nach diesen Autoren stellte der Selbstmord keine unmoralische Handlung dar, die gesetzlich verurteilt werden muß. Am Ausgang des 18. Jahrhunderts interessiert man sich vor allem in Deutschland stark für die Leidenschaften und ihre Wirkung auf den Geisteszustand. Diese Untersuchung mußte einerseits zum psychosomatischen Standpunkt und andererseits zu ersten psychotherapeutischen Versuchen führen. Für das erste Thema ist das schon vor den deutschen Romantikern erchienene Buch von Ganbius sehr bedeutungsvoll: „Sermo Academicus I et II de regiminementis quod medicorum est" (1747). Die Abhandlungen über das zweite Thema sind nicht systematisch; es handelt sich dabei um mehr zerstreute Ratschläge. Der Mesmerismus zwang jedoch sowohl durch seine Anhänger wie durch seine Gegner dazu, eine Lehre zu systematisieren, die im Laufe des 19. Jahrhunderts sich zu den verschiedenen Psychotherapien, die heutzutage angewendet werden, entwickelte. Dufour zeigt in einer „Abhandlung über die Arbeitsweise des Begriffsvermögens und die Krankheiten, die diese stören" (Paris 1770), daß psychologische, philosophische und religiöse Gedanken miteinander vermengt werden; seine Einteilung ist zwar einfach, aber nicht das Ergebnis systematischer Beobachtungen. Boissier de Sauvages („Nosologie Méthodique" 3 Bände 1771) war ein Botaniker, der die Arbeiten von Linné bewunderte. Er bemühte sich, eine Systematik zu geben, die vor allem den Inhalt der Wahnideen berücksichtigt. Seinen Gedanken und seinem Stil fehlt es jedoch an Klarheit. Lorry „De melancholia et morbis melancholitis" (2 Bände Paris 1765), der auch unmethodisch vorgeht, behauptet, daß die Melancholie zur Hysterie oder zur Hypochondrie führt; seine Terminologie schuf mehr Verwirrung als Klarheit. Doublet und Colombier bringen in der schon erwähnten kleinen Broschüre eine klare und einfache Einteilung, die vorwiegend praktische und weniger wissenschaftliche Zwecke verfolgt.

Von den deutschen Autoren ist Unger an den Leidenschaften und am Wesen des Irreseins mehr interessiert als an den klinischen Formen, die man beobachten kann. Die Einteilung von Greeding (1718–1775) ist einfach und zudem auf zahlreiche Autopsien gestützt; er hat gut beobachtet und verdient unter den Vorgängern von Pinel einen Ehrenplatz, den ihm seine Zeitgenossen nicht gegeben haben. Seine Untersuchungen sind in seinem Buch „Medizinische Aphorismen über Melancholie" zusammengefaßt (Graz 1790). Carl Philipp Moritz, der nicht Arzt war, hat dadurch eine bedeutende Rolle gespielt, daß er die Zeitschrift: „Magazin für experimentelle Wissenschaft der Seele" schuf. Die Lieblingsschriftsteller von Pinel, die er am häufigsten zitiert, waren die Engländer. Er betrachtete Allen als einen guten Nosologen, warf ihm jedoch vor, zuviel Hypothesen und Theorien über die Entstehung der Geisteskrankheit zu bringen.

Zusammenfassend kann man sagen, daß die Psychiatrie des 18. Jahrhunderts auf philosophische Systeme oder auf Teilbeobachtungen aufgebaut war. Erst Pinel gab ihr durch systematisches Beobachten eine Ordnung, die man vor ihm nicht kannte.

III. Die Psychiatrie von Pinel

Wir beginnen mit der praktischen Arbeit, die Pinel eine Bewunderung eingetragen hat, die schon zwei Jahrhunderte anhält. In seiner Abhandlung „Médico-Philosophique sur l'aliénation mentale" schreibt er: „Was ist das schon für eine wunderbare Erfindung, die Irren ständig anzuketten, um die Wut über ihre Gefangenhaltung ewig wachzuhalten, die Faulheit wenig einsichtiger Wächter zu nähren, eine ständige Erbitterung und den festen Wunsch sich zu rächen in den Herzen der Geisteskranken wachzuhalten und in den Krankenhäusern Tumult und Lärm zu pflegen.

Diese Hemmnisse haben mir bei meiner Arbeit als Arzt in Bicêtre in den ersten Jahren der Revolution viel Sorgen gemacht, und ich habe es sehr bedauert, nicht das Ende dieser barbarischen Praxis auch dort erlebt zu haben; aber ich war andererseits ruhig und verließ mich auf die Geschicklichkeit des Oberwärters dieses Krankenhauses, Herrn Pussin, dem es ebenso wie mir am Herzen lag, dieses Vergessen der wahren ärztlichen Grundsätze zu beenden. Zwei Jahre später gelang das glücklicherweise; niemals wurde eine Maßnahme besser vorbereitet und hatte mehr Erfolg. 40 unglückliche Irre, die seit mehr oder weniger langen Jahren unter dem Gewicht der eisernen Ketten stöhnten, wurden trotz der vom Zentralbüro geäußerten Befürchtungen in Freiheit gesetzt; man gestattete ihnen, im Hof frei herumzulaufen, wobei man nur ihre Arme in der Zwangsjacke ließ. Während der Nacht waren sie in ihrer Zelle frei. Hierzu ist noch zu bemerken, daß dies auch das Ende der Unglücksfälle bedeutete, die den diensthabenden Wärtern zustießen, die von den in Ketten gehaltenen Irren oft geschlagen oder gar hinterrücks ermordet wurden, weil die Kranken immer in einem Zustand höchster Wut waren. Einer dieser Geisteskranken war schon 36 Jahre lang in diesem traurigen Zustand gehalten worden, ein anderer 45 Jahre; trotzdem hatten sie noch die Beweglichkeit ihrer Glieder bewahrt und gingen mit langsamen Schritten im Krankenhaus umher."

Allerdings war das Anketten ursprünglich nicht ganz so grausam wie es uns heute erscheint. Ich habe 1930 in der Nähe von Rabat in Marokko ein Asyl für Geisteskranke gesehen, in dem die Araber noch angekettet waren. Man war davon überzeugt, daß die Berührung mit dem harten Metall sie heilen würde. Dieser Aberglaube war in der arabischen Welt – wahrscheinlich im Mittelalter auch in Europa – weit verbreitet.

Die Reform von Pinel ist dadurch charakterisiert, daß sie nicht nur ein humanitäres, sondern auch ein therapeutisches Ziel verfolgte. Pinel ergänzte die Abschaffung der Ketten durch eine wohlüberlegte Verteilung der Irren auf die verschiedenen Stationen und gütigen Zuspruch; diese Maßnahmen bewirkten, daß der Kranke trotz der Bewegungsfreiheit nicht für den Arzt gefährlich wurde. „Die Irren sind keine Schuldigen, die man bestrafen muß, sondern Kranke, die alle Rücksicht verdienen, die wir einer leidenden Menschheit schuldig sind und bei denen man mit den einfachsten Mitteln versuchen muß, ihre gestörte Vernunft wieder herzustellen."

Pinel schaffte die Vergeltungsmaßregeln ab: Gewalt soll man nicht mit Gewalt, sondern mit humanitärer und ärztlicher Gesinnung beantworten. Dadurch hat Pinel eine weitere Reform, die mindestens ebenso groß wie die erste ist, eingeführt. Wenn er auch nicht die tieferen Gründe für die Aggressivität der Irren aufzuklären versucht hat, so hat er sie mindestens entschuldigt, indem er sie auf das Konto der Krankheit setzte. Durch diese Haltung hat er die weiteren Entdeckungen erleichtert. Pinel hat nicht auf jedes Zwangsmittel verzichtet; zu seiner Zeit waren die Irren vielleicht auch gewalttätiger als heute.

„Der Irre ist oft außerordentlich heftig. Eine starke Zwangsjacke muß die Bewegungen seiner Füße und seiner Hände im Zaum halten und mittels starker Bänder, die am hinteren Teil der Zwangsjacke befestigt sind und die er nicht bemerken kann, ans Bett fesseln. Diese Zwangsmaßnahme darf aber nur vorübergehend angewendet werden, um die Wirkungen eines gegen seine Umgebung konzentrierten Zornes zu vermeiden, was seinen Wahnzustand übrigens nur noch verschlechtern würde. Gewisse besonders dringliche Umstände können zwar noch energischere Zwangsmaßnahmen erforderlich machen, diese dürfen aber nur kurze Zeit angewendet werden." Pinel war ein Botaniker, der gewohnt war zu beschreiben. Deswegen sprach er niemals seine Gedanken aus, ohne gleich dabei konkrete Beispiele zu geben, die seine Ansichten praktischer und verständlicher machten. Dies machte seine Beschreibungen besonders reizvoll und zu echten wissenschaftlichen Arbeiten, die sich vor den Arbeiten der meisten seiner Vorgänger auszeichnen. „Das große Geheimnis, wie man auch die schwierigsten Irren beherrscht, ohne sie zu verletzen oder auch selbst (bei unvorhergesehenen Umständen) eine Verletzung zu erleiden, besteht darin, daß man eine größere Zahl von Wärtern vortreten läßt, um mit diesem imponierenden Apparat einen gewissen Respekt einzuflößen und um jeden Widerstand durch geschickt kombinierte Maßnahmen aussichtslos zu machen."

Die Anstaltsordnung ist ein Punkt, auf den Pinel besonderen Wert legte. „Sie stellt eine der Grundlagen für die Behandlung der Manie dar, ohne die man weder genau beobachten noch eine Dauerheilung erzielen kann, ganz gleich, welche Medikamente man gibt ... Die Leitung einer Irrenanstalt ist einer kleinen Regierung ähnlich: hier wie dort schieben sich Eitelkeit und Ehrgeiz als Störenfriede in den sorgsam geplanten Tageslauf; der Arzt muß über die Qualitäten eines weisen Richters verfügen." Pinel zeigte dann die schweren Folgen auf, die in der Salpêtrière aufgetreten waren, wo die Leiterin mangels Autorität den Wärterinnen eine zu große Handlungsfreiheit überlassen hatte. Für jeden, der einmal in einer Irrenanstalt gelebt hat, bildet es einen Genuß, die klugen Ratschläge zu lesen, die Pinel gibt.

Pinel empfahl schon die seelische Behandlung der Irren (über die sein Schüler Esquirol Zeilen geschrieben hat, die unvergeßlich bleiben werden): „Die tägliche Erfahrung zeigt, welchen Erfolg man durch tröstliche Worte und durch das Werben um das Vertrauen des Kranken erzielen kann. Schlechte Behandlung oder zu harte Beschränkungen bewirken nur, daß man den Kranken erbittert und ihn manchmal unheilbar macht." Diese Psychotherapie wird oft sehr genau beschrieben: „Wenn sie noch Urteilskraft besitzen, so empfiehlt es sich – um Streitereien zwischen den Kranken selbst zu beenden – ihren Widerstand zu brechen und Ordnung zu halten; so zu tun, als ob man ihre Seitensprünge gar nicht bemerkt, kein Wort des Vorwurfs zu machen und auf ihre Ansichten anscheinend einzugehen und sie geschickt so anzuregen, daß sie glauben, alles ginge nach ihrem eigenen Willen." Ein Teil dieser seelischen Behandlung besteht darin, daß man den Geisteskranken arbeiten läßt. Pinel empfiehlt Feldarbeit, wegen „des natürlichen Instinktes des Menschen, die Erde fruchtbar zu machen und so für seinen Bedarf durch die Früchte seines Fleißes zu sorgen. Durch diese Arbeitstherapie treten sehr oft Heilungen ein, während die Geisteskrankheiten bei vornehmen Leuten, die bei Handarbeit erröten, fast immer unheilbar sind."

Dem großen Irrenarzt Pinel ist es auch hier nicht entgangen, daß die Kranken, mit denen er sich beschäftigte, an dem Gefühl des Verlassenseins litten, das sie in affektiver Beziehung so anspruchsvoll machte. „Der mißtrauische und reizbare Charakter der Kranken selbst während ihrer Rekonvaleszenz ist bekannt. Sie besitzen zum großen Teil ein sehr zartes Gefühl, sie entrüsten sich beim geringsten Zeichen des Vergessens, der Mißachtung oder der Gleichgültigkeit und sie verlieren dann das, was sie mit größtem Eifer und Wärme angenommen haben, für immer." Die Autoren des 18. Jahrhunderts sind gegen die Kranken, die ihre Leidenschaften nicht zu zügeln wissen, sehr vorwurfsvoll; auch Pinel ist nicht ganz frei von dieser Betrachtungsweise. „Ein kluger und aufgeklärter Mensch sieht ganz im Gegenteil in diesen Ausschreitungen bei der Manie nur eine automatische Auslösung oder vielmehr die notwendige Wirkung einer nervösen Erregung, über die man sich nicht mehr aufregen soll als über den Schlag eines Steines, der durch die Schwerkraft veranlaßt wurde." Pinel ließ seinen Kranken soviel Bewegungsfreiheit, wie ihre Sicherheit und die Sicherheit der anderen zuließ, und versteckte die Zwangsmittel geschickt vor ihnen, indem er so tat, als ob sie nur den Gesetzen der Notwendigkeit gehorchen müßten; er half ihnen durch Nachsicht, aber er verstand auch, ihnen kraftvoll zu widerstehen und ihrem unüberlegten Drängen geschickt aus dem Wege zu gehen.

Die große Rolle, die Esquirol der Isolierung als Heilfaktor bei Geisteskranken zuerteilt, ist bekannt. Esquirol war durch seinen Lehrer Pinel angeregt worden, der 1801 schon schrieb: „Die Isolierung der Geisteskranken ist ein allgemeiner Grundsatz für die Behandlung. Welche schädlichen Wirkungen würde auch in einer öffentlichen oder privaten Anstalt ein Zusammentreffen der Kranken oder Genesenden mit unliebsamen Verwandten haben, durch deren Anwesenheit unangenehme Erinnerungen wachgerufen werden!"

Pinel glaubte, daß die Erinnerung an dunkle Punkte der Lebensgeschichte den Kranken schädige: man hörte ihn nie mit seinen Kranken über ihre Vergangenheit sprechen. Er legte mehr Wert auf die Isolierung der Kranken von ihrem pathogenen Milieu. Seine Methoden waren jedoch nicht starr und nicht für alle Geisteskranken die gleichen.

Disziplin und psychologische Menschenführung müssen sich ergänzen, meinte Pinel. Doch sei es unerläßlich, die Kranken spüren zu lassen, daß die „strengste und unparteiischste Gerechtigkeit" waltet. Verständigen Kranken müsse man „die Gründe für die getroffenen Maßnahmen angeben". Die Fähigkeiten, die Pinel bei der Behandlung seiner Kranken entfaltete, beruhten sicherlich auf einer natürlichen Veranlagung; sie sind aber auch durch die Zeit bedingt, in der er gelebt hat. Die Französische Revolution hatte ihm einen gewissen Liberalismus und eine große Unabhängigkeit gegeben, das Kaiserreich den Sinn für Ordnung und Autorität. Bemerkenswerterweise hat die Revolution die Eigenschaften, die er sich im Verlauf der vorhergehenden Jahre erworben hatte, nicht völlig ausgelöscht. Die Vorsätze Pinels zeigen sich nicht nur in den positiven Ratschlägen, die er für die Behandlung der Geisteskranken gibt, sondern auch in den Mitteln, die er verurteilt. Er protestierte gegen die Sitte, die Geisteskranken zu schlagen, gegen zu häufige Aderlässe, gegen das brüske Untertauchen von Geisteskranken in eiskaltes Wasser, gegen den Mißbrauch von Medikamenten.

Die seelische Behandlung blieb für Pinel der Schlüssel zur Therapie der Geisteskrankheiten. Auf diesen Punkt kommt er in jedem Abschnitt seines Buches zurück. Dabei unterstreicht er, daß Milde und Festigkeit geschickt gepaart sein müssen. „Lehrt nicht die Erfahrung ständig, daß das Gefühl der Furcht sich in dem Maße mit der Achtung paaren muß, indem die Vernunft bei ihm wieder zu ihrem Recht kommt, wenn die Wirkungen der Furcht dauerhaft und fest sein sollen? Das setzt voraus, daß die Beschränkungen, denen der Kranke unterworfen wird, nicht den Charakter von Jähzorn oder Willkür haben dürfen. Auch müssen zur Überwindung des unbelehrbaren Ungestüms des Geisteskranken Kräfte angewendet werden, die dem Grad des Widerstandes entsprechen. Der Arzt muß von dem tiefen Wunsch geleitet sein, den Kranken zu seinem Selbst zurückzuführen, wie das eine freie und freundschaftliche Aussprache gleich nach dem Auftreten von Reue bei ihm zeigt."

In der Einführung zu seiner Arbeit „Über die Manie" sagt Pinel, daß Crighton einen großen Einfluß auf ihn gehabt habe. „Es ist noch nicht entschieden, ob die Analyse der Funktionen des menschlichen Begriffsvermögens viel zu unseren Kenntnissen über die Störungen der Vernunft beigetragen hat. Aber eine andere Analyse, die sich hierauf noch direkter bezieht, ist die der Leidenschaften, ihrer Abstufungen, ihrer verschiedenen Grade, ihrer lebhaften Ausbrüche, ihrer verschiedenen Kombinationen, wenn man sie nicht vom Standpunkt der Moral aus, sondern als einfache Erscheinungen des menschlichen Lebens betrachtet. Crighton hatte sich die Aufgabe gestellt, die Eigenschaften und ursprünglichen Wirkungen dieser moralischen Ursachen des Irreseins zu entwickeln, und gibt hierfür als Beispiele Kummer, Schrecken, Zorn und vor allem die durch Unannehmlichkeiten, die man erleiden kann, bis zum Wahnsinn getriebene Liebe an. Dasselbe gilt für das Gefühl der Freude, das sehr verschieden sein kann. Das Vergnügen – der erste Grad einer Freude – kann direkt aus dem Besitz eines gewünschten Gegenstandes entstehen oder aus der einfachen Erinnerung, die uns den Gegenstand vergegenwärtigt. Denn wir erinnern uns mit Interesse gewisser Szenen aus unseren ersten Lebensjahren, der kleinen Dummheiten unserer Jugend, der früher empfundenen Gefühle des Wohlwollens, der Freundschaft, der Liebe, der Bewunderung, der Wertschätzung. Man kann auch an den gleichen Ursprung des Genusses erinnern, den uns Werke über schöne Künste, die Lektüre geschmackvoller Bücher, die Entdeckungen der Wissenschaften vermitteln, weil aus ihnen ein gemischtes Gefühl entsteht, nämlich sowohl eine Bewunderung für die Überlegenheit des Autors als auch die innere Genugtuung, daß der Autor auf die Bedürfnisse unserer Erziehung oder unsere Lebensart Rücksicht genommen hat. Muß man nicht auch diese schnelle Begeisterung einer fröhlichen Stimmung, diese Schauer, die uns dazu bringen, zu lachen, zu singen, zu tanzen, die durch Wortspiele bedingten lebhaften und unerwarteten Entgegnungen, groteske Nachahmungen, satirische Züge den Freude-Gefühlen zurechnen, als wäre sie eine Art Reaktion des Gehirns auf das Zwerchfell und auf die Atmungsorgane? Welcher große Unterschied besteht zwischen diesen ausgelassenen Einfällen einer krampfhaften Fröhlichkeit und den ruhigen und tiefen Affekten, die das Üben häuslicher Tugenden, die Pflege von Talenten, ihre Anwendung auf irgendeinen Gegenstand von öffentlichem Nutzen, das imposante und majestätische Schauspiel der Schönheiten der Natur erzeugen."

Es wäre ein großer Irrtum, anzunehmen, daß das, was wir Pinel schulden, sich nur auf die klugen Maßnahmen beschränkte, die er in Bicêtre und in der Salpêtrière eingeführt hat. Die Jahre seiner Ausbildung und sein ständiges Interesse für Botanik hatten ihn darauf vorbereitet, ein erstklassiger Kritiker zu werden. Er wurde in einem Jahrhundert geboren, in dem verschiedene Forscher dank ihrer planvollen Untersuchungen die Grundlagen der Wissenschaft, deren Studium sie sich zum Ziel gesetzt hatten, gänzlich erneuerten. Man denke nur an Linné, Buffon, Condillac, Lavoisier. Pinel war umgeben von solchen Beispielen, die ihn eine Methode lehrten, aus der er beträchtlichen Nutzen ziehen sollte.

Er selbst unterstreicht auf vielen Seiten die Methode, die er sich selbst ausgesucht hat. „Man sieht, daß man in der Medizin als Leitstern die Methode nehmen muß, die ständig in allen Teilen der Naturgeschichte Erfolg hat, d. h. man muß damit beginnen, jeden Gegenstand aufmerksam zu betrachten und nur den Plan halten, Material für die Zukunft zu sammeln; man muß versuchen, jede Illusion, jedes Vorurteil, jede nur auf Worte hin vorgefaßte Meinung zu vermeiden." Um diese Methode richtig auszuführen, legte sich Pinel gewisse Einschränkungen auf; so bestimmte er zuerst die verschiedenen krankhaften Veränderungen des Begriffsvermögens und des Willens „beide nach außen hin manifestiert in Veränderungen der körperlichen Gewohnheit durch Mimik und durch Worte, die den inneren Zustand beleuchten, sowie durch unzweideutige physische Störungen."

Aus dem Bereich seiner Betrachtungen schließt er aus: 1. das Wesen der psychischen Funktionen überhaupt und 2. die möglichen Beziehungen zwischen den Irrungen der Vernunft oder des Willens und der Struktur der krankhaften Veränderungen des hierfür verantwortlich erscheinenden Organes. Als einzigen Zweck bezeichnet er: „sich streng daran zu halten, die Tatsachen zu beobachten und eine allgemeine und gut charakterisierte Beschreibung der Geisteskrankheit zu geben. Dies kann nur dadurch geschehen, daß man eine große Zahl von Einzelbeobachtungen, die man mit großer Sorgfalt während des Verlaufs und der verschiedenen Perioden der Krankheit von ihrem Beginn bis zu ihrem Ende gemacht hat, miteinander in Verbindung bringt."

Wir wollen nicht weiter auf die Einteilung von Pinel eingehen, die er selbst außerordentlich vereinfacht hat. Dank dieser Einteilung hat er eine große Klarheit in seine Beobachtungen gebracht, wenn man natürlich auch ernsthafte Argumente gegen diese übermäßige Vereinfachung anführen kann. Seine Beschreibung enthält, kurz zusammengefaßt, folgendes: „Ein Wahn, der mehr oder weniger deutlich ist, sich auf alle Gegenstände erstreckt, verbindet sich bei manchen Geisteskranken mit einem Erregungs- oder Wutzustand: das ist die eigentliche Manie. Der Wahn kann ausschließlich auf eine besondere Reihe von Gegenständen begrenzt und mit einer Art von Stupor und lebhaften tiefen Affekten verknüpft sein: das nennt man Melancholie. Manchmal befällt eine allgemeine Debilität die intellektuellen und affektiven Funktionen wie z. B. im Greisentum: das nennt man dann Demenz. Schließlich wird ein Auslöschen der Vernunft mit schnellen und automatisch auftretenden Aufwallungen mit dem Namen Idiotie bezeichnet."

Über die Ätiologie der Krankheiten drückt sich Pinel klar und bündig aus. „Das Irresein hat manchmal einen alltäglichen Ursprung und steht von Beginn an mit einem Ereignis oder mit dem Zusammentreffen von ähnlichen Ereignissen in Zusammenhang, die man als eine bestimmende Ursache betrachten muß. Man muß angesichts der Häufigkeit solcher Vorkommnisse auf eine erbliche Disposition schließen, die Voraussetzung dafür ist, daß der Kranke in starke Gemütsbewegung gerät und einen tiefen Kummer, etwa eine nicht erwiderte Liebe, eine Überspannung religiöser Grundsätze oder auch eine tiefe Unmoral so abreagiert. Dieselben Wirkungen können auch durch physische Ursachen, wie eine Verletzung des Kopfes, die Folgen einer anderen Krankheit, die brüske Unterdrückung einer Blutung oder die Folgen eines Hautausschlages, bedingt sein." Man sieht, daß Pinel im Irresein vor allem ein aus verschiedenen Ursachen gespeistes Syndrom, weniger eine einheitliche Krankheit sah. Er hat zwar diesen Gedanken nicht weiter entwickelt, aber seine Beobachtungen haben ihn zu richtigen Schlüssen geführt. Das Kapitel, das er den Ursachen des Irreseins widmet, enthält zahlreiche interessante Anregungen über die Psychogenese seelischer Erkrankungen. Das folgende Kapitel ist den physischen und seelischen Eigenschaften dieser Krankheiten gewidmet. Hier zeigte sich das Unterscheidungstalent des Botanikers am deutlichsten. Pinel hat dabei die pittoresken Beschreibungen verlassen, die den größten Teil früherer Werke zu Erfolgen führte, und hat an die Tradition der Antike wieder angeknüpft. Er hat damit der modernen Psychiatrie eine genaue Lehre von den Krankheitszeichen gegeben, die erst die endgültigen Beschreibungen ermöglichte. Er war sich des Zieles, das er sich setzte, sehr gut bewußt und drückte das mit folgenden Worten aus: „Vielleicht werden die Resultate meiner Beobachtungen an Irren einen guten Einfluß auf die Grundsätze der Ideologie (Psychologie) ausüben und sie eine andere Richtung nehmen lassen. Jede metaphysische Diskussion über die Natur der Manie ist beiseite gelassen. Ich habe nur auf die historische Entwicklung der verschiedenen Störungen des Begriffsvermögens und des Willens hingewiesen, sowie auf die physischen Veränderungen, die ihnen entsprechen und die sich nach außen durch sensible Zeichen, durch ungeordnete Körperbewegung, durch Inkohärenzen oder Absurditäten in der Unterhaltung, durch bizarre und ungewöhnliche Gesten kenntlich machen. Die Lehre von den Geisteskrankheiten wird damit der Naturwissenschaft zugewiesen; beraubt man sie dieser Grundlagen, bleibt sie ein gefährliches Probieren und blindes Quacksalbern."

Ein großer Teil des Werkes betrifft die Prognose. 4 Jahre lang hatte Pinel Aufzeichnungen über mehrere hundert Geisteskranke gemacht, ihre Fortschritte oder ihren stationären Zustand beschrieben und einige Grundsätze über die Heilungsaussichten verschiedener Geisteskrankheiten aufgestellt.

Pinel, der mit seinem Werk einen neuen Zeitabschnitt in der Geschichte der Psychiatrie eröffnete, hat folgende Verdienste: Erstens: er hat die psychologischen von den metaphysischen Problemen abgetrennt (in der neuen Psychologie ist diese Trennung erst gegen Ende des 19. Jahrhunderts in den Arbeiten von Wundt, Th. Ribot und Th. Flournoy gemacht worden). Zweitens: er hat eine genaue Lehre von den Krankheitszeichen bei Geisteskrankheiten und damit die Grundlage für die Psychiatrie des 19. Jahrhunderts geschaffen (die ganze französische Psychologie bis zu den Arbeiten von Alfred Binet ist auf ihr aufgebaut). Drittens: er hat sich mehr als seine Vorgänger bemüht, die klinische Entwicklung der verschiedenen psychischen Erkrankungen zu beschreiben; dadurch hat er es ermöglicht, daß das Gebiet der Psychiatrie in die allgemeine Medizin aufgenommen werden konnte. Viertens: er hat durch die Reform der Irrenanstalten und durch das Aufstellen vernünftiger Neuordnungen einen neuen Weg für die Behandlung der Geisteskranken beschritten.

Die scharfe Beobachtungsgabe, die Pinel auszeichnete, läßt uns fast jede Seite seines Werkes mit Genuß und Nutzen lesen, obgleich schon 150 Jahre seit seinem Erscheinen verflossen sind.

Anmerkungen

[1] Siehe: René Sémelaigne: „Les Grands Aliénistes Français". Paris, Steinheil. 1894. p. 98. — [2] René Sémelaigne: „Aliénistes et Philantropes" – Les Pinel et les Tuke. – Paris, G. Steinheil, 1912. p. 33. — [3] Mirabeau: Des „Lettres de Cachet" et des Prisons d'État. (Ohne Namensnennung des Autors.) Hamburg, 1782. 2 Bde. — [4] S. Hélène Bonafous Sérieux: „La Charité de Senlis". Presse Universitaires de France. 1936. S. 339. — [5] Weigel, Leipzig. 1795. — [6] George Mora: „Vincenzo Chiarugi, His Contribution to psychiatry. Bull. of the Isaac Ray Medical Library. Butler Hospital, Providence Rhodes Islands. – Bd. II, Nr. v. 2. 4. 54, S. 51–104. — [7] s. a. Commission with instructions and directions for compounding for Wards Ideots and lunatics. 11. December 1618. London, printed by Bonham Norton and John Bill. 1618. — [8] Pinel war sich dieser Tatsache ebenso gut bewußt wie der Freiheit des Geistes und des öffentlichen Interesses, die die mutigen Ideen der Französischen Revolution gebracht hat. Er schrieb: „Ein in Frankreich gegen Ende des 18. Jahrhunderts veröffentlichtes medizinisches Werk muß einen anderen Charakter haben als ein zu einer früheren Zeit veröffentlichtes. Ein gewisser Aufschwung der Gedanken, eine weise Freiheit und vor allem der Geist der Ordnung und der Forschungen, die in allen Zweigen der Naturgeschichte gemacht werden, müssen dies Werk auszeichnen. Es sind nicht mehr die einzelnen Ansichten oder die Sprünge einer glühenden Einbildung, die das Werk diktieren, sondern eine freie und reine Liebe zur Menschheit oder noch mehr der Wunsch, zum öffentlichen Nutzen beizutragen" (S. XXXII).

Die wichtigsten Arbeiten von Pinel

Institutions de médecine pratique, traduites sur la quatrième et dernière édition de l'ouvrage de Cullen, professeur de médecine publique à l'Université d'Edimbourg, 1785, 2 vol. in-8°. — C. Baglivi, *Opera omnia medica practica et anatomica*, novam oditionem mendis innumeris expurgatam, notis illustravit et proefatus est Ph. Pinel, 1788, 2 vol. in-8°. — *Nosographie philosophique ou Méthode de l'analyse appliquée à la médecine*. 1re édition 1798, 2e 1804, 3e 1807, 4e 1810, 5e 1813, 6e 1818. — *Traité médico-philosophique sur l'aliénation mentale ou la manie*. Avec figures représentant des formes de crâne ou des portraits d'aliénés. — 1re édition 1801, 2e 1809. — *La médecine clinique rendue plus précise et plus exacte par l'application de l'analyse*, ou *Recueil et résultat d'observations sur les maladies aiguës faites* à la *Salpêtrière*, 1re édition 1802, 2e 1804, 3e 1815. — *Discours inaugural sur la nécessité de rappeler l'enseignement de la médecine aux principes de l'observation*, 1806, in-4°. — Rapport à l'Académie des sciences sur le mémoire d'Esquirol intitulé: *Des hallucinations chez les aliénés*, 16 juin 1817.

Dans le *Journal de physique*:

Mémoire lu à l'Académie des sciences sur l'Application des mathématiques au corps humain et sur le mécanisme des luxations en général. 1787, t. XXXI, p. 350. — Mémoire sur le mécanisme des luxations de l'humérus, 1788, t. XXXIII, p. 12. — Mémoire sur les Vices originaires de conformation des parties génitales, et sur les caractères apparents des hermaphrodites, 1789, t. XXXV. — Mémoire sur le Mécanisme des luxations des deux os de l'avant-bras, 1789, t. XXXV. — Mémoire sur les moyens de préparer les quadrupèdes et les oiseaux destinés à orner des collections d'histoire naturelle, 1791, t. XXXIX.

Dans les *Mémoires de l'Institut*:

Résultats d'observations et constructions de tables pour servir à déterminer le degré de probabilité de la guérison des aliénés; du mois de Germinal an X au 1er Janvier 1807. Séance du 9 février 1807, p. 169 (1807).

Dans la *Médecine éclairée par les sciences physiques*:

Observations sur une espèce de mélancolie qui conduit au suicide, 1791, t. I, p. 154. — Réflexions sur la buanderie, comme objet d'économie domestique et de salubrité, 1791, t. II, p. 12. — Exemples frappants de l'abus de la saignée dans des maladies aiguës de la poitrine, 1791, t. II, p. 39. — Recherches sur l'étiologie et le mécanisme de la luxation de la mâchoire, 1792, t. III, p. 183.

Dans le *Journal gratuit de santé*:

Exemple d'une fièvre lente nerveuse, 1790, p. 15. — Réflexions médicales sur l'état monastique, 1790, p. 81.

Dans la *Gazette de santé*:

Les accès de mélancolie ne sont-ils pas toujours plus fréquents et plus à craindre durant les premiers mois de l'hiver, 1787. — Observations sur une apparence des deux sexes dans le même individu, 1788, p. 95. — Observations sur les effets salutaires du sucre dans le premier âge, et sur le peu de fondements de ses prétendues qualités vermineuses, 1788, p. 130. — Observations sur le danger que font éprouver aux femmes nouvellement accouchées les émotions vives de l'âme, 1789, p. 10. — Observations sur le régime moral qui est le plus propre à rétablir, dans certains cas, la raison égarée des maniaques, 1789, p. 13. — Observations sur un vice de conformation des organes de la génération et des voies urinaires, avec des remarques sur l'espèce d'impuissance qui en était la suite, 1789, p. 142.

Dans les *Mémoires de la Société médicale d'émulation de Paris*:

Mémoire sur la manie périodique ou intermittente, an VI, 1798, t. I, p. 94. — Recherches et observations sur le traitement moral des aliénés, an VII, t. II, p. 215. — Observations sur les aliénés et leur division en espèces distinctes, an VIII, p. 1. — Nouvelles observations sur la structure et la conformation des os de la tête de l'éléphant, an VII, t. III, p. 253. — Observations sur les vices originaires de conformation des parties génitales de l'homme et sur le caractère apparent ou réel des hermaphrodites, an IX, t. IV, p. 324. — Résultats d'observations pour servir de base aux rapports juridiques dans les cas d'aliénation mentale, 1817, t. VIII, p. 675.

Dans l'Abrégé des transactions philosophiques de la Société royale de Londres, dirigé par Gibelin, Pinel a traduit de l'anglais:

Cinquième partie, consacrée à la chimie. — Sixième partie, anatomie et physique animale. — Septième partie, matière médicale et pharmacie (Pinel et Bosquillon).

A la *Société d'histoire naturelle,* Pinel a lu en 1791:

Mémoire sur une nouvelle méthode de classification des quadrupèdes, fondée sur les rapports de structure mécanique que présente l'articulation de la mâchoire inférieure.

A la *Société des observateurs de l'homme,*
il a présenté en 1800:

Rapport sur l'enfant connu sous le nom de Sauvage de l'Aveyron. (Le rapport, que l'on considérait comme perdu, a été récemment retrouvé dans les papiers de la Société des observateurs de l'homme, par le Dr. Georges Hervé, professeur à l'École d'Anthropologie).

Pinel a été rédacteur de la *Gazette de santé,* il a collaboré à l'*Encyclopédie méthodique* et au *Dictionnaire des sciences médicales* en 60 volumes où il a fourni, seul, les articles: Acreté, adynamie, agissante (médecine), aiguë (maladies aiguës), aliénation, analyse appliquée à la médecine, asthénie, ataxie (caractère général des fièvres ataxiques), bénin (fièvres ou phlegmasies bénignes), brownisme (doctrine médicale de Brown), cachexie, chronique (maladies chroniques), classification des maladies internes, clinique, décomposition des maladies, dose, doute philosophique, expectation en médecine ou médecine expectante, expérience en médecine, fièvre; et beaucoup d'autres en collaboration avec Bricheteau.

Die besten Quellen für das Leben von Pinel finden sich in den Büchern:

Sémelaigne, René: Aliénistes et Philanthropes. Les Pinel et les Tuke. Paris, Steinheil 1912. — Ders.: Les grands aliénistes français. Paris, Steinheil 1894, p. 15 à 115.

KONRAD RIEGER

1855–1939

Von Th. Spoerri

Das Bildnis des achtzigjährigen Konrad Rieger zeigt den geistvoll-skurrilen, scheuen, aber sarkastischen Gelehrten auf der Terrasse seines in italienischem Stil gehaltenen Hauses, das er in den Weinbergen über Würzburg erbaute. Wenig unterhalb und durch den großen Garten erreichbar, ist die psychiatrische Klinik gelegen, in die Rieger die seit 1583 bestehende Irrenabteilung des Julius-Spitals im Jahre 1893 überführte. Während die Klinik später unter dem Rauch und Lärm des benachbarten Bahnhofs zu leiden hatte – was Rieger zu drei polemischen „Denkschriften über die Belästigung der Klinik durch den Bahnhof" veranlaßte – befindet sich sein Haus in „belästigungsfreier" Höhe am Abhang des Schalkberges. Um dieses Bauprojekt durchführen zu können, mußte Rieger für die Wasserzufuhr ein eigenes Pumpwerk errichten, dank dessen sich das trockene Gelände entgegen aller Prophezeiung in einen mit Bäumen, Sträuchern und Schlinggewächsen bestandenen Garten verwandelte. In Würzburg gingen viele Gerüchte über die Schrullenhaftigkeit des Sonderlings um, der nicht nur in der Wissenschaft eine eigene Sprache wagte und immer „den Kopf über dem Nebel" behielt, sondern auch sein Haus in sichtfreie, unabhängige Höhe baute. Heute wird das Riegersche Haus noch von seinen beiden Töchtern und seinem Schwiegersohn und Nachfolger auf dem Würzburger Lehrstuhl, Martin Reichardt, bewohnt. Von dem Lieblingsplatz Riegers, der gedeckten Loggia, in deren Fenster früher eine Art Äolsharfe eingelassen war, reicht der Blick über die Feste Marienburg weit ins fränkische Land.

Rieger entstammte einer der alten schwäbischen Familien, denen zahlreiche Künstler und Gelehrte zu verdanken sind. Über Louise Georgii, eine geborene Mörike, ist er mit dem Dichter gleichen Namens verwandt. In Eduard Mörikes altem Turmhahn heißt es: „Da steh'n in Pergament und Leder Vornan die frommen Schwabenväter: Andreae, Bengel, Rieger zween". Rieger I und Bengel sind die Ur-Ur-Urgroßväter, während Rieger II sein Ur-Urgroßvater ist. Theologen waren übrigens sämtliche Vorfahren väterlicherseits bis zum Ur-Ur-Urgroßvater hinauf, und in einer großmütterlichen Linie reicht die theologische Aszendenz sogar bis zum Reformator von Württemberg, Johannes Brenz. Für Liebhaber historischer Details sei erwähnt, daß Goethe und Schiller im Jahre 1779 gemeinsam einer Predigt des C. H. Rieger beiwohnten. Eine gewichtigere Verbindung der Familie Rieger zu Schiller besteht darin, daß der Bruder des Ur-Urgroßvaters, General Philipp Friedrich von Rieger, Schillers Pate war. Zu dessen Tod verfaßte der damalige Regimentsmedicus Friedrich Schiller ein rührselig-pathetisches Gedicht, das mit den Versen beginnt:

„Noch zermalmt der Schrecken unsre Glieder –
Rieger, Rieger, tot!"

und mit dem – von Konrad Rieger oft dröhnend rezitierten – Zweizeiler endet:

„Dorten sehn wir – Jauchzet, Brüder –
Dorten unsern Rieger wieder!!!"

Am 23. März 1855 in Calw als Pfarrerssohn geboren, war Rieger ebenfalls zum Theologen bestimmt und bereits Schüler des berühmten Stiftes zu Tübingen, dem in früherer Zeit Hölderlin, Hegel und Schelling angehört hatten. Doch die Tatsache, so schreibt er: „daß einer meiner Ur-Ur-Urgroßväter rund tausend Predigten gehalten und drucken hatte lassen, allein über das Evangelium Matthäi, und daß er damit nicht einmal bis zum letzten, dem achtundzwanzigsten, sondern nur bis zum vierundzwanzigsten Kapitel gekommen war; da fing die homiletische Erbmasse an, schwer auf mich zu drücken. Und ich sprach in den folgenden Jahren zu mir: Soll ich auf die Myriaden von Predigten meiner Ahnen noch ein weiteres Tausend häufen? so wie es geplant war. Mich kam gar keine Lust mehr an zum Predigen." Durch die Vorlesungen Franz Leydigs für die Naturwissenschaft gewonnen, ging Rieger 1874 zur Medizin über und wandte sein Interesse während des Studiums in Tübingen und Würzburg rasch der Psychiatrie zu. Bereits mit 23 Jahren wurde er Assistenzarzt der psychiatrischen Klinik in Würzburg, als Nachfolger Kraepelins, der zu Gudden nach München ging. Zuvor hatte Rieger ein halbes Jahr gemeinsam mit Kraepelin im Juliusspital gearbeitet und wußte später rückblickend von Kraepelin, dem er zeitlebens in Freundschaft verbunden blieb, zu berichten, daß dieser schon als Einundzwanzigjähriger mit Bestimmtheit seine späteren Ziele im Auge gehabt habe. Nach Studienaufenthalten in Paris, wo die Demonstrationen Charcots ihn für die Hypnose interessierten, sowie in der Görlitzer Anstalt bei Kahlbaum und in Berlin und Leipzig habilitierte sich Rieger im Jahr 1882 in Würzburg. Da sein Chef Rinecker neben der psychiatrischen Abteilung auch die Klinik für Syphilis und Hautkrankheiten zu betreuen hatte, war Rieger bereits in jungen Jahren relativ selbständig. Mit Rineckers Tod 1883 übernahm Rieger stellvertretend die Leitung der Klinik, die er bis zur Berufung Grashey 1884 innehatte. Als dieser 1887 Nachfolger Guddens in München wurde, erfolgte Riegers Ernennung zum Vorstand der Würzburger Klinik und a.o. Professor der Psychiatrie. Gegen erhebliche Widerstände setzte Rieger den Neubau der 1893 eröffneten Klinik durch, deren Bauplan insofern neuartig war, als er dem Charakter der Klinik als eines wissenschaftlichen Institutes durch die Einrichtung von Laboratorien Rechnung trug. Rieger – 1895 zum Ordinarius ernannt – blieb der Universität, an der er promoviert und sich habilitiert hatte, treu. Auch nach seiner Emeritierung 1925 verließ er Würzburg nicht, und trotz des Ruhestandes stieg er nach wie vor von seinem Haus zur täglichen wissenschaftlichen Arbeit in die benachbarte Klinik herab. Er erreichte das hohe Alter von vierundachtzig Jahren.

Nicht nur das wissenschaftliche Werk Riegers, sondern auch die Begebenheiten des Alltags tragen den Stempel seiner Persönlichkeit, die nicht für sich und außerhalb eines nur sachlichen Schaffens und konventionellen Regeln hörigen Umgangs stand, vielmehr in allen ihren Lebensweisen als Ganzes anwesend und vernehmbar ist. Um mit bedeutsamen Kleinigkeiten zu beginnen: Riegers Arbeitszimmer war von der zu einer Gelehrtenstube gehörenden Unordnung erfüllt, deren geheime Regeln nur dem Bewohner bekannt zu sein pflegen; daß aber die Möbel jeweils nach dem ihnen zugedachten Platz gezimmert wurden und dadurch die absonderlichsten Formen erhielten, geht über das Gewohnte hinaus. Wozu aber auch Schubladen, wenn man nicht sehen kann, was darin ist, demzufolge sie auf Tischen und Stühlen herumstanden, nur durch ein darübergedecktes schwarzes Tuch vor etwaigem Staub geschützt. Ebenfalls waren in den zahlreichen Schachteln kleine Guckfenster angebracht, daß ohne Zeitverlust zu sehen sei, was sie enthielten. Der größte Korb in der Mitte des Tisches, cloaca maxima genannt, diente zur Aufnahme ärgerniserregender Literatur, welches Schicksal vor allem psychoanalytischen Schriften zuteil wurde. Neuerworbene Bücher wurden ihres Einbandes beraubt und wahllos mit anderen zusammengeheftet, wobei Buchungetüme bis zur Dicke von einem viertel Meter entstanden. Auf dem abgebildeten Porträt hält Rieger eine seiner Mappen in Händen und zwar den Akt „Leben und Erkennen", der sowohl „Schmetterlingsflügel" wie den „Faszikel: Zwei Seelen" betrifft. Unter dem Akt „Überfüllung" wurde unbedenklich subsummiert, was mit dem Wort Überfüllung zusammenhing, ob es sich nun um die Überfüllung der Anstalten durch Kranke oder die Überfüllung des Schädels mit Gehirn handelte. Wünschte Rieger eine dieser archivierten Mappen zu erhalten, so rief er schallend nach der vor der Tür seiner Befehle harrenden Bertha, einer schwachsinnigen Athetotikerin, oder nach Bils, dem epileptischen Schäfer, der in seinen Anfällen Leichenpredigten hielt. In Riegers „dickem Buch über das alte Spital" ist zu lesen: „Während ich dieses schreibe, fällt mein Blick auf den armen Bils, Seite 677, Nr. 13, der gerade in meiner Nähe weilt. Und da faßt mich ein besonders heftiger Grimm indem ich dieses erwäge: ... jetzt will man für Bils nichts zahlen ..., den langjährigen Gärtner des Oberpflegamts und großen Wohltäter der Kirche". Als weiteres Faktotum stand Rieger außer dem Gärtner Cohnle eine wunderliche Mißgeburt mit Namen Klübenspieß zu Diensten, bei dem die Hände unmittelbar an der Schulter ansetzten. Neben einer Schachtel, angefüllt mit einer Unzahl winziger Bleistiftresten, aus der sich Rieger mit schwungvoller Geste zu bedienen pflegte, lagen unförmige Manuskripte und Schriften, die er von Kranken der Klinik hatte zusammennähen lassen. Rieger konnte ein glänzender Unterhalter sein, und seine einfallsreichen, von universaler Bildung genährten Gespräche fesselten die Zuhörer oft bis in die tiefe Nacht. Hierbei führten Riegers Wortneubildungen freilich hin und wieder zu Mißverständnissen, wenn sich z. B. ein Gast später in einem Lexikon Aufschluß über „Bernardismus" verschaffen wollte, nachdem Rieger den zu einem Ismus erhobenen Namen eines Bekannten, der Nebensächlichkeiten zu Hauptsachen machte, unbekümmert um das mangelnde Vorverständnis der Zuhörer im Gespräch wiederholt gebraucht hatte. Diese und andere Ausdrücke gehörten zu Riegers „paranoischer Privatsprache", wie er seine Wortschöpfungen selbst nannte. Zu anderen Zeiten aber war Rieger menschenscheu, und seine Rede mühsam, schleppend; es konnte sich der Einsiedler dann in seiner Klinik hinter einem Treppenaufgang verstecken, um vor Vorbeigehenden unbemerkt zu bleiben. Daß Rieger selbst zeitweise depressiv war und an Verstimmungen litt, trug sicherlich nicht unwesentlich zu der Anteilnahme bei, die er den Kranken entgegenbrachte. Sein Kampf um die Erhaltung der Freiplätze, die Fürstbischof Julius für lebenslängliche Pfründler gestiftet hatte, legt hierfür Zeugnis ab. In der Schrift „Die Psychiatrie und die Armen in Würzburg. Und der Bischoff Julius und das jüngste Gericht" verteidigte er das Recht der Armen gegen den klerikalen Bürokratismus, die durch Celsissimo sanktionierte Wohltat gegen das moderne Fürsorge- und Versicherungswesen. Was an Riegers Fehde nach außen verbohrt und querulatorisch aussah, geschah aus Gerechtigkeitssinn, Verpflichtung der Tradition gegenüber, war im Grunde genommen

Sorge um die Kranken und Armen, war Güte. Bei allem Sinn für schalkhaften Humor wurde aber Riegers Polemik oft sarkastisch und geradezu grob und war auf Grund vorgefaßter Meinung einseitig und starr. Übertrieben zeigte sich seine Skepsis der Vererbungslehre gegenüber, die er mit dem Spruch „pater semper incertus" abtun zu können glaubte. Zur Eugenik aber bemerkte er treffend: „Es ist mir unwahrscheinlich, daß die Menschheit je einmal in diesen anthropokratischen Rassenstall eingehen, und daß sie Herdenbücher über sich anlegen läßt." Vor allem die Freudsche Psychoanalyse bedachte er mit Spott, ohne sich aber ernstlich mit ihr auseinanderzusetzen und nannte sie „Altweibergewäsch" und „Maulhuren", denn „die alten Weiber beiderlei Geschlechts haben über Sexuelles von jeher überaus vieles geredet, geschrieben und drucken lassen" und „das Sexuelle wird sehr oft in solcher Weise an den Haaren herbeigezogen; man möchte sagen: an den Schamhaaren". Hierzu bemerkte 1896 Sigmund Freud: „Unlängst habe ich die erste Reaktion auf meine Einmengung in die Psychiatrie vernommen. ‚Grauen, schauerlich, Altweiberpsychiatrie' zitiere ich daraus. Rieger in Würzburg. Ich war höchlich amüsiert".

Rieger war ein Mensch mit künstlerischen Neigungen. In der Musik galt sein Interesse Bach, Beethoven und Wagner, während er in der Literatur die deutsche Romantik bevorzugte. Er las nicht allein lateinische, griechische wie französische, englische, italienische und spanische Autoren im Urtext, sondern er hatte auch ein feines Sprachgefühl und schrieb einen ganz persönlichen, unverkennbaren Stil. Bereits die Kapitelüberschriften seiner Arbeiten sind ungewöhnlich und stellen gedrängte Resumées dar, die zwar pedantisch genau orientieren, um was es im einzelnen geht, jedoch durch groteske Verbindungen mit nicht zum Thema Gehörigem den roten Faden nur über Zickzacksprünge zum Ziel verfolgen lassen. So ist im Inhaltsverzeichnis zum „Julius-Spital" folgendes unter XXV zu finden: „Uringlas – Bocksbeutel. Ich bekomme keine Bücher und keinen Leihschein zurück. Das Muffige in dem Gartensaal. Froschsprung. Stagnation" oder „XXIX. Das Hasengärtlein und der Ressort-Partikularismus. Das tertium comparationis. Oberapotheker Otto Kremer". Auch die Anordnung des Textes ist charakteristisch, da Rieger sechs verschiedene Druckgrößen verwendet, wichtige Worte durch Fettdruck und eigene Zeilen hervorhebt und eine Anmerkung sogar bis auf vier ganze Seiten ausdehnen kann. Das Geschriebene selbst fällt durch häufige Interpunktionen wie Doppelpunkte und Fragezeichen innerhalb des Satzes auf, die das Verständnis erleichtern, wie überhaupt die Formulierungen Riegers erst durch das unbestechliche Bemühen um Klarheit ihre kompromißlose Eigenart erlangen. Bei aller begrifflichen Schärfe ist der Fortgang der Untersuchung aber oft dadurch erschwert, daß Rieger vom Ziel abweicht und Nebengedanken nachgibt, sei es, daß ihn ein sachliches Detail oder eine Klangassoziation hierzu verführen. Freilich bemerkt Rieger dieses häufig selbst, folgt aber gleichwohl unbekümmert seinen Einfällen, die aber immer so witzig und lehrreich sind, daß man sich je länger um so vergnügter den völlig unsystematischen Sprüngen und Wendungen seiner Diktion überläßt. Übrigens schrieb Rieger nicht nur auf diese Weise, sondern er unternahm auch seine Reisen, indem er in ähnlicher Art den Zufall entscheiden ließ. Wenn er eine Reise plante, begab er sich auf den Würzburger Bahnhof und nahm irgendeinen gerade abfahrenden Zug, wohin er auch führte, um an dessen Ende wieder den nächstbesten Zug zu besteigen. So landete er einmal weit nach Mitternacht in Rothenburg ob der Tauber, und ein anderes Mal war Mürren im Berner Oberland die letzte Station.

Hellhörig für „leere Wort-Schälle" nimmt Rieger die wissenschaftliche Sprache kritisch unter die Lupe, der „Fälschung der Wirklichkeit durch Einfluß von Worten" zu begegnen. In seiner Monographie *„Über die Trunksucht und die ‚Suchten' überhaupt"* analysiert er den Begriff der Sucht als einer Kontamination aus Seuche und Suchen, fügt einen Exkurs über die Kontamination als solche an und bringt Beispiele aus dem Lateinischen und Italienischen, wobei außerdem zu erfahren ist, daß Wahn und Wahnsinn ethymologisch nichts miteinander zu tun haben. Nach Aufzählung der moralischen Suchten (z. B. Gewinnsucht), die man von Suchen abzuleiten hat, bringt er Beispiele rein pathologischer Suchten, die mit Seuche in Verbindung zu bringen sind. Neben dem „Exkurs über das, völlig konfuse und konfundierende, Wort: Trunkfälligkeit" wird die Dreideutigkeit des Wortes Trunksucht expliziert: „a) Die Sucht und Begierde nach Alkohol *ohne* primäre krankhafte Ursache. b) Die, von vornherein krankhafte und von vornherein in die Psychiatrie gehörige, Sucht oder Gier der Dipsomanen nach Alkohol. c) Die Seuche oder das Siechtum oder die Krankheit, die man *in ursächlicher Abhängigkeit* von der chronischen Vergiftung durch Alkohol bekommt". In gleicher Weise unterscheidet Rieger in bezug auf den Terminus Alkoholismus, wobei auffällt: „Von den Alkoholisten, im Sinne von a, wurden nur wenige, im Sinne von c, zu Alkoholisten; und überhaupt nur wenige zu Objekten der Psychiatrie". Als Beweis für die individuelle Verschiedenheit der Schädigung bringt Rieger eines seiner nur scheinbar umständlichen, aber unmittelbar klaren Beispiele: „Nachdem ich das Vorstehende geschrieben hatte, führte mir der Zufall eine Bestätigung zu ... in Gestalt eines *zweiundreißigjährigen* Studenten, der, seit mindestens zwölf Jahren, täglich mindestens drei Liter Wein und mindestens vier Liter Bier, daneben auch immer noch Branntwein in sich hineingeschüttet hat. Dieser, im allerhöchsten Maße „alkoholisierte", Mensch hat aber in den langen Jahren durchaus keine Geistes-Störung bekommen". Unseren Wünschen entgegen läßt die Natur – nach Riegers Meinung – die wüstesten Säufer in der Regel gar nicht mit der Psychiatrie in Berührung kommen, und nur die mäßigsten Trinker werden ihre Objekte. Hierfür dient die Völlerei unserer gesunden Vorfahren als Beispiel, da „die Menschen um das Jahr 1600 mehr Alkohol in ihren Leib geschüttet (haben) als um das Jahr 1900". Rieger nimmt dieses zum Anlaß, mit pedantischer Behaglichkeit die Hofordnung Ernsts des Frommen anzuführen, die besagt, daß „auf die Mägdgen- und Officier-Tisch soll gerichtet werden, auf jede Person 1 Maaß Bier, 3 und 1 halb Maaß Landwein ... vors gräffliche und adelige Frauenzimmer aber 4 Maaß Bier, und des Abends zum Abschenken 3 Maaß Bier". Daß es auch um die Würzburger Wissenschaftler nicht anders stand, besagt ein Dokument aus dem Jahr 1729: „Ein Krug Bitterwein des Morgens, des Mittags eine Sündflut Steinwein, des Abends Karten und wieder Wein sind der Zeitvertreib hiesiger Gelehrten". Da Rieger auf kontaminierte und damit konfuse Begriffe wie Trunksucht und Alkoholismus verzichten will, drückt er sich „in klarer *verbaler* Weise" aus und spricht folglich nur von „hineinschütten von Alkohol". Vorbildlich in der Quellenkritik und zugleich ergötzlich zu lesen, ist die mehrere Seiten lange Anmerkung über die angebliche Obstsucht der Habsburger. An Hand von Urkunden weist Rieger beharrlich und unermüdlich jede sich bietende Ungenauigkeit und Verstümmelung nach, demzufolge es nicht nur unwahrscheinlich wird, daß Friedrich III. durch den Genuß zu vieler Melonen verstarb, sondern über Karl V. sogar zu erfahren ist, daß er „für das Haupterzeugnis des Schweinefleischpöckelnden Estremaduras eine besondere Vorliebe hatte". Rieger geht es aber nicht um die Mitteilung amüsanter Anekdoten, viel-

Konrad Rieger

mehr will er, da „die Ärzte die Quellen und Belege nicht prüfen", mit aller Deutlichkeit darauf hinweisen, daß man nichts unbesehen hinnehmen darf.

Erzieherisch zu selbständig kritischem Denken ist auch seine scharfe Polemik gegen die Gallsche Phrenologie, die er eine „rohe und altweiberhafte Empirie" nennt, und der er vorwirft, daß sie Worte zu Dingen verhärte. In gleicher Weise dient der „Emancipation der Psychiatrie vom medicinischen Aberglauben" Riegers Schrift über die „*Castration*", in der er den Mythos von der Wichtigkeit des Testikels für Intelligenz und Energie zerstören will. Während man im Altertum von den Kastrierten wußte, daß sie nicht krank waren, ist man heutzutage insofern dem medizinischen Aberglauben verfallen, als bei einem so großen körperlichen Defekt wie der Kastration man mit aller Selbstverständlichkeit auch eine psychische Anomalie feststellen zu müssen glaubt. Da man aber bei Entfernung der Ovarien für gewöhnlich keine vitalen Störungen erwartet, formuliert Rieger seinen oft zitierten Satz: „Was den Ovarien recht ist, ist den Testikeln billig". An Hand der Biographien von Narses, Abälard und Origenes, die alle in der ersten Lebenshälfte kastriert wurden, zeigt Rieger, daß die Kastration keine Beeinträchtigung von Energie und Intelligenz nach sich ziehen muß.

„*Wie geht es in dem Hirn zu?*" lautet der Titel einer Arbeit Riegers, in der er seine eigenen Schwierigkeiten eingesteht, infolge der „falschen Mythologie der Sprache" richtig zu denken. Im Streben nach methodischer Sauberkeit lehnt Rieger die Bilder der elektrischen Leitung und der Schreibtafel für das Verständnis des Hirngeschehens ab, denn „elektrische Modelle passen nicht für das Nervensystem" und „erleichtern nur das Verständnis an der Peripherie", doch „wenn es weiter geht in den inneren Sinn, in die Mens, da versagen alle Modelle der Technik"; so ist ein Auge zwar eine räumliche Kamera, „aber ‚Engramme' weiter innen, das ist Mythologie". Rieger glaubt statt des Solidum-Modells mit dem Liquidum-Schema das Zusammenfließen der verschiedenen Tätigkeiten besser veranschaulichen zu können, da er für die Aktivität der Zellen keinen anderen Inhalt findet als die Produktion „von unendlich variablem Saft". Denn „die wirkenden Subjekte im Hirn, die ‚Täter', sind die Klümpchen im Hirn, die unendlich Verschiedenes wirken", und denen eine Art niederer Intelligenz zukommt. –

In der Monographie „*Über Apparate in dem Hirn*" sucht Rieger durch die Unterscheidung eines räumlich-sachlichen und sprachlich-begrifflichen Apparates das Geschehen bei Hirngeschädigten klarer zu machen. Während im normalen Gehirn beide Apparate zusammenwirken, sind sie bei Störungen oft auseinander gerissen. Mit der Trennung der kontinuierlichen Legato-Bewegungen von den Teilungen des Staccato gelangt Rieger zur Unterscheidung in Zügellosigkeit eines Hirnapparates mit zwangsmäßig innerem Legato und einfache Schwäche eines Hirnapparats mit mangelhaftem Legato, wobei in abnormen Hirnapparaten ein beständiger Wechsel zwischen den beiden Zuständen besteht. Diese bedeutende Arbeit Riegers ist der Beginn zur Erforschung der Funktion des Scheitellappens. Der Gang der Untersuchung, die nur wenig übersichtlich, aber voll genauester Einzelbeobachtungen ist, wird von ideenflüchtigen Aperçus über die Mütter in Goethes Faust sowie das flüchtige Wild und den Treppenwitz unterbrochen, wie immer zu ernsthaft-vergnüglichem Grübeln einladend. Bescheiden, karg aber sagt Rieger: „Wir sehen in das Hirn noch so dumm hinein" und mit Leibniz' Worten: „Die Augen werden annoch gehalten." Zur Zeitmessung hat Rieger sich eine einfach zu handhabende Tertienuhr konstruiert, denn wer sich um einen Apparat „kümmern" muß, kann sich nur „kümmerlich" durchschlagen, darum: „wenn es ohne Apparate geht, ist es immer am besten". Aus diesem Grunde sind die technischen Hilfsmittel, die Rieger sich nach seinen Bedürfnissen zurechtzimmern ließ, stets denkbar einfach, und nicht von ungefähr ist es die unkomplizierte *Meßstange*, die er mit geradezu fanatischer Genauigkeit täglich gebrauchte und derem Lobe er ein ganzes Buch gewidmet hat. „Auch im Wissenschaftlichen ist der unterste Weg der sicherste", schreibt Rieger und versucht so mittels der Meßstange sich wenigstens „über das Gröbste" Klarheit zu verschaffen. Hierbei geht es ihm um die Relation zwischen Meßstange und Waage, und zwar bestimmt er die Korrelationen zwischen den Zentimetern des Körpers, den Kilogrammen des Körpers und den Grammen des Gehirns. In gleicher Weise setzt er die Gramme des Gehirns in prozentuale Beziehung zu den Kubikzentimetern der Schädelhöhle, wobei das normale Verhältnis 10 % Differenz beträgt. Nach der Absicht der sich über Jahrzehnte erstreckenden minutiösen Untersuchungen befragt, konnte Rieger nur zur Antwort geben: es muß eben Ordnung sein. Auf Grund dieses Materials wurde aber später die Lehre vom Hirndruck sowie den psychischen Zentralfunktionen im Hirnstamm (Reichardt) möglich.

Obwohl Rieger kein Systematiker war, ist ihm doch die erste umfassende Methode der Intelligenzprüfung zu verdanken, als deren Begründer er folglich zu gelten hat. In der *„Beschreibung der Intelligenzstörungen infolge einer Hirnverletzung"* beobachtet Rieger mit nicht zu überbietender Aufmerksamkeit und Unvoreingenommenheit einen hirngeschädigten Kranken und notiert mit Muße und Sorgfalt jede Einzelheit, die sich im Verlauf der über hundertstündigen Exploration ergibt.

Durch die gleiche Unvoreingenommenheit der Beobachtung zeichnet sich auch seine Arbeit über den *„Hypnotismus"* aus, wobei sich die Gelegenheit bietet, von seiner maßvollen und aus den natürlichen Begebenheiten erwachsenden Experimentierkunst zu lernen. Wenn für Rieger auch der unterste Weg der sicherste ist, so läßt er sich doch nicht zu Hypothesen auf somatischem Gebiet verleiten, sondern urteilt von den Phänomenen aus und läßt seiner Phantasie nur an der Richtschnur des Beobachteten die Zügel frei. So sind für Rieger die Versuche, die hypnotischen Zustände „physiologisch und streng naturwissenschaftlich durch ein Zurückgehen auf unseren Sinnen zugängliche Veränderungen im Gehirn zu erklären, werthlos", und indem er sich darauf beschränkt, den hypnotischen Vorgang als vorübergehende Verrücktheit zu bezeichnen, hält er die psychologische Auffassung für die einzig mögliche.

Neben Arbeiten zur medizinischen Elektrizitätslehre, zur forensischen Psychiatrie u. a. sind die „Untersuchungen über Muskelzustände" zu nennen, in denen Rieger übrigens Sherringtons Dehnungsreflex vorausnahm. Vor allem aber verdienen seine sechs *„Berichte aus der Klinik"* Beachtung, in denen die Geschichte der Würzburger Psychiatrie vom Jahre 1583 an dargestellt ist, als der erste „Sinnlose" in das „Gefängnis der Angefochtenen" aufgenommen wurde. Eine Art rudimentärer Krankengeschichten berichtet über den Verlauf der Krankheit, wobei vermerkt ist, ob der Geheilte – analog unserer heutigen „Krankheitseinsicht" – „gratus abiit" oder nicht. Wenn auch noch mancher in majorem Dei gloriam verbrannt wurde, so finden sich doch auch Diagnosen wie „nichts befunden, denn natürliche Krankheit". Den therapeutischen Optimismus sowohl um 1600 wie um 1800 beurteilt Rieger als falsch und schreibt in bezug auf die angewandten Medikamente: „Da wir auch gegenwärtig, Dank der betriebsamen Erwerbslust unserer chemischen Industrie, auf dem besten Wege dazu sind, wieder bei etwas anzulangen, was man als eine verfeinerte und modernisierte ‚Dreck-Apotheke' bezeichnen kann; so dürfte die Erinnerung an die alte zugleich als Warnung dienen vor der Wüstheit des medicinischen Aberglaubens und des furor therapeuticus". Im Gegensatz zu dem „unnatürlichen und unnötigen Eifer um Heilung" der Zeit um 1800 ist für Rieger im Jahre 1905 der therapeutische Optimismus um 1600 „freundlicher und anziehender" und somit der Gegenwart wieder näher, die von dem Übereifer, um jeden Preis heilen zu wollen, aufs neue frei geworden ist. Da Rieger die Störungen vor 300 Jahren nicht andere zu sein scheinen als heute, kommt er zu dem Schluß: „Die Natur und die Krankheiten haben sich nicht geändert, sondern nur die sozialen Verhältnisse".

Diese Bemerkungen leiten über zu Riegers origineller Auffassung über das Wesen der psychischen Erkrankung und zu den Begriffen *Physiokratie und Anthropokratie.* Während in der Geburtshilfe oder bei Infektionskrankheiten das aktive menschliche Eingreifen erfolgreich ist, kann ein solches anthropokratisches Streben das „Übel der Narrheit" infolge des Fehlens der causa externa nicht heilen, denn „das Übel hat keine Ursachen, die man beseitigen könnte, sondern es liegt unabwendbar in der menschlichen Natur". Da somit in der Psychiatrie anthropokratisch nur wenig auszurichten ist, muß physiokratisch der Natur das Hauptgewicht zuerkannt werden, denn – im Unterschied zur übrigen Medizin – „kann man so wenig etwas zur *Erklärung* einer solchen Krankheit, aus fremden Einflüssen, angeben als zur Erklärung einer großen oder kleinen Nase ... und vieler solcher unerklärlicher individueller Eigentümlichkeiten". Über die „Befreiung der Psychiatrie vom *medicinischen* Aberglauben" schreibt Rieger im Jahre 1900 den bedeutungsvollen, richtungweisenden Satz: „Da diese Behauptung von der Autonomie desjenigen, was der Psychiatrie angehört, der Wirklichkeit entspricht; so gehört ihr zwar nicht die Gegenwart, welcher einfach noch die Kategorien des Denkens fehlen, die nötig sind zum Verständnis einer ‚Krankheit ohne Ursache'; wohl aber gehört ihr die Zukunft".

Überblickt man Leben und Schaffen Konrad Riegers, so erscheint der unabhängige, grüblerische Gelehrte nicht als eine Persönlichkeit, die ebenso Ausdruck ihrer Zeit ist wie sie der zeitgenössischen Wissenschaft ihren Stempel aufdrückt. Rieger ist in seiner Art eine zeitlose Gestalt; er hat seine eigene Sprache und geht seinen eigenen Weg. Wenn Gaupp in dem Nachruf für Rieger von seiner „lähmenden Skepsis" spricht, so liegt der Grund wohl darin, daß Rieger an allem die schwache Seite sieht und vor allem das, was sich endgültiger Lösungen und Erklärungen brüstete, mit seinem beißenden Spott bedenkt. Diese Skepsis ist aber nicht nur eine Kritik an etwas, sondern sie wird fruchtbar, weil sie einer klaren methodischen Haltung entspricht und, indem Rieger grundsätzliche Zweifel an der Berechtigung der Ursachenforschung für die Geisteskrankheiten äußert, neue Möglichkeiten öffnet. Rieger ist keiner der großen Männer, die in ihrem Fach „Geschichte machen"; vor allem unter dem Einfluß der „urkundlichen Wirklichkeit" im Heilen und Erklären vorsichtig geworden, wagt er wenig und irrt wenig. Dafür lehrt dieser sowohl geistvolle wie skurrile Mann die Menschen und Probleme auf originale Weise zu sehen und zu verstehen, und skurril und geistvoll zugleich und in dieser eigenen Art schöpferisch, das ist viel.

Literaturverzeichnis

Ein Verzeichnis sämtlicher Arbeiten Riegers findet sich in seiner Autobiographie in „Die Medizin der Gegenwart in Selbstdarstellungen", Bd. VIII, Leipzig 1929. Von den insgesamt 79 Arbeiten sind vor allem zu nennen: 1. Der Hypnotismus. Jena 1884. 2. Beschreibung der Intelligenz-Störungen in Folge einer Hirnverletzung nebst einem Entwurf zu einer allgemein anwendbaren Methode der Intelligenz-Prüfung. Verhandlungen der physikalisch-medizinischen Gesellschaft zu Würzburg, Bd. XXII, S. 65 – Bd. XXIII, S. 95. 3. I.–VI. Bericht aus der psychiatrischen Klinik in Würzburg. 4. Die Kastration in rechtlicher, sozialer und vitaler Hinsicht. Jena 1901. 5. Über Trunksucht und über „Suchten" überhaupt. Festschrift für Werneck. Jena 1905. 6. Über Apparate in dem Hirn. Jena 1909. 7. Die Julius-Universität und das Julius-Spital. Leipzig 1916. 8. Die Meß-Stange. Jena 1918. 9. Wie geht es in dem Hirn zu? Zeitschr. für die ges. Neurol. und Psychiatrie, Bd. 94, 1924, S. 192. – Biographisches über Rieger in den Nachrufen von M. Reichardt, Archiv für Psychiatrie, 166, 110, 1933, sowie von R. Gaupp, Zeitschr. für die ges. Neurologie und Psychiatrie, 309, 166, 1933.

CHARLES SCOTT SHERRINGTON

1857–1952

Von John F. Fulton

Die Erforschung des Nervensystems und seiner Funktionen begann sehr früh, im 5. Jahrhundert v. Chr., mit Alkmäon von Kroton, dem ersten urkundlichen Neurophysiologen, der schon klar zwischen motorischen und sensiblen Nerven unterschied. Später befaßten sich viele Forscher im Mittelmeerraum mit der Funktion der Nerven; der hervorragendste von ihnen war Galen, der Hofarzt von Marc Aurel. Nachdem Galen Rückenmarksverletzungen bei Gladiatoren beobachtet hatte, kam ihm der Gedanke, eine Reihe wohl durchdachter Experimente an dem Rückenmark junger Schweine auszuführen. Er stellte an ihnen fest, daß eine Querdurchtrennung des Rückenmarks in Höhe des ersten Brustsegments eine Lähmung der motorischen Funktion und einen Verlust der Empfindung unterhalb dieses Niveaus hervorrief. Er beobachtete, daß die Atembewegungen unbeeinträchtigt blieben, wenn das Rückenmark in Höhe des dritten Halssegments durchtrennt wurde; dann erst hörte die Atemtätigkeit auf. Er stellte weiterhin fest, daß die Nerven, die die Interkostalmuskeln innervieren, aus dem III., IV., V. und VI. Segment entspringen, während die Zwerchfellatmung von tieferen Ursprungssegmenten reguliert wird.

Im 16. Jahrhundert wurden diese Befunde von Galen durch Vesalius, Fernel und Paré bestätigt; sonst aber fügten sie nur wenige neue Tatsachen über das Nervensystem hinzu. Im 17. Jahrhundert stellte Descartes den Begriff des Reflexes auf. Er war zu seiner Auffassung hauptsächlich auf Grund theoretischer Erwägungen gekommen, ohne sie durch direkte experimentelle Unterlagen beweisen zu können.

Ein Jahrhundert später veröffentlichte Robert Whytt aus Edinburgh sein klassisches Buch „Eine Abhandlung über vitale und andere unwillkürliche Bewegungen bei Tieren" (1751), worin der Begriff des Reflexes auf experimenteller Grundlage fest begründet und Beispiele von aufgehobenen Reflexen – wie etwa der Pupille – in allen Einzelheiten beschrieben wurden. 1822 folgte die Entdeckung von der getrennten Funktion der Rückenmarkswurzeln durch Charles Bell; er erkannte, daß die hintere Wurzel die sensible, die vordere die motorische war.

Dann folgte die berühmte Abhandlung von Marshall Hall über die spezifischen Reflexe des Rückenmarks, und danach wurde – außer Bernards Entdeckung der Vasomotorennerven – wenig zu diesen grundlegenden Befunden hinzugefügt, bis Fritsch und Hitzig 1869/70 die motorischen Regionen erkannten.

Sherringtons Verdienst ist es, das Spezialgebiet der Neurologie in der heutigen Konzeption begründet zu haben. Er war einer von vier Söhnen von James Norton Sherrington. Charles wurde am 27. November 1857 in London geboren. Kurz darauf starb James Sherrington, und der Knabe wurde von seinem Stiefvater, Dr. Caleb Rose jun., erzogen und wuchs in den beiden in Norfolk gelegenen Orten Yarmouth und Ipswich auf. Seine frühe Erziehung empfing er in einem Gymnasium in Ipswich, wo er sich so intensiv mit dem Studium der alten Sprachen, hauptsächlich Latein und Griechisch, befaßte, daß er die klassischen Sprachen bis zum Tode fließend lesen konnte. Einer seiner Lehrer stellte ihm einst die Aufgabe, das Sonett von Keats: „Beim Besuch von Burns Grabmal" in lateinische Verse zu bringen. Er tat dies ohne Schwierigkeit, zumal er außer der Beherrschung der Sprachen auch eine tiefe Verehrung für Keats und viele andere englische Dichter empfand. In einem Gedichtband, der erst in seinen späteren Jahren veröffentlicht wurde, bekannte er, daß Keats stets sein Ideal unter den Dichtern gewesen sei. Er konnte fast jedes bedeutende Gedicht von Keats aus dem Gedächtnis aufsagen und kommentierte häufig die „Ode an die Nachtigall" und einige in ihr vorkommende besondere Zeilen wie „Lethe-wärts":

Mich schmerzt das Herz, Betäubung hält in Haft
Die Sinne mir, als hätte ich getrunken bis zur Neige
Giftigen Mohnes Saft und wäre dann in Lethes Flut gesunken.

Diese Zeilen sind ein Beispiel der großen Quellen seiner schriftstellerischen Inspiration. Schon von Jugend an konnte Sherrington, ein Mann der Wissenschaften, gut und mit tiefem Verständnis mit den größten Dichtern, die die englische Literatur bereichert haben, beisammen sein.

Als Student reiste Sherrington viel in Europa umher und verbrachte einen großen Teil seiner Zeit in den kontinentalen Galerien, wo er sich umfangreiche Kenntnisse über die Meisterwerke erwarb und sich besonders für die italienische Renaissance interessierte. Immer wieder konnte er mit Vergnügen die Geschichte der Madonna von Correggio erzählen, die von einem Besitzer zum andern gegangen war, bis sie auf Befehl des Herzogs von Wellington im Jahre 1825 für die Nationalgalerie nach England gebracht wurde.

Sherringtons Interesse für das Nervensystem wurde 1881 auf dem Internationalen Kongreß für Medizin in London wachgerufen, als Professor Goltz aus Straßburg seine entrindeten Hunde demonstrierte. Sherrington, der die Experimentalarbeiten David Ferriers über die motorischen Rindengebiete beim Affen (1873) kannte, bat Goltz, den Rest des Nervensystems seiner entrindeten Tiere untersuchen zu dürfen. Goltz gab ihm die Erlaubnis hierzu; mit diesen Untersuchungen, die er zusammen mit dem Professor für Physiologie in Cambridge, J. N. Langley, durchführte, begann seine Laufbahn als Neurophysiologe. 1884 veröffentlichten Sherrington und Langley den ersten Bericht (2), nachdem Sherrington drei Jahre lang als „undergraduate" in Cambridge gearbeitet hatte.

Seine weitere Ausbildung führte Sherrington in viele bedeutende Laboratorien Europas. Zuerst unternahm er eine Expedition nach Spanien, die von der Royal Society of London zur Erforschung der asiatischen Cholera veranlaßt wurde. Während dieser Reise hat er offenbar den jungen Ramón y Cajal getroffen, der zur gleichen Zeit die Choleraepidemie studierte. Sherrington und Cajal veröffentlichten ihre Berichte beinahe gleichzeitig. Als die Cholera im Jahre 1886 in Italien ausbrach und eine zweite Expedition entsandt wurde, ging Sherrington allein in die Provinz Puglia in Süditalien. Das gesammelte Material brachte er in das Laboratorium von Virchow, fand aber den berühmten Professor mehr mit Politik als mit Pathologie beschäftigt. Auf Virchows Rat begab sich Sherrington dann zu Robert Koch, in dessen Laboratorium er seine Cholerapräparate bearbeitete. So kam es, daß zwei seiner frühesten Veröffentlichungen, die beide in den Berichten der Royal Society gedruckt wurden, sich mit der Erforschung der Cholera befassen. (15)

Während der Ausbildungszeit nach seinem Staatsexamen verbrachte Sherrington längere Zeit in Deutschland. Hier waren ihm manche Professoren ausgesprochen sympathisch; gegen andere hegte er aber Abneigung, die er in seiner Aufrichtigkeit auch zum Ausdruck brachte. In Berlin besuchte er die Vorlesungen von Helmholtz, für den er tiefe Bewunderung empfand. Aber einige Jahre später machte er zu einem seiner Schüler die Bemerkung, daß Helmholtz ein erschreckend schlechter Dozent sei: der große Mathematiker gerate bei der Darstellung einfacher arithmetischer Aufgaben hoffnungslos in Verwirrung und bringe ziemlich oft die ganze Vorlesung damit zu, eine Gleichung aufgehen zu lassen. Andererseits hielt er Du Bois-Reymond für einen äußerst faszinierenden Dozenten, fand aber, daß er eine kleine Schwäche für übertriebene dramatische Effekte habe. Er konnte Waldeyer nicht leiden, denn er sah in Ramón y Cajal den Urheber der Neuronenlehre und war der Meinung, daß Waldeyer nichts wirklich Neues gebracht, sondern nur eine allgemein verständliche Auslegung von Cajals Beobachtungen gegeben habe. Sherrington äußerte auch über Professor Pflüger recht harte Worte, obwohl dessen Interessengebiet dem jungen englischen Neurophysiologen viel näher stand als das von Helmholtz oder von Du Bois-Reymond. Sir Michael Foster hatte Sherrington mit einem Empfehlungsschreiben zu Pflüger geschickt. Pflüger hatte ihn etwas ungeduldig empfangen, ihn am Arm ergriffen und ausgerufen: „Und nun wollen wir eine Entdeckung machen!", worauf sie sich an ein Mikroskop begaben und eine Nervenzelle in einer Gallenblase entdeckten! Vielleicht ist diese eine Erinnerung nicht sehr erfreulich. Aber Pflüger war sonst, obwohl kurz angebunden, vielen französischen, englischen und amerikanischen Studenten gegenüber die Freundlichkeit in Person gewesen. Wenn dieser Vorfall auch in Sherringtons beeindruckbarem Gemüt seine Spuren hinterlassen hatte, so erzählte er die Anekdote doch später immer mit einem wohlwollenden Lächeln. In seinem späteren Leben bewahrte Sherrington diesen frühen Förderern im Ausland eine tiefe Anerkennung; sobald Studenten vom Kontinent ihn um Rat und Führung baten, empfing er sie meist mit Wärme, obwohl er manchmal nicht liebenswürdiger zu ihnen war, als Pflüger es seinerzeit zu ihm gewesen war.

Der Ausbildung auf dem Kontinent folgte seine erste Berufung als Dozent der Physiologie ans St.-Thomas-Krankenhaus; später wurde er zum Professor und ärztlichen Direktor des Brown-Institutes ernannt (1891). Dieses Institut, das hauptsächlich der Veterinärmedizin diente, war einige Jahre vor Sherringtons Ernennung zum Direktor unter Förderung der Londoner Universität von einem unbekannten Tierfreund, namens Thomas Brown, gegründet worden. Brown hatte die Aufgabe des Institutes darin gesehen, seine Bemühungen „auf die Heilung aller Krankheiten, Störungen und Verletzungen, denen irgendein dem Menschen nützlicher Vierfüßler oder Vogel ausgesetzt sei" zu richten. Der jeweilige Professor und Direktor war verpflichtet, jährlich einmal eine Reihe von fünf Vorträgen zu halten, in denen er über die Arbeit am Institut berichtete. Der erste Direktor war Sir John Burdon Sanderson gewesen. Ihm folgte Professor W. S. Greenfield, dann C. S. Roy, der Sherrington auf der Expedition nach Spanien begleitet hatte, und zuletzt Sir Victor Horsley. Ihre vereinten Bemühungen haben viel zum Fortschritt der Tierheilkunde in England beigetragen. Der Verwaltungskörper war aus hervorragenden Männern zusammengesetzt, wie Sir James Paget, Sir John Simon, Sir George Buchanan,

Sir William Gull, Dr. Richard Quain und dem bekannten Physiologen Professor Edward Sharpey. Sherrington blieb vier Jahre lang an dem Brownschen Institut und wurde dann auf den Lehrstuhl der Physiologie nach Liverpool berufen.

Einige seiner besten Arbeiten über das Nervensystem waren auf den Forschungen am Brown-Institut aufgebaut, unter anderem auch seine Monographie über die periphere Verteilung der Fasern aus den hinteren Rückenmarkswurzeln. (Deren erster Teil wurde in den „Philosophical Transactions" von 1894 herausgegeben) (3). Auch seine Untersuchungen über die reziproke Innervation antagonistischer Muskeln begannen in dieser Zeit; 1894 wies er in einer sehr bedeutsamen Abhandlung über die sensorischen Nervenendigungen in der Skelettmuskulatur das Vorhandensein des jetzt als propriozeptiv bekannten Systems der Muskelinnervation nach. Sherrington kam physiologischen Problemen immer auf dem Wege über die Anatomie näher, was in der Veröffentlichung von 1894 gut zu erkennen ist. So beobachtete er nach der Durchtrennung der zu bestimmten Muskeln gehörigen hinteren Spinalwurzeln, daß ein Drittel bis die Hälfte der Nervenfasern, die zu diesen Muskeln verlaufen, sensiblen Charakter haben; dieser Befund führte ihn natürlich zu der Frage nach ihrer Funktion. Daß die Muskelspindeln sensible Endorgane sind, war noch nicht erkannt worden. Nach einer weiteren Versuchsreihe, bei der zuerst die hinteren und dann die vorderen Wurzeln durchtrennt wurden, kam er zu folgenden Schlüssen: „In Muskeln, in denen alle motorischen Fasern mittels Degeneration vollkommen entfernt wurden, ist es mir stets gelungen, in jeder im Muskel nachweisbaren Spindel vollkommen intakte myelinisierte Nervenfasern aufzufinden. Diese myelinisierten Fasern lassen sich von den sensiblen Wurzeln herleiten, sie dringen in die Spindeln ein und enden in ihnen." Wenn er die hinteren Wurzeln durchtrennte und damit die dazugehörigen Ganglienzellen ausschaltete, degenerierten und verschwanden alle Muskelspindeln und alle Golgischen Sehnenkörper.

Es war nur natürlich, daß Sherrington sich nach diesen Entdeckungen einen tieferen Einblick in die Funktionsprobleme zu verschaffen suchte. Er fand bald heraus, daß die Durchtrennung der sensiblen Hautnerven an einer Pfote die Fähigkeit der Katze, koordinierte Bewegungen auszuführen, in keiner Weise beeinträchtigte, obwohl die Pfote unempfindlich geworden war. Wenn die hinteren Nervenwurzeln aber durchtrennt wurden, waren damit nicht nur die Hautnerven, sondern auch die die Muskeln innervierenden Nerven unterbrochen, wurde die Katze völlig unkoordiniert, ihre Bewegungen glichen denen eines an Tabes dorsalis leidenden Menschen, und auch die Patellarreflexe gingen verloren. Wurden Hautnerven allein durchtrennt, blieben die Patellarreflexe erhalten.

Als nächstes nahm Sherrington Untersuchungen an sensiblen Dermatomen vor, indem er drei aufeinanderfolgende hintere Nervenwurzeln unterbrach und die Verteilung sensibler Ausfallserscheinungen analysierte. Nachdem dies festgestellt war, wandte er seine Aufmerksamkeit dem Phänomen der Entrindungsstarre zu, die er dann zum ersten Mal in den Croonian-Vorlesungen, 1897, beschrieb. (5)

Sherringtons klassischer Bericht über die Enthirnungsstarre begann mit einer sehr klaren Beschreibung der von den enthirnten Affen eingenommenen Haltung: „Die Hand des Affen", sagte er, „ist mit der Palmarfläche leicht nach innen gedreht. Die hinteren Gliedmaßen sind in ähnlicher Weise gestreckt und nach rückwärts gewandt. Die Hüfte ist gestreckt, die Knie sind sehr steif und die Knöchel etwas extendiert. Der Schwanz ist trotz seines Gewichtes – und er ist bei einigen Affenarten recht schwer – entweder gerade

Charles S. Sherrington.

und horizontal ausgestreckt oder oft auch steif nach oben gebogen." Er fügte hinzu, daß ein beträchtlicher Widerstand gefühlt wird, wenn man die Glieder, den Schwanz, den Kopf oder den Kiefer aus der eingenommenen Stellung zu drücken versucht, und daß „sie sofort in die frühere Stellung zurückschnellen, wenn sie freigegeben werden, um für eine Zeitlang mit noch größerer Starre als vorher so zu verharren." Sherrington beobachtete, daß die Enthirnungsstarre durch eine tiefe Narkose gelöst werden könne, daß die Durchtrennung der dorsalen Rückenmarksstränge dies aber nicht zu tun vermag. Die Durchtrennung eines ventrolateralen Stranges des Rückenmarks hebt jedoch die Starre in den hinteren und vorderen Gliedmaßen derselben Seite auf. Durch Durchtrennung der dazugehörigen Wurzeln konnte auch die Starre in einer Extremität aufgehoben werden. Diese glänzende Analyse des Enthirnungszustandes wird stets ein Grundpfeiler der Neurophysiologie bleiben.

Sherrington liebte Polemik nicht; er vermied insbesondere jede Auseinandersetzung mit Sir Victor Horsley, der 1894 einen unglückseligen Streit über die Frage der Pyramidendegeneration vom Zaun gebrochen hatte. Sherrington hatte damals mittels der Marchi-Methode die Wirkungen der isolierten Läsionen der Arm- und Beinzentren bei Affen sehr genau beobachtet und den Verlauf, den die ipsilaterale sowie die contralaterale Degeneration im Rückenmark nahm, sehr genau beschrieben. Zufällig hatte Dr. Mellus aus Berlin, der in Horsleys Laboratorium gearbeitet hatte, zur selben Zeit eine gleiche Analyse unternommen. Nun ließ Horsley in einem Brief an den „Lancet" durchblicken, daß Sherrington dem Dr. Mellus den Vorrang streitig machen wolle. Dies hatte Sherrington jedoch ganz fern gelegen, und er schrieb zu seiner Verteidigung einen Brief an den „Lancet". Nach diesem Vorfall wurde über die Frage der motorischen Rindenanteile bis nach Horsleys Tod im Jahre 1917 geschwiegen, abgesehen von einigen Notizen, die in den „Fortschritten der Royal Society" in den Jahren 1901, 1902 und 1903 veröffentlicht wurden. (6) In diesen kurzen Abhandlungen wurden nur die Grenzen der motorischen Regionen erwähnt, aber nichts über die als Ergebnis einer Rindenablation auftretende Degeneration ausgesagt. 1917 veröffentlichte Sherrington zusammen mit A. S. F. Grünbaum (Leyton) einen ausführlichen Bericht über die Versuche, die er an den motorischen Rindenbezirken der Anthropoiden vorgenommen hatte; er übernahm als Abbildungen einige der schönen Zeichnungen, die Cushing im Jahre 1901 für ihn angefertigt hatte.

Den Lehrstuhl in Liverpool hatte Sherrington 1895 übernommen; beinahe gleichzeitig wurde sein Ruf als erste Autorität auf dem Gebiet der Funktion des Nervensystems begründet. Er wurde aber, wie viele junge Physiologen, dazu ausgenutzt, einen speziellen Abschnitt für das Lehrbuch eines anderen Autors zu schreiben. Es war Michael Fosters Lehrbuch der Physiologie. Sherrington hatte den Abschnitt über die Funktion des Nervensystems zu schreiben; in diesem Buch führte er den Ausdruck Synapse in die Neurologie ein, der sofort übernommen wurde und seither allgemein in Gebrauch ist. Die Definition des Wortes findet sich auf Seite 929 im zweiten Band des 1900 veröffentlichten Lehrbuches (8) in Sherringtons Kapitel über das Rückenmark und die Medulla. Viele Jahre später schrieb Sherrington in einem persönlichen Schreiben an den Verfasser dieses Artikels: „Sie erkundigen sich nach der Einführung des Wortes ‚Synapse'. Es kam so zustande: M. Foster hatte mich gebeten, die Fertigstellung des Kapitels über das Nervensystem für eine neue Ausgabe seines Lehrbuches der Physiologie (3. Teil) zu beschleunigen. Ich hatte es begonnen, war aber nicht weit damit gekommen, da ich die Notwendigkeit einer Benennung für die Verbindung von Nervenzelle zu Nervenzelle erkannte; denn diese Verbindungsstelle hatte ja nun als Funktionsträger in der Physiologie Bedeutung erlangt. Ich schrieb ihm über die Schwierigkeit und meinen Wunsch, einen besonderen Namen einzuführen, und schlug den Gebrauch von ‚Syndesmus' (σύνδεσμος) vor. Er fragte seinen ‚Trinity'*-Freund Verall, den Euripides-Forscher, um Rat in der Sache und dieser Schlug ‚Synapse' vor (griech. συναψις = Verbindung); da dieses Wort eine bessere adjektivische Form gab, wurde es gewählt."

Wäre Sherringtons Ruf nicht schon durch seinen Beitrag zu Fosters Lehrbuch gefestigt gewesen, so wurde durch seine im März und April 1904 in Yale gehaltenen Silliman-Vorträge über „die integrative Tätigkeit des Nervensystems" völlig klar, daß er allen überlegen war: ein Mann mit unerreichter Kenntnis der Funktion des Zentralnervensystems. Das Buch, das die Silliman-Vorträge zur Grundlage hatte, erschien im Jahre 1906 (9) und steht in den Augen der meisten Physiologen an Bedeutung auf gleicher Stufe mit Harveys „De motu cordis". Diese Arbeit von Sherrington bedeutete einen Wendepunkt der experimentellen Physiologie des Menschen, weil Sherrington hier zum erstenmal Hughlings Jacksons Begriffe von dem Ursprung der Funktion erklärte und viele neue Bezeichnungen einführte; sie werden heute von den Neurophysiologen der ganzen Welt gebraucht (z. B. propriozeptiv und nociozeptiv). In „The integrative Action of the nervous system" sprach er auch ausführlich über seine Arbeiten an Affen und Anthropoiden und erwähnte dabei, daß Cushing in Baltimore und Krause in Berlin eine ähnliche Anordnung von sensiblen und motorischen Funktionen im menschlichen Gehirn wie in dem der Anthropoiden gefunden hätten, ein schönes Beispiel von Sherringtons gewohnheitsmäßiger Großmut seinen jüngeren Kollegen gegenüber. In seinem Briefwechsel wie auch in gedruckten Arbeiten hat Sherrington oftmals großzügig auf Cushing hingewiesen, besonders auf die Tatsache, daß Cushing ihm nicht nur geholfen habe, die Rinde der Anthropoiden freizulegen, sondern auch bei der Anfertigung von Diagrammen zur Darstellung der erregbaren Zonen.

Nach dem Tode von Francis Gotch im Jahre 1913 wurde Sherrington von Liverpool nach Oxford berufen, um hier den Lehrstuhl für Physiologie zu übernehmen. Während des ersten Jahres zog er eine große Anzahl von Studenten an; als der erste Weltkrieg im August 1914 ausbrach, wurden leider trotz des großen Bedarfs an jungen Physiologen und des ernsten Mangels an ausgebildeten Wissenschaftlern alle seine Studenten, die körperlich tauglich waren, zum Heeresdienst eingezogen. Statt sie zu schonen und ihr Studium fortsetzen zu lassen, wurden viele dieser vielversprechenden jungen Männer geopfert. Als Sherrington im Herbst 1914 seine Vorlesungen wieder aufnahm, hatte er nur 7 Studenten, 4 Frauen und 3 für den Heeresdienst untaugliche Männer! Sir Charles wurde gleich nach Kriegsbeginn aufgefordert, Ermüdungserscheinungen in Kriegsindustrien zu untersuchen; aus einem tiefen Gefühl der Loyalität heraus begann er selbst als Tagarbeiter beim Messen von Geschossen in der Vickers-Maxim-Munitionsfabrik in Birmingham zu arbeiten. Während dieser Zeit bewohnte er eine Arbeiterhütte und hielt den langen 12-Stundentag inne, der damals von Arbeitern verlangt wurde. Nach elf Wochen kehrte er nach Oxford zurück und schickte einen eindrucksvollen Bericht an das Kriegsministerium. In diesem Bericht betonte er, daß die Leute in den Munitionsfabriken mehr schaffen würden, wenn sie kürzere Arbeitszeit und bessere Lebensbedingungen erhalten würden. Dieser Rat wurde befolgt.

Nach Kriegsende kehrte Sherrington sogleich in sein Laboratorium nach Oxford zurück und stürzte sich in seine Forschungen (über die Physiologie der Körperhaltung), die nach dem Verlassen Liverpools unterbrochen worden waren. Nachdem er seine Entdeckung von der Enthirnungsstarre gemacht und sie im Jahre 1898 beschrieben hatte, fehlte ihm immer noch völlige Klarheit über den Ursprung des Reizes, der die Anti-Schwerkraftmuskeln in einem Zustand von Überstreckung erhielt. Er wußte, daß die hinteren Wurzeln ausschlaggebend dabei waren. Seine ausführlichen Untersuchungen über den Enthirnungszustand hatten in beinahe jedes Lehrbuch Eingang gefunden, aber er war noch in Unkenntnis über die peripheren Faktoren, die mit der Aufrechterhaltung des hypertonischen Zustandes zu tun hatten. 1921 analysierte er (zusammen mit dem japanischen Forscher N. Sassa) die durch die Stromöffnung hervorgerufene Zuckungskurve der Beuge-Reflexe mit einem neuen optischen Myographen. (10)

Dieser neue optische Myograph ermöglichte es ihm auch, im Jahre 1923, mit seinem neuen Mitarbeiter E. G. T. Liddell, die Erforschung der Eigenschaften anderer Beuge- und Streckreflexe zu beginnen (11). Im selben Jahr beschrieb er mit Liddell zusammen die „myotatischen" Reflexe, die durch Dehnung eines Muskels ausgelöst werden, der von den angrenzenden sensiblen Nervenbahnen vollkommen isoliert ist und nur von seinem eigenen motorischen Nerven innerviert wird. In späteren Arbeiten mit Liddell wurde die Frage dahingehend geklärt, daß die durch Dehnung ausgelösten Reflexe für die Aufrechterhaltung der Starre im enthirnten Zustand verantwortlich seien, und daß der Dehnungsreflex tatsächlich die Grundlage aller gegen die Schwerkraft gerichteten Reaktionen in den Streckmuskeln sei (12). Diese Schlußfolgerung stimmt mit seinen früheren Studien über die sensible Innervation gut überein; sie stand auch in Einklang mit dem Prinzip der Propriozeption, die er in seinen Silliman-Vorlesungen und später in Veröffentlichungen im „Brain" und an anderer Stelle über das propriozeptive System geschrieben hatte.

Während seiner ganzen Laufbahn als Physiologe hielt Sherrington daran fest, daß es die Hauptaufgabe der sich mit Funktionsproblemen beschäftigenden Forscher sei, anatomische Gegebenheiten in die Sprache der Physiologie zu übersetzen. Noch im Jahre 1930 versuchte er, auf Grund vorangegangener anatomischer Untersuchungen die Zahl und die Kontraktionswerte einzelner motorischer Einheiten in Streckmuskeln zu bestimmen.

Als Sherrington mit Sicherheit festgestellt hatte, daß der Dehnungsreflex die Grundlage für die Erhaltung der Enthirnungsstarre bildet, begann er, die an dem Phänomen beteiligten sensiblen und motorischen Endeinheiten zu erforschen.

E. G. T. Liddell, D. Denny-Brown und andere fanden, daß im Elektromyogramm einzelne Muskeleinheiten nacheinander in Funktion treten, sobald die Sehne eines Streckmuskels allmählich gedehnt wird. (Unter Muskeleinheit ist das individuelle Endorgan im Muskel, auch Muskelspindel genannt, einschließlich der Muskelfasern, die von dem jeweiligen sensiblen Organ reflektorisch innerviert werden, zu verstehen.) 1929 wurde ebenfalls von Denny-Brown festgestellt, daß die roten Muskelfasern, wie z. B. die des Quadrizeps, besser auf Dehnung ansprechen als die weißen Fasern; sie sind hauptsächlich für langdauernde Haltungsreaktionen verantwortlich, während die weißen Fasern vorwiegend an der Bildung der schnellreagierenden, sich schnell kontrahierenden Muskeln beteiligt sind, die mit dem Patellarreflex oder mit phasischen Willkürbewegungen zu tun haben.

Sherringtons Weltanschauung war liberal; sie schimmerte in seinen wissenschaftlichen

Arbeiten nur selten durch. Im Alter philosophierte er über den Sinn seines Lebenswerkes. Zum erstenmal stellte er seine eigene Lebensphilosophie dar in einer 1933 vor der Universität Cambridge gehaltenen Rede über „das Gehirn und seine Mechanismen" (13); dabei verweilte er längere Zeit bei dem Thema ‚das Hirn als Organ des Geistes'. Er kam zu dem Schluß, daß keine klare Beziehung zwischen Leib und Seele bestehe. Mit welchem Recht können wir denn überhaupt, so fragte er, eine Verbindung zwischen diesen beiden herstellen? Doch nur mit dem Recht, das John Keats, der Medizinstudent und Dichter, wegwerfend den „übereifrigen gesunden Menschenverstand" genannt hatte. 1941 unternahm Sherrington in seinen Gifford-Vorlesungen in Glasgow „Mensch und Natur" (14) nochmals einen Ausflug in die Naturphilosophie: Wiederum lehnt er es ab, sich positiv über das Leib-Seele-Problem zu äußern. Sherringtons Anhänger waren enttäuscht über seine Skepsis, aber alle waren tief beeindruckt von dem ignoramus, das Sherrington am Ende eines 70jährigen Forscherlebens aussprach. Als ihm 1931 in Bern ein Ehrentitel verliehen wurde, hielt der Physiologe Leon Asher eine kurze Ansprache, in der er von Sherrington als dem „Philosophen des Nervensystems" sprach. Viele Teilnehmer dieses Festaktes hatten geglaubt, daß Sherrington längst tot sei; sein persönliches Auftreten nach der Ansprache löste den lauten Jubel einer riesigen Hörerschaft aus, die buchstäblich alle Völker der Erde verkörperte. Diese Ovation brachte Sir Charles zuerst aus der Fassung; dann bedankte er sich mit gewohnter Liebenswürdigkeit.

Die wissenschaftliche Welt verehrt in Sherrington vor allem den großen Physiologen des Nervensystems. Sherrington war jedoch mehr als ein bedeutender Forscher, er war ein Philosoph und Künstler, ein echter Humanist. Sherrington liebte das Leben, das er selbst durch fruchtbare Gedanken außerordentlich bereicherte. Trotzdem blieb er bis ans Ende seiner 94 Jahre unberührt von dem Lob, das einen Mann von weniger aufrechtem Charakter verdorben hätte.

Das folgende Verzeichnis ist eine Auswahl der Schriften Sherringtons, die im Text erwähnt sind:

(1) *The Assaying of Brabantius and other Verse.* Oxford University Press, 1925, 67 pp. – (2) On sections of the right half of the medulla oblongata and of the spinal cord of the dog which was exhibited by Prof. Goltz at the International Medical Congress of 1881 (with J. N. Langley). *Proc. Physiol. Soc., J. Physiol.*, 1884, 5: VI. Secondary degeneration of nerve tracts following removal of the cortex of the cerebrum in the dog (with J. N. Langley). *J. Physiol.*, 1884, *5*: 49–65, pl. 1–2. – (3) Experiments in examination of the peripheral distribution of the fibres of the posterior roots of some spinal nerves. (I). *Philos. Trans.* (1893), 1894, *184 B*: 641–763, pl. 42–52. – (4) On the anatomical constitution of the nerves of muscles, *Proc. Physiol. Soc., J. Physiol.*, 1894, *17*: XIX–XX. – (5) The mammalian spinal cord as an organ of reflex action. Croonian Lecture. *Proc. roy. Soc.*, 1897, *61*: 220–221. (Abstract. Published *in extenso* as Section IV of Experiments in examination, etc., Philos. Trans. 1898, *190 B*: 45–186). – (6) Observations on the physiology of the cerebral cortex of some of the higher apes (with A. S. F. Grünbaum), *Proc. roy. Soc.*, 1901, *69*: 206–209. Also *Thomp. Yates Lab. Rep.* 1902, *4*: pt. 2. – (7) Observations on the excitable cortex of the chimpanzee, orang-utan and gorilla (with A. S. F. Leyton). *Quart. J. exp. Physiol.*, 1917, *11*: 135–222. – (8) Cutaneous sensations. *Text-book of physiology.* Edited by E. A. Schäfer, Edinburgh and London, 1900, *2*: 920–1001. – (9) *Integrative action of the nervous system.* New Haven and London, Yale University Press, 1906, XVI–411 pp.; 2d Ed. Entirely reset with a new foreword by the author and a bibliography of his

writings. Cambridge University Press, 1947, XXIV, 433 pp. – (10) On the myogram of the flexor-reflex evoked by a single break-shock (with K. Sassa). *Proc. roy. Soc.*, 1921, *92 B*: 108–117. – (11) A comparison between certain features of the spinal flexor-reflex and of the decerebrate extensor reflex respectively (with E. G. T. Liddell). *Proc. roy. Soc.*, 1923, *94 B*: 299-339. – (12) Reflexes in response to stretch (myotatic reflexes) (with E. G. T. Liddell). *Proc. roy. Soc.*, 1924, *86 B*: 212–242. – (13) *The brain and its mechanism.* The Rede Lecture delivered before the University of Cambridge, December 5, 1933. Cambridge University Press, 1933, 36 pp. 2d issue, November, 1937. – (14) *Man on his nature.* The Gifford Lectures, Edinburgh 1937/38; New York, The Macmillan Co.; Cambridge, England, University Press, 1941, VIII, 413 pp. Reprinted, 1942, 1946.

Es gibt bisher noch keine offizielle Biographie Sherringtons, aber von den zahlreichen Gedenkschriften seien die folgenden erwähnt:

Buchthal, Fritz: Sir Charles Sherrington 1857–1952. Acta psychiat., K'hon. 1952, *27* : 1–4. – Creed R. S.: Sir Charles Scott Sherrington, O.M., G.B.E., F.R.S., 1857–1952. *Brit. J. Psychol.*, 1953, *44*: 1–4. – Elvidge, Arthur R. and Penfield, Wilder: Sir Charles Sherrington. *Arch. Neurol. Psychiat.*, 1935, *34*: 1299–1309. – Fulton John F.: Sir Charles Scott Sherrington, O.M. (1857–1952). *J. Neurophysiol.* 1952, *15*: 167–190. – Lhermitte, Jean: Sir Charles Sherrington (1858–1952). *Pr. méd.*, 1952, *60*: 1103–1104. – Liddell, E. G. T.: Charles Scott Sherrington 1857–1952. *Obit. Not. roy. Soc.*, 1952, *8*: 241–270. – Mayer, André: Sir Charles S. Sherrington (1857–1952). *Rev. philos. France Etranger*, Juillet-Sept. 1952, num. 7–9: 483–486. – Tournay, A.: Sherrington et son œuvre. *J. Psychol. norm. path.*, 1953, Janvier-Mars: 1–11.

* Anmerkung des Übersetzers: Trinity = Trinity College in Oxford.

JULIUS WAGNER RITTER VON JAUREGG

1857–1940

Von Leopold Schönbauer und Marlene Jantsch

Als eine große Wiener Tageszeitung im Jahre 1919 eine Würdigung von Persönlichkeit und Werk Wagner-Jaureggs veröffentlichte, begann sie mit dem Hinweis, daß dieser nicht durch eine „innere Mission", sondern durch einen Zufall in sein Fachgebiet geführt wurde. Es ist anzunehmen, daß der Verfasser des Artikels von Wagner-Jauregg selbst auf diesen Umstand aufmerksam gemacht wurde, denn es entsprach dem Selbstbewußtsein des früh Erfolgreichen, daß er gerne erklärte, er hätte es wohl auch in einem anderen Fach zu etwas gebracht, aber immerhin – gewisse Zufälle seien ihm günstig gewesen.

Julius Wagner wurde am 7. März 1857 in Wels als Sohn des Kameralrates und Kameralbezirksvorstehers Adolf Johann Wagner (1816–1894) geboren, der 1883 wegen seiner Verdienste um das Finanzwesen in den erblichen Adelsstand erhoben wurde. Das Prädikat von Jauregg erinnert an die Mutter des Nobilitierten, an Johanna, geborene Jauernik (1742–1868); allerdings hatten die Behörden eine geringe Abänderung des Adelsprädikates verlangt.

Der Großvater Valentin Wagner war Tuchmachermeister in Jägerndorf in Mährisch-Schlesien. Adolf Johann Wagner heiratete 1855 Ludovika Helene Schmeidl (1837–1867), deren Familie auch dem Beamtenstand angehörte und in Niederösterreich beheimatet war.

Julius Wagner war das zweite von vier Kindern. Der frühe Tod der Mutter erklärt vielleicht die Verschlossenheit des großen Sohnes, von dem wir genügend Zeugnisse besitzen über das, was er dachte und wollte, aber nur sehr wenig darüber, was er fühlte.

Der Fünfzehnjährige gelangt 1872 mit der Übersiedlung des Vaters nach Wien, tritt hier in das altberühmte Schottengymnasium ein, wo er zwei Jahre später die Reifeprüfung mit Auszeichnung ablegt. Er ist unschlüssig, welches Studium er ergreifen soll, und entschließt sich endlich für die Medizin, nachdem zwei Klassenkameraden, die in der Mittelschule schlechter entsprochen hatten als er, sich auch für diese genügend befähigt hielten. Es war vielleicht das letzte Mal, daß Wagner ernstlich zauderte, bevor er einen wichtigen Entschluß faßte. Bald bestätigten ausgezeichnete Erfolge in den ersten Prüfungen die Richtigkeit der Wahl. Unter seinen Lehrern finden wir eine Reihe glänzender Namen, so den des Physiologen Ernst Wilhelm von Brücke (1819–1892), des Internisten Heinrich von Bamberger (1822–1888), des Chirurgen Theodor Billroth (1829–1894). Joseph Hyrtl (1810–1894), der geistreiche Redner und hervorragende Anatom, hatte sein Lehramt kurz zuvor wegen eines Augenleidens niedergelegt, und der nüchtern-sachliche Carl von Langer (1819–1887) wurde sein Nachfolger. Es ist für Wagner kennzeichnend, daß er den strengen, schlichten Langer dem fesselnden, mit blendender Darstellungsfähigkeit begabten Hyrtl als Lehrer der Anatomie vorzog, und daß er Billroths Vorlesungen für einen Studenten als zu hoch empfand und von dem die I. Chirurgische Klinik führenden Johann von Dumreicher (1815–1880) Brauchbareres für die ärztliche Allgemeinbildung erwartete. Unter seinen Studienfreunden ist der um drei Jahre ältere Adolf Lorenz (1854 bis 1946), der spätere Orthopäde, besonders zu nennen.

Entscheidend für seine medizinische Entwicklung wurde es, als Wagner schon im dritten Jahrgang seines Studiums im Institut für allgemeine und experimentelle Pathologie, das von Salomon Stricker (1834–1898) geleitet wurde, als wissenschaftliche Hilfskraft Aufnahme fand. Zu dieser Zeit war Stricker vielleicht der einzige in Wien, der das Tierexperiment meisterhaft beherrschte und laufend zur Forschung heranzog. Hier konnte der stud. med. Julius Wagner zwei wissenschaftliche Arbeiten über Herznerven veröffentlichen, noch bevor er – zwanzigjährig – seine freiwillige Militärdienstzeit antrat.

Er meldete sich zur Marine, und dafür gab er später vier Gründe an: 1. die Wiener marineärztliche Ausbildungsstätte lag günstig zur elterlichen Wohnung und zur Universität, 2. und 3. bedeutete sie finanzielle Vorteile und 4. war die Marineuniform vorne ausgeschnitten, und Wagner schätzte dies als Vorteil gegenüber dem hochgeschlossenen Kragen, den Angehörige anderer Waffengattungen tragen mußten. Diese Motivierung ist für ihn charakteristisch: er führt nur unmittelbar einleuchtende Gründe an und verbirgt damit gleichzeitig, was in der Tiefe des Herzens vorgeht. Er war eben nicht extrovertiert! Auch der junge Anton von Eiselsberg (1860–1939) meldete sich zwei Jahre später zur Marine und sagt in seinen Lebenserinnerungen nur, es sei für ihn nahegelegen, diese Waffengattung zu wählen, weil auch ein Bruder dasselbe getan hatte. Vielleicht aber war es doch bei beiden eine heimliche Sehnsucht nach der weiten Welt, die freilich nicht gestillt wurde, denn die Dienstzeit wurde zur Hauptsache im Wiener Garnisonsspital Nr. I verbracht. Auch andere Pläne und Hoffnungen des jungen Wagner nach großen Reisen gehen nicht in Erfüllung: er wird nicht Schiffsarzt beim Österreichischen Lloyd, er begleitet nicht den Forscher Sir Henry Stanley (1841–1904) auf einer Afrikaexpedition (1881), er wird auch nicht im Auftrag einer evangelischen Missionsgesellschaft Dermatologe an der Goldküste, sondern er bleibt weiter bei Stricker und beendet sein Studium so nebenbei. Bis auf die Prüfungen über Augenheilkunde und Chirurgie erledigt er alle Rigorosen mit Auszeichnung und hätte so beinahe die Promotio sub auspiciis imperatoris erreicht, die im alten Österreich allen jenen zustand, die während der Mittelschulzeit nur ausgezeichnete Jahresabschlußzeugnisse erhalten und die Hochschulprüfungen gleichfalls mit sehr gutem Erfolg abgelegt hatten.

Nach der Promotion rückte Wagner zum Assistenten im Strickerschen Institut vor (1. Jänner 1881) und eignete sich eine immer gründlichere Kenntnis der physiologischen Arbeitsmethoden an, er experimentierte viel, allerdings zur Hauptsache für andere; so machte er eine Untersuchung über Blausäure und eine zweite über die Messung des Blutdrucks im kleinen Kreislauf.

Stricker war ein begeisterter Lehrer, der bemüht war, auch seine Assistenten zu guten Lehrern zu erziehen; Wagner spricht von seinem ersten Vorgesetzten nur mit größter Hochachtung und Liebe. Trotzdem aber entging es ihm nicht, daß die Arbeitsrichtung des Institutes nicht dem Rahmen entsprach, für den es vorgesehen war. Stricker war mehr Physiologe als Pathologe; er stand besonders der damals rasch aufblühenden Bakteriologie mit nur wenig Verständnis gegenüber. Wagner zog daraus den Schluß, daß dem Institut keine lange Zukunft beschieden sein werde, und daß es ihm selbst wenig Aussicht für eine akademische Laufbahn biete. So sah er sich nach anderen Möglichkeiten um. Der Versuch, in der II. medizinischen Klinik Heinrich von Bambergers eine Assistentenstelle zu erlangen, schlug fehl – Edmund von Neusser (1852–1912), der spätere Ordinarius für innere Medizin, wurde ihm vorgezogen. Schuld daran mag gewesen sein, daß Wagner sich weigerte, die unbefriedigenden Ergebnisse einer Untersuchung über den Einfluß des Fuchsins auf die Albuminurie bei Morbus Brightii (1881), die er auf Anordnung Bambergers anstellte, mit seinem Namen zu zeichnen. Auch an der I. medizinischen Klinik Hermann Nothnagels (1841–1905) fand sich kein Platz für ihn; ebenso mißglückte ein Versuch, nach Ägypten auszuwandern. Da bot sich eine Gelegenheit, in die psychiatrische Klinik Max von Leidesdorfs (1818–1889) einzutreten. Wagner griff zu, obwohl er sich mit diesem Fach noch niemals beschäftigt hatte – die Vorlesung war damals noch nicht obligat –, und er konnte später sagen, daß dieser Entschluß weder ihm noch der Psychiatrie geschadet hätte.

Während Theodor Meynert (1833–1892) sich dank seinen Arbeiten über Morphologie – den Form und Struktur betreffenden geweblichen Aufbau – des Gehirns Weltruhm erwerben konnte, ist uns das Bild Leidesdorfs als das eines hervorragenden Praktikers überliefert, der jedoch den theoretischen Grundlagen des Faches wenig Interesse entgegenbrachte. Es spricht für seine innere Größe, daß er sich Wagner zum Assistenten wählte, der damals eine vorwiegend theoretische Ausbildung aufzuweisen hatte.

Rasch und ungemein zielstrebend arbeitet Wagner sich ein und erobert sich das unbekannte Gebiet in so origineller Weise, daß er sehr bald einige Arbeiten veröffentlichen kann, so unter anderem Grundlegendes über die Elektrophorese. Mit Hilfe des kurz zuvor von Karl Koller (1857–1944) in die operative Technik eingeführten Kokains als Lokalanästhetikum kann er nachweisen, daß Substanzen in wässeriger Lösung unter der Wirkung des elektrischen Stromes durch die unverletzte Haut aufgenommen werden. Neusser hat die Kokainelektrophorese einmal mit Erfolg bei rheumatischen Genickschmerzen des Königs von Bulgarien angewendet. Wagner-Jauregg bemerkt dazu in seinen Lebenserinnerungen, daß bei manchen Menschen nur das Irrationale wirke. Der König hätte einfach auto-suggestiv die Unempfindlichkeit der Haut auf seine Schmerzen in der Tiefe der Gewebe übertragen und sei so geheilt worden. Erst Jahrzehnte später wurde die Methode, Medikamente dem Körper zuzuführen, wieder aufgegriffen und ausgebaut. Sie gehört heute zum Rüstzeug der physikalischen Therapie.

1887 erschien eine gemeinsam mit Gustav Gärtner (1855–1937) verfaßte Arbeit über den Hirnkreislauf, deren wichtigstes Ergebnis die Feststellung war, daß bei einem im Experiment hervorgerufenen epileptischen Anfall die Hirngefäße erweitert sind. Hier wie auch bei einer Arbeit über den Verlauf der hinteren Wurzeln im Rückenmark begnügte sich Wagner-Jauregg mit einer vorläufigen Mitteilung. Die weitere Ausarbeitung, die publizistische Auswertung reizte ihn nicht.

Schon 1885, erst zwei Jahre nachdem er sich der Neurologie zugewendet hatte, erfolgte die Habilitierung Wagner-Jaureggs für dieses Fach. 1888 erweiterte er die Dozentur auch auf die Psychiatrie. 1887 konnte er in Vertretung des erkrankten Leidesdorf die Vorlesung halten, und dank seiner didaktischen Vorschulung bei Stricker gelang ihm dies so gut, daß ihm auch die Supplierung der Lehrkanzel übertragen wurde. Diese Tätigkeit, die in einer Würdigung Wagner-Jaureggs hinter den großen Erfolgen seiner wissenschaftlichen Arbeit zurücktreten muß, wurde immerhin damals schon so günstig beurteilt, daß er im Jahre 1889 als Nachfolger Richard von Krafft-Ebings (1840–1902) nach Graz gerufen wurde. Er war damals 32 Jahre alt.

Wagner-Jauregg

Bald hatte sich Wagner-Jauregg in Graz eingelebt und wandte nun seine ganze Aufmerksamkeit einem Thema zu, das er in Wien schon in kleineren Arbeiten gestreift hatte, dem der Pathologie und Therapie der Schilddrüsenerkrankungen, ein Thema, das in diesen Jahren von verschiedenen Seiten in den Ländern mit endemischen Kropferkrankungen bearbeitet wurde. Insbesondere waren die Erscheinungsformen des Hypothyreodismus – der Unterfunktion der Schilddrüse – noch wenig geklärt. Die Entdeckung der Nebenschilddrüsen – Epithelkörperchen – durch Ivar Sandström (1852–1889) im Jahre 1880 war in Mitteleuropa kaum beachtet worden, und so hatte man Schwierigkeiten, die Erscheinungen der Kachexia strumipriva – eines myxödemartigen Zustandsbildes nach totaler Entfernung des Kropfes, das dem des angeborenen Kretinismus entspricht – von denen der Tetanie, gekennzeichnet durch tonische Krämpfe bei Störung des Kalk- und Phosphorstoffwechsels nach irrtümlicher Mitentfernung der Epithelkörperchen, zu trennen. Wagner-Jauregg wandte seine Aufmerksamkeit vor allem dem Studium des Kretinismus zu, und da – wie er sich selbst ausdrückte – die Kretins nicht zu ihm kamen, mußte er zu ihnen gehen. Systematische Wanderungen führten ihn durch das steirische Mittelgebirge, auf denen er sich Überblick über die pathogeographischen Verhältnisse zu verschaffen suchte. Er legte entsprechende Statistiken an, verglich die klinischen Erscheinungen des Kretinismus mit denen der postoperativen Athyreose und konnte so Schilddrüsenfunktion und Kretinismus in geordnete Zusammenhänge bringen. Da Theodor Kocher (1841–1917) in Bern etwa zur gleichen Zeit dasselbe Thema bearbeitet und in einer mehr gelesenen medizinischen Zeitschrift veröffentlicht hatte, fand Wagner zunächst nicht viel Beachtung.

Am 31. Mai 1892 starb in Wien Theodor Meynert. Damals besaß Wien zwei psychiatrische Kliniken, von denen eine Meynert, die andere Leidesdorf, später Krafft-Ebing, geleitet hatte. Die letztere befand sich schon damals in ihrer jetzigen Unterkunft, einem Haus, das damals allerdings noch zur Hauptsache der Niederösterreichischen Landesirrenanstalt gehörte. Der Direktor dieser Anstalt war dem Klinikvorstand vorgesetzt, eine Lösung, die dem Gedeihen der Klinik nicht sehr förderlich war. Krafft-Ebing, der sich als Nachfolger von Leidesdorf im Hause der Landesirrenanstalt nicht wohl gefühlt hatte, trat nun die Nachfolge Meynerts an. Damit wurde die alte Arbeitsstätte Wagner-Jaureggs frei, und er erhielt die Lehrkanzel, vor allem dank der Initiative seines alten Lehrers Stricker, nachdem Eduard Hitzig (1838–1907) und Karl Wernicke (1848–1905) abgelehnt hatten. Wagner-Jauregg wurde nicht nur als Ordinarius berufen, sondern bekam auch die Zusage, daß nach dem Ausscheiden des Direktors der Anstalt dieser Posten in einer Art Personalunion mit der Stelle des Klinikvorstandes vereinigt werde. Damit sollten jene Kompetenzstreitigkeiten aus der Welt geschafft werden, die bisher dem Gedeihen dieser Klinik hinderlich waren.

In Wien beschäftigte sich Wagner-Jauregg bald wieder mit dem Kretinismus, und da er – wie er sich ausdrückte – mit Tinte allein gewiß nicht geheilt werden kann, begann er einzelne Bezirke, vor allem die von Zeltweg, Judenburg, Knittelfeld und Fohnsdorf systematisch zu bearbeiten; er machte dort erfolgreiche Behandlungsversuche mit Tabletten, die in England aus Schilddrüsensubstanz hergestellt wurden. Diese Versuche erreichten den Umfang eines beispielgebenden Massenexperimentes und erzielten bedeutende Besserungen.

Viel wesentlicher noch aber war sein Vorschlag, in kropfgefährdeten Gegenden kleinste

Jodmengen dem Kochsalz beizumengen und so der Bevölkerung dauernd zuzuführen. Diesen Gedanken hatte Wagner-Jauregg 1898 zum erstenmal ausgesprochen, aber erst nach dem ersten Weltkrieg konnte sich die allgemeine Kropfprophylaxe durchsetzen. Früher war das Verständnis der zuständigen Stellen für solche Maßnahmen noch nicht genügend weit gediehen, und die sonst beträchtliche Durchschlagskraft Wagner-Jaureggs reichte hier nicht aus, Schranken zu durchbrechen, Trägheit zu überwinden. Noch hatte er nicht Weltruf erreicht!

Aber doch ist die große Entscheidung seines Lebens schon gefallen. Längst trägt Wagner-Jauregg die große Idee in sich. Schon besitzt er den Schlüssel, aber er weiß noch nicht, was sich hinter dem Tor verbirgt, ob es belanglos ist, eine Möglichkeit unter vielen anderen oder eine entscheidende Erkenntnis, Flitter oder Krone? Es wäre reizvoll, dem Gedanken nachzugehen, ob es dieses heimliche Königtum ist, das seiner Persönlichkeit in den folgenden Jahren die eigenartige Prägung gibt, die verblüffende Sicherheit, die vornehme Klarheit und Geradlinigkeit. Er hat es nicht nötig, zu brillieren und zu glänzen, er ist einfach und wirkt, wirkt so sehr, daß die kaum erst zum Ordinariat erhobene Lehrkanzel in Wien sehr bald zu einem anerkannten geistigen Mittelpunkt wird, daß die Stimme des erst 36jährigen Ordinarius im Kolleg gehört und beachtet wird. Johann Paul Karplus (1866–1936) nannte ihn in diesem Zusammenhang einen Meister der praktisch angewendeten Massenpsychologie.

Was aber war dieser Schlüssel? Irgendeinmal in jungen Jahren hatte ihn ein Wort des Francis Bacon von Verulam (1561–1626) gepackt, der meinte, es müsse für Ärzte sehr wesentlich sein, jene Fälle genau zu studieren, wo ein für unheilbar angesehener Kranker wider alle Erwartung doch genese. Zwei Monate nach dem Dienstantritt Wagner-Jaureggs auf der Klinik Leidesdorf ereignete es sich, daß eine Geisteskranke an Rotlauf erkrankte und im Anschluß daran eine Heilung ihrer Geistesstörung erlebte. Der junge Assistent wurde aufmerksam und sammelte in der Folgezeit derartige Beobachtungen. Vier Jahre später konnte er bereits über mehr als 200 Fälle von Geisteskrankheiten berichten, die eine zufällig hinzutretende fieberhafte Infektionskrankheit durchmachten, von denen ein Drittel eine wesentliche Besserung, beziehungsweise Heilung erfuhr. Schon damals wagte er es auszusprechen: „Wenn ein Geisteskranker in dem ersten Halbjahr des Bestehens seiner Geisteskrankheit von einer der genannten Erkrankungen (Bauchtyphus, Cholera, Wechselfieber, Rückfallfieber, Rotlauf) befallen wird, so ist die Wahrscheinlichkeit eine sehr große, daß er dadurch von seiner Psychose geheilt wird." Schon erschien es ihm naheliegend, die künstliche Erzeugung fieberhafter Erkrankungen zu einem therapeutischen Agens zu machen.

Bis zur wirklich erfolgreichen Umsetzung dieses Gedankens in die Tat mußten aber noch zahlreiche Schwierigkeiten überwunden werden. Weder die wirksame Art künstlichen Fiebers, noch die genaue Indikation, wann dieses anzuwenden sei, standen damals fest. Der Gedanke des Heilfiebers an sich war ja keineswegs neu und läßt sich seit Hippokrates (460–377 v. Chr.) wie ein roter Faden durch die Geschichte der Medizin verfolgen. Aber es handelte sich immer nur um gelegentliche Beobachtungen oder um Indikationen, die zu einem Teil verwaschen waren, zum anderen mit dem Gebiet der Psychiatrie nichts gemein hatten. Wagner-Jauregg selbst hat diese historischen Hinweise gut gekannt und ist in seinen Publikationen auch darauf eingegangen. Es scheint aber, daß diese Vorgeschichte der Anerkennung seines Gedankens eher hinderlich als fördernd gewesen ist, denn schließlich lag es nahe, zu fragen, warum sich der Gedanke nicht schon längst durchgesetzt habe, wenn etwas Gutes in ihm verborgen sei.

Die Medizin war um die Jahrhundertwende in ein neues Stadium getreten. Die aufblühende Bakteriologie zeitigte ihre ersten großartigen Erfolge und bewies, daß man in echter Naturwissenschaftlichkeit vom einfachen Laboratoriumsversuch ausgehend zu ganz wesentlichen Erkenntnissen für die Pathologie, Prophylaxe und Therapie gelangen könne. War noch einige Jahrzehnte zuvor die Empirie die große Lehrmeisterin der Medizin gewesen, so erlangte jetzt das Laboratorium überragende Bedeutung. Wagner-Jaureggs Ideen gingen aber von der Empirie aus und waren damit der Zeitströmung gerade entgegengesetzt.

So vergingen die Jahre, und Wagner-Jauregg sammelte weiter Beobachtungsmaterial und machte Versuche, Fieber zu erzeugen. Dabei entfernte er sich immer weiter von dem ursprünglichen Konzept. Nicht mehr eine an sich „natürliche" Erkrankung wurde herangezogen, sondern ein wirklich „künstliches Fieber". Mit dem 1890 von Robert Koch (1843–1910) gefundenen Tuberkulin, einem aus Tuberkelkulturen hergestellten Präparat, ließen sich einige Erfolge erzielen, die jedoch nicht mit der gewünschten Regelmäßigkeit reproduzierbar waren. Dann wieder zog Wagner-Jauregg lebende Keime, etwa Bacillus pyocyaneus oder Typhusbazillen, zur Fiebererzeugung heran und kam schließlich unbefriedigt wieder auf das Tuberkulin zurück.

Weitere Jahre vergingen; gelegentliche Publikationen über die künstliche Fiebererzeugung fanden keine sonderliche Beachtung, manchmal sogar unverhüllte Ablehnung. Man muß dabei berücksichtigen, daß etwaige Erfolge auch deswegen schwer beweisbar waren, weil Pathologie und Diagnostik der Geisteskrankheiten noch lange nicht so weit gediehen waren wie heute. Auch Prognostik und Indikationsstellung stießen auf beträchtliche Schwierigkeiten und einmal errungene Erfolge konnten hinsichtlich ihrer Wertung großen Meinungsverschiedenheiten ausgesetzt sein.

Immerhin, die Pathologie der progressiven Paralyse – einem fortschreitenden Nachlassen aller geistigen Funktionen bis zur Verblödung – gewann bald nach der Jahrhundertwende festen Boden. Daß es sich um eine Erscheinungsform der Syphilis handle, hatte man schon seit etwa 1800 angenommen, aber man vermochte es nicht zu beweisen. Man konnte ja auch diese selbst noch nicht sicher diagnostizieren. Uns fällt es heute leicht, unter den einschlägigen Mitteilungen, die Johann Petersen Michel (1760–1795) im Jahre 1781 oder Jean-Étienne-Dominique Esquirol (1772–1840) im Jahre 1805 machten, überraschend richtige Angaben zu finden; aber wie sollten die Zeitgenossen unter der Vielfalt der Meinungen die richtige erkennen, ohne Mittel zur Objektivierung der Krankheit.

Bald nach der Jahrhundertwende fügte sich aber Stein an Stein: 1905 entdeckten Fritz Schaudinn (1871–1906) und Erich Hoffmann (geb. 1868) die Spirochaeta pallida, es folgte die Erfindung der Serodiagnostik, innerhalb der sich die Methode von August von Wassermann (1866–1925) im Jahre 1906 bald durchsetzen konnte. 1909 zeigten Wassermann und Felix Plaut (1877–1940), daß bei der progressiven Paralyse die für Syphilis sprechenden Reaktionen in der Rückenmarksflüssigkeit regelmäßig nachweisbar sind. Es folgte die Einführung des Salvarsans durch Paul Ehrlich (1854–1915) und Sahachiro Hata (1873–1938) im Jahre 1910, und endlich schloß sich der Kreis durch den Nachweis der Spirochaeta pallida im Gehirn der Paralytiker durch den Japaner Hideyo Noguchi (1876–1928) im Jahre 1913.

Nun galt es abzuwarten, ob nicht das Salvarsan bei der progressiven Paralyse Erfolge erringen konnte. Abgesehen von vereinzelten Remissionen wurden diese Hoffnungen enttäuscht. Wagner-Jauregg versuchte es zunächst mit Kombinationsbehandlungen von Tuberkulin oder Vakzinen und einer spezifischen Therapie. Es ereignete sich öfter, daß die Patienten daraufhin wieder arbeitsfähig wurden, aber die Neigung zu Rückfällen war noch immer bedeutend.

Im Sommer 1917 endlich entschloß sich Wagner, zu seinem ursprünglichen Plan zurückzukehren und eine echte Infektion zu setzen. Es war ein Zufall, daß ein Soldat mit Malaria tertiana – Fieberattacken in 48stündlichem Rhythmus – wegen einer leichten Nervenverletzung in die Klinik eingeliefert und daß zur gleichen Zeit ein Kranker mit progressiver Paralyse hier behandelt wurde, bei dem die Kombinationskur wohl eine weitgehende Remission gebracht hatte; aber bald folgte ein Rezidiv.

Wie ein Blitz – so erzählt Wagner-Jauregg in seinen Lebenserinnerungen – sei ihm der Gedanke gekommen, mit dem Blut des Malariakranken Paralytiker zu impfen. Welche Infektion wäre geeigneter gewesen als diese? Die Wahl war sicherlich sofort durchdacht. Nicht nur das regelmäßige Erscheinungsbild der Erkrankung, das hohe rhythmische Fieber, sondern vor allem auch die Möglichkeit, mit Chinin rasch eingreifen und die Anfälle kupieren zu können, mögen entscheidend gewesen sein. Die Therapie der Infektionskrankheiten stand ja noch sehr im Anfang, und beim Typhus zum Beispiel hatte man schlechte Erfahrungen mit nicht beherrschbaren Komplikationen gemacht. Die Ergebnisse der ersten zehn Behandlungen waren ermutigend und besorgniserregend zugleich: einigen Erfolgen stand ein Todesfall gegenüber. Was würde geschehen, wenn die Dauererfolge das Risiko der Behandlung nicht rechtfertigen würden? Die neue Therapie geriet sofort in schwere Bedrängnis, als von weiteren vier Kranken drei starben. Man hatte von einem Internisten das Blut eines an Malaria tertiana Erkrankten erbeten, hatte aber irrtümlich das eines Patienten mit der bedrohlicheren Malaria tropica erhalten und damit geimpft. Der vierte Kranke aber überlebte und wurde geheilt! Es mag für Wagner-Jauregg, der das sechzigste Lebensjahr bereits überschritten hatte und mehr als dreißig Jahre auf den Beweis für seine Idee gewartet hatte, nicht leicht gewesen sein, sich zu entscheiden.

In seiner fragmentarischen Autobiographie ist bezeichnenderweise so gut wie nichts darüber vermerkt, welche Gedanken ihn damals bewegten. Er schreibt nur, er sei entmutigt gewesen und habe wenig Lust gehabt, die Malariatherapie fortzusetzen. Da kam ihm der Bakteriologe Robert Doerr (geb. 1871) zu Hilfe, und Wagner-Jauregg schreibt in seiner bissigen Art, daß die Bakteriologen und Tropenmediziner überhaupt von der Malariatherapie sehr eingenommen gewesen wären, nicht etwa wegen der armen Paralytiker, sondern weil sie ihnen die Möglichkeit eröffnete, Versuche über die Malariaüberimpfung am Menschen zu machen. Wie dem auch sei, im September 1919 verschaffte Doerr Wagner-Jauregg einen einwandfreien Tertiana-Stamm, die Therapie wurde wieder aufgenommen und sehr bald in immer größerem Maße fortgesetzt. Neben anderen später hinzugekommenen Malariastämmen wurde dieser in endlosen Passagen von Mensch zu Mensch weitergeimpft bis in unsere Tage. Rasch brach sich die Malariatherapie freie Bahn. In Deutschland und wenig später auch in anderen Ländern wurde sie übernommen und gewissermaßen auf die Tagesordnung gesetzt. Es gab sogar einige Prioritätsstreitigkeiten – so wenig waren die früheren Publikationen Wagner-Jaureggs beachtet worden!

Und dann geriet die ganze Maschinerie der medizinischen Publizistik in Bewegung.

Alle Detailfragen über Methoden und Indikationen, Variationen und Kombinationen wurden systematisch diskutiert, die Frage nach dem Wirkungsmechanismus wurde angeschnitten, ohne eine abschließende Lösung zu erfahren. Kurz, es geschah alles, was geschieht, wenn ein neuer, umwälzender Gedanke in der Heilkunde auftaucht. Wagner-Jauregg ließ sich das Steuer nicht aus der Hand nehmen, aber er handhabte es mit einer gewissen zurückhaltenden Eleganz. Es folgten die Ehrungen in steigendem Maße; sie fanden mit der Verleihung des Nobelpreises im Jahre 1927 ihre Krönung.

Schon aber neigte sich die akademische Laufbahn ihrem Ende zu! Mit großer Entschiedenheit kümmerte sich Wagner-Jauregg um die Frage seiner Nachfolge und vermochte es durchzusetzen, daß bereits bei seiner Abschiedsvorlesung sein Schüler Otto Pötzl (geb. 1877) als der außer Frage stehende Nachfolger auftreten konnte. Es ging Wagner-Jauregg darum, seinem Werk und seiner Idee Bestand und Kontinuität zu sichern.

Aber es war nicht die Malariatherapie allein, die ihm so am Herzen lag, daß er sie in den Händen eines geliebten und bewährten Schülers wissen wollte. Es ging um die Klinik. Sie war ihm nicht irgendeine zufällige Arbeitsstätte, sondern es war *seine* Klinik. Wagner-Jauregg war Professor mit Leib und Seele, der auf seine Vorlesung viel Liebe und Sorgfalt verwandte. Er war aber ebenso bestrebt, über die Grenzen des Fachgebietes hinaus die Interessen der Fakultät zu vertreten. Sein Einfluß im Kolleg war groß, und es entspricht in keiner Weise den Tatsachen, wenn man auf einem bekannten Bild des Wiener Kollegiums Wagner-Jauregg mit sprechender Gebärde sieht, aber keinen Professor, der ihm zugewendet ist und ihm zuhört. Er nützte seinen Einfluß gerne zur Unterstützung Schwächerer und Fernerstehender. So ist es ihm zu danken, daß die Röntgenkunde in Wien so früh als eigenes Sonderfach in Erscheinung treten konnte!

Wenn wir Wagner-Jauregg bis jetzt als vorwiegend der praktisch-naturwissenschaftlichen Seite seines Faches zugeneigt geschildert haben, so wird dies seiner Universalität nicht gerecht. Auch auf dem Gebiet der forensischen Psychiatrie war er beispielgebend, und nicht unterschätzt darf sein Einfluß auf die Irrengesetzgebung, insbesondere auf die Entmündigungsordnung, werden. Das Grenzgebiet zur Jurisprudenz beherrschte er mit Meisterschaft.

Unsere Schilderung wäre unvollständig, wiesen wir nicht darauf hin, daß zur gleichen Zeit in Wien noch ein zweiter lebte, der berufen war, die Psychiatrie mit grundlegend neuen Ideen zu befruchten: Sigmund Freud (1856–1939). Der um ein Jahr Ältere hatte ebenfalls seine wissenschaftliche Laufbahn mit der Physiologie begonnen, hatte vier Jahre bei Brücke und kurze Zeit mit Wagner-Jauregg bei Stricker gearbeitet, bevor er sich der Neurologie unter der Leitung von Meynert zuwendete und hier zunächst sich hauptsächlich mit gehirnanatomischen Fragen beschäftigte. Im selben Jahr wie Wagner-Jauregg erreichte er die Venia legendi für Neurologie, und ebenso wie dieser beschäftigte er sich eine Zeitlang mit dem Kokain, ohne daß einer von beiden an dem Siegeslauf der Lokalanästhesie wesentlichen Anteil genommen hätte. Es schien also der Lebensweg der beiden jungen Männer in den gleichen Bahnen zu verlaufen. Dann aber brachte ein Stipendium, das Freud 1885 zu Jean Martin Charcot (1825–1893) nach Paris führte, die große Wendung. Als Freud den in Paris gewonnenen Erkenntnissen über die hysterischen Phänomene in Wien Anerkennung verschaffen wollte, stieß er auf Widerstand und passive Resistenz. Er zog sich daraufhin aus dem akademischen Wirkungskreis zurück und schuf sich gleichsam seine eigene Welt, seine eigene Schule! Diese Schule war durch und durch revolutionär und mußte mit der vorherrschenden Weltanschauung des kaiserlich-königlichen Wiens notwendigerweise in Widersprüche geraten. Es mußte Auseinandersetzungen geben, Auseinandersetzungen, bei denen der Schülerkreis Freuds als eine geschlossene Einheit operierte, während die Herren der Klinik Wagner-Jaureggs sich je nach Neigung scharf ablehnend oder elektiv zustimmend verhielten. Wagner und Freud selbst waren von ihrer Jugendzeit her miteinander befreundet und hielten sich selbst von diesen Diskussionen fern. Es gab Mißstimmungen, wenn Freud nicht verstehen konnte, daß Wagner-Jauregg seinen Herren eine völlige Freiheit der Meinungen und des Wortes einräumte, während er selbst auf Disziplin in seinem Schülerkreis hielt und größere Abweichungen von der Grundlinie mit dem Ausschluß aus der Gemeinschaft ahndete.

Charakteristisch spiegelt sich das Verhältnis der beiden Großen zueinander in den Bruchstücken eines Briefwechsels, die uns erhalten sind. So antwortet Freud auf einen Glückwunsch Wagner-Jaureggs zu seinem 60. Geburtstag:

Lieber Hofrat!

Deine Zuschrift war eine der erfreulichsten, die mir aus Anlaß meines 60. Geburtstages zugekommen sind. Sie versicherte mich Deiner freundschaftlichen Gesinnung, auf die ich gerade darum, weil wir in der Wissenschaft verschiedene Wege gehen, immer Wert gelegt hätte. Ich gestehe Dir, daß ich ihrer bis heute nicht sicher war. In den dreißig Jahren, seitdem wir als Berufsgenossen in derselben Stadt leben, habe ich selten Anzeichen Deines Interesses erfahren, und bei der unwürdigen Behandlung, die meinen wissenschaftlichen Arbeiten durch Personen in Deiner Nähe widerfuhr, habe ich mich oft fragen können, inwieweit solches Benehmen sich Deiner Billigung erfreut.

Ich bewahre also Deine Zeilen als unzweideutige Äußerung Deiner persönlichen Gesinnung und danke Dir herzlich und aufrichtig dafür.

Dein sehr ergebener

Freud.

Perioden der Freundschaft wechselten mit solchen der Mißstimmung. Die Haltung Wagner-Jaureggs können wir gut aus einer Antwort entnehmen, in der er sich für die Glückwünsche der Wiener psychoanalytischen Vereinigung zu seinem 75. Geburtstag bedankte. Wir veröffentlichen hier das handgeschriebene Konzept Wagner-Jaureggs:

Lieber Freund!

Ich danke Dir herzlich für die freundlichen Glückwünsche, die Du anläßlich meines 75. Geburtstages sowohl als Obmann der psychoanalytischen Vereinigung, als auch, was mich besonders freut, ganz persönlich ausgesprochen hast.

Ich ergreife diese Gelegenheit um mich gegen die Bezeichnung als Gegner der Psychoanalyse zu verteidigen. Ich habe meines Wissens zum ersten und einzigen Male etwas über Psycho-Analyse geschrieben im Jahre 1930 und zwar in einem Zeitungsartikel bei Besprechung eines Werkes von Alexander und Staub über Psychoanalyse in der Strafrechtspflege.

Ich glaube, wer diesen Aufsatz liest, wird nicht behaupten können, daß ich mich als „Gegner" der psychoanalytischen Lehre benommen habe; nur das Recht der Kritik habe ich in Anspruch genommen. Denn die von Dir geschaffene psychoanalytische Lehre ist ja nicht ein Dogma, das sich an den Glauben wendet, sondern ein wissenschaftliches Werk, das bei aller Großartigkeit in Einzelheiten angreifbar sein kann. Für das, was ehemalige Schüler gegen die Psychoanalyse geschrieben haben, übernehme ich keine Verantwortung. Ich verweise nur darauf, daß an meiner Klinik andere Herren, ich will nur Poetzl, Schilder, Hartmann nennen, im Sinne psychoanalytischer Lehren geschrieben haben, ohne daß ich ihnen das verübelt hätte.

Ich bitte Dich also den Mitgliedern der psychoanalytischen Vereinigung zu sagen, daß ich ihnen für ihre Glückwünsche danke, daß sie mich aber nicht für einen Gegner ansehen sollen, sondern für einen unvoreingenommenen Menschen, der überzeugt werden muß.

Mich freut es aber besonders, daß ich bei dieser Gelegenheit wieder mit Dir in persönliche Berührung gekommen bin und so an eine Zeit anknüpfen kann, die schon 50 Jahre zurückliegt.

Mit herzlichem Gruß

Dein ergebener

Wagner-Jauregg.

Wir haben den Eindruck, daß sich die beiden „großen alten Männer" zum Schluß wieder innerlich recht nahegekommen sind. Noch anläßlich der achtzigsten Geburtstage gedachten sie einander. Dann aber zwang Freud die politische Entwicklung, Wien zu verlassen. Er starb in London 1939, ein Jahr vor Wagner-Jaureggs Tod.

Wie bereits aus seinem Verhalten gegenüber der Psychoanalyse zu entnehmen ist, war Wagner-Jauregg seinem engeren Schülerkreis gegenüber ein wohlwollender Vater, der jedem seinen eigenen Entwicklungsgang ließ, ihn dabei freilich mit liebevollem Eifer umsorgend. Von fast allen seinen Schülern besitzen wir in Form von Nachrufen oder Gedenkworten Zeugnisse ihrer Liebe zu dem verehrten Chef, und ob wir nun bei Pötzl, Karplus, bei Alexander Pilcz (1871–1954), bei Erwin Stransky (geb. 1877), Otto Kauders (1893–1949) oder bei Hans Hoff (geb. 1897) nachlesen, immer begegnen wir dem gleichen Phänomen, daß sie sich von der einmaligen Persönlichkeit ihres Lehrers noch mehr beeindruckt zeigen, als von der wissenschaftlichen Leistung. An sich ist es müßig, zu fragen, wer seinem Herzen am nächsten gestanden sein mag. Vielleicht war es der früh verstorbene Konstantin von Economo (1876–1931), unter den Wiener Ärzten der Grandseigneur, dem vom Elternhaus her jene königliche innere Unabhängigkeit mitgegeben war, die sich Wagner-Jauregg selbst erwerben mußte; vielleicht war es auch, weil Economo seinen ersten großen wissenschaftlichen Erfolg, die Entdeckung der nach ihm benannten

Encephalitis lethargica an der Klinik im gleichen Jahr – 1917 – erlebte, in dem die Malariatherapie verwirklicht wurde. Alle seine hervorragenden Schüler hier zu nennen und zu würdigen, ist nicht genügend Raum.

In den zwölf Jahren, die ihm nach dem Ausscheiden aus dem akademischen Lehrkörper noch beschieden waren, hat Wagner-Jauregg nicht geruht; noch etwa 80 Veröffentlichungen stammen aus dieser Zeit. Sein stets waches Interesse an dem allgemeinen Fortschritt der Medizin bekundete sich in dem regelmäßigen Erscheinen in der Gesellschaft der Ärzte, deren Ehrenpräsident er war.

Vom geselligen Verkehr zog sich der Alternde immer mehr zurück; nur langsam und widerstrebend schränkte der Sportgewohnte seine geliebten Wanderungen ein. Am 27. September 1940 erlag er einer Lobulärpneumonie. Die Obduktion, die auf seinen Wunsch Professor Werkgartner vornahm, ergab darüber hinaus eine abgelaufene Herzbeutelentzündung mit Verwachsungen und eine Herzerweiterung, die die Herzbeschwerden der letzten Jahre erklären.

Wagner-Jauregg sagte selbst einmal, der Nachruhm dauere 20–30 Jahre. Sein Schüler und Nachfolger Pötzl zitierte in diesem Zusammenhang Schopenhauer: „Jeder Wahrheit ist nur ein kurzes Siegesfest beschieden zwischen den langen Zeiträumen, in denen sie als Unsinn verlacht und in denen sie als Selbstverständlichkeit geringgeschätzt wird." Und Pötzl wies darauf hin, daß es Wagner-Jauregg dank seiner systematischen Zusammenarbeit mit den Venerologen – vor allem Josef Kyrle (1880–1926) ist hier zu nennen – gelungen sei, der Entstehung der progressiven Paralyse rechtzeitig entgegenzutreten, so daß die Erkrankung immer seltener und seltener werde. Und damit sei auch die Aktualität der großen Entdeckung Wagner-Jaureggs geschmälert. Noch immer ist unser Abstand zu gering, um zu erahnen, mit welchen Worten spätere Medikohistoriker den Namen Wagner-Jaureggs in jenes schmale Buch eintragen werden, in dem nur die wirklich Großen Platz finden. Vielleicht werden sie sagen, daß in jenen Jahren, in denen die reine Chemotherapie der bakteriellen Erkrankungen langsam ihrem Höhepunkt entgegenging, bereits einer gewesen sei, der einer biologischen Art der Therapie den Weg bereitet habe, wie er mit den Antibiotika fortgesetzt wurde. Vielleicht wird sich die Fiebertherapie mit ihrem schon jetzt erweiterten Indikationskreis auch weiterhin behaupten und Wagner-Jaureggs Namen in die Zukunft tragen. Vielleicht aber wird man auch sagen, daß er einer der letzten gewesen sei, der das Reich der Psychiatrie und Neurologie zur Gänze beherrscht habe, auch dort, wo die Grenzen zu den anderen medizinischen Fächern, zu der Philosophie, der Soziologie und der Jurisprudenz verwischt sind.

Verzeichnis der wesentlichsten wissenschaftlichen Arbeiten Julius Wagner-Jaureggs

Untersuchungen über den Ursprung und die Funktionen der beschleunigenden Herznerven (gemeinsam mit Stricker). Sitzungsbericht d. Akad. d. Wissenschaften, Abt. 3, Wien: 1878.
Beiträge zur Kenntnis der respiratorischen Leistungen des Nervus vagus. Ibidem 1879.
Ein Beitrag zur Kenntnis der Rückenmarkserkrankungen der Paralytiker. Wien. med. Jb. 1884.
Über die Folgen der Exstirpation der Schilddrüse nach Versuchen an Tieren. Wien. med. Blätter, 1884.
Eine Methode, Hautanästhesie durch Cocain zu erzeugen. Wien. med. Blätter, 1886.
Über die durch Chloroform auf kataphoretischem Wege zu erzeugende Hautanästhesie (gemeinsam mit Paschkis). Neurol. Zbl. 1886.
Über den Hirnkreislauf (gemeinsam mit Gärtner). Wien. med. Wschr., 1887.
Über die Einwirkung fieberhafter Erkrankungen auf Psychosen. Jb. f. Psych. 1887.
Über einige Erscheinungen im Bereiche des Zentralnervensystems nach Wiederbelebung Erhängter. Ibidem 1889.
Referat über die an den obersten Sanitätsrat gestellte Frage, betreffend der Schaffung eines Reichsgesetzes, wodurch die Errichtung von Trinkerasylen mit zwangsweiser Internierung von Trunksüchtigen ermöglicht würde. Wien 1889.
Untersuchungen über den Kretinismus. Jb. f. Psych. 1893.
Zur Reform des Irrenwesens. Wien. klin. Wschr., 1901.
Zur Behandlung des endemischen Kretinismus. Ibidem 1902.
Über die Behandlung des endemischen Kretinismus mit Schilddrüsensubstanz. Ibidem 1904.
Beiträge zur Ätiologie und Pathologie des endemischen Kretinismus (gemeinsam mit Schlagenhaufer). Wien: 1910.
Zur Behandlung der progressiven Paralyse mit Bakterientoxinen. Wien. klin. Wschr., 1912.
Experimentelle Untersuchungen über die Ätiologie des Kropfes (gemeinsam mit Landsteiner und Schlagenhaufer). Sitzungsber. d. Akad. d. Wiss., Abt. 3, Wien: 1914.
Erfahrungen über Kriegsneurosen. Wien. med. Wschr. 1916–1918.
Über die Einwirkung der Malaria auf die progressive Paralyse. Psych.-neurol.Wschr., 1918-1919.
Vakzinetherapie der Nervenkrankheiten. Wien. med. Wschr., 1922.
Zur Behandlung und Prophylaxe des endemischen Kropfes. Wien. klin. Wschr., 1922.
Die bisherigen Erfolge der Malariatherapie der progressiven Paralyse. Med. Klinik, 1925.
Fieberbehandlung bei Psychosen. Wien. med. Wschr., 1925.
Die Impfmalaria an der Wiener psychiatrischen Klinik. Wien. klin. Wschr., 1927.
Vorläufiger Bericht über Erfolge der Kropfprophylaxe. Ibidem 1927.
Über Erblichkeit in der Pathologie. Wien. klin. Wschr., 1928.
Nobel-Vortrag: Die Behandlung der progressiven Paralyse mit Malaria. Les prix Nobel, Stockholm: 1928.
Über angebliche Schilddrüsenschädigungen durch Vollsalz. Wien. klin. Wschr., 1931.
Der Kampf um das Vollsalz. Wien. klin. Wschr., 1934.
The means by which the therapeutic results by inoculation of infectious diseases or by fever-provoking proceedings in diseases of the nervous system are brought about (anläßlich der Verleihung des Cameronprice). 1935.
Fieber und Infektionstherapie. Wien, Leipzig, Bern: 1936.
Kropfbekämpfung und Kropfverhütung in Österreich. Unter Benutzung v. amtlichen Grundlagen. Sonderbeil. Öffentl. Gesundheitsdienst, Gesundheitswesen. Wien: 1938.
Derzeitige Behandlung der progressiven Paralyse. Wien. klin. Wschr., 1939.
Über Kropfverhütung durch jodiertes Wasserleitungswasser. Wien. med. Wschr., 1940.

Literaturverzeichnis

Arzt, L.: Julius von Wagner-Jauregg zum 80. Geburtstag. Wien. klin. Wschr., 1937, Nr. 9/10.

Arzt, L.: In memoriam Prof. Julius Ritter von Wagner-Jauregg. Wien. klin. Wschr., 1947, Nr. 9.

Denk, W.: Julius Ritter von Wagner-Jauregg. Wien. klin. Wschr., 1947, Nr. 9.

Hartmann, Fritz: Prof. Dr. Julius Wagner-Jauregg. o. O.: 1927.

Hoff, H.: Gedenkworte für Hofrat Prof. Julius Ritter von Wagner-Jauregg anläßlich des 10. Todestages. Wien. klin. Wschr., 1950, Nr. 47.

Karplus, J. P.: Experiment und Klinik. Wien. med. Wschr., 1932, Nr. 12.

Kauders, Otto: Julius Wagner von Jauregg. Wien. klin. Wschr., 1947, Nr. 9.

Kober, E.: Hofrat Prof. Dr. Julius Wagner, Ritter von Jauregg, der große Psychiater und Nobelpreisträger, der Sohn eines Jägerndorfer Ortskindes – 80 Jahre alt. Jägerndorfer Ländchen (Beil. z. Jägerndorfer Bezirkszeitung), Februar 1937.

K(ronfeld), A.: Herr Prof. Dr. Julius Wagner-Jauregg zum 75. Geburtstag. Wien. med. Wschr., 1932, Nr. 11.

Medicus: Wiener Ärzte. Hofrat Prof. Wagner-Jauregg. Wien: 1919.

Nobel Prize-Winners, The, and the Nobel Foundation 1901–1937. Ed. by T. W. Mac Callum and St. Taylor. Zürich: 1938.

Nobelpreis, Der, für Wagner-Jauregg. Neue Freie Presse v. 28. 10. 1927.

Pilcz, Alexander: Verzeichnis der wissenschaftlichen Arbeiten des Hofrates Prof. Dr. Julius Wagner v. Jauregg. Wien. med. Wschr., 1928, Nr. 28.

(Pilcz, A.): Verzeichnis der wissenschaftlichen Arbeiten des Hofrates Prof. Dr. Julius Wagner-Jauregg seit dem Jahre 1928 (abgeschlossen mit Jänner 1937). Wien. med. Wschr., 1937, Nr. 10.

Pilcz, Alexander: Julius Wagner-Jauregg †. Zschr. f. Psych. u. Neurol., 1940, Nr. 3.

Pötzl, Otto: Professor Wagner v. Jauregg. Zu seinem 75. Geburtstag. „Sonntag" v. 6. 3. 1932.

Pötzl, Otto: Herrn Hofrat Wagner-Jauregg zum 80. Geburtstag. 7. März 1857 bis 1937. Wien. klin. Wschr., 1937, Nr. 9/10.

Pötzl, Otto: Julius Wagner von Jauregg †. Wien. klin. Wschr., 1940, Nr. 40.

Pötzl, Otto: Zum Gedenken an den Todestag Julius Wagner-Jaureggs. Soziale Berufe, 1950, Nr. 11.

Schmeidel, Hermann v.: Fünf Jahre mit Wagner-Jauregg. Grazer Tagespost v. 11. März 1937.

Stransky, Erwin: Julius Wagner R. v. Jauregg. Zum 25jährigen Jubiläum des Prof. d. Psych. u. Neuropathologie. Wien. med. Wschr., 1914, Nr. 43.

Stransky, Erwin: Julius Wagner-Jauregg – Nobelpreisträger. Wien. med. Wschr., 1927, Nr. 45.

WagnerJauregg, Julius: Fieber und Infektionstherapie. Wien: 1936.

Wagner-Jauregg, Julius: Lebenserinnerungen. Hrsg. v. L. Schönbauer und M. Jantsch. Wien: 1950.

Weese, Josef: Einiges über die Vorfahren von Prof. Dr. Julius Wagner v. Jauregg. Land um den Altvater, 1952, Nr. 6.

Weygandt, (Wilhelm): Julius R. Wagner v. Jauregg. Zum 70. Geburtstag (7. 3. 1927). München. med. Wschr., 1927, Nr. 13.

Wochenschrift, Wiener klinische, 1937, Nr. 20: Akademischer Festakt. Verleihung des Ehrendoktorates der Philosophie und der Rechte.

Wochenschrift, Wiener medizinische, 1917, Nr. 11: Zum 60. Geburtstag Hofrat Prof. Dr. Julius Wagner R. v. Jauregg.

Wochenschrift, Wiener medizinische, 1927, Nr. 45: Julius Wagner-Jauregg – Nobelpreisträger.

Wochenschrift, Wiener medizinische, 1928, Nr. 26: Hofrat Wagner-Jaureggs Abschiedsvorlesung.

Wochenschrift, Wiener medizinische, 1937, Nr. 10: Julius Wagner-Jauregg 80 Jahre alt.

II. Die Münchener Schule

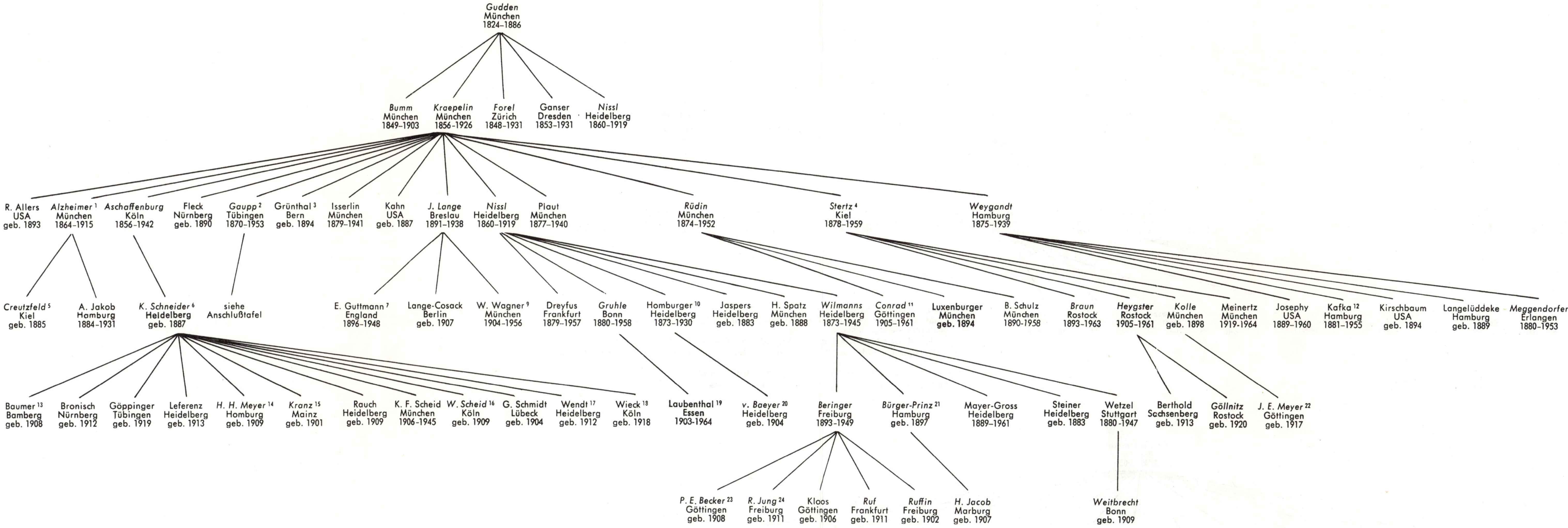

[1] A. war, bevor er zu Kraepelin nach Heidelberg ging, Arzt an der von Emil Sioli geleiteten Frankfurter Irrenanstalt.
[2] G. lernte zuerst in Breslau als Assistent von Wernicke.
[3] G. ist als Kliniker auch Schüler von Reichardt, als Neuropathologe Schüler von Spielmeyer.
[4] St. hatte mehrere Lehrer: Alzheimer, Bonhoeffer, Kraepelin, Nonne, A. Westphal.
[5] C. war auch Assistent bei Siemerling, Schüler von Spielmeyer und Mitarbeiter von Bonhoeffer.
[6] Sch., der immerhin 13 Jahre Oberarzt bei Aschaffenburg war, nennt als einzigen Lehrer Jaspers.
[7] G. war auch Schüler von Cassirer und Kraepelin.
[8] K. ist auch Schüler von Kurt Schneider.
[9] W. war später auch Oberarzt bei Bostroem und Stertz.
[10] H. war auch Schüler von August Knoblauch (Frankfurt a. M.).
[11] C. war auch Schüler von Kretschmer und Villinger.
[12] K. war auch Schüler von Arnold Pick (Prag).
[13] B. war nach 1945 auch Assistent von Stertz.
[14] M. war auch Assistent bei Bonhoeffer und de Crinis.
[15] K. war auch bei J. Lange Assistent.
[16] Sch. ist auch Schüler von Pette.
[17] W. rechnet sich auch zu den Schülern von Jaspers.
[18] W. ist auch Schüler von W. Scheid.
[19] L. nennt weiter als seine Lehrer A. Westphal, A. Meyer und Tönnis.
[20] v. B. nennt als seine Lehrer außerdem Wilmanns, O. Foerster und Rüdin.
[21] B.-P. ist auch Schüler von P. Schröder und K. Schneider.
[22] J. E. Meyer ist auch Schüler von W. Scholz, Beringer und R. Jung.
[23] B. ist auch Schüler von Pette.
[24] J. ist auch Schüler von Spatz, R. W. Hess und Paul Hoffmann.

III. Die erste Berliner Schule

- *Carl Westphal*, Berlin, 1833–1890
  - *O. Binswanger*, Jena, 1852–1929
    - siehe Anschlußtafel
  - *Fürstner*, Straßburg, 1848–1907
    - Hoche, siehe Anschlußtafel
    - Knoblauch, Frankfurt, 1863–1919
  - *Hitzig*, Halle, 1838–1907
    - Alt, Uchtspringe, 1861–1922
    - Heilbronner, Utrecht, 1869–1914
    - Weber, Chemnitz, 1868–1926
    - *Wollenberg*, Breslau, 1862–1942
      - S. Fischer, Breslau, geb. 1891
      - *Georgi*, Basel, geb. 1893
      - *Rosenfeld*, Rostock, 1871–1956
        - *Braun*, Rostock, 1893–1963
        - *Wiethold* [5], Frankfurt, 1893–1961
      - Rosenthal [3], Breslau, 1892–1937
      - F. Fromm-Reichmann, USA, 1889–1957
  - Moeli, Berlin, 1848–1919
  - Oppenheim [1], Berlin, 1858–1919
  - *Siemerling*, Kiel, 1857–1931
    - *Creutzfeldt* [2], Kiel, geb. 1885
    - *E. Meyer*, Königsberg, 1871–1931
      - Jessner, USA, geb. 1896
      - Moser, Stralsund, geb. 1895
      - Stoltenhoff, Arnsdorf, geb. 1898
      - Janz, Ilten, geb. 1906
    - Raecke, Frankfurt, 1872–1930
    - Runge, Chemnitz, 1882–1938
  - *E. Sioli*, Frankfurt, 1852–1922
  - *Wernicke*, Breslau, 1848–1905
    - siehe Anschlußtafel
  - *A. Westphal*, Bonn, 1863–1941
    - *Hübner*, Bonn, 1878–1934
    - *F. Sioli* [4], Düsseldorf, 1882–1949
    - *Stertz*, Kiel, 1878–1959
    - Ernst Störring [6], Königslutter, 1898–1953

[1] siehe Tafel Neurologen.

[2] Creutzfeldt war auch Assistent bei Alzheimer und Schüler von Spielmeyer; er arbeitete bei Bonhoeffer neuropathologisch.

[3] Rosenthal betrachtete sich nach Mitteilung von Frau R. auch als Schüler von Bumke.

[4] Sioli betrachtete sich auch (Mitteilung der Witwe) als Schüler von Kraepelin, Alzheimer und E. Sioli.

[5] Wiethold war später Professor für gerichtliche Medizin in Kiel und Frankfurt.

[6] Störring war auch Schüler von Hübner, Löwenstein, Thiele.

- *Carl Wernicke*, Breslau, 1848–1905
  - *Bonhoeffer*, Berlin, 1868–1948
    - siehe Anschlußtafel
  - O. *Föerster*, Breslau, 1873–1941
    - siehe Anschlußtafel
  - *E. Forster*, Greifswald, 1878–1933
  - *Gaupp*, Tübingen, 1870–1953
  - Kurt Goldstein [1], Frankfurt, geb. 1878
  - *Heilbronner*, Utrecht, 1869–1914
  - Kauffmann, Halle, 1871–1923
  - *Kleist*, Frankfurt, 1879–1961
    - siehe Anschlußtafel
  - Kramer, Berlin, geb. 1878
  - Liepmann, Berlin, 1863–1925
  - Lissauer, Breslau, 1861–1891
  - L. Mann, Breslau, 1866–1936
  - Pfeifer, Nietleben, 1871–1942
  - Sachs, USA, 1858–1944
  - *Schröder*, Leipzig, 1873–1941
    - siehe Tafel Bonhoeffer
  - E. Storch, Breslau, 1866–1916

[1] G. gibt als Lehrer in Anatomie an Schaper, in Neuropathologie Edinger.

IV. Die zweite Berliner Schule

Karl Bonhoeffer, Berlin, 1868–1948

- ndahl, iel, . 1896
- *Forster*, Greifswald, 1878–1933
- Jossmann, USA, geb. 1891
- Kalinowsky[1], USA, geb. 1899
- Kallmann[2], USA, geb. 1897
- Kramer, Berlin, geb. 1878
- *Krayenbühl*, Zürich, geb. 1902
- *Müller-Hegemann*, Leipzig, geb. 1910
- Ostertag, Tübingen, geb. 1895
- *Panse*, Düsseldorf, geb. 1898
- *Pohlisch*, Bonn, 1893–1955
- Roggenbau, Wiesbaden, geb. 1896
- Rüsken, Hamburg, geb. 1906
- *Scheller*, Würzburg, geb. 1901
- *Schröder*[3], Leipzig, 1873–1941
  - *Bürger-Prinz*, Hamburg, geb. 1897
  - *Flügel*[4], Erlangen, geb. 1897
    - Döhner[8], Schleswig, geb. 1919
    - ***K. H. Elsässer***[9], **Greifswald**, **geb. 1912**
    - Parnitzke[6], Magdeburg, geb. 1910
  - *Jacob*[5], Marburg, geb. 1907
  - Scholz, München, geb. 1889
  - Schorsch, Bethel, geb. 1900
- H. Schulte, Bremen, geb. 1898
- **Seelert**[11], **Berlin**, **geb. 1882**
- *Stertz*, Kiel, 1878–1959
- E. Straus, USA, geb. 1891
- Suckow, Dresden, geb. 1896
- *Thiele*, Berlin, 1888–1960
  - Heidrich, Erfurt, geb. 1919
- *Zutt*, Frankfurt, geb. 1893
  - Eicke[7], Marburg, geb. 1911
  - Klaue[10], Berlin, geb. 1912

1 Kalinowsky nennt als Lehrer in Neuropathologie Creutzfeldt und in Neurologie Foerster.
2 Kallmann nennt weiter als Lehrer Bumke und Bruno Schulz.
3 Nach Mitteilung von Flügel war Schröder auch Schüler von Kraepelin und Wernicke.
4 Flügel gibt weiter als Lehrer an Kraepelin und Bumke.
5 Jacob ist auch Schüler von Bürger-Prinz.
6 Parnitzke aibt weiter als Lehrer Pönitz an.
7 Eicke gibt als Lehrer in Neuropathologie Hallervorden und Spatz an.
8 Döhner war auch mehrere Jahre bei G. E. Störring.
9 Elsässer nennt weiter als Lehrer Paul Schröder, v. Stockert und H. Schwarz.
10 Klaue gibt als Lehrer in Neuropathologie Spatz an.
11 Alle Bemühungen, zu erfahren, ob Seelert noch lebt oder wann er gestorben ist, führten zu keinem Ergebnis.

V. Die Jenenser Schule

Otto Binswanger[1], Jena, 1852–1929

- *Berger*, Jena, 1873–1941
  - *lpert*, alle, 3–1939
    - alter[7], Bonn, b. 1913
  - *Jacobi*, Greifswald, 1889–1937
  - *Kolle*[3], München, geb. 1898
  - *Lemke*, Jena, 1906–1957
    - *v. Keyserlingk*[5], Jena, geb. 1909
    - Lange, Pfafferode, geb. 1921
    - *Rennert*, Halle, geb. 1920
    - *Sayk*, Rostock, geb. 1923
  - *Schulte*[4], Tübingen, geb. 1910
  - Speer, Lindau, 1889-1964
- L. Binswanger, Kreuzlingen, geb. 1881
- J. H. Schultz, Berlin, geb. 1884
  - Speer, Lindau, 1889-1964
- Strohmayer, Jena, 1874-1936
- O. Vogt[2], Berlin, 1870–1959
- *Th. Ziehen*, Berlin, 1862–1950
  - *Vorkastner*[6], Greifswald, 1878–1931

1 siehe auch Tafel I. Anstaltspsychiatrie.
2 siehe auch Neuropathologen-Tafel.
3 Kolle ist auch Schüler von Stertz.
4 Schulte ist auch Schüler von Lemke und Schorsch.
5 v. Keyerslingk war auch bereits Assistent bei Berger.
6 Vorkastner war später Pofessor für gerichtliche Medizin in Frankfurt und Halle.
7 Walter bezeichnet sich auch als Schüler von Zillig.

VI. Die Freiburger Schule

Hoche, Freiburg, 1865–1943

- Barany, Upsala, 1876–1936
- *Bumke*, München, 1877–1950
  - Bannwarth, München, geb. 1903
  - *Bostroem*, Leipzig, 1886–1943
  - *Braun*[2], Rostock, 1893–1963
  - Jahrreiss, Baltimore, geb. 1896
  - F. Kant, Madison USA, geb. 1894
  - **Krapf**, **Genf**, **1901-1963**
  - *Störring*[3], Kiel, geb. 1903
  - Walter, Bremen, 1881–1935
- *Hauptmann*, Halle, 1881–1948
  - **v. Stockert**, **Frankfurt**, **geb. 1899**
- *F. A. Kehrer*, Münster, geb. 1883
- Küppers, Chemnitz, geb. 1887
- Merzbacher, Buenos Aires, 1875–1942
- *Ed. Müller*, Marburg, 1876–1929
- Spielmeyer, München, 1879–1935
- Wartenberg, San Francisco, 1887–1956

1 Kehrer schreibt, er sei auch Schüler von Erb und Bumke.
2 Braun war auch Schüler von Rosenfeld und Stertz.
3 Störring ist auch Schüler von Reichardt, Ewald, Grünthal, Beringer und dem Philosophen G. Störring.

VII. Die Marburger Schule

- **Ludwig Meyer**, **Göttingen**, **1827–1900**
  - **Heinrich Cramer**, **Marburg**, **1831–1893**
    - **Tuczek**, **Marburg**, **1856–1925**
      - **Jahrmärker**, **Marburg**, **1872–1943**
        - **Troeltsch**[1], **Weilmünster**, **geb. 1901**

1 T. ist auch Schüler von Stertz.

VIII. Die Neurologen

A.

- Friedreich, Heidelberg, 1825–1882
  - Erb, Heidelberg, 1840–1921
    - Kraepelin, München, 1856–1926 — siehe Anschlußtafel
    - Moebius, Leipzig, 1853–1907
    - Nonne, Hamburg, 1860–1958 — siehe Anschlußtafel
    - Strümpell, Leipzig, 1853–1925 — siehe Anschlußtafel
  - Kußmaul, Freiburg, 1822–1902
  - Fr. Schultze, Bonn, 1848–1934
  - A. Westphal, Bonn, 1863–1941

B.

- Strümpell, Leipzig, 1853–1925
  - Jamin, Erlangen, 1872–1951
  - L. R. Müller, Erlangen, 1870–1962
    - Bodechtel, München, geb. 1899
      - Bernsmeier, Kiel, geb. 1917
      - Erbslöh, Gießen, geb. 1918
      - Sack, Krefeld, geb. 1911
      - Schrader, München, geb. 1915
    - Gagel, Wien, geb. 1899
    - R. Greving, Erlangen, geb. 1887
    - F. Hoff, Frankfurt, geb. 1896
    - Regelsberger, Erlangen, geb. 1891
  - Eduard Müller, Marburg, 1876–1929

C.

- Foerster, Breslau, 1873–1941
  - Altenburger, Breslau, 1902–1938
  - Gagel, Wien, geb. 1899
  - Georgi, Basel, geb. 1893
  - L. Guttmann, England, geb. 1899
  - Klar, Heidelberg, geb. 1909
  - Kuhlendahl, Düsseldorf, geb. 1910
  - Otto Schwab, Breslau, 1891–1929
  - Stender, Berlin, geb. 1903
  - Zülch, Köln, geb. 1910

D.

- L. Krehl, Heidelberg, 1861–1937
  - v. Weizsäcker, Heidelberg, 1886–1957
    - Auersperg, Chile, geb. 1899
    - Christian, Heidelberg, geb. 1910
    - Derwort, Gießen, geb. 1911
    - Ruffin, Freiburg, geb. 1902
    - Vogel, Heidelberg, geb. 1900
      - Bay, Düsseldorf, geb. 1908

E.

- Babinski, Dejerine, Edinge
  - Bing, Basel, 1878–1956

F.

- Nonne, Hamburg, 1860–1958
  - Bostroem, Leipzig, 1886–1943
  - Demme, Hamburg, 1900–1964
  - Fleck, Nürnberg, geb. 1890
  - Hauptmann, Halle, 1881–1948
  - Lottig, Hamburg, 1900–1941
  - Lüthy, Zürich, geb. 1895
    - Mummenthaler, Bern, geb. 1925
  - Meggendorfer, Erlangen, 1880–1953
  - H. R. Müller, Hamburg, geb. 1901
  - Pette, Hamburg, geb. 1887
    - Bingel, USA, geb. 1901
    - Bodechtel, München, geb. 1899
    - Döring, Hamburg, 1909–1963
    - Häussler *, Hamburg, geb. 1904
    - Janzen [2], Hamburg, geb. 1907
    - Kalm, Dortmund, geb. 1915
    - Kautzky *, Hamburg, geb. 1913
    - Környey, Ungarn, geb. 1901
    - Magun, Bern, 1916–1960
    - Scheid, Köln, geb. 1909
    - Zülch, Köln, geb. 1910
  - **B. Pfeifer, Halle, 1871–1942**
  - Schaltenbrand [1], Würzburg, geb. 1897
  - Stertz, Kiel, 1878–1959
  - Weizsäcker, Heidelberg, 1886–1957
  - Wohlwill, Hamburg, 1881–1958

[1] Schaltenbrandt schreibt dem Verf.: „Ich habe . . . nicht einen Lehrer, sondern mehrere, für die Neuroanatomie Bernhard Brouwer-Amsterdam, für die Physiologie des Nervensystems Rudolf Magnus in Utrecht, für die Neuropathologie Percival Bailey-Chicago, für die klinische Neurologie Nonne und wiederum Bernhard Brouwer-Amsterdam, für die Psychiatrie Emil Kraepelin, für die innere Medizin Friedrich von Müller, Romberg, Erich Grafe und für die Neurochirurgie H. W. Cushing. Wenn Sie mich fragen, welchem dieser Lehrer ich am meisten Anregung und Förderung verdanke, so würde ich sagen H. W. Cushing, Nonne und Magnus."

[2] Janzen gibt außer Pette noch als Lehrer an v. Buddenbrock, Netter, Kornmüller und Hugo Spatz.

* Häußler und Kautzky sind jetzt Chefs neurochirurgischer Abteilungen.

G.

- Westphal, Berlin, 1833–1900
  - Oppenheim, Berlin, 1858–1919
    - Cassirer, Berlin, 1868–1925
      - Guttmann, London, 1896–1948
      - E. Straus, USA, geb. 1891
      - Wartenberg, USA, 1887–1956
    - Malaisé, München, 1875–1923

Malaisé war auch Schüler von Ziehen, Babinski und P. Marie.

H.

Moritz Heinrich Romberg *, Berlin, 1795–1873

I.

Heinrich Curschmann *, Leipzig, 1846–1910

* Trotz eifriger Literaturstudien konnte ich nicht festsellen, wer als Schüler dieser beiden bedeutenden Männer, die wesentliche Beiträge zur Neurologie lieferten, zu benennen wäre.

IX. Die jüngeren psychiatrischen Schulen

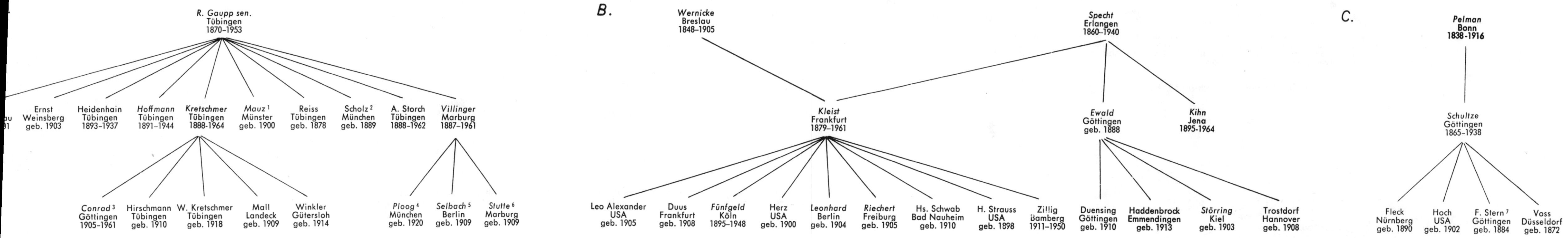

ist auch Schüler von E. Kretschmer.
ist auch Schüler von Spielmeyer und Schröder.
d ist auch Schüler von Rüdin, Villinger und Pötzl.
ist auch Schüler von Conrad.
ch ist auch Schüler von de Crinis, Spatz und Tönnis
ist auch Schüler von Sommer und Hoffmann.

[7] Es war leider nicht möglich, zu erfahren, ob Stern noch lebt oder wann er gestorben ist.

A.

- *O. Binswanger* Jena 1852–1929; *Forel* Zürich 1848–1931; **Dejerine** Paris **1849–1917**
  - O. Vogt Berlin 1870–1959
    - Beck München geb. 1892
    - Brodmann München 1868–1918
    - Haßler Frankfurt geb. 1914
    - Kornmüller Göttingen geb. 1905
    - *Meessen* Düsseldorf geb. 1909
    - Marthe Vogt Cambridge geb. 1903
- P. Marie Paris 1853–1940
  - C. Vogt Berlin 1875–1962

B.

- *Alzheimer* München 1864–1915
  - *Creutzfeldt* Kiel geb. 1885
  - Josephy Hamburg 1889–1960
  - Kirschbaum Hamburg geb. 1894

* Die Begründer der Neuropathologie in Deutschland: Alzheimer, Bielschowsky, Brodmann, Edinger, Nissl, Weigert, waren originale Forscher; sie lassen sich bestimmten Lehrern nicht zuordnen. Alzheimer und Nissl arbeiteten klinisch bei E. Sioli und Kraepelin. Nissl erscheint mit seinen klinischen Schülern auf der Tafel Kraepelin; sein bedeutendster Schüler in Neuropathologie ist Spatz.

XI. Die Schweizer Psychiater-Schule*

- *A. Forel* Zürich 1848–1931
  - *Eugen Bleuler* Zürich 1857–1939
    - G. Bally Zürich geb. 1893
    - L. Binswanger Kreuzlingen geb. 1881
    - A. Glaus Zürich geb. 1891
    - C. G. Jung Zürich 1875–1961
    - *J. Klaesi* Bern geb. 1883
      - H. Heimann Bern geb. 1922
      - Th. Spoerri Bern geb. 1924
    - *H. W. Maier* Zürich 1882–1945
      - M. Boss Zürich geb. 1903
      - J. Lutz Zürich geb. 1903
    - *M. Müller* Bern geb. 1894
    - *J. E. Staehelin* Basel geb. 1891
      - H. Binder Rheinau geb. 1899
      - *M. Bleuler* Zürich geb. 1903
        - G. Benedetti Basel geb. 1920
        - *H. Walter* Bern geb. 1913
        - *Chr. Müller* Lausanne geb. 1921
        - W. R. Stoll Zürich geb. 1915
      - C. Brugger Basel 1903–1944
      - B. Dukor Basel geb. 1897
      - *P. Kielholz* Basel geb. 1916
    - *H. Steck* Lausanne geb. 1891
      - C. Haffter Basel geb. 1909
      - G. Schneider Lausanne geb. 1913
      - P. B. Schneider Lausanne geb. 1916
    - J. Wyrsch Bern geb. 1892
  - *W. v. Speyr* Bern 1852–1939
    - Morgenthaler Bern geb. 1882
    - Fankhauser Bern 1868–1941
  - Delbrück Bremen 1862–1944

* Ich habe hier im Unterschied zu den österreichischen und deutschen Schulen auch Privatdozenten aufgenommen, die keine selbständige Stelle innehaben. Eine Begründung darf ich mir ersparen; der Kenner schweizerischer Verhältnisse wird mir zustimmen.

X. Die Neuropathologen

C.

- *Spielmeyer* ** München 1879–1935
  - *Bodechtel* München geb. 1899
  - v. Braunmühl München 1901–1957
  - Gagel Wien geb. 1899
  - Grünthal Bern geb. 1894
  - E. Guttmann London 1896–1948
  - Hallervorden[1] Landsberg/W. geb. 1882
    - Diezel[2] Heidelberg geb. 1923
    - Eicke[3] Marburg geb. 1911
    - *Krücke*[4] Frankfurt geb. 1911
    - Noetzel Freiburg geb. 1910
    - Seitelberger Wien geb. 1916
    - Wilke[5] Gelsenkirchen geb. 1909
      - Ule[6] Kiel geb. 1920
  - Heidenhain Tübingen 1893–1937
  - Hiller München 1891–1953
  - F. H. Lewy Berlin 1885–1950
  - Alfr. Meyer Bonn–London geb. 1895
  - Neubürger München–USA geb. 1890
  - Ostertag Tübingen geb. 1895
    - Stochdorph[8] München geb. 1914
  - Scharrer[7] USA geb. 1905
  - Scherer Antwerpen 1906–1945
  - Schob Dresden 1877–1942
  - M… g…
    - *H. Jacob* Marburg geb. 1909
    - *J. E. Meyer* Göttingen geb. 1917
    - Peters[9] München geb. 1906
      - Colmant Hamburg geb. 1922
      - Kersting[11] Bonn geb. 1925

** Spielmeyer hatte insgesamt 180 Schüler (nach H. Jacob, Große Nervenärzte, III); hier sind nur die deutschen Schüler genannt. Viele von ihnen sind auch Kliniker und in dieser Eigenschaft auf anderen Tafeln angeordnet.

1 H. zählt zu seinen Lehrern auch Bielschowsky und Spatz.
2 D. nennt als Lehrer auch Spatz.
3 E. nennt als Lehrer noch Spatz und Zutt.
4 K. zählt zu seinen Lehrern die Pathologen Fischer-Wasels, Rössle und Spatz.
5 W. ist auch Schüler von Bonhoeffer.
6 U. nennt als klinische Lehrer Boening und G. E. Störring.
7 Sch. gibt noch als Lehrer an Karl v. Frisch und Charles J. Herrick.
8 St. nennt als Lehrer in Neurologie Bodechtel und in allgemeiner Pathologie Meessen.
9 P. ist auch Schüler von Spielmeyer.

D.

- *Flechsig* Leipzig 1847–1929
  - Niessl von Mayendorf[12] Leipzig 1873–1943
  - R. A. Pfeifer Leipzig 1877–1957
    - Wünscher[10] Leipzig geb. 1922

E.

- Obersteiner Wien 1847–1922
  - **Marburg Wien 1879–1948**
  - Schacherl Wien geb. 1876
  - Spiegel USA geb. 1895
  - Po… W… 1877…

10 W. nennt weiter als Lehrer O. Vogt.
11 K. ist auch Schüler von Pette.
12 N. war auch Schüler von Wernicke.

XII. Die Österreicher

A.

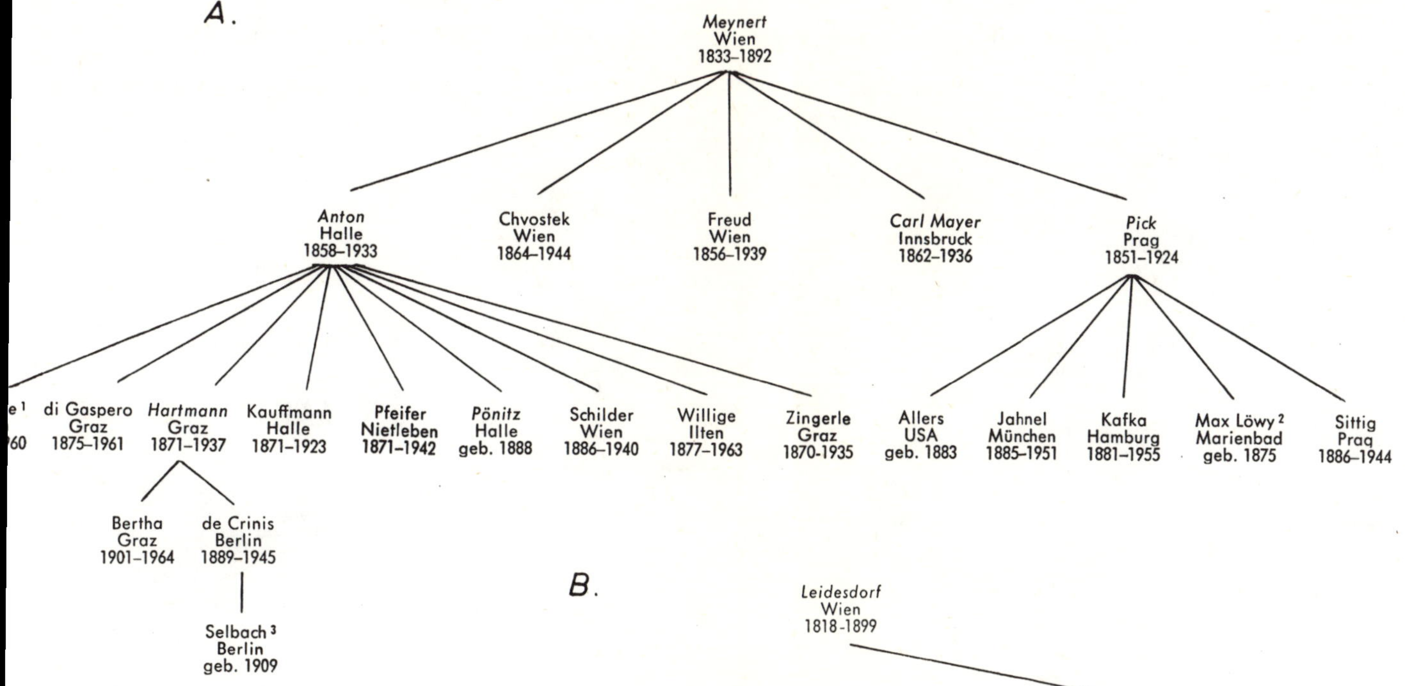

[1] E. war ordentlicher Professor für Physiologie.
[2] Todesdatum ließ sich nicht ermitteln.
[3] S. gibt als Lehrer weiter an: Villinger, Spatz, Tönnis.

B.

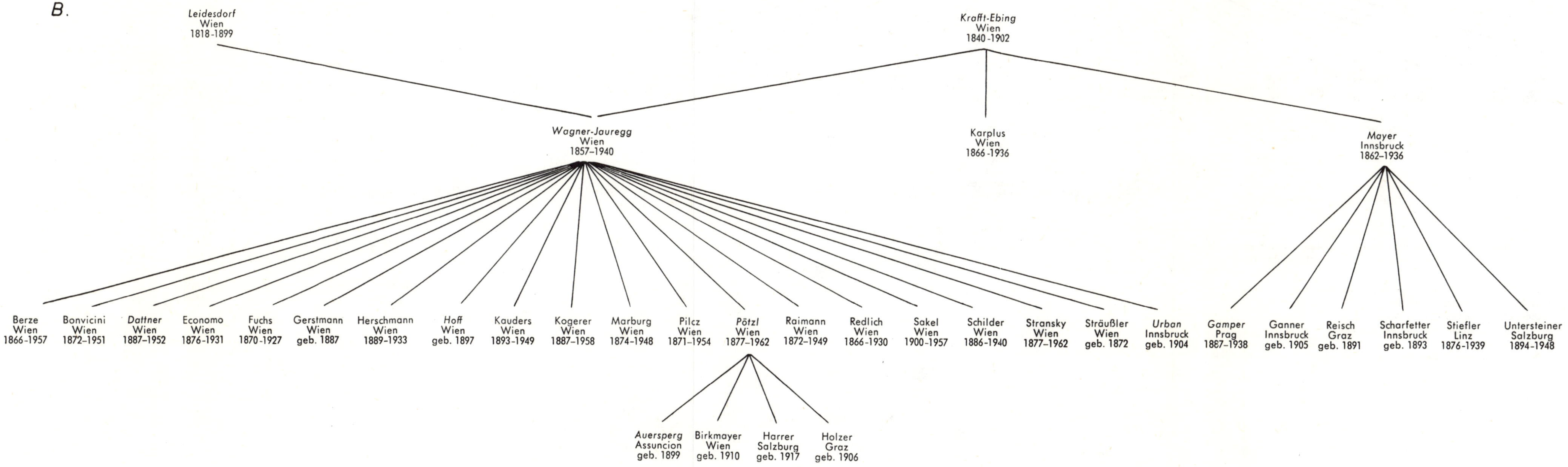

XIII. Die Neurochirurgen*

A.

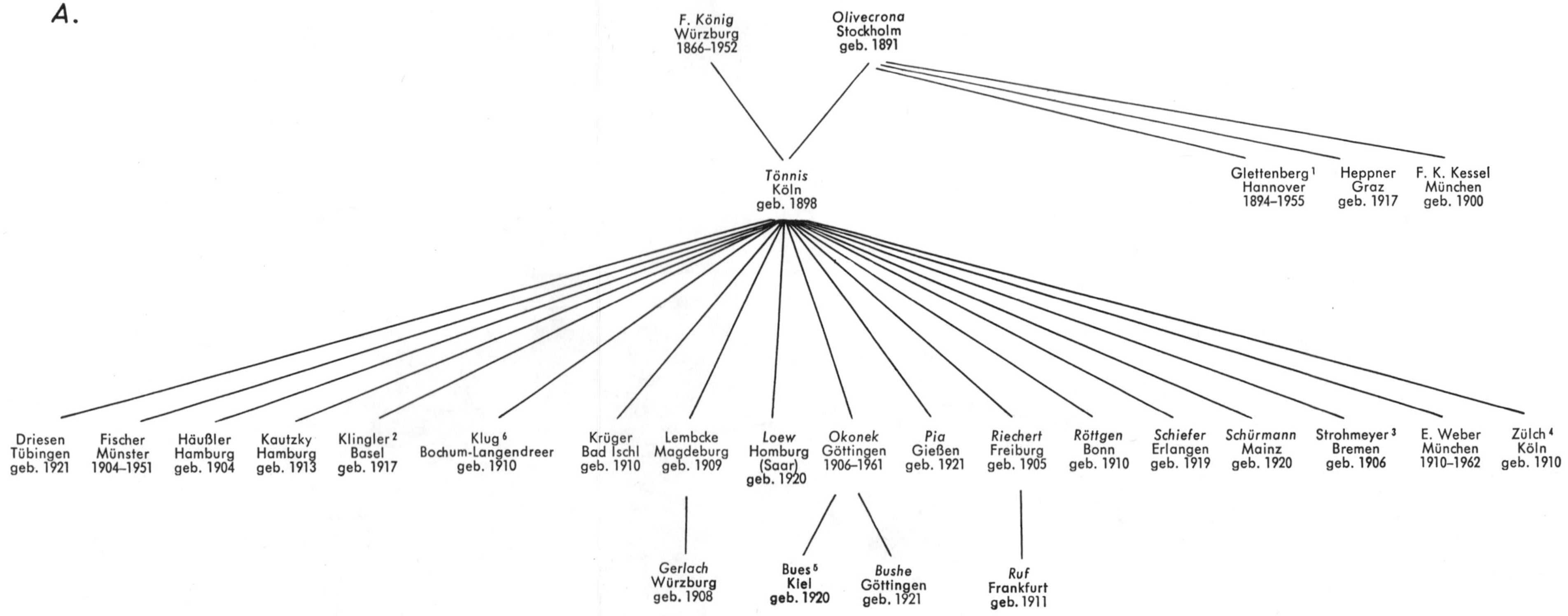

* Als Vorkämpfer der Neurochirurgie wären zu nennen: Guleke-Jena, Kocher-Bern, Schloffer-Prag. Neurochirurgen sind auch einige Schüler von Foerster (Tafel VIII C).

[1] Glettenberg nennt als Lehrer in Neurologie Marburg, Pette und Pötzl.
[2] Klingler ist auch Schüler von Krayenbühl und Bing.
[3] Strohmeyer bezeichnet als seinen Lehrer auch Wiethold.
[4] Zülch bezeichnet sich auch als Schüler von Foerster und Pette.
[5] Bues ist auch Schüler von Wanke-Kiel.
[6] Klug nennt als Lehrer Karl Vogeler (früher Stettin).

B.

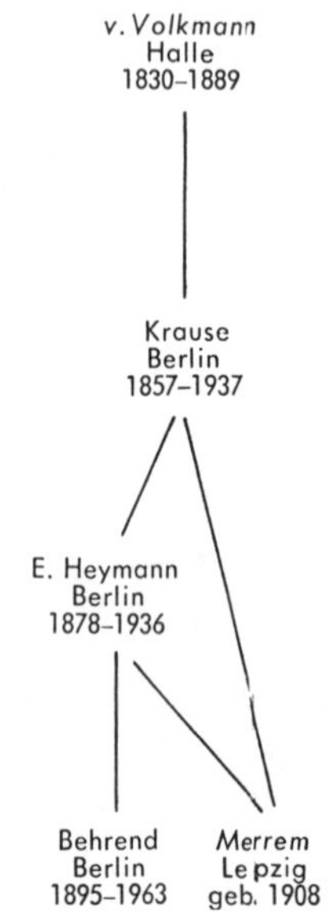

C.

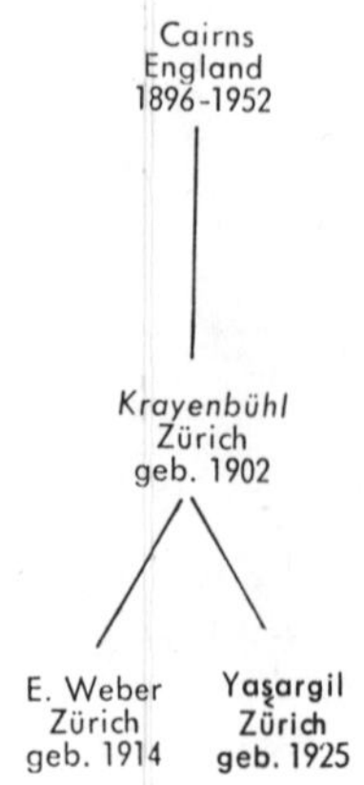

Die österreichische Schule*

D.

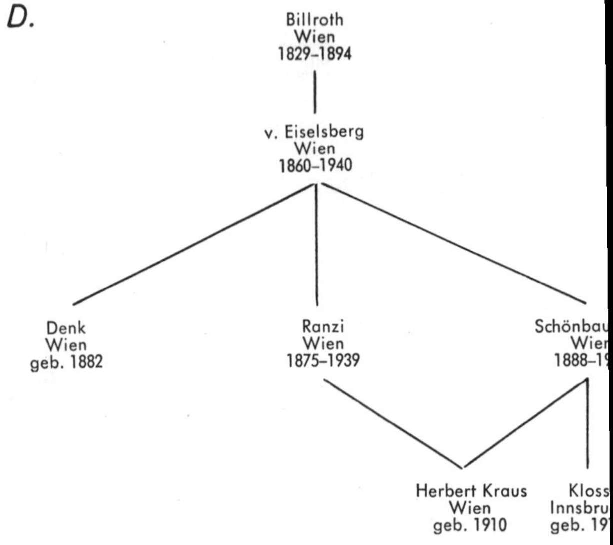

* Heppner, Graz (geb. 1917), dem ich vorstehende Daten verdanke, nennt als seinen Lehrer Olivecrona und McKissock.

** Sch. ist auch Schüler von Cushing.

GENEALOGIE DER NERVENÄRZTE DES DEUTSCHEN SPRACHGEBIETES[1]

Von K. Kolle

Die nachfolgenden Ahnentafeln sollten eigentlich dem III. Band der Sammlung „Große Nervenärzte" als Anhang beigegeben werden. Verschiedene Gründe ließen es mir ratsam erscheinen, diese kleine historische Studie gesondert zu veröffentlichen. Der Begriff Nervenarzt wird wieder synonym gebraucht für Psychiater, Neurologen, Neuropathologen, Neurochirurgen, Neurophysiologen, Psychotherapeuten, Kinderpsychiater. Geschichtliche Besinnung zu wecken ist der Sinn dieser Arbeit. Ich hoffe, daß mein Bemühen bei den jüngeren Generationen auf Gegenliebe stößt. Um den Lesern den Stoff schmackhafter zu machen, habe ich es unternommen, die wichtigsten historischen Zusammenhänge in einigen groben Schemata einzufangen. Ein Blick in die für mein Auge sehr lebendigen graphischen Darstellungen wird vielleicht den einen oder anderen ermuntern, sich auch den Personen zuzuwenden, die auf den Tafeln nur wie „Fälle" figurieren. Die von mir herausgegebenen drei Bände „Große Nervenärzte" bieten sich den Lesern zum Studium an!

Solche Ahnentafeln können nicht vollständig sein. Aufgenommen wurden in erster Linie Forscher, denen der Aufstieg zu einem akademischen Amt oder einem leitenden Posten vergönnt war, dann aber auch Männer, die sich durch wichtige Arbeiten einen Platz im Raume der neuropsychiatrischen Wissenschaft erobert haben. Viele Namen mußten mehrfach erwähnt werden, weil nicht wenige Nervenärzte bei mehreren Lehrern gelernt haben. Als Wirkungsstätte wurde jeweils derjenige Ort angegeben, der – nach Auffassung des Verfassers – der wichtigste für den Forscher war oder ist.

Hoffentlich ist die Sorge des Verfassers, er könne wichtige Personen aus Vergangenheit oder Gegenwart nicht oder am falschen Ort erwähnt haben, unbegründet. Es ist zu betonen, daß es unmöglich ist, sämtliche Mitarbeiter eines Forschers aufzuführen. Strittig kann sein, zu welchem „Lehrer" ein „Schüler" sich am meisten hingezogen fühlt. Einige Beispiele zu diesem Problem. Kleist ist sicher Schüler von Wernicke, dessen Arbeit er fortsetzte, trotzdem er nur kurze Zeit bei Wernicke gearbeitet hat. Dagegen ist Kleist nicht als Schüler von Anton, dem Nachfolger von Wernicke in Halle, aufgeführt, obschon er bei diesem länger als bei Wernicke Assistent war. Richtig erschien es mir aber, Kleist auch als Schüler von Specht aufzuführen, dessen psychiatrische Gesinnung ihn mitgeformt hat. Stertz rühmte sich, neun Chefs gehabt zu haben, mit denen er sich stets sehr gut vertragen habe. In meiner Genealogie erscheint Stertz als Schüler von Nonne, Bonhoeffer, A. Westphal, Alzheimer, Kraepelin, nicht aber als Schüler von Bumke, dem er in Breslau drei Jahre als Oberarzt diente. Ich habe meine nach-

[1] Diese Studie war meinem Verleger Bruno Hauff zu seinem 80. Geburtstag zugedacht; ich widme sie dem Andenken meines verstorbenen Freundes.

haltigsten klinischen Eindrücke als Student von Kraepelin empfangen. Mein erster Chef und späterer Schwiegervater Matusch, Direktor der Anstalt Sachsenberg, hat meine Berufswahl entscheidend beeinflußt. Berger verdanke ich den Sinn für saubere, ordentliche, pünktliche klinische Arbeit. Stertz war mir Vorbild für ärztliche Gesinnung. Berger und Stertz haben mir zudem einen gewissen neurologischen Verstand mitgegeben. Bei Rüdin, den ich nicht als meinen Lehrer bezeichnen würde, habe ich immerhin mit der von ihm begründeten Methodik wertvolle wissenschaftliche Arbeiten anfertigen dürfen. Doch am wichtigsten für meinen Werdegang waren zwei Männer: der Schweizer Psychotherapeut Paul Dubois, den ich persönlich nicht gekannt habe, und Karl Jaspers, der als Person erst in meinen Gesichtskreis eintrat, als ich bereits einige Jahre Psychiater war. Später empfing ich wichtige Impulse von Freud und Jung. Fragte man mich also, wer meine Lehrer waren,

I. Die Herkunft aus der Anstaltspsychiatrie

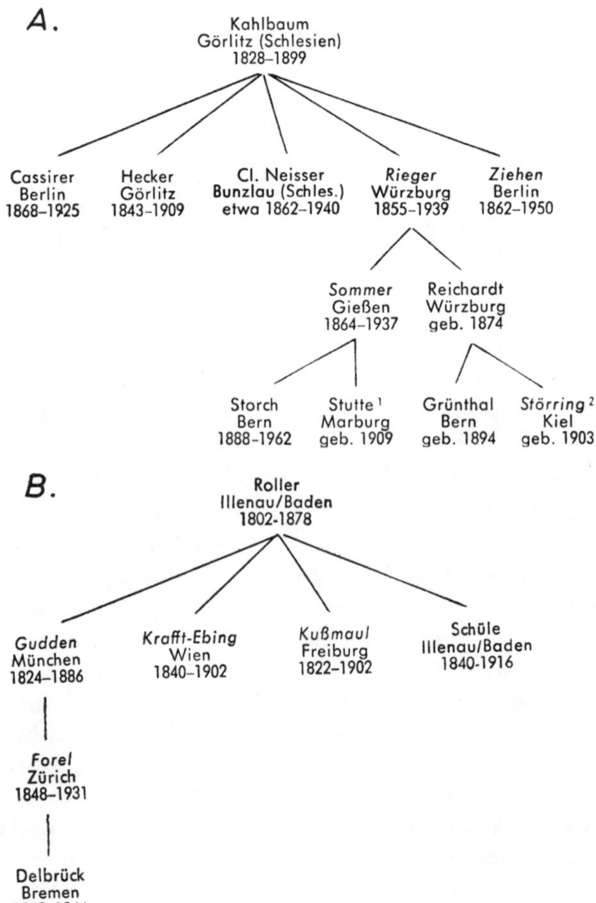

[1] Stutte ist auch Schüler von Hermann Hoffmann und Villinger.

[2] Störring nennt weiter als seine Lehrer Ewald, Grünthal, Beringer und in Psychologie seinen Vater G. Störring.

würde ich ohne Zögern antworten: Dubois, Kraepelin und Jaspers; in der Genealogie ist dieses Lehrer-Schüler-Verhältnis nicht verzeichnet. Ganz ähnlich bei Kurt Schneider, der als seinen Lehrer „ausschließlich" Karl Jaspers angibt, in der entsprechenden Ahnentafel aber nicht als Schüler von Jaspers, sondern als Schüler von Aschaffenburg figuriert, als dessen langjähriger Mitarbeiter er seine grundlegenden Arbeiten veröffentlichte.

Es ist daher eine grundsätzliche Bemerkung angebracht. Für die Entwicklung eines Mannes zum „großen Nervenarzt" ist gewiß nicht immer entscheidend, bei welchem Professor er seine Lehrjahre verbracht hat – ganz unwichtig sogar die Zeit, die er dort

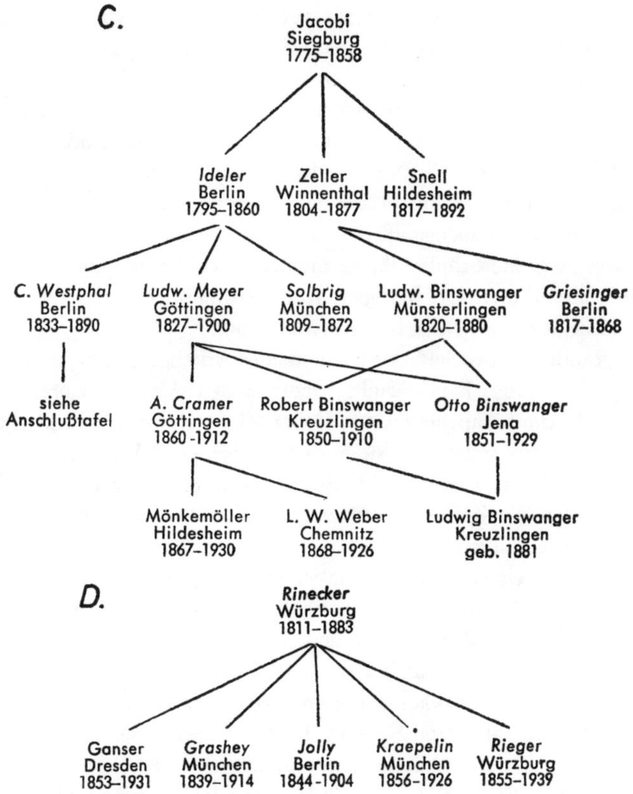

verweilte. Andererseits sind gerade die ersten Eindrücke, die ein junger Mensch von einem Lehrer empfängt, die für ihn entscheidenden. Für den jungen Kraepelin bedeutete die ärztliche und wissenschaftliche Persönlichkeit von Gudden sehr viel, obwohl er nur kurze Zeit bei ihm arbeitete. Jaspers kann noch heute begeistert von seinem Chef Nissl erzählen, obgleich er dessen neuropathologische Forschungen nicht pflegte, sondern schon früh seinen eigenen, von Nissl skeptisch beurteilten Weg ging. Aber Nissl als Mensch, Arzt, Lehrer und Forscher war Vorbild für Jaspers.

Eine Binsenweisheit schält sich heraus: die in diesen genealogischen Tafeln aufgeführten Männer hätten es nicht verdient, hier verewigt zu werden, wenn sie nur Epigonen ihrer Lehrer geblieben wären. Nein, diese Männer haben sich kraft ihrer Eigenständigkeit in der Geschichte der Neuropsychiatrie ihren Platz erobert. Aber: die persönlichen, menschlichen, ärztlichen, wissenschaftlichen Bande, die sie mit ihren Lehrern einst verknüpften, die geistigen Ströme, die sie von dorther umflossen, sind nicht fortzudenken aus ihrer Entfaltung zum selbständigen, vielfach originalen Forscher.

So soll man beim Lesen dieser Ahnentafeln die etwa sich aufdrängenden „wenn" und „aber" beiseite schieben und sich dem Genuß hingeben, das Panorama unseres Faches, soweit es von deutschsprachigen Forschern geschaffen wurde, in sich aufzunehmen.

Bei den lebenden Fachgenossen habe ich, einem freundlichen Vorschlag von Rothschuh folgend, einen kleinen Fragebogen zirkulieren lassen, den alle Kollegen mir liebenswürdigerweise beantwortet haben; hier bin ich also gegen Mißverständnisse gefeit. Unterlassungssünden, die man dem Verfasser ankreiden kann, sind fast unvermeidlich, wären mir aber schmerzlich.

Mich bedrückt ein wenig, daß die Anstaltspsychiater des 19. Jahrhunderts, unsere geistigen Väter, zu kurz gekommen sind. Daß sie nicht vergessen sind, zeigen die Tafeln, auf denen Kahlbaum, Hecker, Cl. Neisser, Roller, Schüle, Jacobi, Ideler, Zeller, Snell, die Binswangers erscheinen. Ein Historiker möge sich finden, der eine eigene Genealogie der Anstaltspsychiater zusammenstellt!

Eine neurophysiologische Schule gibt es im deutschen Sprachgebiet noch nicht. Zwar figuriert R. Jung als Schüler von Beringer. Aber Kornmüller – nach eigener Mitteilung Autodidakt – erscheint nur als Mitarbeiter von O. Vogt.

Auch eine psychotherapeutische Schule von akademischem Rang beginnt erst mit ihrem Aufbau. Freud, C. G. Jung, J. H. Schultz, Speer finden sich an entsprechenden Stellen. Doch so originale Psychotherapeuten wie v. Gebsattel, G. R. Heyer, Schutz-Hencke, Meng erscheinen nirgends – wo sollte man sie auch unterbringen? Von jüngeren Kräften wie Benedetti, Bräutigam, Frankl, Mitscherlich, Stolze, Wiesenhütter gar nicht zu sprechen.

Desgleichen hat sich die Kinder-Psychiatrie im deutschen Sprachgebiet noch nicht zu voller Selbständigkeit entwickelt.

Es fehlen auch andere eigenständige Gestalten wie Monakow, die Brüder Minkowski.

So bleibt die Arbeit ein Versuch, der hoffentlich kommende Generationen anspornen wird – nicht nur zu geschichtlicher Besinnung, sondern auch zur Fortsetzung der Arbeit am großen Werk der Neuropsychiatrie.

Grundsätzlich erscheint jeder Name nur einmal auf einer Tafel; eine einzige Ausnahme: Nissl wird auf der Tafel, als deren Stammvater Gudden figuriert, zweimal erwähnt, als klinischer Schüler von Kraepelin und als neuropathologischer Schüler von Gudden, bei dem er seine berühmte Dissertation über die Nervenzellen fertigte und bei dem er später Assistent war.

Einem Vorschlag von Scheller folgend sind die ordentlichen Professoren besonders gekennzeichnet, „weil sie als Klinikchefs und akademische Lehrer dazu berufen waren und sind, das Erbe ihrer Ahnen weiterzutragen" (Scheller).

In dieser kleinen Studie steckt jahrelange, mühselige Arbeit. Zahlreiche Glückwunschadressen und Nachrufe mußten ermittelt werden. Ein lebhafter Schriftwechsel mit vielen Fachgenossen war nötig. Ich danke allen, die mir geholfen haben.

Besonderen Dank schulde ich wieder der Chefsekretärin Alma Kreuter, die in diesen Tagen ihr vierzigjähriges Jubiläum feiert; die Zusammenstellung des ausführlichen Literaturverzeichnisses ist ihr Verdienst und das der Klinik-Bibliothekarin Maria Wolf.

Literatur

Gesamtdarstellungen:

Berze, J.: Sechzig Jahre Psychiatrie im Verein für Psychiatrie und Neurologie in Wien. J. Psychiat. 46 (1929), 113—119

Curschmann, Fr., H. Curschmann, C. Hirsch, F. Wolff: Erinnerungen an Heinrich Curschmann. Springer, Berlin 1926

Eulner, H. H., W. Glatzel: Die Psychiatrie an der Universität Halle. Wiss. Z. d. Martin-Luther-Univ. Halle, Math. Nat. VII/2, 197—218 (April 1958)

Haymaker, W.: The Founders of Neurology. Thomas, Springfield, USA, 1953

Jahrmärker: 55 Jahre Landesheilanstalt Marburg. Kosmala, Düsseldorf 1931

Kirchhoff, Th.: Deutsche Irrenärzte. 2 Bände. Springer, Berlin 1921/24

Kleinjohann, W.: Verdienste deutscher Ärzte um die Erkenntnis der Neuro-Pathologie. Dissertation, Düsseldorf 1936

Kolle, K.: Herausgeber von „Große Nervenärzte". Bd. I: 1956, Bd. II: 1959, Bd. III: 1962. G. Thieme Verlag, Stuttgart

Kornmüller, A. E.: Max-Planck-Institut für Hirnforschung, Physiol. Abteilung

Kußmaul, A.: Aus meiner Dozentenzeit in Heidelberg, herausgegeben von Vinzenz Czerny. 3. u. 4. Aufl. Lehmann, München, Berlin, o. J.

Leibbrand, W., u. a.: Herausgeber von: Um die Menschenrechte der Geisteskranken. Gedenk- und Mahnwort der Ärzte der Erlanger Heil- und Pflegeanstalt aus Anlaß des 100jährigen Bestehens. Nürnberg. Die Egge. 1946. (Mit Beiträgen über *Solbrig, Bumm, Specht* u. a.)

Moritz, M. S.: Deutsche Kliniker um die Jahrhundertwende. Schumpe, Köln 1958

Porträts hervorragender Psychiater. Psychiat.-neurol. Wschr. 12 (1910), 249—258

Redlich, E.: Sechzig Jahre Neurologie im Verein für Psychiatrie und Neurologie in Wien. Jb. Psychiat.-Neurol. 46 (1929), 120—129

Schönbauer: Das medizinische Wien. Geschichte, Werden, Würdigung. 2. Aufl. Urban & Schwarzenberg, Wien 1947

Nachrufe und Würdigungen:

Alt, Konrad, 1861—1922

Biograph. Lexikon hervorrag. Ärzte, I/1932, 25; N.Z.

Weber: Alt's Abschied von Uchtspringe. Psychiat.-neurol. Wschr. 22 (1920/21), 385—386

Weber: Nachruf. Psychiat.-neurol. Wschr. 24 (1922/23), 281—282

Alzheimer, Alois, 1864—1915

Gaupp: Nachruf. Münch. med. Wschr. 63 (1916), 195 bis 196

Kraepelin: Lebensschicksale deutscher Forscher. Münch. med. Wschr. 67 (1920), 75—78

Kraepelin: In: Kirchhoff, Deutsche Irrenärzte, Bd. II, 299—307. Springer, Berlin 1924

Lewandowsky: Nachruf. Z. Neurol. 30, nach S. 318 (1915)

Meyer, J. E.: In: Große Nervenärzte, Bd. II (1959), 32—38

Nissl, F.: Nachruf. Allg. Z. Psychiat. 73 (1917), 96 und 368

Spielmeyer: Nachruf. Z. Neurol. 33 (1916), 1—44. Hier vollständiges Verzeichnis der Arbeiten von Alzheimer.

Stertz: Nachruf. Berl. klin. Wschr. 53 (1916), 235—238

Anton, Gabriel, 1858—1933

Bresler: Zum 60. Geburtstag. Psychiat.-neurol. Wschr. 20 (1918/19), 129—130

Hartmann, F.: Nachruf. Jb. Psychiat. Neurol. 50 (1933), 1—10

Hauptmann: Zum 70. Geburtstag. Klin. Wschr. 7 (1928), 1669—1670

Pfeifer, B.: Nachruf. Dtsch. Z. Nervenheilk. 130 (1933), 185—196

Pönitz: Nachruf. Münch. med. Wschr. 80 (1933), 151 bis 152

v. Stockert: Nachruf. Allg. Z. Psychiat. 100 (1933), 342—345

Vogt, O.: Nachruf. Forsch. Fortschr. dtsch. Wiss. 9 (1933), Nr. 4

Aschaffenburg, Gustav, 1866—1944

Zum 60. Geburtstag. Allg. Z. Psychiat. 85 (1927), 136

Binswanger, L.: Nachruf. Schweiz. Arch. Neurol. Psychiat. 58 (1947), 385—387

Biograph. Lexikon hervorrag. Ärzte 42, 1962

Gaupp, R.: Nachruf. Nervenarzt 18 (1947), 1

Hentig, H. von: Pioneers in Criminology. II. Gustav Aschaffenburg. J. Crim. Law 45 (1954), 117—122

Kammer: Nachruf. Amer. J. Psychiat. 101 (1944), 413 u. 427

Nachruf. Lancet I, 517, 21. April 1945

Bárány, Robert, 1876—1936

Arch. Ohr.-, Nas.- u. Kehlk.-Heilk. 141 (1936), 89

Fischer, Ruff: Nachruf. Wien. med. Wschr. 86 (1936), 478—479

Holmgren: Nachruf. Acta oto-laryng. 23 (1936), 349 bis 352

Leider: Nachruf. Mschr. Ohrenheilk. 70 (1936), 769 bis 771

Mettler: In: Haymaker, The Founders of Neurology, 237—241

Berger, Hans, 1873—1941

Boening: Nachruf. Arch. Psychiat. 114 (1942), 17—24

Fischgold: Hans Berger et son temps. Actualités Neurophysiologiques, 4. Serie (1962), 197—221

Gibbs, F. A.: In: Haymaker, The Founders of Neurology, 105—107. Springfield 1953

Kolle, K.: In: Große Nervenärzte, Bd. I, 1—6. Stuttgart 1956

Schulte, W.: Hans Berger: Ein Lebensbild des Entdeckers des Elektrencephalogramms. Münch. med. Wschr. 101 (1959), 977—980

Schulte, W.: Bayer. Ärzteblatt. (1958), H. 11

Wawrzik, Jung: Nachruf. Nervenarzt 14 (1941), 481 bis 484

Wenzel: Über die Geschichte des EEG (Hans Berger). Münch. med. Wschr. 104 (1962), 1146—1150

Beringer, Kurt, 1893—1949

Gaupp jr., R.: Nachruf. Dtsch. med. Wschr. 75 (1950), 274

Jung, R.: Nachruf. Arch. Psychiat. 183 (1949), 293—301

Kloos, G.: Nachruf. Med. Klin. 45 (1950), 406—407

Zutt, J.: Nachruf. Nervenarzt 20 (1949), 529—531

Ruffin, H.: Nachruf. Dtsch. Z. Nervenheilk. 164 (1950), 199—209

Bielschowsky, Max, 1869—1940

Festschrift zum 60. Geburtstag. J. Psychol. Neurol. (Lpz.) 38 (1929), H. 2

Hallervorden: Zur Erinnerung an Max Bielschowsky. Nervenarzt 30 (1959), 325—327

Lewy, F. H.: Nachruf. Trans. Amer. neurol. Ass. 67 (1941), 243

Ostertag: Nachruf. Dtsch. med. Wschr. 84 (1959), 765

Ostertag: In: Große Nervenärzte, Bd. III (1963), 1—8. G. Thieme Verlag, Stuttgart

Weil, A.: In: Haymaker, The Founders of Neurology, 168—171

Bing, Robert, 1879—1956

Zum 70. Geburtstag. Schweiz. Arch. Neurol. Psychiat. 61 (1948), 1—6

Biograph. Lexikon hervorrag. Ärzte, 1/1932, 120; N.Z.
Georgi: Nachruf. Schweiz. Arch. Neurol. Psychiat. 79 (1957), 138
Georgi: Nachruf. Bull. Schweiz. Akad. med. Wiss. 15 (1959), 5—13
Gigon: Nachruf. Bull. Schweiz. Akad. med. Wiss. 12 (1956), 91—92

Binswanger, Otto, 1852—1929

Berger, H.: Zum 70. Geburtstag. Arch. Psychiat. Nervenkr. 67, nach S. 136 (1923)
Berger: Nachruf. Arch. Psychiat. Nervenkr. 89 (1930), 1—12
Bleuler, E.: Nachruf. Neue Zürcher Zeitung. 1929
Jacobi: Nachruf. Allg. Z. Psychiat. 91 (1929), 506—511
Röper: Nachruf. Dtsch. Z. Nervenheilk. 109 (1929), 1—4
Seige: Erinnerungen an Otto Binswanger. Wiss. Z. d. Friedr.-Schiller-Univ. Jena 4 (1954/55), 373—378
Ziehen, Th.: Nachruf. Schweiz. Arch. Neurol. Psychiat. 25 (1929), 171—174

Binswanger, Robert, 1850—1910

Binswanger, L.: Zur Geschichte der Heilanstalt Bellevue in Kreuzlingen. 1857—1957
Biograph. Lexikon hervorrag. Ärzte, I/1932, 121; N.Z.
Brunner, C.: Nachruf. Corr. Bl. f. Schweizer Ärzte (Basel) 41 (1911), 437—440

Bleuler, Eugen, 1857—1939

Beringer, K.: Nachruf. Münch. med. Wschr. 86 (1939), 1390
Gaupp, R.: Nachruf. Klin. Wschr. 18 (1939), 1234 bis 1235
Gaupp, R.: Nachruf. Z. Neurol. 168 (1940), 1—35
Nachruf. Allg. Z. Psychiat. 115 (1940), 1—4
Klaesi, J.: Nachruf. Mschr. Psychiat. 101 (1939), 325 bis 328
Klaesi, J.: In: Große Nervenärzte, Bd. I, 7—16. G. Thieme Verlag, Stuttgart 1956
Kolle, K.: Eugen Bleuler. 1857—1939. Privatdruck und Internat. Encyclopedia of the Social Sciences, New York 1964
Kretschmer: Nachruf. Arch. Psychiat. 111 (1940), 1—4
Trauersitzung d. Psychiatr. Neurol. Vereins in Zürich am 9. 2. 1940. Schweiz. Arch. Neurol. Psychiat. 46 (1941), 1—32
Gedenkfeier zum 100. Geburtstag. veranstaltet vom Psychiatr.-Neurol. Verein Zürich am 30. 4. 1957. Schweiz. Arch. Neurol. Psychiat. 79 (1957), 210 bis 236

Bonhoeffer, Karl, 1868—1948

Zum 60. Geburtstag. Nervenarzt I (1928), 137 (Mayer-Gross)
Zum 70. Geburtstag. Festschrift. Mschr. Psychiat. 99 (1937)
Gaupp, R.: Rückblick und Ausblick. Offener Brief an Karl Bonhoeffer bei Vollendung seines 75. Lebensjahres. Z. Neurol. 175 (1942/43), 325—332
Zutt, J.: Herrn Geh. Med.-Rat Dr. K. Bonhoeffer zum 80. Geburtstag. Mschr. Psychiat. 117 (1949), 3
Binswanger: Nachruf. Schweiz. Arch. Neurol. Psychiat. 67 (1951), 192—193
Gaupp: Nachruf. Dtsch. Z. Nervenheilk. 161 (1949), 1—7
Goldstein: J. Nerv. ment. Dis. 98 (1943), 683
Jossmann: Nachruf. Mschr. Psychiat. 118 (1949), 65—68
Jossmann: Nachruf. Amer. J. Psychiat. 106 (1949), 159
Stertz: In: Große Nervenärzte, Bd. I, 17—26. G. Thieme Verlag, Stuttgart 1956
Zutt: Nachruf. Nervenarzt 20 (1949), 241

Bonvicini, 1872—1951

Biograph. Lexikon hervorrag. Ärzte, Bd. I/1932, 147 N.Z.

Bostroem, August, 1886—1943

Biograph. Lexikon hervorrag. Ärzte, 1962, 153
Bumke, O.: Nachruf. Arch. Psychiat. 117 (1944), 309
Gaupp, R.: Nachruf. Z. Neurol. 177 (1944), 321—322
Nonne, M.: Nachruf. Dtsch. Z. Nervenheilk. 157 (1944), 1—21

Braunmühl von, Anton, 1901—1957

Homitz, Fr.: Anton von Braunmühl, Arzt und Maler. Süddeutsche Zeitung v. 8. 8. 1954
Hallervorden: Nachruf. Nervenarzt 28 (1957), 375/76

Brodmann, Korbinian, 1868—1918

Kraepelin: Lebensschicksale deutscher Forscher. Münch. med. Wschr. 67 (1920), 75—78
Nissl: Nachruf. Z. Neurol. 45 (1919), 329—349
Rose, J. E.: In: Haymaker, The Founders of Neurology
Spielmeyer: Nachruf. Münch. med. Wschr. 65 (1918), 1138—1139
Spielmeyer: In: Kirchhoff, Deutsche Irrenärzte. Bd. II, 308—312
Vogt, O.: Nachruf. J. Psychol. Neurol. (Lpz.) 24 (1918), 1—10
Vogt, O.: In: Große Nervenärzte, Bd. II, 39—44. G. Thieme Verlag, Stuttgart 1959

Brugger, Carl, 1903—1944

Staehelin: Nachruf. Schweiz. Arch. Neurol. Psychiat. 55 (1945), 189—191

Bumke, Oswald, 1877—1950

Biograph. Lexikon hervorrag. Ärzte, I/1932, 199; N.Z.
Ferrio, Carlo: Nachruf. Riv. Sperimentale di Freniatria 74 (1950), H. 2
Kehrer, F. A.: Nachruf. Med. Klin. 45 (1950), 1285 bis 1286
Mikorey, M.: Nachruf. Münch. med. Wschr. 92 (1950), 47—51
Mikorey, M.: Nachruf. Dtsch. med. Wschr. 75 (1950), 624
Mikorey, M.: Nachruf. Actas luso-espanolas de Neur. y Psiquiatria 9 (1950), 300—311
Sanchez, Martin M. L.: Nachruf. Actas luso-espan. de Neur. y Psiquiatria 9 (1950), 57—58
Stauder: Nachruf. Arch. Psychiat. 187 (1951), 1—14
Bumke, O.: Erinnerungen und Betrachtungen. Der Weg eines deutschen Psychiaters. Pflaum, München 1952

Bumm, Anton, 1849—1903

Biograph. Lexikon hervorrag. Ärzte, I/1932, 200; N.Z.
Neupert: Nachruf. Psychiat. Neurol. Wschr. 5 (1903), 153—155
Specht: Nachruf. Münch. med. Wschr. 50 (1903), 1162 bis 1166
Vocke: Nachruf. Allg. Z. Psychiat. 60 (1903), 790—794

Cairns, Hugh William Bell, 1896—1952

Alcaldé: Nachruf. Actas luso-espan. neurol. y psiquiatr. 11 (1952), 290—292
Glees: Nachruf. Mschr. Psychiat. 125 (1953), 56—58
Jefferson: Nachruf. Brit. med. J., 26. 7. 1952
Leriche: Nachruf. Mém. Acad. chir. 78 (1952), 718 bis 719

Cassirer, Richard, 1868—1925

Ball: Nachruf. Arch. Psychiat. 76 (1926), 513—520
Henneberg: Nachruf. Dtsch. med. Wschr. 51 (1925), 1581—1582
Hirschfeld: Gedenkrede i. d. Berliner Ges. f. Psychiatr. Mschr. Psychiat. 60 (1926), 81—88
Hirschfeld: Nachruf. Klin. Wschr. 4 (1925), 2423
Kalischer: Nachruf. Med. Klin. 21 (1925), 1632—1633
Straus, E.: Nachruf. Z. Neurol. 108 (1927), 813—818

Chvostek, Franz, 1864—1944

Gerke: Nachruf. Dtsch. med. Wschr. 70 (1944), 371
Biograph. Lexikon (Fischer) 248 (1962)

Conrad, Klaus, 1905—1961

Fortschr. Neurol. 29 (1961), nach S. 300
Petrilowitsch: Psychologie und Psychopathologie im Lebenswerk Klaus Conrads. Arch. ges. Psychol. 114 (1962), 72—95
Ploog: Nachruf. Arch. Psychiat. 202 (1961), 457—462
Zutt: Nachruf. Nervenarzt 33 (1961), 241—242

Cramer, August, 1860—1912

Biograph. Lexikon hervorrag. Ärzte, I/1932, 274; N.Z.
Boas: Nachruf. Arch. Krim. Anthrop. u. Kriminalistik I (1912), 65—70
Eichelberg: Nachruf. Münch. med. Wschr. 59 (1912), 2114
Lähr: Nachruf. Allg. Z. Psychiat. 69 (1912), 570
Mönkemöller: In: Kirchhoff, Deutsche Irrenärzte, Bd. II, 296—299
Pelman: Nachruf. Allg. Z. Psychiat. 69 (1912), 929 bis 931
Quaet-Faslem: Nachruf. Psych. Neurol. Wschr. 14 (1912/13), 321—324
Weber: Nachruf. Monatsschr. Psychiat. 32 (1912), 365
Vogt, H.: Nachruf. Arch. Psychiat. 50 (1913), 1—11
Weber: Nachruf. Dtsch. med. Wschr. 38 (1912), 1943
Weber: Nachruf. Z. Neurol. 13 (1912), 285

Cramer, Heinrich, 1831—1893

Meyer, Ludwig: Nachruf. Arch. Psychiat. 25 (1893), 856
Mönkemöller: In: Kirchhoff, Deutsche Irrenärzte, Bd. II; 100—104
Pelman: Nachruf. Münch. med. Wschr. 11 (1893), 793
Tuczek: Nachruf. Berl. klin. Wschr. 30 (1893), 907
Tuczek: Nachruf. Allg. Z. Psychiat. 50 (1894), 787

Curschmann, Heinrich, 1846—1910

Biograph. Lexikon hervorrag. Ärzte, I/1932, 283; N.Z.
Curschmann, Fr., u. a.: Erinnerungen an Heinrich Curschmann. Springer, Berlin 1926
His: Nachruf. Dtsch. med. Wschr. 36 (1910), 1090
Krehl: Nachruf. Münch. med. Wschr. 56 (1909), 1961 und 57 (1910), 1235—1236
Krehl: Nachruf. Dtsch. Arch. klin. Med. 99 (1910), 3—6
Moritz, M. S.: In: Deutsche Kliniker um die Jahrhundertwende, 79—82. Schumpe, Köln 1958
Romberg: Nachruf. Berl. klin. Wschr. 47 (1910), 998
Steinert: Nachruf. Fortschr. Med. 28 (1910), 609—611
Wolff, F.: Nachruf. Z. Tuberk. 16 (1910), 1—4

Dattner, Bernhard, 1887—1952

Nachruf. J. nerv. ment. Dis. 117 (1953), 88—89
Merritt: Nachruf. Tr. Amer. neurol. Ass. 78 (1953), 297—298
Thomas, E. W.: Nachruf. Amer. J. Syph. 37 (1953), 86—87

Ebbecke, Ulrich, 1883—1960

Schaefer, H.: Nachruf. Dtsch. med. Wschr. (1960), 2255—2257
Schaefer, H.: Nachruf. Ergebn. Physiol. 51 (1961), 38 bis 51

Economo, Constantin von, 1876—1931

Constantin Freiherr v. Economo, ein Lebensbild, verfaßt von seiner Witwe und Professor Wagner-Jauregg. Mayer & Co., Wien 1932
Nachruf. Arch. Neurol. Psychiat. (Chic.) 27 (1932), 176—179
Jelliffe: Nachruf. J. nerv. ment. Dis. 75 (1932), 213 bis 214
Kuhlenbeck: In: Haymaker, The Founders of Neurology. Springfield 1953
Marburg: Nachruf. Dtsch. Z. Nervenheilk. 123 (1931), 219
Marburg: Nachruf. Nervenarzt 5 (1932), 88/89
Pilleri: Zum Gedenken des 25. Todestages. Psychiat. et Neurol. (Basel) 132 (1956), 390—397
Riley: Nachruf. J. nerv. ment. Dis. 75 (1932), 209—213
Spatz, H.: Nachruf. Münch. med. Wschr. 78 (1931), 2161—2163
Stransky: Nachruf. Med. Klin. 27 (1931), Nr. 44
Stransky: Nachruf. Allg. Z. Psychiat. 96 (1932), 413 bis 416
Stransky: In: Große Nervenärzte, Bd. II, 180—185. G. Thieme Verlag, Stuttgart 1959

Edinger, Ludwig, 1855—1918

Dreyfus: Nachruf. Münch. med. Wschr. 65 (1918), 272
Goldstein: Nachruf. Z. Neurol. 44 (1918), 115
Kappers: Zum 60. Geburtstag. Dtsch. Z. Nervenheilk. 53 (1915), 425
Krücke, Spatz: Gedenkschrift zum 100. Geburtstag. Mit Verzeichn. d. 200 Arbeiten u. d. Mitarbeiter von Edinger
Krücke: In: Große Nervenärzte, Bd. III, 9—20. G. Thieme Verlag, Stuttgart 1963
Oppenheim: Nachruf. Dtsch. med. Wschr. 44 (1918), 302
Raecke: Nachruf. Arch. Psychiat. 60 (1918), 351
Wallenberg: Nachruf. Dtsch. Z. Nervenheilk. 59 (1918), 1

Erb, Wilhelm, 1840—1921

Biograph. Lexikon hervorrag. Ärzte, I/1932; N.Z.
Dinkler, M.: Zum 70. Geburtstag. Dtsch. med. Wschr. 26 (1910), 2206
Hoche: Nachruf. Arch. Psychiat. 64 (1922), 509—512
Meyer, E.: Nachruf. Berl. klin. Wschr. 58 (1921), 1399
Naunyn: Nachruf. Mitt. Grenzgeb. Med. Chir. 34 (1921), 1—4
Nonne: Zum 80. Geburtstag. Dtsch. Z. Nervenheilk. 67 (1920), 1—4
Nonne: Nachruf. Z. Neurol. 74 (1922), 1—10
Nonne: In: Große Nervenärzte, Bd. I, 68—80. G. Thieme Verlag, Stuttgart 1956
Penfield: In: Neurological biographies and adresses. Oxford Univ.-Press, London 1936
Schoenborn: Nachruf. Münch. med. Wschr. 68 (1921), 1525
Schüle: Nachruf. Münch. med. Wschr. 68 (1921), 1625
Schwartz: Nachruf. Schweiz. Arch. Neurol. Psychiat. 10 (1922), 347—348
Strümpell: Nachruf. Med. Klin. 17 (1921), 1468
Viets, H. R.: In: Haymaker, The Founders of Neurology, 279—282
Weizsäcker, V. v.: Nachruf. Dtsch. med. Wschr. 47 (1921), 1595

Fankhouser, Ernst, 1868—1941

Klaesi: Nachruf. Schweiz. Arch. Neurol. Psychiat. 50 (1942), 147—149
Wyrsch: Nachruf. Schweiz. med. Wschr. 71 (1941), 229—230

Fischer-Brügge, Erich, 1904—1951

Auersperg: Nachruf. Dtsch. Z. Nervenheilk. 169 (1953), 337—339
Riechert: Nachruf. Arch. Psychiat. 187 (1951), 187 bis 189
Tönnis: Nachruf. Zbl. Neurochir. 11 (1951), 129—130

Flechsig, Paul, 1847—1929

Zum 70. Geburtstag. Psychiat.-neurol. Wschr. 19 (1917). 121
Zum 80. Geburtstag. Mschr. Psychiat. 65 (1927)
Flechsig, P.: Meine myelogenetische Hirnlehre. Mit biographischer Einleitung. Springer, Berlin 1927
Haymaker, W.: In: Haymaker, The Founders of Neurology 31—35
Henneberg: Nachruf. Med. Klin. 25 (1929), 1490 bis 1492
Marie, P. L.: Nachruf. Presse méd. 37 (1929), 1584
Pfeifer, R. A.: Nachruf. Dtsch. med. Wschr. 55 (1929), 1601—1602
Pfeifer, R. A.: Nachruf. Allg. Z. Psychiat. 91 (1929), 505
Pfeifer. R. A.: Nachruf. Schweiz. Arch. Neurol. Psychiat. 26 (1930), 258—264
Quensel: Nachruf. Dtsch. Z. Nervenheilk. 110 (1929), 161—165

Schröder, P.: Nachruf. Arch. Psychiat. 91 (1930), 1—8
Nachruf. J. nerv. ment. Dis. 71 (1930), 246

Foerster, Otfrid, 1873—1941

Gagel: Nachruf. Klin. Wschr. 20 (1941), 799—800
Gagel: Nachruf. Arch. Psychiat. 114 (1942), 1—16
Gaupp: Otfrid Foerster. Sein Lebenswerk im Rahmen der Wissenschaft seiner Zeit. Z. Neurol. 176 (1943), 485—521
Hohmann, G.: Was verdanken wir Otfrid Foerster? Z. Orthop. 72 (1941), 279—284
Jefferson: Nachruf. Lancet 2 (1941). 503
Nonne: Zum 60. Geburtstag. Dtsch. Z. Nervenheilk. 132 (1933), 1—6
Walthard: Nachruf. Schweiz. Arch. Neurol. Psychiat. 62 (1948). 401—404
Weizsäcker, V. v.: Nachruf. Dtsch. Z. Nervenheilk. 153 (1941), 1—23
Nachruf. Nervenarzt 14 (1941), 385—386
Zülch: In memoriam Otfrid Foerster. Dtsch. med. Wschr. 79 (1954), 55—56
Erinnerungen an Otfrid Foerster. Zbl. Neurochir. 14 (1954), 286—292
In: Große Nervenärzte, Bd. I, 81—98. G. Thieme Verlag, Stuttgart 1956

Forel, August, 1848—1931

Vogt, O.: Zum 80. Geburtstag. Med. Welt (1928), Nr. 36
Forel, A.: Rückblick auf mein Leben. Europa, Zürich 1935
Claude, H.: Nachruf. Schweiz. Arch. Neurol. Psychiat. 59 (1946), 391
Delbrück: Nachruf. Allg. Z. Psychiat. 96 (1932), 402 bis 407
Donath: Nachruf. Z. Neurol. 136 (1931), 642—644
Forel, O. L.: Zum 100 Geburtstag. Schweiz. med. Wschr. 78 (1948), 838—839
Kuhlenbeck: In: Haymaker, The Founders of Neurology, 35—37
Meyer, Adolf: Nachruf. Arch. Neurol. Psychiat. (Chic.) 26 (1931), 1303—1305
Nachruf. J. nerv. ment. Dis. 74 (1931), 785—787
Steck: Schweiz. Arch. Neurol. Psychiat. 65 (1950), 421 bis 425
v. Stockert: Anläßlich des 100. Geburtstages. Nervenarzt 19 (1948), 297—299

Forster, Edmund, 1878—1933

Biograph. Lexikon hervorrag. Ärzte (Fischer) (1962), 429
Bonhoeffer: Nachruf. Dtsch. med. Wschr. 59 (1933), 1516
Nachruf. Münch. med. Wschr. 80 (1933), 1458

Freud, Sigmund, 1856—1939

Gicklhorn, J.: Julius Wagner-Jaureggs Gutachten über Sigmund Freud und seine Studien zur Psychoanalyse. Wien. klin. Wschr. 69 (1957), 533—537
Eissler, K. R.: Julius Wagner-Jaureggs Gutachten über Sigmund Freud und seine Studien zur Psychoanalyse. Entgegnung auf Gicklhorn. Wien. klin. Wschr. 70 (1958), 401—407
Jones, Ernest: Sigmund Freud. Life and Work. London 1953
Kolle, K.: Sigmund Freud. In: „Denker und Deuter im heutigen Europa". Stalling, Oldenburg 1954
Sigmund Freud zum 100. Geburtstag. Dtsch. med. Wschr. 81 (1956), 1045
Kraepelin und Freud. G. Thieme Verlag, Stuttgart 1957
Laforgue: Ein Bild von Freud. Z. Psychother. 4 (1954), 209—217
Mitscherlich: Die störenden Illusionen. Zum 100. Geburtstag Sigmund Freuds am 6. Mai. Frankf. Allg. Ztg., Wochenendausgabe: Bilder und Zeiten. 5. Mai 1956, Nr. 105
Sachs, Hanns: Freud, Master and Friend. Imago Publishing. London 1945
Schultz, J. H.: In: Große Nervenärzte, Bd. I, 99 bis 114. G. Thieme Verlag, Stuttgart 1956
White, William A.: Professor Freud's Seventy-Fifth Birthday. Ment. Hyg. 15 (July 1931), 527

Friedreich, Nikolaus, 1825—1882

Nachruf. Dtsch. med. Wschr. 1882/I, 397
Nachruf. Z. klin. Med. 5 (1882), 281—284
Heidelberger Professoren aus dem 19. Jahrhundert. Vol. 2. Winter, Heidelberg 1903
Kleinjohann: Verdienste deutscher Ärzte um die Erkenntnis der Neuropathologie. Inauguraldissertation, Düsseldorf 1936
Kußmaul: Nachruf. Dtsch. Arch. klin. Med. 32 (1882/83) 191—208
Richter, Rich. B.: In: Haymaker, The Founders of Neurology, 289—291
Virchow: Nachruf. Arch. path. Anat. 90 (1882), 213 bis 220

Fromm-Reichmann, Frieda, 1889—1957

Weigert, E.: Nachruf. Psychiatry 21 (1958), 91—95
Weigert, E.: Nachruf. J. Amer. psychoanal. Ass. 6 (1958), 379—380

Fuchs, Alfred, 1870—1927

Wagner-Jauregg: Nachruf. Wien. klin. Wschr. 40 (1927), 1367
Nachruf. J. nerv. ment. Dis. 68 (1928), 223—224
Biograph. Lexikon hervorrag. Ärzte (Fischer) (1962), 461

Fürstner, Carl, 1848—1906

Nachruf. Arch. Psychiat. 41 (1906), 1—13
Biograph. Lexikon hervorrag. Ärzte, I/1932, 464; N.Z.
Hoche: In: Kirchhoff, Deutsche Irrenärzte, Bd. II, 251 bis 254
Hoche: Die Fürstner'sche Ära. Arch. Psychiat. 87 (1929), 24—29
Laquer: Nachruf. Münch. med. Wschr. 53 (1906), 1020—1022
Pelman: Nachruf. Allg. Z. Psychiat. 63 (1906), 622 bis 623
Rosenfeld: Nachruf. Mitt. Grenzgeb. Med. Chir. 16 (1906), 1—4

Gamper, Eduard, 1887—1938

Nachruf. Klin. Wschr. 17 (1938), 688
Klein, R.: Nachruf. Nervenarzt 11 (1938), 337—339
Lange, J.: Nachruf. Med. Klin. 34 (1938), 859—860
Pötzl: Nachruf. Wien. klin. Wschr. 51 (1938), 696—697
Spatz, H.: Nachruf. Münch. med. Wschr. 85 (1938), 1068—1070
Stiefler, G.: Nachruf. Dtsch. Z. Nervenheilk. 147 (1938), 1—12

Ganser, Sigbert, 1853—1931

Schubart: Zum 70. Geburtstag. Psychiat. neurol. Wschr. 24 (1923), 269—271
Ilberg: Zum 70. Geburtstag. Arch. Psychiat. 67 (1923), 357—362
Nitsche, P.: Nekrolog. Allg. Z. Psychiat. 96 (1932), 397—401
Biograph. Lexikon hervorrag. Ärzte, 1/1932, 477; N.Z. und 1962 (Fischer)

Gaupp, Robert, 1870—1953

Binswanger, L.: Nachruf. Schweiz. Arch. Neurol. Psychiat. 73 (1954), 461—463
Kolle, K.: Nachruf. Med. Klin. 48 (1953), 1893
Kretschmer: Nachruf. Dtsch. med. Wschr. 78 (1953), 1713
Kretschmer: Nachruf. Arch. Psychiat. 191 (1953/54), 99
Küppers: Nachruf. Med. Mschr. 7 (1953), 822—824
Mauz: In: Große Nervenärzte, Bd. II, 139—149. G. Thieme Verlag, Stuttgart 1959
Mayer, W.: Nachruf. Amer. J. Psychiat. 110 (1953), 480

Glettenberg, Otto, 1894—1955

Kautzky: Nachruf. Zbl. Neurochir. 16 (1956), 181—184

Grashey, Hubert von, 1839—1914

Zum 70. Geburtstag. Münch. med. Wschr. 56 (1909), 2399
Bresler: Zum 70. Geburtstag. Psychiat. neurol. Wschr. 11 (1909), 353
Snell, O.: Nachruf. Allg. Z. Psychiat. 73 (1917), 489 bis 490
Weygandt: In: Kirchhoff, Deutsche Irrenärzte. Bd. II, 1924
Biograph. Lexikon hervorragender Ärzte, 2/1930, 833. 2. Aufl.

Griesinger, Wilhelm, 1817—1868

Nachruf. Dtsch. Klinik (Berlin) 20 (1868), 417
Nachruf. Med. Corr. Bl. d. Württ. ärztl. Ver. Stuttgart 39 (1869), 61, 70, 76, 84
Brierre de Boismont: Nachruf. Année méd.-psychol. (Paris) 7, 5. Serie (1872), 5—51
Flemming: Nachruf. Allg. Z. Psychiat. 26 (1869), 265
Lazarus: Nachruf. Arch. Psychiat. 1 (1868/69), 775 bis 782
Mayer, F.: Nachruf. Ärztl. Intelligenzblatt (München) 16 (1869), 32
Westphal: Nachruf. Arch. Psychiat. 1 (1868/69), 760 bis 774
Wunderlich Nachruf. Arch. physiol. Heilk. 10 (1869), 113—150
Kirchhoff: In: Kirchhoff, Deutsche Irrenärzte, Bd. I, 115—127
Thiele: In: Große Nervenärzte, Bd. I, 115—127. G. Thieme Verlag, Stuttgart 1956

Gruhle, Hans W., 1880—1958

Baeyer, W. v.: Nachruf. Nervenarzt 30 (1959), 193 bis 195
Grünthal, E.: Nachruf. Psychiat. et Neurol. (Basel) 136 (1958), 428
Kolle, K.: Nachruf. Dtsch. med. Wschr. 84 (1959), 803
Kolle, K.: In: Große Nervenärzte. Bd. III, 69—76. G. Thieme Verlag, Stuttgart 1963
Mayer-Gross: Nachruf. Arch. Psychiat. 198 (1959), 253 bis 256
Müller, M.: Nachruf. Schweiz. Arch. Neurol. Psychiat. 84 (1959), 266—268

Gudden, Bernhard, 1824—1886

Nachruf. Allg. Z. Psychiat. 43 (1887), 177—187
Ganser: In: Kirchhoff, Deutsche Irrenärzte, Bd. II, 47—58
Grashey, H.: Nachruf Arch. Psychiat. 17 (1886), 1—29
Grünthal, E.: In: Große Nervenärzte. Bd. I, 128 bis 134. G. Thieme Verlag, Stuttgart 1956
Hofmann, Kilian: Psychiatrische Probleme zur Zeit Guddens in Werneck. Med. Mschr., Dez. 1955, H. 12, 820—824
Kraepelin: Nachruf. Münch. med. Wschr. 33 (1886), 577
Meynert: Nachruf. Wien. med. Bl. 9 (1886), 729—731
Papez, James W.: In: Haymaker, The Founders of Neurology
Nissl: B. v. Guddens hirnanatomische Experimentaluntersuchungen. Allg. Z. Psychiat. 51 (1895), 527
Spatz, H.: Zur 75. Wiederkehr des Todestages. Münch. med. Wschr. 103 (1961), 1277—1282
Wallenberg: Arch. Psychiat. 76 (1925), 21—46

Guttmann, Erich, 1896—1948

Mayer-Gross: Nachruf. Nervenarzt 19 (1948), 433 bis 434
Nachruf. Lancet 1 (1948), 733
Nachruf. Lancet (1948), 694
Nachruf. Brit. med. J. I (1948), 908 u. 957

Hartmann, Fritz, 1871—1937

Crinis, de: Nachruf. Med. Klin. 33 (1937), 751
Kauders: Nachruf. Wien. klin. Wschr. 50 (1937), 546 bis 547
Biograph. Lexikon hervorrag. Ärzte (1962), 582 (Fischer)

Hauptmann. Alfred, 1881—1948

Mueller, Erich: Nachruf. Nervenarzt 19 (1948), 433
Stockert, v.: Nachruf. Arch. Psychiat. 180 (1948), 529 bis 530

Hecker, Ewald, 1843—1909

Biograph. Lexikon hervorrag. Ärzte I (1932), 595; N.Z.
Wilmanns: In: Kirchhoff, Deutsche Irrenärzte. Bd. II, 208—217

Heilbronner, Karl, 1869—1914

Biograph. Lexikon hervorrag. Ärzte I (1932), 599 bis bis 600; N.Z.
Bonhoeffer: Nachruf. Mschr. Psychiat. 36 (1914), 316 bis 318
In: Kirchhoff, Deutsche Irrenärzte, Bd. II, 313 bis 314
Boumann: Nachruf. Psychiat. neurol. Bl. (Amst.) 18 (1914), 313—315
Kehrer, F. A.: Nachruf. Arch. Psychiat. 55 (1915), 626—633
Liepmann: Nachruf. Dtsch. med. Wschr. 40 (1914), 1941
Winkler, C.: Nachruf. Ned. T. Geneesk. II (1914), 725—727
Nachruf. J. nerv. ment. Dis. 44 (1916), 95

Heygster, Hans, 1905—1961

Spatz, H.: Schicksal eines auslandsdeutschen Neurologen. Nervenarzt 33 (1962), 89—90

Heymann, Emil, 1878—1936

Biograph. Lexikon hervorrag. Ärzte 1962, 627 (Fischer)

Hiller, Friedrich, 1891—1953

Liebert, W.: J. Neuropath. exp. Neurol. 13 (1954), 505
Rupp, C.: Tr. Amer. neurol. Ass. 79 (1954), 236—237
Spatz, H.: Nachruf. Münch. med. Wschr. 95 (1953), 1356—1357
Nachruf. J. Amer. med. Ass. 152 (1953), 1445
Nachruf. Quart. Bull. Northw. Univ. med. Sch. 27 (1953), 353—355
Nachruf. Arch. Neurol. Psychiat. (Chic.) 71 (1954), 257—258

Hitzig, Julius Eduard, 1838—1907

Nachruf. Neurol. Cbl. 26 (1907), 832
Anton, G.: Aufstellung des Hitzig-Denkmals in der Hallenser Klinik. Arch. Psychiat. 54 (1914), 1—7
Benda: Nachruf. Dtsch. med. Wschr. 34 (1908), 605 bis 606
Herrick, C. L.: J. Comp. Neur. 2 (1892), 84—88
Kuntz, A.: In: Haymaker, The Founders of Neurology, 138—142
Wollenberg: Nachruf. Arch. Psychiat. 43 (1908), 1—15
In: Kirchhoff, Deutsche Irrenärzte, Bd. II, 148 bis 156
Z.: Nachruf. Mschr. Psychiat. 22 (1907), 477

Hoche, Alfred Erich, 1865—1943

In: L. R. Grote, Die Medizin der Gegenwart in Selbstdarstellungen. Bd. 1, 1. Leipzig 1923
Biograph. Lexikon, 1962, 955
Beringer: Nachruf. Dtsch. med. Wschr. 69 (1943), 705
Binswanger: Nachruf. Schweiz. Arch. Neurol. Psychiat. 53 (1943), 138
Bumke: Nachruf. Arch. Psychiat. 116 (1943), 339—346
Gaupp: Nachruf. Z. Neurol. 176 (1943), 1
Nachruf. J. nerv. ment. Dis. 98 (1943), 111

Hoffmann, Hermann, 1891—1944

Gaupp: Nachruf. Z. Neurol. 177 (1944), 471—474
Biograph. Lexikon 1962, 648

Homburger, August, 1873—1930

Biograph. Lexikon 1962, 659
Mayer-Gross: Nachruf. Nervenarzt 3 (1930), 505—506

Strauss: Nachruf. Allg. Z. Psychiat. 95 (1931), 465—471
Nachruf. Z. Kinderforsch. 37 (1930), 109—111

Hübner, Arthur, 1878—1934

Biograph. Lexikon 1962, 668
Bürkle de la Camp: Mschr. Unfallheilk. 64 (1961), 201—203
Kaupe: Nachruf. Med. Klin. 30 (1934), 496
Störring: Nachruf. Psychiat.-Neurol. Wschr. 36 (1934), 229—231
Westphal, A.: Nachruf. Arch. Psychiat. 102 (1934), 473—477

Ideler, Carl Wilhelm, 1795—1860

Biographisches Lexikon der hervorragenden Ärzte aller Zeiten und Völker, 3. Bd., 366—367. Urban & Schwarzenberg, Berlin, Wien 1931
Braus: Akademische Erinnerungen eines alten Arztes an Berlins klinische Größen. Leipzig 1901
Ideler, C. L.: Carl Wilhelm Ideler und seine Stellung in der Entwicklung der Psychiatrie. Allg. Z. Psychiat. 51 (1895), 851—883
Kirchhoff: In: Kirchhoff: Deutsche Irrenärzte. Bd. I, 152—157
Laehr: Nachruf. Allg. Z. Psychiat. 19 (1862), 352—361

Isserlin, Max, 1879—1941

Biograph. Lexikon 1962, 688
Lotmar: Nachruf. Schweiz. Arch. Neurol. Psychiat. 51 (1943), 279—287
Nachruf. Lancet 1 (1941), 434
Nachruf. Schweiz. med. Wschr. 71 (1941), 524

Jacobi, Maximilian, 1775—1858

d'Ester: Ein Wort über die öffentliche Irrenpflege im allgemeinen und über die Irrenheilanstalt zu Siegburg insbesondere. Köln 1842
Nachruf. Allg. med. Centr. Ztg., Berlin, 27 (1858), 653 u. 661
Nachruf. Med. Alm., Berlin (1859), 23—26
Nachruf. Journ. Ment. Sc. 5 (1858/59), 289—297
Beitr. zur Psychiat., Berlin (1872), 47—56
Herting: In: Kirchhoff, Deutsche Irrenärzte. Bd. I, 83—94
Schulte, H. W.: Maximilian Jacobi — Leben und Lehre. Sudh. Arch. Gesch. d. Med. 45 (1961), 351 bis 369 (hier weitere Literatur)
Snell: Zur Erinnerung an Maximilian Jacobi. Allg. Z. Psychiat. 28 (1871/72), 415—424
Willing: Nachruf. Allg. Z. Psychiat. 15 (1858), 453

Jacobi, Walter, 1889—1937

Biograph. Lexikon 1962, 692

Jahnel, Franz, 1885—1951

Hoffmann, E.: Nachruf. Hautarzt 3 (1952), 48
Kroiss: Nachruf. Arch. Psychiat. 187 (1952), 1—4
Schlossberger: Nachruf. Med. Mschr. 6 (1952), 70—71
Spatz, H.: Nachruf. Nervenarzt 23 (1952), 225—227

Jahrmärker, Maximilian, 1872—1943

Giese: Nachruf. Psychiat.-neurol. Wschr. 56 (1944), 13—17
Nachruf. Hessisches Ärzteblatt, 1943

Jakob, Alfons, 1884—1931

Biograph. Lexikon 1962, 698 (Fischer)
Bogaert van: Nachruf. J. belge Neurol. Psychiat. 32 (1932), 131
Globus: Nachruf. J. nerv. ment. Dis. 75 (1932), 108 bis 110
Hassin: In: Haymaker, The Founders of Neurology.
Josephy: Nachruf. Z. Neurol. 138 (1932), 165—168
Lüthy: Nachruf. Schweiz. Arch. Neurol. Psychiat. 29 (1931), 189—191
Meggendorfer: Nachruf. Allg. Z. Psychiat. 96 (1932), 407—409
Meyjes: Nachruf. Psychiat. Neurol. Bladen, 35
Steiner: Nachruf. Nervenarzt 5 (1932), 142
Weygandt: Nachruf. Psychiat.-neurol. Wschr. 33 (1931), 582
Nachruf. Dtsch. Z. Nervenheilk. 123 (1931), 1—4
Winkelman: Nachruf. Arch. Neurol. Psychiat. (Chic.) 27 (1932), 180—181

Jamin, Friedrich, 1872—1951

Kleinschmidt: Nachruf. Kinderärztl. Prax. 20 (1952), 575—576

Jaspers, Karl, geb. 1883

Autobiographische Notizen in „Rechenschaft und Ausblick". Piper, München 1951
Binswanger, L.: Karl Jaspers und die Psychiatrie. Schweiz. Arch. Neurol. Psychiat. 51 (1943), 1
Heimann, H.: Der Einfluß von Karl Jaspers auf die Psychopathologie. Mschr. Psychiat. 120 (1950), 1
Festschrift zum 70. Geburtstag „Der offene Horizont". Piper, München 1953
Kolle, K.: Zum 70. Geburtstag. Mschr. Psychiat. 125 (1953), 126
In: Große Nervenärzte, Bd. I, 145—152. G. Thieme Verlag, Stuttgart 1956
Karl Jaspers als Psychopathologe. In: Schilpp „The Library of Living Philosophers", Evanston, USA
Zum 80. Geburtstag. Psychiat. Neurol. (Basel) 145 (1963), 65—66
Schneider, K.: 25 Jahre „Allgemeine Psychopathologie" von Karl Jaspers. Nervenarzt 11 (1938), 281—283

Jolly, Friedrich, 1844—1904

Biograph. Lexikon, I/1932, 717; N.Z.
In: Kirchhoff, Deutsche Irrenärzte, Bd. II, 223
Nachruf. Mschr. Psychiat. 15 (1904), 160
Nachruf. Neurol. Cbl. 23 (1904), 96
Köppen, M.: Nachruf. Psychiat.-neurol. Wschr. 5 (1903/04), 444 u. 513—515
Pelman: Allg. Z. Psychiat. 61 (1904), 237—238
Allg. Z. Psychiat. 62 (1905), 251—255
Siemerling: Erinnerungsrede vor d. Ges. d. Charité-Ärzte, d. Berliner Ges. f. Psychiat. u. Nervenkrankheiten und dem Psychiatrischen Verein zu Berlin am 25. 1. 1904

Jung, Carl Gustav, 1875—1961

Heyer, G. R.: In: Große Nervenärzte, Bd. I, 153 bis 174. G. Thieme Verlag, Stuttgart 1956
Leibbrand: Das tiefenpsychologische Werk C. G. Jungs. Hochland 47 (1955), 444—451
Read, Sir Herbert: Zum 85. Geburtstag. Rascher, Zürich 1960
Bash, K. W.: Nachruf. Dtsch. med. Wschr. 86 (1961), 1525—1526
Beyme, Fr.: Nachruf. Schweiz. Arch. Neurol. 90 (1962), 357—361
Heyer: Nachruf. Münch. med. Wschr. 103 (1961), 1521
Nachruf. Landarzt 37 (1961), 911—913
Leuner: Z. Psychother. med. Psychol. 11 (1961), 157 bis 158

Kafka, Victor, 1881—1955

Demme: Nachruf. Fortschr. Neurol. Psychiat. 24 (1956), 164—165
Georgi: Nachruf. Schweiz. med. Wschr. 85 (1955), 1173

Kahlbaum, Karl Ludwig, 1828—1899

Hecker, E.: Nachruf. Psychiat.-neurol. Wschr. I (1899), 125—128
Neisser, Cl.: In: Kirchhoff, Deutsche Irrenärzte, Bd. II, 87—96
Z.: Nachruf. Mschr. Psychiat. 5 (1899), 479—480
Nachruf. Amer. J. Psychiat. 119 (1962), 477—478

Karplus, Johann Paul, 1866—1936

Marburg: Nachruf. J. nerv. ment. Dis. 83 (1936), 638 bis 639
Wagner-Jauregg: Nachruf. Wien. klin. Wschr. 49 (1936), 282—283
Nachruf. Wien. med. Wschr. 86 (1936), 254

Kauders, Otto, 1893—1949

Binswanger: Nachruf. Schweiz. Arch. Neurol. Psychiatr. 67 (1951), 193

Reisner, H.: Nachruf. Wien. klin. Wschr. 61 (1949), 727—728
Stransky: Nachruf. Wien. med. Wschr. 99 (1949), 501 bis 502
Nachruf. Wien. Z. Nervenheilk. 2 (1949), 379—385
Nachruf. Amer. J. Psychiat. 106 (1949), 399—400
Nachruf. Lancet 2 (1949), 866

Kleist, Karl, 1879—1961

Strauss, Hans: Karl Kleist. His methods of research and its results. J. nerv. ment. Dis. 67 (1928), Nr. 1
Zum 60. Geburtstag. Allg. Z. Psychiat. 110 (1939), 1
Festschrift zum 70. Geburtstag. Allg. Z. Psychiat. 124 (1949), 3—4
Faust, Cl.: Nachruf. Dtsch. Z. Nervenheilk. 183 (1961), 1—6
Nachruf. Psychiat. et Neurol. (Basel) 143 (1962), 1—5
Hassler, R.: Nachruf. Dtsch. med. Wschr. 86 (1961), 2488—2490
Koch, G.: Nachruf. Med. Welt 12 (1961), 595—596
Leonhard: Nachruf. Arch. Psychiat. 202 (1961), 451—456
Nachruf. Psychiat., Neurol., med. Psychol. (Lpz.) 13 (1961), 202
Schwarzhaupt, E.: Verzeichnis der wissenschaftlichen Arbeiten von Karl Kleist. Allg. Z. Psychiat. 110 (1939), 325—332

Knoblauch, August, 1863—1919

Biograph. Lexikon, I/1932, 779; N. Z.
Homburger: Nachruf. Dtsch. Z. Nervenheilk. 66 (1920), 124—127
Koch, R.: Nachruf. Münch. med. Wschr. 66 (1919), 1324

König, Fritz, 1866—1952

Tönnis: Nachruf. Zbl. Neurochir. 12 (1952), 257—258

Kraepelin, Emil, 1856—1926

Bumke: Nachruf. Klin. Wschr. 5 (1926), Nr. 47, wieder abgedruckt in „Die gegenwärtigen Strömungen in der Psychiatrie". Berlin 1928
Gaupp: Die Lehren Kraepelins in ihrer Bedeutung für die heutige Psychiatrie. Z. Neurol. 165 (1939), 47—75
Jelliffe, S. E.: Emil Kraepelin, the man and his work. Arch. Neurol. Psychiat. 27 (1932), 761—775
Kolle: Gedenken zum 100. Geburtstag. Dtsch. med. Wschr. 81 (1956), 653
In: Große Nervenärzte, Bd. I, 175—186. Georg Thieme Verlag, Stuttgart 1956
Kraepelin und Freud. Georg Thieme Verlag, Stuttgart 1957
Lange, Joh.: Zum 70. Geburtstag. Münch. med. Wschr. 73 (1926), 288
Nachruf. Münch. med. Wschr. 73 (1926), 1805
Nachruf. Naturwissenschaften 14 (1926), 1255
Mayer-Gross: Die Entwicklung der klinischen Anschauungen Kraepelins. Arch. Psychiat. 87 (1929), 30—42
Plaut: Worte der Erinnerung an Emil Kraepelin. Z. Neurol. 107 (1927). 1—9
Weygandt: Nachruf. Allg. Z. Psychiat. 85 (1927), 443 bis 458
Kraepelins psychologische Forschertätigkeit. Psychologische Arbeiten. 1928
Kraepelins Bedeutung hinsichtlich der psychischen Entwicklung und Pädagogik. Arch. Psychiat. 87 (1929), 68—74

Krafft-Ebing, Richard von, 1840—1902

Festschrift zur Feier des 50jährigen Jubiläums der Anstalt Illenau. Herausgegeben von den jetzigen und früheren Ärzten: Schüler von Krafft-Ebing. Heidelberg 1892
Eulenburg: Nachruf. Dtsch. med. Wschr. 29 (1903), 39
Fuchs, A.: Ein Beitrag zur Geschichte der Psychiatrie und Neurologie in Wien. Wien. klin. Rdsch. 16 (1902), 243, 263, 281
Fuchs, A.: Nachruf. Münch. med. Wschr. 167 (1903/I)
In: Kirchhoff, Deutsche Irrenärzte, Bd. II
Karplus: Nachruf. Wien. klin. Wschr. 16 (1903), 21
Kornfeld: Nachruf. Klin.-ther. Woche (Wien) 10 (1903), 22—25
v. Sölder: Nachruf. Psychiat.-neurol. Wschr. 5 (1903) 221—225
Nachruf. Jb. Psychiat. Neurol. 23 (1903), 1
Nachruf. Allg. Wien. med. Ztg. 47 (1902), 559
Nachruf. Wien. med. Presse 43 (1902), 2391
Nachruf. Brit. med. J. 1 (1903), 53
Nachruf. J. Amer. med. Ass. (Chicago) 40 (1903), 46

Krause, Fedor, 1857—1937

Behrend, C. M.: Nachruf. Med. Welt (1937), Nr. 43
Nachruf. Zbl. Neurochir. (1938), H. 2
Fedor Krause und die Anfänge der Neurochirurgie in Deutschland. Dtsch. med. Wschr. 82 (1957), 519 bis 520
In: Große Nervenärzte, Bd. III, 199—206. Georg Thieme Verlag, Stuttgart 1963
Güttich: Nachruf. Dtsch. Z. Nervenheilk. 146 (1938), 1—2
Heymann, E.: Zum 70. Geburtstag. Dtsch. med. Wschr. 53 (1927), 461; Klin. Wschr. 16 (1927), 1448
Zum 75. Geburtstag. Chirurg (1932), H. 5
Jefferson: Acta neurochir. (Wien) 9 (1961), 661—664

Krehl, Ludolf von, 1861—1937

Bohnenkamp: Nachruf. Klin. Wschr. 16 (1937), 1262 bis 1263
Dennig: Nachruf. Med. Klin. 33 (1937), 819
Grafe: Nachruf. Dtsch. med. Wschr. 63 (1937), 980—981
Siebeck: Nachruf. Dtsch. Arch. klin. Med. 181 (1937), 1—6
Bohnenkamp: Meine Erinnerungen an Ludolf von Krehl. Med. Mschr. 15 (1961), 803—807
Curtius, F.: Das Individualitätsprinzip im Denken L. v. K. Münch. med. Wschr. 103 (1961), 2494—2497
Dennig: Zum 100. Geburtstag. Münch. med. Wschr. 103 (1961), 2489—2493
Glatzel: Von den Kardinaltugenden des Wissenschaftlers. Münch. med. Wschr. 103 (1961), 2498—2502
Kuhn, R.: L. v. K. und das Kaiser-Wilhelm-Institut für medizinische Forschung. Münch. med. Wschr. 103 (1961), 2493—2494
Moritz, M. S.: Deutsche Kliniker um die Jahrhundertwende, 91—96. Schumpe, Köln 1958
Waldmann, H.: Zum 100. Geburtstag. Med. Klin. 57 (1962), 190—191

Kußmaul, Adolf, 1822—1902

Kußmaul, A.: Jugenderinnerungen eines alten Arztes. Bonz, Stuttgart, 1. Aufl. 1899, 11.—13. Aufl. 1922
Aus meiner Dozentenzeit in Heidelberg. Herausgegeben von V. Czerny. 3./4. Aufl. Lehmann, München-Berlin
Bäumler, C.: Dtsch. med. Wschr. 28 (1902), 125—127
Boas, J.: Arch. Verdauungskrankh. 8 (1902), 241
Cahn, A.: Berl. klin. Wschr. 39 (1902), 579, 598, 626
Arch. f. öff. Gesundheitspflege (Straßburg) 22 (1902), 6—8
Klin. Wschr. I (1922), 384—389
Ebstein: Dtsch. med. Wschr. 48 (1922), 266
Fleiner: Münch. med. Wschr. 69 (1922), 276, 313, 356
Klemperer: Ther. d. Gegenw. 63 (1922), 119
Dtsch. Arch. klin. Med. 74 (1902)
Biograph. Lexikon, 3/1931, 636, 2. Aufl.

Lange, Johannes, 1891—1938

Bostroem: Nachruf. Fortschr. Neurol. 10 (1938), 385 bis 391
Gaupp: Nachruf. Z. Neurol. 163 (1938), 1—3
Luxenburger: Nachruf. Münch. med. Wschr. 85 (1938), 1481—1482
Wagner, W.: Nachruf. Psychiat.-neurol. Wschr. 40 (1938), 413—414
Nachruf. Amer. J. Psychiat. 95 (1938), 768
Nachruf. Nervenarzt 11 (1938), 497—500
Nachruf. Dtsch. med. Wschr. 64 (1938), 1366—1367

Leidesdorf, Max, 1816—1889

Biograph. Lexikon hervorrag. Ärzte, 1901 (Pagel)
Wagner-Jauregg: Nachruf. Wien. klin. Wschr. II (1889), 828
Wagner: Nachruf. Allg. Z. Psychiat. 46 (1890), 713 bis 717
Wagner-Jauregg: In: Kirchhoff, Deutsche Irrenärzte, Bd. II, 15—18

Lemke, Rudolf, 1906—1957

Gerlach, J.: Nachruf. Zbl. Neurochir. 17 (1957), 324 bis 325
Rennert: Nachruf. Zbl. Neurochir. 17 (1957), 321—323
Nachruf. Arch. Psychiat. 196 (1958), 539—541
Schulte, W.: Nachruf. Nervenarzt 29 (1958), 86—87

Lewy, Fritz Heinrich (Frederic H. Lewey), 1885—1950

Kuhlenbeck, H.: Nachruf. Arch. Psychiat. 186 (1951), 1—2
Spiegel, E. A.: Nachruf. Neurology 1 (1951), 170—172
Winkelmann: Nachruf. J. Neuropath. exper. Neurol. 10 (1951), 85
Nachruf. Arch. Neurol. Psychiat. (Chic.) 66 (1951), 114—115
Nachruf. J. Amer. med. Ass. 144 (1950), 1276
Nachruf. Trans. Amer. neurol. Ass. 76 (1951), 257

Liepmann, Hugo, 1863—1925

Birnbaum: Nachruf. Allg. Z. Psychiat. 82 (1925), 357 bis 359
Henneberg: Nachruf. Klin. Wschr. 4 (1925), 1334—1335
Isserlin: Nachruf. Z. Neurol. 99 (1925), 635—650, Lit.
Kramer, Franz: Nachruf. Mschr. Psychiat. 59 (1925), 225—232
Leppmann: Nachruf. Dtsch. med. Wschr. 51 (1925), 915
Marcuse, Harry: Nachruf. Med. Klin. 21 (1925), 875 bis 876
Meyer, E.: Nachruf. Arch. Psychiat. 74 (1925), 647

Lissauer, Heinrich, 1861—1891

Biograph. Lexikon hervorrag. Ärzte, II/1933, 923; N. Z.

Löwy, Max, 1875

Biograph. Lexikon, II/1933, 937; N. Z. und 1962

Lottig, Heinrich, 1900—1941

Brauer: Nachruf. Luftfahrtmedizin 6 (1942), 49
Pickhan: Nachruf. Dtsch. med. Wschr. 67 (1941), 715 bis 716
Schaltenbrand: Nachruf. Dtsch. Z. Nervenheilk. 153 (1941), 24—28
Nachruf. Dtsch. Militärarzt 6 (1941), 558

Magun, Rolf, 1916—1960

Eichenberger: Nachruf. Psychiat. Neurol. (Basel) 140 (1960), 441—444
Kalm: Nachruf. Dtsch. Z. Nervenheilk. 181 (1960), 331 bis 334

Maier, Hans W., 1882—1945

Glaus: Nachruf. Vierteljahresschr. Naturforsch. Ges. Zürich XC (1945), 302—305
Klaesi: Nachruf. Schweiz. Arch. Neurol. Psychiat. 57 (1946), 1

Mann, Ludwig, 1866—1936

Kroll, F. W.: Nachruf. Dtsch. Z. Nervenheilk. 141 (1936), 129—132
Biograph. Lexikon, 1962, 982

Marburg, Otto, 1874—1948

Friedman, E. D.: Arch. Neurol. Psychiat. (Chic.) 60 (1948), 90—92
Globus, J. H.: In: Haymaker, The Founders of Neurology, 58—61
Hassin, G. B.: Nachruf. J. Neuropath. 8 (1949), 247 bis 250
Kauders: Wien. Z. Nervenheilk. 2 (1948), 1—4
Wien. klin. Wschr. 60 (1948), 461—462

Spiegel, E. A.: Nachruf. Confinia Neurol. 9 (1949), 443—444
Stransky: Wien. med. Wschr. 98 (1948), 375
Nachruf. Schweiz. Arch. Neurol. Psychiat. 65 (1950), 415

Mayer, Carl, 1862—1936

Gamper: Nachruf. Dtsch. Z. Nervenheilk. 141 (1936), 1—8
Stiefler: Nachruf. Arch. Psychiat. 105 (1936), 241—249
Wagner-Jauregg: Nachruf. Wien. klin. Wschr. 49 (1936), 633

Mayer-Gross, Wilhelm, 1889—1961

v. Baeyer: Nachruf. Nervenarzt 32 (1961), 485—486
Jung, R.: Nachruf. Arch. Psychiat. 203 (1962), 123—136
Kolle: Zum 70. Geburtstag. Nervenarzt 30 (1959), 39
Nachruf. Münch. med. Wschr. 103 (1961), 974
Meyer, J. E.: Nachruf. Dtsch. med. Wschr. 86 (1961), 1149—1150
Rot, M.: Nachruf. Zh. Nevropat. Psychiat. Korsakow 6 (1961), 1894—1896
Nachruf. Brit. med. J. 5225 (1961), 596—597
Nachruf. Lancet I (1961), 458—460

Meggendorfer, Friedrich, 1880—1953

Flügel: Nachruf. Med. Mschr. 7 (1953), 614—615
Riebeling: Nachruf. Dtsch. Z. Nervenheilk. 170 (1953), 1—2
Rüdin: Zum 60. Geburtstag. Allg. Z. Psychiat. 115 (1940), 207—209, Lit.
Scheller: Nachruf. Nervenarzt 25 (1954), 79—80

Mendel, Emanuel, 1839—1907

Laquer, B.: Nachruf. Münch. med. Wschr. 54 (1907), 1489
Nachruf. Psychiat.-neurol. Wschr. 9 (1907), 181 bis 184
Liepmann, H.: Nachruf. Cbl. Nervenheilk. 18, N. F. (1907), 605—608
Marcuse, H.: Nachruf. Dtsch. med. Wschr. (1907), Nr. 29
Nachruf. Allg. Z. Psychiat. 64 (1907), 724—731, Lit.
Mendel, K.: Nachruf. Neurol. Cbl. 26 (1907), 593
Moeli: Nachruf. Arch. Psychiat. 43 (1908), 818
Scholinus: In: Kirchhoff, Deutsche Irrenärzte, Bd. II, 161—165
Ziehen, Th.: Neurol. Cbl. 26 (1907), 642—646
Nachruf. Mschr. Psychiat. 22 (1907), 187

Meyer, Ernst, 1871—1931

Biograph. Lexikon, 1962, 1033 (Fischer)
Kastan, M.: Zum 60. Geburtstag. Dtsch. med. Wschr. 57 (1931), 861
Moser, K.: Nachruf. Arch. Psychiat. 96 (1932), 1—10, Lit.
Nachruf. Allg. Z. Psychiat. 97 (1932), 411—414

Meyer, Ludwig, 1827—1900

Biograph. Lexikon, 4/1932, 191, 2. Aufl.
Cramer, A.: Zum 70. Geburtstag. Münch. med. Wschr. 44 (1897), 1477—1478
Binswanger: Nachruf. Mschr. Psychiat. 7 (1900), 261 bis 264
Cramer, A.: Nachruf. Dtsch. med. Wschr. 26 (1900), 139
J.: Nachruf. Arch. Psychiat. 33 (1900), 3—5
M.: Nachruf. Neurol. Cbl. 19 (1900), 192
Mönkemöller: In: Kirchhoff, Deutsche Irrenärzte, Bd. II, 75—82
Schütte: Nachruf. Psychiat.-neurol. Wochenbl. 1900/I, 449—451
Semelaigne: Nachruf. J. ment. Sci. 46 (1900), 406
Nachruf. Lancet I (1900), 583
Nachruf. Brit. med. J. I (1900), 422

Meynert, Theodor, 1833—1892

Fritsch, J.: Nachruf. Jb. Psychiat. (1892), 11
L.: Nachruf. Allg. Z. Psychiat. 49 (1893), 329—330

Jolly, F.: Nachruf. Arch. Psychiat. 24 (1892), 1—7
Pleps, Eduard: Zum Andenken an Theodor Meynert anläßlich des Erscheinens seiner Gedichte. Psychiat.-neurol. Wschr. 7 (1905), 233—236
Anton, G.: In: Kirchhoff, Deutsche Irrenärzte, Bd. II, 121—135
Theodor Meynert. Seine Person, sein Wirken und sein Werk. J. Psychol. Neurol. (Lpz.) 40 (1930), 256—281
Berze, J.: Meynert und die Schizophrenie. Z. Neurol. 114 (1936). 265
Crinis, de: Meynert und seine Lehren in ihrer Bedeutung für die heutige Psychiatrie. Z. Neurol. 165 (1939), 17—38
Papez: In. Haymaker, The Founders of Neurology, 64—67
Stockert, v., D. Meynert: Theodor Meynert und seine Zeit. Wien und Leipzig 1930
Stockert, v.: In: Große Nervenärzte, Bd. II, 98—105. Georg Thieme Verlag, Stuttgart 1959

Möbius, Paul Julius, 1853—1907

Bodenheimer: In: Große Nervenärzte, Bd. III, 109—120. Georg Thieme Verlag, Stuttgart 1963
Bresler, J.: Nachruf. Psychiat.-neurol. Wschr. 8 (1907), 395—397
Bumke: Nachruf. Allg. Z. Psychiat. 64 (1907), 717
Jentsch, E.: Zum Andenken an Paul Julius Möbius. Halle 1907
Kraepelin: In: Kirchhoff, Deutsche Irrenärzte, Bd. II, 274—279
Kron, H.: Nachruf. Dtsch. med. Wschr. 33 (1907), 351
Meyer, E.: Nachruf. Arch. Psychiat. 43 (1908), 424
Oppenheim: Nachruf. J. Psychol. Neurol. (Lpz.) 8 (1907), 241—243
Schneider, K. C.: Nachruf. Wien. klin. Rdsch. 22 (1908), 615, 631
Spoerri, Th.: J. P. Möbius und seine Bedeutung für die Psychiatrie. Mschr. Psychiat. 125 (1953)
Strümpell: Nachruf. Dtsch. Z. Nervenheilk. 32 (1907), 486—492
Weygandt: Nachruf. Münch. med. Wschr. 1907, 476 und 594
Windscheid: Nachruf. Schmidts Jahrbücher 293 (1907), 225—231

Moeli, Karl, 1849—1919

B.: Nachruf. Mschr. Psychiat. 46 (1919), 308
Birnbaum: In: Kirchhoff, Deutsche Irrenärzte, Bd. II, 258—262
Falkenberg: Nachruf. Psychiat.-neurol. Wschr. 21 (1919), 78 und 295
Henneberg: Nachruf. Neurol. Cbl. 38 (1919), 767—768
Hübner: Nachruf. Arch. Psychiat. 61 (1919—1920), 760 bis 763
Laehr, Falkenberg, Kirchner: Nachruf. Allg. Z. Psychiat. 75 (1919), 397 und 400
Liepmann, H.: Zum 70. Geburtstag. Psychiat.-neurol. Wschr. 21 (1919), 57—58
Nachruf. Dtsch. med. Wschr. 45 (1919), 526
Rieger: Nachruf. Allg. Z. Psychiat. 75 (1919), 549—562

Mönkemöller, Otto, 1867—1930

Grimm: Nachruf. Psychiat.-neurol. Wschr. 32 (1930), 301—303; hier Schriftenverzeichnis
Rapmund: Nachruf. Allg. Z. Psychiat. 93 (1930), 439 bis 440
Biograph. Lexikon, II/1933; N. Z.

Müller, Eduard, 1876—1928

Curschmann, H.: Nachruf. Dtsch. Z. Nervenheilk. 108 (1929), 1—3
Nachruf. Dtsch. med. Wschr. 55 (1929), 157
Nachruf. J. nerv. ment. Dis. 69 (1929), 357
Nachruf. Med. Klin. 25 (1929), 171

Müller, Ludwig Robert, 1870—1962

Zum 70. Geburtstag. Münch. med. Wschr. 87 (1940), 494—496
Lebenserinnerungen. Beck, München 1957

Neisser, Clemens, 1862

Bresler, J.: Festaufsatz aus Anlaß des vierzigjährigen Dienstjubiläums. Psychiat.-neurol. Wschr. 28 (1926), 209; hier Schriftenverzeichnis
Li.: Zum 60. Geburtstag. Allg. Z. Psychiat. 77 (1921—1922), 431—432
Merguet: Clemens Neisser zu seinem Übertritt in den Ruhestand. Psychiat.-neurol. Wschr. 32 (1930), Nr. 20
Biograph. Lexikon, 1962, 1104

Nissl, Franz, 1860—1919

Bresler: Nachruf. Psychiat.-neurol. Wschr. 21 (1919/1920), 209—212
Jahnel: Nachruf. Arch. Psychiat. 61 (1920), 751—759
Jakob, A.: Nachruf. Dtsch. med. Wschr. 45 (1919), 1087
Kraepelin: Nachruf. Münch. med. Wschr. 66 (1919), 1058—1060
Schröder, P.: Nachruf. Mschr. Psychiat. 46 (1919), 294 bis 308
Über die Bedeutung der Nisslschen Histopathologie für die klinische Psychiatrie und für die Zytoarchitektonik. Arch. Psychiat. 87 (1929), 96—99
Spatz, H.: Nachruf. Berl. klin. Wschr. 56 (1919), 1006 bis 1007
Zur Erinnerung an Franz Nissl. Münch. med. Wschr. 76 (1929), 1339—1340
Nissl und die theoretische Hirnanatomie. Arch. Psychiat. 87 (1929), 100—125
In: Große Nervenärzte, Bd. II, 13—31. Georg Thieme Verlag, Stuttgart 1959
Spielmeyer: In: Kirchhoff, Deutsche Irrenärzte, Bd. II, 288—299

Nonne, Max, 1861—1959

Demme: Nachruf. Fortschr. Neurol. 28 (1960), 178—184
Luethy, F.: Nachruf. Schweiz. Arch. Neurol. 87 (1961), 314—315
Mumme, C.: Nachruf. Med. Klin. 55 (1960), 736—738
Pette: Nachruf. Dtsch. Z. Nervenheilk. 180 (1960), 239 bis 251
Pönitz: Nachruf. Psychiat., Neurol. med. Psychol. (Lpz.) 12 (1960), 41—43
Schaltenbrand: Nachruf. Arch. Psychiat. 200 (1959), 1—6
Nachruf. Acta Neurochir. 7 (1961), 11—15
Nachruf. Nervenarzt 32 (1961), 1—2
In: Große Nervenärzte, Bd. III, 164—173. Georg Thieme Verlag, Stuttgart 1963
Schultze, F.: Zum 70. Geburtstag. Dtsch. Z. Nervenheilk. 117/119 (1931), 3
Zülch, Pette, Janzen: Akad. Gedenkfeier der Med. Fak. d. Univ. Hamburg und Max-Nonne-Gedächtnisvorlesung am 13. 1. 1961

Obersteiner, Heinrich, 1847—1922

Obersteiner: Rückschau — Ausblick. Arb. aus d. Neurol. Inst. Wien 22 (1919), 1
B.: Zum 70. Geburtstag. Psychiat.-neurol. Wschr. 20 (1918—1919), 62
Festschrift zum 70. Geburtstag. Jb. Psychiat. Neurol. 38 (1917)
Stransky: Zum 70. Geburtstag. Allg. Z. Psychiat. 74 (1917), 184
Hoff, H., Seitelberger: Die Geschichte der Wiener Neurologischen Schule. In: „Österreich lebt". Brüder Hollinek, Wien 1955
Heinrich Obersteiner, zum 40. Jahrestag seines Todes und 80. Jahr der Gründung des Neurologischen Instituts. Wien. klin. Wschr. 74 (1962), 662 bis 664
Marburg, O.: Nachruf. Archives 10 (1923), 100—101
Nachruf. Arb. a. d. Neurol. Inst. Wien 24 (1924), 5—32; hier Verzeichnis der Arbeiten von O.
Pilcz, A.: Nachruf. Psychiat.-neurol. Wschr. 24 (1922—1923), 239—242
Seitelberger: In: Große Nervenärzte, Bd. III, 21—30. Georg Thieme Verlag, Stuttgart 1963
Stransky: Nachruf. Allg. Z. Psychiat. 79 (1922), 343 bis 344
Erinnerungen an Heinrich Obersteiner. Wien. klin. Wschr. 69 (1957), 537

Okonek, Gerhard, 1906—1961

Hellner, H.: Nachruf. Dtsch. med. Wschr. 87 (1962), 161
Röttgen: Nachruf. Acta Neurochir. XI (1963), 1—2
Tönnis: Nachruf. Zbl. Neurochir. 23 (1962), 1—2

Oppenheim,' Hermann, 1858—1919

Bing: Nachruf. Schweiz. Arch. Psychiat. V (1919), 393 bis 394
Cassirer, R.: Nachruf. Berl. klin. Wschr. 56 (1919), 669—671
Erb: Nachruf. Dtsch. Z. Nervenheilk. 58 (1918/1919). 5—8
Finkelnburg: Nachruf. Arch. Psychiat. 61 (1920), 471 bis 475
Henneberg: Nachruf. Med. Klin. 15 (1919), 575
Liepmann: Nachruf. Z. Neurol. 52 (1919), 1—6
Marburg: Nachruf. Wien. med. Wschr. 69 (1919), 1296
Moll, A.: Nachruf. Z. Psychother. med. Psychol. 7 (1916/1917), 382
Nonne: Nachruf. Neurol. Cbl. 38 (1919), 386—390
Saenger: Nachruf. Dtsch. med. Wschr. 45 (1919), 830
Simons, A.: Nachruf. Z. ärztl. Fortb. 16 (1919), 381 bis 383
Stern, Arth.: Zum 100. Geburtstag. Schweiz. Arch. Neurol. Psychiat. 81 (1958), 359—362
Weil, A.: In: Haymaker, The Founders of Neurology, 343—346
Brit. med. J. II (1919), 156

Pelman, Carl Georg Wilhelm, 1838—1916

Biograph. Lexikon, 4/1932, 548, 2. Aufl.
Nachruf. Psychiat. neurol. Wschr. 19 (1917), 108
H. L.: Nachruf. Allg. Z. Psychiat. 73 (1917), 1
Schulze: Nachruf. Mschr. Psychiat. 41 (1917), 189—192
Umpfenbach: Nachruf. Allg. Z. Psychiat. 73 (1917), 581—589
In: Kirchhoff, Deutsche Irrenärzte, Bd. II, 144 bis 148
Westphal: Nachruf. Dtsch. med. Wschr. 43 (1917), 214
Nachruf. Arch. Psychiat. 57 (1917), 535—540
Zum 50jährigen Doktorjubiläum. Arch. Psychiat. 47 (1910), 990—991

Pfeifer, Richard Arwed, 1877—1957

Wünscher: Nachruf. Psychiat., Neurol. med. Psychol. (Lpz.) 9 (1957), 131—132

Pick, Arnold, 1851—1924

Biograph. Lexikon, 2/1932, 1212; N. Z.
Brown, M.: In: Haymaker, Founders of Neurology, 202—204
Minkowski: Nachruf. Schweiz. Arch. Psychiat. XV (1924), 159
Popper, E.: Nachruf. Allg. Z. Psychiat. 80 (1924), 474
Sittig, O.: Nachruf. Arch. Psychiat. 72 (1924), 1—20, Lit.
Nachruf. Jb. Psychiat. Neurol. 44 (1925), 1—10

Pilcz, Alexander, 1871—1954

Stransky: Nachruf. Wien. klin. Wschr. 66 (1954), 124 bis 125
Nachruf. Wien. Z. Nervenheilk. 11 (1955), 8—11

Plaut, Felix, 1877—1940

Biographisches Lexikon, 1962
Nachruf. Lancet 2 (1940), 86—87
Nachruf. Nature (London) 146 (1940), 190

Pötzl, Otto, 1877—1962

Hoff: Nachruf. Wien. klin. Wschr. 74 (1962), 369—370
Pichler: Nachruf. Wien. med. Wschr. 112 (1962), 579 bis 580

Pohlisch, Kurt, 1893—1955

Duis, B. T.: Nachruf. Acta genet. med. 4 (1955), 242 bis 243
Panse: Nachruf. Nervenarzt 26 (1955), 255—256

Raecke, Julius, 1872—1930

Biograph. Lexikon, 1962, 1264
Geelvink: Nachruf. Psychiat.-neurol. Wschr. 32 (1930), 147—149
Wassermeyer: Nachruf. Arch. Psychiat. 92 (1930), 479 bis 484
Weichbrodt: Nachruf. Allg. Z. Psychiat. 93 (1930), 208—211

Redlich, Emil, 1866—1930

v. Economo: Nachruf. Z. Neurol. 133 (1931), 325—328
Marburg: Nachruf. Münch. med. Wschr. 77 (1930), 1377
Pilcz, A.: Nachruf. Klin. Wschr. 9 (1930), 1567
Schlesinger: Nachruf. Dtsch. Z. Nervenheilk. 114 (1930), 161—164
Wagner-Jauregg: Nachruf. Wien. klin. Wschr. 43 (1930), 824
Wilder, J.: In: Haymaker, The Founders of Neur., 204—207
Nachruf. Mschr. Psychiat. 76 (1930), 257—263

Rieger, Konrad, 1855—1939

Autobiographie in: Die Medizin der Gegenwart in Selbstdarstellungen (Grote). Bd. VIII, 125 Leipzig 1929
Biograph. Lexikon, 1962, 1298 (Fischer)
Gaupp: Nachruf. Z. Neurol. 166 (1939), 309—312
Müller, S.: Nachruf. Psychiat.-neurol. Wschr. 41 (1939), 215—216
Reichardt: Nachruf. Arch. Psychiat. 110 (1939), 165 bis 168
Spoerri, Th.: In: Große Nervenärzte, Bd. I, 236—244. Georg Thieme Verlag, Stuttgart 1956
Weygandt: Zum 70. Geburtstag. Dtsch. med. Wschr. 51 (1925), 530—531

Rinecker, Franz von, 1811—1883

Biograph. Lexikon, 4/1932, 818; 2. Aufl.
Gerhardt: Nachruf. Sitz.-Ber. d. Phys.-med. Ges. zu Würzburg, 1883, 120—131
Kraepelin: In: Kirchhoff, Deutsche Irrenärzte, Bd. I, 244—247
Die Medizinische Fakultät in Würzburg: Herrn Franz von Rinecker, ihrem hochverdienten Senior, bringt zum 31. März 1877, an welchem Tage derselbe vor 40 Jahren seine Lehrtätigkeit als Professor begann . . . ihre besten Glückwünsche und ihren aufrichtigen Dank dar Leipzig 1877

Roller, Christian Friedrich Wilhelm, 1802—1878

Festschrift zur Feier des 50jährigen Jubiläums der Anstalt Illenau. 1892
Fischer, Max: Zum 100. Geburtstag. 1912
Die Entwicklung des Bauwesens der Irrenanstalten Allg. Z. Psychiat. 70 (1913), 480
In: Kirchhoff, Deutsche Irrenärzte, Bd. I, 189—201
Flemming: Nachruf. Allg. Z. Psychiat. 35 (1879), 117

Romberg, Moritz Heinrich, 1795—1873

Biograph. Lexikon, 4/1932, 868; 2. Aufl.
Göschen: Geburtstags-Glückwunsch. Dtsch. Klinik XIX, 109/110, vom 30. 3. 1867
Nachruf. Dtsch. Klinik XXV, 245, vom 5. 7. 1873
Viets, H. R.: In: Haymaker, The Founders of Neurology, 367—370
Waldenburg: Nachruf. Berl. klin. Wschr. 10 (1873), 289—290

Rosenfeld, Max, 1871—1956

Skalweit: Nachruf. Nervenarzt 27 (1956), 558

Rüdin, Ernst, 1874—1952

Luxenburger: Geleitworte d. Schüler u. Mitarbeiter. Allg. Z. Psychiat. 112 (1939)
Zum 70. Geburtstag. Z. Neurol. 177 (1944), 173 bis 176
Roemer: Zum 65. Geburtstag. Allg. Z. Psychiat. 112 (1939)
Schulz, Bruno: Nachruf. Arch. Psychiat. 190 (1953), 187 bis 195

Runge, Werner, 1882—1938

Biograph. Lexikon, 1962, 1345
Autobiographie. New York 1949, Privatdruck
Globus, J.: In: Haymaker, The Founders of Neurology, 376—379
Hausman, L.: Arch. Neurol. Psychiat. (Chic.) 51 (1944), 481—486
Kennedy, F.: Nachruf. Amer. J. Psychiat. 100 (1944), 853—854
Nachruf. J. Amer. med. Ass. 124 (1944), 590
Nachruf. J. nerv. ment. Dis. 99 (1944), 993
Nachruf. Lancet 1 (1945), 547
Nachruf. Nature (London) 155 (1945), 600

Sakel, Manfred, 1900—1957

Kolle, K.: Nachruf. Dtsch. med. Wschr. 83 (1958), 266

Schilder, Paul Ferdinand, 1886—1940

Kaufmann, M. R.: Schilders Application of psychoanalytic psychiatry. Arch. gen. Psychiat. 7 (1962), 311—320
Lorand: Nachruf. J. Crim. Psychopath. 2 (1941), 389 bis 390
Meyer, A.: Nachruf. J. nerv. ment. Dis. 93 (1941), 812—814
Rioch, David, Mc.: In: Haymaker, The Founders of Neurology
Stengel, E.: Nachruf. Int. Z. Psychoanal. und Imago 26 (1941), 377—379
Wittels, F.: Nachruf. Psychoanalytic Quart. 10 (1941), 131—134
Nachruf. Psychoanalyt. Rev. 28 (1941), 300—301
Nachruf. Amer. J. Psychiat. 97 (1941), 1490—1492
Nachruf. J. Amer. med. Ass. 116 (1941), 530
Nachruf. J. nerv. ment. Dis. 93 (1941), 549—552

Schob, Franz, 1877—1942

Hallervorden: Nachruf. Arch. Psychiat. 116 (1943), 347 bis 351
Scholz: Nachruf. Z. Neurol. 175 (1942), 1—3

Schröder, Paul, 1873—1941

Biograph. Lexikon, 1962, 1411
Bürger-Prinz: Nachruf. Allg. Z. Psychiat. 119 (1942), 161—163
Schorsch: Nachruf. Arch. Psychiat. 114 (1942), 441—443
Nachruf. Z. Kinderpsychiat. 9 (1942), 884

Schüle, Heinrich, 1840—1916

Biograph. Lexikon, 2/1932, 1414; N. Z.
Festschrift zur Feier des 50jährigen Jubiläums der Anstalt Illenau. 1892
Fischer, Max: Die Entwicklung des Bauwesens der Irrenanstalten. Allg. Z. Psychiat. 70 (1913), 480
In: Kirchhoff, Deutsche Irrenärzte, Bd. II, 184—195
Kreuser: Nachruf. Allg. Z. Psychiat. 73 (1917), 382 bis 392
H. L.: Nachruf. Allg. Z. Psychiat. 73 (1917), 1
Hegar, A.: Nachruf. Psychiat.-neurol. Wschr. 18 (1916), 377—381
Moeli, C.: Nachruf. Arch. Psychiat. 57 (1917), 526—534
Tuczek: Zum Bilde von Heinrich Schüle. Münch. med. Wschr. 57 (1910), 1797

Schultze, Ernst, 1865—1938

Nachruf. Psychiat. neurol. Wschr. 40 (1938), 525—526
Ewald, G.: Nachruf. Z. Neurol. 164 (1939), 1—3
Fleck, U.: Nachruf. Allg. Z. Psychiat. 109 (1938), 340 bis 342
Mueller, R.: Nachruf. Dtsch. Z. ges. ger. Med. 30 (1938), 133—135

Schultze, Friedrich, 1848—1934

Autobiographie in: L. R. Grote, „Die Medizin der Gegenwart in Selbstdarstellungen", Bd. 2. Leipzig 1923
Finkelnburg: Nachruf. Dtsch. med. Wschr. 60 (1934), 2009
Stursberg: Nachruf. Dtsch. Arch. klin. Med. 177 (1935), 9—10
Westphal, A.: Zum 70. Geburtstag. Arch. Psychiat. 61 (1920), 267—268
Nonne: Zum 17. August 1928. Dtsch. Z. Nervenheilk. 104 (1928), 1—4
Nachruf. Dtsch. Z. Nervenheilk. 135 (1935), 81—89

Schulz, Bruno, 1890—1958

Essen-Möller: Das erbpsychiatrische Lebenswerk von Bruno Schulz. Acta psychiat. scand. 34 (1958), 51 bis 59
Kallmann: Nachruf. Arch. Psychiat. 197 (1958), 121 bis 123
Thums: Nachruf. Anthrop. Anz. 22 (1958), 307—309

Siemerling, Ernst, 1857—1931

Biograph. Lexikon, 1962, 1455 (Fischer)
Meyer, E.: Zum 70. Geburtstag. Dtsch. med. Wschr. 53 (1927), 1569
Nachruf. Arch. Psychiat. 93 (1931), 1—4, 4—9, Lit.
Runge: Nachruf. Münch. med. Wschr. 78 (1931), 411 bis 412
Nachruf. Allg. Z. Psychiat. 95 (1932), 213
Stertz: Nachruf. Dtsch. Z. Nervenheilk. 120 (1931), 225—227

Sioli, Emil Franz, 1852—1922

Biograph. Lexikon, 2/1932, 1463; N. Z.
Alzheimer: 25 Jahre Psychiatrie. Ein Rückblick anläßlich des 25jährigen Jubiläums von Prof. Dr. Emil Sioli als Direktor der Frankfurter Irrenanstalt. Arch. Psychiat. 52 (1913), 853—866
Kleist: Nachruf. Allg. Z. Psychiat. 78 (1922), 428—431
Nachruf. Mschr. Psychiat. 52 (1922), 359
Raecke: Nachruf. Arch. Psychiat. 67 (1922), 137—150
Nachruf. Psychiat.-neurol. Wschr. 24 (1922/23), 107 bis 109

Sittig, Otto, 1886—1944

Altschul: Nachruf. Arch. Psychiat. Neurol. (Chic.) 54 (1945), 303

Snell, Ludwig, 1817—1892

Biograph. Lexikon, 5/1934, 322; 2. Aufl.
Gerstenberg: Nachruf. Allg. Z. Psychiat. 49 (1893), 320—329
Snell, Otto: In: Kirchhoff, Deutsche Irrenärzte, Bd. I, 268—274
Jubiläum in Hildesheim (50jähriges Doktorjubiläum von Ludwig Snell). Allg. Z. Psychiat. 46 (1890), 713

Solbrig, Karl-August, 1809—1872

Biograph. Lexikon, 5/1934, 333—334; 2. Aufl.
Eberstadt-Kreichgauer, E.: Karl August von Solbrig. Dissertation, Erlangen 1947
Vocke: In: Kirchhoff, Deutsche Irrenärzte, Bd. I, 232 bis 235
Nachruf. Wien. med. Presse XIII (1872), 561—563

Sommer, Robert, 1864—1937

Abriß seines Lebens und Schaffens in „Familienforschung, Vererbungs- und Rassenlehre", Kap. 21: „Meine Abstammung", 3. Aufl. 1927
Biograph. Lexikon, 1962, 1475
Fischer, H.: Festschrift zum 60. Geburtstag. Z. Neurol. 94 (1925), nach S. 220
Jacobi, J.: Nachruf. Psychiat.-neurol. Wschr. 39 (1937), 155
Weygandt: Nachruf. Z. psych. Hyg. 10 (1937), 65—82
Nachruf. Münch. med. Wschr. 84 (1937), 385—386
Nachruf. J. nerv. ment. Dis. 86 (1937), 242

Specht, Gustav, 1860—1940

Biograph. Lexikon, 1962, 1481
Ewald, G.: Nachruf. Z. Neurol. 171 (1941), 607—610

Speyr, Wilhelm von, 1852—1939

Fankhauser, E.: Nachruf. Schweiz. med. Wschr. 69 (1939), 1166
Nachruf. Schweiz. Arch. Neurol. Psychiat. 47 (1941), 299—301

Spielmeyer, Walther, 1879—1935

Aschoff, L.: Nachruf. Beitr. path. Anat. 94 (1935)
Cobb, Haymaker: In: Haymaker, The Founders of Neurology
Creutzfeldt, H. G.: Nachruf. Zbl. Neurol. 75 (1935), 1—3
Hallervorden: Nachruf. Nervenarzt 8 (1935), 225; 12 (1939), 1
Jacob, H.: In: Große Nervenärzte, Bd. III, 31—44. Georg Thieme Verlag, Stuttgart 1963
Schaltenbrand: Nachruf. Dtsch. Z. Nervenheilk. 137 (1935), 1
Scholz, W.: Nachruf. Z. Neurol. 153 (1935), 1
Spatz, H.: Nachruf. Arch. Psychiat. 103 (1935), 455—470
Walthard: Nachruf. Schweiz. Arch. Neurol. Psychiat. 36 (1935), 191

Stertz, Georg, 1878—1959

Kolle, K.: Zum 70. Geburtstag. Nervenarzt 19 (1948), 441
Zum 75. Geburtstag. Mschr. Psychiat. 126 (1953), 339
Kolle, K.: Nachruf. Münch. med. Wschr. 101 (1959), 869—870
Tellenbach: Nachruf. Nervenarzt 30 (1956), 473

Stiefler, Georg, 1876—1939

Biograph. Lexikon, 1962, 1512
Stefan: Nachruf. Dtsch. Z. Nervenheilk. 149 (1939), 197—200

Storch, Alfred, 1888—1962

v. Baeyer: Nachruf. Nervenarzt 33 (1962), 429—430
Walther-Buel: Nachruf. Psychiat. et Neurol. (Basel) 144 (1962), 1—4

Stransky, Erwin, 1877—1962

Hoff, H.: Nachruf. Wien. med. Wschr. 112 (1962), 181 bis 182
Reisner, H.: Nachruf. Wien. klin. Wschr. 74 (1962), 213—214
Nachrufe mehrerer Autoren und Liste der Veröffentlichungen. Wien. Z. Nervenheilk. 20 (1962), 3—28

Strohmayer, Wilhelm, 1874—1936

Biograph. Lexikon, 1962, 1528

Strümpell, Adolf, 1853—1925

Autobiographie: Aus dem Leben eines deutschen Klinikers. Erinnerungen und Beobachtungen. Vogel, Leipzig 1925
His: Nachruf. Klin. Wschr. 4 (1925), 382—383
Jamin, Fr.: Nachruf. Z. Neurol. 97 (1925), vor S. 1
Kolle, K.: In: Große Nervenärzte, Bd. III, 184—190. Georg Thieme Verlag, Stuttgart 1963
Müller, L. R.: Nachruf. Münch. med. Wschr. 72 (1925), 352
Riese, Walther: In: Haymaker, The Founders of Neurology
Schultze, Fr.: Nachruf. Dtsch. Z. Nervenheilk. 85 (1925), 1—7
Moritz, S. M.: In: Deutsche Kliniker um die Jahrhundertwende, 41—44. Schumpe, Köln 1958

Thiele, Rudolf, 1888—1960

Zum 65. Geburtstag. Psychiat., Neurol., med. Psychol. (Lpz.) 5 (1953), 217
Dietrich, H.: Nachruf. Dtsch. med. Wschr. 86 (1961), 451—452
Heidrich, R.: Zum 70. Geburtstag. Psychiat., Neurol., med. Psychol. (Lpz.) 6 (1958), 157
Müller-Hegemann: Nachruf. Psychiat., Neurol., med. Psychol. (Lpz.) 13 (1961), 41—42
Scheller: Nachruf. Nervenarzt 33 (1962), 139—140

Villinger, Werner, 1887—1961

Bock, H. E.: Nachruf. Münch. med. Wschr. II (1961), 2039
Ehrhardt, H.: Zum 70. Geburtstag. Münch. med. Wschr. 99 (1957), 1470—1471
Nachruf. Nervenarzt 32 (1961), 533—534
Ewald, G.: Würdigung des Lebenswerkes von Villinger in „Psychiatrie und Gesellschaft". Huber, Bern 1958
Sieverts, Stutte: Nachruf. Mschr. Krim.-Biol. u. Strafr.-Ref. 44 (1960), 160
Stutte: Nachruf. Unsere Jugend 13 (1961), 435
Nachruf. Acta paedopsychiat. 28 (1961), 225
Nachruf. Jb. Jgd.-Psychiat. III (1962)

Vogt, Oskar, 1870—1959, und Vogt, Cécile, 1875—1962

Hassler, R.: Zum Jubiläum des Hirnforscherpaares C. u. O. Vogt. Dtsch. med. Wschr. 75 (1950), 556
In: Große Nervenärzte, Bd. II, 45—64. Georg Thieme Verlag, Stuttgart 1959
Nachruf. Arch. Psychiat. 200 (1960), 239—256
Haymaker, W.: Nachruf. Arch. Neurol. Psychiat. 4 (1961), 675—684
Hopf, A.: Nachruf. Ärztl. Forsch. 13 (1959), 477—478
Kleist, K.: Oskar Vogt 80 Jahre, Cécile Vogt 75 Jahre. Arch. Psychiat. 185 (1950), 619
Nachruf. Nervenarzt 31 (1960), 337—340
Meessen, H.: Cécile und Oskar Vogt und das Neustädter Hirnforschungsinstitut. Ärztl. Forsch. 4 (1950), 141
Nachrufe. Dtsch. med. Wschr. 84 (1959), 1796 bis 1797; 87 (1962), 1674—1675
Minkowski, M.: Nachruf. Schweiz. Arch. Neurol. 87 (1961), 305—314
Schröder, P.: C. und O. Vogts Hirntopistik in der Psychiatrie. Klin. Wschr. 8 (1929), 1759
Spatz, H.: Nachruf. Acta Neurochir. 7 (1961), 3—10
Wahren, W.: Nachruf. Dtsch. Z. Nervenheilk. 180 (1960), 361—380

Volkmann, Richard von, 1830—1889

Guttmann, S.: Nachruf. Dtsch. med. Wschr. XV (1889), 997
Kraske, P.: Nachruf. Münch. med. Wschr. 37 (1890), 9—11
Krause, F.: Zur Erinnerung an Richard von Volkmann. Berlin 1890
Samuely: Nachruf. Wien. med. Blätter XII (1889), 771
Virchow: Gedenkworte. Berl. klin. Wschr. 26 (1889), 1057
Nachruf. Lancet II (1889), 1205
Nachruf. Münch. med. Wschr. 38 (1891), 827

Vorkastner, Willi, 1878—1931

Mueller, B.: Nachruf. Allg. Z. Psychiat. 98 (1932), 213—216
Nachruf. J. nerv. ment. Dis. 75 (1932), 215

Wagner, Werner, 1904—1956

v. Baeyer: Nachruf. Arch. Psychiat. 195 (1956), 113 bis 116
Conrad, K.: Nachruf. Fortschr. Neurol. Psychiat. 24 (1956), 225—226
Meinertz, F.: Nachruf. Münch. med. Wschr. 98 (1956), 1439—1441
Zutt: Nachruf. Nervenarzt 27 (1956), 86

Wagner von Jauregg, Julius, 1857—1940

Autobiographie: „Lebenserinnerungen". Springer, Wien 1950
Arzt, L.: In memoriam Prof. Julius Ritter von Wagner-Jauregg. Wien. klin. Wschr. (1947), Nr. 9
Bonhoeffer: Zum 80. Geburtstag. Klin. Wschr. 16 (1937), 359
Bruetsch: Nachruf. Arch. Neurol. Psychiat. (Chic.) 44 (1940), 1319—1322
Dattner, B.: In: Haymaker, The Founders of Neurology, 403—405

Hoff, H.: Zum 10. Todestag. Wien. klin. Wschr. (1950), Nr. 47
Kogerer: Nachruf. Allg. Z. Psychiat. 117 (1941), 161 bis 166
Der Nobelpreis für Wagner-Jauregg. Neue Freie Presse vom 28. 10. 1927
Pilcz, A.: Verzeichnis der wissenschaftlichen Arbeiten des Hofrates Prof. Dr. Julius Wagner v. Jauregg. Wien. med. Wschr. 78 (1928), 892—894
Pötzl, O.: Nachruf. Wien. klin. Wschr. (1940), Nr. 4
Schönbauer, Jantsch: In: Große Nervenärzte, Bd. I, 254—266. Georg Thieme Verlag, Stuttgart 1956
Stransky: Julius Wagner-Jauregg, Nobelpreisträger. Wien. med. Wschr. (1927), Nr. 45

Wallenberg, Adolf, 1862—1949

Bing, R.: Nachruf. Schweiz. Arch. Neurol. 64 (1949), 495—496
Glees, F.: Nachruf. Mschr. Psychiat. 119 (1950), 255 bis 256
Nonne: Zum 85. Geburtstag. Dtsch. Z. Nervenheilk. 159 (1948), 1—2
Vogel, P.: Nachruf. Nervenarzt 22 (1951), 28
Wallenberg-Chermak, M.: In: Große Nervenärzte, Bd. III, 191—196. Georg Thieme Verlag, Stuttgart 1963
v. Weizsäcker, V.: Zum 85. Geburtstag. Nervenarzt 18 (1947), 529
Nachruf. Med. Klin. 44 (1949), 816

Walter, Friedrich Karl, 1881—1935

Riebeling: Nachruf. Psychiat.-neurol. Wschr. 38 (1936), 123—124
Dtsch. Z. Nervenheilk. 140 (1936), 237—239
Spatz, H.: Nachruf. Münch. med. Wschr. 83 (1936), 276—277

Wartenberg, Robert, 1887—1956

Aird, R. B.: Nachruf. Psychiat. Neurol. (Basel) 133 (1957), 315—317
Arch. Neurol. Psychiat. 77 (1957), 490—491
Georgi: Nachruf. Schweiz. Arch. Neurol. 81 (1958), 363
Hassler, R.: Nachruf. Fortschr. Neurol. Psychiat. 25 (1957), 196—198
Haymaker: Nachruf. Science (Washington) 125 (1957), 1027
Nachruf. Trans. Amer. neurol. Ass. 82 (1957/58), 183—184
Jung, R.: Nachruf. Nervenarzt 28 (1957), 333—334
Köbcke, H.: Nachruf. Dtsch. med. Wschr. 82 (1957), 785
Pette: Nachruf. Dtsch. Z. Nervenheilk. 176 (1957), 1—4
Schaltenbrand: Nachruf. Arch. Psychiat. 195 (1957), 1—2

Weber, Eduard, 1910—1962

Nachruf. Münch. med. Wschr. 105 (1963), 203—204
Nachruf. Neurochirurgia 6 (1963), 120/121
Tönnis: Nachruf. Zbl. Neurochir. 24 (1963), 121—122

Weber, Ludwig Wilhelm, 1868—1926

Grage: Nachruf. Allg. Z. Psychiat. 83 (1926), 306—308
Nachruf. Arch. Psychiat. 76 (1926), 332—334

Weigert, Carl, 1845—1904

Edinger, L.: Carl Weigerts Verdienste um die Neurologie. In: Carl Weigert, Gesammelte Abhandlungen, Bd. I, 133—137. Springer, Berlin 1906
Ehrlich, P.: Weigerts Verdienste um die histologische Wissenschaft. In: Carl Weigert, Gesammelte Abhandlungen, Bd. I, 138—141. Springer, Berlin 1906
Helbing, C.: Nachruf. Münch. med. Wschr. 51 (1904), 1747—1748
Lichtheim, L.: Nachruf. Dtsch. Z. Nervenheilk. 27 (1904), 340—350
Lubarsch: Nachruf. Dtsch. med. Wschr. 30 (1904), 1318 bis 1319
Neubuerger: In: Haymaker, The Founders of Neurology, 222—225
Nissl: Nachruf. Cbl. Nervenheilk. 27 (1904), 667—672 (N. F., Bd. XV)
Strümpell: Nachruf. Dtsch. med. Wschr. 30 (1905), 1318—1319

Weizsäcker, Viktor von, 1886—1957

Binger, C.: Nachruf. Psychosom. Med. (N.Y.) 19 (1957), 265—266
Christian: Nachruf. Fortschr. Neurol. 25 (1957), 198 bis 199
Derwort: Nachruf. Nervenarzt 28 (1957), 241—243
Ruffin: Zum 70. Geburtstag. Nervenarzt 27 (1956), 185—186
Siebeck: Nachruf. Dtsch. med. Wschr. 82 (1957), 924 bis 928
Nachruf. Münch. med. Wschr. 99 (1957), 230—231
Vogel, P.: Zum 60. Geburtstag. Dtsch. med. Wschr. 71 (1946), 30
Nachruf. Dtsch. Z. Nervenheilk. 176 (1957), 143 bis 148

Wernicke, Carl, 1848—1905

Bonhoeffer: Die Stellung Wernickes in der modernen Psychiatrie. Berl. klin. Wschr. 42 (1905), 893—894 u. 927—930
Nachruf. Schles. Zeitung vom 18. 6. 1905
Bueß, H.: Carl Wernicke (1848—1905), ein Pionier der Hirnpathologie. Schweiz. med. Wschr. 78 (1948), 604
Goldstein: In: Haymaker, The Founders of Neurology, 406—409
Heilbronner: Nachruf. Allg. Z. Psychiat. 62 (1905), 881—892
Kleist: Nachruf. Münch. med. Wschr. 52 (1905), 1402 bis 1404
In: Große Nervenärzte, Bd. II, 106—127. Georg Thieme Verlag, Stuttgart 1959
Liepmann: Nachruf. Cbl. Nervenheilk. XVI, N. F. (1905), 564—572
In: Kirchhoff, Deutsche Irrenärzte, Bd. II, 238—250
Schröder: Z. Neurol. 165 (1939), 38—47
Siemerling: Nachruf. Arch. Psychiat. 40 (1905), 1016 bis 1019
Ziehen, Th.: Nachruf. Mschr. Psychiat. 18 (1905), 1—4
Nachruf. Psychiat.-neurol. Wschr. 7 (1905), 124 u. 173

Westphal, Alexander, 1863—1941

Biograph. Lexikon 1962, 1672

Westphal, Carl, 1833—1890

Binswanger: Nachruf. Dtsch. med. Wschr. (1890), 10—11
Bödecker, Westphal: In: Kirchhoff, Deutsche Irrenärzte, Bd. II, 110—121
Moeli: Zur Erinnerung an Carl Westphal. Berlin 1890
Nachruf. Klin. Jahrbücher II (Berlin 1890), 683 bis 686
Oppenheim: Nachruf. Berl. klin. Wschr. 27 (1890), 93
Pick: Nachruf. Prager med. Wschr. XV (1890), 67—69
Sander: Nachruf. Arch. Psychiat. 23 (1892), 294—296
Siemerling: Nachruf. J. ment. Sc. (London) 36 (1890), 312
Nachruf. Arch. Psychiat. 21 (1891), 1—22

Weygandt, Wilhelm, 1870—1939

Bürger-Prinz: Nachruf. Z. Neurol. 166 (1939), 1—3
de Crinis: Nachruf. Dtsch. med. Wschr. 65 (1939), 388
F. Kerim Gökay: Nachruf. Psychiat.-neurol. Wschr. 41 (1939), 134—135
Jakob, A.: Zum 60. Geburtstag. Med. Welt (1930), Nr. 39
Meggendorfer: Nachruf. Psychiat.-Neurol. Wschr. 41 (1939), 77—78
Nachruf. Dtsch. Z. Nervenheilk. 149 (1939), 1—6
Nachruf. Allg. Z. Psychiat. 114 (1940), 140—145. Lit.
Nachruf. J. nerv. ment. Dis. 90 (1939), 826—827
Nachruf. Amer. J. Psychiat. 96 (1939), 769—770

Wiethold, Ferdinand, 1893—1961

Wagner, K.: Nachruf. Dtsch. Z. ges. ger. Med. 52 (1961), 4—6

Wilmanns, Karl, 1873—1945

Beringer: Nachruf. Nervenarzt 18 (1947), 49—50
Gruhle: Zum 70. Geburtstag. Z. Neurol. 176 (1943), 7—9
Staehelin: Nachruf. Schweiz. Arch. Psychiat. 59 (1947), 388—391
Nachruf. Lancet 1 (1946), 146
Nachruf. Amer. J. Psychiat. 102 (1946), 688—691

Wollenberg, Robert, 1862—1942

Autobiographie: Erinnerungen eines Psychiaters. Stuttgart 1931
Gaupp: Nachruf. Z. Neurol. 174 (1942), 633—634

Zeller, Ernst Albert, 1804—1877

Nachruf. Prag. med. Wschr. III (1878), 19
Flemming: Nachruf. Allg. Z. Psychiat. 35 (1878), 117 bis 119
Kreuser: Nachruf. Württ. med. Korr.-Bl. 1904
Meuret, G.: Dr. Albert Zeller, Blätter der Erinnerung. Stuttgart 1879
Waldenmaier, H.: „Mit Freuden hindurch." Albert Zeller, der Arzt und Seelsorger. Ein Lebensbild. Quell-Verlag, Stuttgart 1928
Zeller, E.: In: Kirchhoff, Deutsche Irrenärzte, Bd. I, 208—218
Auch im Nekrolog für den Sohn Ernst Zeller einige Zeilen über Ernst Albert Zeller: Allg. Z. Psychiat. 60 (1903), 301

Zillig, Georg, 1911—1950

Scheller: Nachruf. Nervenarzt 21 (1950), 528—529
Tönnis: Nachruf. Zbl. Neurochir. 11 (1951), 131—132

Anhang

DIE LEHR- UND FORSCHUNGSSTÄTTEN FÜR PSYCHIATRIE, NEUROLOGIE, NEUROPATHOLOGIE UND NEUROCHIRURGIE IM DEUTSCHEN SPRACHGEBIET

Vorbemerkung: Es wäre reizvoll und wichtig, die Geschichte der Psychiatrie und Neurologie in allen Ländern, die sich um die jungen Wissenschaftszweige verdient gemacht haben, aufzuzeichnen. Dieser Auftrag bleibt dem Medizinhistoriker überlassen. Der Herausgeber dieses Buches muß sich damit zufriedengeben, die wichtigsten Ereignisse innerhalb des deutschen Sprachgebietes vorweisen zu können.

Die Daten über die Gründung der Universitätskliniken, die Inhaber der Lehrstühle usf. verdanke ich größtenteils den jetzt amtierenden Kollegen, die sich mit ihren Angaben freundlichst in den Dienst dieser Publikation gestellt haben.
Die Veränderungen, die sich seit der ersten Auflage ergeben haben, wurden bis Ende 1968 berücksichtigt.

NEUROPSYCHIATRIE

AACHEN: Lehrstuhl für Psychiatrie der Technischen Hochschule Aachen, gegründet 1967.

1967 -	Wolfgang Klages	(geb. 1924)

BASEL: Die Baseler Psychiatrische Universitätsklinik, gleichzeitig Kantonale Heil- und Pflegeanstalt Friedmatt (erbaut 1886), wurde 1865 gegründet.

1865 - 1904	Ludwig Wille	(1834 - 1912)
1904 - 1925	Gustav Wolff	(1865 - 1941)
1925 - 1928	Ernst Rüdin	(1874 - 1952)
1929 - 1959	John E. Staehelin	(geb. 1891)
1959 -	Paul Kielholz	(geb. 1916)

Vor Wille hat ein psychiatrisch gut ausgebildeter Kollege, Dr. Fr. Brenner, als erster Psychiater der Stadt Basel die Geisteskranken betreut. Sein berühmtester Vorgänger war Prof. Dr. Felix Platter, geb. 1536 in Basel, welcher in seiner "Praxis medica" eine eigentliche Psychiatrie verfaßte.

BERLIN-OST: Nervenklinik und Poliklinik der Charite (früher Friedrich-Wilhelm-Universität, jetzt Humboldt-Universität). Gründung der Klinik: 1867.

1840 - 1860	Carl Wilhelm Ideler	(1795 - 1860)
1865 - 1868	Wilhelm Griesinger	(1817 - 1868)
1869 - 1889	Carl Westphal	(1833 - 1890)
1890 - 1904	Friedrich Jolly	(1844 - 1904)
1904 - 1912	Theodor Ziehen	(1862 - 1950)
1912 - 1938	Karl Bonhoeffer	(1868 - 1948)
1938 - 1945	Max de Crinis	(1889 - 1945)
1949 - 1957	Rudolf Thiele	(1888 - 1960)
1957 -	Karl Leonhard	(geb. 1904)

BERLIN-WEST: Psychiatrische und Neurologische Klinik und Poliklinik der Freien Universität (untergebracht in den früheren Kuranstalten Westend).

1950 -	Helmut Selbach	(geb. 1909)

Psychiatrische Klinik II der Freien Universität, gegründet 19

1967 -	Hanns Hippius	(geb. 1925)

BERN: Psychiatrische Universitätsklinik, gleichzeitig Kantonale Heilanstalt Waldau gegründet 1855.

1855 - 1859	Friedrich Johann Albrecht Tribolet	(1794 - 1871)
1859 - 1890	Rudolf Schärer	(1823 - 1890)
1890 - 1933	Wilhelm von Speyr	(1852 - 1939)
1933 - 1954	Jakob Klaesi	(geb. 1883)
1954 - 1963	Max Müller	(geb. 1894)
1963 -	Hans Walther	(geb. 1913)

Psychiatrische Universitäts-Poliklinik am Inselspital, gegründet 1966

1966 -	Theophil Spoerri	(geb. 1923)

BOCHUM: Psychiatrische Klinik der Ruhr-Universität Bochum, Klinikum Essen, gegründet 1966.

1966 -	Max Paul Engelmeier	(geb. 1921)

BONN: Es bestand bis zum Jahre 1945 Personalunion zwischen dem Direktor der Klinik und dem der Heil- und Pflegeanstalt.

Die Nervenklinik und Poliklinik der Rheinischen Friedrich-Wilhelm-Universität wurde 1905 erbaut.

1864 - 1889	Werner Nasse	(1822 - 1889)
1889 - 1904	Carl Wilhelm Pelman	(1838 - 1916)
1904 - 1928	Alexander Westphal	(1863 - 1941)
1928 - 1934	Arthur Hübner	(1878 - 1934)
1934 - 1945	Kurt Pohlisch	(1893 - 1955)
1946 - 1958	Hans W. Gruhle	(1880 - 1958)
1958 -	Hans Jörg Weitbrecht	(geb. 1909)

BRESLAU: Psychiatrische und Nervenklinik der Schlesischen Friedrich-Wilhelm-Universität.
Die Klinik wurde 1906 erbaut; vorher war sie in einigen Sälen der Städtischen Irrenanstalt untergebracht.

1867 - 1884	Heinrich Neumann	(1814 - 1884)
1885 - 1904	Carl Wernicke	(1848 - 1905)
1904 - 1912	Karl Bonhoeffer	(1868 - 1948)
1912 - 1915	Alois Alzheimer	(1864 - 1915)
1916 - 1921	Oswald Bumke	(1877 - 1950)
1921 - 1930	Robert Wollenberg	(1862 - 1942)
1930 - 1938	Johannes Lange	(1891 - 1938)
1939 - 1945	Werner Villinger	(1887 - 1961)

DANZIG: Gründung der Medizinischen Akademie und des psychiatrischen Lehrstuhles: 1934.

1934 - 1945	Franz Kauffmann	(1889 - 1945)

DRESDEN: Medizinische Akademie "Carl Gustav Carus", Neurologisch-Psychiatrische Klinik und Poliklinik, gegründet 1954.

1954 - 1962	Johannes Suckow	(geb. 1896)
1963 -	Ehrig Lange	(geb. 1921)

DÜSSELDORF: Psychiatrische Klinik der Universität, zugleich Rheinisches Landeskrankenhaus, gegründet 1923.

1923 - 1949	Franz Sioli	(1882 - 1949)
1949 - 1954	Gustav E. Störring	(geb. 1903)
1955 - 1966	Friedrich Panse	(geb. 1898)
1967 -	Caspar Kulenkampff	(geb. 1921)

Sioli war anfangs Oberarzt an der Heil- und Pflegeanstalt Grafenberg, nach dem Abgang des Direktors San.-Rat Hertig auch Direktor der Anstalt. Nach dem Tode von Sioli wurden Anstaltsdirektion und Professur an der Medizinischen Akademie getrennt. Störring baute im Gelände der klinischen Krankenanstalten einen Wachsaal. Der jetzige Inhaber des Lehrstuhles ist wieder Direktor des Landeskrankenhauses Grafenberg.

ERFURT: Nervenklinik und Poliklinik der Medizinischen Akademie, gegründet 1954.

1954 - 1957	Karl Leonhard	(geb. 1904)
1958 -	Richard Heidrich	(geb. 1919)

ERLANGEN: Nervenklinik und Poliklinik der Universität Erlangen-Nürnberg. Gründung der Anstalt 1845, Abzweigung der Klinik 1903.

1846 - 1859	August Solbrig	(1809 - 1872)
1859 - 1887	Friedrich Wilhelm Hagen	(1814 - 1888)
1888 - 1896	Anton Bumm	(1849 - 1903)
1896 - 1934	Gustav Specht	(1860 - 1940)
1934 - 1947	Friedrich Meggendorfer	(1880 - 1953)
1947 - 1951	Heinrich Scheller	(geb. 1901)
1951 - 1967	Fritz Flügel	(geb. 1897)
1967 -	Hans Heinrich Wieck	(geb. 1918)

Vorläufer war der von 1826-1846 als Professor der Medizin amtierende Joh. Mich. Leupold (1794 - 1874).
In der Zeit vor Errichtung einer eigenen Nervenklinik wurde der Lehrstuhl von den Direktoren der Erlanger Heil- und Pflegeanstalt versehen. Im Jahre 1903 wurde dieser Modus geändert. Ein Teil der Anstalt wurde abgetrennt und in eine Psychiatrische Klinik verwandelt, die als Universitätsklinik in einem eigenartigen Pachtverhältnis mit Anstalt und Regierung von Mittelfranken steht. Dieser Modus besteht heute noch.

FRANKFURT a.M.: Psychiatrische und Neurologische Klinik der Universität. Gründung der "Städtischen Anstalt für Irre und Epileptische" Affenstein[1)] durch Heinrich Hoffmann: 1864
Eröffnung der Beobachtungsabteilung für Jugendliche unter 16 Jahren an dieser Anstalt durch Emil Sioli: 1900.
Gründung der Johann Wolfgang Goethe-Universität: 1914. Neubau der Klinik: 1930.

1851 - 1888	Heinrich Hoffmann[2)]	(1809 - 1894)
1888 - 1919	Emil Sioli[3)]	(1852 - 1922)
1920 - 1950	Karl Kleist	(1879 - 1961)
1950 - 1961	Jürg Zutt	(geb. 1893)
1967 -	Hans Joachim Bochnik	(geb. 1920)

Das Sigmund Freud - Institut gehört nicht zur Universität.

1959 -	Alexander Mitscherlich	(geb. 1908)

FREIBURG / Breisgau: Gründung der Psychiatrischen und Nervenklinik der Albert-Ludwigs-Universität: 1887.

1886 - 1902	Hermann Emminghaus	(1845 - 1904)
1902 - 1934	Alfred Erich Hoche	(1865 - 1943)
1934 - 1949	Kurt Beringer	(1893 - 1949)
1951 - 1968	Hans Ruffin	(geb. 1902)
1968 -	Rudolf Degkwitz	(geb. 1920)

GIESSEN: Eröffnung der Psychiatrischen und Nervenklinik der Justus-Liebig-Universität (früher hessische Ludwigs-Universität): 1896. 1963 Teilung in eine Neuropsychiatrische und eine Neurologische Klinik.

1895 - 1933	Robert Sommer	(1865 - 1937)
1933 - 1936	Hermann Hoffmann	(1891 - 1944)
1936 - 1960	Heinz Boening	(1895 - 1960)
1963 -	Albert Derwort	(geb. 1911)

GÖTTINGEN: Klinik für Psychische und Nervenkrankheiten der Georg-August-Universität. Gründung der Klinik (damals noch vereint mit Heil- und Pflegeanstalt): 1866. Selbständige Nervenpoliklinik: 1901.
Neubau der Klinik und endgültige Trennung der Direktion von Klinik und Anstalt: 1955.
Teilung der Klinik in eine Psychiatrische Klinik und Poliklinik und eine Neurologische Klinik und Poliklinik: 1963.

1866 - 1900	Ludwig Meyer	(1827 - 1900)
1900 - 1912	August Cramer	(1860 - 1912)
1912 - 1934	Ernst Schultze	(1865 - 1938)
1934 - 1958	Gottfried Ewald	(1888 - 1963)
1958 - 1961	Klaus Conrad	(1905 - 1961)
1963 -	Joachim Ernst Meyer	(geb. 1917)

In Zusammenarbeit mit der Psychiatrischen Klinik gibt es seit 1964 ein "Aus bildungszentrum für Psychotherapie und Psychoanalyse".

---

1) Volkstümliche Umwandlung des "Gewannes Ave-Stein", in welchem die Irrenklinik errichtet wurde.

2) E. Sioli, Nachruf auf Heinrich Hoffmann, Allg. Zeitschr. f. Psychiatrie, 52 (1896).

3) K. Kleist, Nachruf auf Emil Sioli. Allg. Zeitschr. f. Psychiatrie, 78 (1922).

GRAZ: Psychiatrisch-Neurologische Klinik der Karl Franzens-Universität, hervorgegangen aus einer 1870 begründeten Beobachtungsabteilung der damals errichteten Landesirrenanstalt am Feldhof.

1870 - 1872	Joseph Czermak	(1825 - 1872)
1873 - 1889	Richard von Krafft-Ebing	(1840 - 1902)
1889 - 1893	Julius Wagner von Jauregg	(1857 - 1940)
1894 - 1905	Gabriel Anton	(1858 - 1933)
1907 - 1936	Friedrich Hartmann	(1871 - 1937)
1936 - 1938	Otto Kauders	(1893 - 1949)
1940 - 1945	Otto Reisch	(geb. 1891)
1946 - 1954	Wolfgang Holzer	(geb. 1906)
1960 - 1964	Hans Bertha	(1901 - 1964)
1968	Herbert Reisner	(geb. 1912)

GREIFSWALD: Eröffnung der Nervenklinik der Ernst Moritz Arndt-Universität: 1906. Vorher fand der psychiatrische Unterricht in der Irrenanstalt statt.

1875 - 1900	Rudolf Gottfried Arndt	(1835 - 1900)
1900 - 1904	Alexander Westphal	(1863 - 1941)
1904 - 1912	Ernst Schultze	(1865 - 1938)
1912 - 1925	Paul Schröder	(1873 - 1941)
1925 - 1933	Edmund Forster	(1878 - 1933)
1933 - 1934	Gottfried Ewald	(1888 - 1963)
1934 - 1937	Walter Jacobi	(1889 - 1937)
1938 - 1946	Rudolf Thiele	(1888 - 1960)
1946 - 1965	Hanns Schwarz	(geb. 1898)
1966 -	Karl-Heinz Elsaesser	(geb. 1912)

HALLE: Psychiatrische und Nervenklinik der Martin Luther-Universität, Halle-Wittenberg.

Die Lehrstelle für Psychiatrie war bis zum Jahre 1891 die unmittelbar bei Halle gelegene, jetzt seit Jahren außer Betrieb gesetzte Heilanstalt Nietleben. Dort lehrten

1855 - 1859	Löwenhardt
1862 - 1869	Friedrich Alexius Mann
1869 - 1879	Moritz Köppe

Der erste Ordinarius für Psychiatrie, der zunächst die Anstalt Nietleben leitete, bis er 1891 die nach seinen Entwürfen gebaute Klinik übernahm, war

1879 - 1903	Eduard Hitzig	(1838 - 1907)
1903	Theodor Ziehen	(1862 - 1950)
1904 - 1905	Carl Wernicke	(1848 - 1905)
1906 - 1926	Gabriel Anton	(1858 - 1933)
1926 - 1935	Alfred Hauptmann	(1881 - 1948)

1937 - 1939	Paul Hilpert	(1893 - 1939)
1939 - 1949	Fritz Flügel	(geb. 1897)
1950 - 1958	Karl Pönitz	(geb. 1888)
1958 -	Hellmut Rennert	(geb. 1920)

Otto Ludwig Seeligmüller, 1876 für Neurologie habilitiert, hat vom Sommersemester 1877 an ein neurologisches Kolleg gelesen.

HAMBURG: Die Psychiatrische und Nervenklinik wurde bei der Gründung der Universität Hamburg im Jahre 1919 in den Räumen der Staatskrankenanstalt Friedrichsberg untergebracht, deren ärztlicher Direktor Wilhelm Weygandt war.
1942 wurde im Gelände des Universitätskrankenhauses Eppendorf eine eigene psychiatrisch-neurologische Klinik aufgebaut. Neubau 1966.

1908 - 1935	Wilhelm Weygandt	(1870 - 1939)
1937 - 1968	Hans Bürger-Prinz	(geb. 1897)

HANNOVER: Department Psychologische Medizin-Psychiatrie-Neurologie der Medizinischen Hochschule Hannover, gegründet 1966.

1966 -	Karl Peter Kisker	(geb. 1920)

Ein "Lehrinstitut für Psychotherapie"

1965 -	Ernst F. Sievers	(geb. 1916)

gehört nicht zur Medizinischen Hochschule.

HEIDELBERG: Eröffnung der Psychiatrischen und Neurologischen Klinik der Ruprecht-Karl-Universität: 1877.

1877 - 1891	Carl Fürstner	(1848 - 1906)
1891 - 1903	Emil Kraepelin	(1856 - 1926)
1904	Karl Bonhoeffer	(1868 - 1948)
1904 - 1918	Franz Nißl	(1860 - 1919)
1918 - 1933	Karl Wilmanns	(1873 - 1945)
1933 - 1945	Carl Schneider	(1891 - 1945)
1945 - 1955	Kurt Schneider	(1887 - 1967)
1955 -	Walter von Baeyer	(geb. 1904)

Sozialpsychiatrische Klinik der Universität Heidelberg in Mannheim, gegründet 1967.

1968 -	Heinz Häfner	(geb. 1925)

JENA: Gründung der Klinik für Psychiatrie und Neurologie der Friedrich Schiller-Universität 1804, neue Klinik 1879 erbaut 1). Seit ist der Name der Klinik: Klinik für Psychiatrie und Neurologie "Hans Berger".

1847 - 1858	Dietrich Georg von Kieser	(1779 - 1862)
1858 - 1864	Xaver Schömann	(1807 - 1864)
1864 - 1882	Fritz Siebert	(1829 - 1882)
1882 - 1919	Otto Binswanger	(1852 - 1929)
1919 - 1938	Hans Berger	(1873 - 1941)
1938 - 1945	Berthold Kihn	(1895 - 1964)
1950 - 1957	Rudolf Lemke	(1906 - 1957)
1958 -	Hugo von Keyserlingk	(geb. 1909)

INNSBRUCK: Psychiatrisch-Neurologische Klinik der Leopold-Franzens-Universität. Gründung der Klinik: 1891.

1891 - 1894	Gabriel Anton	(1858 - 1933)
1894 - 1936	Carl Mayer	(1862 - 1936)
1937 - 1938	Hubert Urban	(geb. 1904)
1938 - 1946	Helmut Scharfetter	(geb. 1893)
1946 - 1958	Hubert Urban	(geb. 1904)

Der Lehrstuhl ist jetzt, 1968, noch immer vacant.

KIEL: Die Psychiatrische und Nervenklinik der Christian-Albrechts-Universität wurde 1902 erbaut.

1902 - 1926	Ernst Siemerling	(1857 - 1931)
1926 - 1937	Georg Stertz	(1878 - 1959)
1937 - 1953	Hans Gerhard Creutzfeldt	(1885 - 1965)
1954 -	Gustav E. Störring	(geb. 1903)

Vorläufer war Theodor Kirchhoff (1853 - 1902), zuletzt Direktor der Heil- und Pflegeanstalt Schleswig; er hielt seit 1888 als Privatdozent Vorlesungen über Psychiatrie.

KÖLN: Neugründung der Universität: 1919.
Die Universitäts-Nervenklinik wurde mit der städtischen Abteilung für Nervenkranke im Krankenhaus Köln-Lindenburg vereinigt.

1905 - 1934	Gustav Aschaffenburg	(1866 - 1942)
1934 - 1938	Max de Crinis	(1889 - 1945)

---

1) Vgl. Rudolf Lemke "150 jähriges Jubiläum der Nervenklinik an der Friedrich-Schiller-Universität Jena".
Wiss. Zschr. d. Friedrich-Schiller-Universität, Jena, Jahrg. 4, Mathem.-naturwiss. Reihe, H. 4/5, S. 365 (1954/55).

1938 - 1948	Ernst Fünfgeld	(1895 - 1948)
1950 -	Werner Scheid	(geb. 1909)

KÖNIGSBERG: Psychiatrische und Nervenklinik der Albertus-Universität. Gründung der Klinik: 1913. Vorher wurden die Kranken in den "Spinnstuben" des Städtischen Krankenhauses untergebracht.

1903 - 1904	Karl Bonhoeffer	(1868 - 1948)
1904 - 1931	Ernst Meyer	(1871 - 1931)
1932 - 1939	August Bostroem	(1886 - 1944)
1939 - 1945	Friedrich Mauz	(geb. 1900)

LEIPZIG: Neurologisch-Psychiatrische Klinik der Karl-Marx-Universität Leipzig. Die Klinik wurde 1882 erbaut und 1943 durch Bombentreffer total zerstört.

1811 - 1843	Johann Christian August Heinroth (Inhaber des Lehrstuhls für psychische Therapie)	(1773 - 1843)
1843 - 1878	Lehrstuhl unbesetzt	
1878 - 1920	Paul Flechsig	(1847 - 1929)
1921 - 1924	Oswald Bumke	(1877 - 1950)
1925 - 1938	Paul Schroeder	(1873 - 1941)
1938 - 1942	August Bostroem	(1886 - 1944)

Seit der Berufung von Bostroem nach Straßburg war der Lehrstuhl stets nur kommissarisch besetzt durch W. Wagner, F. Quensel, R. A. Pfeifer, D. Müller-Hegemann.

1965 wurde der Lehrstuhl aufgeteilt:

Psychiatrie	Bernhard Schwarz	(geb. 1918)
Neurologie	Peter Feudell	(geb. 1919)
Kinderneuropsychiatrie	Heinz Gebelt	(geb. 1925)

Daneben drei selbständige Institute, und zwar:
das Hirnforschungsinstitut unter der Leitung von Herrn Prof. Dr. med. habil. W. Wünscher,
die Abteilung für Neurochemie unter der Leitung von Herrn Doz. Dr. med. habil. D. Biesold,
die Abteilung für klinische Neurophysiologie unter der Leitung von Herrn Doz. Dr. med. habil. F. Klingberg.

LÜBECK: Psychiatrische und Neurologische Klinik der Medizinischen Akademie, gegründet 1964.

1964 -	Gerhard Schmidt	(geb. 1904)

MAGDEBURG: Nervenklinik der Medizinischen Akademie: Gründung der Klinik 1958.

1958 -	Herbert Parnitzke	(geb. 1910)

MAINZ: Psychiatrische und Nervenklinik der Johann-Gutenberg-Universität. Die Klinik ist in den ehemals städtischen Krankenanstalten untergebracht.

1946 - 1951	Hanns Ruffin	(geb. 1902)
1951 - 1966	Heinrich Kranz	(geb. 1901)

Klinik und Poliklinik für Psychotherapie

1965 -	Dietrich Langen	(geb. 1913)

MARBURG: Die Irrenanstalt Marburg wurde 1876 gegründet; dort wurde ab 1876 psychiatrischer Unterricht abgehalten. Gründung der Psychiatrischen und Nervenklinik der Philipps-Universität: 1914

1876 - 1893	Heinrich Cramer	(1831 - 1893)
1894 - 1919	Franz Tuczek	(1852 - 1927)
1920 - 1921	Robert Wollenberg	(1862 - 1942)
1921 - 1926	Georg Stertz	(1878 - 1959)
1926 - 1946	Ernst Kretschmer	(1888 - 1964)
1946 - 1958	Werner Villinger	(1887 - 1961)
1959 -	Hans Jacob	(geb. 1908)

Institut für Gerichtliche und Sozial-Psychiatrie der Universität Marburg.

1964 -	Helmut Ehrhardt	(geb. 1914)

MÜNCHEN: Nervenklinik der Ludwig-Maximilians-Universität. Gründung der Klinik 1904.

1859 - 1872	August Solbrig	(1809 - 1872)
1872 - 1886	Bernhard von Gudden	(1824 - 1886)
1886 - 1896	Hubert Grashey	(1839 - 1914)
1896 - 1903	Anton Bumm	(1849 - 1903)
1903 - 1922	Emil Kraepelin	(1856 - 1926)
1924 - 1945	Oswald Bumke	(1877 - 1950)
1946 - 1952	Georg Stertz	(1878 - 1959)
1952 - 1966	Kurt Kolle	(geb. 1898)

Solbrig, Gudden, Grashey und Bumm waren Direktoren der Kreis-Irrenanstalt München.

Klinikum rechts der Isar der Technischen Hochschule München: Psychiatrische Abteilung, gegründet 1968.

1968 -	Paul Matussek	(geb. 1919)

MÜNSTER: Gründung der Psychiatrischen und Nervenklinik der Westfälischen Wilhelms-Universität: 1924.

1924 - 1925	Martin Reichardt	(1874 - 1966)
1925 - 1953	Ferdinand Adalbert Kehrer	(1883 - 1967)
1953 - 1968	Friedrich Mauz	(geb. 1900)

PRAG: Gründung der Psychiatrisch-Neurologischen Klinik der deutschen Karls-Universität und der deutschen Lehrkanzel: 1886.

1886 - 1921	Arnold Pick	(1851 - 1924)
1922 - 1928	Otto Pötzl	(geb. 1877)
1929 - 1938	Eduard Gamper	(1887 - 1938)
1939 - 1945	Kurt Albrecht	(1894 - 1945)

ROSTOCK: Nervenklinik der Universität. Als Klinik dient noch heute die 1896 erbaute Heil- und Pflegeanstalt Rostock-Gehlsheim.
1958 wurde die Klinik umgewandelt in ein Klinikum, bestehend aus einem Lehrstuhl für Kinderneuropsychiatrie, einem Lehrstuhl für Neurologie und einem Lehrstuhl für Psychiatrie.

1896 - 1914	Fedor Schuchardt	(1848 - 1913)
1914 - 1916	Oswald Bumke	(1877 - 1950)
1916 - 1919	Karl Kleist	(1879 - 1961)
1919 - 1935	Max Rosenfeld	(1871 - 1956)
1936 - 1945	Ernst Braun	(1893 - 1963)
1945 - 1952	Hans Heygster	(1905 - 1961)
1954 - 1958	Franz Günther v. Stockert	(1899 - 1967)
seit 1958	Gerhard Göllnitz (Kinderneuropsychiatrie und kommiss. Psychiatrie)	(geb. 1920)

SAARLÄNDISCHE UNIVERSITÄT: Die Universitäts-Nervenklinik ist im Landeskrankenhaus Homburg/Saar untergebracht.

1948 - 1958	Klaus Conrad	(1905 - 1961)
1958 -	H. H. Meyer	(geb. 1909)

WÜRZBURG: Nervenklinik der Julius-Maximilians-Universität.
Die Würzburger Klinik ist aus der wohl ältesten Irrenabteilung Deutschlands, dem Julius-Spital, hervorgegangen. Die Namen der Oberärzte sind seit 1581 bekannt. Von 1794 ab waren es folgende:

1794 - 1798	Christoph Siebold	
1799 - 1824	Anton Müller	(1755 - 1827)
1824 - 1833	Johann Lukas Schönlein	(1793 - 1864)
1833 - 1862	Karl Friedrich Markus	(1802 - 1862)
1946 - 1960	Ernst Kretschmer	(1888 - 1964)
1960 -	Walter Schulte	(geb. 1910)

ULM: Akademisches Krankenhaus der Medizinisch-Naturwissenschaftlichen Hochschule Ulm, untergebracht im Psychiatrischen Krankenhaus Weissenau.

1965 - 1968	Rudolf Degkwitz	(geb. 1920)

WIEN: Psychiatrisch-Neurologische Klinik der Universität. Die Gründung des Lehrstuhls an der Universität Wien erfolgte im Jahre 1870. Die Universität verfügte über eine sogenannte I. Psychiatrische Klink (im Gebäude der Niederösterreichischen Landesirrenstalt - der jetzigen Universitätsklinik) und eine II. Psychiatrische Klinik im Komplex des Allgemeinen Krankenhauses. Die Vereinigung dieser beiden Kliniken in die Psychiatrisch-Neurologische Universitätsklinik erfolgte im Jahre 1911 [1]

I. Psychiatrische Klinik:

1870 - 1875	Theodor Meynert	(1833 - 1892)
1875 - 1889	Max Leidesdorf	(1816 - 1889)
1889 - 1892	Richard von Krafft-Ebing	(1840 - 1902)
1893 - 1902	Julius Wagner von Jauregg	(1857 - 1940)
1902 - 1907	Alexander Pilcz	(1871 - 1954)

II. Psychiatrische Klinik:

1875 - 1892	Theodor Meynert	(1833 - 1892)
1892 - 1902	Richard von Krafft-Ebing	(1840 - 1902)
1902 - 1911	Julius Wagner von Jauregg	(1857 - 1940)

Pychiatrisch-Neurologische Universitätsklinik:

1911 - 1928	Julius Wagner von Jauregg	(1857 - 1940)
1928 - 1945	Otto Pötzl	(1877 - 1962)
1945 - 1949	Otto Kauders	(1893 - 1949)
1950 -	Hans Hoff	(geb. 1897)

---

1) Vgl. Schönbauer, Leopold: "Das medizinische Wien". 2. Aufl. Wien 1947 und Lesky, Erna: "Die Wiener medizinische Schule im 19. Jahrhundert". Graz-Köln 1965.

TÜBINGEN: Gründung der Nervenklinik der Württembergischen Eberhard-Karls-Universität: 1893.

1893 - 1901	Ernst Siemerling	(1857 - 1931)
1901 - 1906	Robert Wollenberg	(1862 - 1942)
1906 - 1936	Robert Gaupp	(1870 - 1953)
1936 - 1944	Hermann Hoffmann	(1891 - 1944)

Es ist anzunehmen, daß alle die Genannten auch schon Unterricht in der Psychiatrie erteilt haben. Der psychiatrische Lehrstuhl wurde 1863 gegründet und mit Rinecker besetzt, der auch noch die Dermatologische Klinik geführt hat.

1863 - 1883	Franz Rinecker	(1811 - 1893)
1884 - 1886	Hubert Grashey	(1839 - 1914)
1887 - 1925	Konrad Rieger	(1855 - 1939)
1926 - 1939	Martin Reichardt	(1874 - 1966)
1939 - 1945	Werner Heyde	†
1946 - 1950	Jürg Zutt	(geb. 1893)
1951 -	Heinrich Scheller	(geb. 1901)

Auch nach dem Auszug der Klinik aus dem Julius-Spital besteht immer noch eine Personalunion insofern, als der jeweilige Chef der Klinik Oberarzt am Julius-Spital ist und dort die Epileptischen und Pfründner psychiatrisch zu betreuen hat.

Institut für Psychotherapie und medizinische Psychologie

1950 - 1968	Viktor von Gebsattel	(geb. 1883)

ZÜRICH: Gründung der Psychiatrischen Universitätsklinik: 1860.
Zugleich Kantonale Heilanstalt Burghölzli, [1] gegründet 1870.

1860 - 1865	Wilhelm Griesinger	(1817 - 1868)
1869 - 1872	Bernhard von Gudden	(1824 - 1886)
1872 - 1874	Gustav Huguenin	(1841 - 1920)
1875 - 1878	Eduard Hitzig	(1838 - 1907)
1879 - 1898	August Forel	(1848 - 1931)
1898 - 1927	Eugen Bleuler	(1857 - 1939)
1927 - 1941	Hans W. Maier	(1882 - 1945)
1942 -	Manfred Bleuler	(geb. 1903)

---

1) Vgl. M. Bleuler: "Geschichte des Burghölzlis und der psychiatrischen Universitätsklinik".
Züricher Spitalgeschichte, herausg. v. Regierungsrat des Kanton Zürich, 1951.

NEUROLOGIE [1)]

AACHEN: Abt. f. Neurologie der Technischen Hochschule Aachen, gegründet 19

1967 -	Klaus Poeck	(geb. 1926)

BASEL: Neurologische Universitäts-Poliklinik

1918 - 1947	Robert Bing	(1879 - 1956)
1948 - 1964	Felix Georgi	(1893 - 1965)
1965 -	Heinrich Kaeser	(geb. 1924)

BERN: Neurologische Abteilung der Medizinischen Klinik der Universität

1958 - 1960	R. Magun	(1916 - 1960)
1962 -	M. Mumenthaler	(geb. 1925)

BRESLAU: Neurologische Abteilung am Wenzel-Hancke-Krankenhaus:

1921 - 1940	Otfrid Foerster	(1873 - 1941)
1941 - 1945	Viktor von Weizsäcker	(1886 - 1957)

BOCHUM: Neurologische Klinik der Universität Bochum in Essen

1965	Heinz Gänshirt	(geb. 1919)

DÜSSELDORF: Neurologische Klinik der Universität

1954 -	Eberhard Bay	(geb. 1908)

FREIBURG: Neurologische Klinik mit Abteilung für Neurophysiologie der Universität

1951 -	Richard Jung	(geb. 1911)

GIESSEN: Neurologische Universitätsklinik

1963 -	Friedrich Erbslöh	(geb. 1918)

GÖTTINGEN: Neurologische Klinik und Poliklinik der Universität

1963 -	Helmut Bauer	(geb. 1914)

---

1) Ein besonderer Abschnitt "Neurologie im Rahmen der inneren Medizin" erübrigt sich, weil in der Arbeit "Genealogie der Nervenärzte des deutschen Sprachgebietes auf der Tafel Neurologie VIII A und B die Herkunft der Neurologie aus der inneren Medizin deutlich sichtbar gemacht ist.

HAMBURG: Neurologisch-Neurochirurgische Klinik

1896 - 1933	Max Nonne	(1861 - 1959)
1933 - 1958	Heinrich Pette	(1861 - 1964)
1958	Rudolf Janzen	(geb. 1907)

HANNOVER: Neurologisch-Neurochirurgische Klinik

1967 -	Erich Trostdorf	(geb. 1908)

HEIDELBERG: Nervenklinik der Universität

1920 - 1941	Viktor von Weizsäcker	(1886 - 1957)
1941 -	Paul Vogel	(geb. 1900)

INNSBRUCK: Ordinariat für Neurologie

1967 -	Hans Ganner	(geb. 1905)

LEIPZIG: Neurologische Klinik

1968 -	Peter Feudell	

MÜNCHEN: Neurologische Poliklinik

1917 - 1923	Eugen von Malaisé	(1875 - 1923)

Klinikum rechts der Isar der Technischen Hochschule München (früher Städt. Krankenhaus rechts der Isar), Neurologische Klinik.

1955 - 1968	Alfred Bannwarth	(geb. 1903)
1968 -	Albrecht Struppler	(geb. 1919)

ROSTOCK, Nervenklinik und Poliklinik der Universität, Abteilung für Neurologie.

1961 -	Johannes Sayk	(geb. 1910)

TÜBINGEN: Neurologische Klinik und Poliklinik der Universität

1957 -	Johannes Hirschmann	(geb. 1910)

WIEN: Neurologische Abteilung der Poliklinik, Neurologisches Institut

1874 - 1920	Moritz Benedikt	(1835 - 1920)
1920 - 1933	Johann Paul Karplus	(1866 - 1936)
1933 - 1934	Pappenheim	
1934 - 1935	Otto Kauders	(1893 - 1949)
1935 - 1938	Hans Hoff	(geb. 1896)

1938 - 1940	Dussik	
1940 - 1945	Oskar Gagel	(geb. 1899)
1946 -	Viktor Emil Frankl	(geb. 1905)

WÜRZBURG: Neurologische Klinik und Poliklinik der Universität

1950 - 1968	Georges Schaltenbrand	(geb. 1897)
1968 -	Hans Georg Mertens	(geb. 1921)

Seit 1938 bestand an der Inneren Klinik eine selbständige neurologische Abteilung unter Schaltenbrand.

ZÜRICH: Neurologische Klinik und Poliklinik der Universität [1], gegründet 1887

1887 - 1928	Constantin von Monakow	(1853 - 1930)
1928 - 1954	Mieczyslaw Minkowski	(geb. 1884)
1955 - 1967	Fritz Lüthy	(geb. 1895)

1) Vgl. Festrede von M. Minkowski anläßlich des Festaktes zum 100. Geburtstag von C. v.. Monakow. (Schweiz. Arch. Neur. u. Psych., 74, 4 1953)

NEUROCHIRURGIE

BASEL: Abteilung für Neurochirurgie an der Chirurgischen Universitätsklinik

1955 - 1968	Max Klingler	(geb. 1917)

BERLIN-WEST: Neurochirurgisch-Neurologische Klinik und Poliklink der Freien Universität

1937 - 1948	Wilhelm Tönnis	(geb. 1898)
1948 -	Arist Stender	(geb. 1903)

BERN: Neurochirurgische Universitätsklinik

1952 -	Hans Markwalder	(geb. 1913)

BOCHUM: Neurochirurgische Klinik und Poliklinik des Klinikums Essen

1968 -	Wilhelm Grote	(geb. 1923)

BONN: Neurochirurgische Universitäts-Klinik

1955 -	Peter Röttgen	(geb. 1910)

DÜSSELDORF: Neurochirurgische Universitätsklinik

1960 -	Hans Kuhlendahl	(geb. 1910)

ERLANGEN: Neurochirurgische Universitätsklinik

1965 -	Wolfgang Schiefer	(geb. 1919)

FRANKFURT: Neurochirurgische Universitätsklinik seit 1965, seit 1953 selbständige Neurochirurgische Abteilung

1953 -	Hugo Ruf	(geb. 1911)

FREIBURG: Neurochirurgische Klinik

1946 -	Traugott Riechert	(geb. 1905)

GIESSEN: Neurochirurgische Universitäts-Klinik

1960 -	Hans Werner Pia	(geb. 1921)

GÖTTINGEN: Neurochirurgische Abteilung der Chirurgischen Universitätsklinik, gegründet 1937

1937 - 1961	Gerhard Okonek	(1906 - 1961)
1962 -	K. A. Bushe	(geb. 1921)

GRAZ: Neurochirurgische Abteilung der Chirurgischen Universitätsklinik

1950 -	Fritz Heppner	(geb. 1917)

HAMBURG: Neurochirurgische Abteilung der Neurologischen Universitätsklinik

1959 -	Rudolf Kautzky	(geb. 1913)

INNSBRUCK: Neurochirurgische Abteilung (der Neurologischen Klinik 1947 - 1951) (der Chirurgischen Universitätsklinik seit 1951)

1947 - 1951	Wolfram Sorgo	(geb. 1908)
1951 -	Karl Kloss	(geb. 1917)

Schon früher hatten Schloffer (seit 1902) und Egon Ranzi (1928 - 1932) in Innsbruck Neurochirurgie betrieben.

KIEL: Neurochirurgische Abteilung der Chirurgischen Universitätsklinik

1962 -	Elmar Blues	(geb. 1920)

KÖLN: Neurochirurgische Klinik der Universität

1948 - 1968	Wilhelm Tönnis	(geb. 1898)

LEIPZIG: Neurochirurgische Klinik

1953 -	Georg Merrem	(geb. 1908)

MAINZ: Neurochirurgische Klinik der Universität

1958 -	Kurt Friedrich Schürmann	(geb. 1920)

MÜNCHEN: Neurochirurgische Abteilung der Chirurgischen Universitätsklinik.

1936 - 1939	Franz K. Kessel	(geb. 1900)
1939 - 1942	Felix Jäger	(1896 - 1968)
1942 - 1952	Karl Voßschulte	(geb. 1907)
1952 - 1962	Eduard Weber	(1910 - 1962)
1962 - 1965	Walter Jacoby	(geb. 1921)

Neurochirurgische Abteilung des Klinikums rechts der Isar der Technischen Hochschule München (früher Städt. Krankenhaus recht der Isar).

1955 - 1968	Franz K. Kessel	(geb. 1900)
1968 -	Wolfram Weidenbach	(geb. 1923)

Neurochirurgische Klinik der Universität

1964 -	Frank Marguth	(geb. 1921)

SAARLAND: Neurichirurgische Klinik der Universität des Saarlandes, Homburg.

1963 -	Friedrich Loew	(geb. 1920)

TÜBINGEN: Neurochirurgische Abteilung der Chirurgischen Universitätsklinik

1956 -	Wilhelm Driesen	(geb. 1921)

WIEN: Universitätsklinik für Neurochirurgie

1952 -	Herbert Kraus	(geb. 1910)

WÜRZBURG: Neurochirurgische Universitätsklinik (Neurochirurgische Abteilung gegründet 1948, selbständige Neurochirurgische Klinik seit 1965)

1948 -	Joachim Gerlach	(geb. 1908)

ZÜRICH: Neurochirurgische Universitätsklinik

1937 -	Hugo Krayenbühl	(geb. 1902)

NEUROPATHOLOGIE

BERLIN: Gründung einer Neurologischen Zentralstation: 1898.
Umwandlung in das Neurobiologische Universitätslaboratorium: 1902.
Angliederung eines Kaiser-Wilhelm-Instituts für Hirnforschung: 1916 [1].
Errichtung des großen gemeinsamen Kaiser-Wilhelm-Instituts für Hirnforschung in Berlin-Buch: 1930

1898 - 1937	Oskar Vogt	(1870 - 1959)
1937 - 1945	Hugo Spatz	(geb. 1888)

Das Kaiser-Wilhelm-Institut für Hirnforschung in Berlin-Buch umfaßte von 1937 - 1945 folgende Abteilungen:

1. Neuroanatomische Abteilung (H. Spatz) und angeschlossene Forschungsklinik (G. Soeken),
2. Neuropathologische Abteilung (J. Hallervorden).
3. Neurophysiologische Abteilung (A. Kornmüller),
4. Abteilung für menschliche Erb- und Konstitutionsforschung (B. Patzig),
5. Abteilung für Tumorforschung und experimentelle Pathologie des Gehirns (W. Tönnis),
6. Abteilung für allgemeine Pathologie (H. Anders),
7. Physikalisch-chemische Abteilung (H. Selbach).

Die experimentell-genetische Abteilung (N. W. Timofeeff-Ressovsky) gehörte zwar auch zum Institut, hatte aber den Rang einer selbständigen Anstalt.

Außerdem leitete Berthold Ostertag von 1925 - 1933 an der Heil- und Pflegeanstalt Buch ein neuropathologisches Institut und von 1933-1945 eine neuropathologische Abteilung am Rudolf-Virchow-Krankenhaus.

Jetzt bestehen an der Freien Universität Berlin ein Institut für Neuropharmakologie (Helmut Coper) und an der Humboldt-Universität Berlin eine Abteilung für pathologische Physiologie der höheren Nerventätigkeit (N. N.).

BERN: Hirnanatomisches Institut der Psychiatrischen Universitätsklinik.

1933 - 1965	Ernst Grünthal	(geb. 1894)
1965 -	G. Pilleri	(geb. 1925)

BONN: Gründung des Instituts für Neuropathologie der Universität und des Rheinischen Hirnforschungsinstituts: 1952.

1952 - 1961	Gerd Peters	(geb. 1906)
1961 -	Günter Kersting	(geb. 1925)

---

1) Siehe dazu Hugo Spatz "Max Planck-Institut für Hirnforschung". Münchn. Med. Wochenschr. 1953.

FRANKFURT: Neurologisches Institut (Edinger-Institut) der Johann-Wolfgang-Goethe-Universität:

1904 - 1918	Ludwig Edinger	(1885 - 1918)
1918 - 1928	Kurt Goldstein	(geb. 1878)
1947 -	Wilhelm Krücke	(geb. 1911)

Max Planck-Institut für Hirnforschung; einige Abteilungen des Instituts waren bis 1962 in Giessen, seither in Frankfurt:

Neuroanatomische Abteilung

1948 - 1959	Hugo Spatz	(geb. 1888)
1959 -	Rolf Hassler	(geb. 1914)

Neuropathologische Abteilung

1948 - 1956	Julius Hallervorden	(1882 - 1965)
1956 -	Wilhelm Krücke	(geb. 1911)

In Köln befinden sich die Abteilung für Tumorforschung und experimentelle Pathologie

1937 - 1968	Wilhelm Tönnis	(geb. 1898)

und die Abteilung für allgemeine Neurologie

1951 -	Klaus Joachim Zülch	(geb. 1910)

in Göttingen die Abteilung für Neurophysiologie

1948 - 1968	Alois Kornmüller	(geb. 1905)

FREIBURG: Neuropathologische Abteilung des Ludwig-Aschoff-Hauses:

1947 -	Hugo Noetzel	(geb. 1910)

GIESSEN: Institut für Neuropathologie

1968 -	Hermann Hager	(geb. 1923)

HAMBURG: Neuropathologische Abteilung der Psychiatrischen und Nervenklinik der Universität, gegründet von Prof. Kaes: 1899

1911 - 1931	Alfons Maria Jakob	(1884 - 1931)
1937 - 1958	Hans Jacob	(geb. 1908)
1959 -	Hans Colmant	(geb. 1922)

LEIPZIG: Hirnforschungsinstitut der Karl Marx-Universität

1947 - 1957	Richard Arwed Pfeifer	(1877 - 1957)
1957 -	Wolfgang Wünscher	(geb. 1922)

MÜNCHEN: a) Nervenklinik der Universität (Neuropathologisches Laboratorium) [1]

1904 - 1912	Alois Alzheimer	(1864 - 1915)
1918	Korbinian Brodmann	(1868 - 1918)
1918 - 1919	Franz Nißl	(1860 - 1919)
1919 - 1928	Walter Spielmeyer[2]	(1879 - 1935)
1928 - 1936	Hugo Spatz [3]	(geb. 1888)
1937 - 1945	Eduard Beck	(geb. 1892)
1954 - 1963	Joachim Ernst Meyer	(geb. 1917)

b) Deutsche Forschungsanstalt für Psychiatrie (jetzt Max Planck-Institut für Psychiatrie), Histopathologische Abteilung, später Hirnpathologisches Institut:[4]

1918 - 1919	Franz Nißl	(1860 - 1919)
1919 - 1935	Walther Spielmeyer	(1879 - 1935)
1936 - 1960	Willibald Scholz	(geb. 1889)
1961 -	Gerd Peters	(geb. 1906)

c) Neuropathologische Abteilung am Institut für Pathologie

1965 -	Otto Stochdorph	(geb. 1914)

NEUSTADT im Schwarzwald: C. und O. Vogt-Institut für Hirnforschung der Universität Düsseldorf

1937 - 1959	Oskar Vogt	(1870 - 1959)
1960 -	Adolf Hopf	(geb. 1923)

TÜBINGEN: Institut für Hirnforschung der Universität (Korbinian-Brodmann-Haus)

1950 - 1964	Berthold Ostertag	(geb. 1895)
1964 -	Jürgen Peiffer	(geb. 1922)

Das neuropathologische Laboratorium der Universitäts-Nervenklinik wurde von 1906 -1910 von Ludwig Merzbacher, von 1910 - 1917 von Korbinian Brodmann, von 1920 - 1925 von Willibald Scholz geleitet.

---

1) Das Neuropathologische Laboratorium der Forschungsanstalt war bis zum Neubau der Forschungsanstalt an der Kraepelinstraße neben dem Schwabinger Krankenhaus identisch mit dem Neuropathologischen Laboratorium der Klinik.

2) Spielmeyer war seit 1912 an der Klinik, seit 1917 Mitglied der Forschungsanstalt.

3) Spatz gehörte seit 1919 der Klinik an.

4) Über die Gesamtorganisation des Max Planck-Instituts für Psychiatrie. vgl. S.

WIEN: Neurologisches Institut

1882 - 1919	Heinrich Obersteiner	(1847 - 1922)
1919 - 1938	Otto Marburg	(1874 - 1948)
1939 - 1945	Oskar Gagel	(geb. 1899)
1948 - 1950	Hans Hoff	(geb. 1897)
1959 -	Fritz Seitelberger	(geb. 1916)

ZÜRICH: Hirnanatomisches Institut der Universität [1]; gegründet 1886:

1886 - 1928	Constantin von Monakow	(1853 - 1930)
1928 - 1954	Mieczyslaw Minkowski	(geb. 1884)
1960	K. Akert	(geb. 1919)

KINDERPSYCHIATRIE

FRANKFURT: Klinik für Kinder- und Jugendpsychiatrie der Universität

1964 - 1967	F. G. von Stockert	(1899 - 1967)
1967 -	Hubert Harbauer	(geb. 1919)

HAMBURG: Ordinariat für Kinder- und Jugendspsychiatrie

1966 - 1967	Albrecht	(- 1967)

MARBURG: Klinik für Kinder- und Jugendpsychiatrie, Institut für ärztlich-pädagogische Jugendhilfe der Universität

1954 -	Hermann Stutte	(geb. 1909)

MÜNCHEN: siehe Max Planck-Institut.

1) Vgl. M. Minkowski: "Die Poliklinik der Nervenkranke und das hirnanatomische Institut", aus: Zürcher Spitalgeschichte, herausgegeben vom Regierungsrat des Kantons Zürich, 1951, S. 427.

MAX PLANCK-INSTITUT FÜR PSYCHIATRIE IN MÜNCHEN,
DEUTSCHE FORSCHUNGSANSTALT FÜR PSYCHIATRIE

Geschäftsführender Direktor:	Gerd Peters	(geb. 1906)
I. Theoretisches Institut:	Leiter Gerd Peters	
Neuropathologie		
1961 -	Gerd Peters	(geb. 1906)
Arbeitsgruppen für		
Neurocytologie	Hermann Hager	(geb. 1923)
Zytogenetik	K. D. Zang	(geb. 1935)
Histochemie und Autoradiographie	G. Kreutzberg	(geb. 1932)
Neuroimmunopathologie:	J. Simon	(geb. 1920)
Verhaltungsforschung		
1961 -	Detlev Ploog	(geb. 1920)
Experimentelle Neurophysiologie		
1962 -	Otto Creutzfeldt	(geb. 1927)
Arbeitsgruppen für		
Neuropharmakologie	A. Herz	(geb. 1921)
Zellphysiologie	D. Lux	(geb. 1924)
Biochemie		
1953 -	Horst Jatzkewitz	(geb. 1912)
Arbeitsgruppe für Psychopharmakologie	Norbert Matussek	(geb. 1922)
Genealogie		
1957 -	Edith Zerbin-Rüdin	(geb. 1921)
Biometrie		
1966 -	E. Hansert	(geb. 1931)
II. Klinisches Institut:	Leiter Detlev Ploog	(geb. 1920)
Psychiatrie:		
1966 -	D. von Zerssen	(geb. 1927)

Neurologie und Neuroradiologie:

1966 -	Herbert Backmund	(geb. 1931)

Kinderpsychiatrie:

1964 -	Gertrud Bleek	(geb. 1927)

Psychologie:

1965 -	I. C. Brengelmann	(geb. 1920)
Arbeitsgruppen für		
Klinische Psychologie	R. Cohen	(geb. 1932)
Sozialpsychologie	M. v. Cranach	(geb. 1931)

Klinische Chemie:

1966 -	D. Stamm	(geb. 1924)

Klinische Neurophysiologie

1964 -	Otto Creutzfeldt	(geb. 1927)

Neuropsychiatrische Poliklinik

1964 -	W. Feuerlein	(geb. 1920)

FORSCHUNGSSTELLE FÜR PSYCHOPATHOLOGIE UND PSYCHOTHERAPIE IN DER MAX PLANCK-GESELLSCHAFT IN MÜNCHEN

1961 - 1968	Paul Matussek	(geb. 1919)